무엇이 너의 본래면목이냐

무엇이 너의 본래면목이냐
본지풍광설화本地風光說話

초판 1쇄 발행	2007년 10월 30일
개정판 1쇄 인쇄	2020년 6월 10일
개정판 2쇄 발행	2023년 9월 1일

지은이	성철 스님
발행인	여무의(원택)
발행처	도서출판 장경각
등록번호	합천 제1호
등록일자	1987년 11월 30일
본사	경남 합천군 가야면 해인사길 118-116 해인사 백련암
서울사무소	서울시 종로구 삼봉로 81(수송동, 두산위브파빌리온) 1232호
	전화 (02)2198-5372 팩스 (050)5116-5374
	홈페이지 www.sungchol.org

편집·교정 문종남   디자인 김형조
홍보마케팅 김윤성   관 리 서연정

ⓒ 2020, 장경각
ISBN 978-89-93904-88-8 93220

값 38,000원

※이 책에 실린 내용은 무단으로 복제하거나 전재할 수 없습니다.
※잘못된 책은 교환해 드립니다.

※이 도서의 국립중앙도서관 출판예정도서목록(CIP)은 서지정보유통지원시스템
 홈페이지(http://seoji.nl.go.kr)와 국가자료공동목록시스템(http://www.nl.go.
 kr/kolisnet)에서 이용하실 수 있습니다.
 (CIP제어번호 : CIP2020022942)

무엇이
너의 본래면목이냐

본지풍광설화 本地風光說話

퇴옹성철 지음

장경각

헌사 獻辭

낙초자비落草慈悲가 사해대중四海大衆을 덮으시니
임술년 삼동三冬에는 『본지풍광本地風光』을 말씀하시더니
정해년 만추晩秋에는 『무엇이 너의 본래면목이냐』고 묻습니다.
사십여 년 세월 후에 낙초자비落草慈悲가
다시 사해대중四海大衆을 덮으시니
감읍感泣하고 감읍感泣할 따름입니다.

정법상전正法相傳이 세구연심歲久年深하니
이설異說이 횡행橫行하여 조정祖庭을 황폐케 하고
금金과 사沙도 구별 못하는 무리들이
할喝과 방棒까지 오도誤導하니
만세萬世의 정법正法을 위하여
노사老師께서는 미모尾毛를 아끼지 않으셨습니다

해인총림 수십 년 사자후는
극심난해極深難解한 공안公案이지만
정안종사正眼宗師의 투철한 법문을
인증引證하여 들려 주시고자 함이니
이는 고불고조古佛古祖의 참 선지禪旨를 보이고자 하는

노심초사勞心焦思의 결과임을 어찌 모르겠나이까?

그래도 노사께 또 묻습니다.

여하시본지풍광如何是本地風光이닛고
어떤 것이 본지풍광입니까?

2551(2007)년 만추晩秋
조계종정曹溪宗正 법전法傳 삼가 올립니다.

차례

헌사獻辭 조계종정曹溪宗正 법전法傳   — 8

무엇이 너의 본래면목이냐

1. 덕산탁발德山托鉢 바리때를 들고	— 17
2. 염화미소拈花微笑 꽃을 드니 미소짓다	— 33
3. 조주정백趙州庭栢 뜰 앞의 잣나무	— 40
4. 삼성봉인三聖逢人 사람을 만나면	— 49
5. 보화적적普化賊賊 도적이야 도적이야	— 55
6. 경청신년鏡清新年 새해의 불법	— 64
7. 동산공진洞山供眞 영정에 공양 올릴 때	— 68
8. 소산긍낙疎山肯諾 긍정과 승낙	— 78
9. 용광거좌龍光據坐 버티고 앉아	— 88
10. 영운견도靈雲見桃 복숭아꽃을 보고	— 93
11. 구봉불긍九峰不肯 긍정치 않다	— 103
12. 임제빈주臨濟賓主 손과 주인	— 114
13. 극빈벌전克賓罰錢 극빈의 벌금	— 124
14. 동산삼근洞山三斤 삼서근	— 136
15. 분양주장汾陽拄杖 주장자	— 146

16. 동산수상東山水上 동쪽 산이 물 위로 — 154
17. 건봉거일乾峰擧一 하나를 들 것이요 — 164
18. 세존초생世尊初生 천상천하 유아독존 — 175
19. 낭야법화瑯瑘法華 낭야와 법화 — 190
20. 남전천화南泉遷化 남전이 돌아가신 곳 — 204
21. 건봉법신乾峰法身 건봉스님의 법신 — 211
22. 보수개당寶壽開堂 보수스님의 첫 법문 — 222
23. 오도사송悟道四頌 도를 깨치고 — 231
24. 세존양구世尊良久 말 없이 — 244
25. 용아선판龍牙禪板 선판과 포단 — 266
26. 세존금란世尊金襴 금란가사 — 283
27. 육조풍번六祖風幡 바람과 깃발 — 288
28. 남전참묘南泉斬猫 고양이를 베다 — 302
29. 조주끽죽趙州喫粥 죽을 먹었는가 — 314
30. 파자소암婆子燒庵 암자를 불사르다 — 331
31. 풍혈일진風穴一塵 한 티끌 — 343
32. 운문시궐雲門屎橛 마른 똥막대기 — 353
33. 조주양화趙州楊花 버들꽃 — 367
34. 오조불법五祖佛法 오조 불법승 — 374
35. 대수겁화大隨劫火 겁화 — 385
36. 흥화난할興化亂喝 어지럽게 할을 — 394
37. 동안가풍同安家風 가풍 — 407
38. 조주끽다趙州喫茶 차나 한 잔 — 414
39. 마조불안馬祖不安 마조스님 편치 않으니 — 425
40. 구지일지俱胝一指 손가락 하나를 세움 — 433
41. 단하소불丹霞燒佛 나무 부처를 태우니 — 448

42. 북두장신北斗藏身 북두에 몸을 감추다	— 462
43. 선사기제先師忌祭 스님의 제사에	— 475
① 원오천화圜悟遷化 원오스님이 가신 곳	— 475
② 진주나복鎭州蘿葍 진주의 무	— 478
44. 조주삼불趙州三佛 세 가지 부처	— 481
45. 마조사구馬祖四句 네 가지 문구	— 494
46. 설봉별비雪峰鱉鼻 자라코 뱀	— 507
47. 흥화민덕興化旻德 흥화와 민덕의 할	— 515
48. 조주감파趙州勘破 감파했다	— 528
49. 운문호병雲門餬餅 운문의 호떡	— 542
50. 덕산작마德山作麼 어째 어째	— 553
51. 분양사자汾陽師子 분양의 사자	— 558
52. 법안지렴法眼指簾 주렴을 가리키니	— 561
53. 향엄상수香嚴上樹 나무에 올라	— 564
54. 사자우해師子遇害 해를 입다	— 569
55. 노조벽면魯祖面壁 벽을 보고	— 577
56. 백장야호百丈野狐 백장스님과 여우	— 587
57. 조주대사趙州大死 크게 죽었다가	— 600
58. 향상일로向上一路 향상의 길	— 610
59. 곽시쌍부槨示雙趺 곽에서 두 발을	— 621
60. 운문참회雲門懺悔 참회	— 629
61. 천지동근天地同根 천지는 한 뿌리	— 638
62. 목주담판睦州擔板 판때기 짊어진 사람	— 650
63. 금우반통金牛飯桶 금우스님의 밥통	— 661
64. 풍혈어묵風穴語默 말과 묵묵함	— 671
65. 증구성별證龜成鼈 거북을 자라로	— 681

66. 현사백희玄沙百戱 백 가지 놀이 — 685
67. 현성공안現成公案 나타난 공안 — 689
68. 수산불법首山佛法 어떤 것이 불법 — 693
69. 운문법안雲門法眼 바른 법의 눈 — 697
70. 협산경계夾山境界 협산의 경계 — 703
71. 암두도자岩頭渡子 뱃사공 — 708
72. 체로금풍體露金風 몸이 가을 바람에 — 713
73. 조주사문趙州四門 사방의 문 — 721
74. 이류중행異類中行 이류 중의 행 — 727
75. 경청기원鏡淸其源 그 근원 — 732
76. 운문구우雲門久雨 오래 비 와서 — 737
77. 운문화타雲門話墮 말에 떨어졌다 — 741
78. 덕산도득德山道得 말을 해도 — 745
79. 밀암사분密菴沙盆 깨진 질그릇 — 748
80. 소산수탑疎山壽塔 장수 탑 — 753
81. 앙굴산난殃崛産難 해산하기 어려워 — 763
82. 진조감승陳操勘僧 스님을 감정 — 772
83. 세존불설世尊不說 말씀하시지 않고 — 782
84. 덕산문화德山問話 말을 물으면 — 789
85. 흥화촌재興化村齋 촌 재에 갔다가 — 799
86. 현사과환玄沙過患 허물 — 808
87. 보자지격報慈智隔 지혜가 막혀 — 814
88. 운문일구雲門一句 말 한마디 — 817
89. 병정구화丙丁求火 불이 불을 구해 — 825
90. 운문종성雲門鐘聲 종소리 — 829
91. 양기려자楊岐驢子 세 다리 나귀 — 834

차례 13

낙수법어 落穗法語

1. 선림시중禪林示衆 선림회 시중법어 — 842
2. 방함록서芳啣錄序 방함록 서언 — 844
3. 총재법어總裁法語 세계불교지도자대회 총재 법어 — 846
4. 당십오일當十五日 십오일을 맞아 — 848
5. 갑인하해甲寅夏解 갑인년 하안거 해제에 — 849
6. 육여사재陸女史齋 육영수 여사 재일에 — 851
7. 을묘하해乙卯夏解 을묘년 하안거 해제에 — 853
8. 경신하해庚申夏解 경신년 하안거 해제에 — 854
9. 신유하해辛酉夏解 신유년 하안거 해제에 — 855

무엇이 너의 본래면목이냐 :
본지풍광설화를 출간하며 원택 — 857

후기 — 867

무엇이 너의 본래면목이냐

『본지풍광』 제1칙~제91칙

【 일러두기 】

1. 이 책은 성철스님의 대표적인 저술인 『본지풍광本地風光』에 큰스님의 육성을 정리하여 "본지풍광설화本地風光說話"의 형태로 펴낸 것입니다.
2. 성철스님은 1967년 해인총림 방장으로 취임하시면서 그해 동안거부터 안거 기간 결제일과 해제일, 음력 보름과 말일에 상당법문을 하셨습니다. 이 책은 이러한 큰스님의 상당법문을 모은 것입니다. 특별한 인연으로 법문이 이루어진 경우를 제외하고 법문하신 날짜는 모두 음력입니다.
3. 그날의 법문에서 서두에 큰스님이 말씀하신 법문은 "수시垂示"로, 큰스님께서 제기하신 선문의 공안은 "본칙本則"으로, 본칙 공안에 대한 옛 스님들의 법문은 "염拈"으로, 본칙 공안에 대한 옛 스님들의 게송은 "송頌"으로, 본칙과 염과 송에 대한 큰스님의 간단한 평은 "착어著語"로, 법문의 마지막 정리 부분은 "결어"로, 대중을 향하여 하신 말씀은 모두 "●"로 표시하였습니다.
4. 이러한 구분을 통해 이전 『본지풍광』에서 분명히 드러나지 않던 선종 전통의 법문 양식을 볼 수 있습니다. 『본지풍광』에서 "사운師云"으로 표기된 것이 "착어"와 "결어"로 바뀌고 다른 표기는 모두 새로 추가한 것이며, "●" 부분은 처음 공개되는 것입니다.

1. 덕산탁발德山托鉢
바리때를 들고

【 수시 】

(법상에 올라 주장자를 잡고 한참 묵묵한 후에 말씀하셨다.)
이렇고 이러하니
하늘이 무너지고 땅이 꺼지며 해와 달이 캄캄하도다.
이렇지 않고 이렇지 않으니
까마귀 날고 토끼 달리며 가을 국화 누렇도다.
기왓장 부스러기마다 광명이 나고
진금眞金이 문득 빛을 잃으니
누른 머리 부처는 삼천리 밖으로 물러서고
푸른 눈 달마는 가만히 고개를 끄덕인다.
이 도리를 알면 일곱 번 넘어지고 여덟 번 거꾸러지며
이 도리를 알지 못하면 삼두육비三頭六臂[1]이니 어떠한가?
붉은 노을은 푸른 바다를 뚫고
눈부신 해는 수미산을 도는도다.

여기에서 정문頂門의 정안正眼[2]을 갖추면 대장부의 할 일을 마쳤으니

---

1 기괴한 형상과 성난 얼굴로 악마를 항복받고 국토와 백성을 수호하는 팔명왕(八明王) 가운데 부동명왕(不動明王)과 애염명왕(愛染明王)의 모습을 형용한 말.
2 마혜수라천왕(摩醯首羅天王)의 정수리[頂門]에 있는 또 한 개의 눈. 일체의 사리(事

문득 부처와 조사의 전기대용全機大用을 보겠지만, 그렇지 못하면 다시 둘째 번 바가지의 더러운 물을 그대들의 머리 위에 뿌리리라.

(上堂하여 拈拄杖하고 良久云)
也恁麼也恁麼하니 天崩地壞日月黑이요
不恁麼不恁麼하니 鳴飛兎走秋菊黃이로다
瓦礫이 皆生光하고 眞金이 便失色이라
黃頭는 退三千하고 碧眼은 暗點頭로다
會得則七顚八倒요 不會則三頭六臂니 作麼作麼오
紅霞는 穿碧海하고 白日은 繞須彌로다
於此에 具頂門正眼하면 丈夫能事畢이라 便見佛祖의 全機大用이어니와
其或未然이면 更有第二杓惡水하야 撒在諸人頭上하리라

◉

만약 여기에서 바른 안목을 갖춘다면 대장부의 할 일을 다 마친 것이니 더 말할 필요가 없습니다. 하지만 노파심으로 사족蛇足, 즉 뱀의 발을 덧붙여 보겠습니다.

【 본칙 】

예부터 조사祖師 가운데 영웅英雄은 임제스님과 덕산스님이라고 모두 말하니, 임제스님과 덕산스님은 실로 천고千古에 큰 안목眼目이라 이는 총림叢林의 정론定論이다. 그중 덕산스님 밑에서 두 사람의 큰 제자가 나왔으니 암두스님과 설봉스님이다.

덕산스님[3]이 어느 날 공양供養이 늦어지자 손수 바리때를 들고 법당

理)를 꿰뚫어 아는 지혜의 눈. 마혜안(摩醯眼), 일척안(一隻眼)이라고도 함.
3 덕산선감(德山宣鑑, 782~865). 용담숭신(龍潭崇信)의 법제자로 청원(靑原)스님의 4세손.

에 이르렀다.

공양주이던 설봉雪峰스님[4]이 이것을 보고 "이 늙은이가 종도 치지 않고 북도 두드리지 않았는데 바리때는 들고 어디로 가는가?" 하니, 덕산스님은 머리를 푹 숙이고 곧장 방장方丈[5]으로 돌아갔다.

설봉스님이 이 일을 암두스님[6]에게 전하니 암두스님이 "보잘것없는 덕산이 말후구末後句도 모르는구나." 하였다.

덕산스님이 그 말을 듣고 암두스님을 불러 묻되 "네가 나를 긍정치 않느냐?" 하니, 암두스님이 은밀히 그 뜻을 말했다. 그 다음날 덕산스님이 법상에 올라 법문을 하는데 그전과 달랐다.

암두스님이 손뼉을 치고 크게 웃으면서 "기쁘다, 늙은이가 말후구를 아는구나. 이후로는 천하 사람들이 어떻게 할 수 없으리라. 그러나 다만 삼 년뿐이로다." 했는데, 과연 삼 년 후에 돌아가셨다.[7]

自古로 祖席之英雄은 咸稱臨濟德山하나니 臨濟德山은 實是千古大眼目이니라 此則叢林定論也로다 其中德山下에 出兩大弟子하니 岩頭雪峰也라 德山이 一日에 飯遲어늘 自托鉢至法堂上이러니 飯頭雪峰이 見云 這老漢이 鐘未鳴鼓未打어늘 托鉢向什麽處去오 山이 低頭便廻하니라 峯이 擧似岩頭한대 頭云 大小德山이 不會末後句로다 山이 聞擧하고 喚岩頭하야 問호대 爾不肯老僧耶아 頭가 密啓其意하니라 山이 明日上堂에 與尋常으로 不同이어늘 頭가 撫掌大笑云 且喜老漢이 會末後句로다 他後에 天下人이 不奈何하리라 雖然如此나 只得三年이라 하니 果三年後에 遷化하니라

---

4 설봉의존(雪峰義存, 823~908). 덕산선감(德山宣鑑)의 법제자로 청원(靑原)스님의 5세손.
5 총림의 최고 지도자 또는 그가 기거하는 방을 말함.
6 암두전활(巖頭全豁, 828~887). 덕산선감(德山宣鑑)의 법제자로 청원(靑原)스님의 5세손.
7 『선문염송』 제668칙(한국불교전서5, 512쪽).

◉

　　덕산德山스님은 20세에 출가하여 처음에는 경과 율을 공부하였습니다. 처음 서촉西蜀에 있으면서 교리연구가 깊었으며 특히『금강경』에 능통하여 세상에서 '주금강周金剛'이라고 칭송을 받았습니다. 스님의 속성俗姓이 주周씨였습니다. 당시 남방에서 교학을 무시하고 오직 '견성성불見性成佛'을 주장하는 선종의 무리가 있다는 말을 듣고 분개하여 평생에 심혈을 기울여 연구한『금강경소초金剛經疏鈔』를 짊어지고 떠났습니다. 가다가 점심때가 되어서 배가 고픈데 마침 길가에 한 노파가 떡을 팔고 있었습니다. 덕산스님이 그 노파에게 "점심을 먹으려고 하니 그 떡을 좀 주시오." 하니, 그 노파가 "내 묻는 말에 대답하시면 떡을 드리지만 그렇지 못하면 떡을 드리지 않겠습니다." 하여 덕산스님이 그러자고 하였습니다. 노파가 물었습니다.

　　"지금 스님의 걸망 속에 무엇이 들어 있습니까?"

　　"『금강경소초』가 들어 있소."

　　"『금강경』에 '과거 마음도 얻을 수 없고 현재 마음도 얻을 수 없고 미래 마음도 얻을 수 없다'고 하는 말씀이 있는데 스님은 지금 어느 마음에 점심을 하시려고 하십니까?"

　　"점심點心 먹겠다."고 하는 말을 빌려 이렇게 교묘하게 질문했습니다. 이 돌연한 질문에 덕산스님은 아무 말도 할 수 없었습니다. 자기가 지금까지 그렇게도『금강경』을 거꾸로 외우고 모로 외우고 모르는 것이 없다고 생각했는데 이 떡장수 노파의 한마디에 모든 것이 다 달아나 버렸습니다. 그래서 노파에게 물었습니다.

　　"이 근방에 큰스님이 어디 계십니까?"

　　"이리로 가면 용담원龍潭院에 숭신崇信선사가 계십니다."

　　점심도 먹지 못하고 곧 용담으로 숭신선사를 찾아갔습니다.

　　"오래 전부터 용담龍潭이라고 말을 들었더니 지금 와서 보니 용龍도 없고 못潭도 없구만요." 하고 용담 숭신선사에게 말하니 숭신스님이 말했습니다.

"참으로 자네가 용담에 왔구먼."

그러자 또 주금강은 할 말을 잊어버렸습니다. 그때부터 숭신스님 밑에서 공부를 하였는데 하루는 밤이 깊도록 숭신스님 방에서 공부하다가 자기 방으로 돌아오려고 방문을 나서니 밖이 너무 어두워 방 안으로 다시 들어갔습니다. 그러니 숭신스님이 초에 불을 켜서 주고 덕산스님이 받으려고 하자 곧 숭신스님이 촛불을 훅 불어 꺼 버렸습니다. 이때 덕산스님은 활연히 깨쳤습니다. 숭신스님께 절을 올리니 용담스님이 물었습니다.

"너는 어째서 나에게 절을 하느냐?"

"이제부터는 다시 천하 노화상들의 말을 의심하지 않겠습니다."

그 다음날 덕산스님이 『금강경소초』를 법당 앞에서 불살라 버리며 말했습니다.

"모든 현변玄辯을 다하여도 마치 터럭 하나를 허공에 둔 것 같고, 세상의 추기樞機를 다한다 하여도 한 방울 물을 큰 바다에 던진 것 같다."

그 후 후배들을 제접할 때는 누구든지 보이기만 하면 가서 몽둥이棒로 때려 주었습니다. 그래서 덕산스님이 법 쓰는 것을 비유하여 '비 오듯이 몽둥이로 때린다'고 평하였습니다. 그리고 일주일에 한 번씩 대중방을 뒤져 책이란 책은 모조리 찾아내어 불살라 버리곤 하였습니다. 그 당시 중국의 두 가지 대표적 선풍을 '덕산방德山棒 임제할臨濟喝'이라고 하는데 임제스님의 할과 함께 덕산스님의 몽둥이질을 가리키는 것입니다. 제자로는 설봉 의존스님, 암두 전활스님 등이 있습니다.

그런 덕산스님 회상에서 두 제자가 함께 계실 때였습니다. 한번은 공양시간이 늦어졌습니다. 하도 때가 늦어지니까 덕산스님이 '공양이 왜 이리 늦는가?' 해서 바리때를 들고 식당으로 나아갔어요. 당시 설봉스님이 반두飯頭, 즉 지금으로 말하자면 공양주 소임을 살고 있었습니다. 설봉스님이 그 모습을 보고는 "이 늙은이야, 아직 북도 두드리지 않고 종도 치지 않았는데 바리때는 무엇 하러 들고 나오느냐?" 하고 소리를 질렀어요. 그러자 천하의 덕산스님이 아무 말씀도 않고 머리를 푹 숙이고는 방장方丈으로 돌아갔습니다.

설봉스님이 이 일을 암두스님에게 말했습니다. 암두스님이 그 말을 듣고는 "덕산인지 뭔지 조실에 앉아있으면서 말후구末後句도 모르는구만." 하였습니다. 말후구란 선종 최후의 관문입니다.

그 말이 덕산스님 귀에 전해졌어요. 그래 덕산스님이 암두를 불러 물었습니다.

"네가 나를 긍정치 않느냐?"

그러자 암두스님이 은밀히 덕산스님에게 그 뜻을 말씀드렸습니다. 그 다음날 덕산스님이 법상에 올라 법문을 하시는데 과연 그 전과는 달랐습니다. 그러자 암두스님이 손뼉을 치고 크게 웃으며 "기쁘다, 늙은이가 참으로 말후구를 알았구나. 이후로는 천하의 누구도 이 늙은이를 어떻게 할 수 없으리라. 그러나 삼 년 더는 못살 것이다." 했는데, 과연 삼 년 뒤에 돌아가셨습니다.

【 본칙 】

이것이 종문宗門의 높고 깊은 법문인 덕산탁발화德山托鉢話이다. 이 공안公案에 네 가지 어려운 점이 있다.

첫째는 덕산 대조사가 어째서 설봉스님의 말 한마디에 머리를 숙이고 방장으로 돌아갔는가, 진실로 대답할 능력이 없었는가, 아니면 또 다른 뜻이 있었을까?

둘째는 덕산스님이 과연 말후구를 몰랐는가, 말후구도 모르고서 어떻게 대조사가 되었을까?

셋째는 은밀히 그 뜻을 말하였다 하니 무슨 말을 하였을까?

넷째는 덕산스님이 암두스님의 가르침에 의해 말후구를 알았으며, 또 그 수기授記를 받았을까? 그러면 암두스님이 덕산스님보다 몇 배나 훌륭하였단 말인가?

此是宗門向上牙爪인 德山托鉢話也라

此公案에 有四箇難點하니 初則德山大祖師가 爲什麼하야 雪峰一言之下에 低頭歸方丈耶아 實無對句能力耶아 且有他意耶아 次則德山이 果然不會末後句耶아 不會末後句而焉能作大祖師오 三則密啓其意云하니 道介甚麼오 第四則德山이 因岩頭敎示하야 得會末後句而又蒙授記耶아 然則岩頭勝於德山數倍耶아

◉

이것이 그 천고에 유명한 종문宗門의 높고도 깊은 법문 덕산탁발화德山托鉢話입니다. 어떻게 보면 꼭 어린애들 장난 같지만 삼세제불과 역대 조사의 골수가 이 법문 속에 다 있습니다. 만약 누구든 이 법문 속에서 바로 눈을 뜬다면 천상천하天上天下에 임의자재任意自在해서 모든 살활殺活과 권실權實이 자유자재하지 않을 수 없게 되는 것입니다.

이 공안公案[8]에 네 가지 어려운 점이 있습니다.

첫째는 '덕산대조사德山大祖師가 어째서 설봉스님의 말 한마디에 머리를 숙이고 방장方丈으로 돌아갔을까' 하는 의문입니다. 진실로 대답할 능력이 없었을까요, 아니면 또 다른 뜻이 있었을까요? 천고에 이름난 조사 덕산스님이 "종도 치지 않고 북도 치지 않았는데 바리때는 들고 어디 가는가?" 하는 설봉스님의 말 한마디에 어째서 한마디 말도 못하고 머리를

---

8 관청의 법칙조문(法則條文)을 말함. 선문(禪門)에서는 부처님과 조사들께서 밝히신 불법의 도리를 깨치기 위해 학인이 참구하는 문제를 가리킴. 흔히 1700칙(則) 공안을 거론함.

푹 숙인 채 방장으로 돌아갔을까요? 실지로 몰라서 그랬다면 덕산스님을 어떻게 천고에 뛰어난 대조사라 할 수 있겠습니까?

둘째는 '덕산스님이 과연 말후구末後句를 몰랐을까, 말후구도 모르고서 어떻게 대조사가 되었을까' 하는 의문입니다. 암두스님이 덕산스님을 두고 "말후구도 모른다."고 했으니 과연 그 뜻이 어느 곳에 있느냐는 것입니다. 덕산스님이 실지로 대답을 못하고 돌아갔으므로 "말후구도 모른다."고 했는지, 아니면 그 뜻이 다른 곳에 있는지 그것도 의문이라는 것입니다.

셋째는 '은밀히 그 뜻을 말하였다 하니 무슨 말을 하였을까' 하는 의문입니다. 비밀히 그 뜻을 말씀드렸다는데 무슨 말을 했는지는 전혀 내려오지 않습니다. 과연 암두스님은 덕산스님에게 무슨 말을 하였을까요?

넷째는 '덕산스님이 암두스님의 가르침에 의해 말후구를 알았으며, 또 그 수기授記를 받았을까' 하는 의문입니다. 암두스님이 덕산스님을 비밀히 만난 후 덕산스님의 법문이 예전과 달랐다 했고, 암두스님이 "기쁘다, 늙은이가 말후구를 알았구나. 이젠 천하의 누구도 이 늙은이를 어떻게 할 수 없으리라. 그러나 삼 년뿐이다." 했는데 암두스님 예견대로 과연 삼 년 후에 돌아가셨습니다. 그럼 암두스님이 덕산스님보다 몇 배나 훌륭하였단 말인가요?

이것이 덕산탁발화의 네 가지 풀기 어려운 문제점으로 되어 있는데, 이는 실지에 있어서 화두話頭 공부를 부지런히 해 확철히 깨쳐 정안을 바로 갖추기 전에는 절대로 모르는 것입니다. 혹 여러분도 이리도 생각해보고 저리도 생각해 볼는지 모르지만 그런 사량복탁思量卜度으로는 알 수 없는 것입니다. 자성을 바로 깨치기 전에는 덕산과 암두와 설봉, 세 분 말씀의 근본 뜻은 절대로 모릅니다.

【 본칙 】

이 공안은 짐독鴆毒이나 비상砒霜과 같아서 이렇거나 저렇거나 상신실명喪身失命할 것이니, 부질없는 알음알이로 조사의 뜻을 묻어버리지 말라. 사량분별思量分別인 유심경계有心境界는 고사하고 허통공적虛通空寂한 무심의 깊은 곳에서도 그 참뜻은 절대로 모르는 것이요, 오직 최후의 굳센 관문을 부수어 확철히 크게 깨쳐야만 비로소 옛사람의 입각처立脚處를 알게 될 것이다. 만약 이 공안을 바로 알면 모든 부처님과 조사의 일체 공안을 일시에 다 알게 된다. 그래서 출격대장부出格大丈夫가 되어, 금강보검金剛寶劍을 높이 들고 천하를 횡행橫行하여 죽이고 살리는 것을 자유자재로 할 것이니 어찌 통쾌한 일이 아닌가?

此公案은 如鴆毒砒霜하야 不問如何若何하고 便喪身失命하나니 莫將閒學解하야 埋沒祖師心하라 思量分別底有心境界는 姑捨之하고 虛通空寂底無心深處도 不得會其眞意요 唯打破末後牢關하야 廓徹大悟하야사 始知古人立脚處니라 若透此公案하면 諸佛諸祖의 一切公案을 一時透得하야 便作出格大丈夫하야 高擧金剛寶劍하고 橫行天下하야 殺活自在하리니 豈不快哉아

◉

그 뒤 임제 정맥에 허당 지우선사라는 분이 계셨습니다. 그 스님 법문을 참고로 소개하겠습니다.

【 염 】

허당虛堂선사[9]에게 어떤 중이 물었다.

9　허당지우(虛堂智愚, 1185~1269). 임제종 양기파(楊岐派) 스님으로 운암보암(運庵普巖)의 법제자로 남악(南岳)스님의 20세손.『허당화상어록(虛堂和尙語錄)』 10권이 있음.

"바리때를 들고 방장으로 돌아간 뜻이 무엇입니까?"
"귀하게 사서 천하게 파느니라."
"말후구도 모른다 함은 또 무슨 뜻입니까?"
"시끄러운 시장 안에서 조용한 망치를 치느니라."
"은밀히 그 뜻을 말했다 함은 무슨 뜻입니까?"
"귀신은 방아를 찧고 부처는 담장을 뛰어넘느니라."
"그 다음날 전과 다르고 또한 말후구를 알아 기쁘다 함은 무슨 뜻입니까?"
"칼에 맞은 흉터는 없애기 쉬우나 악담惡談은 없애기 어려우니라."

僧問虛堂호대 托鉢歸方丈意如何오 貴買賤賣니라 不會末後句且如何오 鬧市裏에 打靜椎니라 密啓又作麽生고 鬼搗穀佛跳墙이니라 次日不同且喜會末後句如何오 刀瘡은 已沒이어니와 惡言은 難消니라

◉

이것이 덕산탁발화에 대한 모범적인 구경의 문답입니다. 그리고 도림선사라고 유명한 스님이 계셨는데, 이 스님에게 또 누군가가 이 문제를 물은 일이 있습니다.

【 염 】

도림선사[10]에게 어떤 중이 물었다.
"머리 숙이고 방장으로 돌아간 뜻이 무엇입니까?"
"빠른 번개에 불이 번쩍거리느니라."
"말후구도 모른다 함은 무슨 뜻입니까?"
"서로 따라오느니라."

---

10 도림 연(道林淵). 임제종 양기파 스님으로 월암선과(月菴善果)의 법제자로 남악(南岳)스님의 16세손.

"어떤 것이 암두의 은밀히 말한 곳입니까?"

"만 년 묵은 소나무가 축융봉祝融峰에 서 있느니라."

"과연 삼년 후에 돌아갔으니 참으로 깊은 뜻이 있습니까?"

"옴 마니 다니 훔 바타로다."

僧問道林호대 低頭歸方丈意如何오 迅電迸火니라 不會末後句意如何오 相隨來也니라 那裏是他의 密啓處오 萬年松在祝融峰이니라 果然三年後遷化하니 還端的也無아 唵摩尼多尼吽嚩吒로다

【 착어 】

이 두 분 큰스님의 문답이 탁발화의 골수를 관철하였으니 실로 고금에 듣기 어려운 바라, 모름지기 간절히 참구하고 간절히 참구하여야 한다.

此兩大老問答이 貫徹托鉢話骨髓하니 實是今古罕聞이라 切須叅詳하며 切須叅詳이어다

◉

이것 역시 앞의 허당스님 법문과 같이 말후구의 뜻을 바로 전한 소식입니다. 허당과 도림 두 분 큰스님의 문답은 탁발화托鉢話의 골수를 관철한 것이니, 이는 실로 고금에 듣기 어려운 말씀입니다. 모름지기 간절히 참구하고 간절히 참구하여야 할 것입니다.

【 본칙 】

또 설봉스님이 암자에 살 때 두 중이 와서 인사하니 설봉스님이 문을 밀고 나오면서 "이것이 무엇인가?" 하니, 그 중들도 "이것이 무엇인가?" 하므로 설봉스님이 머리를 숙이고 암자로 돌아갔다. 그 중이 이 일을 암두스님에게 전하니 암두스님이 "슬프다, 내가 당초에 설봉에게 말후구를

일러주지 않았음을 후회하나니, 만약 그에게 말후구를 일러주었던들 천하 사람들이 설봉을 어떻게 하지 못하였으리라." 하였다.

그 중이 법문의 뜻을 묻자 암두스님이 말하였다.

"설봉이 비록 나와 한 가지에서 나기는 했어도 나와 한 가지에서 죽지는 않으니, 말후구를 알고 싶다면 다만 이것이다."

又雪峰이 住庵時에 兩僧來禮어늘 托門出云 是什麼오 僧이 亦云 是什麼오 하니 峰이 低頭歸庵하니라 僧이 擧似岩頭하니 頭云 噫라 我當初에 悔不向他道末後句니 若向伊道런들 天下人이 不奈雪老何니라 僧이 請益한대 頭云 雪峰이 雖與我同條生이나 不與我同條死니 要識末後句인댄 只這是라 하니라

◉

또 설봉스님이 암자에 살 때 일이었습니다. 두 스님이 찾아와 인사하자 설봉스님이 문을 밀고 나오면서 "이것이 무엇인가?" 하고 대뜸 물었습니다. 그러자 그 스님들도 따라서 "이것이 무엇입니까?"라고 하니까 예전의 덕산스님이 그러했듯 설봉스님이 머리를 푹 숙이고 암자로 돌아갔습니다. 설봉의 명성을 듣고 천릿길을 마다않고 찾아왔는데 찾아온 스님이 보니 아무것도 아니거든요. 대답도 못하고 고개를 숙인 채 방으로 들어가는 설봉스님의 모습을 보곤 더 물어볼 필요도 없다 여기고 암두스님을 찾아갔습니다. 암두스님이 물었습니다.

"그대는 어디서 오는 길인가?"

"설봉에서 오는 길입니다."

"그래 설봉은 무슨 말을 하더냐?"

그 스님이 있었던 일을 암두스님에게 전하니 암두스님이 말씀하셨습니다.

"아하, 내가 설봉에게 말후구를 일러주었던들 천하 그 누구도 설봉을

어떻게 하지 못하였을 텐데. 내가 말후구를 일러주지 못했더니 설봉이 그 지경이구나!"

그 말을 들은 그 스님은 '암두스님이 설봉스님보다 몇 배나 도가 높은 분이구나' 생각하고는 여기서 공부해야겠다 하고 암두스님 회하에서 여름을 지냈어요. 그런데 아무리 참구해 보아도 말후구가 무엇인지 도무지 알 수가 없었습니다. 그래서 암두스님에게 물었습니다.

"스님께서 '설봉에게 말후구를 일러주었더라면 설봉이 거침없이 천하를 횡행했을 텐데 말후구를 일러주지 못해 그 지경이 되었다' 하셨으니 어떤 것이 말후구입니까?"

"왜 진작 묻지 않았느냐?"

"어찌 감히 물을 수 있었겠습니까? 지난 여름동안 부지런히 정진하며 제 나름대로 참구해보았지만 그 말후구의 뜻을 도저히 알 수 없어 이렇게 묻는 것입니다."

그러자 암두스님이 말씀하셨습니다.

"설봉이 비록 나와 한 가지에서 나기는 했어도 나와 한 가지에서 죽지는 않는다. 네가 말후구를 알고 싶으냐? 이것이 말후구니라."

이 법문에 대해 내 한마디 하겠습니다.

【 착어 】

이 법문도 또한 덕산탁발화와 그 맥이 서로 통하는 것이니
조상이 영험치 못하니 앙화가 그 자손에게 미친다.

此亦與德山托鉢話와 兩脈相通이라 祖禰不靈하야 殃及兒孫이로다

◉

이 법문 또한 덕산탁발화와 그 맥이 서로 통하는 것입니다. 앞에서 말한 덕산탁발화의 네 가지 난점을 분명히 깨쳐서 알면 이것 역시 해결되

는 것입니다.

【송】

뒤에 운문스님의 직계자손인 설두선사[11]가 송頌하였다.
말후구末後句를 그대 위해 설하노니
밝음과 어둠이 서로 함께 비치는 때라.
한 가지에서 남은 서로 다 알고
한 가지에서 죽지 않음은 모든 것 떨어졌도다.
모두 떨어졌음이여
석가와 달마도 모름지기 잘 살펴야 하리라.
남북동서南北東西 두루 다녀와서
깊은 밤 일천 바위에 쌓인 눈을 함께 보노라.

後來에 雲門嫡孫인 雪竇가 頌曰
末後句를 爲君說하노니 明暗雙雙底時節이라
同條生也共相知요 不同條死還殊絶이로다
還殊絶이여 黃頭碧眼도 須甄別이어다
南北東西歸去來하야 夜深에 同看千岩雪이로다

◉

'밝음과 어둠이 함께한다明暗雙雙'는 말은 유래가 있습니다. 예전에 암두스님의 제자인 나산스님[12]에게 초경스님[13]이 물었습니다.

---

11 설두중현(雪竇重顯, 980~1052). 운문종(雲門宗) 스님으로 지문광조(智門光祚)의 법제자로 청원(靑原)스님의 9세손. 저서로 『동정어록(洞庭語錄)』, 『폭천집(瀑泉集)』, 『조영집(祖英集)』, 『설두송고(雪竇頌古)』 등이 있음.
12 나산도한(羅山道閑). 암두전활(巖頭全豁)의 법제자로 청원(靑原)스님의 6세손.
13 초경혜릉(招慶慧稜, 854~932). 설봉의존(雪峰義存)의 법제자로 장경혜릉(長慶慧稜)이라고도 함. 청원(靑原)스님의 6세손.

"암두스님이 늘 말씀하시기를, '이렇게 하고 또 이렇게 하며, 이렇게 하지 않고 또 이렇게 하지 않는다'고 하니, 그 뜻이 무엇입니까?"

그러자 나산스님이 대답했습니다.

"쌍으로 밝고 쌍으로 어둡다雙明雙暗."

이 말씀 역시 근본 소식을 깨쳐야 알 수 있지 그렇지 않고는 그 뜻을 알 수 없습니다. 스스로 공부를 해서 확철대오하여 명암쌍쌍明暗雙雙한 그 경계를 실지로 답착踏着하면 말후구를 알지 않으려야 알지 않을 수 없고 모르려야 모를 수 없는 것입니다.

설두스님의 이 송은 어느 정도까지는 이 법문의 뜻에 가깝게 송한 것이라 하겠습니다.

【 결어 】

대중들이여, 이들 공안을 총림에서 흔히들 논란하지마는 산승山僧의 견처見處로 점검해 보니, 덕산 삼부자三父子가 말후구는 꿈에도 몰랐고 설두의 사족은 지옥에 떨어지기 화살과 같다. 그렇다면 어떤 것이 말후구인가?

(한참 묵묵한 후 말씀하셨다.)

물소가 달을 구경하니 문채가 뿔에서 나고
코끼리가 뇌성에 놀라니 꽃이 이빨 사이에 들어간다.

(주장자로 법상을 세 번 치고 내려오시다.)

大衆아 此等公案을 天下叢林에 商量浩浩地나 山僧見處로 點檢將來하니 德山三父子가 末後句는 未夢見在요 雪竇蛇足은 入地獄如箭射니라 然則 如何是末後句오 (良久云)

犀因翫月紋生角이요 象被雷驚花入牙로다

(卓拄杖三下하고 遂下座하시다)

◉

　대중여러분, 이 말후구末後句 덕산탁발화德山托鉢話 암두밀계岩頭密啓에 대해 총림에서 논란이 분분합니다. 하지만 이 산승山僧의 견처見處로 점검해 보니 덕산德山 삼부자三父子가 말후구는 꿈에도 몰랐고, 설두의 사족蛇足은 지옥에 떨어지기 화살과 같습니다. 그렇다면 어떤 것이 말후구일까요?

　물소가 달을 구경하니 문채가 뿔에서 나고
　코끼리가 뇌성에 놀라니 꽃이 이빨 사이에 들어간다.

丁未(1967)년 동안거 결제일 해인사 해인총림 궁현당

2. 염화미소 拈花微笑
꽃을 드니 미소 짓다

【 수시 】

만약 몸 나누는 법을 알면 문득 몸 살아나는 길[1]을 얻나니
푸른 하늘에 빠른 번개가 급하고
평지平地에 흰 물결이 높도다.
무쇠 나무에서 꽃이 핌은 묘妙함이 되지 못하나
찬 재에서 불꽃이 일어남은 또한 기이하도다.
길에서 죽은 뱀을 만나거든 때려죽이지 말고
밑바닥 없는 광주리에 담아 가지고 돌아오라.
남쪽 지리산智異山과 북쪽 묘향산妙香山은 묻지 않거니와
어떤 것이 납승衲僧의 행동하는 곳인가?
(한참 묵묵한 후 말씀하셨다.)
밤이 짧으니 잠이 부족하고
해가 기니 허기가 심하도다.
若知分身法이면 便得出身路니
靑天에 迅電急이요 平地에 白浪高로다
鐵樹開花는 未爲妙요 寒灰發燄亦奇哉로다
路逢死蛇莫打殺하고 無底籃子에 盛將歸어다

---

[1] 모든 속박을 끊고 자유로운 상태로 가는 길을 말함.

南智異北香山은 卽不問이어니와 如何是衲僧行履處오 (良久云)
夜短睡不足이요 日長飢有餘니라

【 본칙 】

영산회상靈山會上[2]에서 부처님께서 꽃을 들어 대중에게 보이시자, 가섭존자가 얼굴 가득히 미소 지으니 부처님께서 말씀하셨다.
"나에게 정법안장正法眼藏[3]·열반묘심涅槃妙心[4]이 있으니 그것을 대가섭大迦葉에게 부촉하노라."[5]
靈山會上에 世尊이 拈花示衆하시니 迦葉이 破顔微笑라 世尊云 吾有正法眼藏涅槃妙心하야 付囑摩訶迦葉하노라 하시다

【 착어 】

세존은 그 하나만 알고 둘은 모르며
가섭은 둘만 알았지 그 하나는 모르니
만길 산꼭대기에 두 칼이 빛나고
천길 바다 밑에 둥근 해 붉도다.
정법안장·열반묘심은 이 무슨 마른 똥막대기인고?
손을 맞잡고 가슴에 올리니[6]
하나는 '동東' 자요 하나는 '동冬' 자로다.
가죽 밑에 피 끓는 사람[7]이

---

2 영산(靈山)은 영취산(靈鷲山)이며 기사굴산(耆闍崛山)의 번역. 중인도 마갈타국 왕사성(王舍城) 부근에 있는 산. 부처님께서 이곳에서 『법화경(法華經)』을 설하셨다고 함.
3 불법의 진수, 깨달음의 진실을 말함. 부처님이 전한 최고의 정법.
4 절묘한 깨달음의 마음, 불심(佛心)을 말함.
5 『선문염송』 제5칙(한국불교전서5, 14쪽).
6 두 손을 감싸 모아 자신의 가슴에 대는 선승들의 인사법. 여기서는 예의를 갖추어 질문한다는 뜻.
7 살아 있는 사람이란 뜻.

선상禪床을 들어 엎고 대중을 소리쳐 흩어버려도
지당하기는 참으로 지당하나 감히 말하노니
"노형老兄이 아직 확철치는 못하다."
世尊은 但知其一이요 不知其二며 迦葉은 但知其二요 不知其一이니 萬仞峰頭에 雙劒輝하고 千尋海底에 一輪紅이로다 正法眼藏涅槃妙心은 是什麽乾屎橛고 叉手當胸하니 一東二冬이라 皮下有血漢이 掀倒禪床하고 喝散大衆하야도 諦當甚諦當이나 敢保老兄未徹在니라

◉

이만하면 오늘 법문은 다 마쳤는데 몇 마디 더 하겠습니다.

【 염 】

임제의 정맥正脈이요, 양기[8]의 적손嫡孫인 백운 단[9]선사가 이 법문을 들어 말했다.
"산승이 힘을 아끼지 않고 모든 사람들을 위하여 정법안장正法眼藏을 열어 보이리라."
손을 들고 두 손가락을 세워 말하되,
"보아라, 만약 바로 보았으면 모든 일이 함께 한 집이요, 그렇지 못하면 산승이 다시 게송을 설하여 말하리라.

모든 사람들의 법안장法眼藏은
많은 성인들도 능히 알 수 없는지라

---

8   양기방회(楊岐方會, 993~1046). 임제종 양기파(楊岐派)의 개조. 석상초원(石霜楚圓)의 법제자로 남악(南岳)스님의 11세손.
9   백운수단(白雲守端, 1025~1072). 양기방회(楊岐方會)의 법제자로 남악(南岳)스님의 12세손. 저서로『백운수단선사어록(白雲守端禪師語錄)』2권 등이 있음.

그대들을 위하여 한 길10을 열어 놓으니
밝은 빛이 큰 당나라에 가득 찼도다.
수미산은 바다로 뛰어들고
유월에 된서리 내리도다.
내 비록 이렇게 말하나
한 구절도 찾을 길 없느니라.
대중들이여, 이미 입 안 가득히 말하여 놓고
어찌하여 도리어 한 구절도 찾을 길 없다 하는가?
억!
몸을 두 곳에 나누어 보라."

臨濟正脈이요 楊岐嫡孫인 白雲 端이 擧此話云 山僧이 不惜力하고 爲諸人開正法眼藏하리라 乃擧手하고 竪兩指云 看하라 若見得去하면 事同一家어니와 若未然이면 山僧이 重說偈言하리라
諸人法眼藏은 千聖도 莫能當이라
爲君通一線하노니 光輝滿大唐이로다
須彌는 走入海요 六月降嚴霜이니
法華雖恁道나 無句得商量이니라
大衆아 旣滿口道了하고 爲什麼하야 却無句得商量고
乃喝云 分身兩處看하라 하다

●

일체중생이 모두 정법안장을 가지고 있지만 이 정법안장은 석가와 달마도 감당하지 못하며 천 부처님 만 조사도 알 수 없는 것입니다. 그래 도저히 다가갈 길이 없는 것을, 그대들을 위해 백운 단선사가 한 가닥 길

---

10 아주 가느다란 길이란 뜻으로 스승이 학인을 제도하기 위해 친절하게 제시하는 방편을 말함.

을 열어 놓으니 그 광명이 온 우주에 가득 차며, 수미산은 달아나 바다로 들어가고 6월에 어찌 서리가 올 수 있겠냐마는 6월에 된서리가 내리더란 것입니다.

'법화法華'는 단선사가 당시 법화사法華寺에 주석하고 계셨으므로 스스로를 그렇게 칭한 것입니다. "법화, 즉 내가 비록 이렇게 말하지만, 나는 한 말도 한 적이 없다."고 했는데 옛 공안을 거론하고 법문을 하고 게송을 읊는 등 입이 꽉 차도록 말해 놓고선 어째서 한마디도 말한 적이 없다고 하느냐 이것입니다. 거짓말하는 것 아닙니까? 그러면서 고함을 치고는 "몸을 두 곳에 나누어 보라."고 했습니다.

【 착어 】

'몸을 두 곳에 나눈다' 함은 상신실명喪身失命함이 아니요, 뜻이 매우 깊어 알기 어려운 것이다. 만약 능히 바로 알면 천칠백 공안을 일시에 뚫어버릴 것이니 등한히 여기지 말라.

　　分身兩處는 不是喪身失命也요 甚深難解니 若能透得하면 千七百公案을 一時穿却하리니 莫作等閑看하라

◉

법문 서두에 내가 "몸 나누는 법을 알 것 같으면 몸 살아나는 길을 얻는다."고 말했듯이, "몸을 두 곳에 나누어 보라."고 단선사가 말씀하셨습니다. 흔히들 그것을 '몸을 상하고 생명을 잃는 것喪身失命'이라고 보는데 그런 뜻이 아닙니다. 이 말씀은 뜻이 매우 깊어 참으로 알기 어렵습니다.

단선사가 법문 처음에 "정법안장을 열어 보인다."고 말씀하시고선 손가락 두 개를 들고 "몸을 두 곳에 나누어 보라."고 했습니다. '몸을 나눈다'는 그것을 확실히 알면 부처님의 정법안장도 알 수 있고 가섭이 미소한 뜻도 알 수 있으며, 그 뿐 아니라 천칠백 공안과 일체 선지식 모든 조사들의 법

문을 확연히 다 알 수 있는 것입니다. 그러니 가볍게 여기지 말고 깊이깊이 참구하기 바랍니다. 덧붙여 불인 요원선사[11]라고 운문종雲門宗의 뛰어난 조사가 계셨는데, 이 공안에 대한 그 스님의 송을 소개하겠습니다.

【 송 】
운문종의 불인 원선사가 송하였다.
부처님은 꽃을 들고 가섭은 미소 지으니
물 밑의 고기요 하늘 위의 새로다.
미륵을 잘못 알아 관음보살이라 하고
다리미로 차를 달이니 그릇이 다르구나.
雲門下 佛印 元이 頌호대
世尊拈花迦葉微笑하니 水底魚兮天上鳥로다
誤將彌勒作觀音하니 熨斗煎茶不同銚로다

◉

왜 "미륵보살을 관음보살로 잘못 안다." 하며, 다리미와 차관은 뜨거운 물건을 담는 것인데 "그릇이 다르다." 하였을까요? 이 게송의 뜻을 알면 몸 나누는 법을 알 수 있고 몸 살아나는 법도 알 수 있고, 따라서 부처님께서 꽃을 드신 뜻도 알 수 있고 가섭존자가 빙긋이 웃은 뜻도 알 수 있습니다.

【 결어 】
대중들이여, 한 무리의 늙은이들이 똥을 뿌리고 모래를 뿌려 그대들의 정법안장을 눈멀게 하고 확탕노탄鑊湯爐炭 지옥으로 떨어져서 살

---

11 불인요원(佛印了元, 1032~1098). 개선선섬(開先善暹)의 법제자로 청원(青原)스님의 10세손.

려달라고 소리 지르니 누가 감히 구해낼 수 있겠는가?

(주장자 한 번 내려치고 말씀하셨다.)

흰 해오라기 밭에 내리니 천 송이 눈이요

누런 꾀꼬리 나무에 오르니 한 가지 꽃이로다.

(크게 할을 한 번 하고 내려오시다.)

大衆아 一隊老漢이 撒屎撒砂하야 瞎却諸人正法眼藏하고 墮在鑊湯爐炭裏하야 叫喚이로다 還救得出麼아 (卓拄杖一下云)

白鷺下田千點雪이요 黃鸚上樹一枝花로다

(喝一喝하고 遂下座하시다)

◉

대중 여러분, 앞서 말한 여러 늙은이들은 똥을 뿌리고 모래를 뿌려 비단 여기 모인 대중뿐 아니라 미래겁 일체 중생의 정법안장의 눈을 멀게 한 것입니다. 보통 사람이 볼 때는 부처님이 좋은 법문을 하시고 가섭이 그 뜻을 알고 미소를 짓고, 백운 단선사도 좋은 법문을 하시고 불인 원선사도 참으로 훌륭한 게송을 지어 일체 중생의 정법안장을 열어주었다고 볼 수 있을지 모르나 내가 볼 때는 그것이 아니다 이 말입니다.

부처님을 위시한 가섭, 백운, 불인 등의 노인네들은 냄새나고 더러운 똥 덩어리를 사람에게 뿌리고 모래를 뿌려 남의 멀쩡한 눈을 다 멀게 한 것입니다. 뿐만 아니라 그 죄가 커서 확탕노탄鑊湯爐炭 지옥에 떨어져 "나 살려 달라!"고 소리를 지르고 있습니다. 그러면 어떻게 해야 그분들을 구할 수 있을까요? 게송을 잘 살펴보십시오.

흰 해오라기 밭에 내리니 천 송이 눈이요

누런 꾀꼬리 나무에 오르니 한 가지 꽃이로다.

丁未(1967)년 10월 말일 해인사 해인총림 궁현당

3. 조주정백 趙州庭栢
뜰 앞의 잣나무

【 수시 】

(주장자를 한 번 내려치고 말씀하시되)

석가와 달마가 손을 잡고 오는구나.

(또 한 번 내려치고)

도로 기둥 속에 들어가 허허 하고 웃는다.

대중들이여, 어째서 웃는가?

(한참 묵묵한 후에 말씀하셨다.)

장 서방이 술을 마시는데 이 서방이 취하고

동쪽에서 북 치는데 서쪽에서 춤춘다.

(卓拄杖一下云) 釋迦達磨携手來로다

(又一下云) 却入露柱笑呵呵로다 大衆아 笑個什麼오

(良久云) 張公喫酒李公醉하고 東邊에 打鼓西邊舞로다

【 본칙 】

조동종曹洞宗을 이어받은 고목 성스님[1]과 천제 조스님[2]은 부용 해스

---

1   고목법성(枯木法成, 1071~1128). 조동종(曹洞宗) 스님으로 부용도해(芙蓉道楷)의 법제자. 청원(靑原)스님의 12세손.
2   천제유조(闡提惟照, 1084~1128). 조동종(曹洞宗) 스님으로 부용도해(芙蓉道楷)의 법제자. 청원(靑原)스님의 12세손.

님[3]의 두 큰 제자다. 비록 같은 스승 밑에서 나왔지만 서로 만난 일이 없었다. 어느 날 어떤 중이 천제 조스님이 스스로 지은 진찬眞讚[4]을 고목스님에게 전하니 그 글은 이렇다.

비가 엷은 분홍빛을 씻으니 복사꽃 꽃잎이 부드럽고
바람이 연푸른빛을 흔드니 실버들 가지 가볍구나.
흰 구름 그림자 속에 괴이한 돌이 드러나고
초록 물빛 속에 마른 나무 맑도다.
허허, 너는 이 어떤 사람이냐?

曹洞相續인 枯木 成과 闡提 照는 芙蓉楷之兩神足也라 雖出同門이나 未得相見이러라 一日에 有僧이 傳枯木于闡提自作眞讚曰
雨洗淡紅에 桃萼嫩이요 風搖淺碧하니 柳絲輕이라
白雲影裏에 怪石露하고 綠水光中에 枯木淸이로다
咦 爾是何人고 하다

◉

조동종曹洞宗의 정맥을 이어받은 부용 도해스님이란 분이 계셨습니다. 그 스님이 제자 두 분을 뒀는데, 고목 성선사와 천제 조선사입니다. 두 분은 같은 스님의 제자이지만 입실한 시기와 주석한 처소가 달라 끝내 서로 상면하진 못했습니다. 그렇게 각기 멀리 떨어져 지내던 중 한 번은 천제 조선사 회하에서 공부하던 수좌 한 명이 고목 성선사를 찾아왔습니다. 그래 고목 성선사가 물었습니다.

---

3 부용도해(芙蓉道楷, 1043~1118). 조동종(曹洞宗) 스님으로 투자의청(投子義靑)의 법제자. 청원(靑原)스님의 11세손.
4 진(眞)은 진영(眞影)·초상(肖像)을 말하고, 진영의 여백에 송(頌)을 써넣는 것을 찬(讚)이라 함.

"천제 조스님이 돌아가신 스승 부용 해선사의 법을 이었다고들 하는데 법문은 어떻게 하더냐?"

이에 그 수좌가 답하였습니다.

"하신 법문은 잘 모르겠고, 그 분께서 진영찬을 스스로 지으신 것이 있는데 그것을 제가 기억하고 있습니다."

"그래, 어떻게 지었더냐?" 하고 물으니, 그 수좌가 기억하고 있던 진영찬을 이와 같이 읊은 것입니다. 천제 조선사의 진영찬에 내가 평을 한마디 붙이겠습니다.

【 착어 】

귀신 머리에 부처의 얼굴이요
부처 머리에 귀신의 얼굴이로다.
만약 이 뜻을 알면 문득 천제스님과 더불어 마주 보리라.
鬼頭佛面이요 佛頭鬼面이로다
若會此意하면 便與闡提로 相見하리라

【 본칙 】

고목스님이 탄식하며 말하였다.
"스님께서 과연 이런 자식을 두었던가?"
枯木이 歎曰 先師果有此兒耶아 하다

◉

그 스님이 읊은 게송을 듣고 고목 성선사가 "우리 스승님이 과연 이렇게 훌륭한 제자를 두었더란 말인가." 하고 탄복을 했습니다. 고목스님의 이 말씀에 내 한마디 붙이겠습니다.

【 착어 】

한 문으로 드나드나 전생부터 원수로다.

同門出入에 宿世寃家로다

【 본칙 】

그 중이 진찬眞讚의 뜻을 물으니 고목스님이 말하였다.

"법안[5]이 말하기를, '내가 20년 동안 경계境界를 표현하는 말로 잘못 알았노라' 함을 보지 못하였는가?"

僧이 請益한대 木이 云 不見가 法眼이 道호대 我二十年을 錯作境話會라 하다

◉

그 스님이 고목스님에게 "그 진영찬이 무슨 뜻입니까?" 하고 물었습니다. 그러자 고목스님이 "법안스님이 '내가 20년 동안 경계를 표현하는 말인 줄로 잘못 알았었다'고 했던 말을 너는 들어본 적이 없느냐?"고 말씀하셨습니다. 천제스님의 영찬이 언뜻 보면 마치 풍월을 읊은 것처럼 보이기 때문입니다. 표현한 말만 따라가서 그걸 일종의 경계로, 풍월을 읊조린 것으로 알아서는 안 된다는 말씀입니다. 고목스님의 이 말씀에 내 또 한마디 평을 붙이겠습니다.

【 착어 】

나귀 똥으로 귀신의 눈동자를 바꾼다.

驢屎로 換却鬼眼睛이로다

---

[5] 법안문익(法眼文益, 885~958). 법안종(法眼宗)의 개조. 나한계침(羅漢桂琛)의 법제자로 청원(靑原)스님의 8세손. 저술로 『법안록(法眼錄)』, 『종문십규론(宗門十規論)』 등이 있음.

【 본칙 】

법안스님의 이 말은 협산스님[6]의 법문에서 연유하니, 어떤 중이 협산스님에게 묻되 "어떤 것이 협산의 경계境界입니까?" 하니, 협산스님이 대답하였다.
"원숭이는 새끼를 안고 푸른 산봉우리 사이로 들어가고
새는 떨어진 꽃잎을 물고 푸른 바위 앞에서 놀더라."
法眼此語는 由于夾山하니 僧이 問 夾山호대 如何是夾山境고 山云 猿抱子歸靑嶂裏하고 鳥含花落碧岩前이라 하다

⦿

법안스님이 "20년 동안 경계를 표현하는 말인 줄로 잘못 알았다."는 그 말은 바로 협산스님의 말씀을 두고 하는 소리입니다. 예전에 협산스님이라고 유명한 분이 계셨어요. 어떤 스님이 그 스님에게 "어떤 것이 협산의 경계입니까?" 하고 묻자 협산스님이 "원숭이는 새끼를 안고 푸른 산봉우리 사이로 들어가고, 새는 떨어진 꽃잎을 물고 푸른 바위 앞에서 놀더라." 이렇게 대답했습니다.
협산스님의 이 말씀에 대해 내 한마디 하겠습니다.

【 착어 】

뜨거운 벽돌을 치니 속까지 얼어붙었구나.
경계境界를 표현한 말로 알면
지옥에 떨어지기 화살 같으리라.
焦塼을 打著하니 連底凍이라 若作境話會하면 入地獄如箭射로다

---

6 협산선회(夾山善會, 805~881). 선자덕성(船子德誠)의 법제자로 청원(靑原)스님의 4세손.

◉

만약 천제스님의 진영찬이나, "원숭이는 새끼를 안고 푸른 산봉우리 사이로 들어가고, 새는 떨어진 꽃잎을 물고 푸른 바위 앞에서 놀더라." 하는 협산스님의 말씀을 어떤 경계를 표현한 말로 아는 사람이 있다면 그 사람은 화살같이 지옥에 떨어지고 맙니다. 경계를 읊은 것으로 알면 두 분의 근본 뜻은 끝내 모르고 마는 것입니다. 누구든지 스스로 깨쳐 자성을 바로 알아야만 비로소 그 뜻을 확연히 알 수 있습니다. 경계를 표현한 말로 알아 공연히 이리저리 궁리하고 추측한다면 고인의 뜻은 끝내 모르고 맙니다. 경계를 표현한 말로 잘못 알아서는 안 된다는 것을 분명히 밝힌 공안 하나를 더 소개하겠습니다.

【 본칙 】

어떤 중이 조주스님[7]에게 물었다.
"어떤 것이 조사가 서쪽에서 오신 뜻입니까?"
"뜰 앞의 잣나무니라."
"스님은 경계境界를 가지고 사람에게 보이지 마십시오."
"나는 경계를 가지고 사람에게 보이지 않노라."
"어떤 것이 조사가 서쪽에서 오신 뜻입니까?"
"뜰 앞의 잣나무니라."[8]

僧問 趙州호대 如何是祖師西來意오 州云 庭前栢樹子니라 僧云 和尙은 莫將境示人하소서 州云 我不將境示人하노라 僧云 如何是祖師西來意오 州云 庭前栢樹子라 하니라

---

7 조주종심(趙州從諗, 778~897). 남전보원(南泉普願)의 법제자로 남악(南岳)스님의 3세손.『조주록(趙州錄)』이 남아 있음.
8 『선문염송』제421칙(한국불교전서5, 351쪽).

⦁

　조주스님께서 "뜰 앞에 있는 잣나무."라고 하니 질문한 그 스님은 눈앞에 보이는 경치, 경계 그런 것을 표현한 말로 알아들은 겁니다. 그래서 "저는 조사가 서쪽에서 오신 뜻을 묻는데 스님은 왜 '뜰 앞에 잣나무'니 하는 그런 경계를 가지고 사람에게 보이십니까?" 하고 되물었습니다. 그러자 조주스님이 하시는 말씀이 "나는 경계를 가지고 말하지 않는다."고 하셨습니다. "네가 경계로 보는 것이지 나는 실지 경계를 가지고 보이지 않았다. 너는 내 뜻을 모르는 사람이다." 이 말입니다. 그러니까 그 스님이 다른 말씀이 또 있을까 싶어 "어떤 것이 조사가 서쪽에서 오신 뜻입니까?" 하고 다시 물었습니다. 조주스님께선 여전히 "뜰 앞의 잣나무니라."고 말씀하셨습니다.

　'뜰 앞의 잣나무니라' 하신 조주스님의 말씀에 내가 또 한마디 붙이겠습니다.

【 착어 】

바다 밑에 등불을 켜니 온 세상이 환하고
돌 위에 꽃을 가꾸니 가지가 자라 신령하도다.
　海底에 燃燈光世界하고 石上에 栽花長枝靈이로다

⦁

　천길만길 되는 저 깊은 바닷속에 불을 하나 켜놓으니까 삼천대천세계 그 수를 헤아릴 수 없는 불찰세계를 다 밝히고도 남고, 큰 바위 위에 한 그루 나무를 심었더니 가지가 벌어지고 그 잎이 무성해 시방법계를 덮을 정도로 잘 자라더라는 말입니다. 이런 내 말뜻을 바로 알면 조주스님께서 "뜰 앞의 잣나무"라 하신 뜻도 알게 됩니다. 하지만 이런 말들을 경계를 표현한 말로 안다면 그것은 북쪽을 남쪽이라 여기고, 남쪽을 북쪽이라 여기는 것과 마찬가지가 됩니다. 그 본뜻은 절대로 모르고 마는 것입니다.

후에 불감 근선사가 '뜰 앞에 잣나무'라는 이 공안에 대해 게송을 지은 것이 있습니다. 그것을 소개하겠습니다.

【송】

불감 근선사[9]가 송하였다.
만리 장천長天에 비 개이니
둥근 달이 맑고 환히 비치노라.
뜬구름이 모든 사람의 눈을 가리니
달 속 선녀의 얼굴 보는 사람 드물다.
佛鑑 勤이 頌云
萬里長空雨霽時에 一輪明月이 暎淸輝로다
浮雲이 掩斷千人目하야 得見姮娥面者稀로다 하니라

◉

천리만리 되는 무변 허공에 비가 다 개이니 수레바퀴만한 밝은 달이 맑더라, 이것입니다. 그런데 구름이 일체 중생의 눈을 말짱 가려 버렸습니다. 그래서 달의 본모습을 바로 보는 사람이 하나도 없더라는 것입니다. 본시 청천백일인데 구름이 앞을 가려 그 달을 제대로 보지 못한다 그 말입니다. 일체 중생은 전부 다 그리 되어있습니다. 확철히 깨치지 않고는 누구도 이것을 알 수 없습니다. 조금이라도 그것을 경계로 고집하고서 사량분별로 해석한다면 본뜻은 영원히 모르고 맙니다.

---

9   불감혜근(佛鑑慧懃, 1059~1117). 임제종 양기파(楊岐派) 스님으로 오조법연(五祖法演)의 법제자. 남악(南岳)스님 14세손.

【 결어 】

필경 이 무슨 도리인가?

시리 소로 사바하로다.

(주장자를 세 번 내려치고 내려오시다.)

畢竟是什麽道理오 喧哩囌嚧娑婆訶라 하고

(卓拄杖三下하고 遂下座하시다)

丁未(1967)년 11월 보름 해인사 해인총림 궁현당

4. 삼성봉인 三聖逢人
사람을 만나면

【 수시 】

임제의 할喝은 땅을 파서 하늘을 찾음이요
덕산의 방棒은 얼음을 두드려 불을 찾음이다.
뜰 앞의 잣나무는 굽은 것을 꺾어 곧은 것을 만듦이요
개에 불성佛性이 없음[1]은 금을 버리고 똥을 취함이로다.
석상石霜 수좌首座는 무상정인無上正印을 차고
조계적자曹溪嫡子는 지옥에 떨어지기 화살 같으니
눈 밝은 큰 종사가 어째서 칠수팔각七手八脚[2]인가?
(한참 묵묵한 후에 말씀하셨다.)
바람이 버들가지에 부니 버들강아지 솜털이 날리고
비가 배꽃을 두드리니 범나비 나는구나.

臨濟喝은 掘地覓天이요 德山棒은 叩氷求火요
庭前栢樹子는 拗曲作直이요 狗子佛性無는 捨金取糞이로다
石霜首座는 佩無上正印하고 曹溪嫡子는 入地獄如箭이라
明眼大宗師가 爲什麼하야 七手八脚고 (良久云)
風吹柳絮毛毬走하고 雨打梨花蛺蝶飛로다

---

1 조주스님에게 어떤 스님이 "개에도 불성이 있습니까?" 하고 묻자 조주스님은 "없다[無]"고 대답함.
2 궁지에 몰려 손발을 다급히 어지럽게 흔드는 모양을 말함.

🔴

　석상스님이 돌아가신 뒤 만인이 석상스님의 수좌를 조실로 천거했는데 시자였던 구봉스님만 홀로 반대하였습니다. 이 일로 수좌와 시자 간에 법담이 벌어졌습니다. 구봉스님이 석상수좌에게 물었습니다.
　"선사先師께서 말씀하시기를, '쉬어 가고 쉬어 가며, 한 생각이 만 년까지 이어가며, 찬 재 마른 나무같이 가며, 한 가닥 흰 실같이 뻗쳐 간다' 하셨으니 말씀해 보십시오. 어떤 일을 밝히신 것입니까?"
　"일색변사一色邊事를 밝히신 것이다."
　"그렇다면 선사先師의 뜻은 모르는 것입니다."
　"그대가 나를 긍정치 않는단 말인가? 그럼 향을 가져오너라."
　그러고는 수좌가 향을 피우면서 말했습니다.
　"내가 만약 선사의 뜻을 알지 못했다면 향 연기 일어날 때 생사를 벗어나지 못하리라."
　수좌는 말대로 향 연기가 일어나자마자 앉아서 곧 숨을 거두었습니다. 그러자 구봉스님이 수좌의 등을 어루만지면서 "서서 죽고 앉아 죽기를 맘대로 한다고는 하겠지만 선사의 뜻은 꿈에도 보지 못했다."고 했습니다. 그런 석상의 수좌는 위없는 바른 도장을 차고 있고, 조계, 즉 육조대사의 적자들은 화살같이 지옥에 떨어진다 하였으니 이것이 무슨 말입니까? 이 뜻을 잘 알아야 내 법문을 알 수 있습니다.
　'바람이 버들가지에 부니 버들강아지 솜털이 날리고, 비가 배꽃을 두드리니 범나비 난다'는 이 게송의 뜻을 알면 오늘 법문은 다 끝난 것입니다. 그러나 덧붙여 몇 마디 더 해보겠습니다.

【 본칙 】

　삼성스님과 홍화스님은 임제스님의 큰 제자인데, 대기대용大機大用을 갖추어 임제스님의 정법안장正法眼藏을 전하였다.

삼성스님이 법상에 올라 "나는 사람을 만나면 곧 나간다. 나가면 사람을 위하지 않는 것이다." 하니, 홍화스님이 이 말을 듣고 법상에 올라 말하였다.

"나는 사람을 만나면 나가지 않는다. 나가면 문득 사람을 위하는 것이다."[3]

三聖 興化는 臨濟神足이니 具大機大用하야 傳臨濟正法眼藏하니라
三聖이 上堂云 我는 逢人則出하나니 出卽不爲人이라 興化聞之하고
上堂云 我는 逢人則不出하나니 出則便爲人이라 하니라.

●

임제스님의 제자 가운데 삼성스님[4]과 홍화스님[5]이 가장 뛰어난 제자입니다. 그래서 임제문하臨濟門下라 하면 삼성과 홍화가 대표적인 인물인데 후대엔 홍화스님의 아손이 천하를 풍미하였습니다.

삼성스님은 "사람을 보기만 하면 나간다."고 했는데, 그 말은 사람을 보기만 하면 나가서 접대를 한다는 말입니다. 그렇지만 나가면 실제로는 사람을 위하는 것이 아니라고 했습니다. 사람을 보면 나가는데, 즉 사람을 보면 나가서 접대를 하는데 왜 그것이 실제로는 사람을 위하는 것이 아니라고 했을까요? 거기에 깊은 뜻이 있습니다.

홍화스님은 또 그 말을 듣고 상당해서 말씀하시기를, "사람을 보면 나가지 않는다." 즉 사람을 만나도 접대를 하지 않는다고 했습니다. 그런데 나가게 되면 실제로 사람을 위하는 것이라고 했습니다. 삼성스님이 말한 것과는 정반대로 말씀한 것입니다. 두 분이 다 같이 임제스님의 정법인正

---

3 『선문염송』 제751칙(한국불교전서5, 561쪽).
4 삼성혜연(三聖慧然). 임제의현(臨濟義玄)의 법제자. 남악(南岳)스님의 5세손.
5 홍화존장(興化存奬, 830~888). 임제의현(臨濟義玄)의 법제자. 남악(南岳)스님의 5세손.

法印을 이었는데 어째서 말씀하시는 것은 이와 같이 서로 반대될까요?

【 착어 】

두 사람이 다 같이 임제정인臨濟正印을 이었거늘 어찌하여 말하는 것이 이와 같이 서로 반대되는가? 여기에서 밝게 깨쳐 남김없이 철저하여 의심이 없으면, 임제스님만 친견할 뿐만 아니라 큰 선지식의 신묘한 수법을 알 것이니 어떠한가?

二人이 同佩臨濟正印이어늘 爲什麽하야 出言이 却如此相反고 於此에 明得하야 了徹無疑하면 非但親見臨濟오 亦知大善知識의 神妙手法하리니 作麽作麽오

◉

두 분의 말씀 모두에 참으로 깊은 뜻이 있습니다. 만약 이 깊은 뜻을 밝게 깨쳐서 철저하여 의심이 없으면, 그 사람은 임제스님의 골수를 분명히 알아 임제스님을 친견할 뿐만 아니라 삼세제불과 역대조사의 정법안장과 신묘한 수법을 다 알 수 있습니다. 그때 비로소 불법을 아는 사람이 되는 것입니다. 그렇지만 사량분별로는 이것을 절대로 모릅니다. 그러면 그 깊은 뜻이 무엇일까요? 거기에 대해 내가 한마디 하겠습니다.

【 착어 】

하늘에는 별이 있어 다 북쪽을 향해 돌고
인간에는 동쪽으로 흐르지 않는 물이 없다.
天上에 有星皆拱北이요 人間에 無水不朝東이로다

【 송 】

죽암 규선사[6]가 송하였다.
사람이 가난함에 지혜 짧음이 많고
말이 여윔에 털 길어짐을 보나니
홀로 쌍봉사雙峰寺에 자고
함께 한 가닥 향을 피우노라.

竹菴 珪 頌云
人貧에 多智短이요 馬瘦에 見毛長이라
獨宿雙峰寺하고 同焚一炷香이라 하니라

◉

이 게송의 뜻을 알면 앞에서 '천상의 별들은 모두 북쪽을 향해 돌고, 인간세계 강들은 모두 동쪽을 향해 흐른다'고 한 내 말도 알 수 있고, 그와 동시에 삼성스님과 흥화스님이 하신 법문의 낙처도 알 수 있습니다. 죽암스님의 게송에 내가 또 한마디 붙이겠습니다.

【 착어 】

관음보살과 세지보살이요 세지보살과 관음보살이니
눈 속에서 숯을 보내고 간장 속에서 소금을 얻는다.

觀音勢至요 勢至觀音이니 雪中에 送炭하고 醬裏에 得鹽이로다

【 결어 】

필경 이 무슨 뜻인가?

(한참 묵묵한 후에 말씀하셨다.)

---

6 죽암사규(竹菴士珪, 1083~1146). 임제종 양기파 스님으로 불안청원(佛眼淸遠)의 법제자. 남악(南岳)스님의 15세손.

말 얼굴의 야차夜叉가 겨우 머리를 숙이니
소머리의 옥졸이 문득 주먹을 드는구나.
(주장자를 한 번 치고 내려오시다.)
畢竟如何오 (良久云)
馬面夜叉가 才稽首하니 牛頭獄卒이 便擎拳이로다
(卓拄杖一下하시다)

◉
그러면 결국 이것이 무슨 뜻일까요? 게송을 잘 음미해 보시기 바랍니다.
말 얼굴의 야차夜叉가 겨우 머리를 숙이니
소머리의 옥졸이 문득 주먹을 드는구나.

丁未(1967)년 11월 말일 해인사 해인총림 궁현당

5. 보화적적 普化賊賊
도적이야 도적이야

【 수시 】

삼세의 모든 부처님도 이 도적이요
역대의 모든 조사들도 이 도적이니
훔친 물건이 어느 곳에 있느냐?
(한참 묵묵한 후에 말씀하셨다.)
영산靈山에선 푸른 연꽃을 높이 들고
뜰 앞엔 잣나무가 길이 무성하네.

三世諸佛도 也是賊이요 歷代祖師도 也是賊이니
臟物이 在甚處오 (良久云)
靈山에 高擧靑蓮華하고 庭前에 長榮栢樹子로다

【 본칙 】

보화산성普化散聖이 밤에도 밝은 부적을 거꾸로 쥐고 임제[1] 회상에 드나들며 집안을 요란케 하였다. 어느 날 절 안에서 생채를 먹고 있는 것을 임제스님이 보고 "이놈이 꼭 한 마리 나귀 같구나." 하니, 보화스님이 갑자기 나귀 울음소리를 냈다.

---

1 임제의현(臨濟義玄, ?~867) 임제종 개조로서 황벽희운(黃檗希運)의 법제자. 남악(南岳)스님의 4세손. 최고의 어록으로 칭송받는 『임제록(臨濟錄)』이 남아 있음.

임제스님이 "이 도적놈아!" 하니, 보화스님이 "도적놈아! 도적놈아!" 하고 나가 버렸다.[2]

普化散聖이 倒拈夜明符子하고 出入臨濟하야 攪亂門庭하더니 一日에 在院中喫生菜라 臨濟가 見하고 乃云 者漢이 大似一頭驢로다 化便作驢鳴한대 濟云 這賊아 化云 賊賊하고 便出去하니라

◉

임제스님 당시에 보화 존자라는 분이 계셨습니다. 보화스님은 마조스님의 제자이신 반산 보적선사의 법제자입니다. 보적스님께서 돌아가실 때 대중 스님들에게 "너희들 모두 내 모습을 그려 오너라."고 했습니다. 그래서 모든 대중들이 보적스님의 영정을 한 장씩 그려 바쳤는데 "모두 내 모습이 아니라." 하고는 물리쳤습니다. 그러자 보화 존자가 보적스님 앞으로 나오더니 공중제비를 한 바퀴 돌고 나가 버렸습니다. 이 모습을 지켜보던 보적스님께서 "저 미친놈이 나중에 네거리에 서서 바람도 두드리고 비도 두드리고 미친 짓을 많이 할 것이다." 하고는 돌아가셨습니다. 과연 그 뒤 보화스님은 기상천외한 일을 저지르며 임제스님을 도와 종풍을 크게 떨쳤다고 합니다. 이 공안 역시 임제스님과의 법거량 가운데 하나입니다. 두 분의 법담에 내가 한마디 평을 붙이겠습니다.

【 착어 】

원수가 아니면 머리를 모으지 않느니라.

不是寃家不聚頭로다

---

2 『선문염송』 제513칙 (한국불교전서5, 406쪽).

◉

앞에서 임제와 보화 두 분이 서로를 '도적놈'이라 하신 뜻을 바로 알려면 "원수가 아니면 서로 머리를 맞대지 않는다."고 한 내 말뜻을 바로 알아야 합니다. 후에 해인스님이라는 분이 두 분의 법담에 대해 게송을 쓴 것이 있습니다.

【 송 】

해인 신선사[3]가 송하였다.
역순逆順의 기틀에 어느 것이 정正이며 사邪이냐?
결국은 모름지기 이 본행가本行家일세.
진흙과 물이 화합함을 아는 사람 없으니
온 집안에 무쇠 나무 꽃향기 가득하도다.
海印 信이 頌曰
逆順之機孰正邪오 到頭須是本行家로다
和泥合水를 無人會하니 滿堂馨香鐵樹花로다 하니

◉

역이라는 것은 거스르는 것이고 순이라는 것은 바로 나아가는 것입니다. 역으로 나가기도 하고 순으로 나가기도 하는 그 기틀을 두고 "무엇은 바른 것이고 무엇은 그른 것이다."고 할 사람이 있느냐 그 말입니다. 참으로 역순으로 자재하고 종횡으로 탕탕무애蕩蕩無碍한 그 경지에 있어서는 정인지 사인지를 말할 수 없다 이 말입니다. 결국 이럴 수 있는 이는 모름지기 본행가本行家, 즉 본분종사라야만 합니다.

---

[3] 해인초신(海印超信). 송(宋)대 임제종(臨濟宗) 스님. 낭야혜각(瑯琊慧覺)의 법제자. 남악(南岳)스님의 11세손.

【 착어 】

만약 이 송의 뜻을 알면, 다음 송의 뜻을 문득 알 것이다.
동쪽 집에서는 등불을 밝히고
서쪽 집에서는 캄캄하게 앉아 있네.

若會此頌意하면 便得東家에 明燈하고 西舍에 暗坐로다

◉

해인스님 게송의 뜻을 알면 '동쪽 집에서는 등불을 밝히고 서쪽 집에서는 캄캄하게 앉아 있네'라는 뜻을 곧바로 알게 됩니다. 또 역으로 이 말의 뜻을 바로 알면 앞에서 "원수가 아니면 서로 머리를 맞대지 않는다."라고 한 내 말의 뜻과 임제와 보화가 서로를 "도적놈아!"라고 한 그 법문의 뜻도 바로 알 수 있습니다. 그러면 "도적놈아!"라고 한 것과 관련해 공안 하나를 더 소개하겠습니다.

【 본칙 】

향엄스님[4]이 법문하였다.

"어떤 사람이 나무에 올라갔는데 입으로는 가지를 물고, 손으로는 가지를 잡지도 않고 발로도 나무를 밟지 않았다고 하자. 그때 나무 밑에서 어떤 사람이 조사가 서쪽에서 온 뜻을 물었을 때, 대답하지 않으면 그 사람의 물음에 어긋나고 대답하면 곧 상신실명喪身失命하리니, 이러한 때를 당하여 어떻게 하면 좋겠느냐?"[5]

香嚴이 示衆云 如人이 上樹하여 口啣樹枝하고 手不攀枝하여 脚不踏樹라

---

4 향엄지한(香嚴智閑, ?~898). 위앙종(潙仰宗) 스님으로 위산영우(潙山靈祐)의 법제자. 남악(南岳)스님의 4세손.
5 『선문염송』 제600칙(한국불교전서5, 465쪽).

樹下에 有人이 問西來意하면 不對則違他所問이요 若對則喪身失命하리니 當與麼時에 作麼生則是오 하니

【 착어 】

천賤함을 만나면 귀貴하다.

遇賤則貴로다

◉

이 말을 알면 향엄스님의 뜻을 바로 알 수 있습니다.

【 본칙 】

그때에 호두상좌가 나서며 물었다.

"나무에 올라가는 것은 제가 묻지 않거니와, 나무에 올라가지 않았을 때에 스님은 한 말씀 해주십시오."

時에 有虎頭上座하야 出問호대 上樹卽不問이요 未上樹時에 請和尙道하소서 하니

【 착어 】

귀貴함을 만나면 천賤하다.

遇貴則賤이로다

【 본칙 】

이에 향엄스님이 "허허!" 하고 크게 웃었다.

嚴이 呵呵大笑하다

【 착어 】

뱀의 마음에 부처의 입이로다.

蛇心佛口로다

◉

향엄스님은 위산 영우스님의 제자인데 위산스님 문하에 오기 전에는 백장 회해스님 밑에서 정진했습니다. 향엄스님은 총명이 다른 사람과 비교할 수 없이 뛰어나 하나를 들으면 백 가지를 알고 한 번 들으면 천 가지를 이해하는 분이었다고 합니다. 그러나 실지로 그 총명 때문에 공부를 성취하지 못하고 백장스님이 돌아가신 뒤에 위산스님에게 와서 의탁하고 있었습니다.

하루는 위산스님이 불러서 "부모가 낳아주시기 전의 너의 본래 면목이 무엇이냐?"고 물었습니다. 헌데 그 똑똑한 향엄스님이 이 질문에 무어라 대답해 보려고 해도 대답이 나오지 않았습니다. 방으로 돌아와 온갖 서적을 뒤지고 궁리해보아도 대답할 수가 없었습니다. 그리하여 지금까지 안다고 재잘거리던 언변으로는 종문사宗門事를 밝힐 수 없음을 깊이 뉘우치고는 가지고 있던 서적과 필묵을 모두 불사르고 참으로 도를 깨쳐야 되겠다고 생각하고 행각에 나셨습니다. 그리곤 옛 절을 찾아가니, 마침 남양의 혜충국사비가 있어 그 곳에 토굴을 짓고 몇 해를 위산스님의 물음에 답하려고 골몰하였습니다.

그러던 어느 날 하루는 마당을 쓸다가 기와 조각을 주위 대밭으로 던졌는데 기와조각이 대나무에 부딪쳐 "딱!" 하는 소리가 났습니다. 그 소리에 "부모님이 낳아 주시기 전의 너의 본래 면목이 무엇이냐?"는 위산스님의 물음을 홀연히 깨쳐 확철대오하였습니다. 그리하여 돌아와 위산스님에게 법거량을 하고 게송을 올려 인가를 받았습니다.

그 뒤 향엄스님이 개당하여 법문하려고 할 때 위산스님이 주장자를 보냈습니다. 그러자 주장자를 척 받고서는 "아이고, 아이고" 하면서 우는 것 아니겠습니까? 주변에 있던 스님이 "큰스님께서 법주장자를 보냈는데 울기는 왜 우십니까?" 하고 물었습니다. 그때 하신 말씀이 "봄에 겨울의 명령을 행한다."고 하였습니다. 그것이 향엄스님의 법 쓰는 근본 수단입니다.

【염】

뒷날 설두선사가 이를 들추어 말하였다.
"나무 위에서는 말하기 쉽고 나무 밑에서는 말하기 어렵구나. 노승이 나무에 올라가니 와서 한 번 물어보라."
後來에 雪竇가 拈云 樹上엔 道卽易하고 樹下엔 道卽難이라 老僧이 上樹也하니 致將一問來하라 하니

◉

설두스님은 향엄스님과는 반대로 말씀하셨습니다. 향엄스님은 천 척 높은 나무에 올라 입으로 가지를 물고 있을 때라고 했습니다. 그런데 설두스님은 나뭇가지를 물고 있을 때는 말하기가 쉽다고 했습니다. 말하려고 입을 열기만 하면 곧 떨어져 몸이 가루가 될 텐데 어째서 쉽다고 하셨을까요? 이 말 속에 설두스님의 깊은 뜻이 있습니다. 또 설두스님이 "나무 밑에서는 말하기가 어렵다." 했는데 나무 아래 내려와 있으면 아무리 입을 연들 죽을 일이 있습니까, 다칠 일이 있습니까? 아무 염려도 없는데 왜 어렵다고 말씀하셨을까요?

향엄스님과 정반대로 하신 설두스님의 이 말씀에 아주 깊은 뜻이 있습니다. 그런 동시에 설두스님이 하신 이 말씀의 뜻을 바로 알아야만 향엄스님의 근본 뜻도 알 수 있는 것입니다. 설두스님은 향엄스님의 뜻을 바로 알고 이 말씀을 하신 겁니다. 설두스님의 말씀에 내가 또 한마디

붙이겠습니다.

【착어】

이광李廣의 신기한 재주가 푸른 하늘을 뚫고 나가니
한 화살에 독수리 두 마리라도 신기하지 않도다.
李廣神技透靑霄하야 一箭雙鵰未爲奇로다

◉

이광은 전한前漢 효문제孝文帝가 비기장군飛騎將軍으로 봉封했던 사람으로 활 쏘는 재주가 타의 추종을 불허할 정도였다 합니다. 그렇게 재주가 뛰어난 사람이니 화살 하나로 독수리 두 마리를 잡더라도 신기할 것이 없다 이 말입니다. 이 말의 핵심이 어디 있느냐 하면 '한 화살에 독수리 두 마리'라는 것에 있으니, 대중들은 잘 살펴보아야 할 것입니다.

【염】

개암介庵 붕朋선사가 앞의 향엄스님의 법문 중에서 "어떻게 하면 좋겠느냐?" 하는 구절 끝에 '적賊'이라고 한 자 쓰고, 호두상좌가 "스님은 한 말씀해 주십시오." 하는 구절 끝에 '적賊'이라고 한 자 쓰고, 설두스님의 "와서 한 번 물어보라." 하는 구절 끝에 '적賊'이라고 한 자 쓰고 말했다.
"이 세 도적 가운데 한 사람은 훔친 도적이요, 한 사람은 도적에게 사다리를 놓아 주었고, 한 사람은 땅에 앉아 훔친 물건을 나누니, 말해 보라, 누가 이 진짜 도적이냐?"
有介庵朋禪하야 於作麼生則是에 下一賊字하고 請和尙道에 下一賊字하고 致將一問來에 下一賊字 云 這三介賊中에 一人은 正賊이요 一人은 與賊過梯요 一人은 坐地分贓하니 且道하라 那介是正賊고 하니라

【 결어 】

대중들이여, 만약 누구든지 가려내면 그대에게 칠천팔혈七穿八穴[6]함을 허락하리니 어떠한가?

(한참 묵묵한 후에 말씀하셨다.)

나는 용은 뿔을 잃고 푸른 바다에 들어가고
사나운 범은 뿔을 이고 거친 풀 속에서 나오네.

(할을 한 번 하고 내려오시다.)

大衆아 若人이 辨得出하면 許你七穿八穴하리니 如何如何오 (良久云)

飛龍은 失角入蒼海하고 猛虎는 戴角出荒草로다

(喝一喝하고 遂下座하시다)

◉

대중 여러분, 누구든 개암 붕선사가 말한 세 명의 도적 가운데 진짜 도적을 가려낼 자가 있다면 그에게 칠천팔혈七穿八穴, 즉 여기건 저기건 마음대로 구멍을 내도 좋다고 허락하겠습니다. 자, 그럼 어떻습니까?

나는 용은 뿔을 잃고 푸른 바다에 들어가고
사나운 범은 뿔을 이고 거친 풀 속에서 나오네.

丁未(1967)년 12월 보름 해인사 해인총림 궁현당

---

6 사방팔면으로 구멍을 뚫는 것. 법에 있어서 통하지 않는 곳 없이 무애자재한 모습을 표현한 말.

6. 경청신년鏡淸新年
새해의 불법

【 수시 】

'이以' 자도 이루지 못하고 '팔八' 자도 옳지 않나니
까마귀 머리에 뱀 꼬리요, 뱀 머리에 까마귀 꼬리로다.
섣달 그믐날이요 정월 초하루니
푸른 하늘에 빛나는 해요, 한밤중에 된서리로다.
중니仲尼는 망연하여 입을 열지 못하고
실달悉達은 빙그레 웃으며 가슴을 가리키네.
천 길 물결 밑에서 고기는 달을 물고
만 길 절벽 위에서 범은 휘파람 분다.

以字不成이요 八字不是니 烏頭蛇尾오 蛇頭烏尾로다
臘月三十이요 新正元旦이니 靑天白日이요 夜半濃霜이로다
仲尼는 茫然不開口하고 悉達은 莞爾笑點胸이라
千尋浪底에 魚啣月이요 萬仞崖頭에 虎嘯風이로다

【 본칙 】

경청스님[1]에게 어떤 중이 물었다.
"새해에 불법佛法이 있습니까 없습니까?"

---

1 경청도부(鏡淸道怤, 864~937). 설봉의존(雪峰義存)의 법제자로 청원(靑原)스님 6세손.

"있느니라."

"어떤 것이 새해의 불법입니까?"

"새해에 복 많이 받아라."

"스님께서 대답해 주신 데 감사합니다."

"경청이 오늘 실수하였노라."[2]

鏡淸이 因僧問호대 新年頭에 還有佛法也無아 淸이 云 有니라 僧云 如何是新年頭佛法고 淸云 元正啓祚로다 僧云 謝師答話니이다 淸云 鏡淸이 今日에 失利로라 하니

【 착어 】

불이 벌건 화로에 찬 얼음이 얼었구나.

紅爐에 結寒氷이로다

【 본칙 】

또 명교스님[3]에게 어떤 중이 물었다.

"새해에 불법이 있습니까, 없습니까?"

"없느니라."

"해마다 좋은 해요 날마다 좋은 날이거늘 어째서 없다 하십니까?"

"장서방이 술을 마시는데 이서방이 취하네."

"늙고 점잖은 이가 용두사미龍頭蛇尾로군요."

"명교가 오늘 실수하였노라."

又明敎因僧問호대 新年頭에 還有佛法也無아 敎云 無니라 僧云 年年是好年이요 日日是好日이어늘 爲什麼無오 敎云 張公이 喫酒에 李公醉니라 僧

---

2 『선문염송』 제1121칙(한국불교전서5, 772쪽).
3 명교사관(明敎師觀, 1143~1217). 임제종 양기파 스님으로 대홍조증(大洪祖證)의 법제자. 남악(南岳)스님의 17세손.

云 老老大大가 龍頭蛇尾로다 敎云 明敎가 失利로다 하니

【착어】

눈 덮인 산이 맹렬한 불꽃을 토한다.

두 늙은이가 한 사람은 남섬부주南贍部洲[4]를 향해 달 아래에서 거문고를 타고, 한 사람은 북구로주北俱盧洲[5]에 있으면서 햇빛 속에서 칼춤을 춘다. 문득 한 방에서 서로 만나 손뼉 치며 크게 웃으니, 상서로운 빛은 푸른 하늘 밖을 바로 뚫고, 자줏빛 구름은 온 세계를 두루 덮는다.

雪岳이 吐猛焰이로다

兩箇老漢이 一人은 向南贍部洲하야 月下에 彈琴하고 一人은 在北俱盧洲하야 日裏에 舞劒이라 忽然一室에 相會하야 撫掌大笑하니 瑞光은 直透靑霄外하고 紫雲은 遍覆塵沙界로다

【송】

심문 분선사[6]가 송하였다.

칠보 보배잔으로 포도주를 마시고

금화지金華紙 위에다 청평사淸平詞[7]를 쓴다.

봄바람 고요한 집에 보는 사람 없으니

한가한 임금이 옥피리 부네.

---

4 고대 인도의 우주관에 의하면 세계의 중앙에 수미산(須彌山)이 있고 산 주위에는 9산(山) 8해(海)가 서로 겹쳐 있는데, 제일 바깥 바다 가운데 4대주(大洲)가 있어 인간이 산다고 하는데 그중 남쪽 섬을 말함.
5 4대주(大洲) 가운데 수미산 북쪽에 있다는 섬.
6 심문담분(心聞曇賁). 임제종 황룡파(黃龍派) 스님으로 육왕개심(育王介心)의 법제자. 남악(南岳)스님의 16세손.
7 당 현종(玄宗)이 양귀비와 침향정(沈香亭)에서 모란을 감상하며 이백(李白)에게 명하여 악부(樂府)의 하나인 청평조(淸平調)에 맞추어 지은 3장(章)의 시. 최고의 문장으로 칭송됨.

心聞 賁이 頌曰

七寶盃酌葡萄酒하고 金華紙寫淸平詞로다

春風靜院에 無人見하니 閒把君王玉笛吹라 하니

【 결어 】

이 일은 그만두고 섣달이 다함에 송구영신送舊迎新하니 한마디 말을 어떻게 이르겠는가?

(한참 묵묵한 후에 말씀하셨다.)

부자는 천 명 식구도 적다고 싫어하고

가난한 사람은 한 몸도 많다고 한탄하느니라.

(주장자 한 번 치고 내려오시다.)

是事는 且置하고 臘月이 已盡에 送舊迎新하니 一句를 作麽生道오 (良久云)

富嫌千口少하고 貧恨一身多니라

(卓拄杖一下하고 遂下座하시다)

丁未(1967)년 12월 말일 해인사 해인총림 궁현당

7. 동산공진 洞山供眞
영정에 공양 올릴 때

【수시】

금까마귀는 날고 옥토끼 달아나니

삼삼구구三三九九는 팔십일八十一이요

푸른 산봉우리 높고 붉은 노을 깊으니

양양쌍쌍兩兩雙雙은 무리를 이루지 못한다

불 속 목우木牛는 범을 삼키고

구름 위 철마鐵馬는 누른 학을 놓아 버린다

삼황三皇과 오제五帝¹는 이 어떤 사람인가?

촌 늙은이 취하여 태평가太平歌를 춤춘다.

여기에서 확철히 깨쳐 남음이 없으면 오늘 영가靈駕의 본래면목本來面目을 밝게 알 뿐만 아니라 삼세의 모든 부처님과 역대의 모든 조사의 본래면목도 모두 알게 될 것이나, 그렇지 못하면 다시 둘째의 가시덤불이 있다.

金烏飛하고 玉兎走하니 三三九九八十一이오

靑嶂屹하고 紅霞深하니 兩兩雙雙不成群이로다

---

1 중국 상고시대 신화 상의 천자들. 여러 설이 있음. 3황은 하늘을 다스리는 수인씨(遂人氏), 사람을 다스리는 복희씨(伏羲氏), 땅을 다스리는 신농씨(神農氏). 5제는 『사기(史記)』에 따르면 황제(黃帝), 전욱(顓頊), 제곡(帝嚳), 당요(唐堯), 우순(虞舜)이라 함.

火裏木牛는 吞大虫이오 雲上鐵馬는 放黃鶴이라
三皇五帝是何人고 野老醉舞太平歌로다
於此에 廓徹無餘하면 非但明知今日靈駕本來面目이요 亦了知三世諸佛
歷代祖師本來面目이어니와 其或未然하면 更有第二段荊棘하니라

【 본칙 】

동산 양개선사[2]가 운암스님[3]의 진영眞影에 공양 올릴 때에 어떤 중이 물었다.

"운암스님께서 말씀하시되, '다만 이것이다'고 하셨는데, 그 뜻이 어떠합니까?"

"내가 그때 선사先師의 뜻을 잘못 알 뻔하였느니라."

"모르겠습니다. 운암스님이 '있다'는 것을 알았습니까, 몰랐습니까?"

"만약 '있다'는 것을 알지 못하였으면 어찌 이렇게 말씀하실 줄 알며, 만약 '있다'는 것을 알았다면 어찌 이렇게 말씀하실 수 있겠느냐?"[4]

洞山 介禪師가 供養雲岩眞次에 有僧이 問호대 雲岩이 道只這是라 하니 意旨如何오 山云 我當時에 洎錯會先師의러니라 僧云 未審雲岩이 還知有也無아 山云 若不知有면 爭解恁麽道며 若知有면 爭肯恁麽道리오 하니

◉

이 법문에는 기연이 있습니다. 동산 양개화상이 스승이신 운암스님을 하직하면서 "스님께서 돌아가신 뒤에 누가 만일 스님의 진영眞影을 그리

---

2 동산양개(洞山良介, 807~869). 조동종(曹洞宗) 개조로 운암담성(雲嚴曇晟)의 법제자. 청원(靑原)스님의 4세손. 『보경삼매가(寶鏡三昧歌)』, 『동산어록(洞山語錄)』 1권이 있음.

3 운암담성(雲嚴曇晟, 782~841). 약산유엄(藥山惟儼)의 법제자로 청원(靑原)스님의 3세손.

4 『선문염송』 제681칙(한국불교전서5, 519쪽).

라고 하면 어떻게 그리면 되겠습니까?" 하고 물었습니다. 그러자 운암스님께서 아무 말씀도 않고 한참을 계시다 "다만 이것이니라只這是."고 대답하셨습니다. 동산스님이 그때는 그 뜻을 확실히 알지 못하다가 하직하고 산을 내려오며 물을 건너다가 문득 물속에 비친 자기 그림자를 보고 크게 깨달았습니다.5 그래 운암스님의 제삿날에 어떤 스님이 동산스님에게 그 말씀의 뜻을 물은 것입니다.

　동산스님의 대답을 살펴보면 앞뒤 말이 서로 정반대입니다. 돌아가신 스승님이 참으로 확실히 깨치지 못했다면 어떻게 '지저시只這是'라고 이렇게 말씀할 줄 아셨겠느냐, 그리고 반대로 만약 스승께서 확실히 깨쳤다면 어떻게 '지저시'라고 그렇게만 말씀하셨겠느냐 하는 것입니다. 여기에 아주 깊은 뜻이 있습니다. 누구든 이 뜻을 분명히 안다면 1700공안도 거기에 이르러선 얼음 녹듯 기왓장 부서지듯 하고 맙니다. 그럼 앞뒤가 상반되는 듯한 동산스님 말씀의 뜻이 무엇일까요? 내가 한마디 붙이겠습니다.

【 착어 】

밝은 달은 구름과 더불어 희고
솔바람 소리는 이슬 머금어 차구나.
明月은 和雲白이오 松聲은 帶露寒이로다

5　이때 동산스님이 남긴 게송을 '과수게(過水偈)'라고 한다.
　　남을 따라서 찾으려 하지 말라　　切忌從他覓
　　점점 더 자신과 멀어지고 만다　　迢迢與我疏
　　나는 이제 또 홀로 걸어가는데　　我今獨自往
　　가는 곳마다 항상 그를 만난다　　處處得逢渠
　　저것은 지금 바로 내가 되는데　　渠今正是我
　　나는 지금 바로 그것이 아니다　　我今不是渠
　　응당 다시 이와 같이 터득해야　　應須恁麽會
　　바야흐로 진여세계 계합하리라　　方得契如如

◉

　이 게송의 뜻을 알면 동산스님이 말씀한 법문의 뜻을 알 수 있습니다. 그 뒤에 조동 정맥의 천동 각선사라는 분이 동산스님의 법문에 대해 송을 지은 것이 있습니다.

【 송 】

천동 각선사[6]가 송하였다.
"어찌 이렇게 말할 줄 알리오." 함이여
오경에 닭이 우니 집 숲이 밝아지고
"어찌 이렇게 말할 수 있으리오." 함이여
천 년 묵은 학이 구름과 소나무와 더불어 늙는다.
보배 거울 맑고 밝으니 정正과 편偏을 증험하고
옥의 기틀이 구르고 도니 겸兼과 도到를 본다.
문풍門風이 크게 떨침이여 법규가 면면綿綿하고
부자가 변통變通함이여 소리와 빛이 넓고 넓다.

天童 覺이 頌曰
爭解恁麼道여 五更에 鷄唱家林曉요
爭肯恁麼道여 千年鶴與雲松老로다
寶鑑이 澄明하니 驗正偏이요 玉機轉側하니 看兼到로다
門風이 大振兮여 規步綿綿이요 父子變通兮여 聲光이 浩浩로다

◉

　보경삼매寶鏡三昧와 정正 편偏 등은 모두 조동종에서 근본생명으로 삼

6　천동정각(天童正覺, 1091~1157). 조동종 스님으로 단하자순(丹霞子淳)의 법제자. 청원(青原)스님의 13세손. 굉지(宏智)는 그 시호(諡號). 『굉지각화상어요(宏智覺和尚語要)』 1권, 『굉지광록(宏智廣錄)』 9권 등이 있고 『천동백칙송고(天童百則頌古)』가 있음.

는 것들입니다. 조동종에서는 선禪을 정과 편의 체계로 분류해 정중편正中偏·편중정偏中正·정중래正中來·겸중지兼中至·겸중도兼中到의 다섯 가지로 설명합니다. 그중 최후 궁극의 경지, 최후의 법문, 즉 구경법究竟法을 겸중도라 합니다.

【 착어 】

여기에서 깨쳐 알면 오늘 영가의 회광자재回光自在를 밝게 알 것이며, 또한 부처와 조사의 회광자재를 알 것이다. 그렇지 못하면 다시 셋째의 칡덩굴이 있다.

> 於此에 薦得하면 了知靈駕의 回光自在며 亦知佛祖의 回光自在어니와 其或未然하면 亦有第三葛藤在니라

◉

여기에서 깨쳐 알면 오늘 영가의 회광자재처回光自在處를 밝게 알 것이며, 또한 삼세 모든 부처님과 역대 조사의 회광자재처를 분명히 알 것입니다. 그래도 잘 알지 못하는 사람이 있다면 그들을 위해 다시 세 번째로 칡덩굴을 덧붙이겠습니다.

【 본칙 】

임제스님이 황벽스님[7]에게 60방을 아프게 맞고 대우스님[8]의 말끝에 깨닫고 나서 문득 말하되, "황벽의 불법이 보잘것없구나!" 하며, 대우스님에게 다시 세 번 주먹질하였다.[9]

---

7 황벽희운(黃檗希運, ?~850). 백장회해(百丈懷海)의 법제자로 남악(南岳)스님의 3세손. 『전심법요(傳心法要)』, 『완릉록(宛陵錄)』이 있음.
8 고안대우(高安大愚). 귀종지상(歸宗智常)의 법제자로 남악(南岳)스님의 3세손.
9 『선문염송』 제607칙(한국불교전서5, 470쪽).

臨濟가 喫黃蘗六十痛棒하고 於大愚言下에 便道호대 黃蘗佛法이 無多子라 하고 更築三拳하니

◉

　선종 가운데서도 임제종이라 하면 가장 뛰어난 대표적인 선종의 유파인데 그 개조되는 임제 의현스님이 법을 깨친 기연에 대해서 잠시 이야기하겠습니다. 임제스님이 황벽스님 밑에 와서 여러 해 동안 아주 열심히 정진을 잘했습니다. 그때 수좌로서 목주睦洲스님이라고 제방에서 진존숙陳尊宿이라 존경하는 분이 계셨는데, 임제스님이 공부를 열심히 하는 것을 보고 기특히 여겨 하루는 임제스님에게 물었습니다.
"여기 온 지 몇 해나 되는가?"
"삼 년째 됩니다."
"그러면 그 동안 방장스님에게 법을 물어 본 적이 있는가?"
"없습니다. 법을 물어 본 적이 없을 뿐만 아니라 어떻게 물어야 하는지도 모르겠습니다."
"그러면 내일은 방장스님에게 가서 어떤 것이 불법의 분명한 뜻입니까, 하고 물어 보시오."
　그래서 다음날 목주스님이 시킨 대로 위의를 갖추고 방장실로 찾아가 황벽스님께 세 번 절하고 "어떤 것이 불법의 분명한 뜻입니까?" 하고 여쭈었습니다. 그런데 황벽스님께서 한마디 대답도 없이 다짜고짜 몽둥이로 스무 대나 때려 주었습니다. 사흘 동안 세 번을 찾아가 물었는데 그렇게 다짜고짜 스무 대씩 몽둥이만 맞고 아무 소득 없이 방장실을 물러났습니다.
"어떤 것이 불법의 긴절한 뜻입니까" 하고 묻기만 했는데 속절없이 매만 맞았으니, 어째서 때리는지 알 수도 없고 공연히 찾아가 몽둥이만 맞고 몸만 상했다는 억울한 생각이 들었습니다. 그래서 아무리 생각해

도 이 황벽스님과는 인연이 없는가보다 하고는 딴 곳으로 떠나려고 하였습니다. 그런 모습을 옆에서 지켜보고 있던 목주스님께서 "자네가 기어이 딴 곳으로 가겠다면 방장스님께 인사나 드리고 가시게." 하고 일러두고는 황벽스님에게 가서 "그 젊은 스님이 후배이나 매우 법답습니다. 정진해서 뒷날 한 그루 큰 나무가 되어 천하 사람들에게 시원한 그늘을 드리울 것이니, 떠난다고 오거든 큰스님께서 잘 일러 주십시오." 하고 미리 부탁을 드렸습니다.

다음날 임제스님이 하직하고자 방장실로 들르니, 황벽스님께서 "너는 딴 곳으로 가지 말고 고안高安에 대우라는 스님이 계시니 그 스님을 찾아가 뵙도록 하라."고 일러 주었습니다. 그 말씀을 듣고 임제스님은 곧장 대우스님을 찾아갔습니다.

대우스님께서 물었습니다.

"너는 어디서 오느냐?"

"황벽에서 왔습니다."

"황벽스님이 요사이는 법문을 어떻게 하더냐?"

"글쎄요, 법문을 어떻게 하시는지 저는 잘 모릅니다. 다만 제가 '어떤 것이 불법의 분명한 뜻입니까' 하고 사흘 동안 세 번 찾아가 물었는데 아무 말씀도 없이 다짜고짜 매번 스무 대씩 몽둥이질만 하였습니다. 저에게 무슨 허물이 있어 때렸는지 통 모르겠습니다. 어째서 저를 인정사정없이 때리는 것입니까?"

"이 망할 놈의 자식아! 황벽스님이 너를 위해서 간절한 노파심으로 법을 설해 주었는데 여기까지 와서 기껏 허물이 있느니 없느니 그런 쓸데없는 말이나 지껄여!"

꾸짖는 대우스님의 이 말끝에 임제스님이 확철히 깨쳤습니다.

그렇게 깨치고 나서 "허허! 황벽스님의 불법이란 보잘 것 없구나." 하였습니다. 바로 앞까지는 캄캄해서 무엇이 무엇인 줄 몰라 두들겨 맞기만 하였는데, 깨쳐서 알고 보니 황벽스님의 그 불법이란 게 아무것도 아니고 아무것도 아닌 것을 가지고 사람을 아프도록 몽둥이질만 했더라는 것입니다. 대우스님이 그 모습을 보니 아주 고약한 놈이거든. 그래서 임제스님의 멱살을 두 손으로 꽉 잡고 "이 오줌싸개야, 아까는 와서 무슨 허물이 있는지 없는지 모르겠다고 징징 짜는 소리를 하더니 이제는 또 황벽의 불법이 별 것이 아니라고 하느냐? 그래, 무슨 도리를 보았느냐? 빨리 말해라, 빨리 말해!" 하고 잡아 흔드니, 임제스님이 대우스님의 옆구리를 세 번 쥐어박았습니다. 그러자 대우스님이 "너의 스승은 황벽이지 내가 아니다. 그러니 황벽으로 돌아가라." 하며 잡았던 멱살을 풀고는 밀쳐 버렸습니다.

이제 확철대오한 임제스님이 다시 황벽스님에게 돌아오니 "이 미친놈이 쓸데없이 왜 왔다 갔다 하느냐?" 하고 힐난했습니다. 그러자 임제스님은 "스님의 간절한 노파심에 그저 감사할 따름입니다."고 하였습니다. 황벽스님이 가만히 보니 대우스님에서 무슨 소리를 들었거든. 대우가 무슨 소리를 했다 말입니다. 그래서 "대우 이 늙은이, 오기만 하면 당장에 뼈를 분질러 놓아야겠구나." 하였습니다. 그러자 임제스님이 "다음에 올 때까지 기다릴 것 뭐 있습니까? 지금 당장 맞아 보십시오." 하고는 황벽스님의 뺨을 철썩 갈겨 버렸습니다. 그러자 황벽스님이 시자를 불러 "호랑이 수염을 건드리는 이 미친놈을 끄집어내 버려라." 하고 호통을 쳤습니다. 이것이 그 유명한 황벽스님과 임제스님의 기연입니다.

【 착어 】

이 무슨 도리인가?

억!

삼산三山은 반쯤 푸른 하늘 밖에 솟아 있고

두 강물은 백로주白鷺州¹⁰에서 나누어졌네.¹¹

是什麽道理오 (喝一喝云)

三山은 半落青天外요 二水는 中分白鷺洲로다

【 송 】

백운 단선사가 송하였다.

한 주먹으로 황학루黃鶴樓¹²를 쳐 엎어 버리고

한 번 차서 앵무주鸚鵡州¹³를 뒤집어엎네.

의기意氣가 있을 때에 의기를 더하고

풍류風流 아닌 곳이 또한 좋은 풍류로다.

白雲 端이 頌曰

一拳으로 拳倒黃鶴樓하고 一踢으로 踢飜鸚鵡洲로다

---

10 중국 강소성(江蘇省) 양자강 가운데 있는 섬 이름.

11 이백(李白)의 시 「등금릉봉황대(登金陵鳳凰臺)」에 나오는 구절.

   봉황대 위에 봉황이 노닐었다더니 　　鳳凰臺上鳳凰遊
   봉황은 가고 누대도 비고 강물만 흐르네.　鳳去臺空江自流
   오나라 궁궐의 화초는 오솔길을 뒤덮고,　吳宮花草埋幽徑
   진나라 귀인은 옛 언덕의 무덤이 되었구나.　晉代衣冠成古丘
   삼산은 청천 밖으로 반쯤 걸렸고,　　　三山半落青天外
   이수는 백로주로 가운데로 나뉘었네.　　二水中分白鷺洲
   이제 모든 것은 뜬구름이 해를 가렸으니,　總爲浮雲能蔽日
   장안은 보이지 않고 사람을 근심케 한다.　長安不見使人愁

12 중국 호북성(湖北省) 무창성(武昌城) 황학산(黃鶴山)에 있는 누대. 최호(崔顥)의 시 「황학루(黃鶴樓)」로 유명.

   옛사람은 황학을 타고 날아가 버리고　　昔人已乘黃鶴去
   여기 황학루만 쓸쓸히 남았는데　　　　此地空餘黃鶴樓
   한 번 떠난 황학은 다시 돌아오지 않고　黃鶴一去不不返
   천고의 흰구름만 부질없이 떠가누나　　白雲千載空悠悠
   해맑은 강물엔 건너편 숲의 그림자 역력하고　晴川歷歷漢陽樹
   강 가운데 앵무주엔 봄풀이 무성한데　　芳草萋萋鸚鵡洲
   황혼에 물든 내 고향은 어디쯤일까　　　日暮鄉關下處是
   강안개 속에서 향수에 젖네.　　　　　 煙波江上使人愁

13 중국 호북성(湖北省) 양자강 가운데 있는 섬 이름.

有意氣時에 添意氣하고 不風流處가 也風流라 하니

◉

황벽과 대우와 임제의 법거량에 대해 수단선사가 지은 이 게송은 천고에 빼어난 법문으로 추앙받고 있습니다. 이 게송은 황벽이 때리고 임제가 깨친 그 근본 뜻을 확실히 알고 지은 것입니다. 누구든 이 게송의 뜻이나 황벽이 때리고 임제가 깨친 뜻을 바로 아는 사람이 있다면 신비로운 기틀과 묘한 작용을 확실히 알 수 있는 것입니다.

【 결어 】

이는 오늘 영가의 신기묘용神機妙用이며, 또한 부처와 조사의 신기묘용이다. 이러니 곧 오늘 영가가 필경 어느 곳에서 안심입명安心立命하는가?

(한참 묵묵한 후에 말씀하셨다.)

소리와 운율이 낙락落落하여 대천세계를 뒤흔드니

비로자나 이마 위에서 백호광白毫光을 놓는구나.

(크게 할을 한 번 하고 내려오시다.)

此는 今日靈駕의 神機妙用이며 亦是佛祖의 神機妙用이니라 恁麼則今日靈駕가 畢竟에 在甚處하야 安心立命고 (良久云)

聲韻이 落落震大千하니 毘盧頂上에 放毫光이로다

(喝一喝하고 下座하시다)

戊申(1968)년 정월 4일 해인사 해인총림 궁현당

8. 소산긍낙 疎山肯諾
긍정과 승낙

【수시】

반은 합하고 반은 열며 모두 놓고 모두 거두어들이니
바람은 맑고 달은 밝으며 금 소리 옥 울림이요
하늘 관문을 열어젖히고 지축을 흔들어 뒤집으니
서울 안 천자요 요새 밖 장군이라
늠름하고 신비한 위풍은 우레를 달음박질치게 하고
산이 무너지고 바다가 마르니 둥근 해가 붉도다.
살인도殺人刀와 활인검活人劍은 묻지 않거니와
어떤 것이 본분本分의 한마디인가?
(한참 묵묵한 후에 말씀하셨다.)
구름은 산마루에서 생기지 않고
달은 물결 속으로 떨어지는구나.

半合半開하고 全放全收하니
風淸月白이요 金聲玉振이라
撥轉天關하고 掀飜地軸하니
寰中天子요 塞外將軍이라
凜凜神威走雷霆하니
山崩海竭一輪紅이로다
殺人刀活人劍은 卽不問이어니와

如何是本分一句오 (良久云)
無雲生嶺岜하고 有月落波心이로다

【 본칙 】

소산스님[1]이 향엄스님 회중會中에 있을 때 어느 날 향엄스님이 법상에 오르니 어떤 중이 물었다.

"모든 성인聖人을 사모하지 아니하고 자기自己의 심령도 소중히 여기지 않을 때 어떠합니까?"

"만 가지 기틀을 쉬어 그치고 일천 성인도 이끌지 못하느니라."

이때 소산스님이 구토하는 시늉을 하니 향엄스님이 말했다.

"사숙師叔께서 제 말을 긍정치 않습니까?"

"허물이 없지 않느니라."

"허물이 어디에 있습니까?"

"만 가지 기틀을 쉬어 그치나 오히려 물건이 있고, 일천 성인이 이끌지 못하나 또한 사람에게서 얻음이다."

"사숙께서 바로 말씀하실 수 있습니까?"

"나에게 법좌法座를 돌려라. 너를 위해 말하리라."

이에 향엄스님이 소산스님을 법상에 모시고 앞과 같이 물으니 소산스님이 대답하였다.

"어째서 긍정과 승낙이 온전치 못하다고 말하지 못하는가?"

"긍정은 무엇을 긍정하며 승낙은 또한 무엇을 승낙하는 것입니까?"

"긍정함이란 곧 모든 성인을 긍정함이요, 승낙함이란 곧 자기의 심령을 승낙함이니라."

"사숙께서 그렇게 말씀하시니, 모름지기 30년 동안 똥을 거꾸로 누어

---

[1] 소산광인(疎山匡仁). 조동종 스님으로 동산양개(洞山良介)의 법제자. 청원(靑原) 스님의 5세손.

야 할 것이오."

뒤에 소산疎山에 살면서 항상 토하는 병을 앓았다.

어느 날 소산스님이 이 법문을 들어 경청스님에게 물었다.

"이 병승病僧의 '긍정과 승낙이 온전치 못하다'고 한 것을 그대는 어떻게 아는가?"

"온전히 긍정과 승낙에 돌아갑니다."

"온전치 못하다 함은 또 어떠한가?"

"거기에는 긍정할 길이 없습니다."

"비로소 이 병승의 뜻에 맞는구나."[2]

疎山이 在香嚴會中이러니 一日에 嚴이 上堂한대 有僧問 不慕諸聖하고 不重己靈時如何오 嚴云 萬機休罷하고 千聖不携니라 山이 作嘔吐勢하니 嚴云 師叔이 不肯耶아 山云 不得無過니라 嚴云 過在什麼處오 山云 萬機休罷나 猶有物在요 千聖不携나 亦從人得이니라 嚴云 師叔이 莫道得麼아 山云 還我法座하라 與你道호리라 於是에 嚴이 令陞座하고 如前問之하니 山云 何不道肯諾不得全고 嚴云 肯又肯介什麼며 諾又諾介什麼오 山云 肯則肯於諸聖이요 諾則諾於己靈이니라 嚴云 師叔이 伊麼道하니 也須倒屙三十年하야사 始得다 後住疎山에 常病返胃하니라 一日에 擧此話問鏡清호대 病僧의 肯諾不得全을 道者는 作麼生고 淸云 全歸肯諾이니다 山云 不得全又作麼生고 淸云 於中에 無肯路니다 山云 始契病僧意로다 하니

●

위산 영우선사의 제자이신 향엄스님의 기연은 여러 차례 법문에서 소개한 바라 다들 알고 계시리라 생각합니다. 그 향엄스님이 상당해서 법문을 하는데 한 스님이 나와서 물었습니다.

---

2 『선문염송』 제871칙(한국불교전서5, 633쪽).

"모든 성인을 사모하지 아니하고 자기의 심령도 소중히 여기지 않을 때 어떠합니까?"

'사모하지 않는다' 함은 숭배하지 않는다는 뜻입니다. 부처도 보살도 사모하지 않고 필요도 없다 이 말입니다. 그러면 자기의 마음자리는 소중하게 여기지 않을까? 자기 마음자리가 더 소중하기 때문에 그 마음자리면 그만이지 하는 생각에 부처건 보살이건 조사건 다 소용없다고 하는 것은 아닐까? 헌데 그 스님은 모든 부처와 보살, 조사도 필요 없고 또 자기의 마음, 진여본성이라든지 자성, 이것까지도 필요 없다 그 말입니다. 바로 그럴 때에는 어떻습니까, 하고 물은 것입니다. 그렇게 "어떤 성인도 존경하거나 공양할 필요가 없고 자기 자성도 귀하게 여길 필요가 없을 때 어떠합니까?" 하고 물은 것입니다. 이에 향엄스님이 "천 가지 만 가지 온갖 기틀을 푹 쉬어 그쳐 파해 버리고, 천 성인 만 성인 천 불 만 보살 어떤 성인聖人도 이끌고 가지 못하더라." 이렇게 대답했습니다.

그때 그 회중에 소산 광인스님이란 분이 계셨습니다. 소산스님은 향엄스님의 사숙되는 분이십니다. 소산스님이 그 말을 듣더니 앉아서 토악질을 했어요. 실지로 구토를 한 게 아니라 그런 시늉을 한 것입니다. 그래 향엄스님이 묻기를, "사숙께서는 제 법문을 긍정하시지 않습니까?" 즉 "제 법문이 잘못되었습니까?" 하고 물었습니다. 그러자 "허물이 없지 않느니라." 즉 만 가지 기틀을 모두 쉬고 천 성인도 이끌지 못한다고 한 그 말이 실제로 틀렸다 그 말입니다.

"그러면 사숙님이 저 스님의 질문에 제대로 대답할 수 있겠습니까?"

"그럼 대답할 수 있지. 하지만 나의 대답을 들으려면 위의를 갖추어야 된다."

그래 향엄스님이 법좌에서 내려와 소산스님을 법좌에 모시고 절을 크게 세 번하고 그 스님처럼 질문했습니다.

"모든 성인을 사모하지 아니하고 자기의 심령도 소중히 여기지 않을 때 어떠합니까?"

이렇게 물으니 소산스님이 말씀하셨습니다.

"왜 '인정하고 승낙하는 것이 온전치 못하구나'라고 대답하지 못하는가?"

그래 향엄스님이 되물었어요.

"긍정한다면 무엇을 긍정하고 승낙한다면 또 무엇을 승낙한단 말씀입니까?"

그러자 소산스님 하시는 말씀이, "긍정함이란 모든 성인, 즉 부처와 보살과 조사 전체를 긍정한다는 말이고, 승낙함이란 곧 자기의 자성, 신령스러운 이 물건을 승낙함이다."라고 말했습니다. 소산스님의 이 말씀은 이전 향엄스님의 대답하고는 정반대입니다. 향엄스님은 "온갖 기틀을 다 파하고 어떤 성인이 와도 끌고 가지 못한다."고 말했습니다. 즉 향엄스님은 밖으로 온갖 성인과 안으로 자기의 신령스런 성품조차 다 부정했는데, 소산스님은 전체를 다 긍정해서 '긍락肯諾'을 말씀하신 것입니다.

이에 향엄스님 말씀하시기를, "만일 그렇다면 사숙께선 앞으로 30년 동안 대변을 못보고 거꾸로 입으로 똥을 싸야 할 것입니다." 이렇게 수기를 줘버렸습니다.

"나의 법문을 부정하더니 당신도 별 수 없군요. 당신은 질문에 대답을 잘못한 그 과보로 30년 동안 똥을 제대로 누지 못하고 거꾸로 토해야 할 것이다."라고 예언한 겁니다. 과연 후에 광인匡仁선사가 소산疎山에 가서 사는데 반위병, 즉 항상 토하는 병을 앓았습니다. 창자로 내려간 대변이 위로 올라올 리는 없지만 위에 들어간 음식은 올라올 수 있지 않습니까? 그래 밥만 먹고 좀 있으면 꼭 토하곤 하셨습니다. 그렇게 하기를 무려 27년 동안을 했습니다. 그리곤 병이 나았습니다. 그런데 소산스님 하는 말씀이 "향엄이 나더러 30년 동안 병을 앓을 것이라 했는데 아직 3년이 남았으니 그대로 해야 된다." 하시고, 그 뒤로는 밥을 먹고 난 뒤 한참을 있다가 손가락을 입에 넣어 일부러 음식을 토해냈다고 합니다. 그렇게 30년을 채웠던 일을 말합니다.

소산스님이 반위병 앓기를 27년째 되던 해, 설봉스님 제자인 경청스님이 찾아왔습니다. 그래 소산스님이 경청스님에게 물었습니다.

"내가 '긍정과 승낙이 온전치 못하다'고 한 것을 그대는 어떻게 생각하느냐?"

그러자 경청스님 하시는 말씀이 "전체적으로 다 긍정과 승낙에 돌아간다고 봅니다." 하고 대답했습니다. 소산스님이 "그럼 온전치 못하다 함은 또 무슨 말이냐?" 하니 "그 가운데서는 긍정하려야 긍정할 길을 찾아볼 수가 없습니다." 하고 대답했습니다. 그러자 소산스님이 "참으로 스님이 이 병든 노승의 뜻을 아는구려."라고 했습니다.

다들 이 법문을 볼 때, 향엄스님은 옳게 잘했고 소산스님은 법문을 잘못 했기 때문에 그 과보로 향엄스님의 수기대로 30년 동안 반위병을 앓았다고들 합니다. 이는 의심을 하려야 의심할 수 없는 사실이라고 봅니다. 그러나 그런 피상적인 관찰로 고인의 공안을 해석하게 되면 고인의 참된 뜻은 끝내 모르고 맙니다. 고인의 뜻은 절대로 거기에 있지 않습니다. 그 실상은 누구든지 실지로 깨쳐야 알지 깨치기 전에는 모르는 것입니다.

내가 상당법문上堂法門할 때는 꼭 고인의 본분소식을 들어 법문을 합니다. 그러다 보니 뒤에서 어떤 말들을 하는가 하면, 너무 말이 어렵고 딱딱해서 들어도 모르겠고 들으나 듣지 않으나 똑같다고들 한답니다. 그러니 해석을 좀 해줬으면 어떻겠냐는 이런 청을 여러 번 받은 일이 있습니다.

만약 고인의 공안을 해석을 해서 알릴 수가 있다 하고, 또 해석을 하는 사람이 있다면 그는 실지로는 고인의 본분소식을 절대로 모르는 사람입니다. 공안은 해석해서 알릴 수 있는 것이 아니고, 해석은 소용없을 뿐만 아니라 도리어 해만 되는 것입니다. 이것은 꼭 깨쳐야 되는 것이지 천언만사千言萬辭가 다 소용없다는 말입니다. 그렇기 때문에 이전 고인의 말씀이 "선사의 도덕을 중하게 여기는 것이 아니라 오직 나를 위해서 설파하지 않은 것을 소중히 여길 뿐이다."고 이렇게 말씀하셨던 것입니다.

설파하지 않았다는 것은 자세히 풀어 설명해주지 않았다는 것입니다. 오직 참구해서 스스로 깨쳐 스스로 알게 했지, 설파해서 그 사람을 영원히 깨치지 못하게 하고 영원히 눈멀게 하고 영원히 죽이는 짓은 절대로 하지 않았다 이 말입니다. 이 종문의 일에 있어선 설파하는 것이 제일 금기시 되었습니다.

예전의 종사들께서 설파하지 않았듯이 나 역시 고인의 본분사를 거론하면서 절대로 설파하지 않습니다. 앞으로도 그럴 것입니다. 아무리 모르고 모르겠다고 해도 절대로 설파하지 않을 것입니다. 오직 본분소식만을 전해줄 뿐이다 이 말입니다.

【 착어 】

이 공안에 만약 우열을 나누면 문득 삼천리를 떨어지게 되고, 우열을 나누지 않아도 또한 삼천리나 떨어지게 된다. 대중들이여, 향엄과 소산의 두 큰 늙은이가 한 사람은 입은 있으나 눈이 없고, 한 사람은 눈은 있으나 입이 없다. 문득 일천 성인의 이마 위에서 손을 바꾸어 씨름을 하나 이미 아비지옥阿鼻地獄에 빠져 있음을 알지 못한다. 도리어 두 큰 늙은이의 오장심간五藏心肝을 아는가?

> 此公案에 若分優劣하면 便隔三千이오 不分優劣이라도 亦隔三千이니라 大衆아 香嚴疎山兩大老漢이 一人은 有口無眼이오 一人은 有眼無口라 直得千聖頂寧頁上에 換手相撲하니 不覺已陷阿鼻深獄이로다 還知兩大老의 五藏心肝麽아

◉

그런데 만약 이 공안公案을 두고 우열을 논하는 자가 있다면 곧장 삼

천리나 떨어지게 됩니다. 본뜻은 절대로 모릅니다. "향엄이 수기를 주고 소산이 그 수기대로 반위병을 앓았으며, 또 소산이 병이 낫고도 향엄의 수기에 맞춰 3년 동안 음식을 토해냈으니 향엄스님이 소산스님보다 높은 경지에 이른 분이다." 하고 이렇게 우열을 가려 공안을 평하는 자가 있다면 그는 공안을 근본적으로 모르는 사람입니다. "분명히 수기를 주고 과보를 받았는데 어찌 우열이 없단 말인가?" 하고 의문을 제기하는 사람이 있을지 모르지만 그건 완전 봉사가 단청 더듬는 식입니다. 실지 내용은 거기 있지 않다 이 말입니다. 그러면 향엄스님과 소산스님은 우열이 없다고 봐야 하는가? 그런 생각을 가지고 있다 해도 또한 본뜻과는 삼천리나 멀어지게 됩니다.

대중 여러분, 향엄과 소산의 두 큰 늙은이가 한 사람은 입은 있으나 눈이 없고, 한 사람은 눈은 있으나 입이 없습니다. 서로 자기가 잘한다고 문득 일천 성인의 이마 위에서 손을 바꿔가며 씨름을 하고 있습니다. 그런데 결국은 두 분 다 한꺼번에 깊은 아비지옥阿鼻地獄에 이미 떨어진 줄은 알지 못했습니다. 그러면 향엄과 소산, 이 두 늙은이의 오장심간五藏心肝을 알 수 있겠습니까? 내가 한마디 하겠습니다.

【 착어 】

꽃을 옮기니 나비가 함께 따라오고
돌을 사니 구름까지 차지하는구나.
移花에 兼蝶至하고 買石에 得雲饒니라

◉

이 뜻을 바로 알면 두 분의 낙처落處가 어디인지를 확실히 알 수 있습니다. 그 뒤 원오 극근선사가 이 공안에 대해 송을 지은 것이 있습니다.

【송】

원오 근선사[3]가 송하였다.

칼은 스스로를 베지 못하고 손가락은 스스로 만지지 못하나니
따오기는 희며 까마귀는 검고 소나무는 곧고 가시나무 굽었다.
가는 티끌이라도 있으면 그림자 띠고 오며
훨훨 모두 벗어 버리니 자취 없구나.
긍정도 있을 수 없고 승낙도 설 수 없음이여
한 조각 밝은 빛이 북두北斗를 쏘니
천상과 인간에 자유를 얻었네.

圜悟 勤 頌曰

刀不自割이오 指不自觸이니
鵠白烏玄하고 松直棘曲이로다
纔有纖塵하면 帶影來요
脫體全抛하니 無朕跡이로다
肯不存諾不立이여
一片淸光이 射斗牛하니
天上人間에 得自由로다 하니

◉

원오 근선사의 이 송은 앞에서 소개한 향엄과 소산스님의 입각처를 바로 본 것입니다. 여기서 확실히 알면 두 분의 수작을 완전히 바로 알게 됩니다. 허나 이 산승은 이런 원오스님의 송에 달리 한마디 할까 합

---

[3] 원오극근(圜悟克勤, 1063~1135). 임제종 양기파 스님으로 오조법연(五祖法演)의 법제자. 남악(南岳) 스님의 14세손. 『원오불과선사어록(圜悟佛果禪師語錄)』 20권, 『원오선사심요(圜悟禪師心要)』 2권이 있고, 『설두송고(雪竇頌古)』를 문인들에게 제창하여 수시(垂示)·착어(著語)·평창(評唱)한 『벽암록(碧巖錄)』 10권, 또 『설두송고(雪竇頌古)』를 제창한 『격절록(擊節錄)』이 있음.

니다.

【 결어 】

원오고불圜悟古佛이 비록 한 조각 밝은 빛을 얻었으나 천하의 눈을 멀게 하였으니 어찌하리오. 그러면 곧 이 공안이 필경 어느 곳에 떨어져 있는가?

(한참 묵묵한 후에 말씀하셨다.)

마노 축대 앞에서 금새가 춤추고

산호 가지 위로 옥토끼 달아나네.

(크게 할을 한 번 하고 내려오시다.)

圜悟古佛이 雖得一片淸光이나 爭那瞎却天下眼에 何오 恁麽則此公案이 畢竟落在什麽處오 (良久云)

瑪瑙階前에 金雀舞하고 珊瑚枝上에 玉兎走로다

(喝一喝하고 下座하시다)

◉

원오고불圜悟古佛이 비록 한 조각 밝은 빛을 얻었으나 천하의 눈을 다 멀게 하고 말았으니 어찌하겠습니까? 그러면 곧 이 공안이 필경 어느 곳에 떨어져 있는가? 이 공안의 낙처가 어디 있기에 원오스님 같은 대선지식의 송마저도 천하 사람의 눈을 다 멀게 한 것이라고 하느냐 그 말입니다.

다음 말을 잘 알아야 합니다.

마노 축대 앞에서 금새가 춤추고

산호 가지 위로 옥토끼 달아나네.

丁未(1967)년 동안거 해제일 해인사 해인총림 궁현당

9. 용광거좌 龍光據坐
버리고 앉아

【 수시 】

"제일구第一句 밑에서 깨치면 부처와 조사의 스승이 되고
제이구第二句 밑에서 깨치면 사람과 하늘의 스승이 되고
제삼구第三句 밑에서 깨치면 자기도 구하지 못한다." 하니
임제 늙은이의 좋은 잠꼬대여,
남쪽을 가리켜 북쪽이라 하고
도적을 인정하여 자식을 삼으니,
천하 사람들의 눈을 멀게 할 뿐 아니라
자기의 본래 생명도 스스로 죽임이다.
산승山僧은 그렇지 않으니,
제일구 밑에서 깨치면 산 채로 지옥에 떨어지고
제이구 밑에서 깨치면 요임금의 하늘 순임금의 해요
제삼구 밑에서 깨치면 부처를 죽이고 조사를 살린다.
비록 그러하나
독사가 사람 몸을 휘감으매 해골이 땅에 깔렸으니
투탈透脫한 한마디는 어떠한가?
(한참 묵묵한 후에 말씀하셨다.)
달이 배를 따라가니 강물 줄기가 깨끗하고
봄이 풀을 따라 나니 불탄 흔적이 푸르다.

第一句下에 薦得하면 與佛祖爲師요

第二句下에 薦得하면 與人天爲師요

第三句下에 薦得하면 自救도 不了라 하니

臨濟老漢의 好介寐語여

將南作北하고 認賊爲子하니 非但瞎却天下人眼이요 亦乃自喪本辰命根이로다

山僧卽不然하니

第一句下에 薦得하면 生陷地獄이요

第二句下에 薦得하면 堯天舜日이요

第三句下에 薦得하면 殺佛活祖로다

雖然恁麽나 毒蛇纏身에 髑髏著地하니 透脫一句作麽生고 (良久云)

月逐舟行江練淨이요 春隨草生燒痕靑이로다

◉

이로써 오늘 법문은 다 마쳤는데, 시간이 남고 하니 이전 스님네의 법문을 몇 가지 더 소개해보겠습니다.

【 본칙 】

임제스님이 용광龍光 스님[1]에게 묻되, "기봉機鋒을 펴지 않고 어떻게 이길 수 있습니까?" 하니 용광스님이 버티고 앉으므로, 임제스님이 "큰 선지식께서 어찌 방편이 없습니까?" 하였다. 용광스님이 이에 눈을 부릅뜨고 "하嘎!"라고 하니, 임제스님이 손가락으로 가리키며 "이 늙은이가 오늘 졌다." 하고, 문득 가 버렸다.[2]

臨濟問龍光호대 不展機鋒하고 如何得勝고 光이 據坐한대 濟云 大善知識이 豈無方便고 光이 乃瞪目曰 嗄라 하니 濟以手指曰 這老漢이 今日에

---

1 『임제록(臨濟錄)』 행록(行錄)에 그 이름이 나오나 전기는 분명치 않음.
2 『선문염송』 제612칙(한국불교전서5, 475쪽).

敗關也로다 하고 便行하니

◉

'하嘎'는 말문이 다 막혀 어떻게 말할 수 없어서 내는 소리를 형용한 것입니다. 이 법문에 내가 한마디 평을 붙이겠습니다.

【 착어 】

참으로 슬프고 참으로 애통하니 뒤통수에서 화살을 뽑는다.

말해보라. 용광의 뒤통수에서 화살을 뽑는가, 임제의 뒤통수에서 화살을 뽑는가?

한 화살에 수리 두 마리는 기특함이 못되고

바닷속 진흙 소가 달을 물고 달아난다.

可悲可痛이라 腦後拔箭이로다

且道하라 龍光의 腦後에 拔箭가 臨濟腦後에 拔箭가

一箭雙鵰未爲奇요 海中泥牛啣月走로다

【 염 】

대혜선사[3]가 이 법문을 들어 말하였다.

"애석하다. 용광이 이 사람을 놓쳤다. 비록 그러하나 임제를 구해 살려야 한다."

大慧擧此話云 可惜타 龍光이 放過這漢이로다 雖然如是나 也須救取臨濟하야사 始得다하니

3　대혜종고(大慧宗杲, 1089~1163). 임제종 양기파 스님으로 원오극근의 법제자. 남악(南岳)스님의 15세손.『대혜어록(大慧語錄)』,『대혜종문무고(大慧宗門武庫)』등이 있음.

●

임제스님에게 무슨 허물이 있기에 대혜스님은 "임제를 구해 살려야 한다."고 말씀하셨겠습니까? 대혜스님 말씀에 한마디 붙이겠습니다.

【 착어 】

한때의 영화를 자랑하지 말라
두 다리 두 발을 잘렸도다.
莫誇一時榮하라 刖却兩雙足이로다

【 염 】

공수선사[4]가 말하였다.
"두 큰스님이 서로 만남에 한 사람은 용이 뿔 없는 것과 같고, 한 사람은 뱀이 발 있는 것과 같다. 만약 누구든지 이 뜻을 잘 알아내면 그대에게 천하를 거리낌 없이 돌아다니도록 허락하리라."
空叟云 二大老相見에 一人은 如龍無角이요 一人은 似蛇有足하니 若人檢點得出하면 許爾天下橫行하리라 하니

【 착어 】

범의 얼룩무늬는 보기 쉬우나 사람의 얼룩무늬는 알기 어려우니
꿀 속의 짐독鴆毒이요 진흙 속의 호옥皓玉이로다.
虎班은 易見이어니와 人班은 難辨이니 蜜裏鴆毒이요 泥中皓玉이로다

【 결어 】

천하를 거리낌 없이 돌아다님은 묻지 않겠지만 어떤 것이 납승문하의

---

[4] 공수종인(空叟宗印). 송(宋)대 임제종 양기파 스님. 졸암덕광(拙庵德光)의 법제자로 남악(南岳)스님의 17세손.

본분수각本分手脚인가?

(한참 묵묵한 후에 말씀하셨다.)

번쩍이는 칼빛이 북두北斗를 쏘니

송장 산더미와 피바다가 대천세계를 덮는다.

(크게 할을 한 번 하고 내려오시다.)

橫行天下卽不問이어니와 如何是衲僧門下底本分手脚고 (良久云)

閃爍劒光이 射斗牛하니 屍山血海遍大千이로다

(喝一喝하고 下座하시다)

戊申(1968)년 하안거 결제일 해인사 해인총림 대적광전

10. 영운견도 靈雲見桃
복숭아꽃을 보고

【 수시 】

복숭아꽃 붉고 오얏꽃 희니
벌은 분주히 날고 나비는 어지럽게 춤춘다.
앞도 삼삼三三이요 뒤도 삼삼三三이여[1]
문수는 오고 보현은 가도다.
석가 늙은이 마당 가운데에 서니
두 눈먼 문지기 귀신이 성을 내며 쫓아낸다.
허허허! 아는가 모르는가?
칠구七九는 뒤집혀 육십팔六十八이 되었다.

桃花紅李花白하니 蜂紛飛蝶亂舞로다
前三三後三三이여 文殊來普賢去로다
釋迦老子中庭立하니 雙盲門鬼怒擯逐이로다
呵呵呵會也麽아 七九飜成六十八이로다

【 본칙 】

영운스님[2]이 위산스님 회상에 있을 때 복숭아꽃을 보고 도를 깨치고

---

[1] 무착(無著)스님이 문수(文殊)에게 "이곳엔 대중스님들이 얼마나 있습니까?" 하고 묻자 이와 같이 대답함. 『벽암록(碧巖錄)』 35칙 참조.
[2] 영운지근(靈雲志勤). 위앙종 스님으로 위산영우(潙山靈祐)의 법제자. 남악(南岳)스

게송을 지었다.

삼십 년 동안 칼을 찾던 나그네여
몇 번이나 잎 지고 몇 번이나 가지 돋았던가.
한 번 복숭아꽃 본 이후로는
지금에 이르도록 다시 의심치 않는다.³

靈雲이 在潙山하야 見桃花悟道하고 述偈曰 三十年來尋劍客이여 幾回落葉幾抽枝오 自從一見桃花後로는 直至如今更不疑라 하니

【 착어 】

원수는 머리가 있고 빚은 주인이 있다.

冤有頭債有主로다

◉

이 말뜻을 알면 영운스님이 30년 동안 자성을 깨치려고 애써오다가 복숭아꽃 핀 것을 보고 깨친 뜻도 알 수 있습니다.

【 본칙 】

위산스님⁴이 말하였다.

"인연 따라 도를 깨친 사람은 영원토록 물러나지 않으리니 스스로 잘 보호해 간직하라."

潙山이 云 從緣入者는 永無退失이니 善自護持하라 하니

님의 4세손.
3 『선문염송』제590칙 (한국불교전서5, 454쪽).
4 위산영우(潙山靈祐, 771~853). 위앙종의 개조. 백장회해(百丈懷海)의 법제자로 남악(南岳)스님의 3세손. 『위산경책(潙山警策)』1권, 『위산영우선사어록(潙山靈祐禪師語錄)』1권이 있음.

【 착어 】

황금이 빛을 잃었다.

黃金이 失色이로다

【 본칙 】

현사스님5이 영운스님의 게송을 듣고 말하였다.

"지당하기는 참으로 지당하나 감히 말하노니, 노형老兄이 아직 확철치는 못하다."

玄沙聞云 諦當甚諦當하나 敢保老兄未徹在라 하다

◉

위산스님은 분명히 깨쳤다고 인가를 했는데, 현사스님은 분명히 바로 깨치기는 깨쳤지만 아직 철저하지 못하다고 했습니다. 여기에 아주 깊은 뜻이 있습니다. 현사스님의 이 말씀에 한마디 붙이겠습니다.

【 착어 】

칠통漆桶에서 빛이 난다.

漆桶에 生光이로다

◉

현사스님의 이 법문은 바로 알기가 참으로 어렵습니다. 현사스님의 이 말씀에 대해 흔히 "자성이라는 것은 부처도 올바로 알 수 없는 것이요, 이곳에서는 삼세제불과 역대조사 어느 누구도 몸과 목숨을 잃지 않을

---

5 현사사비(玄沙師備, 835~908). 설봉의존의 법제자로 청원스님의 6세손.『현사종일대사광록(玄沙宗一大師廣錄)』3권,『현사종일선사어록(玄沙宗一禪師語錄)』3권이 있음.

수 없는데, 어느 누가 감히 여기에 철저하다는 말을 붙일 수 있느냐? 그러니 영운도 철저하지 못하고, 석가도 철저하지 못하며, 달마도 철저하지 못하고, 역대조사들과 천하 선지식 및 삼세제불이 다 철저하지 못한 것이지 철저한 사람이 어디 있느냐?"라고들 합니다. 대개 보면 이렇게 해석하는 사람이 많습니다.

만약 '철저하지 못하다'는 현사스님의 법문을 그렇게 안다면 이것은 남쪽을 북쪽이라 하는 격입니다. 뜻이 거기에 있는 것이 절대로 아닙니다. '철저하지 못하다' 이 법문을 확실히 바로 알면 일체 불법에 대해 착오 없이 바로 아는 것입니다.

【 착어 】

두 분 큰 조사가 어찌하여 말씀하는 것이 이와 같이 서로 반대되는가. 비록 남쪽을 향해서 북두를 보고 한낮에 삼경을 치나, 하나를 박고 둘을 세우며 옥이 구르고 구슬이 돌아가니 어떻게 하려는가?

(한참 묵묵한 후에 말씀하셨다.)

만고에 푸른 못 속의 둥근 달을
두세 번 잡아 건져 보니 비로소 알겠구나.

兩大祖師가 爲什麽하야 出言이 如是相反고 雖然面南看北斗하고 日午에
打三更하나 爭奈丁一卓二하니 玉轉珠廻에 何오 (良久云)
萬古碧潭空界月을 再三撈摝始應知로다

◉

또 위산스님은 바로 깨쳤다고 영운스님을 인가했고 현사스님은 철저하지 못했다未徹底고 영운스님을 부정했습니다. 두 분 큰 조사께서 어찌하여 말씀하는 것이 이와 같이 서로 반대될까요? 그러면 두 분 스님 가운데 한 사람은 틀린 사람이어야 하지 않겠습니까? 위산스님도 천고에

대조사이고 현사스님도 천고에 뛰어난 대조사인데 어찌 그릇된 말씀을 하셨겠습니까? 보통의 견해로 보면 서로 어긋나 보이나 그 말씀 속에 깊은 뜻이 있을 뿐이지, 절대로 두 분 말씀이 상치되는 것이 아닙니다.

위산과 현사 두 스님의 법문은 마치 남쪽을 향해서 북두를 보고 한낮에 삼경을 치는 것과 같은 격입니다. 어떻게 남쪽 하늘에서 북두성을 찾아볼 수 있겠습니까? 또 두 분의 법문을 두고 저는 왜 '한낮에 한밤중을 알리는 삼경을 치는 격'이라고 말할까요? 두 분의 법문은 하나를 박고 둘을 세우며 옥이 구르고 구슬이 돌아가는 것입니다. 자 그럼 어떻게 하겠습니까?

그 뒤 고봉스님이 이 공안을 거론하고는 법문을 하고 게송을 읊으신 것이 있습니다. 그것을 소개하겠습니다.

【 염 】

고봉선사[6]가 말하였다.

"영운이 복숭아꽃을 보고 도를 깨달음은 뇌수를 찔러 아교 그릇에 넣음이요, 위산이 말한 '인연 따라 깨친 이는 영원토록 물러나지 않는다' 함은 이를 갈며 옹치雍齒를 제후에 봉함이요, 현사가 말한 '지당하기는 참으로 지당하나 감히 말하노니 노형이 아직 확철치는 못하다' 함은 눈물을 흘리며 정공丁公을 죽임이다."

> 高峰云 靈雲이 見桃花悟道는 刺腦入膠盆이오 潙山이 道從緣入者永無退失은 咬牙封雍齒요 玄沙道諦當甚諦當하나 敢保老兄未徹在는 泣淚斬丁公이라 하니

---

6 고봉원묘(高峰原妙, 1238~1295). 임제종 양기파 스님으로 설암조흠(雪巖祖欽)의 법제자. 남악(南岳)스님의 21세손. 『고봉대사어록(高峰大師語錄)』 3권이 있음.

●

　한 고조가 황제가 된 후 장량의 계책에 따라 그가 가장 미워하는 옹치를 제후에 봉함으로써 다른 여러 장수들을 진무한 고사가 있습니다. 정공은 항우의 장군으로서 싸움터에서 유방을 살려 준 일이 있습니다. 그러나 유방이 천하를 통일 후에 정공이 한 고조인 유방을 찾아가니 '주군을 배반한 놈은 반역죄로 다스려 후인들을 경계하여야 한다' 하며 은혜를 입었으나 눈물을 흘리며 죽이고 만 고사가 있습니다. 옹치를 벼슬에 봉할 때는 이를 갈며 주었고 정공을 죽일 때는 눈물을 흘리면서 죽였다는 이 뜻을 바로 알 것 같으면, 위산스님이 인가한 뜻을 알 수 있는 것이요, 현사스님이 부정한 뜻도 확철히 할 수 있는 것입니다. 고봉스님의 법문에 대해 또 한마디 붙이겠습니다.

【 착어 】

　서울에 종이가 귀하니
　종이 한 장에 죄목을 다 적어 고발하노라.
　王都에 紙貴할새 一狀領過하노라

【 송 】

　또 고봉선사가 송하였다.
　꽃 떨어진 대臺 위에 거듭 비단을 펴고
　마노 계단 앞에 붉은 모래를 편다.
　인정과 의리는 다 가난한 데서 끊기니
　세상 사람들이 한쪽으로 돈 있는 집만 찾아가네.
　又頌호대
　落花臺上에 重鋪錦하고 瑪瑙階前에 布赤砂로다
　情義盡從貧處斷하니 世人이 偏向有錢家로다 하니

◉

형형색색의 수많은 꽃들이 떨어져 누대에 가득하니 그것만으로도 얼마나 좋습니까? 그런 꽃방석 위에 또 비단까지 깐다고 했으니 그야말로 금상첨화입니다. 또 보배인 마노로 계단을 쌓고 거기에 더해 귀한 붉은 모래까지 깔았으니 이보다 좋을 수 없는 것입니다. 그런 진귀하고 아름다운 물건들을 죽 늘어놓았다는 것입니다. '먹을 것 떨어지면 의리고 인정이고 다 끊어진다'고 했는데 이 비유에 깊은 뜻이 있습니다. 그래 먹을 것 다 떨어지니까 세상 사람들이 돈 있는 집만 찾아가더라는 것입니다.

【 착어 】

고봉고불高峰古佛이 고인古人의 골수를 밝게 열어 그대들 앞에 던지니 빠른 우레가 소리를 멈추고 큰 바위가 고함쳐서 앞산과 뒷산에 큰비가 내린다.

高峰古佛이 拓開古人骨髓하야 抛在諸人面前하야 直得迅雷停聲하고 頑石이 哮吼하야 前山後山에 大雨滂霈로다

◉

옛 부처와 똑같은 고봉스님께서 고인古人의 골수를 밝게 열어 여러분들 앞에 던져 보이셨습니다. 그래서 우렁찬 우레는 그 소리를 멈추고 아무 소리도 없는 바위가 고함을 쳐, 앞산과 뒷산 온 천지에 큰 비가 내립니다.

이제 이만하면 영운스님이 복숭아꽃을 보고 깨치고 위산스님이 인가를 하고 현사스님이 부정했던 그 뜻을 확실히 알 줄로 생각합니다. 그러면 영운스님은 법을 어떻게 썼느냐 하는 것을 말씀드리겠습니다.

【 본칙 】

영운스님에게 어떤 중이 물었다.
"어떤 것이 불법의 대의大意입니까?"
"나귀 일이 다 가지 않았는데 말 일이 닥쳐오느니라."
중이 다시 가르침을 청하니 영운스님이 말하였다.
"비단결 같은 기운은 밤에 항상 움직이고 귀신은 낮에 드물게 만난다."

靈雲이 因僧問如何是佛法大意오 雲이 云 驢事未去에 馬事到來니라 再請垂示한대 雲이 云 彩氣는 夜常動하고 精靈은 日少逢이니라 하니

◉

"비단결 같은 기운은 밤에 항상 움직이고 귀신은 낮에 보기 힘들다."는 말씀을 알면 "나귀 일이 다 가지 않았는데 말 일이 닥친다."는 말씀도 알 수 있고, 불법의 분명한 대의大意도 알 수 있습니다. 영운스님의 이 법문에 내 한마디 붙이겠습니다.

【 착어 】

소로 소로로다.
嘛嚕嘛嚕로다

【 송 】

장산 전선사[7]가 송하였다.
나귀 일이 다 가지 않았는데 말 일이 닥쳐옴이여

---

7 장산법전(蔣山法泉). 송(宋)대 운문종 스님으로 운거효순(雲居曉舜)의 법제자. 청원(靑原)스님의 11세손.

종소리 겨우 끊어지자 북소리 난다.
조사는 비빔밥 먹기를 좋아하고
북쪽의 문수가 오대산에 살더라.
蔣山 泉이 頌云
驢事未去馬事到來여 鍾聲이 才斷에 鼓聲摧로다
祖師愛喫和蘿飯하니 北有文殊在五臺라 하니

◉

"조사는 비빔밥 먹기를 좋아한다."는 이 말에 아주 깊은 뜻이 있습니다. 조사스님들이 실제 음식 중에 비빔밥을 좋아한다는 그런 말이 아닙니다. 비빔밥和蘿飯이라고 한 여기에 아주 깊은 뜻이 있는데, 이 뜻을 바로 알면 앞의 법문 전체를 다 알 뿐만 아니라 일체 불법에 대해 조금의 거리낌도 없게 됩니다. 장산스님의 이 송에 내가 또 한마디 붙이겠습니다.

【 착어 】

위에 견주니 부족하고 아래에 견주니 남는다.
匹上不足하고 匹下有餘로다

◉

"위에 견주니 부족하고 아래에 견주니 남는다."고 한 이 말뜻을 알면 "나귀 일이 다 가지 않았는데 말 일이 닥쳐온다."는 뜻도 알 수 있고, 장산스님 게송의 뜻도 알 수 있습니다.

【 결어 】

말해 보라, 현사의 철저하지 못함과 영운의 나귀와 말이 필경 어느 곳에 떨어져 있는가?

(한참 묵묵한 후 말씀하셨다.)

원앙새 수놓아 그대 마음대로 보게 하나

수놓은 금바늘은 남에게 주지 말아라.

(주장자를 한 번 치고 내려오시다.)

且道하라 玄沙未徹과 靈雲驢馬가 畢竟落在甚處오 (良久云)

鴛鴦을 繡了從君看하나 莫把金針度與人하라

(卓拄杖一下하고 下座하시다)

　　　　　　　　　　　戊申(1968)년 4월 말일 해인사 해인총림 대적광전

11. 구봉불긍 九峰不肯
긍정치 않다

【 수시 】

(한 번 주장자 내려치고 말씀하시되)

"일 이 삼 사 오로다."

(또 한 번 내려치고)

"오 사 삼 이 일이로다."

(주장자를 무릎 위에 가로 얹고 말씀하셨다.)

수미산 꼭대기에서 흰 물결이 하늘에 치솟고

큰 바다 파도 속에서 붉은 티끌이 땅을 휩쓴다.

(卓拄杖一下云) 一二三四五요

(又一下云) 五四三二一이라

(橫按拄杖云)

須彌頂上에 白浪이 滔天하고 大海波心에 紅塵이 括地로다

【 본칙 】

구봉스님[1]이 석상 수좌에게 물었다.

"선사先師께서 말씀하시기를, '쉬어 가고 쉬어 가며, 한 생각이 만 년까지 이어가며, 찬 재 마른 나무같이 가며, 한 가닥 흰 실같이 뻗쳐 간다'

---

[1] 구봉도건(九峰道虔). 석상경저(石霜慶諸)의 법제자로 청원(靑原)스님의 5세손.

하셨으니 말해 보라, 어떤 일을 밝히신 것인가?"

"일색변사―色邊事를 밝히신 것이니라."

"그렇다면 선사의 뜻은 모르는 것이다."

"네가 나를 긍정치 않는단 말이냐? 그럼 향을 가져오너라."

수좌가 이에 향을 피우면서 말하였다.

"내가 만약 선사의 뜻을 알지 못했다면 향 연기 일어날 때 생사를 벗어나 죽지 못하리라."

이에 향 연기가 일어나자마자 바로 앉아서 곧 숨을 거두니 구봉스님이 그 수좌의 등을 어루만지면서 말하였다.

"좌탈입망坐脫立亡은 없지 않지만 선사의 근본 뜻은 꿈에도 보지 못했다."[2]

九峰이 問石霜首座云 先師道호대 休去歇去하며 一念萬年去하며 寒灰枯木去하며 一條白練去라 하니 且道하라 明什麼邊事오 座云 明一色邊事니라 峰云 恁麼則未見先師意在로다 座云 你不肯我耶아 裝香來하라 座乃焚香云 我若不會先師意면 香煙起處에 脫去不得이니라 及至香煙이 才起에 座便脫去하니 峰이 乃撫其背云 坐脫立亡은 則不無어니와 先師道理는 未夢見在로다 하니

◉

청원행사의 4세손이며 도오의 법제자로 청량산에 사는 석상경저라는 유명한 스님이 계셨습니다. 그 스님이 돌아가시고 난 뒤 조실 스님을 누구로 모셔야 하느냐는 것이 산중의 문제가 되었습니다. 그 무렵 석상스님의 회하에 수좌 스님이 계셨는데, 요즘으로 치면 부조실이라 할 수 있을 것입니다. 도덕이 높고 지견이 깊어 산중 대중 스님들이 모두 이 스님

---

2 『선문염송』 제932칙(한국불교전서5, 669쪽).

을 조실로 모시자고 의논이 되었습니다. 그때 석상스님의 시자로 있었던 구봉스님이 이의를 제기했습니다.

"아무리 대중 스님들이 그렇게 말하지만 나는 의견이 다르다. 내가 한 번 법을 물어본 뒤에 해야지 무조건 그렇게 할 수는 없다." 하고는 돌아가신 스승께서 늘 하시던 법문의 뜻을 물은 것입니다. 그래 수좌 스님의 대답이 "일색변사를 밝힌 것이다."고 했습니다. 일색변사란 삼라만상 하나하나가 모두 평등하다, 모든 것이 다 절대 평등하다는 뜻입니다. 비유로 말하자면 눈이 소복이 내려 온 천지를 하얗게 뒤덮은 모습, 새하얀 눈빛만 드러나지 다른 빛깔은 찾아볼 수 없는 그런 세계를 말하는 것입니다.

그런데 구봉스님은 "그렇다면 선사의 뜻은 모르는 것이다."고 했습니다. 내 질문에 그렇게 대답하면 큰스님의 말씀의 뜻을 절대로 모르는 사람이니 조실 될 자격이 없다고 선언한 것입니다. 그러자 수좌 스님은 "그대가 날 인정하지 못하겠다면 향을 가져오라. 만약 내가 선사의 뜻을 알지 못했다면 향이 탈 동안에 생사를 벗어나지 못하리라."고 했습니다.

"한 줄기 향이 다하기 전에 내가 열반에 들 것이다. 만일 그 안에 좌탈하지 못한다면 선사의 도리를 모르는 것이 되고, 열반에 든다면 그만큼 나는 생사에 자유자재한 것이니 선사의 뜻을 아는 것이다."라는 의미로 그렇게 말한 것입니다.

이렇게 말한 수좌 스님은 향을 꽂고 연기가 피어오르자마자 합장을 한 채 열반에 들었습니다. 그러니 누가 보든 참으로 생사에 자유자재한 능력이 있는 큰스님이란 말입니다. 그래 대중들이 웅성거리며 "시자가 괜히 쓸데없는 말을 해서 도덕이 높은 분을 잃었다."고 분위기가 험악해졌습니다. 그때 구봉스님이 수좌 스님의 등을 어루만지며 말했습니다.

"앉아서 죽고 서서 죽기를 마음대로 하는 도력은 있지만 그래도 선사의 근본 뜻은 역시 몰랐다."

이 법문에 내가 한마디 평을 붙이겠습니다.

【 착어 】

깊게 갈아 얕게 심고 귀하게 사서 천하게 파니
이익이 있고 없고 간에 시장을 떠나지 않는다.
深耕淺種하고 貴買賤賣하니 有利無利不離行市로다

◉

이 말을 알면 앞의 석상스님의 법문이나 수좌와 구봉스님의 법문을 바로 알 수 있습니다. "수좌가 좌탈입망했음에도 구봉이 '선사의 도리는 모른다' 했으니 수좌가 실제로 몰랐던 것 아닌가?" 하고 대개 그렇게들 많이 봅니다. 그렇지만 이 법문의 뜻은 그런 피상적 생각과는 근본적으로 다릅니다.

【 착어 】

이 공안이 지극히 알기 어려우니 예부터 법문이 많으나 그 뜻을 바로 아는 이 드물다.
這介公案이 極甚難會하니 自古拈弄이 數多나 得其正鵠者罕稀로다

【 송 】

천동 각선사가 송하였다.
석상의 한 종파를 친히 구봉에게 전하니
향 연기에 숨겨 가도 바른 법맥을 통하기 어렵다.
달 속에 둥우리 친 학은 천 년 꿈을 꾸고
눈 집 속에 사는 사람은 일색공─色空에 미했다.
시방을 앉아 끊어도 오히려 이마에 점이 찍히니

가만히 한 걸음 옮겨야 나는 용을 보리라.

天童 覺이 頌云

石霜一宗을 親傳九峰하니

香煙脫去하야도 正脉은 難通이니라

月巢鶴作千年夢이요 雪屋人迷一色空이라

十方을 坐斷하야도 猶點額이니 密移一步하야사 看飛龍이로다 하니

◉

중국 전설에 잉어가 용이 되려면 용문龍門을 거슬러 올라가야 하는데, 이 용문을 지나가지 못하면 이마에 점이 탁 찍혀 떨어져 버리고 만다고 합니다. 예전에 과거 시험을 볼 때, 급제하지 못하면 그 사람을 '점액용點額龍'이라고 불렀습니다. 이마에 점이 찍힌 용, 그만 낙제했다는 말입니다. 설사 시방세계를 앉아서 끊고, 앉아 죽고 서서 죽는, 생사에 임의자재하고 대자유자재한 그런 사람이라도 불교의 근본 뜻을 모르는 사람입니다. 그렇다며 어떻게 해야 하느냐 하면, 가만가만 한 걸음 옮겨 놓아야 나는 용을 볼 거라는 것입니다. 그것은 선문에서 말하는 전신구轉身句라는 것입니다. 시방세계가 일색변사一色邊事라고 그대로 앉아 있다가는 절대로 불조의 도리는 모르는 것이고, 거기에서 몸을 굴려야만 나는 용을 본다는 것입니다.

【 착어 】

억!

이 여우새끼여, 캄캄해 모르니 옛사람을 비방하지 말아라.

(喝一喝云) 這野狐精이여 漆桶不會하니 莫謗古人이어다

⦿

천동 각선사는 칠통같이 아무 것도 모르는 사람이라는 말입니다. 그런 캄캄한 견해로 공연히 석상도 비방하고, 구봉도 비방하니 그는 불교를 전혀 모르는 사람입니다. 그러면 어떻게 해야 이 석상의 도리를 알 수 있겠습니까? 석상스님 당시에 조동종의 개조인 동산스님이 계셨는데 다음과 같은 법문을 하셨으니 잘 들어 보십시오.

【 본칙 】

동산스님이 말하였다.

"초가을 늦여름에 형제들이 혹 동으로 가고 혹 서로 가거든 모름지기 만 리 먼 길에 풀 한 포기 없는 곳으로 곧바로 가라."

또 말하였다.

"다만 만 리 먼 길에 풀 한 포기 없는 곳으로 어떻게 가겠느냐?"

석상스님[3]이 이 법문을 듣고 말하되, "문을 나서면 문득 다 풀이니라." 하니, 동산스님이 이 말을 전해 듣고 말하였다.

"이는 일천오백인의 선지식 말이로다. 또 큰 당나라 안에 그런 사람이 몇이나 되겠느냐?"[4]

洞山云 秋初夏末에 兄弟가 或東去西去어든 直須向萬里無寸草處去하라 又云 只如萬里無寸草處에 作麼生去오 石霜이 聞云 出門便是草니라 山云 此是一千五百人善知識語로다 且大唐國裏에 能有幾人고 하니

⦿

동산스님께서 안거가 끝나는 날에 상당하여 말씀하셨습니다.

---

3 석상경저(石霜慶諸, 807~888). 도오원지(道吾圓智)의 법제자로 청원(青原)스님의 4세손.
4 『선문염송』 제687칙(한국불교전서5, 524쪽).

"지금 해제를 하게 되는데 때는 여름을 지나 가을이 다가오고 있다. 너희들이 혹 동쪽으로도 가고 서쪽으로 천리만리를 가더라도 풀빛이 보이는 곳으로는 가지 말라."

만일 풀을 찾아 볼 수 있고 풀잎이 보이는 곳으로 간다면 그 사람은 절대로 공부를 바로 하는 사람이 아니라는 말씀입니다.

그리고는 "그러면 천리만리 먼 길에 풀 한 포기 없는 곳으로 어떻게 가겠느냐?" 하고 물으셨습니다.

석상스님이 이 법문을 전해 듣고는 말하기를, "문을 나서면 문득 다 풀이니라."고 했습니다.

그 당시 석상스님은 고행을 하실 때였습니다. 이름을 숨기고 남의 집 머슴살이도 하며 파묻혀 살았습니다. 그때 어느 행각하는 스님을 만나 동산스님의 해제 법문을 전해 듣고 이렇게 말씀한 것입니다. 석상스님은 동산스님과는 정반대로 말씀하셨습니다. 동산스님은 천리만리 풀 한 포기 없는 곳으로 가라 했는데 석상스님은 문만 나서면 다 풀이라 하셨거든요.

혹 "문에 들어가니 나가니 하는 것이 다 풀이 아니겠느냐?" 이렇게 보는지 모르지만 그건 석상스님의 뜻을 근본적으로 모르고 하는 소립니다.

그래 석상스님의 이 말을 전해 들은 동산스님이 "너희가 볼 때 얻어먹는 거지, 남의 일이나 해 주는 머슴같이 보일지 모르지만 그는 실제 일천오백 명이나 되는 큰 대중을 거느릴 수 있는 대선지식으로서 아주 드문 사람이다."라고 감탄하신 것입니다. 거기에 또 내 한마디 붙이겠습니다.

【 착어 】

아침에는 삼천이요 저녁에는 팔백이라
산문에서 합장하고 불전에서 향을 사른다.
이것은 두 큰스님의 높고 깊은 법문이니 만약 투철하여 남음이 없으면 수좌와 구봉시자의 부질없는 갈등을 알거니와 혹 그렇지 못하면 또한 옛사람의 평론을 들어 보이리라.

朝三千暮八百이라 山門에 合掌하고 佛殿에 裝香이로다
此是二大老의 向上牙爪니 若透徹無餘하면 便解得侍者首座의 閑葛藤이 아니와 其或未然하면 又擧古人檢評하리라

【염】

화엄 각선사[5]가 말하였다.
"종사가 행하는 곳은 불이 얼음을 녹임과 같아서 시비의 관문을 뚫고 지나가고 모든 기틀에 득실이 없다. 모두 말하되, 수좌는 일색—色에 머물러 있고 구봉 시자는 지견知見이 스승을 뛰어난다 하니, 가히 체體는 묘하나 그 종지를 잃었고 전혀 그 향배를 모른다 하리라. 참으로 수좌는 해오라기가 눈 속에 서 있으나 종류가 같지 않음과 같고, 구봉 시자는 봉황이 붉은 하늘에 날더라도 금 그물에 걸리지 않음과 같음을 모른다. 한 사람은 높고 높은 산꼭대기에 서 있고, 한 사람은 깊고 깊은 바다 밑을 가는 것이니, 각각 자기의 방위를 따라와서 같이 구중궁궐에 모임이로다. 이제 이 두 사람을 아는가?"

불자를 세우고 말하되, "용이 푸른 못에 누워 있으니 바람이 늠름하다." 하고, 불자를 눕히고 말하였다.

"학이 하늘로 돌아옴에 등이 하늘을 스친다."

華嚴 覺이 云 宗師行處는 如火燒氷하야 透過是非關하고 全機亡得喪이니라 盡道호대 首座는 滯在一色하고 侍者는 知見이 超師라 하니 可謂體妙失宗이요 全迷向背로다 殊不知首座는 如鷺鷥立雪에 品類不齊요 侍者는 似

---

[5] 화엄조각(華嚴祖覺). 임제종 양기파 스님으로 원오극근(圜悟克勤)의 법제자. 청원(南岳)스님의 15세손.

鳳䯻丹霄에 不縈金網이로다 一人은 高高山頂立하고 一人은 深深海底行이니 各自隨方而來하야 同會九重宮闕이로다 而今에 識此二人麽아 竪起拂子云 龍臥碧潭에 風凜凜이요 垂下拂子云 鶴歸霄漢에 背磨天이라 하니

◉
수좌는 일색변一色邊에 머물러 있으니 돌아가신 스님의 도리를 모르는 것이고, 시자는 스님을 뛰어넘으니 수좌보다 나은 사람이라고 이렇게 다들 긍정하지 않습니까? 하지만 그렇게 보면 동서남북도 제대로 분간하지 못하는 것입니다. 어째서 그런가 하면 수좌는 해오라기가 눈 속에 서 있는 것과 같으니 흰색은 같은 흰색이지만 품류가 다릅니다. 시자는 봉황이 저 하늘에 나는 것 같고 금으로 얽은 그물에 걸리지 않는 것과 같습니다. 한 사람은 저 높고 높은 산마루에 서 있고, 한 사람은 깊고 깊은 바닷속을 가고 있으나, 스스로 각각 자기의 방위를 따라 와서 즉 한 사람은 산에서 오고 한 사람은 바다에서 와서 같이 함께 구중궁궐에 모여 만나더라는 것입니다. 이제 이 두 사람을 알겠습니까?

【착어】
억!
삿된 법은 부지하기 어렵다.
(喝一喝云) 邪法은 難扶로다

【송】
원오선사가 송하였다.
죽음 가운데 삶을 얻는 사람은 무수하나
삶 가운데 죽음을 얻음은 옛부터 드물다.
마른 나무에 봄이 일찍 돌아옴만 알고

찬 재에서 다시 불꽃 일어나는 때를 모른다.
구봉 시자여, 참으로 어리석으니
비록 선사의 뜻은 알았으나
온몸이 범의 함정에 빠짐을 면치 못하느니라.
圜悟 頌云
死中得活人無數나 活中得死는 古來稀로다
只知枯木에 回春早하고 蹉過寒灰再焰時로다
虔侍者여 也是痴니
雖然會得先師意나 未免全身陷虎機로다 하니

◉

보통으로 볼 때 수좌는 법을 모르는 사람이고 구봉 시자는 참으로 석상스님의 법을 아는 사람같이 보이지 않습니까? 그렇지만 그것은 그렇지 않습니다. 다들 수좌는 아무것도 모르는 사람이고 구봉은 선사의 뜻을 아는 사람이라고 하는데, 원오스님은 왜 구봉스님이 범 잡는 함정에 빠져 도리어 죽었다고 말했을까요? 이 뜻을 잘 알아야 합니다. 원오스님의 이 게송에 내가 또 한마디 붙이겠습니다.

【 착어 】

보지 못하였는가. 만송스님[6]이 말하되, "집안의 시설은 구봉만 못하지마는 이치에 들어간 깊은 법문은 수좌가 오히려 백 보나 앞섰다."고 하였다.

---

6 만송행수(萬松行秀, 1166~1246). 조동종 스님으로 설암만(雪巖滿)의 법제자. 청원(青原)스님의 17세손.『천동백칙송고(天童百則頌古)』를 제창하여 염롱(拈弄)한『종용록(從容錄)』이 유명함.

억!

사람을 모함하는 죄는 죄로써 처벌하느니라.

不見가 萬松이 道호대 門庭施設은 不如九峰이나 入理深談은 猶較座元百步라 하니

(喝一喝云) 誣人之罪는 以罪加之로다

【 결어 】

대중들이여, 이러하니 이 한 얽힘의 공안은 필경 어느 곳에 떨어져 있는가?

(한참 묵묵한 후에 말씀하셨다.)

산호 베개 위에 흐르는 두 줄기 눈물이여

한 줄기는 그대를 생각함이요 한 줄기는 그대를 원망함이로다.

(주장자를 한 번 치고 내려오시다.)

大衆아 恁麽則這一絡索公案이 畢竟落在甚處오 (良久云)

珊湖枕上兩行淚여 半是思君半恨君이로다

(卓拄杖一下하고 下座하시다)

戊申(1968)년 5월 보름 해인사 해인총림 대적광전

12. 임제빈주 臨濟賓主
손과 주인

【 수시 】

임제대사는 사람만 보면 할喝을 하고
덕산 노인은 문에 들어서면 문득 때리니
곤륜산은 높은 허공 가운데 거꾸로 서 있고
큰 바다는 가는 티끌 속에 뒤집혀졌다.
우르릉 하는 봄 우레에 하늘 문이 활짝 열리고
산들산들 부는 훈풍에 땅이 널리 윤택하다.
다리 셋인 무쇠 말은 바다 위를 급히 달리고
외눈박이 나무 소는 불더미 속에서 편히 잠자니
살쾡이와 흰 암소는 손으로 춤추고 발로 뛰놀며
옛 부처와 후세 조사는 머리 부서지고 골이 찢어진다.
억!
말해 보라, 이 할이 어느 곳에 떨어져 있는가?
(한참 묵묵한 후에 말씀하셨다.)
이삼천 곳곳마다 풍류놀이 하는 누각이요
사오백 거리마다 화류花柳의 마을이로다.
臨濟大師는 見人卽喝하고 德山老人은 入門便棒하니
崑崙은 倒卓太虛空中하고 滄溟은 飜覆一微塵裏로다
轟轟春雷에 天門이 頓開하고 拂拂薰風에 地頭普潤이라

三脚鐵馬는 疾走海上하고 隻眼木牛는 安眠火堆하니
狸奴白牯는 手舞足蹈하고 前佛後祖는 頭破腦裂이로다
(喝一喝云) 且道하라 這一喝이 落在甚處오 (良久云)
二三千處管絃樓요 四五百條花柳巷이로다

◉

 임제스님은 사람만 보면 소리를 질렀는데 그 뜻은 얘기할 수 없지만 말만은 좀 전해보겠습니다. 불교에 여러 종파가 있으나 불교의 생명을 가장 잘 전한 것이 선종이라고 말합니다. 선종에 있어서도 으뜸은 단연 임제종이라 일컬어지고 있습니다.

 임제종의 종조宗祖 되시는 임제스님은 법을 쓰되 어떤 법을 많이 썼나 하면 사람만 보면 고함을 쳤습니다. 그러면 사람만 보면 공연히 고함만 치는 그 뜻이 무엇인가가 문제되는 것입니다. 그냥 헛고함만 친 것이 아닙니다. 그 뜻을 바로 알면 부처님이 샛별을 보고 도를 깨친 근본 입각처를 확실히 증득할 수 있는 것입니다. 그러므로 임제스님이 소리를 지르고 고함을 친 것은 그냥 범상하게 소리 지른 것이 아니라 불교의 근본 생명을 전한 아주 깊은 법문이라는 것입니다.

 또 덕산스님은 사람이 앞에 어른거리기만 하면 몽둥이를 휘두르셨습니다. 왜 사람만 보면 때리느냐는 것입니다. 이것 역시 참으로 부처님과 조사스님들의 근본법을 바로 전하고 있는 것입니다. 그냥 쓸데없이 사람만 보면 소리 지르고 몽둥이를 휘두른 것이 아닙니다. 임제스님이 소리 지른 뜻, 덕산스님이 몽둥이로 사람을 때린 뜻, 그것을 확실히 알면 일체 불법의 근본 뜻을 완전히 알게 되는 것입니다. 그러나 이 도리는 화두를 열심히 참구해서 확철히 깨쳐야만 아는 것이지, 깨치기 전에는 어느 누구도 절대로 모르는 것입니다.

 곤륜산崑崙山은 중국 동쪽에 있는 가장 높은 산입니다. 조그마한 돌도 물구나무를 서지 못하는데, 곤륜산처럼 그렇게 높고 큰 산이 어떻게 허공에 물구나무를 설 수 있겠습니까? 혹자는 새빨간 거짓말이라 생각할지도 모릅니다. 하지만 실제로 임제스님이 소리를 지르고 덕산스님이 몽둥이로 때리는 뜻을 확실히 알면 곤륜산이 저 태허 공중에서 거꾸로 물구나무 선 도리를 확실히 알 수 있습니다. 창명滄溟이란 큰 바다를 말하는데 그런 바다가 어떻게 다 뒤집혀질 수 있겠습니까? 그것도 조그마한 티끌 속에서 그 큰 바다가 어떻게 뒤집혀질 수 있느냐 하는 것입니다. 이 두 구는 임제스님과 덕산스님이 법을 쓰는 용처用處를 표현한 것입니다.

그러면 임제와 덕산이 법을 쓴 그때는 어떠한가? 온 천지가 개벽하게 천둥을 치니 눈 깜짝할 사이에 하늘 문이 열리고, 따뜻한 바람이 솔솔 부니 온 대지가 널리 윤택하더라는 것입니다.

그런데 "다리 셋 가진 쇠로 만든 말은 바다 위로 달음박질한다."고 했습니다. 이건 또 무슨 말입니까? 무쇠로 만든 말은 땅 위도 걸을 수 없는데 어째서 바다 위를 달린다 하고, 또 보통 말이라면 다리가 넷인데 어째서 세 개라 하느냐는 것입니다. 이것이 그냥 허투루 하는 소리가 아닙니다. 다 뜻이 있어 하는 말입니다. 그러니 잘 알아서 들으십시오. "눈을 하나 가진 나무로 만든 소는 불더미 위에서 잠을 잔다."고 하니 이건 또 무슨 말입니까? 나무로 만든 소라면 불덩이 위에 오르는 순간 당장 타 버릴 텐데 어떻게 나무소가 불 위에서 잠을 잘 수 있겠습니까? 이것 역시 새빨간 거짓말 아닌가 하고 의심하겠지만 내가 어찌 거짓말로 대중을 속이겠습니까? 여기에 깊은 뜻이 있으니 그것을 알라는 것입니다.

이 법을 씀에 있어서 살쾡이와 흰 소 같은 짐승들은 환희심을 내어 좋다고 춤을 추는데, 부처와 조사는 머리가 깨져 죽어 버리고 만다 했습니다.

곳곳마다 가야금 타고 노래 부르며 흥겹게 노는 누각이요

거리마다 꽃피고 버들가지 늘어져 온 대지가 봄소식을 전합니다.

마지막에 말씀드린 이 게송의 뜻을 알면 임제가 할을 하고 덕산이 몽둥이를 휘두른 뜻도 알 수 있고, 앞에서 말한 깊은 뜻도 다 알 수 있습니다. 허나 이것은 공부를 부지런히 해 깨쳐야 아는 것이지 이런저런 생각과 궁리로는 절대로 모릅니다. 그러니 이것을 알려면 오직 화두를 분명히 해서 공부를 부지런히 열심히 해야만 합니다.

오늘 법문은 이만하면 그만이지만 이와 맥락을 같이하는 예전 스님네들의 법문이 있고 하니 그 몇 가지를 더 소개하겠습니다.

【 송 】

자명선사[1]가 송하였다.
너희 깊은 진리에 통달한 이에게 말하노니
방과 할은 때를 따라 쓸 것이다.
만약 단적端的인 뜻을 밝게 알면
한밤중에 해가 빛나리라.

汾陽이 頌云
報汝通玄士하노라 棒喝을 要臨時로다
若明端的旨하면 半夜에 太陽輝로다 하니

◉

'깊은 진리에 통달한 이'란 자기 자성을 밝혀 확철대오한 활달무애豁達無碍한 도인을 가리킵니다. 그런 사람에게 한마디 부탁하는데, 몽둥이로 때리건 소리를 지르건 그때그때 자기 마음대로 쓰라는 것입니다. 깨치지

---

[1] 자명(慈明)은 석상초원(石霜楚圓, 987~1040)의 시호. 임제종 분양선소(汾陽善昭)의 법제자로 남악스님의 10세손. 그 제자에 황룡혜남(黃龍慧南)과 양기방회(楊岐方會)가 나와 임제종이 황룡과 양기의 두 파로 나누어짐. 『자명선사어록(慈明禪師語錄)』 1권, 『자명원선사어요(慈明圓禪師語要)』 1권이 있음.

못한 사람이 이런 짓을 한다면 미친 장난이지만 자성을 확연히 밝힌 사람이라면 소리를 지르건 몽둥이를 휘두르건 자기 마음대로 하라는 말입니다. 만약 몽둥이로 때리고 소리를 지르는 뜻을 확실히 안다면 한밤중에 해가 뜬다고 했습니다. 그러면 이것도 거짓말이 아닌가? 한밤중에 달이 떴다면 모르지만 해가 어떻게 한밤중에 뜰 수 있는가? 그러나 실제로 누구든지 확철대오하면 임제와 덕산의 근본 입지처를 바로 알아 한밤중에 해 뜨는 것을 알 수 있습니다. 자명스님의 이 게송에 내가 한마디 붙이겠습니다.

【 착어 】

점찍으면 오지 않느니라.

點卽不到니라

【 본칙 】

임제 회상에 양당의 수좌[2]가 어느 날 서로 보고 동시에 크게 할을 하니, 어떤 중이 임제스님에게 이 일을 물었다.

"알지 못하겠습니다. 손과 주인이 있습니까, 없습니까?"

"손과 주인이 분명하니라."[3]

臨濟會下에 兩堂首座가 一日相見하고 齊下一喝하니 有僧이 擧問師호대 未審커이다 還有賓主也無잇가 濟云 賓主歷然이라 하니

◉

"오늘 보니 두 분 수좌스님이 서로 동시에 소리를 지르던데 거기에 손

---

2 양당은 동당(東堂)과 서당(西堂). 수좌(首座)는 총림에서 방장스님을 보필하는 대중의 우두머리 되는 스님을 말함.
3 『선문염송』제616칙(한국불교전서5, 479쪽).

님과 주인이 있습니까 없습니까." 하고 어떤 스님이 임제스님에게 물었습니다. "전당 수좌는 주인이고 후당 수좌는 손님입니까, 아님 후당 수좌가 주인이고 전당 수좌가 손님입니까." 하는 식의 질문이 아닙니다. 고함을 치는 데 있어서 주인과 손님이 그 내용에 포함되어 있나 없나를 묻는 깊은 의미가 담긴 질문입니다. 그러니 임제스님께서 "손님과 주인이 역연하다."고 대답했습니다. 그냥 다짜고짜 소리를 지르는데 어떻게 주인을 찾고 손님을 찾을 수 있겠습니까? 임제스님이 그걸 모르고 하시는 말씀이 아닙니다. 실제로 그 소리 지르는 뜻을 바로 알면 손님과 주인이 역연한 것을 확실히 알 수 있습니다. 그럼 이 법문에 내가 또 한마디 붙이겠습니다.

【 착어 】

원수가 아니면 머리를 모으지 않느니라.
不是寃家不聚頭니라

◉

원수 같으면 서로서로 피해 가는 것이 보통입니다. 편한 사람이라야 머리를 맞대고 이런저런 얘기를 나누며 정분을 쌓는 것이지, 원수는 보기 싫은 사람 아닙니까? 서로 만나 싸움을 한다면 모를까 어떻게 서로 정답게 머리를 모을 수 있냐 말입니다. 그런데 나는 원수가 아닐 것 같으면 서로 머리를 모으지 않는다고 했습니다. 이 뜻을 알면 소리 지르는 뜻도 알 수 있고, 손님과 주인이 역연한 것도 알 수 있습니다.
　자명스님께서 이 공안에 대해 지은 게송이 있는데 그것을 또 소개해 보겠습니다.

【 송 】

자명선사가 송하였다.

한 할에 손과 주인이 나뉘어졌고
조照와 용用을 일시一時에 쓴다.
이 속의 뜻을 알게 되면
한낮에 삼경三更을 치리라.
慈明이 頌云
一喝에 分賓主하고 照用을 一時用이로다
會得介中意하면 日午에 打三更이라 하니

【 착어 】

오면 곧 점찍지 않느니라.

到卽不點이니라

【 염 】

광혜 연선사[4]가 이 법문을 들어 말하였다.
"여러분은 또한 말해 보라. 손과 주인이 있는가, 없는가? 만약 손과 주인이 있다 하면 이는 눈먼 사람이요, 손과 주인이 없다 하여도 이는 눈먼 사람이니, 있지도 않고 없지도 않음은 만 리나 먼 애주崖州[5] 땅이다. 여기에서 바로 말하면 30방을 때릴 것이요, 바로 말하지 못하여도 또한 30방을 때릴 것이니, 도 닦는 이가 여기에 이르러서 어떻게 해야 산승의 함정을 벗어나겠느냐?"
한참 묵묵한 후에 말하되,
"쓰라리고 쓰라리다.
개구리와 지렁이가 삼십삼천에 뛰어 올라가

---

4 광혜원련(廣慧元璉, 951~1036). 임제종 스님으로 수산성념(首山省念)의 법제자. 남악스님의 9세손.
5 중국 광동성 해남도(海南道) 서남쪽 끝에 있는 지명. 멀고 먼 곳을 뜻함.

수미산에 부딪쳐 가루가 되었네."

이어 주장자를 잡고 말하였다.

"한 무리의 구멍 없는 쇠망치들이여, 속히 물러서라, 속히 물러서라."

廣慧璉이 擧此話云 諸人은 且道하라 還有賓主也無아 若道有賓主하면 只是介瞎漢이요 若道無賓主라도 亦是介瞎漢이요 不有不無는 萬里崖州요 若向這裏道得하면 也好與三十棒이요 若道不得하야도 亦好與三十棒이니 衲僧家 到這裏하야 作麽生出得山僧圈繢去오 良久云 苦哉苦哉라 蝦蟆蚯蚓이 敎跳上三十三天하야 撞著須彌山하야 百雜碎로다 遂拈拄杖云 一隊無孔鐵鎚야 速退速退하라 하니

◉

고함을 한 번 치는 데 있어서 손님과 주인이 있느냐 없느냐? 임제스님은 손님과 주인이 있다고 말씀하셨는데, 그런 임제스님 말씀대로 손님과 주인이 확실히 있느냐 없느냐를 물은 것입니다. 여기에서 바로 한마디 할 수 있으면 참으로 산 사람입니다. 하지만 출격장부出格丈夫라도 이 질문엔 바로 대답하기가 참으로 어려운 것입니다. 광혜선사가 그렇게 말씀하시고선, 만일 임제스님이 "손과 주인이 역력하다." 하셨다고 손님과 주인이 있는 것으로 안다면 아무것도 모르는 눈먼 사람이라고 하였습니다. 또 만약 손님과 주인이 없다고 한다면 역시 이 사람도 눈먼 사람이라는 것입니다.

그러면 어떻게 말해야 되는 것일까? 손님과 주인이 있지도 않고 없지도 않다고 이렇게 말한다면 그건 임제스님 말씀과 천리만리 동떨어져 버린다는 것입니다. 손님과 주인이 있다 해도 눈먼 놈이고, 없다고 해도 눈먼 놈이며, 있는 것도 없는 것도 아니라고 해도 눈먼 놈이라는 말입니다. 그러면 있는 것도 아니고 없는 것도 아니고, 따라서 모든 것을 다 떠

나서 한마디 대답을 분명히 한다 하여도 그 사람도 분명히 아는 사람이 아닙니다. 설사 모든 것을 다 떠나서 한마디 한다 해도 30방망이는 맞아야 하고, 한마디도 못한다 해도 30방망이를 맞아야 한다고 했습니다.

결국 광혜스님은 손님과 주인이 있다 해도 눈먼 사람, 없다고 해도 눈먼 사람, 있는 것도 아니고 없는 것도 아니라 해도 눈먼 사람, 거기에 대해서 한마디 분명히 말해도 눈먼 사람, 또 한마디 분명히 이르지 못해도 눈먼 사람이니 어떻게 해야 되겠느냐 하고 문제를 제기하신 것입니다. 여기에 이르러서는 이렇게 할 수도 없고 저렇게 할 수도 없으니 참으로 확철대오한 출격장부가 아니고선 여기에서 살아나올 수 없습니다. 그러니 거기에서 훤칠히 벗어난 출격장부로서 한마디 할 사람이 있느냐 하고 물은 것입니다.

그리고선 한참을 묵묵한 후에 말씀하셨습니다.

"애통하고 애통하구나. 개구리와 지렁이가 삼십삼천에 뛰어 올라가 수미산에 부딪쳐 가루가 되었구나."라고 했습니다. 개구리와 지렁이가 어떻게 하늘 꼭대기인 삼십삼천까지 뛰어 올라갈 수 있습니까? 그런데 뛰어 수미산에 머리를 꽉 부딪쳐 죽어 버리더라는 겁니다. 그리 말씀하시고선 주장자를 잡고 "전후좌우 앞뒤가 꽉 막힌 이 쇠뭉치 같은 놈들아, 속히 물러가라 속히 물러가."라고 하셨습니다. 광혜스님의 이 법문에 내 한마디 평을 붙이겠습니다.

【 착어 】

한 올의 붉은 실을 두 사람이 끄는구나.

一條紅線을 兩人牽이로다

(크게 할을 한 번 하고 내려오시다.)

(喝一喝하고 便下座하시다)

122 무엇이 너의 본래면목이냐

◉ 한 올의 붉은 실이란 무엇이며, 왜 두 사람이 끌고 간다고 말할까요? 이 뜻을 알면 앞의 법문 전체를 다 알 수 있습니다.

戊申(1968)년 5월 말일 해인사 해인총림 대적광전

13. 극빈벌전 克賓罰錢
극빈의 벌금

【 수시 】

농부의 소를 몰아가고 굶주린 사람의 밥을 빼앗으며
배를 갈라 심장을 칼질하며 뼈를 두드려 부셔 골수를 꺼내어도
아직 본분本分의 손과 발이 되지 못한다.
금강金剛의 창을 쥐고 살활殺活의 칼을 잡고서
부처와 조사를 잡아 무찌르고 보살을 종으로 부릴지라도
또한 높고 깊은 법문이 아니다.
새로 나온 운수雲水에게는 묻지 않거니와
오래 공부한 대덕 스님들은 어떻게 행동하려는가?
(한참 묵묵한 후에 말씀하셨다.)
밤중에도 환히 밝은 부적을 손에 쥐고 있으니
하늘이 날 새는 새벽임을 몇 사람이나 알리오.

驅耕夫牛하고 奪飢人食하며 劈腹剌心하고 叩骨出髓하야도 未爲本分手脚이오

執金剛鋒하고 秉殺活劒하야 捉敗佛祖하고 奴使菩薩하야도 亦非向上牙爪니

新發雲水는 卽不問이어니와 舊參高德은 作麽生行履오 (良久云)

手執夜明符하니 幾箇知天曉오

◉

　농사를 짓는 사람에겐 소가 꼭 필요한데 그 소를 몰고 가 버리고, 여러 날 굶어 죽을 지경이 된 사람이 얻은 밥덩이를 빼앗아 가버린다고 했습니다. 그래서 배를 갈라 심장을 꺼내 칼로 난도질하고 뼈를 두드려 부수고 뼛속의 골수를 끄집어낸다 해도 본분종사의 수단엔 아직 미치지 못한다고 했습니다. 이 무슨 끔찍한 소리냐 하겠지만, 그렇게 무자비하게 사람을 죽이는 자가 본분종사라는 말이 아닙니다. 예전 조사스님들의 법 쓰는 수단이 그렇게 매섭다는 것을 비유해서 그리 표현한 것입니다. 설사 그렇게 법을 쓰더라도 본분종사의 수단엔 미치지 못한다는 것입니다.

　금강으로 만든 창과 사람을 죽이고 살리고 하는 청룡도를 높이 들고서, 부처와 조사를 마음대로 죽였다 살렸다 하고 보살들을 종같이 이리저리 부려먹는 그런 대단한 수단을 가졌다 해도 그것 또한 최고의 근본 법은 되지 못한다는 것입니다.

　그러면 처음 발심해서 이제 막 공부하러 다니는 운수납자에게야 묻지 않겠지만 수 년 또는 수십 년 동안 공부해서 완전히 성취한 사람들은 어떻게 행동해야겠습니까?

　보통은 불을 켜지 않으면 캄캄하지 않습니까? 그렇지만 이것은 불을 켜고 끄고 할 것이 없습니다. 아무리 한밤중이라도 언제나 환히 밝은 그런 부적을 손에 들고 있으니, 몇 사람이나 새벽 날 새는 것을 알 것이냐는 것입니다.

【 본칙 】

홍화스님이 극빈[1] 유나[2]에게 물었다.

1　당(唐)대 임제종 스님으로 홍화존장(興化存獎)의 법제자. 남악스님의 6세손.
2　총림에서 승중의 수행을 독려 감시하며 절 안의 모든 일을 총람하는 직책. 선종에

"그대가 오래지 않아 대중을 소리쳐 이끄는 스승이 되리라."

"그 처소에는 들어가지 않겠습니다."

"그대가 알고서 안 들어가려는가, 모르고서 안 들어가려는가?"

"다 상관없습니다." 하니, 홍화스님이 문득 때리고 "극빈이 법 싸움에 졌으니 벌금 오관으로 대중공양을 차려라." 하였다.

다음날 홍화스님이 대중에게 말하되, "극빈유나가 법 싸움에 졌으니 공양에 들어오지 못한다." 하고, 곧 절 밖으로 쫓아내 버렸다.[3]

興化問克賓維那호대 你不久에 爲唱導之師로다 賓云 不入這保社니다 化云 你會不入가 不會不入가 賓云 沒交涉이니다 化便打云 克賓이 法戰不勝하니 罰錢五貫으로 充設饌飯하라 至來日하야 齋時에 興化白椎云 克賓維那法戰不勝하니 不得喫飯이라 하고 卽便赶出院하니

◉

"법 싸움에 졌으니 벌금 오관을 내서 대중공양을 시켜라." 해서 벌금을 내 대중공양을 준비했는데 "아무리 네 돈 내서 대중공양을 차렸지만 너는 이 공양을 먹어선 안 된다. 밥만 못 먹는 것이 아니라 쫓아내 버려야 한다." 하고는 몽둥이로 두들겨 패고 절 밖으로 쫓아내 버렸다는 것입니다.

보통으로 볼 때는 극빈유나가 법문에 져 벌을 받은 것일 뿐 별다른 뜻이 없는 것같이 보입니다. 이 법문을 그렇게 피상적으로 보면 홍화스님과 극빈스님이 법거량 한 뜻은 절대로 모릅니다. 이 법문에 내 한마디 붙이겠습니다.

---

3   서는 육지사(六知事)의 하나로 모든 승려들의 위의를 관장하는 중요한 직책.
    『선문염송』 제758칙(한국불교전서5, 567쪽).

【 착어 】

날씨가 추우니 비로소 송백松栢의 지조를 알고
일이 어려우니 바야흐로 장부丈夫의 마음을 안다.
歲寒에 始知松栢操요 事難에 方見丈夫心이로다

◉

겨울이 다가오면 다른 나무들은 다 잎을 떨구는데 소나무나 잣나무는 사시사철 그 푸르름을 자랑합니다. 그런 굳건한 지조를 송백의 지조라 합니다. 그냥 보아서야 그 사람의 도량이 큰지 작은지를 어떻게 알 수 있겠습니까? 참으로 어렵고도 힘든 일을 당해 보아야 비로소 그 사람의 진정한 수단과 근기를 알 수 있는 법입니다. 이 말뜻을 알면 흥화스님이 극빈유나를 쫓아낸 뜻을 알 수 있습니다.

그 뒤 임제정맥의 원오 극근선사가 이 공안에 자세히 법문한 일이 있습니다. 그것을 이 자리에서 소개하겠습니다.

【 염 】

원오선사가 이 법문을 들어 말했다.

"임제의 정법안장正法眼藏을 붙들어 세우려면, 모름지기 이 한 가지 공안을 밝혀야만 비로소 되는 것이니, 사람들이 흔히 소리 지르거나 때려야 한다고 분별견해를 낸다. 내가 이렇게 말하는 것도 벌써 천기天機를 누설하였으니 여기에 이르러 어떻게 아느냐? 모름지기 저 부자가 서로 이끌며 말과 기운이 부합하여야 비로소 극빈유나가 저를 위하여 보통 사람과 같지 않음을 볼 것이요, 겨우 분별견해를 지으면 문득 세간법의 흐름 속에 떨어지리라. 이 공안을 알지 못하고, 티끌 인연 속에 떨어져 향상인向上人의 행동하는 곳을 모르니, 모름지기 이 향상의 근본 뜻을 바로 알면 자연히 저 고인古人의 자재하고 안락한 곳에 이르는 것이

다. 그러므로 말하되, '그대가 갈 때 나는 문득 앉고, 그대가 앉을 때 나는 문득 가며, 그대가 손님이 되면 나는 주인이 되고, 그대가 주인이 되면 나는 모름지기 손님이 된다' 하니, 그런 까닭에 서로 건립함이요 만약 분별견해를 지으면 마침내 더듬어 찾아도 붙잡지 못할 것이다.

또한 임제스님이 돌아가실 때 삼성에게 말하되, '내가 세상을 떠난 뒤에 나의 정법안장을 멸해 없애지 말아라' 하니, 삼성이 말하되, '어찌 스님의 정법안장을 멸해 없애겠습니까?' 하였다.

임제스님이 '어떤 사람이 묻는다면 너는 어떻게 말하려느냐?' 하니, 삼성이 할을 하니, 임제스님이 말하였다.

'나의 정법안장이 이 눈먼 나귀한테서 멸하여 없어져 버릴 줄 누가 알았으리오.'

저를 봄에 이와 같으니 어디에 분별견해와 득실이 있겠느냐?

홍화가 묻되 '그대가 알고서 안 들어가려느냐, 모르고서 안 들어가려느냐?' 하니, 극빈유나가 대답하였다.

'다 상관없습니다.'

말해 보라, 그 뜻이 어떠하냐? 뒷사람들이 분별견해로 말하되, '당초에 한 번 할喝 할 것'이라 하며, 혹은 '앉은 방석으로 문득 때려 주었으면 자연히 쫓겨나지 않았을 것'이라 하니, 단지 의론만 하거니 무슨 교섭이 있으리오.

그 뒤에 극빈유나가 출세하여 개당할 때 홍화의 법을 이으니, 대개 말하기를, '그가 향상의 긴요한 곳을 밟고 있었기 때문'이라 하였다. 이른바 '견해見解가 스승과 같으면 스승의 반밖에 되지 못하고, 견해가 스승을 뛰어나야 비로소 온전히 법을 전해 받을 수 있다' 하니, 어느 곳에서 지금 사람들이 분별망상 가운데 있으면서 득실을 분별할 것인가?"

圜悟 擧此話云 若要扶竪臨濟正法眼藏인댄 也須是明取這一則公案하야사 始較些子니 人多下喝下拍하야 生情解로다 我怎麽說話 也是漏泄天機

了也니 到這裏하야 作麽生會오 須是他父子相投하며 言氣符合하야사 方始
見得他克賓維那爲他不與常人一般이요 纔作情解하면 便落在世諦流布로
다 只爲透不得하야 墮在塵緣中하야 不識向上人行履處니 要須是踏著向
上關棙子하야사 自然到他古人의 自在安樂處니라 所以道호대 你若行時
我便座하고 你若坐時我便行하며 你若作賓我須作主하고 你若作主我須作
賓이라 하니 所以互相建立이요 若作情解하면 卒摸索不著이니라
亦似臨濟遷化할새 謂三聖道호대 吾去世後에 不得滅却吾의 正法眼藏이
어다 聖云 爭敢滅却和尙의 正法眼藏이릿고 濟云 忽有人問하면 你作麽生
道오 聖이 便喝한대 濟云 誰知吾正法眼藏이 向者瞎驢邊滅却이리요 하니
라 看他如此어니 那裏에 有情解得失來리오
只如興化問호대 你會來不入가 不會不入가 賓이 答호대 沒交涉이라 하니
且道하라 他意作麽生고 後人이 情解道호대 當初에 但下一喝이라 하며 或
云 以坐具로 便搋하면 自然不著出院이라 하니 只管議論將去어니 有什麽
交涉이리오 後住院開堂에 承嗣興化하니 蓋謂他踏著向上關棙子일새니라
所謂見與師齊하면 減師半德이요 見過於師하야사 方堪傳授라 하니 那裏
如今人이 在情想中하야 分得分失來리오 하니

◉

누구든 임제스님의 정법안장을 바로 세우려면 반드시 홍화스님이 극
빈유나를 쫓아낸 이 공안을 밝혀내야만 합니다. 흔히 "네가 알고 들어
가지 않으려는 것이냐, 몰라서 들어가지 않으려는 것이냐." 하는 홍화스
님의 질문이 떨어지자마자 할을 하거나 몽둥이로 때렸으면 극빈유나는
쫓겨나지 않았을 것이란 망상분별들을 내지만 뜻은 거기에 있지 않습니
다.

그 자리에서 극빈유나가 할을 하지 못하고 방을 하지 못해서 쫓겨난
것이 아니란 것입니다. 홍화가 극빈유나를 때려 쫓아낸 데에는 아주 깊

은 뜻이 있습니다. 이렇게 설명한 것도 이미 천기天機를 누설한 것이라고 원오스님이 말씀하신 겁니다.

원오스님이 보기엔 극빈이 몰라 대답을 잘못해서 쫓겨난 것이 아니라 아버지 흥화와 아들 극빈은 서로 화답하며 마음이 계합하였더란 것입니다. 이렇게 볼 수 있어야 비로소 극빈유나가 보통 사람들과 다르다는 것을 알게 됩니다. 피상적인 견해와 상반되는 원오스님의 이런 말씀을 상정과 어긋난다 하여 절대로 등한히 여겨서는 안 됩니다.

그럼 원오스님 말씀대로 부자가 서로 의기가 투합해 법이 계합했다면 극빈유나가 쫓겨나지 않았어야 할 텐데, 결국 극빈유나는 쫓겨나지 않았습니까? 이것이 큰 문제입니다.

누구든 이 공안의 뜻을 확실히 알면 참으로 향상인向上人의 그런 행동도 알 수 있는 것인데, 알지 못하기 때문에 피상적인 관찰로 이리저리 생각하고 궁리하고는 "질문에 옳게 대답하지 못했기 때문에 쫓겨났다."고들 하는 것입니다. 향상의 근본 뜻, 구경각을 성취하면 저 고인의 자재하고 안락한 자리에 저절로 이르게 되지만, 누구든 분별망상으로 이리저리 헤아리고 궁리한다면 그 뜻은 끝내 모르고 맙니다.

원오스님이 보기엔 흥화스님과 극빈유나가 앉고 서고 가고 오기를 맞바꿔하고 서로서로 손님이 되고 주인이 되어 근본법을 자유자재로 활용한 것이니, 말만 좇아가는 피상적 관찰로 분별견해를 지으면 끝내 그 뜻을 찾지 못한다는 것입니다. 그럼 이 일은 또 무엇과 같은가 하면 임제스님이 열반을 앞두고 삼성스님에게 하신 법문과 같다는 것입니다.

임제스님이 돌아가실 때 대중들에게 말씀하시기를, "내가 세상을 떠난 뒤에 나의 정법안장을 멸해 없애지 말라." 하니, 임제스님의 큰 제자인 삼성이 말하되, "어찌 감히 스님의 정법안장을 멸해 없애겠습니까?" 하였습니다. 그래 임제스님이 "어떤 사람이 너에게 법을 묻는다면 너는 어떻게 하려느냐?" 하고 물으니 삼성스님이 소리를 질렀습니다. 그러자 임제스님이 "나의 정법안장이 이 눈먼 망아지한테서 멸해 없어져버릴 줄 누가 알았으리오." 하였습니다. 망아지도 그냥 망아지가 아니라 아무 것도 모르는 저 눈먼 망아지가 나의 정법을 영원히 없애 버렸다고 혹언을 하고 열반하신 겁니다.

홍화스님은 극빈유나가 질문에 대답을 잘못했다 하여 쫓아내버렸고, 임제스님은 삼성스님이 할한 것을 두고 눈먼 나귀가 내 정법안장을 망쳐 버렸다 하였습니다. 이것은 깨달아 바로 알아야만 그 실상을 알 수 있는 것이지 말만 따라가면 눈먼 개가 흙덩이를 쫓는 꼴이 되고 맙니다.

거기엔 아주 깊은 뜻이 있습니다. "극빈은 대답을 잘못해 홍화에게 쫓겨나고 삼성은 엉터리 할을 해 임제에게 꾸지람을 들었으니, 홍화와 임제는 이기고 극빈과 삼성은 졌다."고 득실을 따지며 사량분별로 논하는 것은 번잡한 망상에 불과하지 실지의 법은 모르는 것입니다.

세상 사람들은 분별견해로 "당시에 한 번 할을 했어야 한다."고도 하고 "앉았던 방석으로 바로 때렸으면 당연히 쫓겨나지 않았을 것이다."고도 하며 의론이 분분하지만 본뜻과는 아득히 먼 얘기들입니다. 이것을 바로 보는 사람이 참 드뭅니다. 만약 이것을 바로 보는 사람이 있다면 그는 곧 본분종사가 되는 것입니다.

그 뒤 극빈유나는 세상에 이름을 드러내 홍화의 법을 널리 폈습니다. 홍화스님에게 쫓겨났는데 어떻게 법을 이을 수 있습니까? 그것은 극빈유나가 향상의 긴요한 곳, 구경각을 완전히 성취한 사람이기 때문에 홍화스님의 법을 이을 수 있었던 것이라고 원오스님은 말씀하십니다. 이것은 원오스님 말씀입니다.

그럼 '홍화스님에게 쫓겨난 것'하고 '향상의 긴요한 곳을 밟았기 때문에 홍화의 법을 이을 수 있었다는 것'하고 서로 상반되지 않습니까? 허나 이는 모순된 것이 아니고 거기에 깊은 뜻이 있다는 것입니다. 이른바 '견해가 스승과 같으면 스승의 반밖에 되지 못하고, 견해가 스승을 뛰어나야 비로소 온전히 법을 전해 받을 수 있다'고 예전 스님들이 말씀하셨으니 극빈유나는 스승을 뛰어넘는 그런 안목을 갖추고 있었다는 것입니다. 그래서 원오스님은 극빈유나가 향상의 긴요한 곳을 알고 있었고 흥화의 법을 실지로 이은 것이라고 말씀한 것입니다.

피상적으로 보면 극빈유나가 법담을 잘못해 밥도 얻어먹지 못하고 쫓겨난 것이 분명한데, 원오스님이 볼 때는 극빈유나가 향상의 깊은 곳을 밟고 구경각을 성취한 분이며 스승을 뛰어넘는 안목을 갖춘 사람이란 것입니다. 이것을 바로 알아야 되지 득실을 따져 말한다면 그는 임제의 정법안장을 모르는 동시에 불법은 꿈에도 모르는 사람이라는 것입니다. 원오스님의 이 말씀을 바로 알아야 합니다.

나 역시 누차 얘기하는 바이지만 이는 화두를 부지런히 참구해서 깨쳐야만 그 실상을 바로 알 수 있는 것이지 공연한 사량분별로는 절대 모르는 것입니다. 원오스님의 법문에 대해 내가 한마디 붙이겠습니다.

【 착어 】

사람 죽이는 칼과 사람 살리는 칼이여
눈은 동남東南을 보나 뜻은 서북西北에 있도다.
殺人刀活人劒이여 眼觀東南호대 意在西北이로다

◉

그 뒤 원오스님의 제자인 대혜스님이 이 공안에 게송을 지은 것이 있습니다.

【 송 】

대혜 고선사가 송하였다.
단산丹山에는 봉황새가 나고

사자는 무서운 사자 새끼를 낳는다.

몽둥이 밑의 마혜안摩醯眼이여

부질없이 제일의 기봉을 자랑한다.

大慧杲 頌云

丹山엔 生鷲鷟하고 師子는 産俊猊로다

棒下摩醯眼이여 徒誇第一機라 하니

◉

단산에 다른 새는 살지 못하고 꼭 봉황새만 살고, 사자는 무서운 사자 새끼를 낳지 여우새끼를 낳지 않습니다. '몽둥이 밑의 마혜안'이란 흥화 스님이 몽둥이로 극빈유나를 두들겨 팬 것을 두고 한 소리입니다. 그 방망이를 맞은 사람이 어떤 사람인가? 눈이 셋 달린 사람이란 것입니다. 마혜수라천왕摩醯首羅天王은 정수리에 눈이 하나 더 있어 모두 세 개의 눈을 가지고 있다고 합니다. 정수리에 붙은 그 눈은 일체의 사리事理를 꿰뚫어 아는 지혜의 눈으로 종문의 바른 안목을 비유한 말입니다. 확실히 바로 깨쳐 정법안장을 갖추면 마혜수라왕처럼 이마에 눈이 하나 더 생긴다는 겁니다. 그래서 깨친 사람을 일러 마혜수라 안摩醯首羅眼이라 합니다. 그래 극빈유나가 맞긴 맞는데 바른 안목을 갖춘 사람이고 뛰어난 기봉을 자랑한 것이더란 말입니다.

여기에 또 내 한마디 붙이겠습니다.

【 착어 】

못이 넓으니 산을 감추고

이리가 능히 표범을 잡는다.

澤廣에 藏山하고 狸能伏豹로다

⦿

아무리 못이 크다 한들 산이 어찌 그 속에 들어갈 수 있으며, 아무리 살쾡이가 용맹한들 표범을 어떻게 잡아먹을 수 있겠습니까? 이 뜻을 바로 알면 원오스님의 법문과 대혜스님의 게송을 분명히 알 수 있습니다.

【 결어 】

대중들이여, 극빈유나가 이미 향상向上의 긴요한 곳을 밟고 섰을진대 어째서 도리어 두들겨 맞고 쫓겨났는가?
(한참 묵묵한 후에 말씀하셨다.)
임제는 돌을 안고 깊은 물속에 잠기고
삼성은 비단 옷 입고 자기 나라로 돌아온다.
(주장자를 한 번 내려치고 내려오시다.)

大衆아 克賓維那가 旣踏著向上關棙子인댄 爲什麼하야 却喫棒出院고 (良久云)
臨濟는 抱石沈湘水하고 三聖은 錦衣歸故國이로다
(卓拄杖一下하고 下座하시다)

⦿

대중 여러분, 원오스님은 극빈 유나를 향상의 깊은 곳을 확실히 밟은 확철대오한 사람이라 하였습니다. 원오스님 말대로 극빈유나가 이미 향상의 긴요한 곳을 밟고 섰다면 어째서 도리어 홍화스님에겐 두들겨 맞고 쫓겨났을까요?

원오스님은 극빈 유나가 홍화스님보다 낫다고 하고, 홍화스님은 극빈 유나를 벌줘 쫓아냈습니다. 그러면 원오와 홍화 두 사람 가운데 한 사람은 잘못된 것 아닙니까? 미친 사람이거나 거짓말쟁이가 아니냐는 겁니다. 게송을 잘 새겨 보십시오.

임제는 돌을 안고 깊은 물속에 잠기고
삼성은 비단 옷 입고 자기 나라로 돌아온다.

戊申(1968)년 6월 보름 해인사 해인총림 대적광전

14. 동산삼근 洞山三斤
삼서근

【수시】

이렇게도 할 수 없으니
삼산三山은 반쯤 푸른 하늘 밖에 솟아 있고
이렇게도 안 할 수 없으니
두 물줄기는 앵무주에서 가운데로 나뉘어졌다.
이렇게도 할 수 있으니
아침마다 붉은 해는 서쪽에서 뜨고
이렇게도 안 할 수 있으니
밤마다 밝은 달은 동쪽에서 진다.
이렇게 하고 이렇게 하지 않으며
다 할 수 있고 다 할 수 없으니
꽃은 붉고 버드나무 푸른 어지러운 산 속에
예쁜 새 날아와 맑은 소리로 노래 부르네.
恁麼也不得하니 三山은 半落靑天外요
不恁麼不得하니 二水中分鸚鵡洲로다
恁麼也得하니 朝朝에 紅日이 西方出하고
不恁麼得하니 夜夜에 明月은 東邊沒이로다
恁麼不恁麼俱得俱不得하니
花紅柳綠亂山裏에 巧羽飛來送淸音이로다

【 본칙 】

어떤 중이 동산스님에게 물었다.

"어떤 것이 부처입니까?"

"삼서근이니라."[1]

僧問洞山호대 如何是佛이닛고 山云 麻三斤이라 하니

◉

지금 거론한 동산洞山스님은 조동종의 개조인 동산 양개선사가 아닙니다. 운문종의 개조인 문언선사를 찾아갔다가 "이 밥푸대야! 강서로 호남으로 이렇게 다녔느냐?" 하고 질책 당했던 동산洞山 수초守初선사를 말합니다. 처음 운문스님을 찾아갔을 때 운문스님이 이렇게 물었습니다.

"그대는 어디서 오는 길인가?"

"사도渣渡에서 왔습니다."

"지난여름 안거는 어디서 보냈는가?"

"호남湖南의 보자사報慈寺에서 보냈습니다."

"언제 출발했는가?"

"8월 25일에 출발했습니다."

"자네같이 미련한 놈은 60방을 맞아도 시원치 않을 놈이다."

묻는 말씀에 사실대로 고스란히 말씀드렸는데 60방을 맞아도 시원치 않을 놈이라 하니 까닭을 알 수가 없었습니다. 밤새 궁리하던 동산스님은 다음날 다시 운문스님을 찾아뵈었습니다.

"어제 저에게 60방을 때려도 시원치 않다고 하셨는데 저의 허물이 어디에 있습니까?"

이에 운문스님이 언성을 높이며 "이 밥푸대야! 강서로 호남으로 이렇

---

[1] 『선문염송』 제1230칙(한국불교전서5, 823쪽).

게 다녔느냐?" 하고 고함을 질렀습니다. 이 말씀 끝에 수초스님이 확철대오하였다고 합니다. 그럼 "무엇이 부처입니까?" 하고 물었는데 동산스님은 왜 "삼서근이니라."라고 대답하셨을까요? 삼서근이라 하신 동산스님 말씀에 내 한마디 붙여보겠습니다.

【 착어 】

소를 잡고 양가죽을 벗기며
사람을 죽이고 불을 지르는구나.
屠牛剝羊하고 殺人放火로다

◉

이 뜻을 바로 알면 부처도 알 수 있고, 따라서 삼서근이라 하신 그 뜻도 알 수 있습니다. 그렇지만 말만 따라가서는 안 됩니다. 소와 양을 잡고 사람을 죽이고 불을 지르는 이것이 부처라는 말이 아닙니다.

【 본칙 】

동산스님이 따라서 경계하여 말하였다.
"말은 일을 벌임이 없고 말은 기틀을 던지지 않으니 말을 따르는 자는 죽고 글귀에 머무르는 자는 미迷하느니라."
洞山이 隨而戒之曰 言無展事요 語不投機니 承言者喪하고 滯句者迷라 하니

◉

수초스님이 "어떤 것이 부처냐"는 물음에 삼서근이라는 법문을 해 놓고, 혹 사람들이 오해할까 싶어 하신 말씀입니다. "말은 일을 벌임이 없다無言展事." 함은 삼이라 하든지 나무라 하든지 돌이라 하든지 사람이라 하든지 이런 말은 일을 벌여서 표현하는 것이 아니라는 말씀입니다. 삼

서근이라 했으니, 우리가 옷을 지어 입을 때 쓰는 재료인 삼베인 줄 알지 않겠습니까? 바로 그 삼베인 줄로 알 터인데 뜻이 거기에 있지 않다는 것입니다.

그리고 "말은 기틀을 던지지 않는다語不投機." 함은 그 어떤 법담을 거량함에 있어 그 무슨 기봉이나 기틀을 가지고 말하는 것이 아니라는 것입니다. 질문에 대한 대답을 듣고, 그 말 속에 무슨 뜻이 있는가 하고 거기에서 더듬을 것 같으면 그 사람은 죽는다는 것입니다.

부연하여 설명하자면, "삼서근이니라."고 한 그 뜻은 말 밖에 있는데, 만일 누군가 '그 삼서근이란 말 속에 깊은 뜻이 들어 있는 것은 아닌가' 하고 생각하다가는 죽고 만다 그 말입니다. 그렇게 연구에 매여 벗어나지 못하는 사람은 미혹해서 영원히 깨치지 못한다는 것입니다. 그러니 삼서근이라 대답한 동산스님의 본뜻을 알려면 '삼서근'이라고 답한 그 말 밖의 뜻을 분명히 알아야 합니다. 누차 얘기하지만 '삼서근'이란 그 말에서 머물러 더듬다가는 영원토록 그 뜻을 알지 못할 뿐 아니라 고귀한 생명마저 잃고 만다는 것입니다.

그럼 '삼서근'에 뒤이어 하신 동산스님의 법문에 내 또 한마디 붙이겠습니다.

【 착어 】

사슴을 가리켜 말이라 하고 범을 그리다가 이리가 되었네.
指鹿爲馬하고 畵虎成狸로다

【 송 】

원오선사가 송하였다.
종을 치니 골짜기에 메아리 울리고
못에는 달이 비치고 거울에는 얼굴이 뚜렷하다.

일찍이 일을 벌이고 기틀을 던짐이 아닌데
어찌 미리 긁어 놓고 가려움을 기다리리오.
무쇠를 다루어 금으로 만들고
곧은 것은 들고 굽은 것은 놓아 버린다.
한 화살에 수리 한 쌍을 맞히고
한 번 움켜쥐니 피가 한 손바닥이로다.
그대 보지 못하였는가,
성글어도 새지 않음이여, 넓고 넓은 하늘 그물이로다.
圓悟 頌曰
鍾在扣谷受響하고 池印月鏡含像이로다
曾非展事投機어니 豈是豫搔待痒이리오
點鐵成金하며 擧直措枉이라
一箭에 鵰一雙이요 一摑에 血一掌이로다
君不見가
踈而不漏兮여 恢恢天網이라 하니

●

그 후 임제정맥의 원오 극근선사가 동산스님께서 삼서근이라 하신 말씀에 대해 쓴 게송입니다.

"종을 치니 골짜기에 메아리 울리고, 못에는 달이 비치며 거울에는 얼굴이 뚜렷하구나." 하신 이 말씀은 삼서근의 근본 뜻을 밝힌 말씀입니다. 하지만 원오스님의 이 말씀 역시 절대로 그 말만 따라가선 안 됩니다. 골짜기에 종소리 메아리가 울린다 하고 못 속에 비친 달이라 하고 거울 속에 드러난 얼굴이라 한다고, 그 말만 따라가 삼서근을 찾다가는 영원토록 모르고 만다는 말입니다. 여기에도 깊은 뜻이 있습니다. 저 말 밖에 뜻이 있다는 것입니다. 이는 무슨 물건을 가지고 형용하는 것이 아니라 말 밖에 뜻이 있는 것입니다.

또 원오스님께서 말씀하시기를, "이미 일을 벌이고 기틀을 던짐이 아닌데, 어찌 미리 긁어 놓고 가려움을 기다리겠느냐."라고 했습니다. 근지럽지도 않은데 미리 머리를 긁어놓고 가려워지기를 기다린다면 그건 미친 사람들이나 하는 짓거리 아니겠습니까? 말만 따라가는 사람은 모두 그와 같은 격이란 말씀입니다. 그렇게 거꾸로 된 사람, 미친 사람이라는 뜻입니다.

"한 화살에 수리 한 쌍을 맞힌다."고 했는데, 화살 하나를 쏘면 수리 한 마리가 떨어져야지 어째서 두 마리가 한꺼번에 떨어진다 했을까요? 두 마리가 떨어진다 한 여기에 깊은 뜻이 있는 것이니, 이 뜻을 알면 앞의 법문 뜻을 다 알 수 있습니다.

"성글어도 새지 않음이여, 넓고 넓은 하늘 그물이로다."라고 했는데, 하늘 그물은 그 그물코가 하도 넓어 눈에 보이지 않습니다. 하지만 아무리 그 그물코가 넓다 해도 전체가 빠짐없이 그 그물 속으로 꿰어 들어온다는 것입니다. 이 마지막 구가 실재 '삼서근'이라 말한 뜻을 결론적으로 총회향한 말입니다. 원오스님의 이 게송에 내 또 한마디 붙이겠습니다.

【 착어 】

맹상군孟嘗君의 집안이요 범단范丹의 뜰 앞이로다.

孟嘗門下요 范丹庭前이로다

◉

맹상군은 중국 전국시대 제齊나라 사람으로 정승을 지냈던 사람입니다. 각지에서 현사들을 초정했던 그의 문정에 늘 식객食客이 삼천을 넘었다고 하니 가히 천하제일의 부귀영화를 누린 사람이라 하겠습니다. 또 범단은 후한後漢 때 사람으로 청빈하기로 그 이름이 높았던 선비입니다.

그는 끼니를 제대로 잇지 못할 만큼 지극히 가난했다고 합니다.
원오스님 이전에 설두스님께서 이 공안에 붙인 좋은 게송이 있습니다. 그것을 또 소개하겠습니다.

【송】

설두선사가 송하였다.
금까마귀 급히 날고 옥토끼 빨리 달리니
잘 대응하는지라 어찌 일찍이 가벼운 접촉 있으리오.
일을 벌이고 기틀을 던져 동산洞山을 보면
절름발이 자라와 눈먼 거북이 빈 골짜기로 들어간다.
꽃도 수북수북 비단도 수북수북
남쪽 땅 대竹요 북쪽 땅의 나무로다.
그러므로 장경과 육긍대부를 생각하노니
마땅히 웃을 것이요 울 일은 못 된다 함을 알겠도다.
허허!
雪竇 頌曰
金烏急하고 玉兎速하니 善應何曾有輕觸가
展事投機見洞山하면 跛鼈盲龜가 入空谷이로다
花簇簇錦簇簇하니 南地竹兮北地木이로다
因思長慶陸大夫하노니 解道合笑不合哭이로다
咦라 하니

◉

금까마귀는 해를, 옥토끼는 달을 말합니다. 해도 빨리 가고 달도 빨리 가는데 무슨 법을 묻든지 조금도 거리낌 없이 대답을 척척 잘하니, 그 앞에서는 누구도 어른대지를 못한다는 것입니다. 부연하자면 저 사람이 대답을 잘하는가 못하는가, 재빠르게 하는가 그렇지 못한가, 맞게 하는가 틀리게 하는가, 그런 생각을 가지고 그 사람을 대적했다가는 절대로 생명을 건지지 못한다는 것입니다.

또한 말과 기틀을 따라 동산스님이 삼서근이라고 한 그 뜻을 알려고 하면, 결국 절름발이 자라나 눈먼 거북이 같이 다 병신이 된다는 것입니다. '빈 골짜기로 들어간다' 함은 눈이 멀었으니 뭐가 보이겠습니까? 아무 것도 보이지 않으니 천지를 모르고 헤맨다는 것입니다. 결국 누구든 말과 기틀을 좇아 그 뜻을 알려 한다면 이는 눈먼 사람이 방향을 몰라 엎어지고 자빠지며 이리저리 천지를 헤매는 꼴과 같다는 것입니다.

"꽃도 수북수북 비단도 수북수북, 남쪽 땅 대요 북쪽 땅의 나무로다." 하는 이 구절은 유래가 있습니다.

설두스님의 은사되는 지문智門 광조光祚스님에게 어떤 스님이 "동산스님이 삼서근이라 대답한 그 뜻이 무엇입니까?" 하고 물었습니다. 이에 광조스님이 "꽃도 수북수북 비단도 수북수북하다."고 대답하셨습니다. 그 스님이 "무슨 뜻인지 모르겠습니다." 하고 재차 묻자 "남쪽 땅에는 대나무요 북쪽 땅에는 나무로다."고 말씀하셨습니다. 이 말씀 역시 삼서근의 뜻을 바로 일러준 것이지만 말만 따라가서는 본뜻과 어긋나고 맙니다.

"그러므로 장경과 육긍대부를 생각하노니 마땅히 웃을 것이요, 울 일은 못된다."고 했는데 여기엔 고사가 있습니다. 육대부는 남전스님의 제자인데, 남전스님이 돌아가시자 제사를 지내려고 남전스님이 계시던 절을 찾아갔습니다. 남전스님의 영을 모시고 차려 놓은 제사상 앞에서 "허허!" 하고 박장대소를 하며 크게 웃었습니다. 제사상을 차린 원주스님이 가만히 보니, 육대부가 와서 애도를 표시하기는커녕 차려놓은 제상 앞에서 박장대소를 하는 것 아닙니까? 그래 마음이 언짢아서 물었습니다.

"당신이 오랫동안 남전스님을 찾아다니면서 공부를 많이 하여 인가를 받은 사람인데 어째서 스님의 제사상 앞에서 울지 않고 크게 웃습니까?" 하고 힐난했습니다. 육대부가 웃는 뜻을 모르고 하는 말입니다. 이에 육대부가 "남전스님이 돌아가셨는데, 원주스님께서 여기에 대해 한마디 분명히 말한다면 내가 한바탕 크게 울 것이니 한마디 일러 보십시오." 했는데 원주가 아무 말도 못했습니다. 제대로 한마디 하면 울겠다 했으니 울 일이 없지 않습니까? 그런데 육대부가 다리를 뻗고 섧게 울었습니다. "아이고, 아이고" 하면서 가슴을 치며 "우리 남전스님이 돌아가셨다." 하며 방성통곡을 하였습니다.

그 일을 장경스님이 전해 듣고는 "대부는 웃어야 할 일이지 울 일은 아니다."라고 말하였습니다. 장경스님의 말씀은 "원주가 대답을 못했으니 육대부가 울 일이 아니다."는 그런 말이 아닙니다. "웃어야 할 일이지 울 일은 아니다." 하는 장경스님 말씀에 깊은 뜻이 있습니다.

설두스님의 이 게송에 내 또 한마디 붙이겠습니다.

【 착어 】

가주의 큰 불상이요 협부의 무쇠소로다.
嘉州大像이요 陝府鐵牛로다

◉

가주嘉州라는 곳에 가면 당나라 때 해통海通스님이란 분이 조성해 놓은 36장丈 높이의 큰 석불이 있고, 협부陝府라는 곳에 가면 황하의 수호신으로 우왕禹王이 만들었다는 무쇠로 된 큰 소가 있습니다.

그래, 이 말을 확실히 알면 앞에 법문 전체를 알 수 있습니다. 그러나 이 말을 이리저리 생각으로 헤아리고, 언구를 좇아 사물을 표현한 말인 것으로 안다면 그 사람은 동쪽을 가리키는데 서쪽을 향해가는 사람처럼 끝내 본향을 등지고 맙니다.

【 결어 】

두 늙은이의 좋은 잠꼬대여, 동산洞山의 뜻에 맞았는가?

애닯다, 천고千古의 뒤에 어찌 사람이 없으리오.

벽 사이에서 갑자기 하하 하고 크게 웃는다.

말해 보라, 무엇을 웃느냐?

억!

(크게 할을 한 번 하고 내려오시다.)

兩箇老漢의 好箇寐語여 還當得洞山意麽아

咄 千古之下에 豈無人가 壁間에 忽然笑呵呵로다

且道하라 笑介什麼오

(喝一喝하고 便下座하시다)

◉

설두스님과 원오스님, 두 늙은이가 이렇게 잠꼬대를 늘어놓았습니다. 자 그럼 그분들은 동산스님의 뜻을 제대로 밝혔습니까? 옛 사람의 뜻을 아느냐 그것입니다.

억!

戊申(1968)년 6월 말일 해인사 해인총림 대적광전

15. 분양주장 汾陽拄杖
주장자

【 수시 】

그대에게 주장자가 있으니 그대에게 주장자를 주고
그대에게 주장자가 없으니 그대에게서 주장자를 빼앗는다.
개구리는 범을 삼키고 사자는 병든 개로 변하니
무쇠를 팔아서 금을 사고 교묘함을 장난하여 옹졸함이 되었네.
남산에 구름 일어나니 북산에 비 내리고
동쪽 집에서 바라 치니 서쪽 집에서 춤춘다.
你有拄杖子하니 與你拄杖子하고
你無拄杖子하니 奪你拄杖子로다
蝦蟆는 吞却大虫하고 獅子는 變作疥狗하니
賣鐵得金이요 弄巧成拙이라
南山에 起雲北山雨하고 東家에 打鑼西家舞로다

◉

주장자가 있는데 어째서 주장자를 주며, 주장자가 없는데 어째서 주장자를 빼앗는다고 하는가, 하는 것입니다. 혹 "주장자를 쓸 수 있는 능력이 있으면 주장자를 주지 않는다."고 오해하는 사람들이 많이 있는데 절대로 그런 뜻이 아닙니다. 또 어찌 개구리가 범을 집어삼키고, 사자가 변해서 병든 개가 될 수 있냐 하는 것인데, 여기에 깊은 뜻이 있습니다.

천하고 값싼 쇠를 팔아서 금덩어리를 얻고, 아주 묘한 재주를 가진 사람이 결국 아무짝에도 쓸모없는 사람이 되었다 하니 앞뒤 구절이 서로 반대되는 이야기입니다.

그리고 마지막 구절에 구름은 남산에서 일어나는데 비는 북산에서 내리고, 바람은 동쪽에서 치는데 춤은 서쪽 집에서 춘다고 했습니다. 이 뜻을 알면 첫머리에서 말한 "주장자 있으면 주장자를 주고 주장자가 없으면 주장자를 주지 않는다."는 뜻을 확실히 알 수 있는 것입니다.

【 본칙 】

분양스님[1]이 대중에게 말하였다.
"주장자를 알면 한평생 공부를 마치느니라."
늑담泐潭스님이 말하였다.
"주장자를 알면 지옥에 떨어지기 화살 같도다."
汾陽이 示衆云 識得拄杖子하면 一生叅學事畢이니라
泐潭이 云 識得拄杖子하면 入地獄如箭射니라 하니

◉

두 스님 모두 천고에 유명한 대도인이신데 어째서 한 분은 주장자를 바로 알면 공부를 다 성취했다 하고, 한 분은 주장자를 바로 알면 지옥에 떨어지기를 화살같이 한다고 말했을까 하는 의문이 들 것입니다. 두 스님 가운데에 한 분은 틀린 것이 아닐까요? 그렇지만 거기에 서로 깊은 뜻이 있습니다.

---

[1] 분양선소(汾陽善昭, 947~1024). 임제종 스님으로 수산성념(首山省念)의 법제자. 남악스님의 9세손.『분양소선사어록(汾陽昭禪師語錄)』3권이 있음.

【 착어 】

법法으로는 바늘 하나도 용납하지 않으나
사사私事로는 수레와 말이 통하느니라.
官不容針이요 私通車馬로다

◉

　공정한 입장에서 볼 때는 바늘구멍만큼도 절대 용납하지 못하지만 사사로이는 큰 마차가 들락거린다고 했습니다. 이 뜻이 분양과 늑담 두 큰스님의 법문에 대한 총결산입니다.
　이 주장자 법문에 대해서 분양스님의 큰 제자이신 낭야 각선사가 게송을 지은 것이 있습니다.

【 송 】

낭야 각선사²가 송하였다.
분양汾陽의 주장자여
천하에 참선하는 이를 달음질치게 하니
가을바람은 화살같이 빠르고
봄비는 기름같이 부드럽네.
瑯琊 覺이 頌曰
汾陽拄杖子여 天下走禪流하니
秋風은 急似箭하고 春雨는 潤如油로다

◉

　낭야스님의 이 게송은 주장자 법문에 대한 근본 뜻을 바로 밝힌 말씀

2　낭야혜각(瑯琊慧覺). 분양선소(汾陽善昭)의 법제자로 남악스님의 10세손.

입니다. 낭야스님의 법문에 내 한마디 붙이겠습니다.

【 착어 】

그대는 남쪽 소상瀟湘³으로 가고
나는 북쪽 진秦나라로 가노라.
君向瀟湘我向秦이로다

【 염 】

지해 일선사⁴가 상당하여 이 법문을 들어 말하였다.

"이 두 큰스님이 한 사람은 나오고 한 사람은 들어가며, 반은 합하고 반은 여니 이는 방패와 창이 서로 마주침이다. 천복薦福은 그렇지 않아 주장자를 아니, 달을 그리매 찬 빛이 있고 구름을 가리키니 가을 조각이 옮겨간다."

智海 逸이 上堂에 擧此話云
此二尊宿이 一出一入하고 半合半開하니 猶是干戈相對라 薦福卽不然하야 識得拄杖子하니 劃月에 冷光在하고 指雲에 秋片移라

◉

그럼 지해 일선사 법문의 뜻을 밝혀 내가 한마디 하겠습니다.

【 착어 】

추운 곳에 불을 피우고

---

3 소수(瀟水)와 상수(湘水). 성수는 호남성의 동정호(洞庭湖)로 빠지고 소수는 상수로 흘러들어가는 지류. 이 근처는 경치가 좋아 예로부터 '소상8경'이라고 함.
4 지해본일(智海本逸). 송(宋)대 운문종 스님으로 개선선섬(開先善暹)의 법제자. 청원(靑原)스님의 10세손.

시끄러운 시장에서 조용한 망치를 친다.
冷處에 著把火하고 鬧市에 打靜槌로다

【 본칙 】

운문스님이 주장자를 들어 대중에게 보이고 말하였다.
"주장자가 변화하여 용이 되어 하늘과 땅을 삼켜 버렸다. 그렇다면 산하대지山河大地를 어느 곳에서 보겠느냐?"
雲門이 拈拄杖示衆云
拄杖子化爲龍하야 呑却乾坤了也로다 山河大地를 甚處得來리오 하니

【 착어 】

가는 것은 물이 끝난 곳에서 다하고
앉아서 구름 일어남을 보는 때로다.
行盡水窮處요 坐看雲起時로다

◉

저 깊은 산속을 가다 보면 가다가 물이 솟는 수원지에 이르러 길이 완전히 끊어져 버리고 맙니다. 그곳에 가만히 앉아 구름이 뭉게뭉게 피어나 하늘에 둥둥 떠다니는 것을 보는 때라는 것입니다. 이 뜻을 바로 알면, 주장자가 용이 되어 삼천대천세계를 삼켰는데 산하대지를 어느 곳에서 찾을 수 있느냐는 운문스님 말씀의 뜻을 확실히 알 수 있습니다.
운문스님의 주장자 법문에 대해 삽계 익선사라는 분이 게송을 지은 것이 있습니다.

【 송 】

삽계霅溪 익益선사가 송하였다.

산은 첩첩하고 물은 철철 넘치니
하늘가에 노는 이는 빨리 돌아오리로다.
용문龍門을 뚫으려 하니 복숭아꽃 물결쳐 흐르고
바람과 우레를 기다림이 언제부터인가?
집에 돌아오니 아무 일 없고
연기 가득 찬 마을에 두견새 울음만 들리네.
雪溪 益이 頌曰
山疊疊 水灕灕하니 遊子天涯에 合早歸로다
禹門을 欲透桃花浪이라 待得風雷是幾時오
歸到家山無介事하고 煙村에 一任杜鵑啼로다

◉

　산이 겹겹이 둘러쳐 있고 물결이 출렁출렁 넘치는 곳에서 정처 없이 떠도는 나그네들아, 얼른 고향으로 돌아오라는 것입니다. 고기가 용이 되어 승천하려면 반드시 용문을 뚫고 올라가야 한다는 옛 이야기가 있습니다. 용문은 우문禹門이라고도 하는데 우임금이 치산치수하실 때 물길을 돌리기 위해 험한 산을 뚫어 만든 것이라 합니다. 지금도 그곳은 물살이 워낙 거세 배가 지나지 못하는데, 험해서 쉽게 지나칠 수 없는 관문을 일러 흔히 용문이라 합니다.
　또 용이 승천하려면 꼭 바람과 우레의 힘을 빌려야만 합니다. 그래서 용으로 승천하기 위해 복숭아꽃 빛깔 거센 물살이 흐르는 그 험한 관문 앞에서 하염없이 바람과 우레를 기다리고 있더란 것입니다.
　그래 완전하게 승천한 용이 되어, 실지로 공부를 열심히 해서 도를 성취해 공안을 터득하여 자성을 완전히 깨치고 보니 별다른 일 아무 것도 없고 연기 자욱한 마을에 두견새만 울고 있더라는 것입니다. 이 뜻을 바로 알면 운문스님 법문의 뜻을 분명히 알 수 있습니다.

삽계선사의 이 게송에 내 또 한마디 붙이겠습니다.

【 착어 】

한 점 물먹이 두 곳에서 용이 되도다.

一點水墨이 兩處成龍이로다.

【 결어 】

(이에 주장자를 세우고 말씀하셨다.)

분양과 운문의 주장자는 묻지 않거니와 말해 보라,

이 주장자는 필경 어느 곳에 떨어져 있느냐?

(주장자를 한 번 내리치고 말씀하셨다.)

천둥치는 한 소리에 천지가 무너지니

천문千門과 만호萬戶가 모두 활짝 열리네.

(바로 자리에서 내려오시다.)

(乃竪起拄杖云) 汾陽雲門의 拄杖子는 卽不問이어니와 且道하라 這介拄杖子는 畢竟落在甚處오 (卓拄杖一下云)

霹靂一聲에 天地壞하니 千門萬戶가 盡豁開로다 하고

(便下座하시다)

◉

분양스님과 운문스님의 주장자는 묻지 않겠습니다. 말씀해 보십시오. 지금 내가 쥐고 있는 이 주장자는 필경 어느 곳에 떨어져 있습니까?

분양스님과 운문스님의 주장자 법문을 분명히 알 것 같으면 이 주장자가 떨어져 있는 곳도 분명히 알 것입니다. 그렇지만 앞의 법문을 알지 못한다면 이 주장자가 떨어진 곳은 절대로 모를 것입니다. 다음 말의 뜻을 알아보십시오.

천둥치는 한 소리에 천지가 무너지니
천문千門과 만호萬戶가 모두 활짝 열리네.

戊申(1968)년 하안거 해제일 해인사 해인총림 대적광전

16. 동산수상 東山水上
동쪽 산이 물 위로

【 수시 】

불법佛法, 두 글자를 논의할진대 석가 노인도 모름지기 거꾸로 삼천리를 물러서리니, 문수보살과 보현보살이 어느 곳에서 숨을 쉬리오. 그러므로 삼세의 모든 부처님은 마른 똥막대기요, 역대의 조사는 지옥의 찌꺼기요, 보배로운 팔만대장경은 고름 닦은 헌 종이로다. 비록 할喝 소리가 뇌성과 같으며 몽둥이로 때리기를 비 오듯 하여도 선종의 소식은 바로 잇지 못하니, 여기에 이르러 한 말 이를 수 있겠느냐?

(주장자 한 번 내려치고 말씀하셨다.)

바라보니 저녁 구름이 둥둥 떠돌고
먼 산이 층층으로 한없이 푸르구나.

若論佛法兩字댄 釋迦老子도 也須倒退三千里니 文殊普賢이 什麽處出氣오 所以로 三世諸佛은 乾屎橛이요 歷代祖師는 地獄滓요 八萬寶藏은 是拭瘡疣故紙니라 設或喝似雷奔하며 棒如雨點하야도 也未承當得宗乘中事니 到這裏하야 還道得一句子麽아 (卓拄杖一下云)
堪對暮雲이 歸未合한데 遠山에 無限碧層層이로다

●

만일 누구든지 불법佛法 두 글자를 의논한다면 부처님도 모름지기 삼천리를 물러서야 합니다. 그것도 어떻게 물러서야 하는가? 거꾸로 물구나무를 서서 물러나야 합니다.

불법이란 본래 석가모니로부터 시작되었는데 어째서 불법을 의논하려면 석가모니 자신마저도 거꾸로 물구나무를 서서 삼천리 밖으로 도망쳐야 하느냐는 것입니다. 또 석가도 거꾸로 삼천리 밖으로 도망을 가야 하는데 문수나 보현 같은 대보살인들 감히 숨이나 제대로 쉴 수 있겠습니까? 숨도 쉴 수 없는 그 지경에서는 어떤 말도 용납될 수 없습니다. 그렇기 때문에 시방삼세의 모든 부처님은 모두 마른 똥막대기라는 것입니다.

우리 불교에서는 부처님을 가장 높고 가장 귀한 분으로 모시고 있는데, 실제로 알고 보면 그런 부처님도 마른 똥막대기처럼 천하디 천한 물건이라는 것입니다. 이래야 비로소 불교라는 것을 바로 짐작하게 되는 것입니다.

어디 부처님뿐이겠습니까? 부처님 이후로 많은 조사와 선지식들이 출현해 무량 중생을 제도했으니 얼마나 거룩하고 훌륭한 분들입니까? 그렇지만 실제로 불법을 바로 아는 사람이 볼 때는 그들 역시 저 무간옥에 떨어져서 영원히 벗어나지 못하는 지옥의 찌꺼기들이란 것입니다. 재삼 말하지만 삼세제불은 마른 똥막대기이고 천하 모든 선지식과 역대조사는 지옥에서 영원히 벗어나지 못하는 찌꺼기 같은 존재입니다. 이 말의 깊은 뜻을 분명히 알아야 합니다.

어디 사람만 그런가? 헤아릴 수 없이 넓고 방대한 수많은 가르침을 담고 있는 성스러운 팔만대장경도 불법을 바로 아는 사람이 볼 때는 고름을 닦은 헌 종이에 불과한 것입니다. 부스럼 앓는 사람에게서 짠 고름이 얼마나 더럽습니까? 그런 더러운 고름을 닦은 쓸모없고 역겨운 휴지와 같습니다.

서두에 꺼낸 이런 말들은 부처님을 비방하고 조사 스님들을 욕하며 부처님의 경전과 조사 스님들의 어록을 훼방하고자 하는 말이 아닙니다. 그 뜻이 달리 깊은 데 있음을 꼭 명심해야 합니다. 이렇게 안 사람이라야 어느 정도 불법을 좀 알 자격이 있는 사람이라 하겠습니다. 만일 그렇지 못하다면 불법과는 천리만리입니다.

부처도 보살도 조사도 다 쓸모없는 물건들이고 성스러운 가르침들 역시 고름 닦는 휴지라면 격식을 초월한 조사들의 할이나 방과 같은 방편들은 어떠한가? 할喝, 소리 지르기를 우레와 같이 하고, 방棒, 몽둥이로 사람 때리기를 비 오듯이 하여도 선종의 소식은 바로 전하지 못한다는 것입니다.

할喝이란 불교의 정통인 선종禪宗에서도 그 골수라 할 수 있는 임제종을 개창한 임제스님이 사용한 방법으로서 사람만 보면 소리를 지르고 고함을 치는 것입니다. 미친 사람처럼 아무 까닭 없이 소리를 지르는 것이 아니고, 사람이 미워서 고함을 치는 것도 아닙니다. 소리를 지르는, 고함을 치는 거기에 깊은 뜻이 있습니다. 할을 하는 그것은 경전을 가지고 설명할 수 없는 것이고, 부처님이나 대보살도 분명히 알 수 없는 깊은 경지입니다. 그러니 혹자는 할을 하는 여기에서 불법의 진면목을 바로 볼 수 있다고 여기는 사람도 있을 것입니다.

그리고, 덕산스님은 사람만 보면 몽둥이棒로 사람을 비 오듯이 두들겨 팼습니다. 혹자는 이것이야말로 언어와 문자를 떠나 교외별전教外別傳으로 불법을 바로 전한 것이고 부처님의 마음을 바로 제시한 것이니, 이를 통해 불법을 이해할 수 있지 않겠냐고 생각할 것입니다. 설사 두 분이 그렇게 했더라도 불교의 근본 되는 향상사向上事는 꿈에도 모르는 것입니다.

여기에 이르러선 부처님도 조사도 소용없고, 성스러운 가르침도 할과 방도 소용없다 그 말입니다. 그럼 여기에 이르러 어떻게 해야 참다운 법문을 한마디 할 수 있을까요? 여기에서 분명히 한마디 할 수 있어야만 참으로 살 수 있는 것입니다.

"바라보니 저녁 구름이 둥둥 떠돌고, 먼 산이 층층으로 한없이 푸르구나." 하는 이 뜻을 바로 알면, 앞에 제시한 법문을 모두 알 수 있습니다. 그렇지만 이것은 자성을 깨쳐야 알 수 있지 사량분별로는 알 수 없습니다. 그럼 이와 관련해 예전 스님들의 법문을 몇 가지 소개하겠으니 잘 살펴보십시오.

【 본칙 】

어떤 중이 운문스님[1]에게 물었다.
"어떤 것이 모든 부처님들의 몸이 나오신 곳입니까?"
"동쪽 산이 물 위로 가느니라."

僧問雲門호대 如何是諸佛의 出身處니잇고 門云 東山이 水上行이라 하니

◉

어떤 스님이 "모든 부처님이 어느 곳에서 낳느냐?"고 묻자 운문스님은 "동쪽 산이 물 위로 간다."고 대답하였습니다.

산이 어떻게 물 위로 갈 수 있습니까? 운문스님이 혹 미친 사람 아닙니까? 산이 물 위로 가지 못하는 것은 천하 사람들이 다 아는 바입니다. 사람도 물 위로 가지 못하는데 하물며 산이 어떻게 물 위로 가겠습니까? 산은 천추만고千秋萬古에 움직임 없이 늘 한곳에 가만히 서 있는 것인데, 어떻게 물 위로 갈 수 있냐 말입니다. 이것은 말도 되지 않는 소리입니다. 허투루 보면 어불성설이겠지만 여기에 참으로 깊은 뜻이 있습니다.

그러니 "동쪽 산이 물 위로 간다."는 이것을 확실히 알면 일체 불법을 남김없이 전체를 다 알 수 있습니다. 동산스님의 법문에 내 한마디 붙이겠습니다.

---

1 운문문언(雲門文偃, 864~949). 운문종의 개조로 설봉의존(雪峰義存)의 법제자. 청원(靑原)스님의 6세손. 『운문광진선사광록(雲門匡眞禪師廣錄)』 3권이 있음.

【 착어 】

공자는 태묘太廟에 들어가고 도척은 장대將臺에 앉았네.
孔丘는 入太廟하고 盜拓은 坐將坮로다

◉

태묘는 천자를 제사 지내는 사당입니다. 그래 천하의 성인인 공자는 천자의 위패를 모셔놓은 사당으로 들어가더라는 것입니다. 도척盜拓은 춘추시대에 구천 명의 부하를 거느리고 말과 소를 빼앗고 부녀자를 겁탈하는 등 천하를 시끄럽게 한 악인 중에서도 최고의 악인입니다. 그래 그 도척은 군사를 거느리고서 명령을 내리고 사람을 벌하는 장수의 자리에 떡하니 앉아있더라는 것입니다.

"공자는 태묘에 들어가고 도척은 장대에 앉았더라"는 이것이 실지에 있어서 제불출신처諸佛出身處를 바로 일러준 것이며, 운문스님께서 "동쪽 산이 물 위로 간다."고 한 그 소식을 바로 전해준 것입니다. 그러니 이 글귀를 등한히 생각지 말라 그것입니다. 그 뒤 담당 문준선사라고 유명한 스님이 계셨는데 그 스님이 이 법문에 대해 지은 게송이 있습니다.

【 송 】

담당선사[2]가 송하였다.
모든 부처님의 몸 나오신 곳이여
동쪽 산이 물 위로 가니
남쪽으로 서서 북두를 보고
한낮에 삼경三更을 치는구나.
湛堂이 頌曰

---

2 담당문준(湛堂文準, 1061~1115). 임제종 황룡파 스님으로 진정극문(眞淨克文)의 법제자. 남악스님의 13세손.『담당준화상어요(湛堂準和尙語要)』1권이 있음.

諸佛出身處여 東山이 水上行이니
面南看北斗하고 日午에 打三更이로다

◉

　동쪽 산이 물 위로 간다는 것도 모순되는 말이고, 공자는 태묘에 들어가고 도척은 장대에 앉았다는 말도 모순되는 말이고, 몸은 남쪽으로 향하였는데 북쪽에 있는 북두칠성을 보고 한낮 열두 시에 밤 열두 시를 알리는 종을 친다 하니 이 말씀도 모순되는 말입니다. 남쪽을 보는데 어떻게 북두칠성을 볼 수 있으며 한낮에 어찌 삼경을 알릴 수 있겠습니까? 모두 모순되는 말 같지만 이것이 실지에 있어서 불교의 진리를 똑바로 전한 말입니다.

　사량분별로는 이것이 무슨 소리인지 절대 알 수 없습니다. 이치에도 맞지 않는 것 같고 이리저리 아무리 궁리해보아도 알 수 없다 하여 "그런 말은 상대할 필요 없다. 취급할 필요조차 없다." 한다면 영원토록 불교와 인연을 끊고 마는 것입니다.

　우리가 불법을 바로 알려면 모든 것을 다 알아야 합니다. 그럼 어떻게 해야 이것을 알 수 있는가? 운문스님이 "동쪽 산이 물 위로 간다."고 했으니 "왜 동쪽 산이 물 위로 간다고 했을까, 동쪽 산이 물 위로 간다고 한 그 뜻이 무엇인가?" 하고 의심하여, 언제나 잊지 말고 참구해야 합니다. 참구해서 이 뜻을 확철히 깨치면 실지로 부처나 조사의 법문을 모두 알 수 있고, 일체 불법에 조금도 막힘없는 참으로 대자유한 대보살 대선지식이 될 수 있는 것입니다.

　오늘 수련 결제하는 마당에 있어서 '동쪽 산이 물 위로 간다'는 이 화두를 생명선으로 삼고, 앉으나 서나 오나가나 잊지 말고 참구해야 합니다. 그러면서 법문도 듣고 수련도 하고 또 여러 가지 일상적 행위를 해야 하는 것이지, 잠시라도 이 화두를 놓치면 송장만 단장하는 꼴이 되고 맙니다. 죽은 송장은 아무리 좋은 옷을 입히고 좋은 화장품으로 단장해 보았자 생명이 없으니 결국 썩어지고 마는 것입니다. 그와 마찬가지로 화두를 잠시라도 놓쳐버린다면 수련한다고 애써보아야 결국 헛수고만 하는 것입니다. 그러니 자나 깨나 화두를 놓치지 말고 오로지 일념으로 늘 지녀야 하는 것입니다.

그러면 혹 이렇게 생각할 이가 있을지 모르겠습니다.

"나는 여태껏 공부해오던 화두가 있는데 그걸 버리고, 왜 동쪽 산이 물 위로 간다고 했을까 하는 이 화두를 참구해야 하는 걸까?"

그렇지 않습니다. 그전에 수련회를 다녔든지 아니면 다른 스님에게서 받았든지, 화두를 배운 사람은 지금까지 참구한 그 화두를 그대로 지니면 됩니다. 아직 화두를 배우지 않은 사람만 지금 말한 "동산수상행東山水上行"을 자기의 화두로 삼자는 말입니다. "모든 부처님이 어디서 나왔느냐고 물었는데 운문스님은 왜 동쪽 산이 물 위로 간다고 하셨을까?" 하는 화두를 근본 생명선으로 삼고, 어느 때 어느 곳에서도 잊어버리지 말고 절실히 참구하며 수련을 해야 하지 않겠냐는 것입니다.

며칠 동안의 이 수련회뿐 아니라 이곳을 떠나서도 화두 참구를 잊지 말아야 합니다. 참으로 확철히 깨쳐 미래겁이 다하도록 일체 중생을 위해 살아야 할 사람들이 바로 여러분입니다. 화두를 부지런히 참구하여 바로 눈을 떠야지 그전에는 봉사 굿하는 식이라 사람을 돕는다는 것이 오히려 사람을 죽이고 맙니다. 정말 사람을 위하려면 "동산수상행東山水上行"의 뜻을 바로 알아야 합니다.

수련회를 마친 뒤라도 이 뜻을 알 때까지 계속 참구해야 합니다. 금생에 알지 못하면 미래겁이 다하도록 참구해서라도 알아내야만 합니다. 그러기 전에는 이 "동산수상행東山水上行"을 본참 화두로 삼아 잊지 말고 절실히 참구해야 합니다.

그러면 "동쪽 산이 물 위로 간다."는 이 화두를 확철히 깨쳤다면 어떻게 되는가? 다음 말을 잘 들어 보십시오.

【 착어 】

산호 가지마다 달이 비쳐 있네.
珊瑚枝枝撐著月이로다

【 결어 】

대중들이여, 정문정안頂門正眼과 팔꿈치 밑에 비밀 부적을 갖추면, 삼두육비三頭六臂로 뜻대로 자재하여 천상과 인간에 인연 따라 출몰하리니, 이야말로 출격장부요 오역五逆의 개망나니이다. 부처를 죽이고 조사를 살리는 것이 예삿일이니 필경 그 뜻이 어떠한가?
(한참 묵묵한 후에 말씀하셨다.)
소로 소로니라.
(주장자 한 번 치고 내려오시다.)

大衆아 於此에 具頂門正眼하고 肘下密符하면 三頭六臂로 任意自在하야 天上人間에 隨緣出沒하리니 呼爲出格丈夫며 五逆悖倫이라 殺佛活祖是茶飯事니 畢竟意作麽生고 (良久云)
蘇嚕蘇嚕니라.
(卓拄杖一下하고 下座하시다)

◉

대중 여러분, 화두를 깨치면 정문頂門, 즉 이마 한복판에 바른 눈正眼을 갖추게 됩니다. 거짓말처럼 들리겠지만 거짓말이 아닙니다. 실지로 깨쳐 놓고 보면 이마 한복판에 눈이 열리는 것을 확실히 알게 됩니다.

그리고 또 어찌 되는가? 팔꿈치 밑에 비밀 부적[3]을 갖추게 되는데 그 신비한 부적은 사람을 죽이기도 하고 살리기도 하는 능력이 있습니다.

화두를 깨치면 부처나 조사마저도 죽이고 살리기를 마음대로 할 수 있는 그런 신비한 부적을 얻게 되는 것입니다.

그럼 정수리의 눈과 신비한 부적을 갖춘 사람은 어떻게 되는가? 머리는 세 개며 팔은 여섯 개라, 하늘 위건 하늘 밑이건 천상이건 지하건 할 것 없이 시방세계를 거침없이 두루 다니며 숨고 나타나기를 자유자재로 하면서 인연 따라 일체중생을 제도하는 것입니다.

그러니 그런 사람은 보통사람의 한계와 격식을 훌쩍 뛰어넘은 사람이라 하겠습니다. 모든 사람이 시간과 공간의 제약 속에서 구속받으며 살아가지만 화두를 확철히 깨치면 모든 시간과 공간의 제약을 벗어나서 절대적인 인격을 성취하게 된다는 것입니다. 또 그런 절대적인 인격을 성취한 사람은 어떤 행동을 하는가? 오역의 패륜아, 개망나니 짓도 합니다. 상식에 어긋난 말이라 의아하게 들리겠지만 잘 새겨들으십시오.

보통 사람은 오역죄를 지으면 무간지옥에 떨어지는데, 확철대오 해야지만 비로소 오역죄를 지을 수 있는 사람이 된다는 것입니다. 또한 오역죄를 지을 수 있는 사람이 되고 나서야 참으로 중생을 제도할 수 있는 것이지, 오역죄도 짓지 못한다면 실지로 중생을 바로 제도할 수 없는 사람입니다. 그런 자는 죽은 송장이요 실지로 산 사람은 아닌 것입니다.

그러면 '절대적 인격을 성취한 사람은 오역죄를 짓는다고 하니 실지로 부모를 죽이고 부처님을 죽인다는 말이 아닌가' 하고 생각할 수도 있을 것입니다. 하지만 이는 실제 법에 입각해서 하는 말이니 만큼 쓸데없는 오해를 해서는 안 될 것입니다.

확실히 깨친 그 사람의 일상 행동은 어떠한가? 부처를 죽이고 조사를 살리기를 예사로 합니다. 부처님 죽이기를 마음대로 하고 조사 살리기

---

3 주하밀부(肘下密符)라 함. 선도가(仙道家)의 호신부(護身符). 팔꿈치 밑에 붙이면 귀신의 난이 없어 몸의 안전을 도모한다 함. 선종에서는 사람마다 본래 갖추어진 불성, 납승의 심인(心印)을 비유.

를 마음대로 하며, 부처님 살리기를 마음대로 하고 조사 죽이기를 마음대로 하는데 하물며 보통 사람이야 말할 것 있겠습니까?

이렇게 되어야만 참다운 수련회가 될 수 있는 것이고 중생도 참답게 제도할 수 있는 것입니다. 만일 이런 도리를 모르고 수련한답시고 밤낮으로 심신을 고달프게 하고 부처님의 말씀을 입으로 외운다면 설사 팔만대장경을 거꾸로 외울 수 있다 해도 아무 소용이 없는 것입니다. 그러니 모름지기 먼저 마음의 눈을 바로 뜨고 볼 일입니다.

그럼, 결국 어떻게 해야 되겠습니까?

(한참 묵묵한 후에 말씀하셨다.)

소로 소로니라.

이것은 사자진언四字眞言입니다. 그러나 진언으로만 국한하여 이해해서는 안 됩니다. 여기에 깊은 뜻이 있습니다. "소로 소로"라고 한 이 말뜻을 확실히 알면 여태껏 내가 횡설수설한 법문 전체를 이해할 수 있을 것입니다.

戊申(1968)년 7월 17일 대학생불교연합회 간부수련대회 결제법문 해인총림 대적광전

17. 건봉거일 乾峰擧一
하나를 들 것이요

【 수시 】

(주장자 한 번 내려치고 말씀하되)

남두南斗는 칠七이요 북두北斗는 팔八이로다.

(또 주장자 한 번 치고)

보살의 얼굴이요 야차夜叉의 머리로다.

(주장자를 무릎 위에 가로놓고 말씀하셨다.)

갑자을축甲子乙丑은 바다 가운데 금이요

병인정묘丙寅丁卯는 화로 가운데 불이로다.

둥지의 새는 바람 불 줄 알고 구멍의 벌레는 비 올 줄 아니

조주는 원래 동쪽 집의 서쪽 방에 산다.

밤에도 밝은 주렴 밖이여, 풍월이 낮과 같고

마른 나무 바위 앞이여, 화초가 항상 봄이로다.

(卓拄杖一下云) 南斗七北斗八이로다

(又一下云) 菩薩顏夜叉頭로다

(橫按云) 甲子乙丑海中金이요 丙寅丁卯鑪中火로다

巢知風穴知雨하니 趙州元在東院西라

夜明簾外兮여 風月이 如晝하고

枯木岩前兮여 花卉長春이로다

◉

남두성은 별이 여섯 개이고 북두성은 별이 일곱 개인데 왜 남두는 일곱이고 북두는 여덟 개라 했을까요?

얼굴은 자비로운 보살의 얼굴이나 머리는 귀신 중에도 가장 간악한 귀신인 야차의 머리를 하고 있다 했을까요?

왜 바싹 마른 나무와 바위 앞에 항상 꽃과 풀이 봄이라고 말했을까요? 이로써 오늘 법문은 다 마쳤지만 시간 여유가 있으니 몇 마디 더 하겠습니다.

【 본칙 】

건봉스님이 대중에게 말하였다.

"하나를 들 것이요 둘은 들지 말 것이니, 한 점을 놓치면 둘째에 떨어지느니라."

운문스님이 나서서 말하기를, "어제 어떤 사람이 천태산天台山[1]에서 왔다가 도로 경산徑山[2]으로 갔습니다." 하니, 건봉스님이 말하되, "원주야, 내일 보청普請[3]하지 않는다." 하고 법상에서 내려왔다.[4]

乾峰이 示衆云 擧一이요 不得擧二니 放過一著하면 落在第二니라 雲門이 出衆云 昨日에 有人이 從天台來하야 却往生徑山去니다 峰이 云 典座야 來日에 不得普請이라 하고 便下座하니

---

1 절강성 태주부(台州府) 천태현(天台縣) 북쪽에 있는 산. 태산(台山)이라고도 함. 천태종 본산(本山)으로서 지자(智者, 智顗)대사가 개창함. 수(隋) 양제(煬帝)가 지자대사를 위해서 건립한 국청사(國淸寺)가 있음.
2 절강성 항주부(杭州府) 여항현(餘杭縣) 서북쪽 50리에 있는 산. 송대(宋代)에 원오극근(圜悟克勤), 대혜종고(大慧宗杲)가 머물렀으며 무준사범(無準師範), 허당지우(虛堂智愚) 등도 거주하여, 임제종의 대덕(大德)을 많이 배출한 전문 도량으로 유명함. 도선(道宣)이 『속고승전(續高僧傳)』을 저술한 적조암(寂照庵)이 있음.
3 모든 대중 스님들에게 청하여 함께 일하는 것을 말함. 운력(運力)이라고도 함.
4 『선문염송』 제917칙(한국불교전서5, 657쪽).

⦁ 동산 양개화상의 제자중에 건봉스님이란 분이 계셨습니다. 그 스님께서 법문하시기를, "하나를 들 것이요 둘은 들지 말 것이니, 하나를 놓치면 둘째에 떨어진다."고 했습니다. 이 법문을 두고 "누구든 법문을 할 때에는 제일구第一句 법문을 해야지 제이구第二句 법문은 하지 말라. 까딱 잘못하면 제이구에 떨어지게 된다."는 의미로 이해하는 사람이 많습니다. 만일 이렇게 해석하고서 근본 뜻을 안 것이라 여기고 바르게 해석한 것이라 한다면 그건 불법을 꿈에도 보지 못한 것입니다. 뜻은 거기에 있는 것이 아닙니다. 그러면 제대로 아는 사람은 어떻게 할까요?

그래 그 자리에 있던 운문스님이 불쑥 나와 말하기를, "어제 어떤 사람이 천태산에서 왔다가 도로 경산으로 갔습니다."고 했습니다. 운문스님이 건봉스님 말씀의 뜻을 알고 한 소리입니다. 그러자 건봉스님께서 말씀하시기를, "원주야, 내일은 울력을 못한다." 하시고선 법상을 내려오셨습니다.

여기엔 아주 깊은 뜻이 있습니다. 이 뜻을 바로 알 것 같으면 일체 공안에 걸림이 없습니다. 일체 불법에 대자유한 선지식이 될 것이며 대도인이 될 수 있습니다. 그럼 결국 그 뜻이 무슨 뜻일까요? 내가 한마디 하겠습니다.

【 착어 】

간밤 꿈이 불길하니 문에 대길이라 써 붙인다.
夜夢不祥이라 書門大吉이로다

⦁ 밤에 아주 나쁜 꿈을 꾸었을 때는 그 꿈 내용을 대문에 써 붙이면 그 꿈이 참으로 좋은 꿈이 된다는 말입니다. 이것은 건봉스님과 운문스님

의 법문을 바로 소개한 것입니다. 또 초석선사께서 이 법문에 대해 게송을 쓴 것이 있습니다.

【 송 】

초석 기선사[5]가 송하였다.
붉은 까마귀 날고 흰 토끼 달아나니
산다山茶의 꽃이요 수주水酒의 버들이로다.
짝짝은 쌍이 되지 못하고 삼삼도 또한 아홉 아니니
밤에는 바다 밑에서 금등金燈을 끄집어내고
새벽에는 남쪽으로 서서 북두를 본다.

楚石이 頌曰
赤烏飛하고 白兔走하니 山茶華요 水酒柳로다
兩兩不成雙이요 三三亦非九니
夜來海底에 剔金燈하고 天曉에 面南看北斗로다 하니

◉

산다山茶의 꽃, 산에 있는 차나무에서 꽃이 피며, 수주水酒의 버들, 물과 술의 버들이란 물이나 술을 마실 때에 버들잎을 띄워 마시는 풍습을 두고 한 말입니다. 하나가 아니라 둘씩 있는데 왜 쌍이 되지 못한다고 했을까요? 삼삼은 분명 구인데 왜 구가 아니라고 했을까요? 여기에 아주 깊은 뜻이 있습니다.

밤이면 바다 밑에서 금등을 끄집어낸다 했는데 어떻게 바닷속에 등불이 있을 수 있습니까? 하지만 참말로 바닷속에 언제나 켜 있는 이 등

---

[5] 초석범기(楚石梵琦, 1296~1370). 임제종 양기파 스님으로 원수행단(元叟行端)의 법제자. 남악스님의 20세손.

불을 바로 알아야 합니다. 또 서기는 남쪽으로 섰는데 어떻게 북쪽을 볼 수 있느냐 말입니다. 이것이 미친 소리가 아니고 다 깊은 뜻이 있어서 하는 말씀입니다. 그러니 이것을 어떻게 노력해서든지 바로 알아야 합니다. 초석스님의 게송에 내 한마디 붙이겠습니다.

【 착어 】

촌 늙은이 두둥둥 북 치며 강 귀신에게 제사 지낸다.
野老鼕鼕祭江神이로다

◉

초석스님 게송하고 촌 늙은이가 강가에서 물귀신에게 제사 지내는 것이 무슨 관계가 있습니까? 이것을 바로 알아야 합니다. 그리고 임제의 정맥을 바로 이은 대혜스님께서 이 공안에 대해서 법문하신 것이 있습니다.

【 염 】

대혜선사가 말하였다.
"건봉은 낯 씻다가 코를 만지고, 운문은 밥 먹다가 모래를 씹는다. 두 사람이 갑자기 서로 만나니 원래부터 옛 원수로다. 그러나 늙은 오랑캐의 아는 것만 허락하고, 늙은 오랑캐의 이해함은 허락지 않는다."
大慧云 乾峰은 洗面摸著鼻하고 雲門은 喫飯咬著沙로다 二人이 驀地相逢著하니 元來 卽是舊家讐로다 雖然如是나 只許老胡知요 不許老胡會니라 하니

◉

건봉스님과 운문스님 두 분 모두 천하의 선지식으로 한 분이 운을 떼

자 다른 분이 화답한 격인데 왜 억천만겁 전부터 맺어진 원수지간이라 했을까요? 여기에 아주 깊은 뜻이 있습니다.

"비록 그러하나 그대가 알기는 허락하지만 그대가 이해하기는 허락하지 않는다." 한 것은, 아는 것은 똑같은데 말하자면 당신이 그것을 분명히 알 수 있지만 또 절대로 알 수 없는 일이더라는 것입니다.

대혜스님의 이 법문은 건봉스님과 운문스님의 문답을 대중들에게 분명히 보이신 것입니다. 그럼 대혜스님의 이 법문에 대해 내 또 한마디 붙이겠습니다.

【 착어 】

이슬마다 비친 달과 하늘의 은하수요
눈 덮인 소나무와 구름에 잠긴 봉우리로다.
露月星河요 雪松雲嶠로다

◉

밤에 이슬이 많이 내렸는데 이슬 방울방울 전체가 다 달이 비춰있고, 하늘에 많은 별들은 은하수가 되어 흐르고, 소나무에는 눈 덮이고, 산에는 구름이 꽉 끼어 있다는 것입니다.

이것은 대혜스님 법문을 바로 밝힌 것일 뿐만 아니라 위의 법문을 총괄해 뜻을 바로 밝힌 말입니다. 예나 지금이나 대개들 보면 "하나를 들고 둘은 들지 말 것이니 한 점을 놓치면 둘째에 떨어진다."는 건봉스님의 법문을 "일구법문을 해야 되지 이구법문을 해선 안 된다. 자칫하면 제이구에 떨어진다는 말씀이 아닌가." 하고 다들 오해를 합니다. 그래서 거기에 대해 예전 스님들이 하신 법문이 많이 있습니다. 그중 몇 가지를 더 소개하겠습니다. 법계로 보아 대혜스님과 사촌간이 되는 죽암 규선사라는 분이 계셨습니다.

【 염 】

죽암 규선사가 법상에 오르니 어떤 중이 물었다.

"건봉스님이 말하기를, '하나를 들고 둘은 들지 말 것이니 한 점을 놓치면 둘째에 떨어진다'고 한 뜻이 어떠합니까?"

"머리 위는 하늘이요 발밑은 땅이로다."

竹庵 珪 上堂에 僧問乾峰云 擧一不得擧二니 放過一著落在第二意旨如何오 頭上是天이요 脚下是地니라 하니

◉

이 법문만 보더라도 건봉스님 법문의 뜻이 "제일구 법문을 해야지 제이구 법문을 해선 안 된다."는 뜻이 절대 아닙니다. 죽암스님의 말씀에 내 또 한마디 붙이겠습니다.

【 착어 】

조주의 맑은 차요 운문의 둥근 호떡이로다.

趙州淸茶요 雲門胡餠이로다

【 염 】

대혜선사가 구선[6]에게 물었다.

"건봉이 말하기를, '하나를 들고 둘은 들지 말 것이니, 한 점을 놓치면 둘째에 떨어진다'고 한 뜻이 어떠한가?"

"정신이 맑고 맑을 때는 정신이 맑고 맑으며, 정신이 어둡고 캄캄할 때는 정신이 어둡고 캄캄합니다."

---

6 구선법청(九仙法淸). 송(宋)대 임제종 황룡파 스님으로 혜일문아(慧日文雅)의 법제자. 남악스님의 14세손.

大慧問九仙호대 乾峰云 擧一不得擧二니 放過一著落在第二意旨如何오 惺惺卽惺惺이요 曚曚卽曚曚이라 하니

◉

　대혜스님 회상에 깨친 스님이 한 분 계셨는데, 그 스님을 부조실로 모시려고 온 대중이 아무리 청하여도 승낙하지를 않았습니다. "나는 아무것도 모르는 사람인데 어떻게 부조실을 할 수 있겠는가." 하며 끝내 사양하고 늘 끄트머리 자리에 앉고는 했습니다.
　그 무렵 대혜스님은 이천 명 대중을 거느리고 있었습니다. 그래 하루는 여러 대중이 모인 자리에서 그 스님에게 물었습니다.
　"부조실을 수락하고 말고는 그만두고 내가 자네에게 물어 볼 것이 하나 있는데 대답해 보라." 하면서 이 건봉스님의 법문을 물으니 그 스님이 앞과 같이 대답하였습니다. 그분이 바로 구선 청선사입니다. 구선스님의 대답을 보면 마치 아이들 장난치는 말처럼 들리겠지만 실제로 이것은 건봉스님의 뜻을 바로 아는 동시에 확철히 바로 깨친 사람이 하는 말입니다. 그러자 대혜스님께서 "이렇게 분명히 바로 깨쳐 바른 법문을 하는데 어째서 부조실을 할 수 없느냐? 대중들아 이 스님을 모셔라." 하니, 온 대중이 손가마를 해서 부조실 방에 모시고 절대로 다른 곳으로 가지 못하도록 한 일화가 있습니다. 구선스님의 이 말씀엔 아주 깊은 뜻이 있습니다. 그럼 그 뜻이 무슨 뜻인가? 거기에 내 한마디 붙이겠습니다.

【 착어 】

　천당과 지옥, 문이 서로 마주하였네.
　天堂地獄門相對로다

◉

　천당은 아득한 하늘 꼭대기에 있는 것이고 지옥은 저 땅 밑에 있는 것 아닙니까? 그런데 어떻게 천당문과 지옥문이 서로 마주보고 있다고 말했을까요? 이 말 또한 미친 소리가 아니고 깊은 뜻이 있어 하는 말입니다. 여러분이 공부를 잘 해서 확철히 깨치면 이 뜻을 분명히 알 수 있습니다. 덧붙여 드릴 말씀이 좀 있습니다.

　내가 상당법문을 하면 흔히 "우리가 도저히 알아들을 수 없는 그런 말씀만 자꾸 하지 마시고, 불쌍히 여겨 알아들을 수 있는 법문을 해 주십시오." 하는 요청들을 많이 합니다. 그러나 나는 늘 청천백일靑天白日처럼 누구나 알 수 있고, 누구나 볼 수 있고, 누구나 들을 수 있는 그런 법문을 했지 알아들을 수 없는 법문은 조금도 한 일이 없습니다.

　만일 내 법문을 알아듣지 못했다면 그 사람의 귀가 어둡고 눈이 어두운 것입니다. 귀 어두운 사람이 어떻게 해서든 귓병을 치유해 귀를 뚫을 작정은 하지 않고, 눈 어두운 사람이 무슨 수를 써서든 눈을 떠 물건을 바로 보도록 스스로 노력은 하지 않고, 귀 어두운 사람이 "내 귀에 들리게 해 달라." 하고 눈 어두운 사람이 "내 눈에 보이게 해 달라."며 자꾸 보채기만 하니 참으로 딱한 일입니다.

　예전 스님들이 늘 말씀하신 말씀이 있습니다.

　"나는 스승의 도와 덕을 소중히 여기는 것이 아니다. 다만 나를 위해 해석해 주지 않은 것을 소중히 여긴다."

　왜냐하면 해석을 하면 그 해석에 떨어져 영원히 깨치지 못하기 때문입니다. 공안을 해석해서는 영원히 깨치지 못하는 것이니, 자기 귀로 듣고 자기 눈으로 볼 수 있는 사람은 될 수 없는 것입니다. 그래서 어떻게 해서든 자기 귀로 듣고 자기 눈으로 볼 수 있는 사람이 되도록 하기 위해 화두공부만 열심히 시킬 뿐이지 해설은 하지 않습니다. 어떤 사람이 무슨 청을 하더라도 해설은 절대 하지 않습니다.

오늘도 지도교수 한 사람이 "스님, 오늘만큼은 상대가 대학생들이니 좀 알아듣게 해 주십시오."라고 하던데 "내가 언제 알아듣지 못할 말 한 적이 있는가? 난 알아듣지 못하라고 한 말이 한마디도 없어."라고 대답한 일이 있습니다. 그런 일도 있고 해서 이런 군더더기 같은 말을 하는 것입니다.

법문을 확실히 알려면 눈 감고 귀 막고서는 안 됩니다. 눈을 번쩍 뜨고 귀를 활짝 열어 보고 들을 것 같으면 실지로 이 시방세계 그대로가 광명천지며 시방세계 이대로가 무진법문 아님이 없습니다. 그런데 왜 눈을 감고 귀를 막고 앉아서 들리지 않는다고 보이지 않는다고 한탄만 하느냐 말입니다.

내가 열흘 동안 대학생들을 위해 쓸데없는 소리를 많이도 했는데 결국 그 귀착점은 어디인가? 개개인 누구나 다 영원한 생명 속에 무한한 능력을 가지고 있다는 것입니다. 누구든 영원한 생명 속에 무한한 능력을 가진 이것을 개척한다면 부처도 될 수 있고 조사도 될 수 있습니다. 참으로 시방세계를 내 집같이 돌아다니며 일체중생을 위해서 영원히 살 수 있게 되는 것입니다.

내가 입이 아프도록 이렇게까지 말했으니 절대 등한히 여기지 말고 우리가 본래 가지고 있는 영원한 생명 속에 무한한 능력을 하루빨리 개발해야 하는 것입니다. 이것을 개발하려면 어떠한 방법을 써야 하는가? 화두를 자나 깨나 잊지 말고 부지런히 참구해서 화두를 바로 깨쳐야만 합니다. 화두를 바로 알기 전에는 눈도 뜰 수 없고 귀도 뚫릴 수 없고 이 법문을 바로 들을 수도 없는 것입니다. 그러니 결국 우리는 어디로 회향해야 하는가? 화두를 부지런히 참구해서 바로 깨치는 여기로 모두 회향해야 하는 것입니다. 그럼 객담은 이것으로 마치고 오늘 제기한 공안에 대한 법문을 마무리 짓겠습니다.

【 결어 】

대중들이여, 하나를 들고 둘은 들지 말 것이니 한 점을 놓치면 둘째에 떨어진다는 뜻이 필경 어떠한가?

(한참 묵묵한 후에 말씀하셨다.)

우물 밑의 진흙 소는 달 보고 소리치고
구름 사이 나무 말은 바람에 우는구나.

(크게 할을 한 번 하고 내려오시다)

大衆아 擧一不得擧二니 放過一著落在第二意旨 畢竟作麽生고

(卓拄杖一下하고 良久云)

井底泥牛吼月이요 雲間에 木馬嘶風이로다

(喝一喝하고 便下座하시다)

◉

대중 여러분, 건봉스님께서 "하나를 들고 둘은 들지 말 것이니 한 점을 놓치면 둘째에 떨어진다." 하시고 그 후 여러 스님들이 이에 대해 훌륭한 법문을 많이 하셨는데, 그러면 이 법문의 근본 뜻이 어느 곳에 있습니까?

우물 밑의 진흙 소는 달 보고 소리치고
구름 사이 나무 말은 바람에 우는구나.

게송을 바로 알면 전체 법문을 다 알 수 있을 것입니다. 끝으로 거듭 부탁하는데, 부디 딴 생각 하지 말고 오직 화두를 생명으로 삼아 부지런히 참구해서 하루 바삐 바로 깨쳐야만 합니다. 부탁은 이것뿐입니다.

戊申(1968)년 7월 26일 대학생불교연합회 간부수련대회 해제법문 해인총림 대적광전

18. 세존초생世尊初生
천상천하 유아독존

【 수시 】

창해滄海의 구슬과 형산荊山의 옥은
천지를 비추고 일월을 빛나게 하니
높은 관 쓴 선비는 홀笏로 춤추고
머리 깎은 스님은 달아나는구나.
복희성인이 팔괘를 그림이여, 만세의 표준이요
서백西伯 문왕이 육효를 나눔이여, 천고의 귀감이다.
삼현三玄과 삼요三要[1]는 꿀 속의 짐독이요
사할四喝과 사빈四賓[2]은 눈 속의 가시로다.
부처님의 바다 같은 법문과 누른 책 붉은 두루마리 경전은
이 무슨 뜨거운 주발에서 물 끓는 소리인가?
여기에 이르러 한마디 할 수 있겠느냐?

(주장자 한 번 내려치고 말씀하셨다.)

푸른 용은 대천세계 밖으로 힘차게 날고
흰 범은 만길 봉우리 위에서 소리친다.

---

[1] 임제스님이 수행자를 지도하실 때 쓰신 방법. 일구(一句) 중에 삼현문(三玄門)을 갖추어야 하고, 일현(一玄) 중에 마땅히 삼요를 갖추어야 한다고 함.
[2] 사할은 임제스님이 수행자를 가르치기 위해 할(喝)을 사용할 때도 때와 근기에 따라 여러 가지 방편이 있음을 네 가지로 제시해 설명한 것. 사빈은 사빈주(四賓主)를 말하며, 선사와 학인이 만날 때의 모습을 네 가지로 나누어 설명한 것.

滄海珠와 荊山玉이 照乾坤하고 光日月하니

峨冠은 舞笏하고 圓頂은 退走로다

犧聖이 劃卦兮여 萬世標準이요

西伯이 分爻兮여 千古龜鑑이로다

三玄三要는 蜜裏鳩毒이요

四喝四賓은 眼中荊棘이라

金口海宣과 黃卷赤軸이 是什麽熱椀鳴聲고

到這裏하야 還道得一句子麽아

(卓拄杖一下云) 蒼龍은 雄飛大千外하고 白虎는 哮吼萬丈峰이로다

◉

창해滄海란 그냥 글자대로 푸른 바다를 말하는 것이 아니라 동해바다 저 깊은 곳을 말하며, 형산荊山은 중국에서 제일 좋은 보배가 나는 땅의 이름을 말합니다. 그러니 동해바다 저 깊은 곳에서 나는 아주 좋은 보배구슬과 형산에서 나는 아주 좋은 옥이 함께 천지를 비추고 해와 달을 두루 비춰서 더 찬란히 빛나게 한다는 것입니다.

아관峨冠이란 큰 갓 쓴 사람을 말하니 곧 선비를 일컫는 것으로 속인俗人, 즉 세속 사람을 말합니다. 홀笏이란 불가에서의 주장자와 같은 것으로 벼슬아치 선비들은 늘 홀을 손에 쥐고 있는데 그런 홀을 든 속인이 춤을 추더라는 것입니다. 그리고 원정圓頂이란 머리를 빡빡 깎아 이마가 둥근 사람을 말하니 바로 출가인出家人, 곧 스님을 가리키는 것입니다. 그래 스님은 물러나서 달아나 버리더라는 것입니다.

그러면 창해의 구슬과 형산의 옥이 천지를 비춰 해와 달을 빛나게 하는 시절인데, 어째서 큰 갓 쓴 벼슬아치 속인은 홀을 흔들며 춤을 추고 머리 깎은 스님은 물러나 날아나 버리려 하느냐는 겁니다.

여기에 아주 깊은 뜻이 있으니, 대중은 잘 살펴보아야 합니다.

복희씨는 중국의 전설상의 인물로 큰 성인으로 추앙받는 분인데, 그분이 팔괘를 처음 그렸다고 합니다. 복희씨같은 대성인이 팔괘를 그렸으니 천추만세의 표준이 되었다는 것입니다. 서백西伯은 주周 문왕文王을 말합니다. 주나라 시조되는 문왕이 복희씨의 팔괘를 보고 육효六爻를 베풀어 64괘를 제정하여 『주역周易』이 완성되었으니 천추만고에 귀감이 되었다고 합니다.

선종 5가 가운데서도 정맥이라 할 수 있는 임제종의 개창자 임제스님의 가장 골수 되는 법문이 삼현 삼요입니다. 그리고 짐독鴆毒이란 짐새의 독을 말하는데, 그 독이 어찌나 독한지 날개가 술잔을 스치기만 해도 그 술을 먹는 사람은 그 자리에서 죽어버린다고 합니다. 그러므로 짐독은 독 중에서도 가장 독한 독을 말하는 것입니다. 사할 사빈주도 임제스님의 법문으로 종문의 규거規矩가 되는 말씀입니다.

삼현 삼요는 달콤한 꿀 속에 짐독이 들어 있는 것과 같고 사할 사빈주는 눈 속의 가시라고 했습니다. 그렇다면 왜 『주역』을 두고는 천추만고의 표준이 되고 귀감이 된다 말해 놓고, 우리 선종의 생명이라 할 골수법문인 삼현삼요와 사할 사빈주는 꿀 속의 짐독이요 눈 속에 가시라고 표현했느냐 하는 것입니다. 이것이 공연한 미친 소리가 아닙니다. 그 속에 깊은 뜻이 있으니, 그 깊은 뜻을 바로 알아야만 한다는 말입니다.

금구金口란 부처님 입을 가리키는 말이고, 황권黃卷은 누런 책, 적축赤軸은 책을 맬 때 붉은 실 또는 붉은 껍질로 싸기도 하므로 모두 다 부처님 경전을 말합니다. 그런데 부처님 입에서 바닷물같이 무량무변無量無邊으로 쏟아지는 법문과 경전들이 이 무슨 물 주전자에서 부글부글 물 끓는 소리냐는 것입니다. 부처님이 48년간 횡설수설하신 것을 수집해 놓은 저 무량무변의 바다같이 많은 법문도 주전자에서 물 끓는 소리와 같지 않느냐는 말입니다. 자 그럼, 여기에 이르러 한마디 법문으로 그 뜻을 말할 수 있겠습니까?

"푸른 용은 저 높이 삼천대천세계 밖으로 날고, 흰 범은 천길만길 깎아지른 봉우리 위에서 소리친다."고 한 이 뜻을 알면 오늘 법문은 다 끝난 것입니다. 그러나 참고로 몇 마디 더 하겠으니 대중은 잘 들으십시오.

【 본칙 】

세존께서 태어나실 때에 일곱 걸음을 두루 걸으시고 눈으로 사방을 살피며, 한 손으로는 하늘을 가리키고 한 손으로는 땅을 가리키며 말씀하셨다.
"천상천하天上天下에 내가 홀로 높으니라."[3]
世尊이 初生下時에 周行七步하고 目顧四方하고 一手指天一手指地 云 天上天下唯我獨尊이라 하니

●

부처님이 탄생하실 때 사방으로 일곱 걸음을 걸으면서 눈으로 사방을 둘러보시고, 한 손가락으로는 하늘을 가리키고 한 손가락으로는 땅을 가리키면서 "하늘 위나 하늘 밑이나 오직 내가 가장 높다."고 말씀하셨습니다.
"어떻게 갓난아기가 일곱 걸음이나 걸을 수 있으며, 어떻게 말을 할 수 있느냐?"고 말할 사람이 있을지 모르지만 이것은 인간의 신비한 능력을 모르는 사람이 하는 소립니다. 실제로 인간에겐 이런 능력들이 전체 다 구비되어 있습니다.
그러면 부처님은 왜 하늘을 가리키고 땅을 가리키면서 "내가 가장 높다."고 말했을까요? 여기에서 이 법문의 뜻을 확실히 알 것 같으면 일체 법문을 근본적으로 다 알 수 있는 것입니다.

---

[3] 『선문염송』 제2칙(한국불교전서5, 7쪽).

여기에 대해 내가 한마디 하겠습니다.

【 착어 】

칼산에 몸을 가로 눕히고 칼 수풀에 송장이 엎어졌네.
刀山에 橫身하고 劍林에 伏屍로다

◉

"칼산에 드러눕고 칼 수풀에 송장이 엎어졌다."고 한 이 소식을 알 것 같으면 실제로 부처님의 근본면목을 알 수 있습니다. 그 뒤 운문종의 종조 되시는 운문 문언선사께서 "천상천하에 내 홀로 높다."는 이 공안을 두고 하신 법문이 있습니다.

【 염 】

운문 언선사가 염拈하였다.
"내가 만약 그때에 보았던들 한 몽둥이로 때려 죽여 개나 뜯어먹게 주었으리라."
雲門偃이 拈云 我當時에 若見이런들 一棒으로 打殺하야 與狗子喫이라 하니

◉

부처님께서는 태어나시자마자 사방 일곱 걸음을 걸으시며 그런 좋은 법문을 하였는데, 운문스님은 무슨 대단한 안목을 가지고 있기에 "당장에 때려 죽여 개나 뜯어먹게 주겠다."는 이런 당치않은 말을 했느냐는 것입니다. 그러나 여기에 참으로 깊은 뜻이 있습니다. 겉으로 드러난 표현만 따라가 해석하면 부처님의 뜻도 모르고 운문스님의 뜻도 모르게 됩니다. 운문스님의 이 법문에 내 한마디 붙이겠습니다.

【 착어 】

웅장하고 높은 보화좌寶華座로다.

嵬嵬落落寶華座로다

●

"때려죽여 개나 뜯어먹게 주겠다."고 한 운문스님은 말씀에 대해 나는 왜 "웅장하며 높고 높은 보배꽃으로 만든 부처님의 좌대"라고 좋게 평할까요? 운문스님의 말씀과 내 평이 언뜻 보면 모순되는 것 같지만 절대로 모순되는 말이 아닙니다. 그러니 그 뜻을 깊이 헤아려야 합니다.

그 뒤 낭야 각선사께서 "내가 만약 그때 보았더라면 한 몽둥이로 때려 죽여 개나 뜯어먹게 주었으리라."고 한 운문스님의 말씀에 대해 하신 법문이 있습니다.

【 염 】

낭야 각선사가 염하였다.

"운문은 깊은 마음으로 많은 나라의 부처님을 받드니 이는 곧 부처님의 은혜를 갚음이다."

瑯瑘覺이 拈호대 雲門은 可謂將此深心奉塵刹하니 是卽名爲報佛恩이라 하니

●

얼핏 보면 "때려 죽여 개나 뜯어먹게 주겠다."고 한 운문스님의 말씀은 부처님을 욕하고 매도한 것처럼 보입니다. 그런데 왜 낭야스님은 '참으로 부처님을 잘 받들고 부처님의 은혜를 진실로 갚은 사람'이라고 운문스님을 평했을까요? 공연히 운문스님을 높이기 위해 한 소리가 아닙니다. 낭야 각선사는 부처님의 뜻과 운문스님의 뜻을 확실히 알았기 때

문에 이런 말씀을 하시는 겁니다. 그러니 참으로 깊고 깊은 이 말뜻을 바로 알아야 합니다. 낭야스님의 이 법문에 내 또 한마디 붙이겠습니다.

【 착어 】

슬피 우는 가운데 다시 원한의 고통을 더한다.
蒼天中에 更添怨苦로다

◉

그러나 나는 낭야스님의 이 말씀에 대해 "그 법문이 하도 슬퍼서 다리를 뻗고 가슴을 두드리며 아이고, 아이고, 하고 통곡하고, 원한이 맺히고 맺혀 팔만고처八萬苦處, 즉 온 천지에 원한이 맺혔다."고 하겠습니다.

참으로 부처님 은혜를 값은 분이라고 운문스님을 평한 낭야 각선사의 말씀을 두고 하는 말입니다. 또 그 뒤 임제종에 허당 지우선사라고 유명한 분이 계셨습니다. 그 스님이 운문스님의 법문에 대해 하신 말씀이 있습니다.

【 염 】

허당 우선사가 또한 운문의 염을 염하였다.
"부처님께 올림에 많은 향이 필요 없느니라."
虛堂愚 又拈 雲門拈云 獻佛에 不假香多라 하니

◉

운문스님은 그렇게 입에 담을 수도 없는 말로 부처님을 욕했는데, 왜 허당스님은 운문스님의 말씀을 두고 "부처님에게 정성을 드릴 때에는 꼭 많은 향이 필요가 없으며 한 조각도 좋고 반쪽도 좋고 두 개도 좋고 세 개도 좋다."고 했을까요? 여기에도 참으로 깊은 뜻이 있습니다. 허당스님의 이 말씀에 내 한마디 붙이겠습니다.

【 착어 】

몽둥이질 일흔두 번은 또한 가벼운 용서이나
백오십 번 몽둥이로 때려도 그대를 놓아주기 어렵다.
七十二棒且輕恕라 一百五十難放君이로다

●

몽둥이로 일흔두 대를 때리는 것은 너무 가벼운 용서이고 백오십 번을 때려도 온전하다 할 수 없으니, 뼈가 가루가 되어 찾아보려야 찾아볼 수 없을 때까지 천 만방이 만 방망이 두들겨 패겠다는 것입니다. 다음은 대혜스님의 말씀입니다.

【 송 】

대혜 고선사가 송하였다.
늙은이가 나자마자 갑자기 바쁘니
일곱 걸음 두루 걸음은 미친 사람 같네.
저 한없는 어리석은 남녀를 속여서
눈을 뜨고 당당하게 확탕鑊湯지옥에 들어간다.
大慧杲 頌호대
老漢이 纔生便著忙하니 周行七步似顚狂이로다
賺他無限痴男女하야 開眼當當入鑊湯이라 하니

【 착어 】

비단 위에 꽃을 거듭 편다.
錦上舖花又一重이로다

【 송 】

정엄 수선사[4]가 송하였다.

봄을 따라 크고 작은 꽃이 두루 아름다우니
비 내린 교목 숲에서 두견새 우는구나.
사람 고요한 단청 누각 달 밝은 밤에
취한 노래 기쁜 술은 꽃 떨어진 앞일세.

淨嚴遂 頌호대
承春高下盡鮮姸하니 雨過喬林叫杜鵑이로다
人靜畵樓月明夜에 醉歌歡酒落花前이라 하니

【 착어 】

눈 위에 서리 내리니 또한 근심이로다.
雪上加霜亦愁哉로다

◉

지금까지 부처님의 탄생에 대해서 여러 스님들의 평과 송을 인용했는데, 말들이 서로 모순되는 것 같이 보일 것입니다. 그러나 모르는 사람이 볼 때 모순인 것이지 아는 사람이 볼 때는 모순이 아닙니다. 그 모두에 아주 깊은 뜻이 담겨있는 것입니다. 화두정진을 부지런히 해 그 깊은 뜻을 바로 알아야 비로소 본분납자라 할 수 있습니다. 또 참고로 본분공안을 하나 더 소개하겠습니다.

【 본칙 】

조주스님이 한 암주를 찾아가서 "있느냐, 있느냐?" 하니, 암주가 주먹

---

[4] 정엄수수(淨嚴守遂, 1072~1147). 조동종 스님으로 대홍보은(大洪報恩)의 법제자. 청원(靑原)스님의 12세손.

을 불쑥 쳐들었다. 조주스님이 "물이 얕아서 배 대일 곳이 못 되는구나."
하고, 가 버렸다.[5]

趙州訪一庵主하고 便云 有麽有麽아 庵主豎起拳頭한대 州云 水淺不泊船
處라 하고 便去하니

◉

옛날 조주라는 큰스님이 계셨습니다. 그 스님이 행각을 하다 하루는 어느 암자에 들렀는데 안을 들여다보았더니 한 스님이 공부를 하고 있는 것입니다. 그래 문을 열어젖히고는 "있느냐, 있느냐?" 하고 물었습니다. 그랬더니 불쑥 주먹을 들어 보이는 것입니다. 그러자 조주스님이 "물이 얕아서 배를 대지 못하겠다." 하고는 떠나버렸습니다. 예를 들어 말하자면 "아무 것도 아니라 상대할 필요도 없다." 하고 떠난 겁니다. 그럼 여기에 내 한마디 붙이겠습니다.

【 착어 】

붉은 하늘에 고운 빛 봉새가 운다.
丹霄에 彩鳳鳴이로다

【 본칙 】

조주스님이 또 한 암주를 찾아가서 "있느냐, 있느냐?" 하니, 그 암주도 또한 주먹을 불쑥 쳐들었다. 조주스님이 "능히 놓을 줄 알고 뺏을 줄 알며, 능히 죽일 줄 알고 살릴 줄 안다." 하고는, 예배하고 가 버렸다.

又訪一庵主하고 亦云 有麽有麽아 庵主亦豎起拳頭한대 州云 能縱能奪하
며 能殺能活이라 하고 便禮拜而去하니

---

[5] 『선문염송』 제436칙(한국불교전서5, 369쪽).

◉

또 다른 암자를 찾았는데 그곳에도 한 스님이 수행을 하고 있는 것입니다. 그래 지난번과 똑같이 "있느냐, 있느냐?" 하고 물었습니다. 그랬더니 그 스님도 역시 주먹을 들어 보였습니다. 그러자 조주스님이 이번엔 "놓아줄 줄도 알고 뺏을 줄도 알며, 죽일 줄도 알고 살릴 줄도 아는구나." 하며 제일 크고 제일 높은 법문이라며 칭찬하고 정성껏 예배하고 떠났습니다. 여기에 내 또 한마디 붙이겠습니다.

【 착어 】

구천九泉에서 외로운 혼이 운다.
九泉에 孤魂哭이로다

◉

주먹 드는 것은 꼭 같은데 왜 한 사람에겐 "물이 얕아서 배를 대지 못하겠다."며 아무 것도 아니라 하고 떠나고, 한 사람에겐 "놓아줄 줄도 알고 뺏을 줄도 알며, 죽일 줄도 알고 살릴 줄도 아는구나." 하고 아주 높고 깊은 법문이라며 절을 했느냐 말입니다. 흔히들 피상적으로 보고 "조주스님 같은 이는 타심통을 한 분이기 때문에 앞에 암주는 주먹을 들어도 속에 아무 것도 없는 사람이기 때문에 나무란 것이고, 뒤의 암주는 주먹을 들어도 깨친 사람이기 때문에 그 내용을 알고 칭찬한 것 아니겠느냐." 하고 이렇게들 해석을 많이 합니다. 만약 그렇게 해석하면 그는 암주가 주먹 든 것도 모르는 사람이고, 조주스님이 말씀한 그 근본 뜻도 전혀 모르는 천리만리 동떨어진 사람입니다.

또 거기에 대해서 내가 한 암주에게는 "붉은 빛 하늘에 고운 봉새가 운다." 하고, 한 암주에게는 "구천에서 외로운 혼이 통곡한다."고 했으니, 이것 또한 정반대되는 말입니다. 이 뜻을 열심히 공부해서 깊이 깨달아야 한다는 말입니다. 깨닫기 전엔 이 뜻을 절대로 모릅니다. 그 뒤 임제 정맥에 원오 극근선사라고 큰 도인이 계셨는데 이 공안에 대해서 하신 법문이 있습니다.

【염】

원오 근선사가 염하였다.

"부처와 조사의 명맥命脈이요 모든 성인의 근본 수단이니, 북두를 바꾸고 별을 옮기며 하늘을 지배하고 땅을 다스린다. 어떤 사람이 깊은 구덩이를 벗어나지 못하고 '혓바닥이 조주의 입 속에 있다'고 말하니, 자기의 성명性命이 이미 남에게 있음을 알지 못한다. 만약 향상의 근본법을 알고서 두 암주와 마주 대하면, 문득 용과 뱀을 결정하며 검고 흰 것을 분별하여 바로 힘을 붙일 것이니 도리어 조주의 낙처落處를 아는가? 절대로 소홀하게 생각하지 말아라."

圜悟勤이 拈호대 佛祖命脈이요 列聖鉗鎚니 換斗移星하고 經天緯地로다 有般漢이 未出窠窟하고 只管道호대 舌頭在趙州口裏라 하나니 殊不知自己 性命이 已屬他人이로다 若能握向上綱宗하야 與二庵主相見하면 便可以 定蛇龍別緇素하야 正好著力이니 還知趙州落處麼아 切忌顢頇이라 하니

◉

조주스님의 법문은 참으로 부처님과 조사의 명맥인 동시에 천상천하의 모든 도리를 둘러싸지 않는 것이 없으니 그 법문이 넓고 깊다고 원오스님은 극구 칭찬을 했습니다. 주먹 쥐는 것에 무슨 큰 법이 있고, 거기에 조주스님이 한 사람은 욕하고 한 사람은 칭찬하며 절한 것에 무슨 깊은 뜻이 있기에 원오스님같은 천추만고의 대도인이 이렇게 칭찬을 아끼지 않았을까요? 피상적인 관찰로는 그 까닭을 절대 알 수 없습니다.

그러나 어리석은 사람들은 구덩이를 벗어나지 못한 채 "혓바닥이 조

주스님의 입 안에 있어 자기 마음대로 이렇게도 지껄이고 저렇게도 지껄여 놓은 것인데 우리와 무슨 관계가 있느냐"고 생각합니다. 그래서 많은 이들이 "여기에 무슨 깊은 뜻이 있겠냐?" 하면서 등한히 여기고 본뜻을 곡해합니다. 그러나 그렇게 생각하는 사람은 자기의 생명이 딴 사람의 손에 있는 것을 알지 못하는 사람과 같습니다. 자기의 생명이 남의 손에 있으면 그는 죽은 송장이나 다름없는 것입니다.

그런데 향상법向上法을 바로 안 사람, 곧 구경법究竟法을 바로 깨친 어떤 사람이 있어서 두 암주를 만난다면 바로 우열을 간파해 버리는 것입니다. 참으로 확철대오해서 눈을 바로 뜬 사람만이 두 암주가 주먹 든 뜻도 아는 것이고, 조주스님이 한 암주는 욕하고 한 암주는 칭찬한 뜻도 분명히 알 수 있는 것입니다. 그렇지 않고 사량복탁思量卜度의 피상적 관찰로 이리저리 헤아리고 궁리해서는 그 뜻을 전혀 모르는 것입니다. 오직 자성自性을 깨쳐 일체 공안에 조금도 막힘이 없이 확철대오한 사람이 아니면 이 법문은 절대로 모르는 것입니다. 그렇기 때문에 원오스님은 앞에서 모든 부처님이나 조사스님들의 근본 생명선이라고 말씀하신 것입니다. 조주스님이 하시고자 한 말씀의 뜻을 알려면 글로서가 아니라 반드시 마음으로 깨쳐야 하는 것입니다. 그럼 원오스님의 이 법문에 내 또 한마디 붙이겠습니다.

【 착어 】

구름은 재 위에서 한가로이 떠돌고
물이 산골 아래로 흐르니 몹시도 빠르구나.
雲在嶺頭閒不徹이요 水流澗下太忙生이로다

◉

이 말이 무슨 풍월을 읊는 것 같이 들릴는지 모르지만 이 소식을 바로 알면 원오스님이 말씀한 뜻도 알 수 있는 것이고, 두 암주의 뜻도 알고 아울러 조주스님의 뜻도 알 수 있는 것입니다. 동시에 세존께서 태어나시자마자 사방으로 일곱 걸음을 걷고 "천상천하에 나 홀로 높다."고 하신 말씀과 거기에 대해 운문스님이 "내가 봤더라면 한 방망이에 때려죽여 개를 줬을 것이다."고 평한 말씀, 또 운문스님의 법문에 대한 낭야스님의 평과 허당스님의 평, 대혜스님과 정엄스님의 게송의 뜻도 전체적으로 다 알 수 있는 것입니다. 또 거꾸로 내가 한 말의 뜻을 모른다면 다른 것도 다 모르는 것입니다. 이것도 깨쳐야만 아는 것이지 사량분별로는 모르는 것입니다.

우리가 90일 동안의 결제를 했으니 어찌되었든 공부를 열심히 해서 이 도리를 확철히 깨친 사람이 나와야 할 것입니다. 횡설수설하며 이런저런 얘기를 많이도 하였는데, 그럼 오늘 법문을 총괄지어 마무리를 지어보도록 하겠습니다.

【 결어 】

대중들이여, 석가노인은 32상과 80종호種好요,
운문대사는 귀신의 머리와 신령의 얼굴에 칠수팔각七手八脚이요,
조주 고불古佛은 물고기 뺨과 새 주둥이에 눈멀고 귀먹었다.
말해 보라, 뜻이 어느 곳에 있는가?
(한참 묵묵한 후에 말씀하셨다.)
머리를 돌려 남쪽을 향해 북두北斗를 보니
무쇠소가 돌 기린을 낳았구나.
(크게 할을 한 번 하고 내려오시다.)
大衆아 釋迦老人은 三十二相八十種好요 雲門大師는 鬼頭神面七手八脚이요 趙州古佛은 魚腮鳥 啄眼盲耳聾하니 且道하라 一著이 落在甚麽處오
(良久云)

回首面南看北斗하니 鐵牛生得石麒麟이로다

(喝一喝하고 下座하시다)

◉

　대중 여러분, 석가노인은 삼십이상과 팔십종호요, 운문대사는 귀신의 머리와 신령의 얼굴에 칠수팔각七手八脚입니다. 부처님이 삼십이상과 팔십종호를 갖춘 거룩한 어른이라는 것은 다들 상식적으로 아는 것이지만, 어째서 운문스님은 귀신의 머리와 귀신의 얼굴을 하고 손은 일곱 개고 다리는 여덟 개나 되는 그런 사람이라고 나는 말할까요? 여기에 깊은 뜻이 있습니다.

　또 조주 고불古佛은 물고기 뺨과 새 주둥이에 눈멀고 귀먹었습니다. 조주스님 역시 옛 부처라 일컬어지는 분인데 어째서 뺨이 고기의 뺨과 같고 입이 뾰족한 새의 부리와 같다고 나는 말할까요? 여기에도 깊은 뜻이 있습니다. 그럼 말씀해 보십시오. 이 모든 것의 근본 뜻이 어느 곳에 있습니까?

　머리를 돌려 남쪽을 향해 북두北斗를 보니

　무쇠소가 돌 기린을 낳았구나.

　남쪽을 향해 섰는데 어떻게 북두를 볼 수 있으며, 쇠로 만든 소가 어떻게 새끼를 낳을 수 있고, 새끼를 낳는다 해도 송아지를 낳아야지 왜 돌로 만든 기린을 낳는다고 했을까요? 여기에 아주 깊은 뜻이 있습니다. 이 뜻을 알면 앞에 부처님과 여러 조사들의 법문을 거론하며 횡야설 수야설 한 모든 법문의 근본 뜻을 다 알 수 있다는 말입니다. 그러니 대중들은 이 뜻을 바로 알아야 합니다.

戊申(1968)년 동안거 결제일 해인사 해인총림 궁현당

19. 낭야법화 瑯瑘法華
낭야와 법화

【 수시 】

산은 첩첩하고 물은 잔잔하며
잣나무는 빽빽하고 소나무는 푸르고 푸르니
칠구는 육십팔이요 사육은 이십일이로다.
옆으로 잡고 거꾸로 쓰며
동쪽에서 솟아나고 서쪽에서 없어지니
문수보살은 칼을 휘두르며 사자를 타고
보현보살은 연꽃을 들고 코끼리를 타고 간다.
누런 머리 부처와 푸른 눈 달마는 길을 잃고
도리어 아비지옥에 떨어져 크게 소리 지르니
크게 소리 지름이여
확탕노탄鑊湯爐炭 지옥에서 연꽃이 송이송이 피는구나.
山疊疊水潺潺하며 栢森森松青青하니
七九六十八이요 四六二十一이로다
橫拈倒用하고 東湧西沒이라
文殊는 揮劍騎師子하고 普賢은 捧蓮驅象王이로다
黃頭碧眼은 失却路하야 還入阿鼻大叫喚하니
大叫喚이여 鑊湯爐炭에 蓮朶朶로다

◉

"산은 첩첩하고 물은 잔잔하며 잣나무는 빽빽하고 소나무는 푸르다."는 이런 소리는 누구든지 다 할 수 있는 소리입니다.

"그걸 무슨 법문이라고 하는가?" 하고 의문을 제기할 사람이 있을지 모르지만 허나 이것을 바로 알려면 "칠구는 육십팔이요 사육은 이십일이라" 한 것을 알아야만 합니다. 상식으로는 사육이 이십사인데 사육을 이십일이라 한 이것을 분명히 알아야만 "산은 첩첩하고 물은 잔잔하며 잣나무는 빽빽하고 소나무는 푸르다." 한 것을 바로 알 수 있는 것입니다. 어떻게 사육이 이십일이 될 수 있는가?

여기에 아주 깊은 뜻이 있습니다.

또, 바로 들어야 할 터인데 왜 모로 들고 거꾸로 쓴다 했을까요? 왜 동쪽에서 솟았는데 서쪽에서 없어진다고 했을까요? 해가 동쪽에서 솟아 서쪽으로 지는 그런 자연의 이치를 얘기한 것이 아닙니다. 이것을 알면 모든 불조의 대기대용大機大用을 알 수 있다는 얘기입니다.

"문수보살은 칼을 휘두르며 사자를 타고, 보현보살은 연꽃을 들고 코끼리를 타고 간다." 했는데 흔히 말하듯 "지혜를 상징하는 문수는 늘 사자를 타고 행원을 상징하는 보현은 코끼리를 탄다."는 그런 얘기가 아닙니다.

황두黃頭는 부처님을 말하고, 벽안碧眼은 곧 달마를 말합니다. 석가와 달마가 여기서 길을 잃어버려 가지도 못하고 오지도 못하고 그만 길을 잃어버렸더라는 것입니다. 그래 길을 잘못 들어 그만 아비지옥에 떨어졌더라는 말입니다. 문수와 보현은 사자와 코끼리를 타고 가는데, 석가와 달마는 왜 길을 잃어 아비지옥에 떨어졌을까요?

석가와 달마가 아비지옥에 뚝 떨어져 죽겠다고 크게 소리를 지르는데, 물이 펄펄 끓는 가마솥과 불이 벌겋게 이글거리는 불화로에서 연꽃이 송이송이 피어나더라고 했으니 이 뜻을 잘 살펴야 합니다.

【 본칙 】

낭야 각스님이 법화 거스님[1]에게 물었다.
"요사이 어느 곳에서 떠났습니까?"
"절중浙中이니라."
"배로 왔습니까, 육로로 왔습니까?"
"배로 왔느니라."
"배가 어느 곳에 있습니까?"
"배가 발밑에 있느니라."
"배로 왔거나 육로로 왔거나 길에는 관계없이 한마디 이르겠습니까?"
"바보 선객들이 삼대 같고 좁쌀같이 많구나." 하고는 법화스님이 소매를 떨치고 가 버렸다.

琅琊覺이 問法華擧호대 近離甚處오 擧云 浙中이니라 覺云 船來아 陸來아 擧云 船來니라 覺云 船在甚處오 擧云 船在步下니라 覺云 不涉程途一句 作麽生고 擧云 杜撰禪和如麻似粟이라 하고 拂袖便行하니

●

임제정맥에 분양汾陽 선소善昭선사라는 유명한 분이 계셨습니다. 그 스님 밑에 무수한 제자들이 있는데 그 자손 가운데서도 낭야 각선사라는 분과 법화 거선사라는 분이 유명합니다. 그래, 낭야 각선사라는 분이 낭야산에 조실로 계실 때 일입니다.

한번은 법화 거선사가 낭야총림의 각선사를 찾아갔습니다. 그래, 낭야 각선사가 "어느 곳에서 왔습니까?" 하고 물었습니다. 법화 거선사가

---

1 법화전거(法華全擧). 송(宋)대 스님으로 임제종 분양선소(汾陽善昭)의 법제자. 남악(南岳)스님의 10세손. 『서주법화산거화상어요(舒州法華山擧和尙語要)』 1권이 『고존숙어록(古尊宿語錄)』 권3에 실려 있음.

"내가 저 절중浙中에서 오는 길이다."고 했습니다. 절중은 곧 절강으로 강남의 지역 이름입니다. 낭야 각선사가 "그러면 배를 타고 왔습니까, 육로로 왔습니까?" 하고 묻자 "배를 타고 왔다."고 대답했습니다. 그러자 "그럼 배가 어느 곳에 있습니까?" 하고 물으니 "배가 발밑에 있다."고 대답했습니다. 그때 낭야 각선사 하는 말이 "그러면 배를 타고 왔느니 육지로 왔느니 하는 그런 것을 떠나서 한마디 할 수 있겠습니까?" 하고 물었어요.

배를 타고 왔나, 육지로 왔나 하는 것은 실제 길을 두고 하는 소리거든요. 그러니 그런 일상사는 접어두고 초불월조超佛越祖하는 한마디 일러보라고 한 것입니다. 그랬더니 법화 거선사가 "눈이 멀어 아무 것도 모르면서 선지식이니 뭐니 하고 떠드는 자들이 천하에 수두룩하구나!" 하면서 격식도 갖추지 않고 소매를 확 털고는 자리를 박차고 나가버렸어요.

"아무 것도 모르는 멍청한 물건들이 세상에 꽉 찼는데, 낭야산에 와 보니 컴컴한 게 눈이 멀어 무슨 말을 하는지도 모르는 것이 여기도 있구나."라는 말입니다. 이건 아주 심하게 욕하는 소리입니다. 그런데 여기에 아주 깊은 뜻이 있습니다.

이 법문에 대해서 내가 한마디 붙이겠습니다.

【 착어 】

곤륜산은 하늘 밖에 높이 솟았네.
崑崙은 高聳太淸外로다

◉

산중에 가장 높은 산이 곤륜산이라고들 합니다. 그런 곤륜산은 저 높은 하늘 위로 솟아있더라는 말입니다.

"곤륜산이 하늘 밖에 솟아있다."는 이 말을 알면 법화 거선사가 "아무

것도 모르는 멍텅구리들이 세상에 꽉 찼다."고 한 그 뜻을 알 수 있습니다.

【 본칙 】

낭야스님이 다시 시자에게 물었다.
"이 스님이 누구신가?"
"법화 거스님입니다."
낭야스님이 뒤따라가서 승당을 지나다 다시 보고 "거사숙擧師叔이 아니십니까? 제가 그때에 서로 마음을 거슬리게 한 것을 괘념치 마십시오." 하니, 거스님이 문득 할喝을 하고 다시 물었다.
"장로가 언제 분양에 갔었던가?"
"그때입니다."
"내가 절중浙中에 있으면서 일찍이 그대의 이름을 들었더니 원래 견해가 다만 이러하니 어찌 이름이 우주에 떨칠 수 있겠느냐?"
낭야스님이 이에 절을 하고 말하였다.
"혜각의 허물입니다."

覺이 却問侍者云 這僧이 是何人고 侍者云 擧道者니다 覺이 遂去하야 且過堂見하고 問호대 莫是擧師叔麼아 莫怪某甲이 適來에 相觸忤하라 擧便喝하고 復問 長老何時에 到汾陽고 覺云 恁時니라 擧云 我在浙中하야 早聞你名이러니 元來에 見解祗如此하니 何得名喧宇宙리오 覺이 乃作禮曰 慧覺罪過라 하니

◉

그렇게 만나기 이전엔 낭야 각선사가 법화 거선사를 몰랐습니다. 그래 시자에게 물은 것입니다. "조금 전 찾아와 법담을 한 그 스님이 누구냐?" 하고 물으니 시자가 말하기를, "유명한 법화 거선사십니다."고 하는

겁니다. "아, 그래." 하고는 밖으로 나가 둘러보니 방에 계신 겁니다.

그래 예의를 갖추고 방으로 찾아가 "거사숙이 아니십니까?" 하고는, 아무 것도 모르면서 공연히 법담 건 것이 참으로 잘못됐다는 식으로 말했습니다. 그러자 법화 거선사가 다짜고짜 크게 할을 했습니다.

여기에서 잘못 알면 큰일 납니다. 낭야 각선사가 찾아가 사과하는 것처럼 보이지만 그게 그냥 사과하는 것이 아닙니다. 그 말 속에 칼날 같은 무서운 생각이 들어앉아 있는 것입니다. 그래서 법화 거선사가 크게 할을 한 것입니다.

할을 하고 나서 "그래, 어른 노릇하고 있기는 하다만 언제 분양에 간 적이 있느냐?" 하고 물었습니다. 분양은 스승이신 선소선사를 일컫는 것입니다. "그때입니다." 하고 대답하자 법화 거선사가 말씀하셨습니다.

"내가 절중浙中에 있으면서 예전부터 그대가 큰 선지식이라는 소문을 들었는데 정작 만나보니 자네의 견해, 즉 안목이 아무 것도 아니구나. 그런데 어찌 천하의 선지식인 양 수작을 부리고 있느냐."는 것입니다. 그래서 소리를 지르고 한 것이지요. 이래가지고서야 어떻게 이름을 천하에 떨칠 수 있겠느냐 하고 꾸짖으신 겁니다. 그러자 낭야스님이 절을 하고 "모든 것이 제 잘못입니다." 하며 사과했습니다.

그러나 법문이라는 것은 겉으로 보아선 절대 모르는 것입니다. 깊고 깊은 뜻이 있는 것입니다.

이 법문에 내 한마디 붙이겠습니다.

【 착어 】

수미산은 하늘 가운데 거꾸로 솟았네.
須彌倒卓半空中이로다

◉

앞에서 법화 거선사가 "바보 선객들이 삼대 같고 좁쌀같이 많구나."라고 말씀하신 것을 두고는 "곤륜산은 하늘 밖에 높이 솟았네."라고 하고, 낭야 각선사가 "모든 것이 저 혜각의 허물입니다."라고 한 것을 두고는 "수미산은 하늘 가운데 거꾸러져 있더라."고 했으니 이는 앞과 뒤를 정반대로 표현한 것입니다.

흔히들 "법화 거선사는 도가 높은 분이고 낭야 각선사는 도가 낮은 사람이라 낭야가 법화에게 한 방망이 맞고 잘못했다고 사과한 것 말고 뭐가 있냐?"고들 합니다. 만약 그렇게 본다면 정말 눈먼 봉사입니다.

그 뒤 그 유명한 대혜 종고선사가 이 법문을 평한 것이 있습니다. 그것을 소개하겠습니다.

【염】

대혜 고선사가 염하였다.

"손이면 처음부터 끝까지 손이요 주인이면 처음부터 끝까지 주인이니, 두 큰스님이 갑자기 서로 만남에 주인과 손이 서로 엇바뀌어 곧바로 임제의 심수心髓를 밝혔다. 만약 참으로 향상의 근거를 철저히 깨달아 뛰어난 정안正眼을 갖추지 않으면, 득실의 논량論量을 면치 못하리라. 두 큰스님의 훌륭한 법담은 해와 달이 하늘에서 빛나고 용과 코끼리가 서로 차고 밟음과 같으니, 결단코 절름발이 나귀나 눈먼 장님의 일이 아니다. 우물 안 개구리와 병 속 초벌레가 어찌 우주의 크고 넓음을 알리오."

大慧 拈호대 賓則始終賓이요 主則始終主니 二大士驀箚相逢에 主賓互換하야 直下에 發明臨濟心髓로다 苟非徹證向上巴鼻하야 具出常正眼이면 未免作得失論量이니라 二大士激揚은 若日月이 麗天하고 龍象이 蹴踏이니 決非跛驢盲者之事라 井蛙醯鷄焉知宇宙之寬廣耶아 하니

◉

　손님이 되려면 처음부터 끝까지 손님 행세를 하고 주인이 되려면 처음부터 끝까지 주인 노릇을 해야 된다 이것입니다. 누구든 주인 노릇을 하려면 처음부터 끝까지 주인 입장에 서야 되고 객 노릇을 하려면 처음부터 끝까지 객 노릇을 해야 한다는 겁니다. 손님이 주인 노릇 해서도 안 되고 주인이 객 노릇 해서도 안 됩니다. 이는 옛 종사들과 선지식들의 생명과도 같은 법식입니다. 그런데 이 두 대조사는 문득 만나자 서로 주인이 되고 손님이 되었다는 것입니다. 그렇게 만나 주고받은 법문에서 바로 임제의 골수心髓를 밝혔습니다.

　언뜻 보면 낭야 각선사가 주인이긴 하지만 손님인 법화 거선사에게 한 방망이 맞고 절단이 난 것같이 보이지 않습니까? 한 사람은 이기고 한 사람은 진 것처럼 보이지 않느냐는 겁니다. 허나 이것은 겉으로 보아 절대 알 수 없는 것입니다. 대혜스님이 보기엔 두 큰스님이 서로 만나 그 자리에서 곧장 임제의 골수를 바로 발명했다는 것입니다. 그러니 낭야선사가 절한 것이나 법화선사가 크게 소리치고 나무란 것을 바로 알면 임제의 골수를 알 수 있다는 말입니다.

　만약 이를 바로 알고자 한다면 참으로 향상파비向上巴鼻, 즉 선가의 구경원리, 향상일로, 선가의 구경법을 확실히 증득해야만 합니다. 조금이라도 미흡한 부분이 남아 있으면 알 수 없습니다. 달마스님이나 육조스님같이 확철대오해서 구경법을 완전히 성취한 사람, 정법안장을 바로 갖춘 사람, 확철히 깨쳐 향상일로를 분명히 밝힌 사람이 아니면 누구든 이것을 누가 이기고 누가 진 것으로 볼 것입니다. 보통으로 볼 때, 법화 거선사는 이겼고 낭야 각선사는 졌다고 득실을 따져 비판한다 이것입니다. 그래가지고는 실지에서 낭야 각선사와 법화 거선사가 수작한 뜻을 절대 모릅니다.

　그럼 어떻게 보아야 하는가? 두 큰스님의 훌륭한 법담은 실지 임제의 골수를 충분히 발휘해서 해와 달이 하늘에서 천지를 비추는 것과 같고, 짐승 중의 왕인 용과 코끼리가 서로 차고 밟음과 같아 절대 우열이 없다는 말입니다. 그래서 한쪽 다리가 부러져 제대로 걷지도 못하는 절름발이 나귀나 눈이 멀어 제대로 오도 가도 못하는 장님들이 하는 짓은 아니라 이것입니다. 이 두 스님은 참으로 정법안장을 갖추고 임제의 골수 선종의 골수를 들춘 것이지 누가 이기고 진 것이 아닙니다. 그러니 절대로 잘못 보아서는 안 됩니다.

천지가 아무리 넓어도 우물 안 개구리는 자기가 머무는 우물 속만 알지 우물 너머는 모릅니다. 또 초병 속을 맴도는 초벌레는 아무리 지가 날고 긴다 해도 초병을 벗어나지 못합니다. 그렇게 좁은 소견으로 착각하며 살아가는 것입니다. 그런 우물 속 개구리나 초벌레가 어떻게 우주의 크고 넓음을 알겠습니까? 마찬가지로 법화 거선사와 낭야 각선사는 실지에서 참으로 임제의 골수와 선종의 생명을 한 치의 가림도 없이 그대로 드러냈지만 모르는 사람은 봉사 단청 더듬기로 공연히 겉만 보고 우열을 가리고 득실을 논하는 것입니다.

대혜스님의 법문에 내 또 한마디 붙이겠습니다.

【 착어 】

한 가락 남은 피리 소리에 정자 떠나감이 늦으니
그대는 소상瀟湘으로 가고 나는 진秦나라로 가노라.
一聲殘笛에 離亭晚하니 君向瀟湘我向秦이로다

◉

"한 가락 피리 소리를 듣다가 한 사람은 남으로 한 사람은 북으로 길을 나눠 떠나간다."고 한 이 뜻을 분명히 바로 알면 대혜스님 말씀의 뜻은 물론 법화 거선사와 낭야 각선사가 한 법담의 뜻을 알 수 있습니다.

그렇지 못하고 공연히 사량복탁思量卜度으로 이리저리 궁리해 누가 이기고 누가 졌는지를 따진다면 그건 수박 겉핥기에 불과합니다. 수박이 겉은 시퍼렇지만 속은 빨갛지 않습니까? 수박의 겉만 보고 수박을 퍼렇다고 한다면 그런 사람은 바보입니다.

그와 마찬가지로 겉으로 보기에 낭야스님이 잘못했다 하고 법화스님이 소리쳐 호령하니까 득실이 있는 것 아닌가 생각하겠지만 그렇게 알면 두 스님의 본뜻을 매몰시키는 것입니다. 이것은 오직 깨쳐야 아는 것이지 그러기 전에는 모른다 이 말입니다. 대혜스님의 말씀을 한 번 더 인용합니다.

【염】

대혜 고선사가 말하였다.
"내가 매양 홍각범[2]이 어지럽게 잘못 천착함을 웃노니, 그때에 법화가 말하되, '바보 선객이 삼대 같고 좁쌀같이 많다'고 하니, 이는 벌써 낭야를 범천梵天으로 밀어 올린 것이다."

又云 我每笑洪覺範이 胡亂穿鑿하노니 當時에 法華道호대 杜撰禪和如麻似粟이라 하니 已是將瑯琊托上梵天이로다 하니

○

대혜스님이 또 이어서 말씀하셨습니다. 예전에 혜홍각범이라고 선종에 있으면서도 문자에 뛰어난, 문자를 중히 여겼던 스님이 있었습니다. 그 스님은 낭야 각선사와 법화 거선사의 법문에 대해 '낭야 각선사가 법화 거선사를 당하지 못했다, 법거량에서 졌다'는 식으로 평을 했습니다.

---

[2] 혜홍각범(慧洪覺範, 1071~1128). 임제종 황룡파. 진정극문(眞淨克文)을 의지하여 수행함. 『임간록(林間錄)』 2권, 『임간록후록(林間錄後錄)』, 『선림승보전(禪林僧寶傳)』 30권, 『고승전(高僧傳)』 3권, 『석문문자선(石門文字禪)』 30권이 있음.

대혜스님이 그것에 대해 하신 말씀입니다.

혜홍 각범스님이 실지로 깨치지 못하고 문자에만 천착해 비평을 잘못한 것을 보노라면 늘 실소를 금치 못한다는 것입니다. 아무리 지식이 넓고 학문이 깊다 해도 깨치기 전에는 그 뜻을 모른다 이 말입니다. 법화 거선사가 "아무 것도 모르는 멍텅구리 선지식이 천하에 꽉 찼다."고 했으니, 이건 여지없이 낭야 각선사를 짓밟은 소리 아닌가 하고 다들 그렇게 볼 것입니다. 그러나 그렇게 말한 참뜻은 어디에 있는가?

낭야 각선사를 받들어 저 대범천 꼭대기까지 모셔 올린 것이라고 대혜스님은 평했습니다.

이 말씀도 이치에 어긋나 보이지 않습니까? 분명히 욕하고 짓밟는 소리인데 대혜스님은 왜 "저 높은 하늘 꼭대기까지 받들어 올리는 말이다."고 했을까요? 이것 역시 사량복탁으로는 절대 이해할 수 없습니다. 오직 깨쳐야 안다 그 말입니다. 분명 낭야스님을 두고 "바보 선객들이 삼대 같고 좁쌀같이 많구나."라고 했는데, 왜 대혜선사는 저 대범천 꼭대기까지 낭야 각선사를 받들어 올리는 말이라고 했을까요? 공부를 부지런히 해서 바로 깨쳐야 됩니다. 낭야스님과 법화스님의 법거량에 대한 대혜스님의 법문에 내 한마디 붙이겠습니다.

【 착어 】

피를 머금어 사람에게 뿜으면 먼저 그 입이 더러워진다.
含血噴人이면 先汚其口니라

◉

피를 품어 온통 피범벅으로 만들어 놓고는 꼴좋다며 뿌듯해할지 모르지만 자기 입부터 보아야 합니다. 자기 입부터 먼저 피범벅이 되지 않았습니까? 그 뒤 임제정맥의 허당 지우선사가 법화와 낭야 두 분의 법거량에 대해 지은 게송이 있습니다.

【송】

허당 우선사가 송하였다.
푸른 들에는 비단 꿩이 울고
푸른 물에는 금빛 고기 뛰논다.
어찌 영중郢中의 나그네를 만나
함께 대臺 위에서 봄을 노래하리오.

虛堂愚 頌曰
靑郊에 鳴錦雉하고 綠水에 漾金鱗이로다
安得郢中客하야 共歌坮上春고 하니

◉

푸른 들에 비단 꿩이 울고 푸른 물에 금빛 고기 뛰논다 했으니 좋은 시절에 아름다운 경치입니다. 영郢은 초나라의 도읍인데 경치 좋고 풍유 넘치기로는 제일로 치는 고장입니다. 그런 영주에서 온 사람, 즉 노래도 잘하고 술도 잘 마시고 글도 잘 짓는 그런 멋쟁이를 만나 풍광 좋은 곳에 자리한 아름다운 누각에서 같이 춤추고 노래나 할까 하고 게송을 지었습니다.

언뜻 보면 봄놀이하는 시처럼 보일지 모르지만 이는 법화 거선사와 낭야 각선사의 법거량을 아주 잘 표현한 시입니다. 이 게송의 뜻을 바로 알면 앞에서 제시한 법화 거선사와 낭야 각선사의 법거량도 바로 알 수 있는 것입니다.

내가 또 거기에 한마디 붙이겠습니다.

【 착어 】

황하수 혼탁하게 흘러 밑바닥까지 얼어붙었네.
黃河混流徹底凍이로다

◉

곤륜산에서 발원한 황하는 중류에서 여러 강과 합류해 그 물빛이 늘 누렇습니다. 그런 혼탁한 물이 흘러내리지 못하고 밑바닥까지 꽝꽝 얼어붙었더라 그것입니다.

허당 우선사는 봄소식을 빗대어 게송을 지었는데, 왜 나는 반대로 황하수가 밑바닥까지 꽝꽝 얼어붙어 한 방울도 흘러가지 못한다고 이렇게 말할까요? 이게 미친 사람의 헛소리가 아닙니다. 그러니 단단히 생각해보라 이것입니다. 그럼 오늘 법문을 총 마무리지어보겠습니다.

【 결어 】

대중들이여, 낭야와 법화 두 큰 늙은이가, 한 사람은 이름만 있고 실지實地는 없으며, 한 사람은 실지는 있고 이름은 없으니, 허허실실虛虛實實이요 실실허허實實虛虛로다.
기왓장 부스러기마다 광명이 나고 진금眞金이 빛을 잃으나,
못이 넓음에 산을 감추고 이리가 능히 표범을 잡으니,
어찌하리오?
억!
(크게 할을 한 번 하고 내려오시다.)
大衆아 瑯琊法華二大老가 一人은 有名無實하고 一人은 有實無名하니 虛虛實實이요 實實虛虛라
雖然瓦礫에 生光하고 眞金이 失色이나 爭奈澤廣에 藏山하고 狸能伏豹에 何오

(喝一喝하고 下座하시다)

◉

대중 여러분, 낭야와 법화 두 큰 늙은이가 한 사람은 이름은 크게 드러났는데 실지實地는 아주 멍텅구리이고, 한 사람은 실지는 꽉 찼는데 그 이름은 아무도 모릅니다. 그러니 허허실실虛虛實實이요 실실허허實實虛虛입니다.

기왓장 부스러기마다 광명이 나고 진금眞金이 빛을 잃으나

못이 넓음에 산을 감추고 이리가 능히 표범을 잡습니다.

햇볕이 빛나고 유리병이 빛난다고 하면 모르지만 기왓장 부스러기 깨진 돌조각이 어떻게 빛을 발할 것이며, 그 빛이 휘황한 진금이 빛을 잃어 캄캄하다니 이 무슨 말입니까? 못이 아무리 넓은들 어찌 산이 그 속에 들어갈 수 있으며, 또 이리나 살쾡이 같은 것이 호랑이나 사자 같은 짐승의 왕을 잡아먹는다 하니 이건 또 무슨 말입니까? 이것 역시 사실과 반대로 하는 소리인 것 같지만 절대 반대가 아닙니다.

자, 그럼 어떻게 하겠습니까?

억!

戊申(1968년) 10월 말일 해인사 해인총림 궁현당

20. 남전천화 南泉遷化
남전이 돌아가신 곳

【 수시 】

죽음 가운데 삶이 있음은 산 사람이 아니요
삶 가운데 죽음이 있음도 죽은 사람 아니다.
죽음 가운데 항상 죽은 것이 참으로 산 사람이요
삶 가운데 항상 산 것이 참으로 죽은 사람이다.
이렇게 가면 삼세의 모든 부처님은 지옥의 찌꺼기요
일체 중생은 미묘하게 깨친 부처님이다.
역대의 조사와 천하 선지식이 어느 곳으로 갔는가?
(주장자 한 번 내려치고 말씀하셨다.)
저자에 들어가서 길게 휘파람 불고
집에 돌아와서 짧은 옷을 입는다.

死中有活이 未是活人이요 活中有死는 未是死人이니
死中常死가 正是活人이요 活中常活이 正是死人이니라
恁麼去하면 便會得三世諸佛은 地獄滓요 一切衆生은 妙覺尊이라
歷代祖師와 天下善知識이 向什麼處去오
(卓拄杖一下云)
入市에 能長嘯하고 歸家에 着短衣로다

◉

　죽음 가운데 삶이 있다면 그 사람은 산 사람이 아니라고 함은 죽음 가운데 삶이 있으면 그 사람은 산 사람이지 죽은 사람이라 할 수 있느냐는 것인데, 실제로는 산 사람이 아니더라는 것입니다. 또 삶 가운데 죽음이 있다면 죽은 사람이 아니라고 함은 삶 가운데 죽음이 있으면 그것은 죽은 사람이지 산 사람이라 할 수 있느냐는 것인데, 실제로는 죽은 사람이 아니라는 것입니다.

　죽음 가운데 항상 죽어 있는 것이 참으로 산 사람이라는 것은 죽은 사람이 다시는 살아나지 못하고 영 죽어버렸는데 어째서 그가 참으로 산 사람이냐 하는 것입니다. 삶 가운데 항상 살아 있는 것이 참으로 죽은 사람이라는 것은 산 사람은 멀쩡히 항상 살아있는데 어째서 그가 참으로 죽은 사람이냐 하는 것입니다. 보통의 견해로 보면 상식과 완전히 어긋나 반대로 하는 소리같이 생각되겠지만 공부를 깊이 해서 확철히 자성을 깨치고 보면 이 도리를 분명히 알게 됩니다.

　이 도리를 알면, 시방삼세의 모든 부처님은 저 아비지옥에 빠져서 영원히 살아나지 못하는 지옥의 찌꺼기요, 일체 중생은 모두 구경각을 성취한 묘각세존들이라는 것입니다. 어째서 모든 부처님은 지옥 찌꺼기이고, 일체 중생은 묘각세존이라고 또 거꾸로 말했을까요?

　그럼 역대로 내려오는 조사와 천하 오가칠종의 선지식들은 어느 곳을 향해 갔을까요? 마지막 구절을 잘 살펴보십시오.

【 본칙 】

　삼성스님이 수상좌를 시켜 장사 잠스님[1]에게 묻게 하였다.

　"남전스님이 돌아갔는데 어느 곳으로 갔습니까?"

1　장사경잠(長沙景岑). 당(唐)대 스님으로 남전보원(南泉普願)의 법제자. 남악(南岳)스님의 3세손.

"석두스님[2]이 사미 시절에 육조스님[3]을 뵈었느니라."

"석두스님이 육조스님 뵈옴을 묻지 않았으니 남전이 돌아갔는데 어느 곳으로 갔습니까?"

"석두스님으로 하여금 행사스님[4]을 찾아가게 하였느니라."

"스님에게 천척의 찬 소나무는 있으나 땅위에 솟아난 돌 죽순은 없습니다."

장사스님이 말없이 묵묵하니, 수상좌 말하되, "스님께서 대답해 주심에 감사드립니다." 했으나, 장사스님이 또한 말없이 묵묵하였다.[5]

三聖이 令秀上座問長沙岑云 南泉이 遷化에 向什麽處去오 沙云 石頭沙彌時에 參見六祖니라 秀云 不問石頭見六祖니 南泉이 遷化에 向什麽處去오 沙云 敎伊尋思去니라 秀云 和尙이 雖有千尺寒松이나 且無抽條石筍이로다 沙 黙然하니 秀云 謝師答話하노이다 沙亦黙然하니라

◉

예전에 마조스님 제자 되시는 남전스님이 돌아가셨을 때 일입니다. 그 때 임제스님의 제자 되는 삼성 혜연선사가 계셨습니다. 그분이 자기 제자인 수상좌라는 이를 시켜서 스님이 남전스님 제자 되는 장사 잠선사에게 법문을 물었습니다.

"남전스님께서 돌아가셨는데 죽어서 어디로 가셨습니까?"

장사스님 하시는 대답이 "석두스님이 사미 시절 육조스님을 뵈었느니

---

2   석두희천(石頭希遷, 700~790). 청원행사(靑原行思)의 법제자로 청원(靑原)스님의 1세손. 『참동계(參同契)』 1권, 『초암가(草庵歌)』 1권이 있음.
3   육조혜능(六祖慧能, 638~713). 오조홍인(五祖弘忍)의 법제자로 문하에서 남악회양(南嶽懷讓), 청원행사(靑原行思) 등 걸출한 인재들을 배출해 남종선의 선풍(禪風)을 크게 떨침. 설법을 편집한 『육조단경(六祖檀經)』이 있음.
4   청원행사(靑原行思, ?~740). 육조혜능(六祖慧能)의 법제자로 그의 원손(遠孫)에서 운문종(雲門宗), 조동종(曹洞宗), 법안종(法眼宗)이 출현하였음.
5   『선문염송』 제246칙(한국불교전서5, 234쪽).

라."고 했습니다. 육조 혜능대사가 살아계셨을 때, 어린 석두스님이 육조스님을 찾아뵙고 그 문하에서 공부했습니다. 그 뒤 육조스님이 돌아가신 뒤에는 다시 청원 행사스님을 찾아가 그 밑에서 도를 깨쳤습니다. 이 고사를 들어 장사스님이 답을 하고 있는 것입니다. 남전스님이 돌아가셨는데 그럼 어느 곳으로 갔느냐고 물었는데, 장사스님은 석두스님이 육조스님을 찾아가 뵈었다고 대답했습니다.

여기에 참으로 깊은 뜻이 있습니다.

그 스님이 다시 "석두스님의 일을 물은 것이 아니라 남전스님이 돌아가셔서 어느 곳으로 갔느냐고 묻고 있질 않습니까?" 하고 다그쳤습니다. 그러자 장사스님은 "석두스님에게 행사스님을 찾아가라고 했다."고 답했습니다. 그러니 앞의 답이나 뒤의 답이 모두 석두스님에 대한 이야기입니다. 묻기는 남전스님 돌아가신 곳을 물었는데 장사스님은 왜 석두스님의 일을 가지고 대답했을까요? 이것이 하릴없이 하는 헛소리가 아닙니다. 깊은 뜻이 있어 하는 말씀입니다.

【 본칙 】

수상좌가 삼성스님에게 가서 말하니 삼성스님이 "만약 그렇다면 임제스님보다 일곱 걸음이나 더 낫다. 비록 그러나 또한 내가 다시 시험해 볼 테니 기다려라"고 하였다.

그 이튿날 삼성스님이 가서 장사스님에게 말하되, "어제 스님의 남전스님 돌아가신 법문 대답을 전해 들으니 앞에도 없고 뒤에도 없이 뛰어나며 지금이나 옛날이나 듣기 드문 바입니다." 하니, 장사스님이 또한 말없이 묵묵하였다.

秀擧似三聖한대 聖이 云 若恁麼면 猶勝臨濟七步로다 然雖如是나 且待我更驗看하라 至明日에 三聖이 上問云 承聞和尙이 昨日에 答南泉遷化一則語하니 可謂光前絶後요 今古罕聞이로다 沙亦黙然하니

◉

　수상좌가 감사를 표해도 말없이 묵묵하였고, 이튿날 삼성스님이 찾아와 "이전에도 이런 훌륭한 법문은 없었고 미래에도 이런 법문은 다시없을 것입니다." 하고 극찬해도 말없이 묵묵하였습니다. 장사스님이 두 스님의 말에 대답을 못해서 아무 말도 안한 것이 아닙니다. 말없이 묵묵하게 있은 그 뜻을 알아야 합니다.

【 착어 】

　개 한 마리가 잘못 짖으니
　원숭이 천 마리는 정말로 울부짖네.
　一犬이 吠虛에 千猱噡實이로다

◉

　"개 한 마리가 헛되게 쓸데없이 짖으니 수많은 원숭이들은 진짜로 알아듣고 깜짝 놀라 울부짖는다."고 하니 이것이 앞의 법문과 무슨 상관있느냐고 혹 생각이 들지도 모르겠습니다. 그렇지만 이 뜻을 바로 알면 앞의 모든 법문을 다 알 수 있습니다.

【 결어 】

　대중들이여, 장사가 묵묵히 있음에 임제가 물러서니, 삼성은 높은 절벽에서 거꾸로 구르고, 천하의 대종사가 몸 숨길 곳이 없다. 남전스님이 돌아가신 것은 묻지 않겠으니 말해 보라, 오늘 영가가 어느 곳으로 갔는가?
　(한참 묵묵한 후에 말씀하셨다.)
　위음왕불威音王佛 밖을 멀리 뛰어나 벗어났거늘
　부질없이 한 다리만 세우고 저사불底沙佛을 찬탄한다.

(크게 할을 한 번 하고 내려오시다.)

大衆아 長沙黙然에 臨濟退步하니 三聖小兒는 懸崖에 倒轉이라 天下大宗師無避身處로다 南泉遷化는 卽不問이어니와 且道하라 今日靈駕가 向什麽處去오 良久云 超然逈出威音外어늘 翹足徒勞讚底沙로다

(喝一喝하고 下座하시다)

●

대중 여러분, 장사가 묵묵히 있음에 임제는 멀찌감치 뒤로 물러섰습니다. 또한 어린아이 삼성은 높은 절벽에서 거꾸로 굴러떨어졌고, 천하의 대종사들은 몸 숨길 곳이 없습니다. 그러면 남전스님께서 돌아가신 곳은 묻지 않겠습니다. 말씀해 보십시오. 오늘 영가가 어느 곳으로 갔습니까?

위음왕불威音王佛 밖을 멀리 뛰어나 벗어났거늘
부질없이 한 다리만 세우고 저사불底沙佛을 찬탄한다.

위음왕불은 과거 장엄겁 최초의 부처님으로서 무량원겁 이전의 최초 부처님이십니다. 또 "부질없이 한 다리만 세우고 저사불을 찬탄한다."는 구절은 경전에 그 고사가 있습니다.

석가모니부처님께서 성불하시기 이전 과거에 저사불을 뵙고 하도 거룩해서 "하늘 위 하늘 아래 부처님 같으신 분 없고 온 시방세계에도 비교할 이 없네. 이 세상에 있는 것 내 모두 둘러봐도 부처님만한 분은 아무도 없네.天上天下無如佛 十方世界亦無比 世間所有我盡見 一切無有如佛者"라는 게송을 읊으며 한쪽 발을 들고 일주일 동안 찬탄한 일이 있습니다. 그 일을 두고 하는 말입니다.

그래, 금일 영가가 간 곳을 분명히 알면 저 과거 장엄겁의 최초불이신 위음왕불마저 훌쩍 뛰어넘는 것이라는 말입니다. 그런데 석가모니는 쓸

데없이 일주일 동안 한쪽 발을 들고 지극정성으로 저사불을 찬탄하더라는 것입니다.

戊申(1968)년 11월 아흐레 해인사 해인총림 궁현당

21. 건봉법신 乾峰法身
건봉스님의 법신

【 수시 】

위로 올라가니 공자와 안회는 하늘 가운데 하늘이요
아래로 내려오니 석가와 가섭은 사람 가운데 사람이다.
깨끗하고 깨끗하여 쌀 한 톨 없고
가난하고 가난하여 돈 한 푼 없으니
칠진팔보七珍八寶가 쌓이고 쌓였으며
사생四生과 육도六道가 시끄럽고 분주하다.
모기가 산을 짊어지고 높이 날며
개미가 바다를 물고 멀리 달아나니
일천 부처님의 바른 눈을 멀게 하고
만 사람의 얼굴을 활짝 웃게 한다.
하하하, 아는가 모르는가.
까마귀 세 마리는 길을 인도하고
범 두 마리는 산을 살피도다.

向上去하니 孔丘顔回는 天中天이요
向下來하니 釋迦迦葉은 人中人이로다
淨裸裸絶一粒하고 赤洒洒無一文하니
七珍八寶鬼堆堆하고 四生六道擾浩浩로다
蚊蚋이 負山兮여 高飛하고 蟻螻啣海兮여 遠走하니

喪盡千佛正眼하고 開了萬民笑臉이로다
呵呵呵 會不會아
三鳥는 引路하고 二虎는 巡山이로다

◉

종문宗門에 위로 향해 가는 길向上이니 아래로 향해 가는 길向下이니 하는 법문이 있습니다. '향상일로向上一路는 천성부전千聖不傳이라' 위로 향하는 한 길은 천 성인 만 성인 누구도 전할 수 없다는 것입니다. 향상이란 그렇게 밝히기 어려운 것을 말하는 것입니다. 향하는 무엇인가? 풀과 나무 짐승들마저 부처님의 말씀을 교묘히 설하고 큰 광명을 놓는 것을 향하라고 합니다. 종문 중에서 향상과 향하를 이렇게 취급하는데 어째서 나는 달리 "위로 올라가니 공자와 안회는 하늘 가운데 하늘이고, 아래로 내려오니 석가와 가섭은 사람 가운데 사람이다."라고 했을까요?

몸에 아무 것도 걸치지 않고 발가벗은 것처럼 일체 망상과 집착이 다 떨어진 말쑥한 해탈의 경지를 정라라淨裸裸라고 합니다. "깨끗하고 깨끗하여 양식으로 삼을 쌀 한 톨 없다."는 것은 전부를 다 던져 버렸다는 것입니다. 또 적쇄쇄赤灑灑는 살림살이가 완전히 탕진되어 아무 것도 남아 있지 않은 멸진무여滅盡無餘, 모든 것이 다 떨어진 대적멸경계大寂滅境界를 말합니다. 그래, 대적멸경계에 들어가니 돈 한 푼도 없더라 이것입니다. 정라라 해서 쌀 한 톨도 없고 적쇄쇄해서 돈 한 푼도 없이 다 떨어져 버렸다 이것입니다. 그러고 보니 어떻게 되는가? 세상에서 값지게 여기는 일곱 가지 여덟 가지 보배가 산더미처럼 높이 쌓인 큰 부자가 되어 태생 난생 습생 화생의 육도 모든 중생들이 시끄럽게 왕래하며 살고 있더라는 말입니다. 정라라 적쇄쇄해서 모아둔 양식도 없고 돈도 다 떨어졌는데 왜 세상의 진귀한 보배가 태산같이 쌓인다 하고, 또 일체 중생은 거기에 의지해서 태평가를 부르며 살고 있다고 말했을까요? 어떻게 작은 모기가 큰 태산을 짊어지고 날 수 있으며, 작은 개미가 큰 대해를 물고 멀리 달아날 수 있을까요?

이것이 일천 부처님의 바른 눈을 멀게 하고 만 사람의 얼굴을 활짝 웃게 하는 것이니, 이 뜻을 알겠습니까? 이것은 참으로 깨쳐야만 알 수 있지 깨치기 전에는 절대 모릅니다. 그러면 그 뜻이 무엇인가?

"까마귀 세 마리는 길을 인도하고 범 두 마리는 산을 살핀다."고 한 이 말을 안다면 앞의 법문 전체를 알 수 있을 것입니다.

그럼 참고로 옛 스님들의 법문거량을 하나 소개해 보겠습니다.

【 본칙 】

건봉스님이 상당하여 말하였다.

"법신法身에 세 가지 병과 두 가지 빛이 있으니 모름지기 낱낱이 다 깨달아야 비로소 편하게 앉을 수 있을 것이다. 비록 이러하나 모름지기 조용照用이 함께한 향상의 깊은 길이 있음을 알아야 되느니라."

운문스님이 대중 가운데서 나와 "암자 안의 사람이 어찌하여 암자 밖의 일을 보지 못합니까?" 하였다. 건봉스님이 크게 웃으니, 운문스님이 말하기를, "오히려 학인이 의심합니다."

"그대는 어떻게 생각하는가?"

"스님께서 다 알고 계신 줄 알았습니다."

"참으로 이렇게 해야 비로소 편하게 앉을 줄 알 것이다." 하니, 운문스님이 "예, 예." 하고 대답하였다.[1]

乾峰이 上堂云 法身에 有三種病二種光하니 須是一一透得하야사 始解穩坐니라 雖然如是나 須知有照用同時向上一竅하야사 始得다 雲門이 出衆云 庵內人이 爲什麼하야 不見庵外事오 峰이 呵呵大笑한대 門이 云 猶是

---

[1] 『선문염송』 제919칙(한국불교전서5, 664쪽).

學人疑處在로다 峰이 云 子是什麼心行고 門이 云 也知和尙相委悉이로다
峰이 云 直須恁麼하야사 始解穩坐니라 門이 應諾諾하니

●

조동종의 개조 되는 동산 양개화상의 제자 중에 건봉스님이란 분이 계셨습니다. 그 건봉스님이 상당하여 법문하기를, "법신에 병이 세 가지가 있고 광명이 두 가지가 있다. 이 세 가지 병과 두 가지 광명을 완전히 벗어나야만 비로소 편안하게 밥을 먹고 살 수 있다."고 했습니다. 그러면 공부를 다 마친 것이라는 말입니다. 그리고선 "비록 그렇기는 하지만 조와 용을 동시에 쓰는 향상의 구경법을 성취해야만 한다." 이렇게 법문을 했습니다. 그러자 그 당시 회상에 있던 운문스님이 대중 가운데서 나와 물었습니다.

"암자 안의 사람이 어찌하여 암자 밖의 일을 보지 못합니까?"

이것은 조용동시照用同時하는 향상일규向上一竅를 완전히 깨친 사람만이 알아들을 수 있는 말입니다. 그 말을 들은 건봉스님이 "허허." 하고 파안대소를 했습니다. 그래 운문스님이 말하기를, "아직 학인이 의심이 있습니다."고 했습니다. 이는 "전 아직 모르겠습니다." 하는 말입니다. 그러니 건봉스님이 "자네는 무슨 생각으로 그런 소리를 하는가?" 하고 물었어요. 그러자 운문이 "스님께서는 다 알고 계신 줄 알았습니다."라고 답했습니다. 이에 건봉스님이 "모름지기 자네처럼 이렇게 실지로 철저히 알아야만 비로소 편안하게 살 수 있고 편안하게 밥을 먹을 수 있네." 하였습니다. 이는 결국 공부를 다 마쳤다고 완전히 인가한 것입니다. 그러자 운문 역시 과연 그렇겠다는 뜻으로 "예, 예." 하고 대답했습니다. 건봉스님과 운문스님의 이 법문에 대해 내 한마디 붙이겠습니다.

【 착어 】

뉘 집 별관 못 속의 한 쌍 원앙새를 그릴 수 없는가.

誰家別舘池塘裏에 一雙鴛鴦畵不成고

◉

이것은 "암자 안에 사람이 암자 밖을 보지 못한다."는 법문의 뜻 전부를 거두어 내가 간단하게 표현한 말입니다. 어느 별장에 좋은 연못이 있어 원앙새 두 마리가 쌍쌍이 노는데 그것을 그림으로 그리려야 그릴 수가 없더라는 겁니다. 이것은 "건봉과 운문의 법거량이 두 마리 원앙이 노닐 듯 참으로 아름답다."고 찬탄하는 말이 절대로 아닙니다. 이 말을 바로 알아야 향상일로도 알 수 있고, 조용동시도 알 수 있고, 암자 안 사람이 암자 밖의 일을 모르는 것도 다 알 수 있는 것입니다. 그 뒤 운문종의 중흥조이신 설두 중현선사가 건봉과 운문의 거량에 대해 하신 법문이 있습니다.

【 염 】

설두 현선사가 염하였다.

"만약 상과 벌의 언구를 잘 알면 착한 원인에 악한 결과 받지는 않으리."

雪竇顯이 拈호대 若明得褒貶句하면 未必善因而招惡果라 하니

◉

인과 짓기를 인은 좋은 인을 지었는데 결과는 나쁜 결과가 생기는 수가 흔히 있습니다. 그런데 만약 어떤 일에 상을 주고 어떤 일에 벌을 주는지 그런 법조항을 자세히 안다면 좋은 원인을 짓고 나쁜 결과를 초래하는 그런 일은 없을 것이란 말입니다. 그 법을 분명히 알면 언제든 좋은 원인에 좋은 결과가 생기고 나쁜 원인에 나쁜 결과가 생기지, 좋은 원

인에 나쁜 결과가 생기거나 나쁜 원인에 좋은 결과가 생기는 법은 없다는 말입니다. 이것은 또 무슨 말인가? 참으로 향상일로를 바로 안 사람이라야 이 뜻을 바로 알 수 있습니다. 그냥 인과응보를 표현한 소리가 아닙니다. 설두스님의 말씀에 내 또 한마디 붙이겠습니다.

【 착어 】

천당의 기쁨은 다함이 없고
지옥의 괴로움은 더욱 더 깊다.
天堂樂無窮이요 地獄苦轉深이로다

【 염 】

천의 회선사[2]가 경전을 들어 말하였다.
"구경열반인 항상 적멸한 상相이 마침내 공空에 돌아간다'고 하니, 하나라도 눈을 가리면 헛꽃이 온 세계에 가득 퍼져 있다. 눈 가린 것이 없어지지 않으면 문을 나서지 않아도 천하일을 다 알고, 눈 가린 것이 다 없어지면 비로소 암자 안 일만 알고 암자 밖 일은 보지 못한다."

天衣懷舉教云 究竟涅槃常寂滅相이 終歸於空이니라 懷云 一翳在眼에 空華遍界하나니 翳若未消하면 不出門하야도 知天下事요 翳若消盡하면 始知庵內事不見庵外事라 하니

◉

그 뒤 설두스님의 제자인 천의 회선사가 이 법문에 대해 하신 말씀입니다. 천의스님의 이 법문도 보통의 상식으론 이해할 수 없는 말 아닙니

---

2 천의의회(天衣義懷, 993~1064). 운문종 스님으로 설두중현(雪竇重顯)의 법제자. 청원(青原)스님의 10세손.『회선사전록(懷禪師前錄)』,『회선사후록(懷禪師後錄)』,『지양백문(池陽百問)』이『조정사원(祖庭事苑)』제5권에 수록되어 있음.

까? 눈을 가리면 볼 수도 알 수도 없는데 어떻게 천하의 일을 다 알 수 있습니까? 사실과 모순된 말같이 보이지 않습니까? "뭔가 조금이라도 가리는 것이 있으면 암자 속에 가만히 앉아 있어도 천하일을 다 알고, 눈을 가리던 것이 말끔히 다 떨어지면 암자 속만 알지 암자 밖의 일은 모른다."고 천의 회선사는 말씀하셨습니다. 천의스님 역시 건봉스님이 하신 법문이나 운문스님이 하신 법문을 확실히 알았기 때문에 이런 말씀을 하신 것입니다. 천의스님의 법문에 내 한마디 붙이겠습니다. 이 말을 알 것 같으면 암자 안의 사람이 암자 밖의 일을 모른다는 뜻을 알 수 있습니다.

【 착어 】

비취새는 연잎의 빗물을 밟아 엎지르고
해오라기는 대숲의 연기를 부딪쳐 흩는다.
翡翠는 踏飜荷葉雨하고 鷺鷥는 衝破竹林煙이로다

【 송 】

법진 일선사[3]가 송하였다.
눈 가림이 생기니 눈병 나서 헛꽃을 보고
눈 가림이 나으니 헛꽃 없어져 가는 티 다 떨어지네.
암자 안에서 암자 밖 일을 보지 못하니
점심 공양 뒤에 때때로 차 한 잔 마신다.
法眞一이 頌호대
翳生病眼見空華하고 翳瘥華亡絶點瑕로다
庵內不見庵外事하니 齋餘에 時酌一甌茶로다 하니

---

[3] 법진수일(法眞守一). 송(宋)대 운문종 스님으로 혜림종본(慧林宗本)의 법제자. 청원(靑原)스님의 12세손.

●

　이 게송의 뜻은 눈에 조그마한 것이라도 가리기만 하면 일체처에서 헛꽃을 보게 되고, 눈 가린 것이 떨어지면 일체가 공하고 대적멸이 되어서 눈병이란 것은 찾아보려야 찾아볼 수 없다는 말입니다. 그때 가서 비로소 암자 안에서 암자 밖의 일을 보지 못하게 됩니다. 그러면 그 사람은 어찌 되느냐 하면 공양하고 난 뒤에 간간히 차를 한 잔 마시는 한가한 사람이더라는 것입니다.

【 착어 】

가히 예禮를 알아야 하느니라.

可知禮也니라

【 송 】

확암 원선사[4]가 송하였다.
근본에 돌아가고 뿌리에 돌아오는 데 이미 힘을 허비하였으니
어찌 바로 눈멀고 귀먹음만 하리오.
암자 안에서 암자 밖 일을 보지 못하니
물은 망망히 흐르고 꽃은 저절로 붉구나.

廓庵遠이 頌호대

返本還源已費功하니 爭如直下에 若盲聾고

庵中에 不見庵外事하니 水自茫茫花自紅이로다 하니

4　확암사원(廓庵師遠). 송(宋)대 임제종 양기파 스님으로 대수원정(大隨元靜)의 법제자. 남악(南岳)스님의 15세손.『목우도(牧牛圖)』에 10송을 부(賦)한『십우도송(十牛圖頌)』이 유명.

◉

우리가 공부를 하는 목적은 확철히 깨쳐 근본을 다 성취해서 편안한 고향으로 돌아가 본지풍광을 두발로 직접 밟는 것입니다. 그렇게 완전한 구경에 도달하는 것이 공부하는 납자들의 목표입니다. 허나 그렇게 하는 것이 좋은 일이긴 하지만 그 길은 참 번다하고 수고스러운 길입니다. 그러니 차라리 어떤 법문을 들었을 때, 그 직하에 두 눈이 확 멀고 두 귀가 꽉 막혀 태산이 앞을 가려도 보지 못하고 벼락이 옆에 떨어져도 듣지 못하는 그런 병신이 되어버리는 것만 못하다 이것입니다. 그렇게 되면 비로소 암자 안에 있으면서 암자 밖의 일을 하나도 모르게 됩니다. "물은 망망히 흐르고 꽃은 저절로 붉구나."라고 했으니 이것이 암자 안 사람이 암자 밖 일을 모르는 도리를 실질적으로 표현한 말입니다. 확암 원선사의 이 게송에 내 또 한마디 붙이겠습니다.

【 착어 】

사자는 사람을 물고 개는 흙덩이를 쫓아간다.
師子는 咬人하고 韓獹는 逐塊로다

◉

길거리에 사자하고 개가 있는데 흙덩어리를 던져본다고 가정해 봅시다. 그러면 개는 바보같이 그 흙덩어리를 쫓아 달려가 확 물어버립니다. 그러나 영리하고 용맹한 사자는 흙을 던진 그 사람을 쫓아가 확 물어 죽입니다. 이것 역시 경계를 표현한 말이 아닙니다. 암자 안 사람은 암자 밖 일을 모르는 도리를 단적으로 표현한 것입니다.

【 염 】

낭야 기선사5에게 어떤 중이 묻되, "암자 안 사람이 암자 밖의 일을 보지 못한다는 뜻이 어떠합니까?" 하니, 기선사가 대답하였다. "동쪽 집엔 불을 켜고 서쪽 집은 어둠 속에 앉았느니라."

瑯瑘起因僧問호대 庵內人不見庵外事意如何오 起云 東家엔 點燈하고 西舍엔 暗坐니라 하니

【 착어 】

바리때 속에서 말을 달려 대궐로 간다.

鉢盂에 走馬向天庭이로다

【 결어 】

대중들이여, 한 무리의 늙은 스님들이 비록 이렇게 법문을 하나 아직 암자 안 사람이 암자 밖 일을 보지 못함을 밝히지 못하였으니 산승山僧이 눈썹을 아끼지 않고 한마디 하리라.

(한참 묵묵한 후에 말씀하셨다.)

항우는 오강에 이르렀고

유방은 장안으로 들어간다.

(주장자 한 번 치고 내려오시다.)

大衆아 一隊老禿이 雖恁麽拈弄하나 也未明得庵內人不見庵外事일새 山僧이 不惜眉毛하고 下一轉語하노라 (良久에 云)

項羽는 到烏江하고 劉邦은 入長安이로다

(卓拄杖一下하고 下座하시다)

5　낭야영기(瑯瑘永起). 송(宋)대 임제종 양기파 스님으로 백운수단(白雲守端)의 법제자. 남악(南岳)스님의 13세손.

◉

　대중 여러분, 내가 왜 "암자 속에 있는 사람이 암자 밖의 일을 알지 못한다."는 그 법문에 대해서 이렇게 고인의 법문을 인용하여 장황하게 말하겠습니까? 그것은 참으로 이 법문을 알기가 어려워서 오해하는 사람이 많이 있기 때문입니다. 내가 볼 때 현재도 그런 사람이 많이 있습니다.

　건봉과 운문스님이 법담을 거량하고, 설두스님과 천의스님이 그것을 두고 법문을 하고 법진스님, 확암스님, 낭야스님이 게송을 짓는 등, 한 무리의 늙은 스님들이 이렇게 많은 법문들을 하셨습니다. 그렇지만 아직은 암자 안 사람이 암자 밖 일을 보지 못함을 한 사람도 밝히지 못했다 하겠습니다. 다음 말의 뜻을 잘 알아야 합니다.

　항우는 오강에 이르렀고
　유방은 장안으로 들어간다.

戊申(1968)년 11월 보름 해인사 해인총림 궁현당

22. 보수개당 寶壽開堂
보수스님의 첫 법문

【 수시 】

벽력도끼와 번개칼은 빛이 번쩍이고 소리는 우르릉 하니
하늘과 땅이 거꾸로 뒤집어지고 해와 달이 거꾸로 간다.
임제와 덕산은 혼이 날아가며 정신이 흩어지고
조주와 운문은 담이 떨어지고 간이 찢어진다.
봉황새는 꽃을 물고 하늘로 돌아가고
기린은 달을 타고 앞 시내를 지나간다.
호장삼胡張三과 흑이사黑李四가
수놓은 비단 장막 속에서 문득 서로 만나니
말해 보라, 서로 만난 일이 어떠한가?
반가이 서로 만나니 원래 옛 친구라
와서 조주차를 마신들 무슨 방해 있으리오.

霹靂斧와 雷電劒이 光閃閃聲轟轟하니
乾坤이 倒覆하고 日月이 逆運이로다
臨濟德山은 魂飛魄散하고 趙州雲門은 喪膽裂肝이라
鳳凰은 啣花歸霄漢하고 麒麟은 乘月過前溪로다
胡張三黑李四가 錦繡帳裏에 驀相逢하니
且道하라 相逢事作麼生고
傾蓋相逢에 元故舊라 何妨來喫趙州茶리오

【 본칙 】

보수스님[1]이 개당하는 날, 삼성스님이 중 하나를 밀어냈다. 보수스님이 때리니 삼성스님이 "그대가 이렇게 사람을 위한다면 이 중의 눈만 멀게 할 뿐 아니라 진주鎭州 성안 사람들의 눈도 모두 멀게 하겠구나." 하니, 보수스님이 문득 법상에서 내려왔다.[2]

保壽開堂에 三聖이 推出一僧하니 壽便打어늘 聖이 云 你恁麽爲人이면 非但瞎却者僧眼이요 瞎却鎭州一城人眼去在로다 壽便下座하니

◉

임제스님의 제자중에 보수스님이란 분이 계셨는데, 그 스님 제자에 또 2세 보수스님이 계셨습니다. 그러니 지금 소개하는 보수스님은 임제스님의 손제자가 됩니다. 그 스님이 조실이 되어 상당법문을 하려고 법상에서 올라앉았습니다. 그런데 임제스님의 제자로 보수스님의 사숙되는 삼성스님이 웬 스님 하나를 데리고 나와 그 앞에 세웠습니다. 그러자 보수스님이 그 스님을 때렸습니다. 이에 삼성스님이 "그대가 법을 이렇게 멋대로 쓰면 이 스님 눈만 멀게 하는 것이 아니라 온 진주사람 눈을 모두 멀게 하겠구나." 하고 고함을 쳤습니다. 그러자 보수스님이 곧바로 법상에서 내려와 버렸습니다. 겉으로 보면, 삼성스님이 법을 제대로 쓰지 못한다고 보수스님을 크게 꾸짖고, 보수스님은 꾸중을 듣고 무안해서 얼른 내려온 일처럼 보일 것입니다. 허나 다음 법문을 잘 들어보십시오. 두 분의 거량에 내 한마디 붙이겠습니다.

---

1 보수(寶壽). 당(唐)대 임제종 스님으로 보수연소(寶壽延沼)의 법제자. 남악(南岳)스님의 6세손.
2 『선문염송』제1164칙(한국불교전서5, 792쪽).

【 착어 】

한 개의 관 속에 두 개의 송장이로다.

一箇棺材에 兩箇死漢이로다

【 염 】

위산 철선사³가 염하였다.

"보수는 흡사 대궐 안의 천자가 조칙을 바로 시행함과 같고, 삼성은 싸움터의 장군이 명령을 바로 내림과 같다. 도리어 성명性命을 아끼지 않는 사람이 있는가? 나와서 노승과 서로 만나 불평不平한 일을 결단하리라."

한참 묵묵한 후에 말씀하셨다.

"막야검을 비껴들고 바른 명령을 온전히 행하니

태평한 천하에 어리석고 둔한 놈을 베어 죽인다."

潙山喆이 拈호대 保壽는 大似寰中天子勅正行이요 三聖은 塞外將軍令正擧로다 還有不惜性命者麽아 出來與老僧相見하야 要斷不平之事로다 良久云 橫按鏌鋣全正令하니 太平寰宇에 斬痴頑이라 하니

●

위산 철스님은 "보수스님이 법 쓰는 것은 천하를 다스리는 천자가 천하에 바른 법령을 내리는 것과 같고, 삼성스님은 국경 밖에서 영을 잘 받들어 싸우는 것과 같다."고 평하였습니다. 위산스님 말씀은 보수와 삼성 두 분 거량의 겉보기와 영 다르지 않습니까? 밀려서 나온 스님을 몽둥이로 때리자 삼성스님이 그 스님을 눈멀게 하는 일이라고 꾸짖었는데, 철선사는 보수가 스님을 몽둥이를 때리는 것은 천자가 영을 내리는 것과

---

3 위산 철(潙山喆). 『선문염송집(禪門拈頌集)』에 그 이름이 나오나 전기 불명.

같고 삼성이 꾸짖는 것은 천자의 영을 받들어 궁궐 밖에서 잘 활용하는 것과 같다고 했습니다. 여기에 참으로 깊은 뜻이 있습니다. 이 뜻을 바로 알아야만 "진주 성안 모든 사람의 눈을 멀게 한다."는 뜻을 바로 볼 수 있는 것입니다. 그리고선 "여기에 목숨을 아끼지 않는 자가 있느냐? 그런 자가 있거든 나와서 잘못된 일이 있으면 바로 잡아야 하지 않겠느냐."고 말씀하셨습니다. 위산 철선사의 이 법문에 내 한마디 붙이겠습니다.

【 착어 】

눈멀었다.

瞎이로다

【 염 】

원오 근선사가 염하였다.

"보수는 흡사 독룡毒龍이 바다를 뒤집으니 비가 동이물을 쏟는 듯하고, 삼성은 비록 우렛소리가 푸른 하늘에서 떨치나 아직 무서운 빛을 반도 도와주지 못함과 같다. 그 가운데 바로 알아듣는 이 있으면 다만 진주 성안 사람들의 눈만 멀게 할 뿐 아니라 천하 사람들의 눈도 멀게 하리라."

圜悟勤이 拈호대 保壽는 大似毒龍이 攪海에 雨似傾盆이라 三聖이 雖雷振靑霄하나 亦未助得威光一半在로다 个中에 有个直下承當하면 非但瞎却鎭州一城人眼이요 瞎却天下人眼去在라 하니

◉

원오스님은 "보수스님을 마치 무서운 용이 바다를 온통 뒤집어 비가 온 우주를 덮듯 억수같이 쏟아지게 하는 것과 같고, 삼성스님은 뇌성벽력을 쳐서 장단을 맞추기는 맞추는데 보수스님이 법을 쓰는 데 반도, 또

는 삼분의 일도, 십분의 일도 그 위엄을 도와주지 못한다."고 하였습니다. 이것 역시 겉보기와는 상반된 말 아닙니까? 이런 말을 바로 알아야만 합니다. 그리고선 "그중 혹 한 명, 아니 반명이라도 이 법문을 바로 알아듣는 이가 있다면 그 사람은 진주 성안 사람들 눈만 멀게 할 뿐 아니라 천하 사람의 눈을 다 멀게 할 것이다."라고 하였습니다. 원오스님의 이 법문에 내 또 한마디 붙이겠습니다.

【착어】

눈멀었다.
瞎이로다

【염】

송원선사[4]가 상당하여 이 법문을 들어 말하였다.
"무릇 종문의 법을 붙들어 세우려면 모름지기 종문의 바른 눈을 갖추고, 팔꿈치 뒤에 신령한 부적을 달아야 한다. 두 큰스님이 한가롭게 하나는 밀고 하나는 당겨서 임제의 심수心髓를 밝히나, 성명性命이 온통 이 중의 손아귀 안에 쥐어 있음을 알지 못하니 그 누가 가려낼 수 있겠느냐?
예전에는 불을 찾다가 연기까지 얻었더니
오늘은 샘물을 길러 달을 지고 돌아오노라."

松源이 上堂에 擧此話云 大凡扶竪宗乘은 須具宗門正眼하고 懸肘後靈符니라 二尊宿이 等閑에 一挨一拶하야 便乃發明臨濟心髓하나 只是不知 性命이 摠屬在者僧手裏니 還有人이 檢點得出麽아 昔年엔 覓火和煙得이러니 今日에 担泉帶月歸라 하니

---

[4] 송원숭악(松源崇嶽, 1132~1202). 임제종 양기파 스님으로 밀암함걸(密庵咸傑)의 법제자. 남악(南岳)스님의 18세손. 『송원화상어록(松源和尙語錄)』 2권이 있음.

◉

어찌 이마에 눈이 달리고 팔 밑에 부적이 있는 사람이 있겠습니까? 이것은 확철히 깨친 사람을 표현하자니 하는 말입니다. 두 큰 스님이 하나는 밀고 하나는 당겨서 문득 임제스님의 지극한 마음, 임제의 정법, 임제의 골수를 밝혔다는 말입니다. 송원스님의 이 말씀 역시 겉보기와 좀 다르지 않습니까? 보수스님이 방망이 쓰는 것을 보고 삼성스님이 분명 "눈멀게 하는구나!" 했는데 왜 송원스님은 "임제의 골수를 밝혔다."고 말했을까요? 송원스님처럼 볼 수 있어야 실제 바로 보는 것입니다. 그리고선 "이 뜻을 바로 밝힐 사람이 있느냐?"고 대중에게 물으셨습니다. 이것은 참으로 뜻이 깊어서 바로 깨치지 못하고 말만 따라가서는 그 근본 뜻을 영원히 모르는 것입니다. "옛날에는 불을 찾다가 덤으로 연기까지 얻었는데 오늘은 샘물을 길어오는데 달이 떴으니 비춰 달까지 지고 돌아온다."고 한 이 말씀을 바로 알면 위 법문 전체를 바로 알 수 있는 것입니다. 그럼 송원스님의 법문에 또 한마디 붙이겠습니다.

【 착어 】

눈멀었다.

瞎이로다

【 염 】

상방 익선사[5]가 말하였다.

"마조가 한 번 고함침에 백장이 사흘 동안 귀먹고, 보수가 영슈을 시행함에 진주 성안 사람들의 눈이 멀었으니, 대기대용 大機大用은 빠른 우레 같아서 멈추지 못하고, 한 번 노래하고 한 번 장단 침은 깎아지른 벼

---

[5] 상방일익(上方日益). 송(宋)대 임제종 양기파 스님으로 보령인용(保寧仁勇)의 법제자. 남악(南岳)스님의 13세손.

랑 같아서 밟지 못한다. 바로 이런 때를 당하여 삼세의 모든 부처님은 옆에서 볼 뿐이요, 육대의 조사는 증명할 분수가 있다."

上方益이 云호대 馬祖一喝에 百丈이 三日耳聾하고 寶壽令行에 鎭州一城人眼瞎하니 大機大用은 如迅雷不可停이요 一唱一提는 似斷崖不可履로다 正當恁麽時에 三世諸佛은 只可傍觀이요 六代祖師는 證明有分이라 하니

◉

대기대용은 아주 빠른 번개 같아서 도저히 따라갈 수 없습니다. 또 하나가 노래 부르면 하나는 장단치고 하나가 장단을 치면 하나가 노래 부르니, 이는 천길만길이나 되는 절벽과 같아 디디고 설 자리조차 없습니다. 바로 이럴 때는 삼세의 부처님도 어떻게 할 수 없고, 육대의 조사도 그저 옆에서 증명해 줄 뿐이라고 찬탄했습니다.

상방 익선사의 법문에 또 한마디 붙이겠습니다.

【 착어 】

눈멀었다.

瞎이로다.

【 염 】

옥전 연선사[6]에게 어떤 중이 물었다.

"삼성이 말하기를, '이렇게 사람을 위한다면 진주 성안 사람들의 눈을 멀게 한다' 하니 무슨 뜻입니까?"

"비단 위에 꽃을 한 겹 더 펴도다."

玉泉璉이 因僧問호대 三聖이 道恁麽爲人하면 瞎却鎭州一城이라 하니 作

---

6 옥전종련(玉泉宗璉). 송(宋)대 임제종 양기파 스님으로 월암선과(月菴善果)의 법제자. 남악(南岳)스님의 16세손.

麼生고 璉云 錦上舖花又一重이라 하니

【 착어 】

눈멀었다.

瞎이로다

◉

연선사는 원오스님의 조카상좌 되는 분입니다. 삼성스님이 분명 "남의 눈을 멀게 하였다."고 꾸짖고 그 말씀에 보수스님은 얼른 자리에서 내려왔는데, 왜 이 스님은 "아름다운 비단 위에 꽃을 한 겹 더 펼쳤다."고 평했을까요? 여기에 아주 깊은 뜻이 있으니 이것을 바로 알아야 합니다.

【 결어 】

산승山僧이 연달아 다섯 번 "눈멀었다."고 했으니 필경 어느 곳에 떨어졌는가?

(한참 묵묵한 후에 말씀하셨다.)

벽락碧落을 쳐서 여니 소나무 천척이요
홍진紅塵을 절단하니 물은 한 시내로다.
억!

(크게 할을 한 번 하고 내려오시다.)

大衆아 山僧이 連下五个瞎字하니 畢竟落在什麼處오 (良久云)
衝開碧落松千尺이요 截斷紅塵水一磎로다

(喝一喝하고 下座하시다)

◉

그럼 오늘 법문을 총 마무리 짓겠습니다. 삼성스님과 보수스님의 거량에 다섯 큰 스님의 법문을 인용하면서 제가 연이어 다섯 번이나 "눈멀었다."고 평하였습니다. 눈 뜬 종사는 없고 전부 눈먼 종사뿐이라고 했습니다. 그렇다면 내가 "눈멀었다."고 한 이것이 결국 어느 곳에 떨어져 있습니까?

　벽락碧落을 쳐서 여니 소나무 천척이요
　홍진紅塵을 절단하니 물은 한 시내로다.
　이 게송의 뜻을 바로 알면 앞의 법문 전체 뜻을 바로 알 수 있습니다.

戊申(1968)년 11월 말일 해인사 해인총림 궁현당

23. 오도사송 悟道四頌
도를 깨치고

【 수시 】

갑甲·을乙·병丙·정丁·무戊·기己·경庚이요
두斗·우牛·여女·허虛·위危·실室·벽壁이로다.
아침마다 해는 동쪽에서 뜨고
밤마다 달은 서쪽 산으로 진다.
농부는 기쁘게 쟁기를 놓고 쉬며
베 짜는 여인은 바쁘게 바느질한다.
석가노인은 샛별을 보고
깊은 가시 수풀 속에 거꾸로 누웠으니
천추만세에 구원하는 이 없어서
지금까지 일어나지 못한다.
어떤 사람이 구할 수 있겠느냐?
(한참 묵묵한 후에 말씀하셨다.)
돌 소는 옛길에 누워 있고
염소 한 마리가 범 세 마리를 낳는다.
甲乙丙丁戊己庚이요 斗牛女虛危室壁이로다
朝朝에 日出東方하고 夜夜에 月落西山이라
耕夫는 欣然放犁하고 織女는 奔忙把針이로다
釋迦老子見明星하고 倒臥荊棘深林中하니

千秋萬歲에 無人救하야 直至如今起不得이로다
還有人이 救得麽아 (良久云)
石牛橫古路하고 一羊이 生三寅이로다

●

 갑·을·병·정·무·기·경은 60갑자에 나오는 10간지이고, 두·우·여·허·위·실·벽은 옛날 천문학에서 하늘을 사궁四宮, 즉 동서남북으로 나누어 각 궁마다 일곱 별자리를 배치해 모두 28수로 분류하는데 그 북쪽에 있는 별자리 이름입니다. 법문의 시초에 왜 60갑자를 말하고 28수의 별자리 이름을 들먹이는가? 불교와 무슨 관계가 있기에 이런 말을 하는가? 이 뜻을 바로 알면 팔만대장경과 천칠백 공안을 조금의 막힘도 없이 다 알 수 있습니다. 여기에 아주 깊은 뜻이 있습니다.
 역사적으로 보면 부처님은 납월 팔일에 명성明星을 보고 대도를 성취했다고 했는데, 왜 나는 가시밭에 거꾸로 드러누웠다고 말할까요? 천년만년 오랜 세월이 흘러도 가시밭에 누워 일어서지 못하는 부처님을 구해주는 사람이 없더라 이 말입니다. 그래서 지금까지 가시밭에서 꼼짝을 못하고 있다고 했습니다. 이것이 무슨 뜻이겠어요? 가시밭에 드러누워 꼼짝달싹도 못하는 부처님을 구해낼 사람 누구 없습니까?
 염소가 새끼를 낳으면 염소 새끼를 놓지 어떻게 범 새끼를 놓을 수 있겠습니까? '염소 한 마리가 범 세 마리를 낳는다'고 한 이것을 바로 알면 실지에서 부처님을 구해낼 수 있으며 부처님께서 샛별을 보고 깨친 도리를 분명히 알 수 있습니다. 그런데 우리가 총림을 한다고 일 년을 넘게 용맹정진도 하고 공부도 하고 그리 해왔습니다. 그렇지만 이런 도리를 바로 깨친 사람이 아직은 없다고 봅니다. 그러니 참 한심한 노릇입니다. 한심한 일이긴 하지만 깨친 사람 나오지 않는다고 아예 법문을 그만

둘 수도 없는 노릇입니다. 그래 오늘은 공부를 해서 확연히 깨친 옛 분들 이야기를 좀 할까 합니다.

【 본칙 】

향엄스님이 대나무 치는 소리에 도를 깨치고 송하였다.
한 번 침에 아는 바를 잊으니
다시는 닦고 다스림을 더하지 않았네.
얼굴을 움직임에 옛길에 드날려
근심 걱정할 기틀에 떨어지지 않는다.
곳곳마다 종적이 없으니
소리와 빛 밖의 위엄 있는 거동이라
모든 곳의 도에 통달한 사람이
최상의 높은 기틀이라 다 말하네.
위산스님이 듣고 말하였다.
"철저히 깨쳤다."

香嚴이 因擊竹悟道하고 頌曰
一擊에 忘所知하니 更不加修治로다
動容揚古路하야 不墮悄然機로다
處處에 沒踪跡하니 聲色外威儀라
諸方達道者가 咸言上上機로다
潙山이 云 徹也라 하니

◉

위산스님 회하에 향엄스님이라고 유명한 분이 계셨습니다. 이 스님은 총명이 남달라 누가 한 가지를 물으면 열 가지 스무 가지를 대답하고, 하나를 보면 백 가지를 아는 출중한 언변과 식견을 가지고 있었습니다. 그

분이 처음에는 위산스님의 스승이신 백장스님 회하에 있었는데, 무얼 물으면 어떻게 아는 게 많고 말이 재빠른지 어느 누구도 그 입을 막을 수가 없었습니다. 그래 백장스님이 돌아가신 뒤에 위산스님을 찾아갔습니다. 위산스님은 향엄스님의 됨됨이를 이미 소문을 들어 알고 있던 터였습니다.

위산스님이 향엄스님에게 물었습니다.

"네가 선사 백장스님 회하에 있으면서 무엇이든 한 가지를 물으면 백 가지 천 가지를 대답했다는데 그것은 차치하고 '부모미생전父母未生前', 부모님이 너를 놓기 전 본래면목을 한마디 일러보아라."

향엄스님이 아무리 궁리해보아도 부모에게서 태어나기 이전의 모습이 어떠한지 도저히 말할 수가 없었습니다. 그래 그 총명함으로 몇 마디 대답해보았지만 위산스님은 모두 "아니다."라고 부정하셨습니다. 그래 밤을 새며 옛 분들의 착어를 뒤지고 생각해서 대답을 하면 또 아니라고 하고, 온갖 궁리를 짜내서 말해도 또 아니라고 하며 "불법은 절대 그런 것이 아니다. 네가 실지에서 부모님에게서 태어나기 전의 진면목을 모르는데 어떻게 바른 대답을 할 수 있겠느냐?" 하고는 몽둥이로 때려 쫓아 버리기 일쑤였습니다.

향엄스님은 가만히 자신을 돌아보았습니다. 불법에 있어 누구에게도 막힘이 없다고 자신했건만 위산스님의 질문 앞에선 입도 뗄 수 없는 지경이 되었거든요. 그래서 아주 크게 발심을 했습니다. "그림 속 떡이 아무리 보기 좋아도 주린 배를 채울 순 없다." 하고는 자기가 보던 책을 모조리 불사르고 남양 혜충국사의 탑이 모셔진 곳으로 찾아가 토굴에서 공부를 했습니다. 그리곤 '깨치기 전에는 맹세코 한 평생만 아니라 세세생생 세상에 나오지 않으리라'고 원을 세우고 공부를 지독하게 했습니다. 그렇게 열심히 공부하던 와중에 하루는 마당을 쓸다가 기왓장 조각을 주워서 대밭으로 무심히 던졌는데 "딱!" 하고 대를 치는 소리를 듣고 확철히 깨쳐버렸어요. 실지로 바로 깨쳤다 이 말입니다. 그렇게 바로 깨치고 지은 것이 바로 이 게송입니다.

"딱! 하고 때리는 그 소리에 여태껏 알고 있던 온갖 지식을 싹 잊어버렸다."고 했는데 알던 것 일체를 잊어버렸다면 그는 어떤 사람인가? 아무 것도 아는 것이 없으니 바보일까요? 불법을 깨치는 데 있어 가장 큰 방해가 되는 원수는 무엇인가, 본성을 해치는 가장 날카로운 비수는 무엇인가? 아는 것, 아는 것이 제일 큰 원수이고 제일 무서운 비수입니다. 듣고 안 것이든, 보고 안 것이든, 책에서 배워서 안 것이든, 아는 것은 자성과 관련이 없습니다. 누구든지 참으로 바로 깨치려면 듣고 보고 배우고 해서 안 것을 전부 버려야 바로 깨칠 수 있는 것이지, 아는 것이 조금이라도 남아 있으면 영원히 깨치지 못하는 것입니다. 따라서 우리 불법이라는 것은, 깨침의 길이라고 하는 것은 세간의 학문과는 근본적으로 다르다 이것입니다. 오히려 반대입니다. 세간의 학문에선 한 가지라도 더 듣고, 한 가지라도 더 보고, 한 가지라도 더 배우고 해야 훌륭한 사람으로 대접받지만 우리 불법에선 배우고 보고 듣고 한 것으로는 영원히 깨치지 못합니다. 누구든지 바로 깨치려면 보고 듣고 배우고 알고 한 것을 모조리 다 버려야만 합니다. 허나 그게 어디 잘 버려지나요. 그런데 이 향엄스님은 딱! 하고 대나무 치는 소리를 듣는 순간, 자기 아는 것, 보고 듣고 배워서 안 전부를 다 잊어버렸다는 말입니다.

그러고 보니 어떠한가? "다시는 닦고 다스릴 것이 없다."고 했습니다. 불법을 닦는다느니 자성을 닦는다느니 망상을 다스린다느니 하는 것 전체가 말짱 다 떨어져 참으로 영원히 배움이 끊어지고, 저 깊은 진여실성을 바로 깨쳤더라는 것입니다. 그러고 보니 이리 움직이든 저리 움직이든 가든 오든 자성에 계합되지 않는 때가 없더라는 것입니다. 행주좌와 어묵동정 전체가 다 진여자성의 대용이더라는 것입니다. 그 종적이 없고 걸림이 없는 자유자재한 활용을 보고는 참으로 최고의 법을 쓴다고 모든 사람들이 칭찬을 하더라고 했습니다.

위산스님이 향엄스님의 이 게송을 전해 듣고는 "이 사람이 참으로 철저히 깨쳤다."고 인가했습니다.

여기서 제일 중요한 것이 첫 구절입니다. 딱! 하는 소리를 한 번 듣고 아는 것을 몽땅 다 잊어버렸더니 다시는 닦고 다스릴 것이 없더라고 한 이 구절을 깊이 새겨야 합니다. 아는 것을 단박에 다 잊으면 닦을 것도 없고 다스릴 것도 없는 진여자성 그대로더라는 말인데, 이러해야만 바로 깨친 사람입니다.

"다시는 닦고 다스릴 것이 없다."는 것은 향엄스님 한분만의 말씀이 아닙니다. 삼세제불과 역대조사를 비롯해 바로 깨쳤다는 사람치고 닦을 것 있고 다스릴 망상이 있는 데서 깨쳤다고 한 사람은 하나도 없습니다. 그러니 만일 돈오를 한 뒤 점수를 하느니 하는 그런 소리를 한다면 그는 절대로 바로 깨친 것이 아닙니다. 이것은 분명히 증명할 수 있는 사실입니다. 역사를 살펴보더라도 향엄스님 한 분에만 관련된 것이 아니고, 향엄스님 게송 한 곳에만 나오는 것이 아닙니다. 곳곳에 이를 입증할 수 있는 사실들이 산재해 있습니다. 실지에서 바로 깨친 사람은 누구든 다 이렇게 말씀하셨습니다. 이 게송의 첫 구절은 "아는 것을 다 잊어버리고, 다시는 닦으려야 닦을 수 없고 다스리려야 다스릴 수 없는 그런 경지에 도달하지 않을 것 같으면 바로 깨친 것이 아니다."라는 것을 단적으로 표현한 말씀입니다. 그러니 "깨치더라도 망상이나 객진번뇌는 이전과 다르지 않으므로 부지런히 닦고 다스려야 한다."는 생각을 조금이라도 가진다면 그는 곧 산 채로 지옥에 떨어집니다. 산 채로 지옥에 떨어질 뿐만 아니라 영원토록 불법에는 가까이 다가오지 못하고 천마외도가 되어 버리고 맙니다.

그래, 참말로 아는 것을 모두 다 잊어버리고 닦으려야 닦을 수 없고 다스리려야 다스릴 수 없는 저 깊은 자성을 깨친 것을 두고 위산스님이

"실지로 바로 깨쳤다."고 인가를 하셨습니다. 그랬는데 여기에 대해서 내가 비판을 좀 해보겠습니다.

【 착어 】

보잘것없는 향엄은 돈 잃고 벌 받았으며
위산 눈먼 중은 종을 잘못 알고 자식으로 삼는다.
大小香嚴은 失錢遭罪요 潙山瞎禿은 認奴作郎이로다

◉

"돈 잃고 벌 받았다失錢遭罪"는 이 말은 당나라 때 유행어입니다. 돈을 아주 귀중하게 여겼기 때문에 누구든 돈을 잃어버리면, 설사 자기 돈을 잃어버렸더라도 징역을 치르는 벌을 세웠습니다. 향엄스님이 "철저히 깨쳤다."고 하는 것은 내가 볼 때, 자기 돈 잃어버리고 징역 치른 것하고 똑같습니다. 그런 동시에 위산스님이 "철저히 깨쳤다."고 인가한 것은 내가 볼 때, 위산이 눈이 멀어 종인지 자식인지도 몰라보는 것하고 똑같습니다. 눈이 멀어 종인지 뭔지도 모르고 "아이고, 내 아들아!" 하는 것하고 마찬가지다 이 말입니다.

위산스님이 어떤 스님이시고 향엄스님이 어떤 스님이신데, 왜 제가 감히 두 스님을 이렇게 험악한 소리로 평하는 것일까요? 여기에 아주 깊은 뜻이 있습니다. 옛 스님의 오도송을 또 하나 소개하겠습니다.

【 본칙 】

천의 회선사가 오도송에 말하였다.
일 이 삼 사 오 육 칠이여
만길 높은 산꼭대기 위에 외발로 서고
사나운 용의 턱밑에서 구슬을 빼앗으니

한마디 말로 유마힐¹을 감파한다.

天衣懷 悟道頌曰

一二三四五六七이여 萬仞峯頭에 獨足 호이라

驪龍頷下에 奪得珠하니 一言으로 勘破維摩詰이라 하니

◉

운문종 설두스님 제자중에 천의 의회선사라는 분이 계십니다. 그분 역시 근기가 아주 수승하고 공부를 많이 해서 여러 곳을 다니며 어른 스님들로부터 인가를 받았던 스님입니다. 최후로 설두스님을 찾아뵙게 되었는데 설두스님이 만나서 법담을 해보니 아무 것도 아닌 것입니다. 그래 설두스님이 "혹 눈먼 봉사들이 너를 인정했을지 모르지만 그건 불법이 아니다."라고 부정했습니다. 이에 천의스님이 다시 발심해서 부지런히 공부해 확철히 깨쳤습니다. 그때 지은 게송이 바로 이 게송입니다.

깨침이 일 이 삼 사 오 육 칠과 무슨 관련이 있을까요? 바로 깨친 사람이면 이를 단박에 알 수 있습니다. "두 발로 서 있기도 힘든 아주 높은 봉우리에 한 발로 서 있다."고 했는데 여기에도 깊은 뜻이 있습니다. 깊은 물에 사는 여룡驪龍이란 사나운 용의 턱밑에 달린 구슬을 빼앗아 가졌으니, 그 사람 앞에 어디 유마힐만 꼼짝 못하겠습니까? 역대조사 어느 누구도 바로 서지 못합니다.

그래 이 게송을 바치니 그제야 설두스님이 천의스님을 인가했습니다. 천의스님의 오도송에 내 한마디 붙이겠습니다.

---

1 정명(淨名), 무구칭(無垢稱), 멸구명(滅垢鳴)으로 의역. 부처님 당시 중인도 비야리성(毘耶離城)의 장자로 재가의 몸으로 대승보살의 행업을 닦고 무생인(無生忍)을 얻어 변재가 걸림 없었음.『유마경(維摩經)』이 유명.

【 착어 】

운문의 자손이 아직도 남았구나.
雲門兒孫이 猶在로다

◉

당당히 운문의 자손이 될 자격이 있다고 평하겠습니다. 향엄이 깨친 일을 두고는 제가 악평을 했는데, 천의 회선사가 깨친 일을 두고는 왜 이렇게 좋게 평할까요?

【 본칙 】

원오 근선사가 오도송에서 말하였다.
금압향金鴨香 연기가 수놓은 비단 장막 속으로 사라지니
생황과 노랫소리 요란한 속에 취하여 붙잡고 돌아온다.
소년의 한바탕 풍류놀이는
예쁜 여인 혼자 알 뿐이로다.

圜悟勤 悟道頌曰
金鴨香銷錦繡帷하니 笙歌叢裏에 醉扶歸로다
少年一段風流事는 只許佳人이 獨自知라 하니

◉

임제종의 원오스님 하면 선가의 법문에서 그 이름과 말씀이 자주 거론되는 아주 유명한 큰 스님이십니다. 그 스님이 오조 법연선사를 찾아뵙고 확철히 깨치고서 지은 오도송입니다.

향 중에 제일 좋은 향이 금압향입니다. 수놓은 비단 장막만 해도 좋은데 거기다 최고 좋은 향까지 더하니 얼마나 좋습니까? 그 좋은 곳에서 온갖 악기 소리 요란한 가운데 스스로 걸음을 옮기지 못할 정도로 거나하게 취해 옆 사람이 부축하고 오더라는 것입니다.

　이건 또 무슨 소리인가? 명색이 오도송이라면서, 비단 장막 속에 고급 향 피워 놓고 장단에 맞춰 노래 부르고 풍류를 즐기는데, 술에 잔뜩 취해선 걸음도 옳게 걷지 못해 비틀거리니까 옆 사람이 부축해서 오더라 이것입니다. 그리고선, 거나하게 마시고 맘껏 즐기는 풍류소년의 그 깊은 속내는 진정 사랑하고 아끼는 애인 이외엔 누구도 알 수 없더라는 이런 송을 지었습니다.

　그런데 오조 연선사에게 이 게송을 바치자 연선사가 확철히 깨쳤다고 인가를 했습니다. 그 후 원오스님은 천하의 제일 선지식이 되어 일시를 풍미했을 뿐 아니라 후대에도 임제정맥이 원오 근선사 아래로 이어져 원오스님의 선법이 천하를 풍미했습니다. 혹자는 "이건 잡놈들 술 마시고 춤추는 소리지 이게 무슨 오도송이냐."고 할 것입니다. 하지만 그건 순전히 피상적 관찰입니다. 부처님도 "만약 모습을 가지고 나를 보거나 소리로 나를 찾으려 한다면 그런 사람은 삿된 도를 행하는 자로 여래를 보지 못한다若以色見我 以音聲求我 是人行邪道 不能見如來."고 말씀하시지 않았습니까?

　그와 마찬가지로 겉만 보고 술 마시고 춤추고 노래 부르고 여자와 깊은 정을 나누며 풍류 즐기는 것을 노래한 것으로, 겉으로 보고서는 그 깊은 뜻을 절대로 모릅니다. 그 깊은 뜻을 바로 알려면 부처님처럼 깨치고 원오스님처럼 깨치고 역대조사 스님들처럼 확철히 깨쳐야만 이 뜻을 바로 알 수 있습니다. 만약 그렇지 못하고 겉 표현만 좇아 술 먹고 춤춘다는 말만 따라가면 그 사람은 영원토록 아비지옥을 벗어나지 못합니다. "오직 내가 사랑하는 여인이 아니면 나를 모른다."고 했듯이 철저하게 깨친 사람이 아니면 이것은 절대로 모릅니다. 원오스님의 오도송에 내 또 한마디 붙이겠습니다.

【 착어 】

임제의 바른 종풍을 멸해 버렸다.

滅却臨濟正宗이로다

◉

천의스님 오도송에 대해선 "운문의 자손이 지금도 있구나." 하며 자손이 될 자격이 충분하다며 칭찬하고선, 원오스님은 역시 크게 깨쳐 천고에 이름을 드날린 대조사이신데 왜 "임제의 바른 종풍을 때려 부셔 버렸다."고 이렇게 내가 평할까요? 이것은 공부를 부지런히 해서 깨치기 전에는 절대로 모릅니다. 그냥 하는 말만 따라가서는 눈먼 개가 흙덩이를 쫓는 격이 되어버립니다. 그렇게 해선 영원토록 불법과는 어긋나고 맙니다.

그 뒤 원오스님 손자 되는 회암 광선사라는 분이 있습니다. 그가 대혜스님를 찾아뵙고는 그 회하에서 확철히 깨치고 바친 게송이 있습니다.

【 본칙 】

회암 광선사[2]가 오도송에서 말하였다.
한 번 밀어 기틀에 당함에 성난 우레가 소리치니
수미산이 놀라 일어나 북두에 숨는다.
큰 파도 넓고 아득하여 물결이 하늘에 치솟으니
콧구멍을 잡을 때 입을 잃어버렸네.

晦庵光 悟道頌曰
一拶當機怒電吼하니 驚起須彌藏北斗로다
洪波浩渺浪滔天하니 拈得鼻孔失却口라 하니

---

[2] 회암혜광(晦庵慧光). 송(宋)대 임제종 양기파 스님으로 설당도행(雪堂道行)의 법제자. 남악(南岳)스님의 16세손.

◉

"한 번 기틀이 부딪혀 와르르 하고 천지가 무너질 듯 뇌성벽력이 치니, 산 중에 제일 큰 산인 수미산이 놀라 도망쳐선 저 북두성에 숨더라."고 했습니다. 이것이 거짓말이 아닙니다. 깨친 그 경계를 바로 말한 것입니다. 그리고 또, 왜 코를 만졌는데 입을 잃어버렸다고 했을까요? 코를 만졌는데 입을 잃어버렸다고 한 여기에 아주 깊은 뜻이 있습니다.

이것이 회암 광선사의 오도송인데 대혜스님이 이 게송을 보시고 "너는 장원이다."며 완전히 깨쳤다고 인가했습니다. 그래 당시 사람들이 회암 광선사를 '광장원'이라 불렀다고 합니다. 여기에 또 한마디 붙이겠습니다.

【 착어 】

뜰 앞의 붉은 계수나무요 벽 위의 호로병이로다.
庭前丹桂요 壁上胡蘆로다

◉

뜰 앞에 붉은 계수나무가 있고 벽 위에 호로병을 걸어 놓은 이 소식을 바로 알면 회암 광선사의 오도송뿐 아니라 앞에서 소개한 여러 선사들의 오도송을 비롯한 법문 내용 전체를 다 알 수 있습니다. 하지만 이것은 문자만 따라가서는 영원토록 모르고 맙니다. 오직 깨쳐야만 합니다. 그럼 오늘 법문을 총괄적으로 마무리 짓겠습니다.

【 결어 】

대중들이여, 증證함이 있고 깨침이 있음은 천마외도天魔外道요, 증證함도 없고 깨침도 없음은 외도천마外道天魔니 이 두 길을 걷지 않고 투탈透脫한 한마디 말은 어떠한가?

(한참 묵묵한 후에 말씀하셨다.)

기괴한 돌머리는 모양이 범 같고

불탄 소나무는 형세가 용 같도다.

(주장자 세 번 치고 내려오시다.)

大衆아 有證有悟는 天魔外道요 無證無悟는 外道天魔니 不涉二途하고 透脫一句作麽生고 (良久云)

奇怪石頭는 形似虎하고 火燒松樹는 勢如龍이로다

(卓拄杖三下하고 下座하시다)

◉

대중 여러분, 내가 여태껏 여러 스님들이 깨친 일과 그분들의 오도송 등 여러 가지를 소개했습니다. 이것은 참으로 증득하고 참으로 깨친 분들의 일을 말한 것입니다. 그러나 누구든 깨친 것이 있고 증득한 것이 있다면 그는 곧 천마외도입니다. 그러면 깨친 것이 없고 증득한 것도 없으면 그것이 바른 것인가? 그렇게 생각할 수도 있습니다. 만약 깨친 것도 없고 증득한 것도 없으면 그는 외도천마입니다. 그럼 이 두 길을 떠나서 어떻게 바르게 한마디 할 수 있겠습니까?

기괴한 돌머리는 모양이 범 같고

불탄 소나무는 형세가 용 같도다.

마지막 구절을 바로 알면 앞에 소개한 법문 전체를 다 알 수 있습니다. 말만 좇지 말고 어떻게든 부지런히 공부해서 깨쳐야만 합니다.

戊申(1968)년 12월 보름 해인사 해인총림 궁현당

24. 세존양구 世尊良久
말 없이

【 수시 】

놓아 보내니 만 리에 티끌과 연기가 끊어지매
삼세의 모든 부처님이 입을 벽 위에 걸고
거두어 오니 천 산에 꽃이 난만하여
오취[1]의 고통 받는 무리가 금대金臺에 앉는다.
재 쓴 머리 흙 발린 얼굴이니
만 길 절벽같이 섬이요
만 길 절벽같이 섬이니
재 쓴 머리 흙 발린 얼굴이로다.
혹은 옳고 혹은 그르니 사람이 알지 못하고
거슬러 가고 순종하여 가니 하늘도 측량하지 못한다.
훔훔.
붉은 수건 쓴 도교 믿는 사람이 아미타불에게 절하네.
放去也하니 萬里에 絶塵煙이라 三世諸佛이 口掛壁上이요
收來也하니 千山에 花爛縵이라 五趣苦輪이 坐御金坮로다
灰頭土面이요 壁立萬仞이며 壁立萬仞이며 灰頭土面이라
或是或非人不識이요 逆行順行天莫測이로다

---

[1] 지옥(地獄), 아귀(餓鬼), 축생(畜生), 인간(人間), 천상(天上)의 다섯 세계.

咩咩 紅巾道士禮彌陀로다

◉

자기 마음대로 가도록 놓아버리니, 만 리, 만 리라는 것은 길 거리 수를 말하는 것이 아니라 아득히 먼 길, 즉 온천지에 티끌과 연기가 다 끊어져 버렸다는 겁니다. 그러니 이 소식은 삼세제불도 표현할 길이 없어 입을 벽 위에다 떡 걸어놓았다고 했습니다. 부처도 조사도 아무리 크게 깨친 사람이라도 만 리에 티끌이 끊어진 그 소식에 대해서는 입을 뗄 수가 없습니다.

또 거둬들이니 천산만산에 꽃이 만발하여 온천지가 꽃동산이 되었더라고 했습니다. 그러니 어떠한가? 오취에서 고통 받던 중생들이 모두 성불한 부처님이 앉는 자리인 금대에 앉았다 이것입니다.

재 쓴 머리 흙 발린 얼굴은 만길 절벽같이 우뚝 선 형세라고 했는데, 천길만길 절벽같이 우뚝 버티고 선 그곳은 삼세제불과 역대조사도 다 몸과 목숨을 부지할 수 없는 곳입니다. 누구도 살아남지 못하는 그런 무서운 곳이다 이 말입니다. 그런 무서운 곳에 우뚝 선 그가 또 재 쓴 머리에 흙 발린 얼굴이라고 했습니다.

그 사람은 좋은 일도 하다가 혹은 나쁜 일도 하는데 사람들이 알지를 못합니다. 그래 사람들이 나쁜 일 할 때는 나쁜 놈이라고 보고 좋은 일 할 때는 착한 사람이라고 보는데 그건 겉모양만 보고 하는 소리들입니다. 참으로 자유자재한 그 사람을 진실로 알아보는 사람은 아무도 없습니다. 그래, 어떤 때는 역으로 행하고 어떤 때는 순행하며 자유자재로 노니니 그 사람의 행보는 하늘도 예측하지 못합니다.

"훔, 훔." 이것은 아주 언짢을 때 내는 소리입니다.

노장을 신봉하는 도교사람이면 태상노군에게 절을 해야지 왜 아미타불에게 절을 한다고 했을까요? 이것이 앞에 한 법문 전체를 거둬서 하는 말입니다.

【 본칙 】

장사 잠스님이 어떤 중을 시켜서 회화상에게 묻게 했다.
"스님이 남전스님을 보기 전에는 어떠했습니까?"
회화상이 한참 묵묵히 있었다.
중이 말하되, "남전스님을 본 후에는 어떠합니까?" 하니, 회화상이 말하였다.
"다시 별다른 일이 없었느니라."[2]

長沙岑이 令僧問會和尙曰 和尙이 未見南泉時에 如何오 會 良久한대 僧云 見後엔 如何오 會云 不可更別有也라 하니

⦿

장사 잠선사와 회화상은 같은 남전스님 제자입니다. 그러니 형제간이라 하겠습니다.
회화상의 법문에 내 한마디 붙이겠습니다.

【 착어 】

우렛소리가 하늘과 땅을 흔들고 바람이 바다와 산을 휩쓰니
범과 표범의 무늬요 기린의 머리 뿔이로다.

雷震乾坤하고 風捲海岳하니 虎豹文章이요 麒麟頭角이로다

⦿

우레가 천지를 뒤엎고 바람이 천지를 뒤흔드는 그 소식을 알면 회

---

2 『선문염송』 제488칙(한국불교전서5, 388쪽).

화상이 아무 말씀도 없이 가만히 계셨던 그 소식도 바로 알 수 있습니다. 아무 말씀도 없이 가만히 있다고 아무 것도 아닌 것이 아닙니다. 거기에 아주 깊은 뜻이 있습니다. 그 깊은 뜻을 알려면 우레가 쳐 천지를 진동시키고 바람이 바다와 산을 뒤집고 무너뜨리더라는 이 말을 알아야 합니다. 회화상은 아무 말씀도 하지 않고 가만히 계셨는데 나는 왜 이렇게 표현했을까요?

또 어떠한가? 범은 줄무늬가 있고 표범은 아롱진 점무늬가 있어 보기 좋지 않습니까? 물건 중에서 아주 보기가 좋은 최고급품이라 했으니 이는 칭찬하는 말입니다.

또 상스러운 짐승 기린은 뿔이 참 아름답습니다. 그러니 이것 역시 크게 칭찬하는 말입니다. 아무 말씀 없이 계신 것으로 보이겠지만 회화상의 법문이 호표의 문장과 기린의 뿔처럼 참 훌륭하더라 그 말입니다.

【 본칙 】

중이 돌아와 장사스님에게 말하니 장사스님이 게송을 지어 말하였다.
백 척 높은 장대 끝에 앉은 사람이여
비록 도에 들었으나 참다움이 되지 못하니
백 척 높은 장대 끝에서 모름지기 나아가야
시방세계가 이 전체 몸이로다.
僧이 廻擧似岑한대 岑이 作偈云
百尺竿頭坐底人이여 雖然得入未爲眞이로다
百尺竿頭에 須進步하야사 十方世界是全身이로다 하니

◉

그래 물으러 갔던 그 스님이 장사스님에게 돌아가 있었던 일을 고하자 장사스님이 게송을 지어 말씀하신 것입니다.

장사스님은 물음에 아무 말도 없었던 회화상을 두고 "백 척 높은 장대 끝에 앉은 사람이다."고 했습니다. 비록 깨치기는 깨쳤지만 철저하게 바로 깨치지는 못했다 그 말입니다. 그래, 백 척 높은 장대 끝에서 모름지기 한걸음 척 나아가야 시방세계에 온몸을 나툰다고 거기에 그냥 앉아있으면 안 된다고 하였습니다. 장사스님의 말씀에 내 또 한마디 붙이겠습니다.

【 착어 】

억!
도적을 속이는 자는 망한다.
(喝一喝云) 欺賊者亡이니라

●

아무 것도 모르는 숙맥을 속여야지 도적을 속이려 들어서야 되겠습니까? 단수가 높은 사람을 속이려들다간 자기만 망하고 맙니다. 그래, 장사스님이 한 법문을 두고 나는 "도적을 속이려는 사람은 망한다."고 평하였습니다. 이것을 알면 앞에서 "범과 표범의 무늬요 기린의 머리 뿔이로다."고 한 것을 바로 알 수 있습니다. 이 말을 모르고 장사스님이 한 말만 따라가서는 영원토록 법문의 근본 뜻을 모르고 맙니다.

【 본칙 】

그 중이 문득 묻되 "백 척의 높은 장대 끝에서 어떻게 나아갑니까?" 하니, 장사스님이 "낭주郎州의 산이요 예주澧州의 물이니라." 하였다.
그 중이 "모르겠습니다." 하니, 장사스님이 말하였다.
"사해 오호 온 천하가 임금님 다스리는 속이니라."
其僧이 便問호대 百尺竿頭에 如何進步오 苓云 郎州山澧州水니라 僧云 不

會니라 岑云 四海五湖王化裏라 하니

◉

'사해四海 오호五湖'는 온 천하를 일컫는 말입니다 이 온 천하가 임금님 다스리는 곳이다 이것입니다. 이것은 천하가 태평한 요순시절을 표현한 말입니다. 장사스님의 이 말씀에 내 한마디 붙이겠습니다.

【 착어 】

나귀 똥으로 납승의 눈동자를 바꾼다.
驢屎로 換却衲僧眼睛이로다

◉

나귀 똥이 동글동글하지 않습니까? 공부하는 납승의 눈을 빼 버리고 나귀 똥을 그 자리에 넣었다는 것입니다.

【 본칙 】

그 중이 이 법문을 들어 남전스님에게 묻되, "백 척 높은 장대 끝에서 어떻게 나아갑니까?" 하니, 남전스님이 "다시 한 걸음 나아가라." 하였다.
중이 다시 염관스님[3]에게 물으니, 염관스님이 "나아가서 무엇 하려느냐?" 하므로, 그 중이 긍정하지 않자 염관스님이 문득 때렸다.

僧이 擧問南泉호대 百尺竿頭에 如何進步오 泉云 更進一步하라 復問鹽官한대 官云 用進作什麼오 僧이 不肯이어늘 官이 便打하니

---

3 염관제안(鹽官齊安, ?~842). 마조도일(馬祖道一)의 법제자로 남악(南岳)스님의 2세손.

●

　그래 그 스님이 이 법문을 가지고 다시 장사스님과 회화상의 스승이신 남전스님을 찾아뵈었습니다.

　"장사스님께서 백 척 높은 장대 끝에서 모름지기 한 걸음 나아가야 한다고 하셨는데 어떻게 나아갑니까?"

　이에 남전스님은 "다시 한 걸음 나아가라."고 대답하셨습니다. 그래도 그 스님이 모르겠거든요. 그래서 이번엔 남전스님과 형제지간으로 당시 명성이 천하에 자자했던 염관스님을 찾아가 똑 같이 물었습니다. 그랬더니 염관스님이 "나아가긴 뭘 나아가." 나아갈 필요 없다 이것입니다. 장사스님이나 남전스님과는 전혀 다르게 말씀하시거든요. 장사 잠선사는 "백 천 장대 끝에서 한 걸음 나아가야 한다."고 하고, "어떻게 나아갑니까?" 하고 묻자, 남전스님은 "다시 한 걸음 나아가라." 했는데 염관스님은 나아갈 필요 없다고 하니, 염관스님은 도리를 모르는 사람처럼 생각된 것입니다. 그래 그 스님이 "스님은 틀렸습니다."고 하자 염관스님이 죽도록 두들겨 패서 쫓아 버렸습니다.

　똑같은 질문에 남전스님은 한 걸음 나아가야 된다 하고 연관스님은 나아갈 필요 없다고 했으니, 그럼 두 스님 중 한 분은 모르고 대답한 것일까요?

　아닙니다! 두 분 모두 철저히 알기 때문에 이런 말씀을 하신 것입니다. 겉 표현만 보아서는 모릅니다. 남전과 염관 두 분의 법문에 내 또 한마디 붙이겠습니다.

【 착어 】

　한 무리의 여우들이 마을의 남녀를 망치는구나.

　一隊野狐精이 壞却人家男女로다

◉

여우새끼같이 간악한 남전과 염관이 마을의 멀쩡한 남자 여자들을 말짱 버려놓았다고 했습니다. 왜 이렇게 말할까요? 그 뒤 승천 종선사라는 분이 이 법문을 평한 것이 있습니다.

【 염 】

승천 종선사[4]가 염하였다.

"만약 남전을 배우려면 모름지기 한 걸음 나아가야 하고, 염관을 배우려면 모름지기 한 걸음 물러서야 하리니 눈 밝은 이는 분별하라."

承天宗이 拈云 若參南泉이면 須進一步요, 若參鹽官이면 須退一步니 明眼底는 辨取하라 하니

◉

백천간두에 앉아 아무 말도 없이 가만히 앉은 이것이 정말 틀려서 한 걸음 나아갈 필요가 있다면 천하 대선지식인 염관스님은 왜 물러서라고 했을까요? 왜 그 질문에 남전스님은 나아가라고 하고 염관스님은 물러서라고 정반대로 말씀하셨을까요? 한 분은 앞으로 나아가라고 하고 또 한 분은 뒤로 물러서라고 한 이것을 바로 알아야만 위에서 한 법문 전체를 다 알 수 있습니다. 두 분의 말씀이 절대 모순되는 말이 아닙니다. 승천스님의 염에 내 한마디 붙이겠습니다.

【 착어 】

한 구덩이에 다른 흙이 없도다.

同坑에 無異土로다

---

[4] 승천전종(承天傳宗). 송(宋)대 운문종 스님으로 설두중현(雪竇重顯)의 법제자. 청원(靑原)스님의 10세손.

◉

이 흙이나 저 흙이나 한 구덩이에 있는 흙이 다를 리 없다는 말입니다. 그럼 회화상이 묵묵히 앉아 아무 말씀도 없었던 것과 관련해 본분 공안을 하나 더 소개하겠습니다.

【 본칙 】

혜충국사[5]에게 숙종황제가 물었다.
"스님께서 돌아가신 백년 뒤 필요한 물건은 무엇입니까?"
"노승을 위하여 무봉탑無縫塔을 만들어 주시오."
"스님의 탑 모양을 가르쳐 주소서."
혜충국사가 한참 묵묵히 있다가 말하였다.
"알겠소?"
"모르겠습니다."
"나에게서 법을 받은 제자로 탐원[6]이 있는데 이 일을 잘 아니 그를 불러 물어보시오."
혜충국사가 돌아가신 뒤 황제가 탐원스님에게 묻되, "그 뜻이 무엇입니까?" 하니, 탐원스님이 말하였다.
"상湘의 남쪽 담潭의 북쪽,[7]
가운데 황금이 있어 온 나라에 가득 찼네.
그림자 없는 나무 밑에서 합하여 배를 함께 타고
유리로 지은 대궐 위에 아는 이 없구나."[8]

忠國師가 因肅宗帝問호대 百年後에 所須何物고 忠云 與老僧作个無縫塔

---

5 혜충국사(慧忠國師, ?~775). 육조혜능(六祖慧能)의 법제자.
6 탐원응진(耽源應眞). 당(唐)대 혜충국사(慧忠國師)의 법제자.
7 상수의 남쪽 담수의 북쪽.
8 『선문염송』 제146칙(한국불교전서5, 145쪽).

하라 帝曰 請師塔樣하노이다 忠 良久云 會麽아 帝曰不會로다 忠曰 吾有 付法弟子耽源하야 却諳此事하니 請召問之하소서 忠이 遷化後에 帝詔耽 源하야 問 此意如何오 源云 湘之南潭之北에 中有黃金充一國이라 無影 樹下에 合同船하고 琉璃殿上에 無知識이로다 하니

◉

남전스님이나 염관스님 이전에 당나라 때 국사를 지낸 남양혜충국사라고 유명한 분이 계셨습니다. 이분이 돌아가실 무렵 천자인 숙종황제가 "스님께서 돌아가신 100년 뒤에는 무슨 물건을 드려야 되겠습니까?" 하고 물었습니다.

그러자 혜충국사가 무봉탑無縫塔을 만들어 달라고 했습니다. 옷이든 집이든 뭘 만들든 무엇을 만들려면 이것저것을 끼워 맞춰야 하지 않습니까? 그런데 끼워 맞추지 않은 그런 탑을 하나 만들어달라는 것입니다. 탑을 만들려면 나무건 돌이건 이것저것 쌓아서 만들어야 하는데 어찌 쌓지 않고 탑을 만들 수 있습니까? 이것이 법문입니다. 까닭 모를 말씀에 숙종황제가 "그럼 스님께서 탑 모양을 말씀해 주십시오." 하고 청했습니다. 그러자 앞에서 회화상이 아무 말도 없이 있었던 것처럼, 혜충국사 역시 아무 말 없이 가만히 있는 것입니다. 한참을 그렇게 묵묵히 계시다가 "아시겠습니까?" 하고 물었습니다. 아무 말도 하지 않고 있다가 갑자기 알겠냐고 물으니 그 까닭을 알 수 있나요. 그래 혜충국사 하시는 말씀이 "나에게서 법을 받은 제자로 탐원이 있는데 이 일을 잘 아니 그를 불러 물어보시오." 했습니다. 혜충국사가 돌아가신 뒤 황제가 탐원스님에게 물었습니다.

"그 뜻이 무엇입니까?"

그러자 탐원스님이 위의 게송으로 대답을 한 것입니다.

'상의 남쪽 담의 북쪽'은 온 천하를 말합니다. 온 천하에 황금이 꽉 찼

다고 했는데 무슨 황금이 온 천하에 꽉 찰 수 있습니까? 이것이 법문입니다. 또 세상에 그림자 없는 나무가 어디 있습니까? 이것 역시 법문입니다. 이 그림자 없는 나무를 알아야 합니다. 그림자 없는 나무 밑에서 여럿이 만나 함께 배를 타고 노니는데, 유리로 지은 투명한 집 속에 있는 사람들은 그것을 아는 사람이 하나도 없다고 했습니다. 다 앞이 캄캄한 바보들이란 것입니다. 투명하고 영롱해 온 천지가 훤하게 비치는 곳에 있는데 왜 아는 사람이 하나도 없을까요? 이것을 알면 혜충국사가 아무 말씀 없이 가만히 계셨던 그 뜻을 바로 알 수 있습니다. 그럼 이 법문에 내 또 한마디 붙이겠습니다.

【 착어 】

낙양 성안 백성을 잘 다스리니
쌀은 흔하고 나무 많아 사방이 풍족하네.
洛陽城裏에 好養民하야 米賤柴多足四隣이로다

◉

낙양은 당시 당나라의 수도입니다. 정치를 잘해 쌀도 흔하고 나무도 많아 온 백성이 두둑이 배부르게 먹고 따뜻하게 잠자는 태평성대더라는 말입니다. 이것이 앞 법문에 대한 전체적인 총평입니다.

【 송 】

설두선사가 송하였다.
무봉탑 보기가 참으로 어려우니
맑은 못엔 푸른 용이 서리지 못하네.
층계는 높고 높으며 그림자는 둥글고 둥그니
천년만년 사람들에게 보게 하리라.

雪竇頌曰

無縫塔을 見還難하니 澄潭엔 不許蒼龍蟠이로다

層落落影團團하니 千古萬古與人看이라 하니

◉

이 게송에서 제일 중요한 것은 "맑은 못엔 푸른 용이 서리지 못한다."는 구절입니다. 임제정맥의 오조 법연선사도 이 말을 제일 많이 했습니다. 설두스님의 게송이 다 뜻이 깊지만 그중에도 "맑은 못엔 절대 용이 서리지 않는다."고 한 이 구절이 가장 뜻이 깊습니다. 이 뜻을 바로 알아야만 혜충국사가 양구한 뜻을 바로 알 수 있습니다. 설두스님의 게송에 내 한마디 붙이겠습니다.

【 착어 】

구름이 올라가 비가 되고 이슬이 맺혀 서리가 되도다.

雲騰致雨하고 露結爲霜이로다

◉

이것이 혜충국사가 양구한 도리이고 "맑은 못엔 푸른 용이 서리지 못한다."고 한 설두선사의 게송 내용과 똑같은 의미입니다. 혜충국사의 무봉탑 법문에 천동 각선사께서 지은 유명한 게송이 있습니다. 그것을 소개하겠습니다.

【 송 】

천동 각선사가 송하였다.

외로이 멀고 멀며 둥글고 둥그니

쳐다보기 힘든 곳에 드높이 솟았네.

달은 져서 못이 비니 밤빛이 무겁고
구름 걷히고 산이 드러나니 가을 풍경 짙구나.
팔괘의 위치가 바르고 오행의 기운이 화하니
몸이 먼저 거기에 있음을 보았는가?
남양의 부자여, 있음을 아는 것 같고
천축의 부처와 조사여, 어떻게 할 수 없구나.

天童覺이 頌曰

孤迥迥圓陀陀하니 眼力盡處에 高峨峨로다

月落潭空夜色重이요 雲收山瘦秋容多로다

八卦位正하고 五行氣和하니 身先在裏見來麽아

南陽父子兮여 却似知有요 天竺佛祖兮여 無如奈何로다 하니

◉

외롭다고 한 것은 워낙 높아 상대가 없는 말입니다. 상대할 것이 없으니 바로 절대입니다. 또 둥글고 둥글어서 이리도 구르고 저리도 구르고 자유자재로 마음대로 쓴다는 것입니다. 그래, 어떻게 높은지 아무리 자세히 쳐다보려 해도 눈길이 미치지 못하더란 겁니다. 달이고 별이라 해도 다 볼 수 있지 않습니까? 그것보다 더 멀고 높아 아무리 눈을 가늘게 뜨고 엿보려 해도 절대 볼 수 없더라는 것입니다.

달이 있을 때야 못물이 훤히 비치지만 달이 없으니까 못도 그만 캄캄하고 삼라만상 온 천지가 캄캄해 지척을 분간할 수 없더라는 겁니다. 그리고 산에 꽉 꼈던 구름이 확 걷혀버리자 울긋불긋 단풍이 물든 가을 산이 참 보기 좋더라고 했습니다. 앞 구절에서는 밤중에 달이 떨어져 버리니 지척을 분간 못하겠다고 하고 뒷 구절에서는 가렸던 구름이 확 걷히니 오색의 가을 단풍이 영롱하더라고 했습니다.

팔괘의 위치가 바르고 오행의 기운이 화하다 했으니 천지의 이치가 순행해 세상이 태평천하더라는 것입니다. 그런 태평천하에 "몸이 먼저 거기에 있음을 보았는가?"라고 했는데 이 말은 유래가 있습니다.

천의 회선사라는 분이 삼산이라는 곳에 조실로 와 첫 개당법문을 할 때 일입니다. 상당하셔서 말씀하시길, "내가 삼산에 오기 전에 벌써 내 몸뚱이가 삼산 속에 있고, 내가 삼산에 와 있으니 삼산이 내 몸뚱이 속에 있다."고 했습니다. 바꿔 말하면 내가 해인사로 오기 전에는 몸뚱이가 해인사 속에 있고, 내가 해인사에 와 보니 해인사가 내 몸뚱이 속에 있더라는 겁니다. 말이 안 되는 소리 같지만 이것이 법문입니다. 이 말을 잘 알면 혜충국사가 양구한 뜻을 알 수 있고, 천동 각선사 게송의 뜻도 바로 알 수 있습니다.

혜충국사는 남양에 살았습니다. 그러니 남양부자란 혜충국사와 그 제자인 탐원을 말합니다. 그 두 분은 참으로 실지의 진리를 아는 것 같다 이 말입니다. 그런데 저 서쪽 인도의 부처님이나 조사님들은 이 법문에 대해 캄캄하게 몰라 어떻게 할 수가 없다고 했습니다.

이것도 말이 되지 않는 소리 아닙니까? 혜충국사도 결국 부처님 제자 아닙니까? 혜충국사와 탐원스님은 이 도리를 분명히 아는데, 왜 부처님과 가섭 아난 같은 제자들, 달마스님을 비롯한 삼십삼 조사들은 이 도리를 모른다고 했을까요? 여기에 아주 깊은 뜻이 있습니다. 천동스님의 이 게송에 내 또 한마디 붙이겠습니다.

【 착어 】

다못 분명함이 지극하여 도리어 얻는 바를 더디게 한다.
只爲分明極일새 飜令所得遲로다

◉

분명해도 그냥 분명한 것이 아니라 참으로 지극히 분명하게 법문을 남김없이 다 설했다는 것입니다. 그런데 너무 분명하니까 도리어 알기가 어렵습니다. 언뜻 생각하면 분명하게 모든 것을 다 드러냈으면 보고 알기가 더 쉽지 않겠냐고 생각할 것입니다. 그런데 너무 분명하고 명백하니까 도리어 알기가 어렵다고 했습니다. 이 말뜻이 천동스님의 게송과 내용이 똑 같습니다. 회화상의 침묵과 혜충국사의 침묵과 연관해 본칙 공안 하나를 더 소개하겠습니다.

【 본칙 】

세존께 어떤 외도가 여쭈었다.
"말씀 있음도 묻지 않고 말씀 없음도 묻지 않습니다."
세존께서 한참 묵묵히 계시니, 외도가 찬탄하여 말하였다.
"세존께서 대자대비로 저의 미혹한 구름을 열어서 저를 도에 들게 하셨습니다."
외도가 물러간 뒤 아난이 부처님께 여쭈었다.
"외도가 무엇을 증득하였기에 도에 들었다고 말합니까?"
부처님께서 말씀하셨다.
"세상의 좋은 말은 채찍 그림자만 보아도 달리는 것과 같느니라."[9]

世尊이 因外道問호대 不問有言이며 不問無言이니다 世尊이 良久한대 外道讚歎云 世尊이 大慈大悲로 開我迷雲하야 令我得入이니다 外道去後에 阿難이 問佛호대 外道가 有何所證而言得入이닛고 佛云 如世良馬가 見鞭影而行이라 하니

◉

부처님 당시에 외도가 한 명 찾아와 부처님에게 물었습니다.

---

[9] 『선문염송』 제16칙(한국불교전서5, 26쪽).

"당신이 무슨 대답을 하는 그런 것을 묻지도 않고 또 당신이 아무 말 안하고 가만히 있는 것 그런 것도 묻지 않습니다."

이건 "당신이 나에게 무슨 말을 해서도 안 되고 나에게 무슨 말하지 않아도 안 된다."는 이 말하고 같은 말입니다. 그러자 부처님께서는 한참을 묵묵히 계셨습니다. 이에 외도가 "세존께서 대자대비로 저의 미혹한 구름을 열어 깨쳐주셨습니다." 하고 절을 하며 찬탄하고 돌아갔습니다.

부처님이 아무 말씀도 없이 가만히 계셨는데 왜 외도는 무수히 찬탄했을까요? 아난이 보니 무슨 도리인지 도무지 알 수가 없거든요. 그래 "외도가 무엇을 깨치고 증득했기에 도에 바로 들어갔다고 말했습니까?" 하고 부처님께 물었습니다. 그러자 세존께서 말씀하셨습니다.

"세상의 좋은 말은 때리기 전에 채찍 그림자만 보아도 달리는 것과 같다."

둔한 말은 엉덩이에 피멍이 들도록 채찍으로 때려도 제대로 가지 못하지만 영리한 말은 채찍 그림자만 어른거려도 알아듣고 간다는 것입니다. 이 말도 표면적으로 보면, 그 외도가 아주 영리해 그 깊은 진리를 재빨리 깨쳤다고 할 것입니다. 허나 그런 말이 아닙니다. '채찍 그림자만 보아도 달린다'고 한 이것을 바로 알면 일체 공안을 조금의 막힘도 없이 모두 다 알 수 있습니다. 이 공안에 내 한마디 붙이겠습니다.

【 착어 】

크게 깨친 부처님이 외도의 한 번 물음에
얼음 녹듯 기왓장 부서지듯 하였도다.
大覺世尊이 被外道一問하야 直得氷消瓦解로다

◉

외도의 질문 한 번에 얼음이 녹듯 기왓장 부서지듯 부처님이 절단이나 버렸다는 것입니다. 이것도 말이 되지 않는 소리 아닙니까? 부처님이 양구하시는 것을 보고 외도가 깨쳐 크게 찬탄하고 돌아갔는데, 나는 왜 이렇게 말할까요? 철선사라는 분이 이 법문을 평하였습니다.

【염】

대위 철선사[10]가 염하였다.

"외도는 보배 거울을 품어 감추고, 세존은 친히 위하여 높게 드니, 삼라가 드러나 빛나고 만상이 역연하다. 또한 아난이 금북을 다시 치니 사방의 무리가 모두 듣는다. 비록 그러하나 두 용이 구슬을 희롱하매 저 지혜 있는 자의 위엄을 더함과 같다."

大潙喆이 拈호대 外道는 懷藏寶鏡하고 世尊은 親爲高提하니 森羅顯煥하고 萬象이 歷然이로다 又得阿難이 金鼓를 再擊하야 四衆이 咸聞이라 雖然이나 大似二龍이 玩珠에 長他智者威獰이로다 하니

◉

외도는 좋은 보배 거울을 가지고 온 격이고, 부처님은 그것을 친히 위로 높이 든 것이라고 했습니다. 그랬더니 온 천지 삼라만상이 또렷또렷하게 거기에 훤히 비치더란 것입니다. 아난이 부처님에게 그것이 무슨 뜻이냐고 물은 것을 두고는 "거기에 더해 아난이 금북을 한 번 더 치니 온 천하 사람들이 그 법문을 듣고 다 같이 깨치더라."고 했습니다. 그래 두 용이 구슬을 희롱함에 저 지혜로운 분의 위엄을 더함과 같다고 진여 철선사는 극구 칭찬했습니다. 철선사의 염에 내 한마디 하겠습니다.

---

10 대위모철(大潙慕喆, ?~1095). 임제종 스님으로 취암가진(翠巖可眞)의 법제자. 남악(南岳)스님의 12세손.

【 착어 】

진흙 뭉치를 장난하는 놈이 똥 위에 똥을 더 누는구나.

弄泥團漢이 屎上加尖이로다

◉

가지고 놀더라도 구슬을 가지고 논다거나 깨끗한 돌을 가지고 놀면 좋은데 진흙을 가지고 놀아 봐요. 이쪽 손에서 저쪽 손으로 흙뭉치를 옮기며 장난을 치니 온 전신 흙투성이가 되지 않겠습니까? 부처님이 양구하시고, 외도가 찬탄하고, 아난이 그 뜻을 물은 것을 두고 극구 칭찬한 진여 철선사는 진흙뭉텅이를 양쪽 손으로 이리저리 주무르며 장난치는 놈과 마찬가지다 이것입니다. 온 전선이 흙투성이라는 말입니다. 그런 철선사가 보기 싫고 냄새 또한 고약한 똥 위에다 똥 덩어리를 하나 더 보태었다고 나는 평했습니다. 한 덩어리도 보기 싫고 냄새나는데 거기다 한 덩어리 더 보탰으니 어떻겠습니까? 부처님과 외도와 아난을 찬탄한 대위 철선사를 나는 왜 또 이렇게 나쁘게 평할까요? 대중 여러분은 한 번 잘 생각해 보십시오. 오늘 여러 공안과 여러 스님들의 법문을 소개하며 장황하게 이야기했는데 이제 총 마무리를 짓겠습니다.

【 착어 】

대중들이여, 만약 장사스님을 배우려면, 세존과 국사도 또한 모름지기 한 걸음 더 나아가야 하리니, 장사스님의 뜻이 필경 어느 곳에 있는가?

大衆아 若參長沙면 世尊과 國師도 亦須進一步니 長沙意畢竟在什麼處오

◉

대중 여러분, 장사스님은 회선사가 양구한 것을 두고 "백 척 높은 장대 끝에 앉은 사람이여, 비록 도에 들었으나 참다움이 되지 못하니, 백

척 높은 장대 끝에서 모름지기 나아가야 시방세계가 이 전체 몸이로다."
고 했습니다. 그러니 만약 장사스님의 말씀대로 한다면 세존과 국사도
또한 마땅히 한 걸음 더 나아가야만 합니다. 회화상이 양구했듯이, 외도
의 물음에 세존도 양구하고 황제의 물음에 혜충국사도 양구했지 않습
니까? 만일 실지로 양구한 것에 허물이 있어서 한걸음 나아가야만 한다
면 회화상만 한걸음 나아가야 할 것이 아니라 부처님과 혜충국사도 한
걸음 나아가야 한다 이 말입니다. 그러면 회화상이 양구한 뜻을 장사스
님이 모르고 그런 소리를 한 것일까요? 장사스님 같은 대조사가 모르고
한 소리가 절대 아닙니다. 장사스님이 그렇게 말씀하신 데에는 깊은 뜻
이 있습니다. 그러면 장사스님의 깊은 뜻이란 도대체 무엇일까요? 장사
스님의 뜻이 필경 어느 곳에 있습니까?

회화상과 장사스님의 일을 두고 만송이라는 유명한 스님이 평한 것이
있습니다. 그것을 소개하겠습니다.

【염】

만송이 말하되, "회암주는 남전 밑에서 출세하지 않고 숨어살며 비밀
히 증득한 무리이다. 장사가 게송 지음은 마치 암두가 말하되, '설봉과
덕산이 말후구末後句를 모른다' 함과 병통이 같다."고 하였다.

萬松이 云 庵主는 乃南泉下不出世인 潛符密證之徒라 長沙述偈는 此與
岩頭道호대 雪峰德山이 不會末後句로 病痛이 一般이라 하니

●

만송스님은 "회암주는 남전 밑에서 출세하지 않고 숨어 살며 비밀히
증득한 무리이다."라고 했습니다. 묻혀 사는 사람인데 부처님의 뜻 조사
의 뜻을 아주 비밀히 확철히 증득한 사람이라는 것입니다. 이렇게 평한
만송스님은 『종용록從容錄』이란 법문집이 남아 있을 만큼 유명한 조동종

의 대표적 스님입니다. 회화상이 양구한 것이 실지에 있어서 잘못이라면 만송스님이 이렇게 평했겠습니까? 확철대오해 비밀히 계합하고 비밀히 증득한 사람이라고 평하지 않는다 이 말입니다. 만송스님은 회화상과 장사스님 두 분의 입각처를 확실히 알기 때문에 이렇게 평한 것입니다.

그러면 장사스님은 "백 척 장대 끝에서 모름지기 한 걸음 나아가야 한다."고 매서운 방망이를 때렸는데, 왜 만송스님은 실지에 있어서 회화상은 확철히 깨친 사람이라고 했을까요? 그럼 장사스님이 틀린 것일까요? 아닙니다. 장사스님의 말씀은 겉으로 표현된 것과 다른 속 내용이 있는 것입니다. 그럼 그 속뜻은 무엇일까요?

만송스님은 장사스님이 이런 게송을 지어 회화상을 꾸짖은 것은, 암두스님이 자기 스승인 덕산스님을 두고 "보잘 것 없는 덕산이 말후구도 모르는구나."라고 하고, 천하의 선지식이 되어 고명한 이름을 떨치던 사제 설봉스님을 두고 "내가 설봉에게 말후구를 일러주었더라면 천하 그 누구도 설봉을 어찌하지 못했을 텐데."라고 했던 경우와 같다고 한 것입니다.

결국 장사스님의 말씀 내용은 암두스님이 자기 스승을 "아무 것도 모른다."고 한 것과 같은 병통이라는 것입니다. 그러면 바로 안 사람은 아무 것도 모르는 사람이라고 욕하고 짓밟아야 당연한 것인가? 그런 겉 표현만 봐서는 절대 안 됩니다. 이 뜻을 바로 알아야 합니다. 만송스님의 말씀에 내 한마디 붙이겠습니다.

【 착어 】

혓바닥 빼는 지옥에서 진사겁塵沙劫토록 고생함을 자초한다.

自招拔舌塵沙劫이로다

● 이건 영가스님의 『증도가證道歌』에 나오는 구절입니다. 거짓말을 많이 하면 발설지옥에 떨어져 혀를 백 리만큼이나 뽑히고 소가 그 혀를 쟁기로 간다고 했습니다. 거짓말을 많이 한 죄로 만송스님은 스스로 발설지옥에 떨어져 끝없는 고통을 받는다고 나는 평하는 것입니다.

【 결어 】

산승山僧이 오늘 고소장을 보고 판결을 해서 천고千古의 의심덩이를 없애 버리리라.

세존께서 한참 묵묵하심은 캄캄한 산에 앉아 있음이요

국사가 한참 묵묵하심은 가을 강에 달이 밝음이요

회암주가 한참 묵묵하심은 봄 동산에 꾀꼬리 노래함이다.

비록 그러하나 묵묵한 것으로만 알면 지옥에 떨어지기 화살과 같으리니,

필경 이 법문이 어느 곳에 떨어져 있는가?

(한참 묵묵한 후에 말씀하셨다.)

향주머니를 찢어발기니 온 나라에 향냄새요

하늘 구멍을 헤쳐 여니 참다운 바람이 소리친다.

(주장자 한 번 치고 내려오시다.)

山僧이 今日에 據款結案하야 除却千古疑團호리라 世尊良久는 黑山에 打坐요 國師良久는 秋江에 月亮이요 庵主良久는 春園에 鸚囀이라 雖然如是나 若作良久會하면 入地獄如箭射니 畢竟에 一著이 落在什麽處오 (良久云)
摘破香囊熏大國이요 撥開天竅吼眞風이로다

(卓拄杖一下하고 便下座하시다)

◉

  옛 스님들이 분분하게 이런 말씀 저런 말씀을 많이도 하셨는데, 그 말씀이 이리 얽히고 저리 얽혀 앞뒤가 맞지 않고 서로 상반된 듯 보이기도 합니다. 허나 아는 사람이 보면 청청백일처럼 너무도 명백한 말씀들입니다. 그래도 의심만 더하는 대중들을 위해 이 산승이 오늘 고소장을 보고 명백히 판결을 내려 천고의 의심덩이를 없애 버리겠습니다.
  세존께서 한참 묵묵하심은 캄캄한 산에 앉아 있음이요
  국사가 한참 묵묵하심은 가을 강에 달이 밝음이요
  회암주가 한참 묵묵하심은 봄 동산에 꾀꼬리 노래함입니다.
  세 분이 양구한 것은 똑같은데 왜 나는 그 내용을 달리 평할까요? 이것을 바로 알면 모든 것 일체가 다 해결됩니다.
  비록 그렇기는 하지만 "아무 말씀도 없이 가만히 앉아계셨다."는 그런 알음알이를 조금이라도 낸다면 그 사람은 지옥에 떨어지기 화살과 같을 것입니다. 그럼 필경 이 법문이 어느 곳에 떨어져 있습니까?
  향주머니를 찢어발기니 온 나라에 향냄새요
  하늘 구멍을 헤쳐 여니 참다운 바람이 소리친다.

戊申(1968)년 12월 말일 해인사 해인총림 궁현당

25. 용아선판 龍牙禪板
선판과 포단

【 수시 】

날씨는 차고 해는 짧으니 두 사람이 한 그릇을 쓴다.
가야산 꼭대기에 상서로운 구름이 하늘에 퍼져 있고
홍류동紅流洞 아래 향기로운 바람이 땅을 휩쓴다.
신령스런 거북이 그림을 지고 오니 향엄이 빛을 잃고
잔잔한 물에 배를 띄우니 소산에 빛이 비친다.
조照와 용用이 때를 같이함은 묻지 않거니와
조照와 용用이 때를 같이하지 않음은 어떠한가?
개가 사면하는 칙서를 물고 가니 제후諸侯가 길을 피하네.
天寒日短하니 兩人이 一椀이라
伽倻山頂에 瑞雲이 遍空하고 紅流洞下에 香風이 撫地로다
神龜負圖에 香嚴이 失色하고 順水에 流舟하니 疎山에 舒光이라
照用同時는 卽不問이어니와 照用不同은 作麼生고
狗啣赦書하니 諸侯避道로다

◉

겨울이 되어 날씨는 차고 해는 짧으니 두 사람이 그릇 하나를 사용하더라고 했습니다. 밥을 먹던지 물을 먹던지 국을 먹던지 같은 그릇을 쓰더라는 것입니다. 왜 이런 말을 할까요? 이 뜻을 바로 알면 오늘 법문은

다 마친 것입니다.

"향엄이 빛을 잃는다香嚴失色"는 것은 향엄스님이 정신을 잃어버리더란 말입니다. 이 말엔 고사가 있습니다. 향엄스님이 상당하여 법문을 하는데 누가 나와서 "모든 성인을 사모하지 않고 자기 자성도 소중히 여기지 않을 때는 어떻습니까?" 하고 물었습니다. 이에 향엄스님이 대답하기를, "온갖 기틀을 다 쉬어버리니 천 성인도 이끌고 가지 못하느니라."고 이렇게 법문한 일이 있습니다. 그때 당시 대중 가운데 소산스님이 계시다가 이 법문을 듣고는 비아냥조로 구토하는 시늉을 했습니다. 향엄스님은 "사숙께서 저를 인정하지 않습니까?" 하고는 예를 갖춰 소산스님을 법상에 청하였습니다. 그래, 소산이 법상에 앉아 하는 말씀이 "긍정하고 승낙하는 것이 온전치 못하다."고 했습니다. 그 말을 들은 향엄스님이 수기하기를, "당신이 그렇게 법문한다면 30년 동안 똥을 거꾸로 눌 것이다."고 했습니다. 과연 소산스님은 그 후 줄곧 반위증, 밥만 먹으면 토하는 병을 앓았습니다. 그렇게 27년을 앓고 병이 나았지만 소산스님은 향엄의 수기에 맞춰 나머지 3년을 음식을 먹은 후 스스로 토한 사실이 있습니다. 지금 이 말은 그것을 두고 하는 소리입니다.

신구神龜는 『장자莊子』에 나오는 이야기가 있습니다. 영수의 신령스런 거북이 어느 여차라는 어부의 그물에 걸리자 임금의 꿈에 나타나 살려 달라고 애원했습니다. 꿈이 하도 생생해 수소문해 보았더니 정말 그런 일이 있는 것입니다. 그래 임금이 거북을 살려주려 하자 그 나라의 역관이 "신령한 그 거북으로 점을 치면 모두 맞을 것입니다."라고 간하였습니다. 그 거북은 그 신령함으로 임금의 꿈에 현몽은 했지만 결국 그 신령함 때문에 죽임을 당해 나라의 사당에 모셔져 국운을 점치는 신세가 되었다고 합니다.

"온갖 기틀을 다 쉬어 버리니 천 성인도 이끌고 가지 못한다."고 한 향엄스님의 법문을 두고 후대의 큰스님들이 "신령스런 거북이 신비한 문양을 짊어지고 나온 것과 같다."고 평한 일이 있습니다. 그런데 향엄이 실색이여 아주 정신이 하나도 없다고 했습니다.

또 "잔잔한 물에 배를 띄우니 소산에 광명이 비친다."고 했습니다. 소산이 30년 동안 밥만 먹으면 토하는 반위병을 앓자 누가 그 뜻을 물은 일이 있습니다. 그러자 소산스님 대답이 "물길 따라 배를 띄운다."고 했습니다. 밥만 먹으면 토하는데 그 뜻을 물으니 왜 물길 따라 배를 띄운다고 이렇게 대답했을까요? 여기에 아주 깊은 뜻이 있습니다. 향엄스님은 자기가 옳다는 식으로 소산의 법문을 부정하고 30년 동안 똥을 거꾸로 쌀 것이라 수기했고, 또 그 수기가 맞았습니다. 그런데 왜 신령스런 거북이 문양을 지고 나온 격이라고 평하며, 아연실색해서 정신을 차리지 못한다고 했을까요? 철두철미한 조사스님들은 다 이렇게 법문을 거량했습니다.

자, 그럼 묻겠습니다.

조照와 용用이 때를 같이 함은 묻지 않거니와

조照와 용用이 때를 같이 하지 않음은 어떻습니까?

질문에 내가 답하겠습니다.

개가 사면하는 칙서를 물고 가니 제후諸侯가 길을 피하는구나.

짐승 중에서도 가장 시원찮고 천한 짐승이 개입니다. 그런데 그런 개가 천자의 조칙을 물고 가니까 제후인 왕들조차 무서워 길을 비켜 다른 길로 달아난다는 겁니다. 개가 무서워서가 아니라 천자의 조칙이 무서워 피해가는 것이지요. 그러면 왜 하필 개가 조칙을 물고 간다고 말했을까요?

여기에 깊은 뜻이 있습니다. 이 말뜻을 바로 알면 앞에서 소개한 향엄스님의 법문이나 소산스님의 법문이나 조용동시照用同時나 조용부동시照用不同時 등 불법대해 전체를 다 알 수 있습니다. 다시 한 번 말하겠습니다.

볼품없고 천한 개가 천자의 칙령을 물고 가니

제후 왕들조차 겁이 나서 길을 피해 전부 달아납니다.

【 본칙 】

용아스님[1]이 처음 취미스님[2]에게 가서 물었다.

"어떤 것이 조사가 서쪽에서 오신 뜻입니까?"

"나에게 선판禪板을 가져오너라."

용아스님이 선판을 가져다 취미스님에게 주니 취미스님이 받아서 문득 때리거늘, 용아스님이 말했다.

"때리기는 마음대로 때리시나 조사의 뜻은 없습니다."

또 용아스님이 임제스님에게 물었다.

"어떤 것이 조사가 서쪽에서 오신 뜻입니까?"

"나에게 포단을 가져오너라."

용아스님이 포단을 가져다 임제스님에게 주니 임제스님이 받아서 문득 때리거늘, 용아스님이 말했다.

"때리기는 마음대로 때리시나 조사의 뜻은 없습니다."

용아스님이 출세出世한 뒤에 어떤 중이 물었다.

"스님이 행각하실 때에 두 큰스님에게 조사의 뜻을 물으셨는데, 두 큰스님의 도안道眼이 밝은지 어떤지 알지 못하겠습니다."

"밝기는 밝았으나 조사의 뜻은 없었느니라."[3]

龍牙初參翠微하고 乃問如何是祖師西來意오 微云 過我禪板來하라 牙取禪板與翠微하니 微接得便打어늘 牙云 打卽任打나 要且無祖師意로다 又

---

1 용아거둔(龍牙居遁, 835~923). 조동종 스님으로 동산양개(洞山良介)의 법제자. 청원(青原)스님의 5세손.
2 취미무학(翠微無學). 당(唐)대 스님으로 단하천연(丹霞天然)의 법제자. 청원(青原)스님의 3세손.
3 『선문염송』 제894칙 (한국불교전서5, 643쪽).

問臨濟호대 如何是祖師西來意오 濟云過我蒲團來하라 牙取蒲團與臨濟
하니 濟接得便打어늘 牙云 打卽任打나 要且無祖師意로다 牙住後에 有僧
問 和尙이 行脚時에 問二尊宿祖師意하니 未審케라 二尊宿道眼이 明也
아 未아 牙云 明卽明이나 要且無祖師意라 하니

●

　조동종의 종조인 동산 양개화상의 제자중에 용아스님이라고 아주 유명한 분이 계셨습니다. 그 스님이 먼저 취미스님을 찾아가 조사가 서쪽에서 오신 뜻을 물었습니다. 그러자 취미스님이 "나에게 선판을 가져오너라."라고 했습니다. 선판이란 좌선하는 사이사이 잠시 휴식을 취할 때 쓰는 도구로 선승들의 필수품입니다. 그래 용아스님이 선판을 가져다 취미스님에게 주자 취미스님이 받아서 바로 때렸습니다. 그러자 용아스님 하는 말씀이 "때리기는 마음대로 때리십시오, 그렇지만 조사서래의는 없습니다."고 하였습니다. 그리고는 또 임제스님을 찾아가 먼저와 똑같이 물었습니다.

　"무엇이 조사가 서쪽에서 오신 뜻입니까?"

　이번엔 임제스님이 깔고 앉는 좌구인 포단을 가져오라 하였습니다. 그래 용아스님이 포단을 가져다 드리자 임제스님이 그 포단을 받아들고는 용아스님을 두들겨 팼습니다. 그러자 또 용아스님 하는 말이 "때리기는 마음대로 때리십시오, 그렇지만 조사의 뜻은 없습니다."라고 했습니다.

　그 뒤에 용아스님이 세상에 이름을 드러내 법좌를 펴셨는데 어떤 스님이 하나 찾아와 물었습니다.

　"스님이 행각하실 때 두 큰스님에게 조사가 서쪽에서 오신 뜻을 물으셨는데, 두 큰스님의 정말 눈이 밝은 명안종사이셨는지 아닌지를 모르겠습니다. 그것 좀 말씀해 주시오."

　용아스님이 대답하시기를, "취미와 임제, 두 큰 스님이 눈이 밝기는 청천백일처럼 밝은 조사지만 조사서래의는 없다."고 했습니다. 이것이 그 유명한 용아스님과 임제스님, 취미스님의 법문입니다. 이 세 분의 거량에 내 한마디 붙이겠습니다.

【 착어 】

달은 당긴 활 같고 비는 적고 바람은 많도다.

月似彎弓에 少雨多風이로다

【 송 】

설두 현선사가 송하였다.
용아산 속의 용이 눈멀었으니
죽은 물에서 어찌 옛 가풍을 떨치리오.
선판과 포단을 쓰지 못하니
다만 나에게 줄 것이로다.

雪竇顯이 頌曰

龍牙山裏龍無眼하니 死水何曾振古風고
禪板蒲團을 不能用이라 只應分付與盧公이로다 하니

◉

운문종의 설두 중현스님이 이 법문에 게송을 지었습니다.

"용아산 속의 용이 눈멀다." 했으니 이는 바보라는 말입니다. 또 "죽은 물에서 어찌 옛 가풍을 떨치리오."라고 했습니다. 이는 결국 용아가 임제나 취미 두 스님에게 찾아가 두들겨 맞고 제대로 맥도 추지 못했으니 안목이 없을 뿐더러 실지에 있어 조사 가풍을 추호도 모르는 사람이더라는 것입니다. 이건 아주 여지없이 나무라며 하는 소리입니다. 왜 그러한가? "선판과 포단을 가져오너라." 했을 때 바로 그것을 쓰지 왜 갖다 주고 두들겨 맞느냐 이 얘깁니다. "선판과 포단을 쓸 줄 모르니 그걸 나에게 줬더라면 내가 한 번 잘 써 봤을 것이다." 하고 설두스님은 송하였습니다.

설두스님은 취미스님에게 선판을 주고 임제스님에게 포단을 주고는 두들겨 맞은 용아스님을 아무 것도 모르는 자라는 뜻으로 이런 송을 지은 것입니다. 그리고선 만약 그 당시 내가 용아였다면, 선판을 가져오라 포단을 가져오라 했을 때 선판을 들고 포단을 들고 취미스님과 임제스님을 두들겨 팼을 것이라는 것입니다. 설두스님의 이 게송에 내 한마디 붙이겠습니다.

【 착어 】

어리석은 선객이 삼대 같고 좁쌀같이 많도다.

杜撰禪和如麻似粟이로다

【 송 】

천동 각선사가 송하였다.
포단과 선판으로 용아를 접대하니
무슨 일로 기틀을 당하여 눈 밝은 이가 되지 못하였나.
밝은 눈 아래서 성취할 뜻 없음은
장차 먼 하늘가에 흘러 떨어질까 두려워함이다.
허공에 어찌 칼을 걸리오
은하수에 도리어 뗏목을 띄운다.
싹트지 않은 풀이 향상香象을 숨길 줄 알고
밑 빠진 바구니에 능히 산 뱀을 담는다.
오늘날 강호江湖에 무슨 장애가 있으리오
사방으로 통한 나루터엔 배와 수레가 있구나.

天童覺이 頌曰
蒲團禪板을 對龍牙하니 何事로 當機不作家오
未意成遞明目下는 恐將流落在天涯로다
虛空에 那掛劍이리오 星漢에 却浮槎라
不萌草解藏香象하고 無底籃能著活蛇로다
今日江湖何障碍오 通方津渡有船車라 하니

◉

　그 뒤 또 천동 각선사가 이 법문에 게송을 지은 것이 있습니다. "포단과 선판으로 용아를 접대하니, 무슨 일로 기틀을 당하여 눈 밝은 작가, 참된 수좌가 되지 못했더냐?" 이것입니다. 조금 전 설두스님 말씀처럼 달라고 할 때 주기는커녕 그것으로 두들겨 줬으면 될 것인데, 왜 그렇게 하지 않고 스스로 심부름꾼이 되어 자기가 갖다 준 선판과 포단에 도로 두들겨 맞았냐 이것입니다. 겉으로 보면 정황이 그렇지 않습니까?

　그리고선 "밝은 눈 아래서 성취할 뜻 없음은 장차 먼 하늘가에 흘러 떨어질까 두려워함이다."라고 했습니다. 저 먼 데 하늘 끝에 떨어져 아무 쓸모도 없이 될까 두려워서 그랬다는 것입니다. 조동종에서는 법을 쓰건 말을 하건 간에 온전히 전체를 다 드러내지 않는 것을 소중히 합니다. 십에 칠팔쯤만 드러내지 다 드러내지 않는다는 말입니다. 한 올의 가림도 없이 전체를 다 드러내면 더 고준할 것 같지만 그것이 실지에 있어선 종풍을 도리어 더럽힌다고 하는 것이 조동종의 가풍입니다. 그래 용아가 선판을 쓰지 않고 포단을 쓰지 않은 것은 종풍을 상할까 싶어 그렇게 하지 않은 것이라고 천동스님은 송한 것입니다. 이것이 조동의 가풍입니다. 그러니 어떻습니까? 설두스님의 송하고는 영 반대되지요?

　"허공에 어찌 칼을 걸리오, 은하수에 도리어 뗏목을 띄운다."고 했는데, 허공에 어떻게 칼을 걸 수 있느냐고 한 것은 용아가 아무 말도 하지 않고 선판과 포단을 갖다 주고 두들겨 맞은 것을 두고 한 말이고, 은하수에 도리어 뗏목을 띄운다고 한 것은 "때리긴 때렸지만 조사서래의는 없다."고 한 것을 두고 한 말입니다.

싹이 트지 않은 풀, 그것만이 향상向上을 숨길 수 있습니다. 싹이 나고 무성히 자라고 하는 그런 것은 결국 생멸에 속합니다. 그렇기 때문에 좋은 보배, 즉 조사서래의祖師西來意를 감출 수 없다 그 말입니다.

또 어떻게 말했냐 하면 "밑 빠진 바구니에 능히 산 뱀을 담는다."라고 했습니다. 이것도 말이 되는 않는 소리 아닙니까? 물건을 담으려면 밑이 있어야지 밑이 없는데 어떻게 물건을 담을 수 있습니까? 그렇지만 밑이 있는 그릇으로는 죽은 뱀은 담을 수 있지만 산 뱀은 담을 수 없다는 것입니다. 뒤에서 다시 얘기하겠지만 이런 표현들이 용아스님 법 쓰는 것을 두고 한 말들입니다.

"오늘날 강호에 무슨 장애가 있으랴." 했으니 아무 장애가 없다는 말입니다. 이리저리 사방팔방으로 통하는 나루터에 배도 있고 수레도 있으니 누구든 자유자재로 왕래할 수 있다는 말입니다. 겉으로 보기에는 우둔한 용아스님이 취미스님과 임제스님에게 두들겨 맞은 것처럼 보이지만 실지에 있어 용아스님은, 설두의 말처럼 선판을 가져오라 포단을 가져오라 할 때 바로 때리는 것보다 훨씬 더 고준한 법을 매섭게 쓴 것이라는 말입니다. 그것을 이렇게 표현한 것입니다.

그러니 어떻습니까? 설두스님의 송하고는 정반대로 천동스님은 표현하셨지요? 참 까다롭습니다. 그럼 또 천동스님의 게송에 내 한마디 붙이겠습니다.

【 착어 】

한밤중에 목동이 달 비친 문을 두드리니
캄캄한 가운데 옥인이 놀라 잠을 깬다.

夜半에 木童이 叩月戶하니 暗中에 驚破玉人眠이로다

●

한밤중에 나무로 만든 어린애가 달 비친 문을 두드리니 어둑한 곳에서 옥으로 만든 사람이 놀라 잠을 깨고 나오더라고 나는 말하겠습니다. 이 뜻을 알면 앞 게송의 뜻도 알 수 있습니다. 그 뒤『종용록』을 지은 조동종의 만송스님이 이 법문에 대해 비평한 것이 있습니다. 그것을 소개하겠습니다.

【 염 】

만송선사가 말하였다.
"용아의 팔꿈치 뒤에 달린 신령스런 부적을 알고자 한다면 모름지기 같은 파인 천동의 안목이니라. '싹트지 않은 풀이 향상을 숨길 줄 알고 밑 빠진 바구니에 능히 산 뱀을 담는다' 하니, 이는 용아의 쓰지 않는 대용大用을 말함이다."

萬松이 道호대 要識龍牙의 肘後神符인댄 須知當派天童眼目이니라 不萌草解藏香象하고 無底籃能著活蛇라 하니 是龍牙의 不用之大用이니라

●

'팔꿈치 뒤에 달린 신령스런 부적'이란 부처와 조사도 어떻게 할 수 없는 신부로 법을 자유자재로 활용하는 쓰는 것을 비유한 말입니다. 그래, 부처와 조사도 어떻게 할 수 없게 만드는 용아스님의 신령스런 부적을 아느냐 그것입니다. 앞에서 설두스님은 "용이 눈이 멀었다."고 매섭게 폄하하는 말을 했는데, 만송스님은 왜 이렇게 용아스님을 높여 말할까요? 언뜻 보면 아무 수단도 없이 여기저기로 다니며 두들겨 맞기만 한 것처럼 보이지만 실지로 팔꿈치 뒤에 신령스런 부적을 붙이고 부처와 조사가

어찌할 수 없는 신통을 자유자재로 부리는 것이라는 말입니다. 그래 그 것을 알려면 모름지기 같은 조동종인 천동스님의 게송을 보아야 알 수 있다는 것입니다.

천동스님 게송하고 설두스님 게송은 표현이 정반대이지 않습니까? 설두스님은 게송에서, 그 당시 선판과 포단을 가져오라 할 때 그것으로 때렸으면 될 걸 왜 도리어 두들겨 맞았냐고 했습니다. 그러나 천동스님은 달리 말했습니다. "싹트지 않은 풀이 향상을 숨길 줄 알고 밑 빠진 바구니에 능히 산 뱀을 담는다."고 했으니, 이것은 용아스님이 쓰지 않는 대용大用으로 법신을 바로 표현했다는 것입니다. 포단과 선판으로 때리지 않고 순순히 맞은 이 쓰지 않는 대용에 때리는 것보다 더 무서운 뜻이 담겨 있다고 만송스님은 평하는 것입니다. 또 그 뒤 임제종 정맥의 원오스님이 『벽암록』에서 그 법문에 대해 하신 말씀이 있습니다.

【염】

불과선사[4]가 말하였다.

"용아가 당시에 어찌 저를 때릴 줄 몰랐으리오. 그가 산 물속을 향해 쓰지 않고 스스로 죽은 물속에 가서 활계活計를 지어 한결같이 주재함이다."

佛果道호대 龍牙가 當時에 豈不知打他리오 他不向活水處用하고 自去死裏作活計하야 一向主宰라 하니

◉

취미와 임제, 두 스님이 선판을 가져오라 포단을 가져오라 했을 때 그게 자기를 때리려고 하는 소리란 것을 용아스님이 왜 몰랐겠습니까? 그

---

4 원오극근(圜悟克勤)이 북송의 휘종(徽宗)으로부터 받은 호.

정도는 누구나 알 수 있다 그 말입니다. 그런데 왜 순순히 가져다주고 두들겨 맞았느냐 이것입니다. 거기 무슨 뜻이 있는가? 용아스님은 산 물에서, 산 곳에서 법을 쓰지 않고 스스로 죽은 물에서, 죽은 곳에서 살 궁리를 한 것이라고 원오스님은 평했습니다. 이는 앞의 천동스님 송이나 만송스님 평과 맥락을 같이 하는 말씀입니다.

설두스님은 그 당시 나라면 선판과 포단을 가져오라 할 때 바로 때려주었을 것이라고 했지만, 만송스님은 순순히 매를 자초한 용아스님의 그 행동은 불용지대용不用之大用이라 참으로 깊은 뜻이 있다고 평했습니다. 원오스님 말씀 역시 그런 뜻입니다.

선판을 가져오라 포단을 가져오라 할 때 자기 때릴 줄을 왜 몰랐겠냐는 것입니다. 그건 뻔한 것 아니냐는 말입니다. 그런데도 순순히 가져다 드리고 맞은 것은 산 물에서 작용을 쓰지 않고 스스로 죽은 곳에서 깊은 법을 쓰는 것이 용아의 근본 뜻이더라고 원오스님은 평한 것입니다.

【 착어 】

그러면 설두의 송은 또한 어떻게 되는가?

恁麼則雪竇頌古는 又作麼生고

●

천동스님과 만송스님과 원오스님 모두 용아스님이 두들겨 맞은 것은 잘못이 아니라 실지에 있어 깊은 법을 바르게 썼다고 평하였습니다. 그러면 천고에 유명한 설두스님의 게송은 어떻게 되느냐 이것입니다. 설두스님은 분명히 "왜 심부름꾼이 되어 도리어 두들겨 맞았냐?"고 하고 "눈먼 용"이라 가혹한 평을 하지 않았습니까? 그러면 설두스님의 평이 잘못되었다는 것인가? 누구든 그렇게 볼 수 있습니다.

그러나 그렇지 않습니다. 설두스님이 이렇게 말씀하신 데에는 천동스님이나 만송스님이나 원오스님보다 더 깊은 뜻이 있습니다.

【염】

허당 우선사가 말하였다.

"오직 설두가 용아의 골수를 철저하게 보아서 그 속뜻을 송함에 첫머리에 말하기를, '용아산 속 용이 눈이 멀었다' 하니, 이 말은 신랄하여 가까이할 수 없으니 대개 그의 법 쓰는 바가 흔히 이와 같다."

虛堂이 云호대 唯有雪竇가 見徹骨髓하야 他頌古裏面에 劈頭道호대 龍牙山裏龍無眼이라 하니 此語辛辣難近傍이라 蓋他用處多類如此로다

⊙

임제정맥을 이어받은 허당 지우선사가 말씀하시길, "오직 설두만이 용아의 골수를 철저하게 보았다."고 했습니다. 아무 것도 모르는 눈먼 용이라고 용아스님을 가혹하게 평했는데 "설두스님은 용아스님의 법신을 철두철미하게 보았기 때문에 이런 말씀을 한 것"이라고 허당스님은 평한 것입니다.

"용아산 속의 용이 눈이 멀었다."고 한 설두스님의 말뜻이 어찌나 깊은지 보통사람은 도저히 알 수가 없다는 것입니다. 확철대오해서 정문의 정안이 바로 열리기 전에는 설두스님의 이 말씀을 바로 알 수 없습니다. "용아산 속 용이 눈이 멀었다."고 하니 용아스님을 심하게 폄하하는 말 같지만 그렇게 이해하면 눈먼 개가 흙덩이만 쫓는 격이라 끝내 설두스님의 뜻은 모르는 사람이라는 말입니다.

설두스님이 그렇게 말씀하신 데에는 그 뜻이 저 깊은 다른 곳에 있다는 말씀입니다. 왜 그런가? 설두스님이 법문을 할 때 늘 이런 식으로 법을 많이 썼다는 것입니다. 말 밖의 깊은 뜻으로 법문을 많이 했기 때문에 사람들이 이해하기가 참으로 어렵다고 허당스님은 말씀하셨습니다.

이처럼 언구 밖의 깊은 뜻으로 법을 활용한 것에 대해 만송스님도 하신 말씀이 있습니다.

【염】

만송선사가 또 말하였다.

"남전이 노조[5]를 비난했거늘 장경[6]은 도리어 말하기를, '자기는 물러서고 남에게 사양하니 만 명 가운데 한 사람도 없다' 하며, 노조가 관문과 나루를 잡아끊었거늘 나산[7]은 도리어 말하되, '놓을 줄만 알고 거둘 줄은 모른다' 하니, 그러므로 옛 사람의 게송에 말하였다.

밝음과 어둠이 서로 뒤섞인 살활殺活의 기틀이여
큰 사람의 경계는 보현보살만이 아노니
한 가지에서 났으나 한 가지에서 죽지 않으니
암자 가운데 늙은 큰스님을 크게 웃게 한다."

萬松이 又云호대 南泉이 貶屈魯祖어늘 長慶이 却道호대 退己讓人하니
萬中無一이라 하고 魯祖把斷關津이어늘 羅山이 却道호대 解放不解收라 하니
所以 古人偈云
明暗相參殺活機여 大人境界는 普賢知라
同條生不同條死하니 笑倒庵中老古錐로다

◉

예전에 노조스님은 사람만 보면 돌아앉아 버렸습니다. 그래 같은 마조스님 제자로 형제간인 남전스님이 "왜 사람만 보면 돌아앉아 버리느

---

[5] 노조보운(魯祖寶雲). 당(唐)대 스님으로 마조도일(馬祖道一)의 법제자. 남악(南岳)스님의 2세손.
[6] 장경혜릉(長慶慧稜, 854~932). 설봉의존(雪峰義存)의 법제자로 청원(青原)스님의 6세손.
[7] 나산도한(羅山道閑). 암두전활(巖頭全豁)의 법제자로 청원(青原)스님의 6세손.

냐.”고 심하게 공격한 일이 있습니다. 그 후 어떤 스님이 남전이 노조를 비난한 뜻을 장경스님에게 물었습니다. 장경스님이 말씀하시길, "자기는 낮은 데 서고 남을 칭찬하니 그런 사람은 만 명 가운데 하나도 드물다."고 높이 평했습니다. 누구나 내가 잘났다고 하지 남 칭찬하는 사람이 어디 있겠습니까? 결국 뭘 말하느냐 하면, 남전스님이 그렇게 말한 것은 실지에 있어서 노조스님을 극구 칭찬한 것이라는 말입니다.

노조스님 돌아앉는 걸 보고 남전스님이 심하게 공격을 했는데, 장경스님은 왜 그것에 대해 남전스님이 노조스님을 극구 칭찬했다고 말했을까요? 또, 노조스님이 돌아앉은 것에 대해 나산스님은 "놓을 줄만 알고 거둘 줄은 모른다."고 평했습니다. 누가 묻건 돌아앉았으니 보통 볼 때는 거둘 줄만 알고 놓을 줄은 모른 것 아닙니까? 그런데 왜 나산스님은 이렇게 정반대로 평했을까요? 만송스님이 보기엔 노조스님이 모든 관문과 나루를 다 거둬들였는데, 즉 모든 법을 다 거둬들여 소통할 길을 끊었는데 왜 나산은 "펼쳐 놓을 줄만 알고 거둘 줄은 모른다."고 이렇게 말했을까요? 설두스님의 게송 역시 이와 같다고 만송스님은 평한 것입니다. 이것이 종문의 깊은 법 쓰임새입니다. 이것을 바로 알면, 설두스님이 "용아산 용이 눈이 멀었다."고 한 말뜻을 바로 알 수 있다 이것입니다.

【 결어 】

대중은 말해 보라. 설두의 뜻이 필경 어떠한가?
극빈은 공양 내는 벌전罰錢을 달게 받고
눈먼 나귀는 일부러 정법안正法眼을 멸한다.
(크게 할을 한 번 하고 내려오시다.)

大衆은 且道하라 雪竇意畢竟如何오
克賓은 甘罰饌飯錢하고 瞎驢는 故滅正法眼이로다
(喝一喝하고 下座하시다)

◉

　자 그럼 대중 여러분, 말씀해 보십시오. 설두스님의 뜻이 결국 어느 곳에 있습니까? 대체 설두스님의 뜻이 어디에 있기에 내가 이렇게 횡야설 수야설 긴 소리 짧은 소리를 너절너절 풀어놓느냐 이 말입니다.

　예전에 임제정맥의 흥화스님이 제자인 극빈유나에게 법을 물었습니다. 이에 흥화가 대답을 하자 흥화스님은 "네가 대답을 잘못했으니 벌로 대중공양을 내라."고 했습니다. 그래 극빈유나가 다음날 대중공양을 준비했습니다. 그랬더니 흥화스님이 이번엔 "네가 법문에 져서 벌로 낸 공양이니 너는 이 밥을 먹지 못한다." 하고는 쫓아내 버렸습니다. 그럼 극빈유나는 정말 흥화의 뜻을 몰랐단 말인가요? 그 후 극빈유나는 세상에 이름을 드러내 회상을 펼 때 흥화스님의 법을 이었습니다.

　또 "눈먼 나귀는 일부러 정법안을 망쳐 버렸다."고 했는데 이는 삼성스님을 두고 한 말입니다. 임제스님이 돌아가실 때 당부하시기를, "나의 정법안장을 멸각하지 말라."고 하셨습니다. 그러자 삼성스님이 나서며 말했습니다.

　"우리가 어떻게 감히 스님의 정법안장을 멸각시키겠습니까?"

　임제스님께서 삼성에게 묻기를, "그래, 사람이 찾아오면 어떻게 하겠느냐?"고 하자 삼성이 크게 할을 했습니다. 그러자 임제스님께서 "나의 정법안장을 저 눈 먼 나귀가 망쳐 버릴 줄 어떻게 알았으랴."고 하셨습니다.

　이제 그 법문을 두고 한 말입니다.

　이 두 뜻을 알면 "때리기는 마음대로 때리십시오. 하지만 조사가 서쪽에서 오신 뜻은 없습니다."고 한 용아스님의 말씀도 알 수 있고, "용아산 속의 용이 눈이 멀었다."고 한 설두스님의 송도 알 수 있고, 천하의 어떤 고불고조도 쓸 수 없는 깊은 법을 썼다고 칭찬한 천동 각선사의 뜻도 알 수 있고, 아울러 오늘 법문 전체를 알 수 있습니다. 다음 구절을 잘 새겨 보십시오.

극빈은 공양 내는 벌전罰錢을 달게 받고
눈먼 나귀는 일부러 정법안正法眼을 멀한다.

戊申(1968)년 동안거 해제일 해인사 해인총림 궁현당

26. 세존금란 世尊金襴
금란가사

【 수시 】

앞니에 털이 나고 얼굴 구멍에 살이 없으니
사나운 용의 구슬이 홀로 빛나고 달은 외롭게 밝도다.
한밤중에 가사를 전하니 득실得失이 서로 반이요
대낮에 꽃을 드니 시비是非가 어지럽게 일어난다.
사람을 죽이고 불을 지름은 이 무슨 심사인가
성품을 보고 도를 깨침은 부질없기 그지없다.
돌연히 한 번 소리침에 허공이 찢어지니
만 골짝 천 개울에 물이 거꾸로 흐른다.
板齒에 生毛하고 面孔에 無肉하니 驪珠獨耀하고 桂月孤朗이로다
子夜에 傳衣하니 得失이 相半이요 日午에 拈花하니 是非紛起로다
殺人放火는 是何心事오 見性悟道는 太甚無端이라
突然一喝에 虛空裂하니 萬壑千溪水逆流로다

【 본칙 】

아난존자가 가섭존자에게 물었다.

"부처님께서 금란가사金襴袈裟[1] 말고 따로 무슨 법을 전하셨습니까?"

---

[1] 금란(金襴)은 비단 바탕에 금실 모양을 짜 넣은 직물. 부처님 당시 이모였던 파사파제(波闍波提)가 부처님께 바쳤다고 전해지는 가사. 선종에서는 부처님께서 열반에

"아난이여!" 하고 가섭존자가 불렀다.
아난이 대답하니, 가섭존자가 말하였다.
"문 앞의 찰간刹竿²을 거꾸러뜨려라."³
阿難이 問迦葉호대 世尊이 金襴之外에 別傳何法고 迦葉이 召阿難한대 阿難이 應諾이어늘 迦葉이 云 倒却門前刹竿著하라 하니

【 착어 】

사람에게서 소 한 마리를 얻고
사람에게 말 한 마리를 갚는다.

得人一牛하고 還人一馬로다

【 송 】

대각 연선사⁴가 송하였다.
금란가사 말고 다시 무엇을 전하랴
문 앞의 찰간을 거꾸러뜨린다.
밤이 되니 눈바람이 크게 불어
하늘에 가득 찬 별빛이 달 속에서 차갑다.

大覺璉이 頌曰
金襴之外에 更何傳고 倒却門前刹竿著이로다
入夜에 雪風이 吹大緊하니 滿天星彩月中寒이라 하니

임하여 법과 함께 이것을 가섭에게 전했다고 믿으며 정법(正法)의 상징으로 여김.
2 찰주(刹柱)라고도 함. 사원에서 설법이나 법요가 있음을 보이는 기를 거는 간(竿).
3 『선문염송』 제81칙(한국불교전서5, 87쪽).
4 대각회련(大覺懷璉, 1009~1090). 운문종 스님으로 늑담회징(泐潭懷澄)의 법제자. 청원(靑原)스님의 10세손.

【 착어 】

얼음은 강 북쪽 언덕에서 녹고
꽃은 나무 남쪽 가지에서 핀다.
氷消河北岸하고 花發樹南枝로다

【 본칙 】

수산스님[5]에게 어떤 중이 물었다.
"어떤 것이 부처입니까?"
"신부가 나귀를 타니 시어머니가 고삐를 끄느니라."
首山이 因僧問如何是佛고 山이 云 新婦騎驢에 阿家牽이라 하니

【 착어 】

먼저 간 사람은 이르지 못하고
뒤에 간 사람은 벌써 지나갔구나.
先行不到요 末後太過로다

【 송 】

해인 신선사가 송하였다.
신부는 나귀 타고 시어머니가 이끌이여
왕가王家 늙은이가 허공에서 무쇠 배를 탄다.
우물 밑에서 돛대를 다니 바람이 크게 불고
수미산 꼭대기에 물결이 하늘에 치솟는다.
海印信이 頌曰

---

5 수산성념(首山省念, 926~993). 임제종 스님으로 풍혈연소(風穴延沼)의 법제자. 남악(南岳)스님의 8세손. 『여주수산념화상어록(汝州首山念和尙語錄)』 1권이 있음. 『법화경(法華經)』에 정통하여 염법화(念法華)라는 별명을 가짐.

新婦騎驢에 阿家牽이여 王老空中에 駕鐵船이로다
井底에 掛帆風勢惡하니 須彌頂上에 浪滔天이라 하니

【 착어 】

원숭이는 푸른 산봉우리 밖에서 울고
범은 흰 구름 속에서 휘파람 분다.

猿啼靑嶂外하고 虎嘯白雲中이로다

【 염 】

해회海會 연演선사[6]가 상당하여 이 법문을 들어 말하였다.

"신부가 나귀 타고 시어머니가 끄는 것은 묻지 말고 길에서 고생고생하지 말아라. 밥 보면 밥 먹고 차 보면 차 마실지니 한 문을 드나드나 전생부터 원수로다."

海會演이 上堂에 擧此話云 莫問新婦阿家牽하야 免敎路上波吒이다 遇飯卽飯하고 遇茶卽茶라 同門出入하나 宿世寃家라 하니

【 착어 】

습득[7]은 머리 숙여 웃고 한산[8]은 낯을 들고 본다.

拾得은 低頭笑하고 寒山은 仰面瞻이로다

---

6 곧 오조법연(五祖法演, ?~1104)을 말함. 임제종 양기파 스님으로 백운수단(白雲守端)의 법제자. 남악(南岳)스님의 13세손.『오조법연선사어록(五祖法演禪師語錄)』4권이 있음.
7 당(唐)대 천태산 국청사(國淸寺)에 한산(寒山)과 함께 은거해 살았던 현자. 풍간(豊干)이 적성산(赤城山)을 경행하다 주워 길렀다 해서 이런 이름이 붙음.
8 당(唐)대 천태산 국청사(國淸寺)에 은거해 살았던 현자. 전설화하여 실재한 인물인지는 명확하지 않고『한산시(寒山詩)』가 남아 있음. 풍간(豊干), 습득(拾得), 한산(寒山)을 세상에서 국청삼은(國淸三隱)이라 함.

【 결어 】

 대중들이여, 가섭존자는 성내고 수산은 미치니 석인石人이 머리 부서져 삼천리를 달아난다. 살쾡이와 흰 염소는 기뻐 날뛰고 장삼張三과 이사李四는 눈물을 거두지 못하니, 말해 보라. 이 공안公案이 필경 어느 곳에 떨어져 있는가?

(한참 묵묵한 후에 말씀하셨다.)

밤새도록 밝은 주렴 밖에 차례로 늘어서니

만 리의 노랫소리 태평시절을 말하노라.

(크게 할을 한 번 하고 내려오시다.)

大衆아 迦葉瞋하고 首山顚하니 石人이 頭破走三千이로다 狸奴白牯는 樂欣欣하고 張三李四는 淚不收하니 且道하라 這箇公案이 畢竟에 落在甚處오 (良久云)

夜明簾外에 排班立하니 萬里歌謠道太平이로다

(喝一喝하고 下座하시다)

己酉(1969)년 4월 19일 가사불사회향일 해인사 해인총림 궁현당

27. 육조풍번 六祖風幡
바람과 깃발

【 수시 】

하나를 보면 귀가 먹고 둘을 들으면 눈이 머니
눈멀면 비로자나 이마 위요 귀먹으면 석가의 눈동자로다.
독사는 옛길에 누워 있고 짐조鴆鳥는 후원에서 나는지라
금색두타金色頭陀는 몸 둘 곳이 없고
푸른 눈 늙은 오랑캐는 손을 쓰지 못하니
문수 보현보살이 어느 곳에 서려는가.
(한참 묵묵한 후에 말씀하셨다.)
향내 바람이 불고 불어 그치지 않으니
오색 깃발이 궁전 추녀 끝에서 펄럭이네.

見一則聾하고 聞二則瞎하니 瞎則毘盧頂上이요 聾則釋迦眼睛이로다 毒蛇는 橫古路하고 鳩鳥는 飛後園이라 金色頭陀無以容身이요 碧眼老胡不得措手하니 文殊普賢이 向什麼處著고 (良久云)
香風이 拂拂吹不盡하니 五色畵幡이 舞殿角이로다

●

하나를 보면 귀가 먹는다 하니 어째서 보는데 귀가 먹고, 둘을 들으면 눈이 먼다 하니 어째서 듣는데 눈이 먼다고 할까요? 보는데 귀가 먹어 버리고 듣는데 눈이 먼다 하니, 그 뜻이 무엇입니까?

또 눈이 멀면 비로자나불의 이마 위라고 하니, 어째서 눈이 멀어 봉사인데 비로자나불의 머리 꼭대기에 앉아 있다고 할까요? 귀가 먹은즉 석가의 눈동자라고 하니, 귀가 먹었는데 어째서 석가의 금강정안이라고 할까요?

여기에 깊은 뜻이 있으니, 대중들은 잘 생각해 보십시오.

독사는 옛 길에 누워 있다 하니, 이 독사는 보통 독사가 아닙니다. 부처건 조사건 이 뱀에 물리면 누구도 살아남지 못하는 그런 무서운 독사를 말합니다. 또 짐조란 새 중에서 가장 독한 새입니다. 이 새가 사람의 음식 위로 지나가며 그림자만 비춰도 그 음식을 먹은 사람은 다 죽어 버린다는 그런 무서운 독을 가진 새입니다. 그 새가 지금 후원 뜰을 훨훨 날아다니고 있다는 것입니다.

금색 두타는 가섭존자를 말합니다. 그 살결의 빛이 세세생생 항상 금색을 잃지 않았다 하여 그렇게 부릅니다. 그런 가섭존자도 독사가 입을 벌리고 있고 짐조가 날고 있는 여기에서는 몸을 어떻게 움직여 볼 도리가 없습니다. 어찌 가섭뿐이겠습니까? 푸른 눈 늙은 오랑캐, 즉 달마대사도 여기에서는 어떻게 손을 써볼 재주가 없습니다.

여기에서는 문수보살이나 보현보살이나 모두 대력보살大力菩薩이지만 어느 곳을 향해 발을 붙일 수 있겠느냐는 것입니다.

"향기 나는 바람이 불고 불어 그치지 않으니, 오색 그림 그린 깃발이 궁전 추녀 끝에서 펄럭인다."고 한 이 게송의 뜻을 알면 앞 법문 전체의 뜻을 알 수 있습니다.

【 본칙 】

육조대사가 인종印宗[1]의 회하에 있을 때였다. 어느 날 두 중이 "바람이

---

[1] 인종(印宗, 627~713). 광주(廣州, 廣東省)의 법성사(法性寺)에서 『열반경』을 강설하다 육조스님을 만나 그 법제자가 됨. 『심요집(心要集)』이 있어 널리 읽혔다 함.

다 깃발이다." 하여 다투는데 한 사람은 "바람이 움직인다." 하고, 또 한 사람은 "깃발이 움직인다."고 하였다.

육조대사가 이를 보고 말씀하시되, "바람이 움직임도 아니고 깃발이 움직임도 아니요 그대들의 마음이 움직임이니라." 하니, 두 중이 깜짝 놀랐다.[2]

六祖在印宗會下할새 見二僧이 爭風幡호대 一曰風動이라 하며 一曰幡動이라 하야늘 祖曰 不是風動이며 不是幡動이요 仁者心動이니라 二僧이 悚然하니

●

육조스님이 오조 홍인대사의 법을 받고서는 밤중에 남방으로 도망쳐 신분을 감추고 십육여 년을 숨어 살았습니다. 삭발도 하지 않고 계도 받지 않고 이곳저곳을 떠돌다 인종화상 밑에서 지내게 되었습니다. 하루는 어떤 스님 둘이서 깃발이 바람에 이리저리 펄럭이는 것을 보고, 한 스님은 "바람이 움직인다." 하고, 한 스님은 "깃발이 움직인다."며 서로 시비를 하며 다투고 있었습니다. 이에 육조스님이 보기가 딱해 가까이 다가가 말했습니다.

"제가 아무것도 모르는 미천한 사람이지만 스님들께 한 말씀 드리고 싶은데 용서해 주시겠습니까?"

두 스님이 승낙하자 육조스님이 "그것은 바람이 움직이는 것도 아니고, 깃발이 움직이는 것도 아니며, 오로지 스님들의 마음이 움직이는 것입니다."라고 하니, 그 두 스님이 깜짝 놀랐습니다. 기이하게 여긴 두 스님은 곧 인종화상을 찾아가 앞뒤 이야기를 자세히 말씀드렸습니다. 그러자 인종화상이 "홍인대사의 법이 남방으로 내려왔다고 들었는데 아마도 그 분임에 틀림없다." 하고는 모셔 와서 법문을 청하였습니다. 마침내 육

---

2 『선문염송』 제110칙(한국불교전서5, 116쪽).

조스님은 당신의 신분을 밝히고는 인종화상에게 삭발하고 구족계를 받으시고 그 명성을 천하에 떨쳤다고 합니다.

이 법문은 『전등록』이나 『선문염송』 등에 예로부터 유명한 법문으로 전해 내려오고 있습니다. 언뜻 보면 별달리 깊은 뜻이 없는 법문 같지만 실은 참으로 뜻이 깊은 법문임을 분명히 알아야 합니다.

이 육조스님의 법문에 대해 내가 한마디 평을 하겠습니다.

【착어】

수양버들은 가지마다 푸르고
복숭아꽃은 송이송이 붉도다.

楊柳는 絲絲綠이요 桃花는 片片紅이로다

◉

이렇게 말한 뜻을 바로 알면 앞에서 육조스님이 말씀하신 법문의 뜻을 분명히 알 수 있습니다. 그렇지만 이 법문의 뜻이 하도 깊어서 오해하는 사람들이 참 많습니다. 그래서 다시 천태 덕소국사가 육조스님 법문에 대해 자세히 말씀한 바를 소개하겠습니다.

【염】

천태 소국사[3]가 대중에게 말하였다.

"옛 성인의 방편이 강모래같이 많으나 육조대사의 '바람과 깃발이 움직임이 아니요 그대들의 마음이 움직임이니라' 하신 이것은 무상심인無上心印이요 지극히 묘한 법문이다. 우리는 조사 문하의 사람이라 하는데 어떻게 이해하려는가?

---

[3] 천태덕소(天台德韶, 891~972). 법안종 법안문익(法眼文益)의 법제자. 청원(靑原)스님의 9세손.

바람과 깃발이 움직이지 않고 너의 마음이 망령되이 움직인다거나, 바람과 깃발을 버리지 않고 바람과 깃발에서 깨치라 하거나, 바람과 깃발 움직이는 곳이 이 무엇인가 하거나, 물질에 의하여 마음을 밝히되 물질을 인정하지 말라 하거나, 색色이 곧 공空이라 하거나, 바람과 깃발이 움직이지 아니하는 곳에서 모름지기 묘하게 알아야 한다고 하면, 조사의 뜻은 전혀 모르는 것이니 벌써 모든 이해가 다 틀렸으니 어떻게 알겠느냐? 만일 바로 알면 무슨 법문인들 밝지 않으리오. 비록 백 천의 많은 부처님의 방편이라도 일시에 환히 알게 되리라."

天台韶國師示衆曰 古聖方便이 猶如河沙호대

六祖曰 非風幡動이요 仁者心動이라 하니 是爲無上心印이요 至妙法門이라 我輩稱祖師門下士어니 何以解之리오 若言風幡不動이요 汝心妄動이라 하며 若言不撥風幡하고 就風幡處通取라 하며 若言風幡動處是什麽오 하며 若言附物明心호대 不須認物이라 하며 若言色卽是空이라 하며 若言非風幡動處에 應須妙會라 하면 與祖師意旨로 了沒交涉이니라 旣非種種解會어니 如何知悉고 若眞見去하면 何法門이 不明이리오 雖百千諸佛方便이나 一時洞了라 하니

◉

천태 덕소국사는 선종 5가의 하나인 법안종法眼宗의 개조 법안스님의 손상좌 되는 큰 도인이십니다. 그 스님께서 대중에게 법문하셨는데, 육조스님의 법문에 대해 세상 사람들이 잘못 이해하는 점을 대략 여섯 가지로 나누어 말씀하셨습니다.

옛 성인인 부처님이나 조사스님이 말씀하신 법문이 큰 강가의 수없는 모래알같이 많으나 육조스님이 말씀하신 "바람이 움직임도 아니요, 깃발이 움직임도 아니요, 스님의 마음이 움직이는 것이오."라고 하신 이 법문은 부처님이 확철대오하시고 오직 가섭존자에게 전한 위없는 마음의

도장無上心印, 즉 정법안장正法眼藏이며 지극히 묘한 법문이란 것입니다. 이 법문은 보통의 하찮은 것이 아니라 그 뜻이 참으로 깊고 깊어서, 부처님이나 달마대사처럼 자성을 확연히 깨치기 전에는 절대로 이 법문을 바로 알지 못한다는 말씀입니다.

이렇게 육조스님의 이 법문은 그 뜻이 아주 깊어서 확철대오하여 정안正眼을 갖추기 전에는 절대로 알 수 없는 법문인데, 보통 사람들은 그 깊은 뜻을 모르고 공연히 자기의 번뇌망상으로 이리저리 쓸데없이 해석하는 폐단이 있으니, 다음과 같다는 것입니다.

첫째, 바람과 깃발이 움직이지 않고 너의 마음이 망령되이 움직인다고 흔히 해석한다는 것입니다. 법法, 자성自性은 동정動靜을 떠난 것인데 '바람이 움직인다', '깃발이 움직인다' 하는 것은 동정을 떠나지 못한 생멸生滅의 견해라는 것입니다. 생멸견해이니만큼 망상妄想과 정해情解로써 공연히 '바람이 움직인다', '깃발이 움직인다'라고 분별하는 것은 자성에 동정이 없는 것을 몰라 차별을 일으킨 것이라고, 대개는 이렇게 육조스님의 법문을 오해한다는 것입니다. 이렇게 잘못 이해한 사람들은 "바람이 움직이는 것도 아니고 깃발이 움직이는 것도 아니다. 본래 생멸과 동정을 떠난 실상에 번뇌망견으로 '깃발이다', '바람이다' 하는 것이니 공연한 분별 일으키지 말라는 것이 육조스님의 근본 뜻이다."라고 흔히들 말합니다.

둘째, 바람과 깃발을 저버리지 않고 바람과 깃발에 통달해서 안다고 흔히 해석한다는 것입니다. 앞서의 첫 번째 해석은 동정을 떠난 입장, 곧 부정否定의 측면에서 말하였다면 여기서는 긍정肯定의 입장에서 보는 것입니다.

일체 만법이라는 것이 동정이 없다고만 한다면 이것도 편견입니다. 일진법계一眞法界 전체가 진여대용 아닌 것이 하나도 없는데, 바람을 제외시키고 무엇을 법이라 할 것이며, 깃발을 제외시키고 무엇을 법이라 할 것이며, 움직이는 것을 제외시키고 무엇을 법이라 할 것이며, 고요한 것을 제외시키고 무엇을 법이라 할 것이냐는 것입니다. 그러니 바람이 움직인다 해도 괜찮고, 깃발이 움직인다 해도 괜찮고, 고요하다고 해도 괜찮다는 것입니다. 바람이나 깃발을 저버리지 않고 거기에 통해서 전체를 다 긍정으로 보는 병이 또한 흔하다는 것입니다. 대개는 이 두 가지 병통을 벗어나는 해석이 별로 없습니다.

그렇지만 이러한 해석은 실지에 있어서 참으로 무상심인과 지극히 묘한 법문에 해당되질 않습니다.

셋째, "바람과 깃발이 움직이는 곳이 무엇인가."라고 하고는 이것을 바로 알면 곧 부처가 되고 조사도 되는 것이며, 여기에 참으로 깊은 뜻이 있다고 해석한다는 것입니다.

넷째, 물질에 의하여 마음을 밝히되 물질을 인정하지 말라고 하여 "어떤 물건에 의지해서 자기 자성만 밝히면 그만인 것이지 다시 물건을 따라가지 말라."고 이렇게 오해한다는 것입니다.

다섯째, 색色이 곧 공空이라 오해하는 것입니다. 색이 공이고 공이 색이니 바람이 곧 깃발이고 깃발이 곧 바람이라 그 어디에 집착이 있느냐고 해석한다는 것입니다.

여섯째, 바람과 깃발이 움직이지 아니하는 곳에서 모름지기 묘하게 알아야 한다고 해석하는 것입니다. 바람과 깃발이 움직이지 아니하는 그곳에서 확철히 깨친 그 소식을 바로 알아야 한다고 해석하는 사람들이 있습니다.

대개의 보통 사람들은 이 여섯 가지의 잘못된 해석을 벗어나지 못합니다. 그렇게 이해해서는 육조스님의 근본 뜻과 전혀 교섭하지 못한다는 것입니다. 그럼 이런 갖가지 해석을 다 부정했으니 어떻게 해야 육조스님의 근본 뜻을 바로 알 수 있겠습니까?

만약 육조스님의 이 법문을 바로 안다면 일체 법문을 다 알 수 있으며, 백 천의 수많은 부처님의 무량방편 법문도 확연히 알 수 있습니다. 어찌 부처님 법문뿐이겠습니까? 역대조사 천하 선지식의 일체 법문을 하나도 빠짐없이 전체를 다 알 수 있는 것입니다.

그러니만큼 육조스님의 이 법문은 절대 등한히 여겨선 안 됩니다. 이 뜻은 부지런히 참구해 확철히 깨쳐야만 아는 것이지 깨치기 전에는 절대로 그 뜻을 모릅니다.

천태 덕소국사의 법문에 대해서 내 한마디 붙이겠습니다.

【 착어 】

두꺼비는 남산의 범을 집어삼키고
초명벌레의 눈썹에서 그네를 띈다.
蝦蟆呑却南山虎하고 蟭螟眼睫에 打鞦韆이로다

◉

두꺼비가 어떻게 큰 범을 집어삼킬 수 있습니까? 초명이란 아주 작은 벌레인데 어떻게 그 눈썹에 그네 줄을 매어 그네를 뛸 수 있겠습니까?

이런 말을 하면 새빨간 거짓말같이 들리겠지만, 이 뜻을 바로 알면 앞에서 "수양버들은 가지마다 푸르고 복숭아꽃은 송이송이 붉도다."라고 한 말과 더불어 법문 전체의 뜻과 모든 부처님 및 역대 선지식의 법문을 다 알 수 있습니다. 또 육조스님의 이 법문에 대해서 운문종의 파릉巴陵 감鑑선사가 염拈한 것이 있습니다. 그것을 소개하겠습니다.

【 염 】

파릉 감선사[4]가 염하였다.

---

4 파릉호감(巴陵顥鑑). 운문종 스님으로 운문문언의 법제자. 청원(靑原)스님의 7세손.

"조사가 말씀하시되, '바람이 움직임도 아니요 깃발이 움직임도 아니라' 하니, 벌써 바람과 깃발이 아니니 어느 곳에서 찾으려는가? 어떤 사람이 조사와 더불어 주장할 수 있다면 나와서 파릉과 더불어 서로 보아라."

巴陵鑒이 拈호대 祖師道不是風動이요 不是幡動이라 하니 旣不是風幡이니 向什麽處著고 有人이 與祖師作主어든 出來與巴陵相見하라 하니

●

"바람이 움직이는 것도 아니요 깃발이 움직이는 것도 아니다."라고 했으니 이미 바람도 아니고 깃발도 아닌데, 우리가 어느 곳을 향해서 손을 대고 발을 붙이고 입을 열고 사량분별할 수 있겠습니까? 여기서 육조스님의 뜻을 바로 알면 조사가 되는 것이고 얼굴도 서로 보게 된다고 하신 것입니다.

이 파릉 감선사의 법문에 대해 내가 한마디 붙이겠습니다.

【 착어 】

운문이 조주고불趙州古佛에게 예배한다.

雲門이 禮拜趙州古佛이로다

●

파릉스님이 육조스님 법문의 뜻을 바로 알면 자기를 볼 수 있다고 했는데, 그 뜻을 바로 알면 운문스님이 조주고불에게 예배드린다는 뜻도 알 수 있습니다.

【 염 】

설두 현선사가 파릉의 염을 들어 말하였다.

"바람이 움직이고 깃발이 움직이므로 이미 바람과 깃발인데 어느 곳에서 찾으려는가?

어떤 사람이 파릉과 더불어 주장을 할 수 있다면 또한 나와서 설두와 더불어 서로 보아라."

雪竇顯이 擧巴陵拈云 風動幡動이라 旣是風幡이니 向什麼處著고 有人이 與巴陵作主어든 亦出來與雪竇相見하라 하니

◉

설두스님은 파릉스님과 반대로 말씀하고 있습니다. 왜 같은 법문을 두고 두 선사가 정반대로 말했을까요? 여기에 깊은 뜻이 있습니다. 설두스님의 말씀에 내 한마디 붙이겠습니다.

【 착어 】

임제가 덕산 조사를 차서 짓밟는다.

臨濟蹴踏德山祖師로다

◉

파릉스님의 염에는 "운문스님이 조주스님에게 예배를 드린다."고 했는데 설두스님의 염에는 "임제스님이 덕산스님을 차버린다."고 했습니다. 이 뜻을 분명히 알아야 합니다.

【 염 】

법진 일선사가 이 법문을 듣고 이어 파릉과 설두의 염을 들어 말하였다.

"말해 보라. 두 스님의 말씀이 같은가 다른가? 만약 결정할 수 있거든 나와서 노승과 더불어 서로 보아라."

法眞一이 擧此話하고 連擧巴陵雪竇拈云 且道하라 二老宿語是同是別가 若定當得이어든 出來與老僧相見하라 하니

◉

파릉과 설두 두 스님의 말씀이 정반대이니 한 사람은 잘못 본 것일까요? 그러면 누가 제대로 보고 누가 잘못 본 것입니까? 두 분 모두 정법안장을 갖춘 종문의 대종사이니만큼 말이 서로 틀린다고 해도 안 되는 것이고, 한 사람은 잘못 보고 한 사람은 제대로 봤다고 해도 안 됩니다. 그러면 어째서 말이 서로 상반되느냐? 이 뜻을 확실히 하는 사람이 있으면 나와서 서로 얼굴을 보자고 하신 것입니다.

법진 일선사의 법문에 대해서 내 또 한마디 붙이겠습니다.

【 착어 】

닭은 추우니 나무에 오르고
오리는 추우니 물에 내려간다.
鷄寒에 上樹하고 鴨寒에 下水로다

◉

추운 것은 똑같은데, 닭은 추우면 나무로 올라가고 오리는 추우면 반대로 물속으로 들어갑니다. 이 뜻을 바로 알면 앞의 육조스님의 법문을 비롯해 파릉, 설두, 법진선사의 말씀 모두를 알 수 있습니다. 그렇지만 망상정해로써 피상적 관찰을 했다가는 지옥에 떨어지기를 화살같이 하는 것입니다. 오직 자성을 깨쳐야만 아는 것이지 깨치기 전에는 절대로 이 뜻을 모르는 것입니다. 이 육조스님의 법문에 대해서 조동종의 대홍大洪은恩선사가 송하였습니다.

【 송 】

대홍 은선사[5]가 송하였다.

깃발도 아니요 바람도 아님이여
석성산 꼭대기에서 바라보니 어찌 끝이 다하리.
하늘 위 별들은 다 북쪽을 향해 돌고
인간의 물은 모두 동해로 흐른다.

大洪恩이 頌호대
不是幡兮不是風이여 石城山頂에 望何窮가
天上에 有星皆拱北이요 人間엔 無水不朝東이로다 하니

◉

이 게송은 중국 대륙을 표준해서 하는 말입니다. 중국은 서쪽으로 곤륜산맥이 막아서고 있으니 모든 강은 서쪽에서 발원해 동으로 흐릅니다. 대홍스님의 이 게송은 육조스님 법문 뜻을 바로 표현한 것입니다. 대홍 은선사의 게송에 내 또 한마디 붙이겠습니다.

【 착어 】

기린은 밝은 달빛에서 논다.

麒麟은 步明月이로다

【 송 】

자수 첩선사[6]가 송하였다.

---

[5] 대홍보은(大洪報恩, 1058~1111). 조동종 스님으로 투자의청(投子義靑)의 법제자. 청원(靑原)스님의 11세손.
[6] 자수 첩(資壽 捷). 운문종 스님으로 천의의회(天衣義懷)의 법제자. 청원(靑原)스님의 11세손.

바람 불면 깃발이 흔들리다 고요하면 늘어지니
검은 나귀가 흰 노새 새끼를 낳았다.
중양일重陽日이 가까우니 서풍이 차고
매미 소리 뜰 앞 괴화나무에 가득한데
국화는 울타리에 가득히 피었네.
資壽捷이 頌호대
風動幡搖靜則垂하니 黑驢生得白騾兒로다
重陽日近西風緊하니 蟬滿庭槐菊滿籬라 하니

◉

검은 나귀가 흰 노새 새끼를 낳는 소식을 알아야만 육조스님이 말씀하신 법문도 알 수 있고, "바람이 움직임도 아니요 깃발이 움직임도 아니라 하니 이미 바람과 깃발이 아닌데 어느 곳에서 찾으려는가?" 한 파릉스님의 법문도 알 수 있고, "바람이 움직이고 깃발이 움직이므로 이미 바람과 깃발인데 어느 곳에서 찾으려는가?" 한 설두스님의 법문도 바로 알 수 있습니다. 자수 첩선사의 송에 내 또 한마디 붙이겠습니다.

【 착어 】

봉황은 단 샘물을 마신다.
鳳凰은 飮醴泉이로다

【 결어 】

대중들이여, 한 무리의 여우들이 똥을 뿌리고 모래를 뿌려서 갈수록 조사의 뜻을 끌어 묻으니 오늘 산승이 눈썹을 아끼지 않고 조사를 위하여 원수를 갚으리라.

(주장자 한 번 치고 말씀하셨다.)

무서운 태아검太阿劍이 창공에 빛나니

사해四海 팔만八蠻이 와서 조회하며 축하하네.

(크게 할을 한 번 하고 내려오시다.)

大衆아 一隊野狐精이 撒屎撒沙하야 轉轉埋沒祖師意하니 今日에 山僧이 不惜眉毛하고 爲祖師雪怨하리라 (卓拄杖一下云)

凜凜太阿輝靑霄하니 四海八蠻이 來朝賀로다

(喝一喝하고 下座하시다)

己酉(1969)년 하안거 결제일 해인사 해인총림 대적광전

28. 남전참묘 南泉斬猫
고양이를 베다

【 수시 】

큰 코끼리 으르렁거리고 사자가 포효하니
협부陝府의 무쇠 소는 하늘로 뛰어오르고
가주嘉州의 큰 불상은 푸른 바다로 달음질쳐 들어간다.
푸른 물결이 넓고 넓으니 하늘과 땅이 갈라지고
구름과 산이 첩첩하니 해와 달이 밝게 비친다.
구리머리와 무쇠이마[1]는 '있음'을 알지 못하고
눈먼 거북과 절름발이 자라는 도리어 '있음'을 아니
매실 익을 무렵 내리는 비는 일천 집을 가리고
솔솔 부는 따스한 바람은 만물을 녹인다.
말해 보라, 이 무슨 도리인가?
(한참 묵묵한 후에 말씀하셨다.)
처음은 삼십일이요 가운데는 구요 아래는 칠이로다.

象王이 嚬呻하고 師子哮吼하니
陝府鐵牛는 足字跳上天하고 嘉州大象은 走入碧海로다
蒼波浩浩하니 乾坤이 震裂하고
雲山이 疊疊하니 日月이 朗照로다

---

1 신념(信念)과 지력(智力)이 견고한 사람을 두고 동두철액(銅頭鐵額), 즉 구리 머리와 무쇠 이마라고 함.

銅頭鐵額은 不知有하고 盲龜跛鼈은 却知有하니

廉纖梅雨는 蔽千家하고 蕭灑薰風은 吹萬類로다

且道하라 是什麽道理오 (良久云)

初三十一이요 中九下七이니라

【 본칙 】

남전스님[2]이 하루는 동서 양당兩堂이 고양이로 인해 서로 다투자 그 고양이를 치켜들고 말하였다.

"대중들이여, 누구든지 한마디 이르면 살려주겠지만 이르지 못하면 죽이리라."

대중이 대답이 없자, 남전스님은 고양이를 두 동강으로 베어 버렸다. 후에 남전스님이 이 일을 들어 조주스님에게 물으니, 조주스님은 문득 짚신을 벗어 머리 위에 이고 나가 버렸다. 이에 남전스님이 말하였다.

"그대가 있었더라면 고양이를 구했을 것이다."[3]

南泉이 一日에 東西兩堂이 爭猫兒어늘 遂提起云 大衆아 道得則救取어니와 道不得卽斬却也하리라 衆이 無對어늘 泉이 斬爲兩段하니라 後擧前話하야 問趙州한대 州便脫草鞋하야 於頭上戴出하니 泉云 子若在런들 救得猫兒로다 하니

◉

마조스님의 제자인 남전스님이 대중을 거느리고 사는데, 동승당東僧堂과 서승당西僧堂으로 나누어서 대중들이 정진하고 있었습니다. 하루는 그 양당兩堂의 스님들이 고양이 한 마리를 두고, 이쪽에서는 이쪽 고양이

2　남전보원(南泉普願, 748~834). 마조도일(馬祖道一)의 법제자로 남악(南岳)스님의 2세손.
3　『선문염송』제207칙(한국불교전서5, 208쪽).

라 하고 저쪽에서는 저쪽 고양이라고 하며 서로 우기다가 마침내 큰 싸움이 벌어져 온 대중이 분주하게 되었습니다. 그때 남전스님이 대중이 소란하므로 나와 보니 고양이 한 마리를 두고 서로 우리 쪽 것이라고 싸우는 것을 보시고 그 고양이를 잡아 높이 들고 말씀하셨습니다.

"대중들아, 누구든지 한마디 제대로 대답하면 이 고양이를 살려주겠지만 대답하지 못하면 이 고양이를 죽여 버리겠다."

그때 대중 가운데 아무도 대답하는 이가 없었습니다. 그러자 남전스님이 사정없이 그 고양이를 두 동강 내어 죽여 버리고 말았습니다.

그 일이 있은 후 마침 밖에 나갔던 조주스님이 돌아오자 남전스님이 있었던 일의 자초지종을 얘기하니, 그 말을 듣던 조주스님이 두말 않고 자기가 신고 있던 짚신을 머리에 이고 밖으로 나가 버렸습니다. 그런 조주스님의 행동을 보고 남전스님이 말씀하셨습니다.

"그때 자네가 있었더라면 그 고양이는 죽지 않았을 것이다."

이 공안에 대해 내 한마디 평하겠습니다.

【 착어 】

모란꽃은 마노 계단에서 피고
백설조百舌鳥는 산호 가지에서 운다.
牧丹花開瑪瑙階하고 百舌鳥鳴珊瑚枝로다

◉

이 뜻을 알 것 같으면 남전스님이 고양이 죽인 것이나 조주스님이 짚신을 이고 간 그 도리를 분명히 알 수 있습니다.

【 본칙 】

귀종歸宗 지상智常스님이 어느 날 풀을 매는데 뱀 한 마리가 지나가자,

호미로 잘라 버렸다. 한 좌주座主가 보고 말하되, "오랫동안 귀종을 듣고 흠모하였더니 다만 행동이 거친 중을 보는구나." 하니, 귀종스님이 말하였다.

"그대가 거치냐, 내가 거치냐?"

歸宗智常이 一日剗草次에 有一蛇過어늘 宗이 遂鋤斷之하니 有一座主見 曰 久響歸宗이러니 只見个麤行沙門이로다 宗曰 是你麤아 我麤아 하니

◉

같은 마조스님 제자로 남전스님과 법형제 되는 귀종 지상선사라는 분이 계셨습니다. 어느 날 풀을 매다가 뱀 한 마리가 기어 나오자 바로 호미로 싹둑 잘라 두 동강 내어 죽여 버렸습니다. 그때 마침 어떤 좌주 곧 강사講師가 지나가다 그것을 보고 귀종스님을 꾸짖듯 말했습니다.

"내가 그전부터 귀종스님이 큰스님이란 명성을 듣고 늘 흠모해 왔는데 오늘 하는 짓을 보니 큰스님이기는커녕 행동이 아주 난폭한 중이로구나."

귀종스님이 그 말을 받아 다시 물었습니다.

"그대가 난폭하냐, 내가 난폭하냐?"

그러자 좌주는 아무 말이 없었습니다.

이 공안에 대해 내 한마디 평하겠습니다.

【 착어 】

우르릉 하는 밤 뇌성에 허공이 떨어지니
십계 생명들이 다 목숨을 잃는다.

轟轟夜雷에 虛空落하니 十界生靈이 盡喪命이로다

◉

　이 게송은 귀종선사가 뱀을 죽인 것에 대해 평한 것입니다. 그런데 앞에서 남전스님이 고양이를 죽인 것을 두고는 아주 좋은 보배인 마노로 꾸민 정원에 모란꽃이 피고 백 가지나 좋은 목소리를 내는 백설조가 노래한다고 했는데, 귀종스님이 뱀 죽인 것에 대해서는 온 십법계+法界의 중생들이 하나도 없이 다 죽었다고 평을 하느냐 말입니다. 자세히 살펴보아야 합니다. 이 공안에 대해 진정 문선사가 상당하여 하신 법문이 있습니다.

【 염 】

　진정 문선사가 상당하여 말하였다.
　"남전의 고양이 죽인 것과 귀종의 뱀 죽인 것을 총림 안에서 의논하니 우열이 있는가 없는가? 우열은 그만두고 조주가 짚신을 이고 나간 일은 또 어떠한가? 만약 여기에서 밝게 얻으면, 덕산이 부처를 꾸짖고 조사를 욕함이 무슨 허물이 될 것인가. 여기에서 밝지 못하면 단하가 나무부처를 불사르니 원주의 눈썹이 떨어진 격이다. 그러므로 재앙과 복이 들어오는 문이 없고 사람이 스스로 부르는 것이다.
　억!"

　眞淨文이 上堂云 南泉斬猫와 與歸宗斬蛇를 叢林中에 商量하니 還有優劣也아 無아 優劣은 且止하고 只如趙州戴草鞋出去는 又作麽生고
　若也於此에 明得하면 德山의 呵佛罵祖有什麽過리오 於此에 不明하면 丹霞燒木佛하니 院主眉鬚落이로다 所以禍福이 無門이요 唯人自招라 하고 喝一喝하니

◉

　남전스님이 고양이를 죽인 것과 귀종스님이 뱀을 죽인 것에 대해 천

하 모든 총림에서 의론이 분분하지만, 그럼 과연 어느 스님이 낫고 어느 스님이 못하다고 생각하느냐, 낫고 못함은 또 따지지 않더라도 조주스님이 짚신을 머리에 이고 나가 버린 일은 또 무슨 도리냐 하는 것입니다.

만약 여기서 확철히 깨쳐서 정안正眼이 열리면 덕산스님이 평소에 부처를 욕하고 조사를 욕한 것이 허물될 것 없는 것이고, 만약 여기서 확철히 깨치지 못하면 단하스님이 나무부처木佛를 태워 버리자 원주가 눈썹이 다 빠져버린 것과 같은 격이라는 것입니다.

단하 천연선사는 석두石頭선사의 제자입니다. 이분이 행각을 다니다가 몹시 추운 겨울 어느 날 절을 찾아들어 하룻밤 지내게 되었습니다. 그런데 방이 너무 추워 견딜 수가 없었습니다. 그래, 밖으로 나와 군불 지필 것을 찾아보았으나 눈에 띄는 것이 없었는데, 마침 법당 불단佛壇에 나무로 만든 부처님이 모셔져 있는 것입니다. 단하스님은 부처님을 업고 나와 도끼로 쪼개 추운 방에 군불을 지폈습니다. 원주가 우연히 지나다 이 광경을 보고 크게 노하여 꾸짖어 말했습니다.

"어떻게 부처님을 쪼개 군불을 땔 수 있는가?"

그러자 단하스님이 주장자로 재를 헤치며 말했습니다.

"불에 태워 사리舍利를 얻으려고 그랬습니다."

원주가 하도 어이가 없어 "나무부처를 태운들 어떻게 사리가 나오겠는가?" 하니, 단하스님이 단호하게 말했습니다.

"사리가 없다면 좌우에 있던 나무부처도 마저 가져다 때야겠군요."

이에 원주의 눈썹이 떨어져 버렸다고 합니다. 곧 문둥이가 되어 버렸다는 것입니다. 이것이 '단하스님이 나무부처를 태웠다丹霞燒木佛'는 유명한 공안입니다.

이와 같이 이 공안을 확철히 깨치지 못하면, 나무부처를 패서 때기는 단하스님이 땠는데 그 죄로 벌을 받아 병신이 된 원주 꼴이 된다는 것이 진정선사의 말씀입니다.

화(禍)는 나쁜 앙화, 복(福)은 좋은 경사이니 앙화가 생기든지 경사가 생기든지 하는 것은 특별히 들어오는 문이 없는 것이고, 오직 사람에게 달려 있어 스스로 부르는 것이라는 말입니다. 다 같은 물이라도 소가 먹으면 젖이 되고 독사가 먹으면 독이 되는 것과 마찬가지로, 다 같은 일을 당하여도 사람에 따라 재앙을 받고 복을 받는 것이라 했으니, 앞 법문의 뜻과 무슨 관계가 있는 말씀입니까?

이 진정스님의 말씀에 대해 내 또 한마디 하겠습니다.

【 착어 】

조주는 원래 동쪽 집의 서쪽 방에 살도다.

趙州元在東院西로다

◉

"집은 동쪽인데 사는 방은 그 서쪽 갓방에 산다."고 한 이 뜻을 알면 남전스님이 고양이를 죽인 것과 귀종스님이 뱀을 죽인 것과 조주스님이 짚신을 이고 나가 버린 것과 진정스님이 이에 대해 법문한 것을 모두 일관하여 알 수 있습니다. 또 진정 문선사가 이 공안에 대해 상당하여 말씀하셨습니다.

【 염 】

또 진정 문선사[4]가 상당하여 말하였다.

"대중들이여, 붉은 눈 귀종이 뱀을 베고 그 중을 향해 말하되, '그대가 거치냐, 내가 거치냐' 하니, 옛 사람의 보는 곳은 어떠한가?"

---

4 진정극문(眞淨克文, 1025~1102). 임제종 황룡파 스님으로 황룡혜남(黃龍慧南)의 법제자. 남악(南岳)스님의 12세손. 『운암진정선사어록(雲庵眞淨禪師語錄)』 6권이 있음.

이윽고 불자拂子를 들고 말하였다.

"오늘 나 귀종이 불자 드는 것과 당시 귀종이 뱀을 벤 것과 같은가 다른가?"

한참 묵묵한 후에 말하였다.

"사람마다 천진天眞한 물건이 있어 묘용이 종횡하되 다 알지 못한다. 오늘 분명히 다 지적하노니 뱀 죽인 것과 불자 드는 것이 어디서 왔는가?"

又上堂云 大衆아 只如赤眼이 斬蛇하고 向其僧道호대 你麤아 我麤아 하니 且古人見處作麽生고 遂擧拂子云 今日歸宗의 擧拂子와 與當時歸宗의 斬蛇가 是同가 是別가 良久云 人人有个天眞物하야 妙用縱橫摠不知로다 今日에 分明齊指出하노니 斬蛇擧拂이 更由誰오 하니

◉

붉은 눈赤眼이란 귀종스님을 가리키는 말입니다. 귀종스님은 본래 눈동자가 둘이었다고 합니다. 중국 신화시대의 우임금도 눈동자가 둘이었다고 하는데, 큰 성인이 아니고서는 눈동자를 둘 가진 사람이 없다고 중국 사람들은 생각합니다. 귀종스님도 유명한 큰 도인인데 나면서부터 눈동자가 둘이니 사람들이 이상하게 보므로 그 눈동자가 둘인 것을 남에게 안 보이게 하려고 눈두덩을 빨갛게 칠하고 다녔습니다. 그래서 단귀종丹歸宗, 즉 눈 붉은 스님이라고도 하였는데, 붉은 눈이라 하면 으레 귀종스님을 말합니다.

귀종스님이 뱀을 죽여 놓고 좌주에게 "내가 난폭하냐, 네가 난폭하냐?"고 물었는데, 귀종스님은 도대체 어떤 안목을 가졌기에 이렇게 묻느냐는 것입니다.

진정스님도 귀종사에 주석하셨기 때문에 자칭 귀종이라 한 것입니다. 진정스님이 대중들에게 불자를 들어 보이고는, "오늘 내가 이 법상에서 불자를 들어 보이는 것과 귀종스님이 뱀을 벤 것이 같으냐 다르냐?"는

것입니다. 물론, "오늘 나 진정이 법상에서 불자를 드는 것과 그때 귀종스님이 뱀을 벤 것과는 분명히 다르지 않느냐?"는 말씀입니다.

이쯤까지 말씀하시고는 묵묵히 아무 말 없이 한참을 계시다가 다음 말을 하신 것입니다. "사람마다 다 본래 천진물天眞物이 있어 그 묘하게 씀이 종횡무진하여 거꾸로 쓰고 모로 써서 자유자재하게 쓰는데, 누구도 이것을 아는 사람이 없다."는 것입니다.

그러면 누구로 말미암아 이 뱀을 죽이고 불자를 드는 것이냐 하면, 불자를 드는 것도 천진물이 드는 것이고 뱀을 죽이는 것도 천진물이 죽이는 것이니, 본래 그 천진물 이외는 뱀을 죽일 수도 없고 불자를 들 수도 없고 법문을 할 수도 없고 남을 공경할 수도 없고 남을 욕할 수도 없으니 전체 작용이 모두 천진한 물건天眞物이 그렇게 하는 것이지 딴 것이 아니라고 진정스님은 말씀하셨습니다. 그럼 진정스님의 이 법문에 내 한 마디 평을 붙이겠습니다.

【 착어 】

황학루黃鶴樓 안에서 옥피리를 분다.
黃鶴樓中에 吹玉笛이로다

【 착어 】

대중들이여, 고양이를 베고 뱀을 죽이는 것은 밝히기는 어렵고 알기는 쉬우며, 머리에 짚신을 이는 것은 밝히기는 쉬워도 알기는 어렵다.
大衆아 斬猫斬蛇는 難明易會오 頭戴草鞋는 易明難會하니

●

대중 여러분, 고양이를 베고 뱀을 죽이는 것은 밝히기는 어렵고 알기는 쉽습니다. 고양이를 죽이고 뱀을 죽인 그 뜻을 보기는 어렵지만 생각해 알기는 쉽다 하니, 이건 또 무슨 소리입니까? 보기 쉬울 것 같으면 알기도 쉬울 것 아닙니까?

또 머리에 짚신을 이는 것은 밝히기는 쉬워도 알기는 어렵습니다. 조주스님이 짚신을 머리에 이고 나간 것은 보기는 쉬워도 알기는 어렵다 하니, 이건 또 무슨 소리입니까?

【 염 】

그러므로 설두 송頌에, "짚신을 머리에 이니 아는 이 없다." 하였거늘, 원오가 착어하여 말하되, "독특한 한 가풍이니 밝음도 합하고 어둠도 합한다." 하였다.

所以로 雪竇頌云 草鞋를 頭戴에 無人會라 하야늘 圓悟가 著語云 別是一家風이니 明頭也合 暗頭也合이라 하니

◉

예전에 이 공안을 두고 설두스님은 게송에서 "짚신을 머리에 이니 아는 이 없다."고 하고, 원오스님은 또 "독특한 한 가풍이니 밝음도 합하고 어둠도 합한다."고 평하였습니다. 원오스님께서 이렇게 말씀하신 뜻을 알아야만 조주스님이 짚신을 이고 나간 뜻을 분명히 알 수 있는 것입니다.

【 착어 】

원오 고불古佛이 하늘에 넘치는 허물을 또한 알지 못한다.

圓悟古佛이 彌天罪過를 也不知로다

【 염 】

뒤에 만송스님이 말하였다.

"그대가 다만 숟가락 들고 젓가락 잡는 곳에서 바로 알면, 문득 고양이 죽이고 짚신 이는 것과 두 가지 아님을 보리라."
後來에 萬松이 云 爾但向拈匙擧筯處에 覷破하면 便見斬猫兒戴草鞋로 更無兩樣이라 하니

◉

또 그 뒤 조동종 스님으로 천동 굉지선사의 『백칙송고百則頌古』를 염롱拈弄하여 『종용록從容錄』을 지은 것으로 유명한 만송스님께서 이 공안을 두고 하신 법문이 있습니다.
"그대가 다만 숟가락 들고 젓가락 잡는 곳에서 바로 알면, 문득 고양이 죽이고 짚신 이는 것과 두 가지 아님을 보리라."
만송스님은 남전스님이 고양이 죽인 것이나 조주스님이 짚신을 머리에 이고 나간 것이 숟가락 들고 밥 먹는 것이나 젓가락 들고 반찬 집어먹는 것과 다른 소식이 아니라고 말씀하신 것입니다.

【 착어 】

만송 눈먼 중이 구르고 굴러 떨어져 내리니
참으로 슬프고 참으로 애통하다.
萬松瞎禿이 轉轉落節하니 可悲可痛이로다

◉

나는 이 법문을 "만송, 눈먼 중이 구르고 굴러 떨어져 내리니 참으로 슬프고 참으로 애통하다."고 평하겠습니다.
그럼 원오스님 말씀도 만송스님 말씀도 다 부정한 것인데, 도대체 고인의 뜻이 어떠하기에 내가 이렇게 평하는 것일까?

【 결어 】

필경 옛 사람의 뜻이 어떠한가?

(한참 묵묵한 후에 말씀하셨다.)

눈은 있으나 귓바퀴 없으니 유월에 불가에 앉았네.

(크게 할을 한 번 하고 내려오시다.)

畢竟에 古人意作麽生고 (良久云)

有眼無耳朶하니 六月火邊坐로다

(喝一喝하고 下座하시다)

◉

오뉴월 염천에 모닥불 피워 놓고 불을 쬐고 있다 하였으니, 그 사람은 미친 사람 아닙니까? 왜 오뉴월 염천 무더운 날에 불을 쬐고 있다 했을까요?

억!

己酉(1969)년 4월 말일 해인사 해인총림 대적광전

29. 조주끽죽 趙州喫粥
죽을 먹었는가

【 수시 】

밥을 먹었느냐, 바리때를 씻어라!
허공이 부서지고 땅이 꺼진다.
곤륜산은 범을 타고 급히 장안에 들어가고
모기는 바다를 물고 높이 허공에 나는도다.
삼세의 모든 부처님도 깨닫지 못하고
팔만대장경이 주해하지 못하니
임제와 덕산은 이 무슨 평상 위에 똥 싸는 귀신인가.
필경 어떠한가?
(한참 묵묵한 후에 말씀하셨다.)
밥을 먹었느냐, 바리때를 씻어라!

喫飯了也未아 洗鉢盂去하라 虛空이 粉碎하고 大地平沈이로다
崑崙은 騎虎하여 疾入長安하고 蛟蛇는 啣海하여 高飛太虛로다
三世諸佛도 證悟未得이오 八萬大藏이 詮註不及하니
臨濟德山은 是甚麽屎床鬼子오
畢竟事作麽生고 (良久云)
喫飯了也未아 洗鉢盂去하라

◉

　우리가 하루에 세 번씩 바리때를 펴고 밥을 먹지 않습니까? 그리고 더불어 바리때를 다들 씻지 않습니까? 이걸 무슨 법문이라 하겠냐고 생각하는 사람도 있을 것입니다. 허나 그것을 바로 알면 저 만리장천 허공이 다 부서져서 떨어져 버리고 이 넓은 땅덩어리가 전부 바다에 돌 잠기듯 콱 잠겨 버린다 이것입니다. 나날이 밥을 먹고 발우를 씻지만 이 도리를 바로 알고 밥을 먹고 발우를 씻는 사람은 참으로 드뭅니다. 이 도리를 바로 알면 허공이 다 부서져 버리고 대지가 잠긴다는 것을 분명히 알게 됩니다. 만약 이것을 모른다면 밥을 먹어도 헛되이 먹는 것이고 발우를 씻어도 헛되이 씻는 것입니다.

　산 중에 제일 큰 산은 곤륜산입니다. 천하에 제일 큰 산인 곤륜산이 범을 타고 급히 장안으로 들어간다 했는데, 어떻게 산이 범에게 탈 수 있으며 아무리 큰 범인들 어떻게 곤륜산을 태울 수 있겠습니까? 허나 거짓말이 아닙니다. 여기에 참으로 깊은 뜻이 있습니다. 어디 그뿐인가? 저 조그만 모기는 바다를 물고 높이 허공을 날더라고 했습니다. 앞에서 말한 밥 먹고 발우 씻는 도리를 분명히 알면 대지가 가라앉고 허공이 분쇄하는 동시에 곤륜산이 범을 타고 장안으로 쫓아 들어가고 조그마한 모기가 큰 바다를 물고 허공으로 날아가는 도리를 분명히 안다 이것입니다.

　그렇지만 이것은 확실히 깨쳐야 알 수 있지 깨치기 전에는 절대로 모르는 것입니다. 또 아무리 크게 깨친다고 해도, 과거 현재 미래 삼세의 모든 부처님도 밥 먹고 발우 씻는 이 깊은 도리는 끝까지 다 증오하지 못합니다. 삼세제불이 증오하지 못하는데 어떤 사람이 증오할 수 있겠습니까? 그 많은 팔만대장경도 이 도리는 끝내 설명하려고 해도 설명할 수 없습니다. 삼세제불도 이것을 철저히 깨칠 수 없고 팔만대장경도 이것을 설명하지 못하는데 다른 이야 별 수 있겠습니까? 아무리 조사 중에 조사라 하는 임제와 덕산조차도 여기에 이르러서는 평상에다 똥이나 짓갈기는 귀신에 불과합니다. 아무리 크게 깨친 대조사라 해도 밥 먹고 발우 씻는 이 도리 앞에서는 평상 위에 앉아 똥이나 짓갈기는 철없는 어린애에 불과하단 말입니다. 그만큼 밥 먹고 발우를 씻는 도리가 참으로 깊다 이것입니다.

그러면 이 도리가 도대체 얼마나 깊기에 삼세제불도 다 증오하지 못하고 팔만대장경도 다 설명하지 못하며 임제 덕산도 이 앞에서는 똥이나 싸는 멍충이에 불과하다고 하는가? 오직 깨쳐야 안다고 하니 도대체 무슨 도리일까요? 그 도리를 내가 분명히 밝히겠습니다.

"밥을 먹었느냐, 바리때를 씻어라!"

나도 이렇게 말하겠습니다. 이것을 확실히 알면 다시 더 법문을 할 필요가 없겠습니다만 또 여기에 몇 마디 더하겠습니다.

【 본칙 】

조주스님에게 어떤 중이 물었다.

"학인이 처음 총림에 들어왔으니 스님의 지시를 바랍니다."

"죽을 먹었느냐?"

"죽을 먹었습니다."

"바리때를 씻어라."

중이 활연히 크게 깨쳤다.[1]

趙州因僧問호대 學人이 乍入叢林하니 乞師指示하노이다 州云 喫粥了也未아 僧云 喫粥了니이다 州云 洗鉢盂去하라 僧이 豁然大悟하니

---

1 『선문염송』 제429칙(한국불교전서5, 359쪽).

◉

어떻습니까? 문답이 평이하고 아이들 장난하는 말처럼 보이지 않습니까? 죽 먹고 밥 먹고 발우 씻는 거야 보통의 일인데 이게 무슨 법문이라 하겠습니까?

허나 법문을 해달라고 청하자 "죽 먹었느냐, 발우 씻거라."고 하신 여기에 아주 깊은 뜻이 있다 이 말입니다. 그래 그 말을 들은 그 학인이 아주 확철대오했습니다. 확철히 깨쳐서 일체 불법을 완전히 알았다 이것입니다.

이 공안에 내 한마디 평을 붙이겠습니다.

【 착어 】

머리 길이 석 자이니 이 누구인 줄 아느냐
말없이 서로 마주하여 외발로 섰도다.
頭長三尺知是誰오 無言相對獨足효이로다

◉

머리가 석 자라 하니 그렇게 긴 사람이 어디 있습니까? 보통 사람은 한 자나 될까 말까인데 머리 길이가 석 자라 하니 이것을 누가 알겠냐 이 말입니다. 참말로 깨치지 않고는 이것을 모릅니다. 이것을 알면 조주스님께서 "죽 먹었느냐, 발우를 씻어라." 하신 도리를 분명히 알 수 있습니다. 그 뒤 임제정맥의 대혜스님이 이 공안에 대해 하신 말씀이 있습니다.

【 염 】

대혜 고선사가 염하였다.
"지금 제방에 한 무리의 눈먼 사람들이, 흔히 다 바리때 씻는 법문으로 안다."

大慧果 拈호대 而今諸方에 有一種瞎漢하야 往往에 盡作洗鉢盂話會了라 하니

◉

요즘 여러 곳의 아무 것도 모르는 눈먼 놈들이 "밥 먹었냐, 발우 씻어라." 하니 "밥 먹고 발우 씻는 데 무엇이 있을까?" 하고 늘 그것만 더듬고 발우 씻는 것만 생각하고 있다 그 말입니다. 그래가지고는 영원토록 조주스님이 하신 그 법문의 뜻을 절대로 모릅니다. 뜻은 저 말하기 전, 말 밖에 있다 이것입니다. 그러니 말만 따라가서는 조주스님의 근본 뜻을 모르고 맙니다.

"밥 먹었느냐, 발우 씻어라."고 한 이 법문은 참으로 깊고 깊어 깨치기 전에는 모르는 것인데, 보통 사람들은 말 따라가 "밥 먹고 발우 씻는 데 뭐가 있을까?" 하며 그것만 생각하고 그것만 더듬고 있으니 참 한탄스런 일이라고 대혜스님은 말씀하셨습니다.

그러니 누구든 이 뜻을 바로 깨쳐야 되지, 밥 먹고 발우 씻는 거기에 착안해 더듬지 말라는 것입니다. 대혜스님의 법문에 내 한마디 붙이겠습니다.

【 착어 】

잘못을 가지고 잘못으로 나아감이라
얼음을 두드려 불을 찾는다.
將錯就錯이라 叩氷求火로다

◉

근본적으로 잘못된 일인데 그것을 또 모르는 사람이 잘못된 곳으로 좇아가니 이건 얼음을 두드리면서 불을 찾는 격입니다. 얼음은 차고 차

서 불이 닿으면 다 꺼져 버립니다. 그러니 얼음을 아무리 두드리고 깨 파헤쳐 본들 거기서 무슨 불이 나오겠습니까? 말 밖의 깊은 뜻을 알아야지 "밥 먹었냐, 발우 씻어라."는 그 말만 따라가면 결국 얼음 속에서 불을 구하는 것과 마찬가지라는 것입니다. 또 그 뒤에 심문 분선사가 이 공안에 대해 하신 법문이 있습니다.

【염】

심문 분선사가 염하였다.

"조주가 지금 서당西堂의 눈동자 속에서 뛰놀다가 모르는 결에 수좌의 귓속으로부터 나와서, 이제는 또 감원監院의 마음 위에 서서 머뭇머뭇 의심하고 의심한다."

문득 불자를 세워 들고 말하였다.

"내가 그대들을 위해 이곳에 잡아 두었으니, 부디 각자 눈을 들어 빨리 보아 그전처럼 도망가게 하지 말아라."

心聞賁이 拈호대 趙州가 卽今에 在西堂眼睛裏하야 足字跳가라 不覺에 又從首座耳根裏出하야 而今에 又在監院心頭上하야 遲遲疑疑地로다 驀竪起拂子云 長蘆가 爲你하야 擒在這裏了也하니 各請急着眼看하고 莫教從前走失이어다 하니

⦿

서당西堂은 조실을 지낸 분을 총림에서 전관예우로 모시는 처소입니다. 심문 분선사가 보니, 조주스님이 지금 전 방장스님의 눈동자 속에서 뜀박질을 하고 있더란 것입니다. 심문 분선사는 조주스님 오육백 년 뒤 사람인데, 어째서 조주스님이 전 방장스님의 눈 속에서 뜀박질을 한다고 했을까요? 심문 분선사는 거짓말하는 사람도 아니고 미친 사람도 아닙니다.

수좌首座는 방장을 보좌하는 사람인데, 그러다가 또 수좌의 이쪽 귀로 들어갔다가는 저쪽 귀로 나온다는 것입니다. 아까는 서당의 눈 속에서 뜀박질하며 놀다가 지금은 수좌스님의 이쪽 귀로 들어가 저쪽 귀로 나온다는 것입니다. 그러다가 또 지금은 감원監院의 마음속에 들어가 이리 생각하고 저리 생각하더라는 것입니다. 이것이 실지에서 "밥을 먹었느냐, 발우를 씻어라."고 한 조주스님 법문의 골수를 바로 말한 것입니다.

그래놓고 불자를 척 들고선 "서당의 눈 속에서 뛰다가 수좌 귓구멍으로 나왔다가 감원의 마음속에서 어정어정하는 조주를 내가 붙잡아 불자 꼭대기에 딱 앉혀놓았다. 그러니 대중은 눈을 부릅떠 다시 도망가기 전에 얼른 조주를 보라."고 했습니다.

참으로 바로 보아야 조주가 실지에서 장로長蘆스님, 즉 심문 분선사의 불자 위에 앉아 있는 것을 알게 됩니다. 바로 보지 못하면 조주를 영원히 모르고 놓쳐 버리고 맙니다. 확철히 깨쳐 바른 정안을 갖춘 사람이라야 이것을 바로 볼 수 있지, 눈을 천 개 만 개 가지고 있다 해도 바로 깨치기 전에는 눈앞에 태산이 가리고 있어 끝내 보지 못합니다. 장로스님의 이 법문에 내 또 한마디 붙이겠습니다.

【 착어 】

꽃 따는 벌은 싹트지 않는 가지에 모이고
달 아래 새는 그림자 없는 나무에 깃든다.
採花蜂集不萌枝하고 臥月鳥棲無影樹로다

◉

꽃이 피려면 싹이 있어서 그 싹이 터 잎이 나고 꽃도 피고 하는 것이지 어떻게 싹트지 않는 나무에서 꽃이 필 수 있으며 벌이 또 모여들 수 있겠습니까? 하지만 싹트고 꽃피는 그런 나무 위에서는 실제로 조주 소식을 알 수 없습니다. 조주의 소식을 알려면 싹트지 않는 나무에 벌이 모여들고, 달빛 아래 그림자 없는 나무로 새들이 모여 둥지를 튼다는 것을 알아야 합니다. 그림자 없는 나무가 어디 있습니까? 싹트지 않는 나무와 그림자 없는 나무를 확실히 알아야만 이 소식을 확실히 알 수 있습니다. 그 뒤 남명 전선사가 조주스님의 법문에 게송을 지은 것이 있습니다.

【송】

남명 전선사[2]가 송하였다.
죽을 먹고 발우를 씻음이여
능숙한 활 솜씨는 수양버들 잎을 뚫고 다시 살 오늬를 쪼갠다.
한 때 새벽바람이 강 위에서 불어오니
가을 연꽃이 물결에 흔들려 붉은 잎이 떨어지네.
南明泉이 頌호대
喫粥了洗鉢去여 善射穿楊復劈笘이로다
一陣曉風이 江上來하니 秋蓮에 浪擺紅衣脫이로다 하니

◉

수양버들 잎을 쏜다는 것은 활솜씨를 시험하는 것입니다. 멀리 백 보나 이백 보 밖에 조그마한 버들잎을 붙여놓고 활을 쏘아 버들잎을 맞춰야 활솜씨가 좋다고 칭찬할 만합니다. 허나 재주가 남달라야 그 먼 거리에서 버들잎을 쏘아 맞출 수 있는 것이지 그것이 잘 맞을 리 없습니다. 헌데 이 법문은 수백 보 밖에서 버들잎을 쏘아 맞추듯 그렇게 솜씨가 좋

---

2   남명법전(南明法泉). 장산법천(蔣山法泉)이라고도 함. 송(宋)대 운문종 스님으로 운거효순(雲居曉舜)의 법제자. 청원(靑原)스님의 11세손. 남명(南明), 장산(蔣山) 등의 여러 사찰에 주석.

다는 말입니다. 어디 그뿐인가? 적중한 화살을 다시 적중시키니 그 묘함은 다시 어떻게 표현할 수 없을 정도라는 것입니다.
"한 떼 새벽바람이 강 위에서 불어오니, 가을 연꽃이 물결에 흔들려 붉은 잎이 떨어지네."라고 한 것은 조주스님께서 "밥 먹었느냐, 발우를 씻어라."고 하신 그 도리를 발휘한 것입니다. 그렇지만 이 게송 역시 무슨 경치나 읊은 것으로 알아서는 영원히 그 뜻을 모르고 맙니다. 남명스님의 게송에 내 또 한마디 붙이겠습니다.

【 착어 】

동촌東村의 왕가王家 늙은이 밤에 돈을 불사른다.
東村王老夜燒錢이로다

◉

내 말뜻을 분명히 알아야만 앞 법문을 다 알 수 있습니다. 그러나 누누이 말씀드리지만 이것은 깨치기 전에는 모르는 것입니다. 말만 따라가서는 절대 안 됩니다.

【 본칙 】

단하스님[3]이 어떤 중에게 물었다.
"어느 곳에서 오는가?"
"산 밑에서 옵니다."
"밥을 먹었는가?"
"밥을 먹었습니다."

---

3 단하천연(丹霞天然, 739~824). 석두희천(石頭希遷)의 법제자로 청원(靑原)스님의 2세손.

"그대에게 밥을 준 사람이 눈을 갖추었던가?"

하니 중이 말이 없었다.

丹霞問僧호대 甚處來오 僧云 山下來니라 霞云 喫飯了也未아 僧云 喫飯了也니다 霞云 將飯與汝喫底還具眼麽아 僧이 無語하니라

◉

어디서 오냐기에 산 아래에서 오는 길이라 하고, 밥은 먹었냐기에 밥을 먹었다고 대답한 스님에게 단하스님은 대뜸 "너에게 밥을 준 사람이 눈을 갖추었던가?" 하고 물었습니다. 너에게 밥을 준 그 사람이 실지로 불법을 바로 아는 사람이더냐 이것입니다. 밥을 분명히 얻어먹긴 했는데 그 사람이 실지로 눈을 바로 떠 불법을 깨친 사람인지 아닌지 알 수 있나요? 그러니 이 스님이 아무 말도 못했습니다. 그래, 그 뒤에 설봉스님의 제자인 장경스님과 보복스님이 단하스님의 이 법문을 두고 거량한 적이 있습니다.

【염】

장경스님이 보복스님[4]에게 물었다.

"밥을 주어 사람이 먹게 하니 은혜 갚을 분分이 있거늘 어째서 눈을 못 갖추었는가?"

"주는 사람이나 받는 사람이 둘 다 눈먼 사람이니라."

"그 기틀을 다하여 와도 도리어 눈멀었는가?"

"나를 눈멀었다고 말할 수 있겠는가?"

長慶이 問保福호대 將飯與人喫하니 報恩有分이어늘 爲什麽하야 不具眼고 福이 云 施者受者가 二俱瞎漢이니라 慶云 盡其機來하야도 還成瞎否아

---

[4] 보복종전(保福從展, ?~928). 설봉의존(雪峰義存)의 법제자로 청원(靑原)스님의 6세손.

福云 道我瞎得麼아 하니

●

장경스님 말씀이 "배고픈 사람에게 밥을 먹으라고 주었으니 얼마나 고마운 일인가? 마땅히 은혜를 갚아야 하니 어찌 눈을 갖추지 못했다고 하겠느냐?"는 것입니다. 그러면 남에게 밥 줘서 밥 먹이는 사람은 말짱 다 불법을 바로 아는 사람이겠네요? 여기에도 아주 깊은 뜻이 있습니다. "밥을 가져다 남에게 먹으라고 줬는데 어째서 눈을 갖추지 못했다고 했느냐?"고 하니 보복이 "밥 준 놈이나 받아먹는 놈이나 둘 다 봉사다."라고 했습니다. 주는 사람도 봉사, 받아먹는 사람도 봉사, 둘 다 봉사면 다들 밥도 먹지 못하고 말짱 다 굶어 죽어야 되겠네요? 그렇지 않습니까? 밥을 주어도 봉사, 밥 준다고 얻어먹어도 봉사, 그리 되면 제대로 된 사람은 누가 있나 그 말입니다. 전체가 다 눈 먼 봉사에 송장이 되어야 하지 않겠느냐 이것입니다. 여기에 참으로 깊은 뜻이 있습니다. 사실에 있어서 아무리 밥을 한 때에 한 그릇뿐 아니라 천 그릇 만 그릇을 먹는다 해도 이것은 산송장인 줄 알아야 됩니다. 이 도리를 바로 알아야 됩니다.

그러자 장경스님이 또 물었습니다.

"그러면 확철히 깨쳐서 그 기봉을 다해 법을 바로 쓰는 사람도 봉사란 말이냐?"

불법을 온전히 모르는 사람들 얘기는 차치하고, 그럼 불법을 바로 알아 참으로 법에 자유자재한 그런 사람에게도 밥을 줄 수 없단 말인가, 그도 봉사란 말이냐는 겁니다. 그러자 보복이 "나를 봉사라고 할 수 있겠는가?" 이렇게 말했습니다. 이것은 "네가 암만 그래도 나를 봉사취급 할 수는 없다. 나는 눈 바로 뜬 사람이지 봉사 아니다." 이런 투로 한 말입니다.

두 분의 말씀에 내 한마디 붙이겠습니다.

【 착어 】

북산의 남쪽 남산의 북쪽이여
해와 달이 쌍으로 밝은데 천지는 캄캄하네.
北山南南山北이여 日月이 雙明天地黑이로다

◉

북산의 남쪽이고 남산의 북쪽이면 내내 한 자리가 아닙니까? 북산의 남쪽이 곧 남산의 북쪽 아니냐 말입니다. 그곳에 해와 달이 함께 떴으니 얼마나 밝겠습니까? 그런데 온 천지가 캄캄하다고 했습니다. 이 도리를 바로 알면 실지에서 장경과 보복이 봉사냐 봉사가 아니냐를 두고 논란 한 뜻을 다 알 수 있고, 조주스님께서 "밥 먹었느냐, 발우 씻어라."고 하신 뜻도 분명히 알 수 있습니다. 하지만 이것을 모르면 참으로 봉사 중에 봉사고, 밥 먹고 발우 씻을 자격이 없다 이것입니다. 후에 설두스님이 장경스님과 보복스님의 법담을 두고 지은 게송이 있습니다.

【 송 】

설두선사가 송하였다.
기틀을 다하여 눈이 멀지 아니함이여
소머리를 안고 풀을 먹인다.
사칠四七과 이삼二三의 조사들이
보배 그릇을 가져와 허물을 이루었네.
허물이 깊어 찾을 곳이 없으니
천상과 인간이 함께 땅속에 묻힌다.
雪竇 頌호대
盡機不成瞎이여 按牛頭喫草로다
四七二三諸祖師가 寶器를 持來成過咎라

過咎深無處尋하니 天上人間이 同陸沈이로다 하니

◉

　기틀을 다한다는 것은 참으로 바로 깨쳐 법문을 자유자재로 쓴다는 말입니다. 그럴 때도 봉사라 하겠느냐고 장경이 물었을 때 보복스님은 "나를 어찌 봉사라 할 수 있나?"고 했습니다. 그렇게 기봉이 자유자재한 것을 어떻게 봉사라 할 수 있냐고 보복스님은 말한 것입니다. 그러나 설두스님이 볼 때는, 자기 입으로 먹지 못하고 소대가리를 안고 바로 풀을 먹이는 꼴이라는 것입니다. 자기가 자기의 입으로 밥을 먹어야 할 것인데 소대가리를 하나 끊어 와서 소대가리한테 풀을 먹이고 있다는 것입니다. 그건 산송장이 아닙니까? 자기 입으로 밥 먹지 못하고 자기 입으로 말하지 못하고 남의 머리를 빌려와 밥을 먹이고 말을 시키니 그까짓 거 무슨 소용 있습니까? 그러니, 아무리 법을 크게 깨쳐 법을 자유자재하게 활용하며 모든 기틀을 다했다 해도 결국은 우두끽초牛頭喫草입니다. 자기 입으로 밥 먹지 못하고 남의 입에 밥을 떠 넣는 것과 마찬가지입니다.
　서천의 사칠 28조와 동토의 이삼 6조, 33조사가 저 부처님으로부터 발우를 전해 육조스님까지 내려와 천하에 법이 퍼졌습니다. 그렇게 발우를 전해 불교의 생명을 이었으니 얼마나 거룩합니까? 그렇지만 설두스님은 "허물이 허공에 넘친다."고 했습니다. 33조사 모두 실지에 있어서는 불법을 일으켰다기보다는 오히려 그 허물이 말할 수 없을 지경이란 것입니다. 33조사가 법의 징표로 발우를 전한 것에 무슨 잘못이 있기에 허물이 크다고 하는가? "천상과 인간이 함께 땅속에 묻혀 버렸다."고 했습니다. 그 큰스님들이 법을 전하기 전에는 밥 때가 되면 밥 먹고 옷 입을 땐 옷 입고 편안하게 잘 살았는데, 아, 그 스님들이 불법이니 뭐니 하면서 세상에 유포를 하고 법을 전하니 어쩌니 한 뒤부터는 천상천하의 인간들이 말짱 생매장을 당해 버렸다는 것입니다. 전부 땅속으로 들어가 송장이 되어 죽어 버렸다는 말입니다.

이 말도 순 엉터리 같지 않습니까? 불법이 흥하고 불법을 바로 전해서 천상천하가 다 극락세계가 되었다고 해야 될 텐데, 왜 발우를 전하면서 불법을 전한다 해서 천하 사람이 생매장을 당하게 만들어 버렸냐는 것입니다. 설두스님이 이렇게 게송을 지으셨는데, 여기에 참으로 깊은 뜻이 있습니다. 그럼 설두스님의 게송에 내 또 한마디 붙이겠습니다.

【 착어 】

삼춘三春의 들꽃은 곳곳에 피고
구추九秋의 단풍은 하늘 가득 나네.
三春野花는 隨處發하고 九秋黃葉은 滿空飛로다

●

가을이면 꽃보다 곱게 단풍이 들어 그 낙엽이 온 허공에 날리지 않습니까? 그러니 참 보기가 좋다는 말입니다. 밥을 주는 사람이 봉사냐 아니냐를 두고 한판 실랑이를 벌인 장경스님과 보복스님을 설두스님은 "천상천하의 멀쩡한 사람들을 다 생매장시켰다."고 송했는데, 그것을 두고 나는 또 "참 보기 좋다."는 식으로 말했습니다. 말이 서로 뒤엉키고 어긋나는 것처럼 보이겠지만 이것을 바로 알아야 합니다.

【 염 】

파초 철선사[5]가 염하였다.
"각기 한 번 얻고 한 번 잃었다."

---

5 파초계철(芭蕉繼徹). 송(宋)대 위앙종(潙仰宗) 스님으로 파초혜청(芭蕉慧淸)의 법제자. 남악(南岳)스님의 7세손.

또 그 중을 대신하여 말하였다.
"다투면 부족하고 사양하면 남는다."
또 단하스님을 대신하여 말하였다.
"주고받음이 모두 이익이 없다."
芭蕉徹이 拈호대 各具一得一失이니라 又代僧云 爭不足讓有餘니라 又代 丹霞云 施受俱無益이니라 하니

◉

운문종의 파초 철선사라는 분이, 단하스님께서 "너에게 밥을 준 사람이 눈이 있더냐?"고 묻자 그 스님이 아무 말도 못했던 그 공안에 대해 하신 법문이 있습니다.

파초스님은 "밥을 얻어먹는 사람이나 밥을 주는 사람이나 각각 일득일실을 갖추었다."고 했습니다. 밥을 준 사람이 손해고 밥을 얻어먹은 사람은 이익이라고 하든지, 밥 준 사람은 이익이고 얻어먹은 사람은 손해라고 하든지 해야 할 텐데, 파초스님은 "밥 주는 사람이나 밥 먹는 사람이나 다 같이 득실이 있다."는 겁니다. 밥 주는 사람에게도 이익도 있고 손해도 있고 밥 얻어먹는 사람에게도 이익도 있고 손해도 있어, 두 사람 다 일득일실을 갖추었다고 말했습니다. 파초스님의 이 말씀이 단하스님 법문의 골수를 그대로 말씀하신 것입니다. 왜 양편이 다 득실을 갖췄다고 말했을까요?

"밥 주는 사람이 안목을 갖췄더냐?"고 단하스님이 물었을 때 그 스님은 아무 대답도 하지 못했습니다. 만일 파초스님 자신이라면 "다투면 부족하고 사양하면 남습니다."라고 대답했을 것이라는 말입니다.

그리고 또 그렇게 대답했을 때, 내가 단하였다면 "주고받은 두 사람 다 이익이 없다."고 대꾸했을 것이라 했습니다. 이것은 예로부터 종문에 유명한 법문입니다. 파초스님의 이 법문에 내 또 한마디 붙이겠습니다.

【 착어 】

반은 개이고 반은 비 오니
제비는 날고 고기는 뛰논다.
半晴半雨하니 燕飛魚躍이로다

◉

"제비는 하늘을 날고 고기는 뛰논다."는 이 말은 유서儒書『시전詩傳』에 "제비는 날아 저 하늘에서 노닐고 고기는 못에서 펄떡펄떡 뛰더라."는 말에서 인용한 것입니다. 이것을 알면 파초스님의 뜻을 알 수 있습니다. 그럼 오늘 법문을 총 마무리 지어보겠습니다.

【 결어 】

대중들이여, 말을 찾는 자는 죽고 글귀를 좇는 자는 잃어버린다. 나아가면 은산철벽銀山鐵壁이요 물러서면 만 길의 깊은 구덩이다. 나아가지도 않고 물러서지도 않으면 큰불이 훨훨 타니, 투탈透脫한 한마디를 어떻게 말하려는가?
(한참 묵묵한 후에 말씀하셨다.)
밥을 먹었느냐, 바리때를 씻어라!
(주장자 한 번 치고 내려오시다.)

大衆아 尋言者는 喪하고 逐句者는 失하나니 進則銀山鐵壁이요 退則萬丈深坑이라 不進不退하면 猛火燄燄하니 透脫一句를 如何道得고 (良久云) 喫飯了也未아 洗鉢盂去하라
(卓拄杖一下하고 下座하시다)

◉

대중 여러분, 여태껏 본분공안과 더불어 여러 스님들의 게송과 법문

을 소개하고 거기에 또 내가 평을 붙였습니다. 그런데 내가 한 말이나 여러 스님들이 하신 말씀이 서로서로 어긋나 전혀 맥락이 닿지 않는 것같이 여기는 사람도 있을 것입니다. 또, 아무리 들어도 혼란스럽기만 한데 도대체 거기 무슨 뜻이 있기에 자꾸 저런 거짓말을 할까 하고 생각할 수도 있습니다. 그렇지만 눈을 바로 뜨고 보면 내 말을 비롯해 역대조사 스님들의 말씀이 절대 거짓이 아니었다는 것을 확실히 알 수 있습니다. 그러나 만일 이 뜻을 언구, 즉 말만 좇아 이해하려 든다면 그는 끝내 그 뜻을 모르고 맙니다. 말을 찾는 자는 죽고 글귀를 좇는 자는 잃어버리고 맙니다.

대중 여러분, 나아가자니 앞은 우뚝 선 은산철벽銀山鐵壁이 가로막았고, 물러서자니 뒤는 만 길의 깊은 구덩이입니다. 나아가지도 않고 물러서지도 않으면 한 걸음도 옮길 수 없는 이 지경에 그럼 가만히 있으면 되는가? 그 자리엔 사나운 불길이 치솟고 있으니 어정거리다간 곧 새카맣게 타죽을 판입니다. 나아가도 죽고 물러서도 죽고 가만히 있어도 죽는 이때 그럼 어떻게 해야 살아나갈 수 있을까요? 이러지도 못하고 저러지도 못하다가 송장이 되고 말 것인가? 아닙니다. 꼭 살아나가야 합니다. 또 분명히 살아나갈 길이 있습니다. 허나 그 길은 반드시 깨쳐야 알 수 있지 깨치기 전에는 그 길도 알 수 없고, 절대 살아나갈 수 없습니다. 자, 그럼 어떻게 해야 살아나갈 수 있을까요? 이 죽음의 상황을 훤칠히 벗어날 한마디는 무엇입니까?

밥을 먹었느냐, 바리때를 씻어라!

己酉(1969)년 5월 보름 해인사 해인총림 대적광전

30. 파자소암 婆子燒庵
암자를 불사르다

【 수시 】

쌍으로 거두고 쌍으로 놓으며
전체로 죽이고 전체로 살리니
세 번 손바닥으로 때리고 세 번 몽둥이로 침은
상賞도 있고 벌罰도 있으며
한 번 절하고 한 번 우는 것은
나음도 없고 못함도 없도다.
오체五體를 땅에 던져 절함이여
흰 뼈가 산처럼 이어져 있고
두 주먹이 허공을 휘두름이여
자줏빛이 하늘을 찌른다.
그러므로 설두가 말하였다.
"전오방前五棒은 해가 비치고 하늘이 밝음이요 후오방後五棒은 구름이 일어 비가 내림이니, 그대가 만약 바로 알면 다섯 번 몽둥이로 때려 주겠노라."

雙收雙放하고 全殺全活하니
三掌三棒은 有賞有罰이요 一拜一哭은 無優無劣이로다
五體投地兮여 白骨이 連山이요
兩拳이 揮空兮여 紫光이 冲天이라

所以로 雪竇道호대 前五棒은 日照天臨이요 後五棒은 雲騰致雨니 你若辨得하면 也好與五棒이로다

◉

손바닥으로 때리건 몽둥이로 때리건 때리는 것은 똑같은데 어째서 상이 있고 벌이 있다고 말했을까요? 때리는 가운데 상이 있고 벌이 있는 줄 분명히 알아야지, 그렇지 않으면 때리는 본뜻은 절대로 모르는 것입니다.

불법에 대해 법담을 하다가 상대방이 참으로 법담을 잘할 것 같으면 잘한다고 감사히 절을 하고 또 잘못할 것 같으면 잘못한다고 가슴을 두드리고 울고 하는 것이니, 표면적으로는 절하는 것은 그 사람을 칭찬하는 것이고 우는 것은 그 사람이 잘못되어서 슬퍼 운다고 볼 수 있습니다. 그렇지만 실제 내용에 있어서는 절한다고 나을 것도 없고 운다고 못할 것도 없다는 것입니다. 이것이 무슨 뜻이겠습니까?

손바닥으로 때리고 몽둥이로 치는 가운데 상이 있고 벌이 있는 것을 분명히 알면, 절하고 우는 것에 우열이 없다는 것을 알 수 있습니다. 또 동시에 첫머리에 말한 "쌍으로 거두고 쌍으로 놓으며 전체로 죽이고 전체로 살린다."는 뜻도 알 수 있습니다.

"앞의 다섯 번 때림과 뒤의 다섯 번 때림前五棒後五棒"은 출처가 있는 말입니다. 설봉스님이 하루는 어떤 스님이 자기를 찾아오는 것을 보고 쫓아나가 무조건 몽둥이로 다섯 번을 때려 주었습니다. 그랬더니 그 스님이 "제가 무슨 허물이 있기에 느닷없이 이렇게 다섯 번 때리는 것입니까?" 하고 물었습니다. 그러자 설봉스님이 또 다섯 번을 몽둥이로 때려 주었습니다. 여기에 아주 깊은 뜻이 있습니다. 여기에 대해 설두스님이 하신 말씀이 있습니다.

"앞의 다섯 번 때림은 해가 비추고 하늘이 밝음이요, 뒤의 다섯 번 때

림은 구름이 일어 비가 내리는 격이다. 네가 만약 이 뜻을 바로 안다면 내가 다시 다섯 번을 몽둥이로 때려 주겠다."

이것은 설두스님이 실지에 있어서 설봉스님이 몽둥이로 그 스님을 때린 뜻을 분명히 알고 하는 말입니다. 이 뜻을 바로 알면, 앞에서 내가 말한 뜻을 전체 다 알 수 있는 동시에 이 뒤에 거론하는 법문도 알 수 있습니다. 그러나 이 뜻을 모르면 앞뒤 전부를 모르게 되는 것입니다.

【 본칙 】

옛날 어떤 노파가 한 암주庵主를 공양하였는데, 이십년이 지나도록 한결같이 여자에게 밥을 보내어 시봉하게 하였다. 어느 날 여자를 시켜 암주를 끌어안고 "바로 이러한 때에는 어떠합니까?"라고 묻게 하였다. 그렇게 하자 암주가 말하였다.

"마른 나무가 찬 바위를 의지하니 삼동三冬에 따뜻한 기운이 없구나."

여자가 돌아가 노파에게 그대로 전하니, 노파가 "내가 이십 년 동안 속인놈을 공양하였구나!" 하고 암주를 쫓아내고 암자를 불태워 버렸다.[1]

昔有一婆子하야 供養一庵主를 經二十年호대 常令女子로 送飯給侍하니라 一日에 令女子로 抱定하고 正伊麼時에 如何오 하니 庵主云 枯木이 倚寒岩하니 三冬에 無暖氣로다 女子歸擧似婆한대 婆云 我二十年을 只供養得个俗漢이라 하고 遂發起燒却庵하니

◉

이것이 종문에서 유명한 '파자소암婆子燒庵'이라는 공안입니다. 늙은 할망구가 암자를 불사르고 암주를 쫓아낸 법문인데, 피상적으로 볼

---

[1] 『선문염송』 제1463칙(한국불교전서5, 922쪽).

30. 파자소암 333

때는 그 암주가 공에 빠지고 고요함에 머물러서沈空滯寂 죽는 것만 알았지 참으로 살아나 자재한 것을 몰랐기 때문에 할망구가 '속인'이라고 꾸짖으면서 쫓아냈다고 생각합니다. 만약 정말 그렇게 본다면, 할망구가 그 암자를 불사르고 암주를 쫓아낸 뜻도 영 모르거니와 또 그 암주가 "마른 나무가 찬 바위를 의지하니 삼동에 따뜻한 기운이 없도다."라고 한 뜻도 절대로 모르는 것입니다. 그 참뜻은 저 깊은 데 있습니다.

누구든지 공부를 해서 그 할망구가 암자를 불 지르고 그 암주를 쫓아낸 뜻을 확실히 알면 일체법과 모든 공안에 조금도 막힘이 없이 전체를 다 통달하게 됩니다.

이 공안은 그렇게 아주 깊은 법문이어서 선종에서도 중대하게 취급하는 것입니다. 피상적 관찰로는 이 법문의 뜻을 절대로 알 수 없습니다. 내가 이 공안에 대해서 한마디 평을 하겠습니다.

【 착어 】

천 길 얼음 위에 붉은 해가 밝고 밝으며
일곱 자 지팡이 밑에 푸른 구슬이 구르고 구른다.
千尋氷角에 紅日이 杲杲하고 七尺杖下에 綠珠轉轉이로다

●

이 뜻을 알면 할망구가 암주를 쫓아낸 뜻도 알 수 있는 것이고, 또 암주가 답한 뜻도 알 수 있습니다. 참고적으로 역사적인 일을 하나 들어 보겠습니다.

당나라 고종황제의 황후인 측천무후則天武后는 고종이 죽고 난 뒤 자기 아들까지 죽여 버리고, 여자로서 천자 노릇을 한 사람입니다. 또한 불교를 숭상해 현수賢首대사가 수계하던 해 천하에 영을 내려 그해에는 현수대사 한 분 이외에는 아무도 스님을 만들지 말라고까지 칙령을 내린 사람입니다.

그런 측천무후가 대당大唐에 큰스님이 많기는 많지만 그 가운데 누구를 골라 국사國師로 삼아야 할지 막막하였습니다. 생각하다가 전국에 영을 내려 큰스님을 몇 분 모셔오라고 하였는데, 그때 추천된 스님으로 오조 홍인대사의 제자인 신수神秀대사와 혜안惠安선사 두 분이 계셨습니다. 신수대사는 홍인스님 문하의 상수제자上首弟子로서 지식이 출중하였지만 자성을 깨치지 못하여서 무식한 육조스님에게 의복과 발우를 빼앗기고 만 분이고, 혜안스님은 일자무식이지만 수행에 전념하여 실지로 자성을 깨친 분이었습니다.

그리하여 두 스님을 궁중에 청해 목욕탕에 들어가 목욕을 하시라고 하고는, 궁녀 가운데 가장 얼굴이 예쁜 궁녀 두 사람을 뽑아 옷을 발가벗기고 "목욕하는 스님의 몸을 씻어 주라."고 분부했습니다. 궁녀들이 가지 않으려고 발버둥쳤지만 천자의 어명인데 어떻게 거역할 수 있습니까? 할 수 없이 명령을 따라 각각 가서 스님의 몸을 골고루 씻겨 드리게 되었습니다.

그렇게 하고서 측천무후는 목욕탕에 구멍을 뚫어 놓고 그 안을 들여다보고 있었습니다. 두 여자가 각기 스님의 몸을 구석구석 씻겨 드리자 신수대사는 음심이 동動하는데 혜안스님은 아무리 몸에 닿고 하여도 절대로 동하지 않았습니다. 이 광경을 구멍을 통해 환히 보고 있던 측천무후가 도력을 스스로 확인하고서는 "산에 올라가 보아야 다리의 힘을 알고, 물속에 들어가 보아야 키가 크고 작음을 안다."고 하였습니다. 그리고는 숭산 혜안스님을 국사로 모시고 어디를 가든 항상 가마에 모시고 다녔다고 합니다.

이 일에 두고 위산스님은 "목욕간에서 젊고 앳된 여자가 몸을 씻겨 줄 때는 쇠로 만들어 놓은 부처님도 진땀을 흘리지 않을 수 없다."고 평하였습니다. 참으로 확철히 깨친 도력 있는 스님이 아니면 절대로 동하지 않을 수 없다는 것입니다.

그러면 앞의 공안에서 그 암주는 "마른 나무가 찬 바위를 의지하니 삼동에 따뜻한 기운이 없도다."라고 하여 음심이 절대로 동하지 않는 마음을 드러냈는데, 그 할망구는 어째서 "속인놈!"이라 꾸짖으면서 암자를 불사르고 암주를 쫓아냈을까요? 또 측천무후는 왜 두 스님 가운데 음심이 절대로 동하지 않은 스님을 국사로까지 모셨을까요?

【염】

밀암 걸선사[2]가 염하였다.

"이 노파는 안방이 깊고 멀어서 물샐틈없으나, 문득 마른 나무에 꽃을 피게 하고 찬 바위 속에서 불꽃이 일게 한다. 이 스님은 외로운 몸이 멀고 멀어서 익히 큰 물결 속에 들어가되, 하늘에 치솟는 조수潮水를 한가히 앉아서 끊고 바닥에 이르러도 한 방울 물도 몸에 묻지 않는다. 자세히 검토해 보니 목에 쓴 칼을 두드려 부수고 발을 묶은 쇠사슬을 깨뜨림은 두 사람에게 다 없지 않지마는 불법을 말할진대 꿈에도 보지 못하였다. 내가 이렇게 평론함은 그 뜻이 어디로 돌아가는가?"

한참 묵묵한 후에 말하였다.

"한 묶음의 버들가지를 거두지 못하니
봄바람이 옥난간 위에 걸쳐놓는다."

密庵傑이 拈호대 這婆子는 洞房이 深遠하야 水泄不通하나 便向枯木上糝花하고 寒岩中發焰요 簡僧은 孤身이 逈逈하야 慣入洪波호대 等閒坐斷發天潮하고 到底에 身無涓滴水로다 子細點檢將來하니 敲枷打鏁는 卽不無二人이어니와 若是佛法인댄 未夢見在니 烏巨伊麽提持意歸何處오 良久에

---

[2] 밀암함걸(密庵咸傑, 1118~1186). 임제종 양기파 스님으로 응암담화(應庵曇華)의 법제자. 남악(南岳)스님의 17세손. 오거암(烏巨庵)에 머문 일이 있음. 『밀암화상어록(密庵和尙語錄)』 1권이 있음.

云 一把柳條를 收不得하여 和風이 搭在玉欄干이라 하니

●

　파자婆子가 사는 곳은 참으로 깊고 깊어서 부처도 들어갈 수 없고 조사도 들어갈 수 없고 물 한 방울, 바람 한 점 들어갈 수 없으나, 바짝 마른 나무에 꽃을 피게 하고 차가운 바위 속에서 불이 나게 하는 그런 기술을 가졌다는 것입니다. 또 그 암주는 큰 바다에 나가 노는 것을 좋아하여 하늘 닿는 물결 속에서도 아무 힘들이지 않고 저 바다 밑바닥에 이르러도 몸에는 물 한 방울 묻지 않는 그런 기술을 가졌다는 것입니다.

　그러나, 그 두 사람이 그렇게 훌륭한 법을 가지고 있어 감옥에 들어가도 유유히 나올 수 있는 재주를 가지긴 했지만 불법은 꿈에도 알지 못하는 멍텅구리라는 것입니다.

　그리고선 마지막에 "한 묶음의 버들가지를 거두지 못하니 봄바람이 옥난간 위에 걸쳐 놓는다."고 송을 읊으셨습니다. 이 마지막 구절의 뜻을 알면 노파가 암자를 불사른 뜻도 알 수 있고, 암주가 말한 뜻도 알 수 있고, 또 밀암스님이 이 공안에 대해 평한 뜻도 분명히 알 수 있습니다. 밀암선사의 이 법문에 내 한마디 붙이겠습니다.

【 착어 】

　교묘함을 희롱하여 졸렬함이 됨이여, 귀하고 또 천하다.
　弄巧成拙이여 可貴可賤이로다

●

　잘한 것이면 끝까지 잘한 것이어야지 어째서 잘한 것이 졸렬하게 되고, 귀할 것 같으면 끝까지 귀해야 할 텐데 어째서 귀하지 못하고 천하게 된다 했을까요?

【 송 】

중봉 본선사[3]가 송하였다.
삼동三冬의 마른 나무는 봄볕을 만났고
푸른 꽃받침 찬 꽃송이는 맑은 향기를 토한다.
흰머리 노파가 인정이 없어
차갑게 꽃나무를 보고 스님을 곡哭한다.

中峰本이 頌호대

三冬枯木은 遇春陽이요 翠蕚寒英은 噴古香이로다
雪鬢老婆가 情未瞥하야 冷看花樹哭檀郞이라 하니

◉

삼동 아주 추울 때 바싹 마른 나무는 봄볕을 만나 살아나고, 파랗게 잎 피고 꽃잎이 붉게 물들어 참으로 좋은 향기를 뿜어냅니다. 머리 허연 노파는 인정이 눈꼽만큼도 없어 아주 냉정한 차디찬 눈으로 꽃과 나무를 보고서 가슴을 두드리면서 "아이고, 아이고." 하고 울더라는 것입니다. 이것이 노파와 암주의 그 법문을 잘 표현한 것입니다.

【 착어 】

큰 상賞 밑에는 반드시 용감한 장부가 있다.

重賞之下에 必有勇夫로다

---

3 중봉명본(中峰明本, 1263~1323). 임제종 양기파 스님으로 고봉원묘(高峰原妙)의 법제자. 남악(南岳)스님의 22세손. 정해진 처소 없이 지내며 스스로 환주(幻主)라 칭함.『환주암청규(幻住庵淸規)』2권,『일화오엽(一華五葉)』5권 등의 저서가 있고, 순종(順宗)이『중봉광록(中峰廣錄)』30권을 대장경에 넣게 함.

◉

　용맹한 장수가 큰 싸움에서 이겨야만 큰 상을 타는 것이지 싸움에서 겁이 나 달아나는 사람은 상을 타지 못하는 것입니다. 이 뜻을 잘 알아야 합니다.

【 송 】

허당 우선사가 송하였다.
무쇠 벽을 활짝 여니 구름이 조각조각 떠돌고
검은 산을 차내니 달이 둥글고 둥글다.
그 가운데 명암이 서로 침해하는 곳은
하늘 밖에 머리를 내밀어도 누가 보아 알리오.
虛堂愚 頌曰
鐵壁은 迸開에 雲片片이요 黑山을 輥出月團團이로다
就中明暗相凌處는 天外에 出頭라 誰解看고 하니

【 착어 】

은은한 향기는 화로 속에서 나오고
솔솔 부는 맑은 바람은 자리 위에서 일어나네.
紛紛香氣는 爐中發이요 風弗風弗淸風은 座上起로다

【 염 】

박산 내선사[4]가 수창 경선사[5]에게서 공부할 때 수창선사가 최후에 물었다.

4　박산원래(博山元來, 1575~1630). 조동종 스님으로 수창혜경(壽昌慧經)의 법제자. 청원(靑原)스님의 30세손.
5　수창혜경(壽昌慧經, 1548~1618). 조동종 스님으로 늠산상충(廩山常忠)의 법제자. 청원(靑原)스님의 29세손.

"노파가 무슨 수단과 안목을 갖추었기에 갑자기 집을 불사르고 스님을 쫓아냈는가?"

"황금에 빛을 더하였습니다." 하니, 수창선사가 인가하고 법을 전하였다.

博山來가 參壽昌經할새 最後에 問호대 婆子가 具什麽手眼하야 便燒却趁出僧고 來云 黃金에 增色이니라 經이 認可傳法하니

【 착어 】

탁한 기름에 다시 젖은 심지를 꽂는다.

濁油에 更著濕燈心이로다

【 결어 】

대중은 말해 보라. 노파가 집을 불사른 것은 상이냐 벌이냐? 상이라고 하면 암주를 저버리는 것이고, 벌이라고 하면 노파를 끌어 묻는 것이다. 여기에 초군정안超群正眼을 갖추어서 골수를 철저하게 보면, 암주를 위하여 설욕할 뿐 아니라 노파에게 경하를 드리는 것이다.

필경에 어떻게 이 소식을 통할 것인가?

(한참 묵묵한 후에 말씀하셨다.)

암두가 긍정하지 않음이여, 덕산의 맏아들이요

극빈유나가 쫓겨남이여, 홍화의 참 제자로다.

(크게 할을 한 번 하고 내려오시다.)

大衆은 且道하라 婆子燒庵은 是賞耶아 是罰耶아 若言是賞則辜負庵主요 若言是罰則埋沒婆子로다 於此에 具超群正眼하야 見徹骨髓하면 非但爲庵主雪屈이요 亦乃與婆子慶賀로다 畢竟에 如何通個消息고 (良久云)

岩頭不肯兮여 德山的骨이요

克賓被趁兮여 興化神髓로다

(喝一喝하고 下座하시다)

●

　대중 여러분, 그럼 말씀해 보십시오. 노파가 암자를 불사른 것이 상입니까 벌입니까? 상이라고 하면 암주를 저버리는 것이고, 벌이라고 하면 노파를 끌어 묻는 것입니다. 여기에 초군정안超群正眼을 갖추어서 골수를 철저하게 보면, 암주를 위하여 설욕할 뿐 아니라 노파에게 경하를 드리는 것입니다. 그럼, 필경에 어떻게 이 소식을 통하겠습니까?
　암두스님은 덕산스님의 상수제자지만 평생 덕산스님을 긍정치 않고 "우리 스님은 아무것도 모른다."고 늘 욕만 했습니다. 흔히들 암두스님이 참으로 덕산스님보다 도와 덕이 높아 자기 스승을 아무것도 아니라고 부정한 것으로 보는데, 그렇게 보면 암두스님을 잘못 본 것입니다. 암두스님이 덕산스님을 늘 부정하고 욕한 것은 덕산스님의 뜻을 바로 알고 그 법을 바로 전해 받은 사람이기 때문에 그렇게 한 것입니다.
　또 극빈유나는 흥화스님 밑에 있을 때, 법문에 대해 대답을 잘못 했다고 하여 대중공양을 하도록 벌을 받았습니다. 다음날 극빈유나가 돈을 내어 공양을 준비하고 같이 참여하려 하자, 흥화스님은 "네가 비록 공양은 내었지만 참석할 자격이 없다." 하고는 몽둥이로 때려 쫓아내 버렸습니다. 그러나 나중에 극빈유나는 출세할 때 흥화스님의 법을 이었습니다.
　이렇게 앞의 법문을 총결산하였습니다. 그러나 누구든지 사량복탁思量卜度으로 이런가 저런가, 상인가 벌인가를 따져서는 지옥에 들어가길 화살같이 할 것입니다.
　오직 참선 공부를 부지런히 하여 확철히 깨쳐야 이 뜻을 분명히 알 수 있습니다. 사량복탁이나 문자의 해석으로는 영원토록 이 법문의 뜻을 모르고 맙니다. 설사 알았다 해도 그것은 이 법문의 본뜻과 아득히 어긋나고 맙니다. 어떻게 해야 확철히 깨칠 수 있겠습니까?
  암두가 긍정하지 않음이여, 덕산의 맏아들이요
  극빈유나가 쫓겨남이여, 홍화의 참 제자로다.

己酉(1969)년 5월 말일 해인사 해인총림 대적광전

31. 풍혈일진 風穴一塵
한 티끌

【 수시 】

내가 노래 부르니 그대는 장단 맞추고
그대가 가니 나는 머무른다.
손과 주인이 역력하고 검고 흰 것이 섞였다.
금강의 보배 칼은 하늘을 의지해 번쩍거리고
불 뿜는 사자는 땅에서 소리쳐 날뛴다.
바다 밑 붉은 먼지는 하늘을 덮고 해를 가리며
산마루 흰 파도는 모든 것을 뒤집어 버린다.
풍간[1]이 범을 타고 내달으니
한산과 습득이 하하 하고 웃는다.
말해 보라. 이 무슨 도리인가?
(한참 묵묵한 후에 말씀하셨다.)
진주鎭州 땅에 큰 무 뿌리가 솟았네.

我唱你拍하고 你行我住하니 賓主歷爾요 緇素混然이로다

金剛寶劒은 倚天急急하고 焰口獅子는 吼地憤憤이라

海底紅塵은 遮天蔽日하고 額頂白浪은 覆轉一切이라

豊干老師騎虎出하니 寒山拾得이 笑呵呵로다

---

1 당(唐)대 스님으로 천태산 국청사(國淸寺)에 한산(寒山) 습득(拾得)과 더불어 은거했다 함. 누가 불법의 이치를 물으면 "수시(隨時)" 두 자로만 대답했다고 함.

且道하라 是什麼道理오 (良久云)
鎭州에 出大蘿蔔頭니라

●

검은 것과 흰 것이란 승속을 가리키는 말입니다. 승려는 검은색 옷을 입고 속인은 흰색 옷을 입지 않습니까? "손과 주인이 역력하고 검고 흰 것이 섞였다."는 이 한 구절에 일체 불법과 일체 공안이 전부 다 포함되어 있습니다.

이를 분명히 알면 더 이상 법문할 것이 없습니다만 덧붙여 몇 가지 말씀드리겠습니다.

단단한 금강으로 만든 보배 칼이 하늘에 비껴 있는데 그 동작이 어찌나 날랜지 그 앞에선 무엇이든 어른거리면 다 죽습니다. 부처가 어른거리면 부처를 죽이고 조사가 어른거리면 조사를 죽여 이 금강보검 앞에서는 그 무엇도 살아날 수 없습니다. 그런 금강보검의 칼날이 허공에서 번쩍거리며 움직이고 있다는 것입니다. 또 입에서 불을 토하는 성난 사자가 분을 참지 못해 날뛰고 있다 했습니다. 그래, 그런 사자 앞에서 살아남을 자가 있겠습니까? 그 무엇도 살아남을 수 없습니다. 그랬더니 또 어떠한가? 저 바다 밑에서 붉은 먼지가 일어 하늘을 덮고 해를 가리며 저 산꼭대기에선 흰 물결이 일어 모든 것을 다 엎어 버리더라고 했습니다. 이 무슨 거짓말 아닙니까? 바다 밑에서 어떻게 파삭한 붉은 먼지가 일어날 수 있으며, 그 먼지가 얼마나 많기에 하늘을 덮고 해를 가린다고 합니까? 또 산마루에서 어떻게 흰 파도가 일 수 있으며, 그 파도가 어떻게 나무며 바위 등을 온통 뒤엎어 버릴 수 있냐는 것입니다. 거짓말이 아닙니다. 이것을 바로 알아야 합니다.

옛날 천태산 국청사에 풍간과 한산과 습득이라는 세 은자가 계셨습니다. 그중 풍간스님은 늘 범을 타고 다녔다고 합니다. 그 풍간스님이 범을 타고 나오니 한산과 습득이 "하하" 하고 웃는다고 했습니다.

자, 그럼 말씀해 보십시오. 이 무슨 도리입니까? 앞뒤로 전혀 맥락이 맞지 않는 이상한 말들을 늘어놓았는데, 도대체 무슨 도리이기에 법문 한답시고 하고선 이런 소리를 할까요?

진주 땅에 큰 무가 솟아난 걸 알면 앞 법문 전체를 이해하는 동시에 일체 공안과 일체 법문을 다 알 수 있습니다.

【 본칙 】

풍혈스님[2]이 법문하였다.

"만약 한 티끌을 세우면 집안과 나라는 흥성하나 촌 늙은이는 찡그리고, 한 티끌도 세우지 아니하면 집안과 나라는 망하나 촌 늙은이는 편안하다."

설두 현선사가 주장자를 잡고 염하였다.

"도리어 같이 살고 같이 죽을 납승이 있는가?"[3]

風穴이 垂語云 若立一塵하면 家國이 興盛하나 野老顰蹙하고 不立一塵하면 家國이 喪亡하나 野老安貼이니라 雪竇拈拄杖云 還有同生同死底衲僧麼 아 하니

만약 한 티끌을 세우면 집안과 나라는 흥성하나 촌 늙은이는 찡그린다고 했는데 왜 그럴까요? 무엇이든 세워 국가가 흥성하고 만인이 다 화목하고 행복하게 사는데 왜 촌 늙은이는 찡그리고 눈물을 흘리느냐는

---

2 풍혈연소(風穴延沼, 896~973). 임제종 스님으로 남원혜옹(南院慧顒)의 법제자. 남악(南岳)스님의 7세손. 어록으로 『풍혈중후집(風穴衆吼集)』이 있었다고 하며, 『풍혈선사어록(風穴禪師語錄)』 1권이 『고존숙어록(古尊宿語錄)』 제7권에 수록.
3 『선문염송』 제1249칙(한국불교전서5, 834쪽).

것입니다. 또 한 티끌도 세우지 아니하면 집안과 나라가 다 망하는데 그때서야 촌 늙은이는 좋다고 춤을 춘다는 것입니다. 이 무슨 실없는 소리입니까? 그러나 이것이 실없는 소리가 아닙니다.

"한 티끌을 세우면 집안과 나라는 흥성하나 촌 늙은이는 찡그리고, 한 티끌도 세우지 않으면 집안과 나라는 망하나 촌 늙은이는 편안하다."는 이 도리를 알아야만 실제 임제정종의 생명을 알 수 있습니다.

그 뒤 설두스님께서 이 법문에 대해서 하신 말씀이 있습니다. 설두스님이 주장자를 턱 들고는 "같이 살고 같이 죽을 납승이 있는가?" 하고 물었습니다. 이렇게 묻는 뜻이 실지에 있어서 풍혈스님의 골수를 뚫어 표현한 소리입니다.

이 공안에 내 한마디 붙이겠습니다.

【 착어 】

누운 용이 크게 움직이려 하니 붉은 봉황이 문득 높이 나네.
臥龍이 纔奮迅하니 丹鳳이 便翶翔이로다

◉

물속에 잠겨 승천할 때만 노리던 용이 물살을 헤치고 막 꿈틀꿈틀 일어서려 하는데, 붉은 봉황새가 저 만리장천에서 자유자재하게 날고 있더라는 겁니다. 이 말은 앞의 법문 전체를 거두어 하는 소리입니다. "앞뒤 맞지 않는 말들을 법문이랍시고 떠들며 사람을 속이는 것 아닌가." 하고 생각하는 사람이 혹 있을지 모르겠습니다. 허나 이렇게 말하는 까닭이 있습니다. 그 이유를 알아야 합니다.

【 송 】

천동 각선사가 송하였다.

흰머리 태공이 위수 낚시터에서 일어남이여
어찌 수양산에서 깨끗이 굶은 사람만 하리오.
다만 한 티끌에서 변태가 나누어지니
높은 이름과 큰 위업은 둘 다 없애기 어렵네.
天童覺이 頌曰
皤然渭水에 起垂綸이여 何似首陽淸餓人고
只在一塵分變態하니 高名勳業을 兩難泯이라 하니

◉

그 유명한 강태공은 서백西伯, 즉 주 문왕을 만나기 전 위수渭水 가에서 늘 고기를 낚곤 했습니다. 고기를 낚아도 어떻게 낚는가? 곧은 낚시를 띄웠습니다. 곧은 낚시 바늘을 썼으니 백 년 낚싯대를 던진들 고기가 물 리 있습니까? 그러나 후에 문왕을 낚아 천하를 통일하는 만고의 영웅이 되었습니다. 그렇게 강태공은 영웅이 되기 전 위수 가에서 낚시를 하며 6년 동안 문왕을 기다렸다는 것입니다.

"그렇지만 어찌 수양산에서 깨끗이 굶은 사람만 하리오."

이건 백이伯夷와 숙제叔齊를 두고 하는 말입니다. 백이와 숙제는 고죽국孤竹國이라는 나라의 임금 아들이었습니다. 그 아버지가 백이와 숙제 아래 막내에게 임금의 위를 전하고 싶다하자 백이는 그것을 알고 달아나 버렸습니다. 그래 임금이 죽고 나서 백성들은 그것도 모르고 둘째 숙제를 세우려고 했습니다. 숙제는 우리 형님도 달아나 버렸는데 둘째인 내가 어떻게 임금이 될 수 있냐고 하며 형인 백이를 쫓아 달아나 버렸습니다. 그러니 백이와 숙제는 임금의 고귀한 지위마저 관심이 없는 아주 청고한 사람들입니다.

두 사람은 서백西伯이 성군이란 소문을 듣고 찾아가 그를 섬겼습니다. 그러나 문왕이 죽은 후 무왕은 강태공을 군사로 삼아 은나라를 정벌하려고 나섰습니다. 당시 주나라는 은나라의 제후국이었습니다. 폭군 주紂를 죽여 천하를 건지려고 길을 나선 무왕을 백이와 숙제가 말고삐를 붙잡고 말렸습니다. "아버지가 돌아가셨는데 장사도 지내지 않고 전쟁을 일으킨다면 어찌 효자라 할 수 있겠습니까? 아무리 임금이 나쁘다 한들 신하가 임금을 죽인다면 어찌 그를 인자라 할 수 있겠습니까?" 하며 간언한 것입니다. 그러니 주변에서 가만히 있겠습니까? 그래 좌우의 신하들이 그들을 죽이려 하였습니다. 그러자 강태공이 말리며 "이들은 참으로 의로운 사람들입니다." 하고는 그들을 일으켜 세우고 떠난 일이 있습니다. 강태공의 활략으로 무왕이 주를 정벌해 결국 은나라가 망하고 천하가 주나라를 따르게 되었습니다. 그러자 백이와 숙제는 "나는 본래 은나라 사람이니 주나라 땅에서 나는 음식은 먹지 않겠다." 하고는 수양산에 들어가 고사리 캐먹다가 굶어 죽었다는 고사가 있습니다.

그러니 대조적이지 않습니까? 강태공은 무왕을 도와 폭군 주를 정벌해 천하 백성을 도탄으로부터 구하고, 구백 년 태평성국의 기틀을 마련했습니다. 반대로 백이·숙제는 부모에 대한 효도 모르고 임금에 대한 의도 모르는 자의 나라에서 밥을 먹지 않겠다 하고는 수양산으로 들어가 굶어 죽어 버렸습니다.

이것이 오늘 법문과 무슨 상관이 있겠냐고 생각할지 모르겠지만 이 두 마디가 풍혈스님 법문의 뜻을 아주 적절히 표현한 말입니다.

그럼 태공망과 백이·숙제 중 누가 옳고 누가 그릅니까? 천동스님은 그 두 가지 모두 한 티끌에서 모양을 달리해 나뉜 것이라고 했습니다. 그러니 의리를 지켜 굶어 죽은 백이·숙제의 고명한 이름도, 천하를 도탄으로부터 구해 천년왕국의 기틀을 마련한 태공망의 공훈도 두 가지 다 버릴 수 없다는 것입니다.

결국 무슨 말인가? 서로 반대 입장에 서 있었지만 수양산에서 굶어 죽은 백이·숙제도 옳고 주를 죽이고 천하를 태평하게 한 강태공도 옳다는 것입니다.

천동스님의 이 게송이 그저 고사를 이야기하려는 데 뜻이 있는 것이 아닙니다. 풍혈스님의 법문을 실지에 있어서 그대로 표현한 소립니다. 그럼 천동스님의 게송에 내 또 한마디 평을 붙이겠습니다.

【 착어 】

주장자 끝으로 해와 달을 놀린다.

拄杖頭上에 挑日月이로다

◉

이 주장자 위에 무슨 해와 달이 있습니까? 이것도 거짓말 같지요? 거짓말이 아니라 여기에 뜻이 있습니다. 왜 주장자 위에 해와 달이 돈다고 하는지 그 뜻을 바로 알아야 합니다.

혹자는 날 두고, 법문한답시고 알아듣지도 못할 이상한 소리만 하고 자꾸 거짓말 같은 소리만 한다 할 것입니다. 오늘도 그런 이야기를 들었습니다. "세상에 방장인지 깻묵덩어린지 만날 이상한 소리만 지껄이고, 밥 먹고 앉아 뻔한 거짓말을 저렇게 늘어놓으니 저런 말은 들을 필요도 없다."고 이렇게 반박하는 사람이 더러 있다고 합니다.

나는 그렇게 말하는 것이 당연하다고 생각합니다. 왜 그런가? 모르기 때문에 그런 겁니다. 봉사 앞에서 아무리 단청 얘기를 해본들 무슨 소용입니까? 봉사는 보지 못하니 아마 눈뜬 사람 눈 빼려고 달려들 것입니다. 그러니 그런 말이 나오는 것도 어찌 보면 당연한 일입니다. 아무리 그렇더라도, 아무리 시원찮은 사람 얘기라 해도 그렇게 말할 때는 무슨 이유가 있을 것 아닙니까? 그 이유를 알려고 작정해야지, 눈 감고 앉아서 자기 눈에는 보이지 않는 단청 얘기한다고 그 사람 눈을 빼려고 달려들어서야 되겠습니까? 그런 사람은 영원히 눈을 뜨지 못하고 맙니다. 그러니 "말 같지도 않다."는 그런 경솔한 생각하지 말고 어떻게든 부지런히 노력해서 이런 말들을 바로 알아야 합니다. 바로 알면 실지에 있어서 일체 법문을 다 알 수 있고 영원한 자유도 완전히 성취할 수 있는 것입니다.

【염】

해회 연선사가 상당하여 이 법문을 들어 말하였다.

"나 태평은 그렇지 않으니, 한 티끌을 세우면 법당 앞에 풀이 한 길이나 솟고, 한 티끌을 세우지 않으면 비단 위에 꽃을 편다. 어째서 그러한가? 말함을 보지 않았는가, 구구는 팔십일이라. 궁한 사람이 옥살이 마치고 겨우 다리 뻗고 자려 하니 모기와 빈대가 나온다."

海會演이 上堂에 擧此語云 太平卽不然하니 若立一塵하면 法堂前에 草深一丈이요 不立一塵하면 錦上鋪花로다 何也오 不見道아 九九八十一이라 窮漢이 受罪畢하고 方擬伸脚眠하니 蚊虫蝎蚤出이라 하니

◉

임제정맥의 중흥조 오조 법연선사가 풍혈스님의 법문을 들어 하신 법문입니다. 왜 한 티끌을 세우면 법당 앞에 풀이 한 길이나 솟는다고 했을까요? 또, 왜 한 물건도 세우지 않는데 반대로 비단위에 꽃이 핀다고 했을까요? 여기에 아주 깊은 뜻이 있습니다.

하도 가난해서 아무것도 없는 사람이 뭘 하나 훔쳐 먹다가 그만 덜컥 잡혀 버렸습니다. 그래 그 죄로 징역을 가 옥살이를 하고 나왔습니다. 벌을 다 받았으니 이젠 두 다리 펴고 편히 자겠구나 했는데 자려고 누우니 이번엔 모기와 빈대가 달려들어 도저히 잠을 이룰 수 없더란 것입니다. 장난삼아 하는 우스개 같지만 이 말에 아주 깊은 뜻이 있습니다. 이 말이 "구구는 팔십일"과 무슨 관계가 있습니까?

격을 벗어난, 언구 밖에 있는 그 깊은 뜻을 알아야 비로소 부처님의 가르침을 바로 아는 것입니다. 그렇지 않고선 영원토록 불교를 모르고 맙니다. 그럼 오조 법연선사의 이 법문에 내가 한마디 붙이겠습니다.

【 착어 】

어찌 남의 물건을 가지고 자기 소용으로 쓰려 하는가?
何得將別人物하야 作自己用고

◉

왜 남의 물건을 자기 물건으로 삼느냐는 것입니다. 그럼 내가 오조 법연선사를 도둑놈이라고 하는 것입니까? 그런 뜻이 아닙니다. 여기에 달리 깊은 뜻이 있습니다. 다들 한번 잘 생각해 보십시오. 남의 물건을 자기 물건으로 삼는 그 도리를 분명히 알면 오조스님의 법문뿐 아니라 앞에 법문 전체를 다 알 수 있습니다.

【 결어 】

대중들이여, 풍혈은 장막 속에서 산가지를 놓아 천리 밖의 승부를 결정한다 하겠다. 삼현三玄의 창 끝을 높이 들어 부처와 조사의 해골을 일시에 뚫으니 후래後來 자손들을 땅 쓸듯 없애 버렸다. 어떤 사람이 이 도리를 알겠는가?

(한참 묵묵한 후에 말씀하셨다.)

달 떨어진 한밤중에 저자 속을 지나간다.

(크게 할을 한 번 하고 내려오시다.)

大衆아 風穴은 可謂運籌帷幄之中하야 決勝千里之外니 高提三玄戈矛하야 佛祖髑髏를 一時穿串이요 後來兒孫을 掃土而盡이로다 還有人이 辨得麽아

(良久云) 月落三更에 穿市過니라

(喝一喝하고 下座하시다)

◉

대중 여러분, 임제정맥의 풍혈스님은 한고조의 군사였던 장량이 그러했듯 장막 속에서 산가지를 놓아 천리 밖의 승부를 미리 알고 있습니다. 임제스님의 골수법문인 삼현三玄의 창날을 높이 들어 부처와 조사의 해골을 일시에 뚫고, 그런 동시에 후래 자손들마저 땅을 쓸듯 없애 버렸습니다. 부처와 조사를 한꺼번에 죽이고 동시에 자손을 씨도 없이 멸종시켜 버렸다 이것입니다. 그럼 누가 이 도리를 알겠습니까?

달 떨어진 한밤중에 저자 속을 지나간다.

달 떨어져 캄캄한 한밤중에 종로 네거리를 뚫고 지나간다고 한 이 말을 바로 알아야 합니다.

억!

己酉(1969)년 6월 보름 해인사 해인총림 대적광전

32. 운문시궐 雲門屎橛
마른 똥막대기

【 수시 】

마음이 곧 부처요 무심이 도라
다리 셋인 나귀가 발굽을 놀리며 가니,
호남의 큰스님 이렇게 간다.
뜰 앞의 잣나무는 바람에 꺾이고 서리에 말랐으며
청주의 베적삼은 땀 배이고 때 묻었으니
차 한 잔 하라 차 한 잔 하라.
조주는 오직 떨어지고 냄새나는 버선을 신었고
운문의 호떡이 참으로 맛이 있다.
임제대사는 어찌하여 사람만 보면 문득 할 하는가?
(한참 묵묵한 후에 말씀하셨다.)
서쪽으로 주나라 서울에 들어가서
노자에게 예를 물었느니라.

卽心是佛이요 無心是道라
三脚驢子弄蹄行하니 湖南長老恁麼去로다
庭前栢樹는 風折霜凋하고 靑州布衫은 汗沾垢弊하니
喫茶去 喫茶去여
趙州는 唯著破襪臭요 雲門胡餠이 堪可愛로다
臨濟大師爲什麼하야 見人便喝고 (良久云)

西入周室하야 問禮於老子니라

●

　마음이 부처라는 소리는 불교 믿는 사람은 상식적으로 누구나 다 아는 말입니다. 그렇지만 "마음이 부처"라는 깊은 뜻은 확철대오하기 전에는 실지로 모릅니다. 오늘은 여기에 대해서 얘기를 하겠습니다.
　"마음이 곧 부처요 무심이 곧 도다卽心是佛無心是道"란 이 뜻이 어느 곳에 있는가? "다리 셋인 나귀가 발굽을 놀리며 간다."고 했습니다. 보통 짐승은 다리가 넷이지 다리가 셋 달린 것은 없습니다. 마음이 곧 부처라는 것을 바로 알려면 다리 셋인 노새가 뛰어가는 것을 알아야만 합니다. 그렇지만 이것은 사량복탁으로는 알 수 없습니다. 오로지 공부를 부지런히 해 확철히 깨쳐서 자성을 바로 알아야만 그 깊고 깊은 뜻을 알 수 있는 것이지, 그러기 전에는 팔만대장경을 거꾸로 외운다 해도 이 뜻은 절대 알 수 없습니다. 오직 깨쳐야 한다는 것입니다.
　그리고 또 어떠한가? "호남의 큰스님이 거친 풀밭으로 들어가더라."고 했습니다. 앞에는 다리 셋 달린 노새가 앞으로 나간다 하고 이번엔 호남 장로가 거친 풀밭으로 들어간다고 했습니다. 왜 거친 풀밭으로 들어간다고 했을까요? 여기에 아주 깊은 뜻이 있습니다.
　어떤 스님이 조주스님에게 조사가 서쪽에서 온 뜻을 묻자 "뜰 앞의 잣나무"라고 대답하신 일이 있습니다. "뜰 앞의 잣나무"라 한 이 공안은 천칠백 공안 중에서도 가장 깊은 공안입니다. 공부하는 사람이라면 모름지기 이 공안의 근본 뜻을 알아야 되지 그렇지 않고는 절대 공부를 성취했다고 할 수 없습니다. 그렇게 중요하고 유명한 공안입니다. 그럼, 이 뜰 앞의 잣나무는 어떠한가? 바람에 그만 가지가 부러지고 둥치가 꺾여 버렸으며 서리를 맞아 바짝 말랐더라고 했습니다. "뜰 앞의 잣나무"라고 한 것은 우리 불교의 생명선이라 할 만큼 중요하고 깊은 법문인데, 왜 바람에 꺾여 부러지고 서리를 맞아 전체가 다 말라죽어 버렸다고 말했을까요?

또 어떤 스님이 조주스님에게 "일체 만법이 다 하나로 돌아가는데 하나는 어디로 돌아갑니까?" 하고 물으니 "청주에서 베적삼을 한 벌 지었는데 무게가 일곱 근이더라."고 했습니다. 이것도 참 깊은 법문입니다. 그런데 그 청주의 옷은 땀이 배이고 배여서 아주 고약한 냄새가 나고 때가 묻어 도저히 입을 수 없는 옷이 되어 버렸더라는 것입니다. 이것 역시 앞의 정전백수자庭前柏樹子와 같이 비판한 것입니다. 참으로 깊은 법문이긴 하지만 실지에서 볼 때는 때가 꼬질꼬질하고 땀내가 나서 도저히 입을 수 없는 동시에 가까이 갈 수도 없는 아주 더러운 물건이더라는 것입니다.

또 스님들이 조주스님을 찾아갔습니다. "그대는 여기 온 적이 있는가?" "예, 온 적 있습니다." "그럼 차나 한잔 마셔라." 또 다른 이에게 "그대는 여기 온 적이 있는가?" "처음입니다." "그럼 차나 한잔 마셔라."고 했습니다. 그래, 곁에서 보니 온 적 있다고 해도 차나 마시라 하고, 온 적이 없다 해도 차나 마시라 하니 이치에 맞지 않는 말 같단 말입니다. 그래서 원주스님이 "스님은 왜 온 적이 있다고 해도 차나 한잔 마시라 하고, 처음이라고 해도 차나 한잔 마시라고 합니까?" 하고 물었습니다. 그랬더니 조주스님이 "원주야!" 하고 불렀습니다. 원주가 "예." 하고 대답하자 "차나 한잔 마시거라."고 하셨습니다. 언뜻 보면 마치 아이들 장난치는 것처럼 보일지도 모르겠지만 이것 역시 그 말만 좇아 이해하려 들어서는 안 됩니다. 저 말 밖에 아주 깊은 뜻이 있습니다.

그래 만고에 뛰어난 대조사로 추앙받는 조주스님의 여러 법문을 소개했는데 그 조주스님은 뭘 사랑하는가? 다 떨어지고 냄새가 나 아무 짝에도 못 쓰는 버선을 사랑한다 말입니다. 누구나 입을 수 있고 누구나 좋아하는 그런 옷은 돌아보지도 않고 냄새나 풀풀 나고 떨어져 너덜거리는 그런 더러운 버선 짝을 끼고 앉아 아끼더라는 것입니다.

또 어떤 스님이 운문스님에게 "어떤 것이 부처를 초월하고 조사를 뛰어넘는 법문이냐?"고 묻자 "호병이니라."고 대답했습니다. 요즘으로 치면 "빵떡이다." 그 말입니다. 이 말씀 역시 그 뜻이 저 깊은 곳에 있습니다. 그렇게 운문스님이 말씀하신 호떡은 참으로 사랑스럽다 이것입니다. 그럼, 조주스님이 하신 법문에 대해서는 왜 내가 나쁘게 평을 하고, 운문스님이 하신 법문에 대해서는 왜 내가 아주 좋다고 칭찬을 할까요? 이 뜻을 분명히 알아야 합니다. 내가 무슨 조주스님과 원수지고 운문스님과 가까워서 누구를 폄하하고 누구를 편드는 소리가 아닙니다. 오직 법에 대해서만 내가 비판한 것입니다.

또 임제스님은 사람만 보면 고함을 질렀습니다. 선종 중에서도 가장 으뜸이라 할 임제종의 종조가 임제스님인데 그분은 누구든 앞에 어른거리기만 하면 미친 사람처럼 소리를 꽥 질렀다 이것입니다. 임제스님이 소리 지른 그 뜻을 알면 앞에서 내가 한 법문 전체를 다 알 수 있습니다. 그럼 임제스님은 왜 사람만 보면 고함을 쳤을까요?

"서쪽으로 주나라 서울에 들어가 노자에게 예를 물었다." 했는데 이는 공자님을 두고 한 말입니다. 공자가 노나라에서 서쪽으로 주나라로 들어가 유명한 노자에게 예禮를 물은 일이 있습니다. 그럼, 여태 선종의 혈맥과 같은 뜻 깊은 법문들을 소개하다가 왜 갑자기 엉뚱하게 공자가 노자를 찾아가 예를 물었던 일을 이야기했을까요?

말만 좇다간 생명을 잃어버리고 맙니다. 이 도리를 분명히 알아야만 모든 불법을 아는 동시에 모든 법문을 다 알 수 있습니다.

【 본칙 】

운문스님에게 어떤 중이 물었다.
"어떤 것이 부처입니까?"

"마른 똥막대기니라."

雲門이 因僧問호대 如何是佛고 門云 乾屎橛이라 하니

⦿

부처님은 천상천하에 가장 높은 어른이고 가장 귀한 어른이고 따라서 가장 거룩하고 존귀한 그런 어른인데, 왜 마른 똥 덩어리라고 했을까요? 부처님을 모욕해도 분수가 있지 왜 마른 똥 덩어리라고 했을까요? 그럼 운문스님이 미친 사람일까요? 미친 사람이 아닙니다. 마른 똥 덩어리라고 한 이 깊은 뜻을 알아야만 실지로 부처를 알 수 있습니다. 탁자에 모셔놓은 부처를 보고 천년만년 예배드리고 정성을 드려도 실지에 있어서 부처는 모릅니다. 부처를 아는 길은 무엇인가? 오직 마른 똥 덩어리라고 한 이것을 바로 깨치는 길밖에는 없습니다. 그러면 그 뜻이 어느 곳에 있는가?

거기에 대해 내 한마디 붙이겠습니다.

【 착어 】

사나운 범이 길 복판에 앉았네.

猛虎當路坐로다

⦿

아주 사나운 범이 길 한복판에 떡 하니 버티고 앉았다고 했습니다. 그러니 누구든 어른거리기만 하면 잡아먹어 버린다 이것입니다. 운문스님께서 마른 똥 덩어리라고 하신 법문을 바로 알려면 사나운 범이 길 한복판에 버티고 앉았다는 이 뜻을 알아야만 합니다. 그 뒤 원오스님의 제자인 대혜스님께서 이 법문에 대해 송한 것이 있습니다.

【 송 】

운문 고선사가 송하였다.
운문의 마른 똥막대기여
법·보·화신을 모두 뛰어넘었도다.
일 없이 산에 나와 노니
돈 백 냥을 지팡이 끝에 걸었도다.

雲門杲 頌曰
雲門乾屎橛이여 全超法報化로다
無事出山遊하니 百錢을 杖頭掛라 하니

◉

삼신불, 즉 법신불·보신불·화신불 외에 달리 부처란 없습니다. 그러면 운문스님이 마른 똥 덩어리라 한 이 법문도 결국 법신·보신·화신의 삼신에 속하는 것 아닌가? 만약 그렇게 안다면 그는 운문스님의 근본 뜻을 모르는 동시에 부처를 모릅니다. 운문스님이 마른 똥 덩어리라 한 이것은, 삼신인 법신·보신·화신 그 모든 부처를 초월한 아주 깊고 높은 곳에 있다 이것입니다.

그래, 부처를 물었는데 간시궐乾屎橛이라 하고, 간시궐은 법신·보신·화신을 초월한다고 했는데, 왜 또 일없이 돈 백 냥을 지팡이에다 걸고 산을 노닌다고 했을까요? 별 뜻 없이 그냥 하는 소리가 아닙니다. 이것이 '간시궐'의 뜻을 온전히 표현한 말입니다. 그럼 그 뜻이 또 어느 곳에 있는가? 거기에 내 한마디 붙이겠습니다.

【 착어 】

파도를 따르고 물결을 좇는다.
隨波逐浪이로다

◉

공연히 물결 따라 이리저리 왔다 갔다 한다는 말이 아닙니다. 운문스님께서 마른 똥 덩어리라 하신 것처럼 그 뜻이 저 깊은 곳에 있습니다. 그뒤 임제정맥의 송원 악선사에게 누군가 '간시궐'의 뜻을 물은 일이 있습니다.

【 염 】

송원 악선사에게 어떤 중이 물었다.
"마른 똥막대기란 뜻이 무엇입니까?"
"자고새 우는 곳에 백 가지 꽃이 향기롭구나."
松源岳이 因僧問 乾屎橛意旨如何오 岳云 鷓鴣啼處에 百花香이라 하니

◉

아름다운 목소리의 자고새 울음만 해도 좋은데 거기에 백 가지 꽃이 만발해 그 향기가 천지를 진동하더라고 했습니다. 마른 똥 덩어리는 냄새 나고 더러운 것인데, 왜 송원스님은 "자고새가 노래를 부르는데 온갖 꽃이 만발해 향기가 진동을 한다."고 이렇게 반대로 말할까요? 이것이 반대가 아닙니다. 이 뜻을 알아야 '간시궐' 뜻을 알 수 있습니다. 그럼 이 게송에 또 한마디 붙이겠습니다.

【 착어 】

제호의 좋은 맛이 도리어 독약이 되었다.
醍醐上味가 翻成毒藥이로다

◉

제호라고 하면 음식 중에 가장 상등 음식입니다. 아주 맛좋은 고급

음식이 왜 도리어 독약이 되었다고 했을까요? 이것도 모순되는 말이 아닙니까? "마른 똥 덩어리"를 물었는데 "자고새 울고 백화가 만발했다."고 대답하고, 거기에 또 나는 "천하제일 음식인 제호가 도저히 먹을 수 없는 상한 음식이 되었다."고 평했습니다. 이것을 또 바로 알아야 합니다. 또 본칙공안 하나를 더 소개하겠습니다.

【 본칙 】
풍혈스님에게 어떤 중이 물었다.
"어떤 것이 부처입니까?"
"금사金沙 여울 위 마씨馬氏의 아내니라."
風穴이 因僧問如何是佛고 穴云 金沙灘頭馬郞婦니라 하니

◉

풍혈스님은 왜 또 금사 여울 가에 사는 마씨 아내라고 했을까요? 여기에 내 또 한마디 붙이겠습니다.

【 착어 】
뒤통수에 뺨 붙은 사람을 보거든 같이 왕래하지 말아라.
腦後에 見腮어든 莫與往來하라

◉

저 보통 사람은 뺨이 앞쪽에 붙었지 않습니까? 그런데 이 사람은 뒤통수에 뺨이 붙었다 이 말입니다. 이걸 바로 알아야 합니다. 뒤통수에 뺨 붙은 사람과는 왕래하지 말라, 그런 사람과 같이 다니면 큰일 난다는 말입니다. "뒤통수에 뺨이 붙었다."는 이것을 알면 금사 여울 가에 사는 마씨 아내라는 것도 알 수 있습니다.

【송】

부산 원선사[1]가 송하였다.
서로 만남에 산으로 돌아갔다고 모두 말하나
수풀 아래에서 언제 한 사람인들 보았던가.
머리 돌려 남쪽으로 서서 북두를 보니
금빛 닭이 일찍 새벽 봄을 알리네.

浮山遠이 頌曰
相逢에 盡道歸山去하나 林下에 何曾見一人고
回首面南看北斗하니 金鷄早報五更春이라 하니

◉

만나는 사람마다 다들 산으로 돌아갔다고 하기에 산으로 가 찾아보면 한 사람도 찾을 수 없다는 말입니다. 또 북쪽으로 서야 북두칠성을 볼 수 있는 것인데 왜 남쪽을 향해 서서 북두칠성을 본다고 했을까요? 그러나 실지에 있어서는 북쪽으로 서서는 북두칠성을 보지 못합니다. 반드시 남쪽으로 서야 북두칠성을 분명히 볼 수 있는 것입니다. 북쪽으로 서야만 북두칠성을 볼 수 있는 사람이라면 그 사람은 영원토록 진짜 북두칠성을 보지 못합니다.

그럼, 남쪽으로 서서 북두칠성을 보면 어떻게 되는가? 금 닭이 새벽에 봄소식을 전하더라는 것입니다. 이것을 알면 전체의 뜻을 다 알 수 있습니다. 그럼 그 뜻이 어디에 있을까요?

---

[1] 부산법원(浮山法遠, 991~1067). 임제종 스님으로 섭현귀성(葉縣歸省)의 법제자. 남악(南岳)스님의 10세손.

【 착어 】

반폭으로 전체를 싼다.
半幅으로 全封이로다

◉

반쪽 물건으로 전체를 다 싼다는 이것을 알면 앞 법문을 다 통달하는데, 이것이 절대 비유가 아닙니다. 말하자면 무슨 얘기를 해놓고 그것을 빗대어 비슷하게 표현한 것이 아니라는 말입니다. 그 근본 뜻을 전혀 가림 없이 곧바로 말한 것입니다. 그러니, 반쪽으로 전체를 싼다는 그 뜻을 알아야 됩니다.

【 송 】

해인 신선사가 송하였다.
무쇠 끊는 기틀을 어찌 측량하랴
천 개의 눈을 단박 뜨더라도 엿볼 수 없다.
참선하는 사람이 여기에 이르러 헛되이 헤매어
돌배를 잘못 알아 단배로 여긴다.
海印信이 頌曰
截鐵之機를 安可測가 頓開千眼이라도 莫能窺로다
禪人이 到此徒名邈하야 錯認櫨梨作乳梨라 하니

◉

그 뒤에 해인 신선사는 또 여기에 대해 어떻게 말씀하셨는가? 쇠를 끊고 산을 무너뜨리는 참다운 깊은 기틀을 갖춰야만 이 도리를 바로 알 수 있지 그렇지 않고는 절대로 바로 알 수 없다는 것입니다. 불법을 확철히 깨쳐 조금의 의심도 없는 사람이라야만 쇠를 끊는 기틀이라고 표현할 수 있습니다. 이렇게 바로 깨친 사람은 천 개의 눈을 바로 뜨더라도 엿볼 수 없습니다. "법문이란 그 뜻이 말에 있는 것이 아니라 언구 밖에 있으니 그것은 오직 깨쳐야만 안다."는 말을 내가 누누이 하지 않습니까? 그럼 깨치면 어떻게 되는가? 눈을 바로 떠서 남쪽을 향해 북두칠성을 볼 수 있다고 했습니다. 그러면 분명히 이 뜻도 바로 알 수 있어야 할 텐데, 왜 해인스님은 "바로 깨친 눈을 천 개를 가지고 있다 해도 이 뜻은 실지에 있어 알 수 없다."고 했을까요? 참으로 바로 깨치고 바로 깨쳐 바른 눈을 천 개 만 개 가졌다고 해도 실지로 이 깊은 뜻은 알기 어렵다고 해인스님은 말했습니다. 이 말씀 역시 아주 깊은 곳에 뜻을 두고 하는 말씀입니다.

해인 신선사가 공연히 이런 소리를 한 것이 아닙니다. 뒤에 공부하는 사람들이 여기에 이르러 실지로 잘못 알고 헤맨단 말입니다. 마른 똥 막대기라고 하면 마른 똥 막대기인 줄로만 알고, 금사 여울 가 마씨 아내라 하면 금사 여울 가 마씨 아내인 줄로만 알며 봉사 단청 더듬듯이 자꾸 더듬거린단 말입니다. 그래 가지고는 영원토록 이 뜻을 모릅니다. 그래 어떻게 하는가 하면, 쓰디써 먹지도 못하는 돌배를 따와 아주 달고 맛좋은 단배라며 남도 속이고 자기도 속더라는 것입니다. 겉으로 볼 때는 똑같아 보여도 돌배는 맛도 없고 써서 사람이 먹을 수 없습니다. 그것을 어떻게 달고 맛있는 품질 좋은 배에 비교할 수 있겠습니까? 이는 마른 똥 막대기라 하고, 금사 여울 가 마씨 아내라고 한 이 법문의 깊은 뜻은 깨쳐야만 알지 겉모양만 봐서는 절대로 모른다는 것을 표현한 말입니다.

그러니 어떻게든 부지런히 공부해서 참말로 부처님과 같은, 또 조사스님과 같은 바른 견해와 안목을 갖추려고 애써야지 절대 겉모양과 말을 따라가서는 안 됩니다. 마른 똥 막대기라 한다고 마른 똥 막대기만 따라가지 말고 금사 여울 가 마씨 아내라 한다고 금사 여울 가 마씨 아내만 따라가지 말라는 것입니다. 이는 아주 철두철미한 정평입니다. 그러니 어떻게든 부지런히 공부해서 모양만 따라가지 말고 바로 자성을 깨쳐 앞에 법문들을 알아야 합니다. 그러면 이 근본 뜻이 어디에 있는가? 도대체 그 뜻이 어디 있기에 이렇게 어렵습니까? 거기에 대해 내 한마디 하겠습니다.

【 착어 】

자주색 금빛덩이 산하山河를 비춘다.
紫金光聚照山河로다

【 결어 】

대중들이여, 운문은 덕산조사의 문정門庭을 붙들어 세우고 풍혈은 임제대사의 가업家業을 이어받았다. 비록 일언일구一言一句가 부처를 뛰어넘고 조사를 뛰어넘으며, 일기일경一機一境이 하늘을 흔들고 땅을 움직이나, 먼 뒷날 사람의 웃음거리가 되었으니 어떻게 할 것인가?
(한참 묵묵한 후에 말씀하셨다.)
주장자 하나를 두 사람이 붙들고 있도다.
억!
(크게 할을 한 번 하고 내려오시다.)
大衆아 雲門은 扶起德山門庭하고 風穴은 承紹臨濟家業하니 雖然一言一句가 超佛越祖하고 一機一境이 掀天動地하나 爭奈千古之下에 遭人怪笑에 何오
(良久云) 一條拄杖을 兩人扶로다
(喝一喝하고 下座하시다)

◉

　대중 여러분, "마른 똥 막대기" 법문을 한 운문스님은 덕산의 제자인 설봉스님의 법을 이어 천하에 종풍을 드날렸으니, 운문스님은 곧 덕산 조사의 문정門庭을 붙들어 바로 세웠다 하겠습니다. 또 "금사 여울 가에 마씨 아내"라는 법문을 한 풍혈스님은 임제스님의 후손인 남원 혜옹스님의 법을 이었으니 임제대사의 가업을 이어받았다고 하겠습니다.

　그분들의 일상생활 속 한 말씀 한 말씀은 보통사람만 뛰어넘을 뿐 아니라 부처를 뛰어넘고 조사를 뛰어넘었습니다. 또한 기연을 당해 법을 쓰는 솜씨는 한 기틀과 한 경계가 하늘을 흔들고 땅을 뒤흔들 만큼 매섭고도 깊었습니다. 비록 그런 고준한 법문을 자유자재하게 펴보였지만 아는 사람을 만나면 한낱 웃음거리에 지나지 않습니다. 그렇게 천년만년 먼 뒷날 사람들의 웃음거리가 되고 말았습니다.

　첫머리에는 운문스님과 풍혈스님을 하늘 꼭대기까지 칭찬을 했다가 지금 와서는 왜 짓밟아 일어서지도 못하게 무시할까요? 공연히 두 스님을 칭찬하거나 무시하려는 것이 아닙니다. 법문을 바로 보고 바로 비판하면 이렇게 비판하지 않으려야 않을 수 없습니다.

　이것을 바로 알아야 실지에 있어서 불교를 바로 아는 사람이고 수행을 바로 하는 사람이지, 만약 그렇지 못하고 말만 따라가고 입만 따라가서는 영원토록 법을 바로 보지 못합니다. 누구든 불법을 배우고자 한다면 수행자들 입만 보고 말만 들으려 하지 말고 화두를 부지런히 참구해서 자성을 바로 깨쳐야 합니다. 그렇지 않고는 천년만년 수행한답시고 애를 쓰고 팔만대장경을 거꾸로 모로 다 외운다고 해도 소용없습니다. 도리어 외도가 되고 마구니가 되어 버립니다. 법당 안에서 공경의 예를 다하며 부처님 법을 듣고, 부처님 법을 외우고, 스님들 법문을 아무리 많이 듣는다 해도 자성을 바로 깨치기 전에는 전부 외도입니다. 불교의 요점은 깨침에 있는 것이지 말과 문자에 있는 것이 절대 아닙니다.

오늘 법회 역시 마찬가지입니다. 그 뜻이 말과 문자에 있지 않은 만큼 그 깊은 뜻을 바로 깨쳐야지 그렇지 않고는 이 자리 역시 불사佛事가 아니라 고약한 마사魔事가 되고 맙니다. 오늘 내가 이런저런 얘기들로 횡야설 수야설 했는데 그럼, 결국 그 뜻이 어느 곳에 있습니까?

주장자 하나를 두 사람이 붙들고 있도다.

이건 또 무슨 소리입니까? "무엇이 부처입니까?" 하는 물음에 운문스님은 마른 똥 막대기라 하고 풍혈스님은 금사 여울 가에 마씨 아내라 했으니, 같은 물음에 대답은 두 가지인 것을 표현한 말입니까? 혹 그렇게 해석하는 사람이 있을지 모르겠습니다. 만약 그렇게 해석한다면 남쪽을 북쪽이라 여기는 사람입니다.

결코 그런 뜻이 아닙니다. 이것은 오직 깨쳐야만 알 수 있습니다. 주장자는 하나인데 두 사람이 같이 붙잡고 있는 이 도리를 분명히 알면 모든 조사스님들과 부처님의 법문을 전체 다 알 수 있습니다. 누누이 말씀드리지만 이 도리는 반드시 깨쳐야 알 수 있지 문자와 언어로는 도저히 알 수 없습니다. 그러니 이것저것 생각할 것 없이 어떻게든 공부를 부지런히 해서 "왜 주장자는 하나인데 두 사람이 같이 붙잡고 있다고 했을까?" 하는 이것을 바로 알아야 합니다.

억!

己酉(1969)년 7월 25일 대불련 간부수련대회 결제일 해인사 해인총림

33. 조주양화 趙州楊花
버들꽃

【 수시 】

부처는 중생의 원수요 조사는 보살의 원수라

쌍림雙林¹에 몸을 누이니 하늘에서 꽃이 쏟아지고

웅이산熊耳山²에 흙을 덮으니 땅에서 갖가지 풀이 솟아난다.

부처를 죽이고 조사를 죽임이여, 산은 높고 물은 깊으며

부처를 살리고 조사를 살림이여, 해는 어둡고 달은 검다.

왼쪽으로 가고 오른쪽으로 옴이여,

복숭아꽃 붉고 오얏꽃 희며

일곱 번 엎어지고 여덟 번 일어남이여,

제비 날고 고기 뛰논다.

말해 보라, 이 무슨 도리인가?

(한참 묵묵한 후에 말씀하셨다.)

자기의 마음을 다하여 남의 입을 웃게 하네.

佛是衆生의 寃家요 祖是菩薩의 仇讎라

---

1 부처님께서 구시나가라(拘尸那竭羅) 성 바깥 희련하(熙連河) 가에서 입멸하실 때 그 주위에 있었다고 전해지는 나무로 사라쌍수(沙羅雙樹), 사라수림(沙羅樹林), 사라쌍림(沙羅雙林)이라고도 함. 한 뿌리에서 두 개의 줄기가 있기 때문에 쌍수(雙樹)라 함.
2 협주(陝州, 河南省) 동쪽에 있는 산. 달마조사가 낙양(洛陽)에서 돌아가신 후 이곳에 묻혔다고 함.

雙林에 橫身하니 天雨四花하고
熊耳에 掩土하니 地湧百草로다
殺佛殺祖兮여 山高水深이요
活佛活祖兮여 日暗月黑이라
在往右來兮여 桃紅李白이요
七顚八起兮여 燕飛魚躍이로다
且道하라 是什麽道理오 (良久云)
用盡自己心하야 笑破他人口니라

●

부처님은 대자대비로 일체중생을 이끌어 구제하는 거룩한 어른인데 왜 중생의 원수라고 했을까요? 또 조사는 정수리에 달린 눈으로 곧장 실지實地를 밟게 하는 분들인데 왜 보살의 원수라고 했을까요? 이 뜻을 바로 알아야 합니다.

마지막 "자기의 마음을 다하여 남의 입을 웃게 한다."는 이것을 바로 알면 앞의 말뿐 아니라 일체 법문을 다 알게 됩니다.

【 본칙 】

조주스님에게 어떤 중이 하직 인사를 드리자 조주스님이 말했다.
"부처 있는 곳에도 머물지 말고, 부처 없는 곳에서는 빨리 지나가라. 삼천리 밖에서 사람을 만나거든 잘못 말하지 말아라."
"그러면 가지 않겠습니다."
"수양버들 꽃을 꺾는구나, 수양버들 꽃을 꺾는구나."[3]

---

[3] 『선문염송』 제430칙(한국불교전서5, 362쪽).

趙州因僧辭去하야 乃云 有佛處엔 不得住하고 無佛處엔 急走過하야 三千里外에 逢人이어든 莫錯擧하라 僧云 伊麼則不去也니다 州云 摘楊花摘楊花라 하니

◉

부처 있는 곳이 아니면 부처 없는 곳이고 부처 없는 곳이 아니면 부처 있는 곳일 터인데, 부처 있는 곳을 만나면 머물지 말고 부처 없는 곳을 만나도 벼락같이 지나가라 하니 이것이 무슨 뜻입니까?
조주스님의 이 법문에 내 한마디 붙이겠습니다.

【 착어 】

유월 한 더위요 팔월 중추仲秋로다.
六月上伏이요 八月中秋로다

◉

"부처 있는 곳에도 머물지 말고, 부처 없는 곳에서는 빨리 지나가라" 하니 아이들 장난으로 하는 우스갯소리 같지만 거기에 아주 깊은 뜻이 있습니다. 그래, 그 뜻을 임제정종의 대혜스님이 간단하게 게송으로 밝히신 것이 있습니다. 그것을 소개하겠습니다.

【 송 】

운문 고선사가 송하였다.
부처 있는 곳에 머물지 않음이여
무쇠 저울추에 벌레가 좀먹고
부처 없는 곳에 빨리 지나감이여

숭산의 파조타破竈墮[4]를 만났네.
삼천리 밖에서 잘못 말하지 않음이여
두 개의 석인石人이 귓속말 하고
그러면 가지 아니함이여
이 말이 벌써 천하에 퍼졌다.
수양버들 꽃을 꺾고 수양버들 꽃을 꺾음이여
옴 마니다니 훔 바탁이로다.

雲門杲 頌曰
有佛處不得住여 生鐵秤鎚被虫蛀요
無佛處急走過여 撞著嵩山破竈墮로다
三千里外莫錯擧여 兩介石人이 耳相語하고
伊麽則不去兮여 此語已行徧天下니
摘楊花摘楊花여 唵嘛呢噠呢吽癹吒라 하니

◉

조주스님 말씀과 영 거리가 먼 것 같고 도저히 서로 맥락이 닿지 않는 것 같지만 대혜스님의 이 법문을 바로 알아야 조주스님의 법문을 바로 알 수 있습니다. 만일 대혜스님의 법문을 모른다면 조주스님 법문도 모르는 것입니다. 그럼 조주스님과 대혜스님 두 분 말씀 전체를 묶어 내 한마디 하겠습니다.

【 착어 】

세 사람이 거북을 증명하여 자라로 만든다.
三人이 證龜成鼈이로다

---

[4] 오조 홍인(弘忍)의 제자인 숭산혜안(嵩山慧安)의 법제자로 전해짐.

◉

분명 거북인데 세 사람이 자라라고 우기면 자라가 된다는 것입니다. 다들 자라라고 하면 그 말에 따라가지 않을 수 없지 않습니까? 이 뜻이 앞 법문 전체를 거두어 표현한 말입니다.

【 염 】

밀암 걸선사가 상당하여 말하였다.

"부처 있는 곳에 머물지 않으니 협부陝府 무쇠소 두 뿔이 드러나고, 부처 없는 곳에서는 빨리 지나가니 남쪽 바다 파사사람 콧구멍이 크다. 수양버들 꽃을 꺾고 수양버들 꽃을 꺾음이여, 콩을 심으니 벼와 삼이 자란다."

주장자를 잡고 말하되, "조주가 오는구나." 하고, 한 번 주장자를 내려쳤다.

密庵傑이 上堂云 有佛處에 不得住하니 陝府鐵牛雙角露하고 無佛處에 急走過하니 南海波斯鼻孔大라 摘楊花摘楊花여 種豆由來生稻麻로다 拈拄杖云 趙州來也라 하고 卓一卓하니

◉

왜 콩을 심었는데 나락이 난다고 했을까요? 이것을 알아야 조주스님이 "버들 꽃을 따는구나."라고 하신 뜻을 알 수 있습니다. 밀암스님의 법문 역시 대혜스님 법문과 뜻이 똑같습니다. 밀암스님의 법문에 내 또 한마디 붙이겠습니다.

【 착어 】

차디찬 재 속에서 불덩이 뱀이 사람의 얼굴을 태운다.

死灰裏火蛇燒面이로다

🔴

어떻게 불이 다 꺼진 차디찬 재 속에서 불덩이 같은 뱀이 나와 사람의 얼굴을 태울 수 있습니까? 이 뜻을 바로 알아야 합니다. 그 뒤 송원스님이 대혜 종고선사의 송에 대해 하신 법문이 있습니다. 그것을 소개하겠습니다.

【염】

송원 악선사가 운문 고선사의 송을 듣고 말하였다.

"대혜노인이 힘을 다하여도 다만 이 정도로 말했을 뿐이다. 향산의 떨어진 곳을 알겠느냐? 무쇠 산 무너져 은산銀山을 덮으니 소반은 구슬을 굴리고 구슬은 소반에서 구른다. 비밀히 원앙새를 잡아 한가로이 수놓고, 금바늘은 남에게 끝내 보이지 아니하네."

松源岳이 擧雲門頌云 大慧老人이 盡力只道得到者裏로다 還知香山의 落處麽아 鐵山이 崩倒壓銀山하니 盤走珠兮珠走盤이로다 密把鴛鴦閑繡出하고 金針을 終不與人看이라 하니

【착어】

바람이 부니 풀이 쓰러지고
물이 흘러내리니 도랑을 이룬다.
風行草偃이요 水到渠成이로다

【결어】

대중들이여, 조주 고불古佛이 사람을 위하다가 온몸이 가시덤불 속에 묻혀 지금까지 일어나지 못하니 누가 구할 사람 있겠는가?

(한참 묵묵한 후에 말씀하셨다.)

붉은 뱀이 두꺼비를 무니 찍찍 소리 난다.

(크게 할을 한 번 하고 내려오시다.)

大衆아 趙州古佛이 落草爲人에 全身臥在荊棘裏하야 直至如今起不得하니 還有人이 救得麽아 (良久云)

赤蛇咬蟾聲喞喞이로다

(喝一喝하고 下座하시다)

◉

대중 여러분, 조주 고불古佛께서 사람을 위하다가 자신은 온몸이 가시덤불 속에 꼼짝없이 묻혀 천 년이 지나도록 지금까지 일어나지 못하고 있습니다. 자, 그럼 조주스님을 구해낼 사람이 누구 있습니까?

붉은 뱀이 두꺼비를 무니 찍찍 소리 난다.

억!

己酉(1969)년 8월 2일 대불련 간부수련대회 해제 해인사 해인총림 대적광전

34. 오조불법五祖佛法
오조 불법승

【 수시 】

황하黃河에선 그림이 나오고 낙수洛水에선 글이 나오니
매미는 벽오동에서 노래하고
귀뚜라미는 부서진 섬돌에서 울며
아침에는 삼오三吳[1]에 갔다 저녁에는 백월百越[2]로 가니
서늘한 회오리바람은 잠깐 사이 일어나고
구슬 같은 이슬은 방울방울 달렸다.
팔괘八卦는 어긋나고 오행五行은 서로 따르니
한 번 움직이고 한 번 고요하며 반은 음陰이요 반은 양陽이다.
용천검龍泉劍과 칼도끼는 날카롭고 무딤이 크게 다르고
둔한 말과 천리마가 느리고 빠름이 전혀 다르니
필경 이 무슨 시절인가?
(한참 묵묵한 후에 말씀하셨다.)
고양이가 이미 남전의 손에 죽으니
쥐새끼가 비로毘盧의 자리 위에서 뛰논다.

---

1 중국 강남(江南) 지역에서 제일 먼저 개발된 오흥(吳興), 즉 호주(湖州), 오강(吳江), 오현(吳縣), 즉 소주(蘇州)의 삼오(三吳) 지역을 말함. 이 지역은 예로부터 벼농사로 유명함.
2 광동 지역을 말함. 물고기와 소금의 주산지임.

河出圖洛出書하니 蟬噪碧梧하고 蛩吟破砌하며
朝三吳暮百越하니 凉飈乍起하고 玉露初垂로다
八卦參差하고 五行이 相隨하니
一動一靜이요 半陰半陽이로다
龍泉刀斧는 利鈍이 懸殊하고
駑駘驥馬는 遲速이 判異하니
畢竟是个什麼時節고 (良久云)
猫兒已死南泉手하니 鼠子娛遊毘盧座로다

⦿

  중국 전설상의 복희伏羲황제 때 『주역』괘의 근본이 된 그림을 등에 쓴 용마龍馬가 황하黃河에서 나타나고, 또 하우왕夏禹王이 홍수를 다스릴 때 천하를 통치하는 대법을 등에 쓴 신구神龜가 낙수洛水에서 나왔다고 합니다. 그 하도와 낙서를 성인이 본받아서 『주역周易』을 지었다고 합니다. 천하명검인 용천검은 칼날이 예리하고 보통 쓰는 칼이나 도끼는 무디니 그 차이가 천지현격입니다. 또 노태, 둔한 말은 굼벵이 같이 뭉그적거리며 달리지 못하는데 천리마는 하루에 천 리를 바람같이 달리니 그 차이가 또한 천지현격입니다.

【 본칙 】

  오조 연스님에게 어떤 중이 물었다.
  "어떤 것이 부처입니까?"
  "드러난 가슴과 맨발이니라."
  "어떤 것이 법입니까?"
  "크게 사면하였으나 풀어놓지 않는다."
  "어떤 것이 승입니까?"

"고기잡이 배 위 사씨謝氏의 셋째 아들이니라."³

五祖演이 因僧問如何是佛고 演云 露胸跣足이니라 如何是法고 演云 大赦不放이니라 如何是僧고 演云 釣漁船上謝三郎이라 하니

◉

어떤 스님이 오조 법연선사에게 "무엇이 부처입니까?" 하고 묻자 "가슴을 드러내고 발은 벗었다."고 했습니다. 불상을 보면 보통 부처님이 가슴을 드러내고 맨발로 다니지 않습니까? 가슴을 드러내고 발은 벗었더라 한 이것을 알아야 됩니다. "불상을 보면 부처님이 가슴을 드러내고 맨발로 있지 않은가." 하고 그냥 피상적으로 하는 말이 절대 아닙니다. 그 속에 담긴 뜻을 알아야 합니다.

또 "무엇이 법입니까?" 하고 묻자 "크게 사면하였으나 풀어놓지 않는다."고 대답했습니다. 국가에 큰 경사가 있어 모든 죄인을 다 용서해 방면해 주는 칙령, 즉 대사면령이 내렸는데 죄수를 옥 밖으로 한 사람도 내보내지 않더라는 것입니다. 천하의 죄수를 다 내보라고 칙령이 내렸는데 왜 죄수를 옥 밖으로 한 사람도 내보내지 않고 그대로 가두어 둔다고 했을까요? 여기에 아주 깊은 뜻이 있습니다.

또 "무엇이 승입니까?" 하고 묻자 "고기잡이 배 위 사씨의 셋째 아들이니라."고 했습니다. 이것은 현사스님을 두고 하는 말입니다. 현사 사비선사의 속성이 사謝씨이며 부친은 어부이셨습니다. 그래 현사스님은 곧잘 스스로를 고기잡이 배 위 사씨의 셋째 아들이라고 칭하곤 했습니다.

오조스님께서 불법승에 대해 이렇게 말씀하셨는데, 그 뜻을 내가 표현해서 한마디 하겠습니다.

---

3 『선문염송』 제1417칙(한국불교전서5, 903쪽).

【 착어 】

구만 리 높은 곳의 붕새는 남쪽 바다로 날아가고
천 년 묵은 흰 학은 북쪽 산에서 운다.
九萬里鵬飛南溟이요 一千年鶴鳴北岳이로다

●

붕새는 한 번 날개를 치고 하늘로 오르면 곧장 눈 깜짝할 새에 구만 리 장천으로 날아오른다는 큰 새입니다. 또 학은 천 년을 산다는 장수하는 짐승입니다. 큰 붕조가 남쪽 바다로 날아가고 늙은 학이 북쪽 산에서 운다고 한 이 소식을 바로 알면 오조 법연선사의 법문과 서두의 내 법문을 다 알게 됩니다.

【 염 】

운문 고선사가 이 법문을 듣고 말하였다.
"이 세 마디 깊은 법문에 한마디마다 삼현三玄 삼요三要와 사료간四料簡 사빈주四賓主와 동산오위洞山五位[4] 운문삼구雲門三句[5]와 모든 법문의 한량 없는 묘한 뜻을 갖추었다. 만약 누구든지 간택해 내면 너에게 일척안一隻眼을 갖추었음을 허락하리라."

雲門杲 擧此語云 此三轉語가 一轉에 具三玄三要 四料簡四賓主와 洞山五位 雲門三句와 一切法門無量妙義하니 若人이 揀得하면 許你具一隻眼 이라 하니

---

[4] 동산양개(洞山良介) 스님이 선리(禪理)의 대강을 다섯 항목으로 요약한 것. 정위각편(正位却偏, 正中偏), 편위각정(偏位却正, 偏中正), 정위중래(正位中來, 正中來), 편위중래(偏位中來, 偏中至), 상겸대래(相兼帶來, 兼中到)의 다섯 가지.
[5] 운문(雲門)스님이 학인을 제접하는 수단을 삼구로 표현한 것. 함개건곤구(函蓋乾坤句), 절단중류구(截斷衆流句), 수파축랑구(隨波逐浪句)의 삼구.

◉

　불법승 삼보에 대한 세 번의 물음에 오조 연선사가 세 번을 대답하지 않았습니까? 그 대답 한마디마다 임제종의 가장 골수법인 삼현과 삼요, 사료간과 사빈주가 다 구비되어 있다는 말입니다. 어디 그뿐인가? 임제종의 법만이 아니라 조동종 전체의 교의를 드러낸 동산오위洞山五位와 운문종의 수단인 운문삼구雲門三句와 그 외 모든 법문과 한량없는 묘한 뜻을 갖추고 있습니다. 각각의 대답에 이 전체가 다 구비되어 있는 그렇게 깊고 넓은 법문이란 것입니다.
　대혜스님의 이 법문에 내 한마디 붙이겠습니다.

【 착어 】

　글자를 세 번 베껴 쓰니
　'오烏' 자와 '언焉' 자가 '마馬' 자로 되었네.
　字經三寫에 烏焉이 成馬로다

◉

　처음엔 오烏 자를 썼는데 한 번 옮겨 쓰니 언焉 자가 되고, 또 한 번 옮겨 쓰니 마馬 자가 되었다는 말입니다. "갈수록 점점 틀린다는 말 아닌가?" 혹 이리 생각하는 사람이 있을지 모르겠는데, 그런 말이 아닙니다. 까마귀 오 자가 이끼 언 자가 되고 말 마 자가 되었다는 이것을 분명히 알면 대혜스님 법문도 분명히 알 수 있는 동시에 일체 법문을 다 알 수 있습니다.

【 본칙 】

　또 오조 연스님에게 어떤 중이 물었다.
　"어떤 것이 임제종의 근본 뜻입니까?"

"오역죄 지은 사람이 우렛소리를 듣는다."

又五祖因僧問 如何是臨濟下事오 演云 五逆이 聞雷라 하니

◉

우리 불교에서 가장 큰 죄가 오역죄입니다. 부처님을 죽이고 아라한을 죽이고 부모를 죽이고 화합승단을 파괴하는 이것보다 더 큰 죄가 어디 있습니까? 무간지옥에 떨어져 한량없는 고통을 초래할, 어떻게도 참회할 수 없는 가장 큰 죄입니다.

그래, 임제종의 근본 뜻은 오역죄 지은 사람이 뇌성소리를 듣는 것과 같다고 대답한 것입니다. 그 뜻을 내가 한 번 말해 보겠습니다.

【 착어 】

자금성 안에서 비파를 탄다.
紫金城裏에 弄琵琶로다

◉

오역죄 지은 사람이 뇌성벽력을 듣고 있으면 어떻겠어요? 그런데 왜 나는 "자금성 궁궐 안에서 비파를 탄다."고 했을까요? 언뜻 보면 상반되는 말 같지만 이것이 반대되는 말이 아닙니다. "오역죄인이 우렛소리를 듣는다."고 한 오조 연선사의 법문에 대혜 종고선사가 송을 지은 것이 있습니다. 그것을 소개하겠습니다.

【 송 】

운문 고선사가 송하였다.
오역죄 지은 사람이 우렛소리 들음이여
증삼曾參과 안회顔回로다.

한 알의 콩이
찬 재에서 튀어나온다.

雲門杲 頌

五逆이 聞雷여 曾參顔回로다

一粒豆子가 爆出冷灰라 하니

◉

큰 죄를 지었으니 벼락 칠 때 얼마나 두렵겠습니까? 그런데 그런 사람은 증삼과 안회, 공자의 10제자 중에서도 가장 큰 현인인 증자와 안자라고 했으니 이것이 무슨 뜻입니까?

콩을 구우려고 불에 묻어놓으면 콩이 익어서 탁 튀어나오지 않습니까? 뜨거운 불 속에서야 콩이 튀는 게 당연하지만 차디찬 재 속에서 어떻게 콩이 익어 튀어나올 수 있습니까? 이게 거짓말이 아닙니다. 여기에 깊은 뜻이 있습니다.

대혜스님의 송에 내 한마디 붙이겠습니다.

【 착어 】

허유許由는 귀를 씻고 소부巢父는 소에게 물을 먹인다.

許由는 洗耳하고 巢父는 飮牛로다

◉

허유許由가 어질다는 소문을 듣고 요임금이 천하를 양도하려고 하였습니다. 그러나 허유는 요임금의 청을 거절하고 기산箕山 영수라는 곳으로 달아났습니다. 그래, 영수 가에서 귀를 씻고 있는데 강가에 소를 물 먹이러 왔던 소부巢父가 그 광경을 목격하고 물었습니다.

"왜 귀를 씻는가?" 하니 "임금이 나에게 천하를 양여(讓與)하겠다는 더러운 말을 들어 귀를 씻고 있는 중이다." 하는 겁니다. 그러자 소부는 "그런 더러운 귀를 씻은 물을 내 소에게 먹일 순 없다." 하고 강 상류로 올라가 소에게 물을 먹였다는 고사가 있습니다.

그러면 대혜스님의 게송과 이 말이 무슨 관계가 있습니까? 이 말이 실지에 있어서 대혜스님 법문의 골수를 표현한 것입니다. 또 대혜스님 당시에 죽암 규선사라는 분이 계셨는데 그 스님 역시 이 법문에 지은 게송이 있습니다.

【송】

죽암 규선사가 송하였다.
종래 오역죄 지은 사람이 우렛소리 듣기를 무서워하니
범이 맷돌 돌아감을 보는 것과 같지 않도다.
외로운 산꼭대기에는 같이 가는 이가 필요하고
네 갈래 큰길에선 돌아와 함께 앉는다.

竹庵珪 頌
從來로 五逆이 怕聞雷하니 不似大虫이 看水磨로다
孤峯頂上에 要同行이요 十字街頭에 還共坐라 하니

◉

큰 죄를 지은 사람은 벼락 맞아 죽을까 싶어서 겁을 내기 마련이니 호랑이가 맷돌 돌아가는 것을 보는 것과는 다르다고 했습니다. 대충大蟲은 호랑이를 말합니다. 호랑이가 물레방아 돌아가고 맷돌 돌아가는 데 무슨 관심이 있겠습니까? 호랑이야 맷돌이 돌건 서건 무관심하게 보지만 오역죄 지은 사람은 뇌성벽력이 치면 혼비백산하기 마련입니다.

외로운 산꼭대기에는 같이 가는 이가 필요하다고 했는데, 행여 호랑이라도 나타나 잡아먹을까 두려워서 동행이 필요하다고 한 것이 아닙니다.

왜 동행이 필요하다고 했을까요? 왜 또 네 갈래 큰길에 돌아와서도 함께 앉는 사람이 있어야 된다고 했을까요? 이것이 오조 연선사께서 "오역 죄인이 우렛소리를 듣는다."고 한 뜻을 바로 표현한 소리입니다. 여기에 대해서 내 또 한마디 붙이겠습니다.

【 착어 】

빈산에 사람 없으니 물이 흐르고 꽃이 향기롭구나.
空山에 無人하니 水流花香이로다

【 염 】

허당 우선사가 말했다.
"오조가 항상 법문하심에 동쪽에 한마디 세우고 서쪽에 한마디 세우니, 쓴 외를 눈에 담가서 먹는 것과 같아서 양기정전楊岐正傳이라 동산암호東山暗號라 부르니, 법이 나옴에 간사함이 생기고 일이 오래 되면 변괴가 많음을 참으로 알지 못한다."
虛堂云 五祖凡示衆에 東邊에 掉一句하고 西邊에 掉一句하니 大似蘸雪喫冬瓜라 喚作楊岐正傳 東山暗號하니 殊不知法出姦生이요 事久多變이라 하니

◉

허당 지우선사가 오조 법연선사의 법문을 평한 것입니다.
아무리 엄하고 좋은 법령을 만들어도 법이 있으면 죄짓는 사람도 따라 생기기 마련입니다. 그러니 법을 만들면 죄인도 같이 나옵니다. 또 아무리 좋은 일이라도 오래 되면 변하기 마련이라 했습니다. 양기스님의 정맥이면 곧 임제스님의 정맥이요 부처님의 정맥입니다. 그래, 오조 법연선사가 실지에서 동쪽에 한마디 던지고 서쪽에 한마디 던지며 "이것은

양기스님의 정맥이다." "이것은 동산의 암호다." 하고, "이것은 깨쳐야 아는 것이지 그러기 전에는 누구도 모른다."고 큰소리를 쳤지만 허당스님이 보기엔 결국 다 틀렸고 허물이 적지 않다는 말씀입니다. 허당스님의 말씀에 내 또 한마디 붙이겠습니다.

【 착어 】

진왕秦王이 인상여를 모른다.

秦王이 不識藺相如로다

【 결어 】

대중에게 감히 묻노니, 양기정전楊岐正傳은 그만두고 어떤 것이 동산東山의 암호暗號인가?

(주장자를 한 번 치고 말씀하셨다.)

가련하다 개가 불성이 없음이여

삼경에 어지럽게 짖어대니 둥근 달이 드높구나.

(크게 할을 한 번 하고 내려오시다.)

敢問大衆하노니 楊岐正傳은 且置하고 如何是 東山暗號오 (卓拄杖一下云)

可憐狗子佛性無하야 三更에 亂吠月輪高로다

(喝一喝하고 下座하시다)

◉

대중 여러분, 오조 법연선사는 임제종의 정맥이요, 양기방회 선사의 법을 바로 이은 분이며, 임제종의 중흥조로까지 일컬어지는 천하 대선지식입니다. 오조스님께선 법문을 하시며 "이것은 암호밀령이라 참으로 알기 어렵다."는 말씀을 늘 하셨습니다. 자, 그럼 감히 묻겠습니다. 양기정전楊岐正傳은 그만두고, 무엇이 동산東山, 즉 오조스님의 암호暗號입니까?

가련하다 개가 불성이 없음이여
삼경에 어지럽게 짖어대니 둥근 달이 드높구나.
억!

己酉(1969)년 6월 말일 해인사 해인총림 대적광전

35. 대수겁화 大隨劫火
겁화

【 수시 】

왼쪽은 일곱이요 오른쪽은 여덟이며
앞은 셋이요 뒤는 넷이니
애닯고 애달프며 우습고 우습다.
석등石燈은 불전佛殿에 뛰어 들어가고
불상은 산문 밖으로 달려 나와
홀연히 유마維摩 노인을 만나니
보현보살은 코끼리를 타고 꽃다운 풀 속으로 들어간다.
날라리 리랄라여
자줏빛 비단 장막 속에서 진주를 뿌리노라.
어떤 사람이 일찍이 이렇게 오는가.
(한참 묵묵한 후에 말씀하셨다.)
한 줄기 신기로운 빛이 북두北斗를 쏘니
피 흐름 급함이여 송장더미 높고 높구나.

左七右八이요 前三後四하니 咄咄咄 呵呵呵로다
石燈은 跳入佛殿하고 尊像은 走出山門하야
忽然逢著維摩老하니 普賢이 騎象入芳草로다
囉囉哩哩囉囉여 紫羅帳裏에 撒珍珠라
什麽人이 曾恁麽來오 (良久云)

一道神光이 射斗牛하니 血流急兮屍蒐蒐로다

【 본칙 】

대수 진스님[1]에게 어떤 중이 물었다.

"겁화劫火가 크게 일어나서 대천세계가 무너질 때 이것도 무너집니까? 무너지지 않습니까?"

"무너지느니라."

"그러면 저를 따라가겠군요."

"따라가느니라."

또 수산주 스님[2]에게 앞 질문과 같이 물으니 "무너지지 않느니라."고 대답했다.

"어째서 무너지지 않습니까?"

"대천세계와 같기 때문이니라."[3]

大隨眞이 因僧問호대 劫火洞然에 大千이 俱壞하나니 未審這箇는 還壞也無아 眞云 壞니라 僧云 恁麼則隨他也로다 眞云 隨他去也니라 又問 修山主如前한대 修云 不壞니라 云 爲什麼不壞오 修云 爲同大千이라 하니

◉

겁화劫火는 삼천대천세계가 다 파괴되어 공겁으로 돌아갈 때 일어나 온 우주를 다 태워 버린다는 거대한 불길입니다. '이것這箇'이란 법성法性·본성本性·진여자성眞如自性을 말한 것입니다. 겁화가 천 번 만 번 일어나 삼천대천세계가 천 번 만 번 무너진들 진여자성이야 파괴될 일 있습

---

1 대수법진(大隨法眞, 824~919). 장경대안(長慶大安)의 법제자로 남악(南岳)스님의 4세손. 『대수개산신조선사어록(大隨開山神照禪師語錄)』 1권이 있음.
2 수산소수(修山紹修). 나한계침(羅漢桂琛)의 법제자로 청원(靑原)스님의 8세손. 수산주(修山主)로 알려짐.
3 『선문염송』 제846칙(한국불교전서5, 617쪽).

니까? 그런데 대수 법진선사는 겁화가 일어나 삼천대천세계가 다 무너질 때 '이것'도 같이 무너진다고 대답했습니다. 그러니 질문한 그 스님이 긍정하지 않았습니다. 그럴 수 없다 그 말입니다. 성주괴공成住壞空을 천만 번 한들 진여자성 자체는 그럴 일이 절대로 없지 않습니까? 그런데 "같이 무너진다."고 하니 긍정할 수가 없단 말입니다.

그래서 다시 투자스님이란 분을 찾아갔습니다. 찾아가 "제가 대수스님을 찾아가 겁화가 크게 일어나 대천세계가 다 무너질 때 이것도 무너집니까?" 하고 물으니 대수스님이 무너진다고 대답하자 "대수스님은 순외도입니다. 삼천대천세계가 천만번 무너진들 법신이야 무슨 변동이 있겠습니까?" 하고 대수스님을 비난했습니다. 그러자 투자스님이 대수스님이 머물고 계신 곳을 향해 절을 하면서 말했습니다.

"대수산에 고불이 출현하신 줄을 내가 몰랐구나. 너는 얼른 가서 참회하고 다시 법을 청하거라."

투자스님은 당대에 이름을 드날리던 유명한 대종사인데 거짓말하실 리가 없지 않습니까? 그 말을 듣고 그 스님이 다시 찾아갔으나 대수스님은 이미 돌아가신 뒤였습니다. 그래, 다시 투자스님에게 물어야겠다 싶어 투자산으로 돌아왔으나 투자스님 역시 이미 돌아가신 뒤였다고 합니다.

이런 법문의 출처가 있습니다.

그 뒤에 수산주라는 스님에게 누가 찾아와 이와 똑같이 물었습니다. 그런데 수산주는 "무너지지 않는다."고 대답했습니다. 예전에 대수스님과 투자스님 같은 고명한 어른들이 분명 "무너진다."고 하셨는데 수산주는 무너지지 않는다고 하니 둘 중 하나는 틀린 것 아닙니까? 그래 "왜 무너지지 않습니까?" 하고 재차 물었습니다. 그러자 "대천세계와 같기 때문이다."고 대답하셨습니다.

대천세계와 같다면 겁화가 타올라 대천세계가 무너질 때 그것도 무너져야 되는데 "무너지지 않는다."고 하니 이 말도 모순되지 않습니까? 그러나 여기에 아주 깊은 뜻이 있습니다. 말만 좇아서는 누구도 그 뜻을 모릅니다. 분명히 깨쳐야만 합니다. 그럼 이 법문의 뜻에 대해 내 한마디 하겠습니다.

【 착어 】

물은 시냇가를 향해 푸른빛을 흘러내고
바람은 꽃 속에서 향기를 묻혀 오네.
水向溪邊流出綠이요 風從花裏過來香이로다

●

이 뜻을 바로 알면 대수스님이 "무너진다."고 하고 수산주가 "무너지지 않는다."고 한 그 뜻을 분명히 알 수 있습니다. 두 분이 정반대로 하신 말씀 같지만 그렇지 않다는 것을 분명히 알 수 있습니다. 이 법문에 대해 대각스님이 게송을 지은 것이 있습니다.

【 송 】

대각 연선사가 송하였다.
저를 따라가야 함에 문득 저를 따라감이여
일천 성인이 머리를 맞대어도 어떻게 할 수 없다.
겁화가 크게 일어나 한 물건도 없으니
간밤에 차가운 달이 사바를 비추어 휘영청 밝구나.
大覺璉이 頌호대
要隨他去便隨他여 千聖이 攢頭하야도 不奈何로다
劫火洞然無一物하니 夜來에 寒月이 炤娑婆로다 하니

◉

왜 대천세계가 무너질 때 무너지는 대로 따라가는데 천불 만 보살도 이것을 어떻게 할 수 없다고 말했을까요? 보통의 정식情識으로는 절대 알 수 없습니다.

삼천대천세계가 전부 타버려 한 물건도 찾아보려야 찾아볼 수가 없는데 간밤에 차가운 달이 사바세계를 훤히 비춘다고 하니 이건 또 무슨 말입니까? 삼천대천세계가 다 타고 없어져 한물건도 없는데 사바세계에 달이 비칠 리가 어디 있습니까? 이 뜻을 바로 알아야만 대수와 수산주 두 분 스님의 뜻을 알 수 있는 것입니다. 여기에 내 또 한마디 붙이겠습니다.

【 착어 】

영조靈鳥는 싹트지 않는 가지 위에서 꿈꾸고
각화覺花는 그림자 없는 나무 위의 봄이로세.
靈鳥는 不萌枝上夢이요 覺花는 無影樹頭春이로다

◉

싹트지 않는 나무가 어디 있습니까? 그러나 신령스러운 새는 싹트지 않는 나무 위에서만 꿈을 꾼다고 했습니다. 또 그림자 없는 나무가 어디 있겠습니까? 그러나 그림자 없는 나무에 봄이 찾아왔다고 했습니다. '싹트지 않는 가지'와 '그림자 없는 나무' 이것을 분명히 알아야만 영조靈鳥도 알 수 있고, 각화覺花도 알 수 있고, 대각스님의 게송도 알 수 있습니다.

【염】

도오 진선사[4]가 이 법문을 들어 말하였다.

"이 두 노스님이 한 사람은 무너진다 하고, 한 사람은 무너지지 않는다 하였다. 말해 보라, 무너지는 것이 옳은가, 무너지지 않는 것이 옳은가? 알겠는가, 무너짐과 무너지지 않음이 다 안팎이 아니니, 털끝만큼도 간격이 없어서 항상 얼굴을 마주 대한다."

道吾眞이 擧此話云 此二老宿이 一人은 道壞하고 一人은 道不壞하니 且道하라 壞底是아 不壞底是아 會麽아 壞與不壞가 俱非內外니 不隔纖毫하여 尋常面對로다 하니

● .

도오 진선사는 이 법문을 어떻게 평했는가?

대수와 수산주 두 분 다 천하의 대 선지식이니 절대 거짓말을 했을 리가 없습니다. 그 말씀이 잘못될 리가 없단 말입니다. 그런데 왜 그 말이 서로 상반될까요?

"무너진다고 하든지 무너지지 않는다고 하든지 이것이 실지에 있어서 안팎이 아니고, 털끝만큼의 간격도 없어서 항상 얼굴을 마주 대하고 있더라."고 도오스님은 평했습니다. 어떻게 보면 도오스님의 평이 의리義理에 흐른 경향이 있는 것처럼 보이겠지만 절대 말을 좇아 이치를 따져 말씀하신 것이 아닙니다. 오직 대수스님과 수산주의 법문을 깨쳐야만 도오스님의 법문도 바로 알 수 있는 것입니다. 도오스님의 평에 내 또 한마디 붙이겠습니다.

---

4 도오오진(道吾悟眞). 송(宋)대 임제종 스님으로 석상초원(石霜楚圓)의 법제자. 남악(南岳)스님의 11세손. 『담주도오선사어요(潭州道吾禪師語要)』 1권이 있음.

【 착어 】

만약 한 자리에서 자지 않으면
어찌 이불에 구멍 났음을 알리오.
若不同床睡면 焉知被底穿이리오

◉

한 이불 밑에서 같이 자 본 사람만이 그 이불 속에 난 구멍을 알 수 있습니다. 한 이불 밑에서 자 보지 않았다면 그 속에 구멍 난 것을 어떻게 알겠습니까? 나의 이 말이 앞의 법문과는 전혀 관계가 없는 것처럼 보일지 모르지만 도오스님의 법문 전체를 거두어 표현한 말입니다. 그 뒤 백운 병선사는 대수와 수산주의 법문을 어떻게 평했는가?

【 염 】

백운 병선사가 염하였다.
"일천 성인의 영기靈機와 많은 중생의 성명性命이 무너질 '괴壞'자를 벗어나지 못하니, 말을 따라 알음알이를 내어 정식情識의 소굴에 들어가면 끝내 어떻게 할 수 없다.
학은 높은 하늘에서 더 날아오르기 어렵고
말은 천 리 길에 부질없이 바람을 좇지 않는다."
白雲昺이 拈호대 千聖靈機와 群生性命이 無出介壞字니 若也隨語生解하야 打入情識窠臼하면 卒不奈何니라 還會麽아
鶴有九皐難奮翼이요 馬無千里謾追風이라 하니

◉

영기靈機는 대기대용大機大用을, 성명性命은 근본자성根本自性을 말합니다. 모든 부처님과 조사들의 대기대용과 일체 중생의 근본자성이 이 무

너질 '괴壞' 자를 벗어나지 못한다는 말입니다. 이는 말 밖의 격외현지格外玄旨 언외현지言外玄旨이니, 말을 따라 쓸데없는 알음알이를 내어 정식情識의 소굴에 들어가면 끝내 모르고 맙니다. "무너진다."고 하면 무너지는 곳으로 따라가고 "무너지지 않는다."고 하면 무너지지 않는 곳으로 따라가서는 이 뜻을 절대로 모르고 맙니다. 그러니 오직 깨치는 방법 이외에는 이를 알 도리가 없습니다.

그리고선 "실지에 있어서 크고 깊은 못 속에서는 나래를 들기 어렵고, 말이 아무리 잘 달린다고 해도 바람을 따라 잡는 그런 말은 없더라."고 말씀하셨습니다. 이 말씀이 대수스님과 수산주가 "무너진다.", "무너지지 않는다."고 하신 법문의 뜻을 분명히 드러낸 말씀입니다. 그럼 백운스님의 법문에 내 또 한마디 붙이겠습니다.

【 착어 】

깊은 아비지옥에서 백호광을 놓으니
고통 받는 중생들이 금대金臺에 앉는구나.
阿鼻深獄에 放毫光하니 受苦含靈이 坐金臺로다

◉

저 무간지옥은 죄 많은 중생들이 죗값을 치르는 곳인데 어떻게 그곳에서 방광할 수 있습니까? 그런데 백호광을 놓는다고 했습니다. 또, 그러자 고통 받던 일체 그 지옥중생들이 다 부처님이나 앉는 금대에 올라앉더라고 했습니다.

【 결어 】

대중들이여, 두 개의 칠통漆桶이 눈이 멀어서 무너진다 안 무너진다 하여, 마을의 남녀를 어지럽혀 지옥에 들어가기 화살같이 하니 알겠는가?

청룡도를 높이 들어 몸을 두 동강내니
공자와 도척이 삼대三臺에서 춤춘다.

(크게 할을 한 번 하고 내려오시다.)

大衆아 兩介漆桶이 拍盲道壞不壞하야 惑亂人家男女하야 入地獄如箭射하니

還會麽아

高提靑龍分兩身하니 孔丘盜坧이 舞三臺로다

(喝一喝하고 下座하시다)

◉

대중 여러분, "무너진다."고 한 법진스님이나 "무너지지 않는다."고 한 수산주나 아무것도 모르는 멍텅구리라 하겠습니다. 새까만 칠통漆桶 같은 두 멍텅구리가 눈이 멀어서 "무너진다." "무너지지 않는다."고 하여 스님들뿐 아니라 세속의 온갖 남녀들까지 온통 어지럽혔습니다. 그러니 일체 중생을 미혹케 한 죄로 그들은 화살처럼 지옥에 떨어질 것입니다.

그럼, 필경 이것이 무슨 도리입니까? 알겠습니까?

청룡도를 높이 들어 몸을 두 동강내니
공자와 도척이 삼대三臺에서 춤춘다.

억!

己酉(1969)년 하안거 해제일 해인사 해인총림 대적광전

36. 흥화난할 興化亂喝
어지럽게 할을

【 수시 】

어떤 때 할喝은 금강왕金剛王의 보배칼과 같고
어떤 때 할은 땅에 버티고 앉은 사자와 같고
어떤 때 할은 탐간과 영초 같고
어떤 때 할은 할을 할로써 쓰지 않고 쓴다 하니
임제 눈먼 중의 죽과 밥의 기운이여
마을 집을 무너뜨리고 어지럽혀 그치지 않는다.
산승은 그렇지 아니하니,
어떤 때 할은 우레가 푸른 하늘에서 진동하니
누른 머리 석가는 몸을 잃고
어떤 때 할은 꽃이 비단같이 고운 산에 찬란하니
평민이 옥좌에 오르고
어떤 때 할은 용이 깊은 바다에 도사리고
봉이 벽오동에 깃들이며
어떤 때 할은 범이 깎아지른 절벽에서 소리 지르고
학이 단구丹丘에서 춤춘다.
억!
사자의 머리 찢어지고 금강金剛이 부러지니
천강千江과 만수萬水에 달이 휘영청 밝구나.

有時一喝은 如金剛王寶劍이요

有時一喝은 如踞地師子요

有時一喝은 如探竿影草요

有時一喝은 一喝不作一喝用이라 하니

臨濟瞎禿의 粥飯氣여 壞亂人家卒未休로다

山僧卽不然하니

有時一喝은 雷震靑霄에 黃頭喪身이요

有時一喝은 花爛錦山에 白衣登極이요

有時一喝은 龍蟠深海하고 鳳棲碧梧요

有時一喝은 虎嘯斷崖하고 鶴舞丹丘로다 (喝一喝云)

師子腦裂金剛折하니 千江萬水에 月皎皎로다

◉

　선가에 할喝이라고 하는 것이 있습니다. 할은 갑작스레 크게 소리를 지르며 고함을 치는 것입니다. 이 법을 제일 많이 사용한 분은 임제스님입니다. 그 스님은 사람만 보면 그가 누구든 소리를 지르곤 했습니다. 미쳐서 공연히 고함지르는 것이 아닙니다. 거기에 깊은 뜻이 있습니다. 서두에 소개한 것은 임제스님이 할의 내용에 대해 하신 법문입니다.

　임제스님께서 말씀하시길, 어떤 때 할은 금강왕의 보배칼과 같다 했습니다. 금강이란 어떤 물체도 파괴시키지만 자신은 전혀 상하지 않는 견고한 물체입니다. 그런 금강으로 만든 보검이니 무엇이든 스치기만 해도 두 동강나지 않겠습니까? 임제스님이 늘 소리를 지르는데 어떤 때는 그것이 금강왕의 보검과 같아 무엇을 만나든 다 쳐부순다는 말입니다. 또, 어떤 때 할은 땅에 버티고 앉은 사자와 같다 했습니다. 사자는 짐승 중에서도 가장 무서운 짐승, 짐승의 제왕이지 않습니까? 그러니 사자의 울음소리만 들어도 모든 짐승이 혼비백산을 합니다. 그와 마찬가지로 어떤 땐 임제스님의 고함소리에 부처건 보살이건 온 유정 무정 전체가 다 혼비백산한다는 것입니다. 표현은 달라도 앞 문장과 내용은 같습니다.

또, 어떤 때 할은 탐간이나 영초와 같다 했습니다. 탐간探竿과 영초影草는 고기 잡는 도구입니다. 물새의 깃을 묶어 장대 끝에 꽂아서는 물속의 고기를 그물로 모는 도구를 탐간이라 하고, 그물 위쪽에 풀로 그늘을 드리워 고기를 그림자 속으로 유인하는 도구를 영초라 합니다. 그러니 상대가 실지로 법이 있나 없나, 그 허실을 염탐하는 종류의 할이라는 것입니다. 또, 어떤 때 할은 할로써 쓰지 않고 쓴다 했습니다. 어떤 땐 소리를 지르긴 하지만 할로써 소리 지른 것이 아니라는 말입니다. 분명 소리를 질러놓고선 할한 것이 아니라고 하니 이 뜻이 어느 곳에 있습니까? 여기엔 실지로 자성을 확연히 깨치기 전엔 절대 알 수 없는 깊은 이치가 있습니다. 이것을 임제스님의 네 가지 할이라 하는데, 임제스님의 할뿐 아니라 일체 조사의 할에도 이 네 가지가 포함되어 있다고들 말합니다.

그러나 나는 그렇게 보지 않습니다. 내가 볼 때 임제스님은 눈이 먼 봉사 중입니다. 자기 딴엔 천지를 뒤엎을 듯이 소리를 지르지만 암만 봐도 삼시 세끼 밥 먹고 부리는 기운에 지나지 않습니다. 아무 것도 볼 것이 없다는 말입니다. 그러니, 눈먼 중 임제가 죽 먹고 밥 먹고는 기운이 남아 공연히 스님이건 속인이건 할 것 없이 온 마을 사람들을 다 버려놓았다는 말입니다. 그렇게 항상 사람을 해치고 사람들을 요란스럽게 하는데 쉴 기약이 없더라는 말입니다. 쓸데없이 고함만 질러 사람들에게 피해만 주었다 이것입니다.

임제스님이라면 천하의 대조사로서 그 법이 만고에 으뜸가는 분인데 아무 것도 모르는 내가 왜 이렇게 큰소리치는가? 공연히 큰소리치는 것이 아닙니다. 뜻이 있어 하는 말입니다. 누군가 "그럼 너는 어떻게 하겠냐?"고 묻는다면, 나는 이렇게 말하겠습니다.

어떤 때 할은 청천벽력과 같아 부처도 조사도 모두 몸과 목숨을 잃게 하고, 어떤 때 할은 비단처럼 아름다운 산 전체에 꽃이 화사하게 피어서 아무 능력도 지위도 없는 일반 백성이 만승천자가 되게 합니다. 앞뒤가 상반되지 않습니까? 소리 지르는 것은 똑같은데 왜 내용은 반대될까요? 또, 어떤 때 할은 용이 깊은 바다에 도사리고 봉황이 벽오동에 깃드는 것과 같고, 어떤 때 할은 범이 깎아지른 절벽에서 소리 지르고 신선들이 사는 단구丹丘에서 학이 춤추는 것과 같다 하겠습니다.

임제스님의 할이 무서운 사자와 같다 했는데, 그런 무서운 사자도 나의 할에는 머리가 터져서 죽어 버리고 맙니다. 그뿐인가? 그 날카롭고 견고한 금강도 산산이 부서져 아무짝에도 쓸모없는 물건이 되어 버리고 맙니다. 그러면 내가 더 나은 사람인 양 교만을 떨려고 임제스님을 이렇게 아무 것도 아니라고 비하하는 걸까요? 혹 그렇게 생각할지도 모르겠습니다. 하지만 사실이 그렇습니다. 임제가 그렇게 호언장담하고 아무리 소리를 질러보았자, 실지에 있어서는 지금 나의 할에 모든 것이 다 빙소와해氷消瓦解되어 산산조각이 나지 않으려야 나지 않을 수가 없습니다.

마지막 구절에서 물이 있는 곳이면 세상 어디에서나 밝고 밝더라고 했으니, 이 구절을 잘 새기면 임제스님이 할한 뜻과 내가 할한 뜻을 다소나마 짐작할 수 있으리라 여겨집니다.

【 본칙 】

임제스님의 회상에서 어느 날 양당兩堂의 수좌가 서로 보자 동시에 할을 하였다. 어떤 중이 이 일을 들어 임제스님에게 물었다.

"알 수 없습니다. 손과 주인이 있습니까, 없습니까?"

"손과 주인이 분명하니라."[1]

---

1 『선문염송』 제616칙(한국불교전서5, 479쪽).

臨濟會下에 兩堂首座가 一日相見하고 齊下一喝하니 有僧이 擧問濟호대 未審케라 還有賓主也無아 濟云 賓主歷然이라 하니

◉

"손님과 주인이 분명하다." 하신 임제스님의 말씀에 아주 깊은 뜻이 있습니다. 여기에 대해 내 한마디 붙이겠습니다.

【 착어 】

푸른 연꽃 가득 피어 향내 진동한데
한 쌍 원앙새 외다리로 섰구나.
青蓮이 滿開에 香馥馥한데 一雙鴛鴦이 獨脚立이로다

◉

왜 한 쌍 원앙새가 외다리로 섰다고 했을까요? 이 뜻을 알면 양당 수좌가 만나자마자 고함을 친 것을 알 수 있고, 동시에 임제스님께서 손님과 주인이 분명하다고 말씀하신 뜻도 알 수 있습니다. 그 뒤 임제정맥의 초원 자명선사께서 이 법문에 게송을 지은 것이 있습니다.

【 송 】

자명 원선사가 송하였다.
알을 마주 쪼는 기틀이여 활촉과 활촉이 하늘에서 마주치고
잠깐 사이에 손과 주인이 그때에 나누어졌네.
종사가 사람을 불쌍히 여겨 검고 흰 것을 밝히니
북쪽 땅 황하가 밑바닥까지 사무쳐 혼탁하구나.
慈明圓이 頌호대
啐啄之機箭拄鋒하니 瞥然賓主當時分이로다

宗師憫物明緇素하니 北地黃河徹底渾이라 하니

◉

달걀이 부화할 시기가 되어 병아리가 알 속에서 쪼르륵 쪼르륵 소리를 내는 것을 줄啐이라 하고, 때가 되었음을 알고 어미 닭이 밖에서 탁 쪼아주는 것을 탁啄이라 합니다. 병아리가 덜 되었을 때 어미닭이 쪼면 병아리는 곧 죽어버릴 것이니 그간의 노력이 허사가 될 것이고, 병아리가 다 자랐는데도 어미닭이 쪼아주지 않는다면 병아리는 알 속에 갇혀 죽어버릴 것이니 그 역시 노력이 허사로 돌아가고 맙니다. 이처럼 학인이 스승을 만나 깨칠 때, 그 시기가 딱 들어맞아 떨어져야 하는 것을 일러 흔히 줄탁지기啐啄之機라고 합니다.

또 제자가 스승의 도에 정확히 계합하여 그 역량이 서로 일치하는 것을 두고 흔히 전주봉箭柱鋒이라 합니다. 이는 무엇인가?

예전에 활을 아주 잘 쏘는 사람 둘이 있었습니다. 수백 보 밖에서 서로를 향해 활을 쏘는데, 활을 어떻게 잘 쏘는지 화살이 공중에서 맞부딪혀 떨어지더라는 겁니다. 얼마나 활을 잘 쏘기에 중간에서 화살촉과 화살촉이 서로 맞부딪치겠습니까? 그런 재주는 천고에 드뭅니다.

조사스님들이 법을 활용하는 솜씨는 병아리의 울음에 맞춰 밖에서 알을 깨뜨려주는 어미닭처럼 시기적절하고, 상대방이 쏜 화살을 한 치의 오차도 없이 맞춰 떨어뜨리는 궁수처럼 훌륭하다는 말입니다.

"북쪽 땅 황하黃河가 밑바닥까지 사무쳐 혼탁하다." 한 이것을 알면 두 수좌가 동시에 할을 한 것을 알 수 있습니다. 그럼 그 뜻을 밝혀 내 또 한마디 하겠습니다.

【 착어 】

양자강에 닿으니 오나라 땅이 끝나고

양자강 건너에는 월나라 산이 많구나.
到江에 吳地盡이요 隔岸에 越山多로다

●

오나라와 월나라의 경계가 양자강입니다. 그러니 양자강에 닿으면 이미 오나라 땅은 끝난 것입니다. 그래 강둑에 서서 보니 저쪽 강 건너로 월나라 산이 첩첩히 겹쳐 많이 있더라는 것입니다. 한쪽에는 이미 다해 하나도 없고 다른 한쪽에는 중중첩첩 많이 있더라는 말입니다. 천동 각선사가 임제스님의 법문에 대해 평하신 말씀이 있습니다.

【염】

천동 각선사가 염하였다.
"사람 죽이는 칼과 사람 살리는 칼이 임제의 손안에 있다. 비록 이러하나 그때에 문득 한 번 할을 하였어야 하니, 설사 크게 신통을 부려도 이는 같은 소리가 서로 응함이다."
天童覺이 拈호대 殺人刀와 活人劒이 在臨濟手裏로다 雖然如是나 當時에 便與一喝하리니 直饒大逞神通하야도 也祇得同聲相應이라 하니

●

할은 때론 사람 죽이는 칼이 되기도 하고 때론 사람 살리는 칼이 되기도 합니다. 칼이란 사람을 죽이는 것이지 어떻게 사람을 살릴 수 있냐고 생각하는 사람도 있을 것입니다. 그러나 그런 이는 칼을 모르는 사람입니다. 임제의 할은 살인도殺人刀 활인검活人劒입니다. 사람을 죽이기도 살리기도 하는 그런 칼이란 말입니다. 그런 칼이 임제스님의 손안에 있으니 임제스님은 살활자재입니다. 죽이고 싶으면 마음대로 죽이고 살리고 싶으면 마음대로 살립니다.

그렇기는 하지만 천동스님은 "만일 나였다면 그때 문득 한 번 고함을 쳤을 것이다."라고 했습니다. 그랬다면 설사 천 가지 만 가지로 온갖 신통을 부리는 임제스님이라도 별 수 없었을 것이라고 평했습니다. 천동스님의 평에 내 또 한마디 하겠습니다.

【 착어 】

옛 부처가 노주露柱와 더불어 서로 사귀고
불전佛殿이 등롱燈籠과 함께 부딪친다.
古佛이 與露柱相交하고 佛殿이 共燈籠鬪額이로다

◉

불전도 무정물이고 석등도 무정물인데 어떻게 서로 박치기를 할 수 있습니까? 거짓말이 아닙니다. 이렇게 말한 뜻을 분명히 알면 천동스님의 뜻도 알 수 있습니다.

【 본칙 】

홍화스님이 대중에게 법문하였다.

"내가 들으니 앞마루에서 할을 하고 뒤뜰에서 할을 한다는데, 그대들은 쓸데없이 어지럽게 할하지 말라. 할을 하여 홍화를 삼십삼천에 올려놓았다 다시 떨어져 거꾸러져서 한 점 기운이 없게 한다 해도 깨어난 뒤에는 그대들에게 '아니다'라고 말하리라. 어째서 그런가? 홍화가 일찍 자줏빛 비단 장막 안에서 진주를 뿌리지 않았느니라. 너희들 모든 사람과 더불어 허공 속에서 어지럽게 할을 한들 무엇하겠느냐?"[2]

興化示衆曰 我聞前廊也喝하고 後架也喝하니 你莫胡喝亂喝이어다 直饒

---

2 『선문염송』 제757칙(한국불교전서5, 566쪽).

喝得上三十三天하야 卻撲下來하야 一點氣也無하야도 蘇息後에 向你道
未在라 하리라 何故오 興化가 未曾向紫羅帳裏하야 撒眞珠로다 與你諸人
으로 在虛空裏하야 亂喝作麽오 하니

◉

홍화 존장스님은 임제스님의 수제자입니다.

홍화스님이 보니 앞마루에서도 할을 하고 뒤뜰에서도 할을 하니, 동서남북 사방에서 하루 종일 고함지르는 소리밖에 들리지 않더라는 것입니다. 그러니 "그대들은 쓸데없이 어지럽게 소리만 지르고 다니지 말라." "할을 해봤자 아무 소용이 없다."는 말입니다.

"나 홍화는 일찍이 자줏빛 비단 장막 안에서 진주를 뿌리지 않았다."고 한 이것이 아주 뜻이 깊은 법문입니다. 자줏빛 비단이면 비단 중에서도 최고급 비단입니다. 그런 고급 비단 속에 내가 여태껏 좋은 보배 구슬들을 한 번도 흩은 적이 없다고 했습니다. 그러니, 너희들이 저 허공을 향해 어지럽게 소리 지른들 무슨 소용이 있냐는 말씀입니다.

할한 것, 이것이 임제의 법 전체를 다 드러낸 것 아닌가 생각하고는, 흔히들 할을 본받고 할을 배웁니다. 그러나 홍화스님이 볼 때는 아무리 임제스님의 할과 그 내용이 같은 할을 한다고 해도 소용이 없다는 것입니다. "자줏빛 비단 장막에 보배 구슬을 흩뿌린 적 없다."고 한 이것을 알아야지, 그걸 모르면 쓸데없는 고함소리, 죽은 송장의 잠꼬대에 지나지 않는다는 것입니다. 홍화스님의 이 법문에 내 한마디 붙이겠습니다.

【 착어 】

문수보살은 웃고 보현보살은 성냄이여
눈 속에 힘줄이 없으니 한때 가난했네.
文殊笑普賢嗔이여 眼裏無筋一世貧이로다

◉

　문수보살은 뭐가 좋은지 싱긋이 웃고 있고, 보현보살은 뭐가 잘못되었는지 노발대발하고 있다고 했습니다. 문수와 보현은 보살 중에서도 대력보살인데 왜 한 사람은 좋아서 웃고 춤을 추며, 또 한 사람은 가슴을 치며 노발대발할까요?

　눈 속에 힘줄이 없으니 곧 죽은 송장의 눈입니다. 그런 사람은 한평생 가난해 그 집에선 한 물건도 찾아보려야 찾아볼 수가 없다고 했습니다. 이렇게 말한 내 뜻을 알면 "나 흥화는 일찍이 자줏빛 비단 장막에 보배구슬을 흩뿌린 적이 없다."고 한 흥화스님의 말씀도 알 수 있고, 더불어 앞에서 소개한 임제스님의 법문도 알 수 있는 것입니다. 흥화스님의 법문에 대해 후에 삽계 익선사가 게송을 지은 것이 있습니다. 그것을 소개하겠습니다.

【송】

삽계 익선사가 송하였다.
흥화 늙은이가 크게 틀리니
삼십삼천에서 문득 떨어져 엎어졌다.
자줏빛 비단 장막 안에서 진주를 뿌림이여
예나 지금이나 누가 값을 말하리오.
소 한 마리 얻고 말 한 마리 돌려주니
인간의 빛이 밤을 비친다고 말하지 말아라.
비단에 수놓은 은 향주머니를 보지 못하고
지금에 이르도록 웃음거리 되었도다.
송을 끝내고 손가락을 한 번 퉁겼다.

雪溪益이 頌曰
老興化也大差하니 三十三天에 郐撲下로다

紫羅帳裏에 撒眞珠여 古也今也誰酬價오
得一牛還一馬하니 休說人間光照夜어다
不見錦繡銀香囊하고 直至如今成話欛로다하고
彈指一下하니

◉

　홍화스님이 "임제의 할, 그것은 아무 것도 아니다."고 하고, "나 홍화는 일찍이 자줏빛 비단 장막에 보배구슬을 흩뿌린 적이 없다."고 호언장담하지만, 삽계선사가 볼 땐 홍화스님이 아주 크게 그르쳤더라는 것입니다. 그래서 "삼십삼천에서 문득 떨어져 엎어졌다."고 했습니다.
　그리고선 다시 "자줏빛 비단 안에서 진주를 뿌림이여, 예나 지금이나 누가 값을 말하리오."라고 했습니다. 홍화스님이 자줏빛 비단에 흩뿌린 보배구슬은 천하를 다 준다고 해도 가치를 매길 수 없는 것이고, 설사 석가와 달마라 해도 그 값을 치를 수 없는 그런 보배로, 그 누구도 감히 값을 매길 수 없다는 말입니다. 이는 홍화스님을 크게 칭찬한 말입니다. 앞에서는 폄하하고선 뒤에서는 또 왜 크게 칭찬하는 말을 했을까요?
　또, 남의 소를 한 마리 공짜로 얻었는데 그 대신에 내가 가지고 있던 말을 한 마리 공짜로 주었다는 겁니다. 이렇게 주고받았으니 거기에 득실이 있을 수 있습니까? 여기에 아주 깊은 뜻이 있습니다. 그리고선 천하의 보배구슬인 야명주, 밤에도 늘 환한 광명을 놓는 야명주도 여기에 이르러선 말하지 말라고 했습니다.
　"비단에 수놓은 은 향주머니를 보지 못하고 지금에 이르도록 웃음거리 되었도다."라고 했으니, 지금에 이르기까지 홍화가 이렇게 말했느니 임제가 이렇게 말했느니 하며 쓸데없는 말만 전해져 내려오더라는 것입니다. 말로만 전할 것이 아니라 실지에 있어서 이 법문을 바로 깨쳐야 되지, 깨치기 전에는 소용이 없다 이것입니다. 그래 놓고 손가락을 한 번 퉁겼습니다. 여기에 대해서 내 또 한마디 하겠습니다.

【 착어 】

푸른 물은 멀리 일천 시내에서 흘러내리고
옥산은 두 봉우리와 함께 높이 솟았더라.
藍水는 遠從千澗落이요 玉山은 高並兩峰秀로다

【 결어 】

대중들이여, 임제 부자父子가 한 사람은 높이 임금의 옥좌에 올라가 배고픔과 추위를 참기 어렵고, 한 사람은 풀 없는 거친 들에 깊이 들어가서 황금산黃金山에 마주쳤다. 비록 부자가 되어도 교만함이 없고 가난하여도 아첨함이 없으나, 눈멀고 귀먹어서 동쪽과 서쪽을 분별하지 못하니, 어떻게 할 것인가?

억!

억!

(연이어 두 번 할을 하고 내려오시다.)

大衆아 臨濟父子가 一人은 高登含元寶殿하야 難堪飢寒이요 一人은 深入不毛荒野하야 撞著金山이로다 雖然富而無嬌하고 貧而無諂하나 爭奈眼盲耳聾하야 東西를 不辨에 何오

(連喝兩喝하고 下座하시다)

○

대중 여러분, 임제와 흥화 두 부자가 한 사람은 천자가 사는 함원보전含元寶殿의 옥좌에 앉아있으면서 먹을 것도 없고 입을 것도 없어 배고픔과 추위를 참기 어려운 지경입니다. 왜 "집은 만승천자의 집에 살면서 입을 것도 먹을 것도 없어 벌벌 떨면서 배고파 죽겠다고 소리를 지른다."고

할까요? 또, 한 사람은 풀 한 포기 자라지 않는 거친 황무지에 깊이 들어갔는데 거기서 황금산黃金山과 마주쳤습니다. 비록 천하갑부가 되었지만 전혀 교만한 기색이 없고, 가난해서 입을 옷과 땔거리가 없어도 누구에게 아첨하거나 굽히지 않습니다. 그러나 그렇다 해도 눈멀고 귀먹어서 동쪽과 서쪽을 분별하지 못하는 것이니, 그럼 어떻게 하겠습니까?

억!

억!

己酉(1969)년 동안거 결제일 해인사 해인총림 궁현당

37. 동안가풍同安家風
가풍

【 수시 】

옥 코끼리를 거꾸로 탐이여 기린을 쫓아가고
갈대꽃에 뛰어 들어감이여 백마를 채찍질하며
구름 속에 치솟은 괴이한 돌이여 드러나 늠름하고
물결에 헤엄치는 비단 고기여 살아 팔팔하구나.
말해 보라, 이 무슨 시절인가?
꿈에서 깨어나니 밤빛이 어슴푸레 날 새고
웃으며 가풍을 가리키니 화려한 봄이로다.

倒騎玉象兮여 趁麒麟하고 輥入蘆花兮여 鞭白馬하니
摩雲怪石兮여 露稜稜이요 衝浪錦鱗兮여 活潑潑이로다
且道하라 是什麼時節고
夢回에 夜色이 依稀曉하니 笑指家風爛漫春이로다

【 본칙 】

어떤 중이 동안 비스님[1]에게 물었다.
"어떤 것이 스님의 가풍家風입니까?"

---

1 동안도비(同安道丕). 당(唐)대 조동종 스님으로 운거도응(雲居道膺)의 법제자. 청원(靑原)스님의 6세손.

"금닭은 새끼를 안고 높은 하늘로 돌아가고, 옥토끼는 새끼를 잉태하여 자미궁紫微宮으로 들어간다."

"갑자기 손님이 찾아오면 무엇으로 대접하렵니까?"

"금 과일은 이른 아침에 원숭이가 따가고 옥 꽃은 저녁 늦게 봉황이 물고 온다."[2]

僧問同安호되 如何是和尙의 家風고 乃云 金鷄는 抱子歸霄漢이요 玉兎는 懷胎入紫微로다 僧云 忽遇客來에 將何祗對닛고 乃云 金果는 早朝에 猿摘去하고 玉花는 晚後에 鳳啣來라 하니

【착어】

학은 찬 소나무에서 꿈꾸고 제비는 깊은 골에서 우네.

鶴夢寒松하고 燕啼幽谷이로다

【송】

단하 순선사[3]가 송하였다.

한낮에 연기가 서리니 산이 우뚝우뚝하고
밤중에 하늘이 맑으니 달이 밝고 아름답다.
혼연히 고요하고 또 비추니 차가운 하늘이 아득하고
밝음과 어두움이 천지 이전에 원융하다.

丹霞淳이 頌호대

日午에 煙凝山山突屼이요 夜央에 天淡月嬋姸이로다
混然寂照寒霄永하니 明暗이 圓融未兆前이라 하니

---

2 『선문염송』 제1173칙(한국불교전서5, 797쪽).
3 단하자순(丹霞子淳, 1064~1117). 조동종 스님으로 부용도해(芙蓉道楷)의 법제자. 청원(靑原)스님의 12세손. 『단하순선사어록(丹霞淳禪師語錄)』 2권, 『허당집(虛堂集)』 3권이 있음.

◉

"혼연히 고요하고 또 비추니混然寂照"에서 '고요하다寂'란 일체가 다 끊어진 것을 말하고 '비춘다照'란 일체만물을 비추는 것을 말합니다. 즉 고요하면서 늘 비추고寂而常照, 비추면서도 늘 고요한照而常寂 그곳을 말하는 것입니다. 그러니 고요함과 비춤이 완전히 섞여 있는 것입니다. 그것이 곧 부처님과 조사스님들의 근본 입처인 동시에 근본 경계입니다. 고요함과 비춤이 혼연히 뒤섞여 있는데 하늘은 참으로 멀고도 멀다라는 것입니다.

또, 고요함과 비춤이 완전히 뒤섞일 때 밝고 어두운 것이 원융해서 무애자재합니다. 그럼 원융해서 무애자재한 것은 천지가 개벽한 이후냐 하면, 아니다 그 말입니다. 천지가 개벽하기 이전, 최초불인 위음왕불이 출현하기 이전에 이미 혼연히 뒤섞여 늘 고요하면서 늘 비추고 밝음과 어두움이 원융무애하다는 것입니다. 이는 제불이 전하려야 전할 수도 없고 설하려야 설할 수도 없는 참으로 깊은 경지를 말한 것입니다.

앞에서 동안스님이 가풍을 말하고 손님 접대하는 것을 말했는데 그것은 적寂과 조照가 혼연히 뒤섞이고 밝음과 어둠이 원융한 도리, 즉 말하자면 하늘과 땅이 갈라지기 이전, 옛 부처님이 출현하기 이전의 깊고도 깊은 도리더라는 것입니다. 그럼 단하 순선사 게송의 뜻을 거둬서 내 한마디 하겠습니다.

【 착어 】

구름은 스스로 높이 날고 물은 저절로 흐름이여
바다와 하늘이 비고 넓으니 외로운 배가 출렁이네.
雲自高飛水自流여 海天이 空闊漾孤舟로다

【염】

운문 고선사가 상당하여 이 법문을 들어 말하였다.

"동안의 가풍이 기특하기는 하나 경산徑山의 가풍은 그렇지 아니하다. 혹 어떤 사람이 묻되, '어떤 것이 스님의 가풍입니까' 하면, 곧 그에게 말하되, '재齋 때의 한 바리때 비빔밥이여, 선禪과 도道와 시是와 비非를 다 알지 못하노라' 하리라. '갑자기 손님이 찾아오면 어떻게 대접하렵니까' 하면 '찐 떡과 떡국을 주리라' 하겠다."

雲門杲 上堂에 擧此話云 同安家風은 不妨奇特이나 徑山家風은 又且不然하니 或有人이 問 如何是和尙家風고 卽向他道호대 齋時一鉢和蘿飯이여 禪道是非를 總不知로다 忽遇客來如何祗對오 蒸餠不托이라 호리라 하니

⦿

이것은 조동종 스님이 스스로의 가풍을 이야기한 것이고, 여기에 대해서 임제종 스님인 대혜스님은 어떻게 말했는가? 대혜스님의 말씀을 살펴보겠습니다.

동안의 가풍이 보통은 따라갈 수 없는 그런 훌륭한 가풍을 가지고 있으니 참말로 천고에 희유한 일이라고 칭찬하고 나서 "그렇지만 나 경산徑山의 가풍은 그렇지 않다."고 했습니다. 당시 대혜스님이 경산에 머무셨습니다. 그리고선 "어떤 것이 스님의 가풍입니까?" 하고 물으면 "공양시간에 한 바리때 비빔밥을 먹으며 참선을 하니, 도를 깨치느니 옳다느니 그르다느니 하는 그런 것은 하나도 모른다."고 대답하겠다고 했습니다. 이것이 자신의 가풍이라고 말했습니다.

대혜스님이 비빔밥을 먹는다고 하니, 갖가지 나물 넣고 비빈 그런 밥이야 아무나 먹는 음식인데 별 뜻이 있겠냐고 생각할지 모르지만 그것이 아닙니다.

예로부터 선문에 "조사스님들은 비빔밥 먹기를 좋아한다."는 법문이

있습니다. 그냥 밥이 아니고 이런저런 온갖 나물을 넣은 비빔밥 먹기를 좋아한다고 말씀하신 데에 아주 깊은 뜻이 있습니다. 그런 깊은 뜻을 알아야지, 피상적으로 관찰해 일상적으로 접하는 비빔밥을 먹는 것으로 생각해서는 그 깊은 뜻은 도저히 알 수 없습니다. 대혜스님의 법문에 내 한마디 붙이겠습니다.

【 착어 】

시방사계十方沙界가 한 덩이 무쇠니
허공의 등 위에 흰털이 나도다.
十方沙界一團鐵이니 虛空背上에 生白毛로다

◉

시방세계가 이렇게 원융무애하고 자유자재한데 왜 시방세계 전체가 한 덩어리 무쇠라고 말할까요? 여기에 깊은 뜻이 있습니다. 시방세계가 무쇠보다도 더 여물다 이것입니다. 여기는 조사도 입을 뗄 수가 없고 부처도 손을 댈 수가 없는 곳입니다. 또 "허공의 등 위에 흰털이 난다."고 했는데 이것 역시 말도 되지 않는 소리 아닙니까? 시방세계가 어떻게 하나의 쇳덩이가 될 수 있으며 또 빈 허공 등에서 어떻게 털이 날 수 있습니까? 허나 이것을 알아야만 대혜스님이 하신 법문을 전체적으로 이해할 수 있습니다.

【 결어 】

대중들이여, 보배 거울에 빛이 차갑고 해골에 눈이 살았으니, 정正과 편偏의 가풍家風이요, 겸兼과 도到의 혈맥血脈이다. 그러나 임제의 뜻에는 천리만리千里萬里 떨어져 있으니 필경의 일이 어떠한가?
삼두육비三頭六臂로 하늘과 땅을 받치니

성난 나타[4] 임금의 종을 두드리네.

(주장자 세 번 치고 내려오시다.)

大衆이 寶鏡에 光寒하고 髑髏眼活하니 正偏家乘이요 兼倒血脈이로다 雖然恁麽나 臨濟門庭은 萬里崖州니 畢竟事作麽生고

三頭六臂로 擎天地하니 忿怒那吒이 撲帝鍾이로다

(卓拄杖三下하고 下座하시다)

●

대중 여러분, 보배 거울에 빛이 차갑고 해골에 눈이 살았으니 정正과 편偏의 가풍이요, 겸兼과 도到의 혈맥血脈입니다.

조동종의 종조 되는 동산 양개화상께서 당신이 깨친 경지를 보배 거울에 비유하고 삼매의 그 깊은 진리를 노래로 만든 '보경삼매가寶鏡三昧歌'라는 것이 있습니다. 그 보배 거울에 빛이 차다는 것입니다. 또, 해골에 눈이 살아 있다고 했으니 사람이 죽어 살이 다 녹아내린 해골에 어떻게 눈이 멀뚱멀뚱 살아 있을 수 있습니까? 뼈만 앙상한 해골에 참 눈이 박혀 있다는 것을 알아야 합니다.

또 조동종에서는 선禪을 정正과 편偏의 체계로 분류해 정중편正中偏·편중정偏中正·정중래正中來·겸중지兼中至·겸중도兼中到의 다섯 가지로 설명합니다. 정과 편은 정반대이지 않습니까? 그런 정과 편이 원융무애한 것을 조동가풍이라 합니다. 그중 겸중도兼中到는 정편의 가풍 중에서도 최후 구경의 가풍을 일컫는 것입니다.

앞에서 소개한 동안스님의 법문은 조동종의 가풍에 있어서 실지로 정편의 가풍이고 겸도의 혈맥이며 조동종의 골수를 밝힌 법문이라 하

---

[4] 원래는 천지를 떠받치는 큰 힘을 가지고 있고 전쟁을 좋아한다는 머리 셋 팔 여덟의 아수라의 왕이나 선문(禪門)에서는 비사문천왕(毘沙門天王)의 5태자의 하나로 불법을 수호하고 국토와 국민을 지키는 호법선신으로 생각함.

겠습니다. 그러나 임제의 뜰에는 천리만리 떨어져 있다 하겠습니다. 조동종의 견지에서야 조동종의 골수를 밝힌 것이지만 임제 문중에서 볼 때는 아무 것도 아니다 이 말입니다. 그럼 조동종은 아무 것도 아니고 임제종이 천하제일이란 말인가요? 제 말을 혹 그렇게 오해하는 사람도 있을 것입니다. 제 말 뜻은 거기에 있는 것이 절대 아닙니다. 말만 좇아서는 몸과 목숨을 다 잃고 맙니다.

그럼 결국 어떻다는 말입니까? 과연 어떠하기에 조동종으로서는 골수를 고스란히 드러낸 법문인데도 임제의 문중에선 천리만리 뒤떨어지고 중중첩첩으로 태산이 가리고 있다고 말하는 것일까요?

삼두육비三頭六臂로 하늘과 땅을 받치니

성난 나타 임금의 종을 두드리네.

己酉(1969)년 10월 말일 해인사 해인총림 궁현당

38. 조주끽다 趙州喫茶
차나 한 잔

【 수시 】

"비 오는데 밝은 달을 보고
불속에서 맑은 샘물을 퍼낸다.
바로 서니 머리가 땅에 닿고
옆으로 누우니 다리가 하늘을 가리킨다.
모름지기 이렇게 알아야
비로소 조사선祖師禪에 계합한다." 하니
불감 늙은이의 악독한 말이여,
몇 사람이나 기뻐하고 몇 사람이나 성내는가.
입안의 붉은 연꽃은 비상을 토해내고
혀끝의 벽력은 감로수를 쏟는다.
동두銅頭는 물러나 달아나고 철안鐵眼은 일어나 춤추니
어떤 사람이 일찍 이렇게 오는가?

雨中에 看皓月이요 火裏에 汲淸泉이라
直立에 頭垂地하고 橫眠에 脚指天이로다
應須恁麽會하야사 方契祖師禪이라 하니
佛鑑老漢의 惡毒說이여 幾多歡喜幾多嗔고
口裏紅蓮은 吐出石毘素하고 舌上霹靂은 瀑注甘露로다
銅頭는 退走하고 鐵眼은 起舞하니 什麽人이 曾恁麽來오

◉

　서두에 불감선사의 말씀을 인용했습니다. 구름이 하늘에 꽉 끼어 비가 억수같이 퍼부으면 하늘이 캄캄해 아무 것도 보이지 않을 것인데 흰 달을 본다고 했습니다. 거짓말 아닙니까? 그러나 거짓말이 아닙니다. 비가 억수같이 퍼부어 하늘이 캄캄하지만 실지에 있어서 달은 환하게 밝아 있습니다. 또, 사람이 곁에 다가갈 수 없을 만큼 불길이 치성한데 그 불무더기 속에서 물을 퍼낸다고 했습니다. 비가 오는데 어떻게 보름달을 볼 수 있으며, 불무더기 속에서 어떻게 샘물을 길을 수 있을까요?

　서기는 바로 꼿꼿하게 섰는데 머리는 땅에 닿아 있다 했는데, 사람이 바로 서면 발이 땅에 닿지 어떻게 머리가 땅에 닿을 수 있습니까? 또, 사람이 옆으로 누워 있는데 다리가 하늘을 가리킨다고 하니 이것 역시 말이 되지 않는 거짓말 아닙니까? 서두부터 이상한 소리만 꺼낸다고 생각하는 사람도 있을 것입니다. 어떻게 빗속에서 달을 볼 수 있으며, 불속에서 물을 퍼낼 수 있으며, 사람이 바로 섰는데 머리가 땅에 닿을 수 있으며, 사람이 누워 있는데 발이 하늘 위로 솟을 수 있느냐 이것입니다. 거짓말처럼 들리겠지만 모름지기 이렇게 알아야 비로소 조사선祖師禪에 계합한다고 불감께서 말씀하셨습니다.

　이것은 우리 조사선의 골수법문입니다. 보통의 상식으로 볼 때는 도저히 있을 수 없는 일입니다. 그렇지만 이 도리를 확실히 바로 알아야만 비로소 조사의 도리를 알 수 있고 모든 공안을 다 알 수 있는 것입니다. 이것은 내 말이 아니고 불감 근선사라고 유명한 대조사스님의 법문입니다. 오조 법연선사 문하에서 삼불三佛이 나와 임제종을 크게 중흥시켰는데 그 삼불 가운데 한 분이 불감 혜근佛鑑·慧懃선사입니다.

　허나 나는 불감 늙은이의 악독한 말이라 했습니다. 그런 대조사의 그 깊은 법문을 왜 악독한 말이라 할까요? 그런 법문을 듣고 환희심을 내는 것이야 당연하다고 볼 수 있지만 왜 또 성낸다고 했을까요? 이것을 바로 알아야 합니다.

　입안의 붉은 연꽃은 혓바닥을 두고 한 말입니다. 때론 입에서 사람을 죽이는 독한 비상을 토해내기도 하고, 벽력처럼 크고 무서운 말로 감로수를 폭포같이 쏟아내기도 합니다. 그러니 어떠한가?

　동두銅頭, 견고한 신념을 가진 사람은 무서워서 물러나 달아나고, 철안鐵眼, 일체를 꿰뚫어보는 예리한 식견을 가진 사람은 좋아서 환희심에 일어나 춤춘다고 했습니다.

　이런 내 법문을 두고 말들이 많습니다. 자기 혼자만 알아들을 수 있는 말로 녹음기하고 이야기하는 것이라고도 하고, 도저히 알아들을 수도 없고 우리와는 관계도 없으니 좀 현실적으로 말해주었으면 하는 요구가 많습니다. 그렇지만 나는 언제든 진리를 분명히 알아듣게 하는 것이지 절대로 모르는 소리 하는 것이 아닙니다. 아무리 청천백일에 해가 뜬들 봉사는 그 해를 볼 수 없는 것이고, 아무리 좋은 노래를 부른들 귀머거리는 그 노래를 들을 수 없습니다. 그렇다고 귀머거리 봉사에 맞춰 그림을 그리고 노래를 부를 순 없는 노릇 아닙니까? 그러니 이렇게 말하는 근본 뜻은 어디에 있는가? 봉사는 얼른 눈을 떠 밝은 해를 보고 귀머거리가 얼른 귀를 열어 그 노래를 들으라는 것입니다. 어떻게 하면 눈을 뜨고 귀를 열 수 있는가? 어떻게든 공부를 부지런히 해서 자성을 깨쳐야만 되지 그러기 전에는 도저히 알 수 없는 일입니다.

【 본칙 】

　조주스님이 어떤 중에게 물었다.
　"일찍이 여기에 온 적이 있는가?"
　"온 적이 있습니다."
　"차 한잔 마셔라."
　또 어떤 중에게 조주스님이 물었다.

"일찍이 여기에 온 적이 있는가?"

"처음입니다."

"차 한잔 마셔라."

이에 원주가 조주스님에게 물었다.

"어째서 일찍이 왔던 사람에게도 '차 한잔 마셔라' 하시고, 처음 온 사람에게도 '차 한잔 마셔라' 하십니까?"

"원주¹야!" 하고 조주스님이 부르자 원주가 대답하니, 조주스님이 말하였다.

"차 한잔 마셔라."²

趙州問僧호대 曾到此間否아 云曾到니다 州云 喫茶去하라 又問僧호대 曾到此間否아 云不曾到니다 州云 喫茶去하라 院主問호대 爲什麽하야 曾到也教伊喫茶去하고 不曾到也教伊喫茶오 州召院主한대 主應若이어늘 州云 喫茶去하라 하니

◉

차 한잔 마시라 한 것에 뭐 그리 대단한 뜻이 있다고 이러는가 하고 생각하는 사람도 있을 것입니다. 허나 이는 일상사에서 사람 대접하며 차 한잔 마시라 한 것이 아닙니다. 언외현지言外玄旨, 말 밖에 아주 현묘하고 깊은 뜻이 있습니다. 그러면 조주스님이 이렇게 말씀하신 그 깊은 뜻은 무엇인가? 그것을 내가 한 번 말해보겠습니다.

【 착어 】

만국萬國에 티끌 연기 끊어지고
일천 집이 대문과 창문을 닫았네.

---

1 사원의 사무 일체를 주재하는 사람. 감원(監院)이라고도 함.
2 『선문염송』 제411칙(한국불교전서5, 337쪽).

萬國에 絶塵煙이요 千家閉門戶로다

◉

온 삼천대천세계에 티끌 연기가 끊어지고, 가가호호마다 대문과 창문을 닫았다고 했습니다. 이것을 알면 조주스님이 차 마시라고 한 뜻을 알 수 있습니다. 조주스님은 그냥 "차 마시라."고 했는데, 어째서 나는 "온 세계에 티끌 연기 끊어지고 가가호호마다 대문과 창문을 닫아걸었다."고 하느냐 말입니다. 전혀 맥락이 닿지 않는 소리 같지만 이것을 알아야 앞의 차 마시라고 한 법문을 알 수 있습니다. 그 후 임제정맥의 원오스님 손제자 되는 응암 화선사께서 조주스님의 공안에 게송을 지은 것이 있습니다. 그것을 소개하겠습니다.

【 송 】

응암 화선사[3]가 송하였다.
조주의 차 마셔라 함이여, 나는 그를 무서워하니
만약 빚 받을 사람이 아니면 이는 곧 원수로다.
담장을 의지하고 벽에 기대어 무리를 이루고 떼를 지으니
누가 용과 뱀을 분별할 줄 아는지 알 수 없구나.

應庵華 頌호대
趙州喫茶여 我也怕他하니
若非債主면 便是寃家로다
倚墻靠壁하야 成群作隊하니
不知誰解辨龍蛇오 하니

---

3 응암담화(應庵曇華, 1103~1163). 임제종 양기파 스님으로 호구소융(虎丘紹隆)의 법제자. 남악(南岳)스님의 16세손. 『응암화상어록(應庵和尙語錄)』 10권이 있음.

◉

 "조주의 차 마셔라 함이여, 나는 그를 무서워하니."라고 했으니 이것도 말이 되지 않는 소리 아닙니까? 조주스님이 "차 한잔 마셔라." 하면 "아이고, 감사합니다." 하고 먹을 것이지 왜 무섭다고 했을까요? 그것도 어느 정도로 무서운 사람인가? 빚쟁이 아니면 불구대천의 원수란 것입니다. 세상 사람들에게 누가 제일 무섭냐고 물어보면 빚쟁이가 제일 무섭다고 합니다. 갚을 돈은 없는데 자꾸 독촉하니 발자국소리만 들어도 겁이 난답니다. 그런 무서운 빚쟁이 아니면 부모를 죽이거나 한 불구대천의 원수거나 세세생생 만나기만 하면 칼로 찔러 죽이고 서로 물어뜯고 한 원수지간이란 겁니다.

 또 "여러 사람이 무리를 지어 많이도 모였는데 용과 뱀을 가려낼 사람이 있는가?"라고 하였습니다. 용은 성스러운 동물이고 뱀은 징그럽고 독한 짐승 아닙니까? 참으로 이것이 용인지 뱀인지 아는 사람이 있느냐는 겁니다. 결국은 조주의 법문을 바로 알아듣는 사람이 참으로 드물다는 말입니다. 응암스님의 게송에 내 한마디 하겠습니다.

【 착어 】

 은혜를 아는 이는 적고 은혜를 저버리는 이는 많도다.
 *知恩者少*하고 *負恩者多*로다

◉

 이 말을 알 수 있으면 조주스님의 법문도 알 수 있고, 응암 화선사가 "조주의 차 마시라는 소리가 참으로 무섭다."고 한 뜻도 알 수 있습니다.

【 송 】

 송원 악선사가 송하였다.

조주의 차 마셔라 함이여

독사가 옛길에 누웠구나

밟아서 잘못된 줄 알면

부처도 되려고 않으리라.

松源岳이 頌호대

趙州喫茶去여 毒蛇가 橫古路로다

踏著乃知非하면 佛也不堪做라 하니

◉

　독사가 길에 누워 있으니 물리면 사람이 죽을 판입니다. 그 말은 조주가 "차 마시고 가라." 한 말이 길거리에 드러누운 독사보다 더 무서운 소리라는 것입니다. 앞의 응암 화선사 게송과 내용이 일맥상통하지요?

　그래서 그 독사를 밟았다는 말입니다. 밟아서 물리면 잘못했구나 하는 것을 확실히 알게 되지 않습니까? "차 한잔 마시라."는 조주스님의 말씀이 겉으론 참 좋은 말씀 같지만 속엔 독사보다 더 독한 뜻이 들어 있다는 것을 확실히 알면, 그 사람은 부처가 되라고 해도 되지 않는다는 말입니다. 부처도 필요 없는 사람이라고 송원 악선사는 송하였습니다. 그럼 송원스님의 게송에 내 한마디 붙이겠습니다.

【 착어 】

도적은 도적을 알아보고 쐐기로써 쐐기를 빼낸다.

是賊識賊이요 以楔拔楔이로다

◉

　보통사람은 저 사람이 도둑인지 아닌지를 모릅니다. 도둑놈이라야 한눈에 도둑놈을 알아보는 법입니다. 이렇게 말한 뜻을 알면 앞의 내용을 다 알 수 있습니다.

【 송 】

개암 붕선사가 송하였다.
추운 곳에 불을 피우고
시끄러운 속에 벽돌을 던진다
잔잔한 물에 배를 띄우고
다리를 씻고 배에 오른다.
介庵朋이 頌호대
冷處에 著火하고 鬧裏에 抛塼이로다
順水에 流舟하고 洗脚上船이라 하니

◉

표현이야 다르지만 내용은 앞의 응암스님과 송원스님의 게송과 똑같습니다. 그럼 여기에도 한마디 붙이겠습니다.

【 착어 】

삼 년에 한 번 윤달이 들고 한낮에 삼경을 친다.
三年에 逢一閏이요 日午에 打三更이로다

【 송 】

보암 옥선사[4]가 송하였다.
조주의 차 마셔라 함이여
독사를 거꾸로 잡아내니

---

4 보암옥(普庵玉).『선종송고연주통집(禪宗頌古聯珠通集)』제20권에 이 게송이 있으나 전기는 불명.

허공이 땅에 떨어지고
무쇠 나무에 꽃이 핀다.
야차夜叉와 나찰羅刹귀신과
미륵보살과 석가가
머리를 고치고 얼굴을 바꿈이 그 수가 끝이 없으니
풍류가 뭇 사람을 뛰어났다 하지 말라.
普庵玉이 頌호대
趙州喫茶去여 逆拔毒蛇하니
虛空이 落地하고 鐵樹에 開花로다
夜叉羅刹과 彌勒釋迦가
改頭換面無窮數하니 莫道風流出當家하라 하니

【 착어 】

고양이는 피를 뿜는 공로가 있고
범은 송장을 살리는 덕이 있다.
猫有噀血之功이요 虎有起屍之德이로다

◉

"고양이에게 피를 뿜는 공로가 있다."는 것은 그럴 수도 있겠다 하겠지만, 어떻게 호랑이에게 송장을 살리는 덕이 있다 할 수 있습니까? 여기에 이제 깊은 뜻이 있습니다.

【 염 】

백운 병선사가 염하였다.
"첫머리에 판단하니 밝고 밝게 홀로 드러나 사사로움이 없고, 얼굴을 마주하여 서로 드러내니 말과 말이 일찍이 가리고 덮음이 없다. 만약 두꺼비가 너의 귓속에 들어가고 독사가 너의 눈동자 속을 파고들면, 이러한 때를 당하여 너는 어떻게 할 것인가? 장차 오랑캐의 수염이 붉다고 하려 했더니 다시 붉은 수염의 오랑캐가 있다."

白雲曰이 拈호대 當頭案下하니 明明獨露無私요 覿面相呈하니 句句가 曾無 盖覆이로다 或若蝦蟆가 入你耳朶裏하고 毒蛇가 鑽你眼睛中하면 當伊麽 時하야 如何委悉고 將謂胡鬚赤이러니 更有赤鬚胡로다 하니

【 착어 】

나는 저에게 신라의 독한 부자약附子藥을 주었더니
저는 나에게 배 위의 순한 회향茴香[5]으로 갚는다.
我呈他新羅附子어늘 他酬我船上茴香이로다

【 결어 】

대중들이여, 조주 고불古佛이 조그마한 칼도 쓰지 않고 종횡으로 죽이고 살려서, 거리낌 없이 자재自在하여 멀리 천고千古에 뛰어나 앞에도 없고 뒤에도 없으나, 한 무리의 도적들이 심간心肝을 쪼개어 내니 구할 수 있겠는가?

(한참 묵묵한 후에 말씀하셨다.)

차 한잔 마셔라!

(곧 자리에서 내려오시다.)

大衆아 趙州古佛이 不用寸劒하고 縱橫殺活하야 無碍自在하야 迥出千古하야 光前絶後하나 却被一隊白拈賊群이 劈出心肝하니 還救得麽아 (良久云) 喫茶去하라 (便下座하시다)

---

[5] 펜넬(Fennel)을 가리킨다. 중국에서 많이 사용하는 향신료이다. 신선도가 떨어진 음식에 이것을 넣으면 맛과 향을 회복시킨다 하여 '회향(回香)'이라 한 것이 '회향(茴香)'이라는 이름이 되었다.

◉

 대중 여러분, 조주 고불古佛께서는 조그마한 칼도 쓰지 않고 종횡으로 죽이고 살리며 거리낌 없이 자재自在하여 멀리 천고에 뛰었으니 앞에도 이런 분은 없었고 뒤에도 이런 분은 없을 것입니다. 그러나 한 무리의 도적들이 조주스님의 배를 갈라 심장과 간을 끄집어내고 있으니 구할 수 있겠습니까?

 차 한잔 마셔라!

己酉(1969)년 11월 보름 해인사 해인총림 궁현당

39. 마조불안 馬祖不安
마조스님 편치 않으니

【 수시 】

주사朱砂, 바른 거울 속에 홀연히 웃는 얼굴이 나타나고
백옥 소반 가운데 다리 뻗고 잠잔다.
한 소리 벽력이여,
안개가 높은 허공에 가득하고
천 개의 눈이 단박에 열림이여,
구름이 산봉우리에서 걷히네.
서쪽 바위의 나무 빛은 연기를 머금고
동쪽 골짜기의 꽃잎이 햇빛에 비치네.
허허, 비로자나 정수리를 밟고 나아가니
번쩍이는 산호가 시방세계를 두루 비춘다.

朱砂鏡裏에 忽開笑顏하고
白玉盤中에 展脚打眠이라
一聲霹靂兮여 霧目卓長空이요
千眼이 頓開兮여 雲收嶽面하니
西岩에 樹色이 含煙하고 東谷에 華光이 映日이로다
咦 踏踏毘盧頂上行하니 閃爍珊瑚照沙界로다

◉

　다들 불교에서는 성불成佛을 말한다고 하지만 우리 종문宗門에서는 부처와 같이 되기를 원하지 않습니다. 참으로 출격장부가 되려면 법신불인 비로자나불의 머리 꼭대기를 딛고 일어서야만 됩니다. 그래야 진정으로 부처님의 가르침을 성취한 사람입니다. 그렇게 하면 어떻게 되는가? 번쩍이는 산호가 시방세계를 두루 비춘다고 했습니다.

【 본칙 】

　마조대사[1]가 편찮으니 원주가 물었다.
　"화상의 법체가 어떠하십니까?"
　"일면불日面佛 월면불月面佛[2]이니라."[3]
　馬祖 不安이어늘 院主問호대 和尙의 尊體如何오 祖云 日面佛月面佛이라 하니

◉

　남악 회양선사의 제자인 마조스님이 병환으로 누워 계시자 원주가 "스님 몸은 좀 어떻습니까?" 하고 물었습니다. 그러자 마조스님 대답이 "일면불 월면불이니라."고 했습니다. 일면불 월면불은 『불명경佛名經』에 나오는 부처님 명호입니다. 그러나 거기에 뜻이 있는 것이 아닙니다. "스님, 요즘 몸이 좀 어떠십니까?" 하고 묻는데, 왜 "일면불 월면불"이라고 대답했을까요? "나는 일면불 월면불처럼 금강불괴신金剛不壞身을 성취했다."는 말일까요? 절대 아닙니다.

1　마조도일(馬祖道一, 709~788). 남악회양(南岳懷讓)의 법제자로 남악(南岳)스님의 1세손. 『마조도일선사어록(馬祖道一禪師語錄)』 1권이 있음.
2　일면불(日面佛)은 1,800세(世)까지 장수하는 부처님, 월면불(月面佛)은 하루 낮 하루 밤의 수명을 가진 단명한 부처님.
3　『선문염송』 제169칙(한국불교전서5, 170쪽) ; 『벽암록』 제3칙 ; 『종용록』 제36칙.

이 말은 뜻이 말에 있는 것이 아니고 격외현지格外玄旨로서 저 말 밖에 깊은 뜻이 있습니다. 이 공안은 우리 종문의 수많은 공안 중에서도 뜻이 깊기로 이름 높은 공안입니다. 따라서 참으로 확철대오하지 않고는 이 뜻을 절대로 알 수 없습니다. 그런 깊고도 어려운 공안입니다. 그럼 "일면불 월면불"이라고 한 이 공안의 뜻이 어디에 있는가? 내 여기에 대해 한마디 하겠습니다.

【착어】

추위가 두려워 더벅머리 깎기 싫어하고
따뜻함을 좋아하여 자주 장작개비를 불속에 던진다.
怕寒에 懶削鬅鬆髮이요 愛暖에 頻添榾柮柴로다

◉

이 말 뜻을 바로 알면 "일면불 월면불"의 뜻을 알 수 있습니다. 장산 법전선사라고 운문종에 유명한 스님이 계셨는데, 그분이 이 공안에 대해 게송을 지은 것이 있습니다.

【송】

장산 전[4]선사가 송하였다.
일면日面 월면月面이여 왼쪽으로 돌고 오른쪽으로 구르니
당나라에선 북을 치고 신라에선 활을 쏜다.
흐르는 물은 앞개울 뒤 시내요

---

4 장산법전(蔣山法泉). 남명법전(南明法泉)이라고도 함. 송(宋)대 운문종 스님으로 운거효순(雲居曉舜)의 법제자. 청원(靑原)스님의 11세손. 남명(南明), 장산(蔣山) 등의 여러 사찰에 주석. 영가현각(665~713)의 『증도가(證道歌)』 구절마다 송을 붙인 『영가대사증도가남명천선사계송(永嘉大師證道歌南明泉先師繼頌)』이 유명.

떨어지는 꽃은 세 잎 다섯 잎이라.
귀머거리는 우레 소리 듣지 못하고
공연히 구름 속 번갯불만 보는구나.

蔣山泉이 頌曰

日面月面이여 左旋右轉이라

大唐에 擊鼓하고 新羅에 發箭이로다

流水는 前溪後溪요 落花는 三片五片이라

聾人이 不聽忽雷聲하고 空向雲中看閃電이로다 하니

◉

왜 "당나라에선 북을 치는데 신라에선 활을 쏜다."고 했을까요? 여기에 아주 깊은 뜻이 있습니다. 연이어 "앞개울도 뒷개울에도 물이 졸졸 흐르고 떨어지는 꽃잎은 세 조각도 다섯 조각도 떨어지더라."고 한 이것이 일면불 월면불의 근본소식입니다. 허나 뇌성벽력이 아무리 큰들 귀머거리가 그 소리를 어떻게 들을 수 있겠습니까? 공연히 구름 속 번갯불만 멀뚱히 쳐다볼 뿐입니다. 이 게송에 대해 내 한마디 하겠습니다.

【 착어 】

만물 밖에서 홀로 천리 달리는 코끼리를 타고
만년 묵은 소나무 밑에서 금종을 친다.

物外에 獨騎千里象하고 萬年松下에 擊金鐘이로다

◉

이 소식은 천지만물 밖에서 천리만리 달리는 코끼리를 타는 소식이고 만년 묵은 소나무 밑에서 금종을 치는 소식입니다.

【 송 】

취암 종선사[5]가 송하였다.

일면 월면이여
금바늘과 옥실이라
원앙새를 교묘하게 수놓으니
쌍쌍을 누가 부러워하지 않으리.
달을 이고 갈대꽃에서 자고
물결 따라 물위에서 노닐다가
문득 푸른 하늘로 날아 올라가기에
머리를 들고 쳐다보니 은하가 흰 비단을 펼치네.

翠岩宗이 頌曰
日面月面이여 金針玉線이라
繡出巧鴛鴦하니 雙雙誰不羨고
戴月宿蘆花하고 隨波戱水面타가
瞥然飛起碧霄空하니 擧首에 銀河橫素練이라 하니

◉

취암스님 게송의 뜻을 거두어 한마디 하겠습니다.

【 착어 】

큰 자라가 창명[6]의 물을 다 마시니
산호가 밝은 달에 비치어 드러나 있네.

巨鼇飮盡滄溟水하니 留得珊瑚對月明이로다

---

5 취암사종(翠岩嗣宗, 1085~1153). 조동종 스님으로 굉지정각(宏智正覺)의 법제자. 청원(靑原)스님의 14세손.
6 아득하고 드넓은 큰 바다.

【 염 】

향산 양선사가 상당하여 이 법문을 들어 말하였다.

"일면불 월면불이여, 파사 사람이 달음박질하여 신라에 들어간다. 하늘 높고 땅 드넓은 줄 아는 사람 적으니 물 넓고 산 깊은 줄을 누가 알랴. 석가모니 천백억화신이여 손안의 황금이 변하여 주석이 되니, 지옥 속에서는 울음소리 진동하고 도솔천 안에서는 미륵보살을 부른다. 푹 쉬어라. 잠깐 동안에 시장이 파하니 아무도 거두는 사람이 없구나. 장차 진나라 때의 밑 없는 사발이라 하려 했더니, 원래 이 큰 만두로다. 이 뜻을 잘 살피라."

香山良이 上堂에 擧此話云 日面佛月面佛이여 波斯走入新羅國이로다 天高地遠少人知라 水闊山長有誰識고 釋迦文千百億이여 手裏黃金이 變爲錫이라 那落迦裏에 叫蒼天하고 都史陀中에 喚彌勒이로다 休休하라 斯須市退勿人收라 將謂秦時無底椀이러니 元來에 祗是大饅頭로다 參하라 하니

●

부처님 손 안의 황금이 주석으로 변했다고 했으니, 왜 이렇게 말씀하셨을까요? 금하고 주석하고 천지현격이지 않습니까? 일면불 월면불 소식을 알려면 부처님 손에 쥔 황금덩어리가 주석으로 변한 것을 알아야만 합니다. 부처님 손 안의 황금이 주석으로 변했는데, 왜 지옥 중생들은 죽겠다고 통곡하고 도솔천 내원궁에서는 미륵보살을 찾는다고 했을까요? 이것이 실지로 일면불 월면불 소식의 골수를 온전히 드러낸 소리입니다. 그럼, 향산스님 법문의 뜻을 거둬 내 한마디 하겠습니다.

【 착어 】

사생四生과 육취六趣가 금빛 연꽃 속에 앉았으니
시방법계가 모두 텅텅 비었구나.

四生六趣坐金蓮하니 十方法界蕩然空이로다

◉

사생과 육취의 모든 중생들이 모두 성불해 금빛 연꽃 속에 앉았다 했으니 시방법계에 남을 것이 있겠습니까?

【 결어 】

대중들이여, 마조대사가 병病이 골수에 들어 일천 부처와 일만 조사도 손댈 수가 없다. 뒷날의 자손들이 구르고 굴러 유전하니 사해四海와 구주九州에 땅이 넓고 사람이 드물다.
참으로 슬프고 참으로 애통하니 누가 대장부인가?
(주장자를 들어 한 번 치고 말씀하셨다.)
만 골짝 천 개울에 물이 거꾸로 흐르니
산하山河와 대지大地가 일시에 무너진다.
억!
(크게 할을 한 번 하고 내려오시다.)

大衆아 馬祖大師가 病入骨髓하야 千佛萬祖 措手無處로다 後來兒孫이 轉轉遺傳하니 四海九州에 土曠人稀로다 可悲可痛이라 誰是丈夫오 (卓拄杖一下云)
萬壑千溪에 水逆流하니 山河大地一時壞로다 (喝一喝하고 下座하시다)

◉

대중 여러분, 마조대사가 병이 골수에 들어 일천 부처와 일만 조사도 손댈 수가 없습니다. 마조스님께서 "일면불 월면불"이라는 종문의 골수가 되는 법문을 하셨는데, 나는 왜 병이 깊어 부처도 고칠 수 없고 조사도 고칠 수 없다고 할까요? 어디 그뿐인가? 마조스님만 병든 것이 아니

39. 마조불안 431

라 후대 아손들에게까지 계속 전해져 말짱 마조스님과 똑같은 병이 들어 버렸습니다. 그래서 사해四海와 구주九州 온 천하에 땅은 넓은데 사람은 찾아보려야 찾아볼 수 없게 되었습니다.

참으로 슬프고 참으로 애통하니, 누구 대장부大丈夫 없습니까?

만 골짝 천 개울에 물이 거꾸로 흐르니

산하와 대지가 일시에 무너진다.

억!

己酉(1969)년 11월 말일 해인사 해인총림 궁현당

40. 구지일지俱胝一指
손가락 하나를 세움

【 수시 】

한 기틀과 한 경계가 혹은 사로잡고 혹은 놓아주니
아수라는 합장하고 보살은 성낸다.
용이 달음질치고 범이 뛰놀며 별이 날고 번개 번쩍이니
병정丙丁은 불을 구하고 북두北斗에 몸을 숨긴다.
알겠는가?
뭉게뭉게 구름이 바다를 덮으니
칼을 빼어 용문龍門을 휘젓네.
一機一境이 或擒或縱하니 修羅는 合掌하고 菩薩은 生嗔이요
龍驟虎奔하고 星飛電激하니 丙丁은 求火하고 北斗에 藏身이라
還會麼아
陣雲이 橫海上하니 拔劍攪龍門이로다

◉

한 기틀과 한 경계란 예전 조사스님들이 법 쓰는 것을 형용한 말로, 어느 때는 사로잡아 죽이기도 하고 어느 때는 놓아주어 살리기도 하며 자유자재로 법을 쓴다는 것입니다. 그러면 싸움 잘 하는 아수라는 공경스럽게 합장을 하는데, 일체 중생을 제도하며 대자대비를 근본으로 삼는 보살은 성만 낸다고 했습니다. 어찌 보면 정반대의 말로 들릴지 모르

나 여기에 깊은 뜻이 있습니다.

병정丙丁이란 남방南方을 가리키며 불을 상징하니, "병정이 불을 구한다." 함은 곧 불이 불을 찾는다는 말입니다.

"북두에 몸을 숨긴다."는 것은 운문스님의 법문입니다.

어떤 스님이 운문에게 "어떤 것이 법신法身을 뚫는 언구입니까?" 하고 물으니 "북두北斗 속에 몸을 감추었느니라."고 대답한 것입니다.

【 본칙 】

구지화상[1]은 누가 무엇을 묻든지 손가락 하나만을 세워 들었다. 돌아가려 할 때에 대중에게 "내가 천룡스님[2]의 일지선一指禪을 얻어 평생 동안 써도 다 쓰지 못하였다." 하고, 말을 마치고 돌아가셨다.[3]

俱胝和尚이 凡有詰問하면 只竪一指러니 將順世에 謂衆曰 吾得天龍一指禪하야 一生用不盡이라 하고 言訖示滅하니

◉

구지화상이 젊었을 때 심산궁곡深山窮谷에서 토굴을 짓고 정진을 하고 있었습니다. 하루는 날이 거의 저물어 가는데 웬 비구니가 혼자서 육환장을 짚고 삿갓을 쓰고 찾아왔습니다. 그리고는 삿갓도 벗지 않고 육환장도 그대로 짚고서 인사도 하지 않고, 구지화상이 참선하고 있는 선상

---

1   금화구지(金華俱胝). 당대(唐代) 스님으로 항주천룡(杭州天龍)의 법제자. 남악(南岳) 스님의 4세손. 금화는 주석 산명. 무주(婺州) 금화(金華) 출신. 항주천룡(杭州天龍) 화상에게 참학할 때, 스승이 손가락 하나를 세워서 보여 주자 홀연히 깨달음. 그리하여 사람들이 가르침을 청하면 손가락 하나를 세워 보이면서 답하였으므로, 그를 가리켜 구지일지(俱胝一指) 또는 일지두선(一指頭禪)이라고 칭함.
2   항주천룡(杭州天龍). 당대(唐代) 스님으로 대매법상(大梅法常)의 법제자. 남악(南岳) 스님의 3세손. 천룡일지두(天龍一指頭)의 선으로 알려져 있음.
3   『선문염송』 제552칙(한국불교전서5, 428쪽) ; 『벽암록』 제19칙 ; 『무문관』 제3칙 ; 『종용록』 제84칙.

을 빙빙 돌기만 하며 거만하게 굴었습니다.

비구니는 비구스님에게 당연히 절을 하고 공손하여야 하는데도 절도 않고 거만스럽게 자기가 참선하는 선상 주의를 빙빙 돌기만 하고 있으니, 구지스님이 몹시 언짢아 한마디 했습니다.

"비구니면 비구니의 예를 갖추어야지."

그러자 "법문 한 말씀 해주시오. 그러면 삿갓을 벗고 오체투지하여 절을 올리다." 하는 것입니다.

구지화상이 무어라고 말을 하기는 해야겠는데 꿀 먹은 벙어리처럼 아무 말도 할 수 없어 묵묵히 있었습니다. 그렇게 비구니는 구지화상이 앉은 선상 주위를 빙빙 돌다가 끝내 구지화상이 한마디 말도 없자 "큰스님이란 소문만 들었더니, 보잘것없는 스님이군!" 하고는 떠나려 하였습니다. 구지화상은 날이 다 저물어 가는데 비구니 혼자 이 깊은 산골짜기를 어떻게 내려가려나 싶어 "날도 저물고 방이 따로 하나 있으니 머물다가 가라."고 했습니다. 그러자 그 비구니가 또 "스님께서 법문 한 말씀만 주시면 자고 가겠습니다. 그리고 앞으로 시봉도 하겠습니다."라고 하는 것입니다. 구지화상은 이번에도 무어라고 할 말이 없어 묵묵히 있으니, 그 비구니가 "스님이 한 말씀도 못 하니, 여기 머무를 수는 없습니다." 하고는 곧장 떠나 버렸습니다.

그날 밤 구지화상이 곰곰이 생각해 보았습니다. 자기가 여러 해 동안 토굴을 짓고 죽자 살자 공부한다고 노력해 왔는데, 결국 난데없이 나타난 비구니의 한마디를 감당하지 못하여 한마디 말도 못 하고 여지없이 짓밟힌 것을 생각하니 참으로 분한 생각이 들었습니다.

"내가 이렇게 살아서는 아무 소득이 없다. 내일은 이 토굴을 불사르고 큰스님을 찾아가 부지런히 정진해서 참다운 도인이 되어 비구니에게 당한 수모를 갚아야겠다."

이렇게 다짐하고 잠이 들었는데, 그날 밤 꿈에 백발노인이 현몽하여

"참 자네가 기회를 잘 만났어. 그 비구니가 큰 스승이야. 그런데 내일 큰 도인스님이 와서 너에게 법을 일러주실 터이니 기다리고 있어라!"는 것입니다. 깨어 보니 꿈인데, 그 꿈이 너무도 생생하여 "정말 큰 도인스님이 오셔서 나를 제도해 주시려는가? 여태까지도 살아왔는데 오늘 하루만 여기서 더 머물러야겠다." 하고는 하루를 더 보냈습니다. 아니나 다를까, 저녁때가 되어 웬 비구스님 한 분이 난데없이 토굴로 찾아들었습니다. 구지화상은 그 스님에게 무수히 절을 올리고 어제 비구니한테서 당한 일을 설명하였습니다.

"이렇게 분한 일이 어디 있겠습니까? 도를 닦는다고 이렇게 심산궁곡에 들어와 몇 년을 살면서도 한마디도 답할 수 없으니, 이런 원통한 일이 어디 있겠습니까? 부디 큰스님께서 저를 불쌍히 여기셔서 한마디만 가르쳐 주십시오."

이렇게 애걸복걸하자 그 스님은 아무 말씀도 하지 않으시고 묵묵히 계시다 문득 손가락 하나를 척 세워 보여주었습니다. 그런데 그 찰나, 손가락 하나를 세워 드는 그 순간에 구지화상이 확철대오하였습니다. 그 뒤부터 구지화상은 누가 무엇을 묻든 손가락 하나만 세워 보였다고 합니다. 구지화상에게 손가락 하나를 세워 보인 스님은 천룡天龍스님으로서, 마조스님의 법을 이은 대매 법상大梅法常스님의 제자입니다.

손가락 하나 드는 이것에 무슨 큰 뜻이 있겠는가 하여 아무것도 아닌 것같이 생각하는 사람이 많겠지만, 그것은 피상적 관찰입니다. 손가락 하나 든 이 뜻을 분명히 바로 알면 삼세제불三世諸佛과 역대조사歷代祖師마저 그 앞에 어른대지 못하니, 참으로 깊은 뜻이 있다 하겠습니다.

손가락 하나를 들었다고 하여 그 손가락만 보았다가는 상신실명喪身失命하고 맙니다. 깊이 참구할 생각은 않고 "손가락 하나를 누가 들지 못해! 우리도 누가 뭘 물으면 손가락 하나를 세워 보이자"고 쉽게 생각한다면 그는 불법에 있어 패류아입니다. 그 뜻이 손가락에 있는 것이 아닌

만큼 그 뜻을 바로 알 것 같으면 일체 불법佛法에 조금도 막힘이 없을 것입니다.

이 법문은 구지화상같이, 부처님같이, 달마스님같이 철두철미하게 확철히 깨쳐야 바로 알 수 있는 것이지, 손가락만 들어 올려서는 아무런 소용이 없습니다.

이 공안에 대해 내가 한마디 평을 하겠습니다.

【 착어 】

한 번 몽둥이질에 멍든 자국 한 줄이요
한 가지에 한 떨기 꽃이로다.
一棒一條痕이요 一枝一朶花로다

●

앞 구절에서는 사람을 때리니까 때리는 족족 살에 멍든 흔적이 죽죽 나타난다고 하고, 뒤 구절에서는 나무에 꽃이 피는데 가지마다 꽃 한 송이가 피어 있다고 했습니다. 이것을 바로 알면 구지화상이 손가락 하나를 든 뜻을 분명히 알 수 있습니다. 운문종의 설두 중현雪竇重顯선사가 이 공안에 대해서 송한 것이 있습니다.

【 송 】

설두 현선사가 송하였다.
법을 씀에 늙은 구지를 깊이 사랑하니
우주를 다 비워도 다시 누가 있으랴.
일찍 창해에 나무토막을 띄워
밤 파도에 함께 눈먼 거북에게 붙인다.
雪竇顯이 頌曰

對揚深愛老俱胝하노니 宇宙를 空來更有誰오
曾向滄溟下浮木하야 夜濤에 相共接盲龜라 하니

●

옛날 조사스님들의 법문이 많고 많지만 구지화상이 손가락 하나 든 이 법문을 공경하고 좋아하니, 이 우주를 다 뒤져도 이만한 법문을 할 사람이 누가 있겠느냐고 하였습니다.

또 세상의 어렵고 어려운 일 가운데 가장 어려운 것이 눈먼 거북이가 저 넓고 넓은 바다 가운데서 나무토막을 만나는 것盲龜求木이라고 합니다. 나무토막을 의지해야 숨을 쉴 수 있지 않습니까? 구지화상의 이 법문은 넓고 넓은 바다에서 눈먼 거북이가 나무토막을 붙잡는 것같이 참으로 어렵고 어렵다는 뜻입니다. 이토록 설두스님이 이 공안을 칭찬했습니다. 그럼, 설두스님의 이 게송에 내 한마디 붙이겠습니다.

【 착어 】

일천 성인 밖에 뛰어나고
일만 기틀 앞을 벗어났다.
超然千聖外요 突出萬機前이로다

●

설두스님이 게송에서 구지화상이 손가락 든 법문은 천지를 다 뒤져보아도 찾아볼 수 없다고 했는데, 그 뜻이 일천 성인 밖에 있고 일만 기틀 앞에 있다는 것입니다. 또 원통 도민圓通道旻선사가 이 공안에 게송을 지은 것이 있습니다.

438 무엇이 너의 본래면목이냐

【 송 】

원통 민선사[4]가 송하였다.
천룡의 한 손가락 끝을 문득 깨치니
강모래 같은 부처와 조사를 함께 벗한다.
비록 사리불 같은 뛰어난 변재라도
백억 수미산을 한 겨자 속에 거두어들인다.

圓通旻이 頌曰
頓悟天龍一指頭하니 河沙佛祖便同儔로다
饒他鶖子懸河辯이나 百億須彌一芥收라 하니

◉

부처님을 비롯한 역대 모든 조사스님들의 법문이 이 구지화상의 손가락 드는 법문 속에 다 들어 있다는 말입니다. 이 게송에 또 내가 한마디 붙이겠습니다.

【 착어 】

혀끝을 놀림에 삼천리 밖으로 물러서니
항아리 속 별천지의 해와 달이 스스로 분명하다.

吃嘹舌頭三千里하니 壺中日月이 自分明이로다

◉

운문스님 법문에 "그대가 혀끝을 놀림에 노승이 삼천리 밖으로 물러

---

4 원통도민(圓通道旻, 1047~1114). 임제종 황룡파 스님으로 늑담응건(泐潭應乾)의 법제자. 남악(南岳)스님의 14세손. 『홍각민선사어록(弘覺旻禪師語錄)』20권, 『홍각민선사주대록(弘覺旻禪師奏對錄)』3권, 『홍각민선사북유집(弘覺旻禪師北遊集)』6권, 『포수대문집(布水臺文集)』32권 등이 있음.

섰다."는 법문이 있습니다. "항아리 속 별천지에 해와 달이 분명하다."는 이 뜻을 바로 알면 구지화상이 확철히 깨친 것을 아는 동시에 손가락 하나를 든 법문도 알 수 있습니다. 이 공안에 대해 현사玄沙스님께서 하신 말씀이 있습니다.

【 염 】

현사선사가 말하였다.
"내가 만약 당시에 보았더라면 손가락을 분질러 버렸을 것이다."
玄沙云 我當時에 若見이런들 拗折指頭라 하니

◉

만약 그 당시에 구지화상이 손가락 드는 것을 보았더라면 그 손가락을 딱 부러뜨려 버렸을 것이라고 평한 현사스님의 말씀도, 뜻이 저기 다른 곳에 있습니다. 보통 보면 구지화상을 나무라는 말 같지만 나무란다고 해도 안 되고 칭찬한다고 해도 안 됩니다. 뜻은 다른 곳에 있습니다. 그러면 뜻이 어느 곳에 있는가? 현사스님의 말씀에 대해 내 한마디 하겠습니다.

【 착어 】

목인木人은 판때기 들고 구름 속에서 장단 치고
석녀石女는 피리를 물고 우물 밑에서 부는구나.
木人은 把板雲中拍이요 石女는 含笙井底吹로다

◉

이 소식을 바로 알면 "그 당시 봤더라면 손가락을 부러뜨려 버렸을 것이다."라고 한 현사스님의 뜻을 분명히 알 수 있습니다.

【 염 】

송원 악선사가 상당하여 이 법문을 들어 말하였다.

"말해 보라, 어떤 것이 일지두선一指頭禪인가?"

불자를 일으켜 세우고 말하였다.

"보았느냐? 만약 보았다면 가히 구지와 더불어 손을 잡고 같이 갈 것이나, 그렇지 않다면 나 신천 복新薦福이 거듭 게송을 지어 설하지 않을 수 없다.

한 번 서니 한 번 높아지고

한 걸음 걸으매 한 걸음 넓어진다.

앉아서 부처와 조사의 관문을 끊고

올 때의 길을 잊어버렸다."

松源岳이 上堂에 擧此話云 且道하라 如何是一指頭禪고 乃竪起拂子云 見麽아 若也見得하면 可以與俱胝로 把手共行이어니와 設或不然하면 新薦福이 不免重說偈言하리라 一著高一著이요 一步闊一步로다 坐斷佛祖關하고 迷却來時路라 하니

【 착어 】

은산銀山과 철벽鐵壁은 서로 융통하지 못하고

풀 쓰러지고 바람 부는 것이 자유롭구나.

銀山鐵壁은 無回互요 草偃風行得自由로다

◉

은산과 철벽은 고정이 되어 움직일 수 없어 융통하지 못하지만 풀은 바람 부는 대로 이리 쏠리고 저리 쏠려 자유자재하다고 했습니다. 이 뜻을 바로 알면 송원선사의 뜻을 알 수 있는 동시에 구지화상이 손가락 하나 든 법문도 알 수 있습니다.

【 본칙 】

구지스님에게 시중드는 동자가 하나 있었는데 누가 물으면 자기도 손가락을 세우곤 했다. 구지스님이 하루는 몰래 칼을 소매 속에 숨기고 동자에게 물었다.

"어떤 것이 부처냐?"

동자가 손가락을 세우자, 구지스님은 칼로 그 손가락을 끊어 버렸다. 아파서 소리 지르며 달아나는 동자를 보고 구지스님이 불러 "어떤 것이 부처냐?"고 묻자 동자가 손을 들었지만 손가락이 없는 것을 보고 크게 깨쳤다.

俱胝有一童子하야 每見人問事하면 亦竪指라 胝一日에 潛袖刀하고 問童曰如何是佛고 童이 竪指어늘 胝以刀로 斷其指한대 童叫喚走出이라 胝召問曰如何是佛고 童이 擧手無指하니 忽然大悟하니라

◉

천룡스님께서 손가락 하나 든 법문에 크게 깨친 구지스님은 그 이후 누가 무엇을 묻든지 손가락 하나만 들어 보였습니다. 시중드는 어린아이가 가만히 보니 자기 큰스님이 누가 와서 무엇을 물을 것 같으면 손가락 하나만 늘 들어 보이는 것을 보고는, 어린아이 마음에도 '법문하기가 참 쉽구나' 하고 생각하게 되었습니다.

그래서 구지스님이 안 계실 때 누가 와서 "요사이 큰스님께서 법문을 어떻게 하시더냐?"고 물으면, 그 어린아이가 대신에 손가락 하나를 세워 보이곤 했습니다. 그 이야기를 전해들은 구지스님이 한번은 몰래 소매 속에 칼을 감추고서 어린아이가 오는 것을 보고 "어떤 것이 부처냐?"고 물었습니다. 그 어린아이는 늘 하던 대로 아무 생각 없이 손가락 하나를 세워 들었는데, 그만 구지화상이 그 손가락을 거머쥐고 칼로 싹 끊어 버리고 말았습니다. 그러니 이 어린아이가 얼마나 놀라고 아팠겠습니까?

"아이고야." 하고 울면서 달아나는데 구지스님이 달아나는 그 어린아이의 등 뒤를 보고 "동자야!" 하고 불러 세웠습니다. 그 어린아이가 뒤를 돌아보자 구지스님이 "어떤 것이 부처냐?"고 다시 물었습니다. 그 어린아이는 버릇대로 무심코 손가락 하나를 드는 시늉을 하는데 손은 들었지만 금방 끊겨 버린 손가락이 붙어 있을 리가 만무합니다. 그때 그 어린아이가 확철히 깨쳤다고 합니다.

손가락을 끊기고 나서 비로소 참으로 손가락 하나 드는 법문을 확실히 알아 깨쳤다는 것입니다. 결국 손가락 하나 드는 법문은 그 손가락을 끊어 없애 버려야만 알 수 있는 것이니, 손에 붙어 있는 손가락만 보면 손가락 드는 법문을 모르는 것입니다.

그렇다면 손가락 드는 법문을 제대로 알려면 누구나 손가락을 다 끊어야만 하는가? 그건 아닙니다. 누구든지 손가락을 보지 말고, 이 손가락 드는 뜻을 바로 알아야 한다는 것입니다. 그럴 것 같으면 손가락이야 있든 없든 상관없이 실지로 손가락 든 법문의 뜻을 알 수 있다는 것입니다. 이 공안에 대해 내 한마디 하겠습니다.

【 착어 】

서로 만나 서로 보고 허허 웃으니
다시 봄바람 불어 봄에 또 봄이로다.
相逢相見笑呵呵하니 更有春風春又春이로다

◉

서로 만나 서로 본다고 한 것을 동자와 구지화상을 두고 하는 말로 알면 안 됩니다. 이 말을 알아야 앞의 손가락 든 법문을 알 수 있습니다.

【송】

산당 순선사[5]가 송하였다.

구지의 한 손가락 끝이여

한 털로 아홉 마리 소를 끄는지라

화악산華岳山은 하늘에 닿아 푸르고

황하黃河는 밑바닥에 사무쳐 흐르네.

손가락을 끊고

급히 눈을 돌리니

푸른 대껍질 삿갓 앞의 한없는 일을

푸른 풀 도롱이 밑에서 일시에 쉬었다.

山堂淳이 頌曰

俱胝一指頭여 一毛拔九牛라

華岳은 連天碧이요 黃河는 徹底流로다

截却指 急回眸하니

靑篛笠前無限事를 綠簑衣底一時休라 하니

【착어】

겁화劫火가 크게 일어나 털끝까지 다 타도

청산은 옛과 같이 흰 구름 속에 솟았네.

劫火洞然毫末盡하나 靑山은 依舊白雲中이로다

◉

삼천대천세계에 크고 큰 불이 일어나 털끝까지 다 타면 거기에는 부

---

5 산당승순(山堂僧洵). 남송(南宋)대 임제종 황룡파 스님으로 불심본재(佛心本才)의 법제자. 남악(南岳)스님의 15세손.

처도 조사도 다 타고 없어 천지가 텅텅 비었을 텐데, 청산은 옛날과 같이 흰 구름 속에 솟아 있다고 했습니다. 이 뜻을 알면 산당선사의 뜻도 알고 손가락 드는 법문도 안다고 하겠습니다. 또 경산스님, 즉 임제정맥의 대혜 종고선사께서 이 공안에 대해 하신 법문이 있습니다.

【 염 】

경산 고선사가 말하였다.
"구지의 얻은 곳은 손가락 끝에 있지 않고, 향엄의 깨친 곳은 대 치는 데 있지 않느니라."
徑山杲曰 俱胝得處는 不在指頭上이요 香嚴悟處는 不在擊竹邊이라 하니

◉

구지화상이 천룡스님의 손가락 하나 드는 것을 보고 확철히 깨쳤는데, 그것은 손가락 끝을 보고 깨친 것이 아닙니다. 또 향엄스님은 아침에 청소를 하다가 대밭으로 던진 기와조각이 대에 부딪치는 소리를 듣고 깨쳤지만 깨친 것은 그 소리에 있는 것이 아니라는 말씀입니다.

예전 조사스님들이 깨쳤다고 하는 것은 그 물질과 경계에 있는 것이 아니고, 그 깨친 곳은 실지에 있어서 그 손가락 밖에 있고 대 부딪치는 소리 밖에 있다는 것입니다. 그 뜻이 손가락 밖에 있고 또 대 치는 소리 밖에 있다면 그럼 도대체 어느 곳에 있는가? 내 거기에 대해 한마디 하겠습니다.

【 착어 】

만상 가운데 길이 홀로 드러나고
천 봉우리 위에 온몸을 나타낸다.
萬像之中에 長獨露하고 千峰頂上에 現全身이로다

◉

그 뜻은 천지의 삼라만상 가운데 항상 드러나 있고, 천봉만봉千峰萬峰 멧부리 위에 항상 나타나 있습니다. 손가락 드는 법문을 알려면 손가락 밖을 봐야지 손가락만 보아서는 억천만겁을 지난다 해도 모르는 것입니다. 오직 자성을 깨쳐야만 이 뜻을 분명히 알 수 있는 것입니다. 또 이 공안에 대해 대혜스님의 스승이신 원오 극근선사께서 하신 법문이 있습니다.

【염】

원오 근선사가 말하였다.

"임제의 금강검金剛劒, 덕산의 말후구末後句, 비마[6]의 나무집게와 구지의 손가락, 설봉의 곤구輥毬[7]와 조주의 차 마심, 양기의 율극봉栗棘蓬과 금강권金剛圈[8]이 모두 다 같은 이치로다."

　　圜悟勤이 云 臨濟金剛劒과 德山末後句와 秘魔杈俱胝指와 雪峰輥毬趙州喫茶와 楊岐의 栗棘蓬金剛圈이 皆一致爾라 하니

【착어】

애달프다.

이 눈먼 고불古佛이 검은 닭을 금빛 봉황으로 삼는구나.

　　咄 這拍盲古佛이 將烏鷄作金鳳이로다

6　비마상우(秘魔常遇, 817~888). 형주(荊州, 湖北省) 영태사(永泰寺) 영단(靈湍)의 법제자. 남악(南岳)스님의 9세손. 항상 나무집게[木杈]를 하나 들고 있다가 스님들이 찾아와 예배하면 목덜미를 잡고 "어느 놈의 마군이가 너를 중으로 만들었느냐? 어떤 놈의 마군이가 너를 행각하게 했느냐? 말해도 집어서 죽이고, 말하지 못해도 집어 죽이리라. 빨리 말하라."고 하였다 함.
7　설봉스님은 세 개의 나무 공을 갖고 있다가 때때로 스님들이 오는 것을 보면 하나를 차내기도 하고 두 개를 차내기도 하고 세 개를 차내기도 하여 납승을 시험했다고 함.
8　양기(陽岐)스님이 묻기를, "밤송이[栗棘蓬]를 어떻게 삼키며 금강덩어리[金剛圈]를 어떻게 뛰어넘겠는가?"라고 하였음.

【 결어 】

대중들이여, 금강검金剛劍, 말후구末後句가 어찌 구지의 손가락 끝만 하리오. 말해 보라, 구지의 한 손가락 끝에 무슨 기특함이 있는가?
(한참 묵묵한 후에 말씀하셨다.)
일 이 삼 사 오 육 칠이여
눈동자 속 사람이 무쇠를 먹는다.
(주장자 한 번 치고 내려오시다.)

大衆아 金剛劍末後句가 爭似俱胝一指頭리오 且道하라 俱胝의 一指頭가 有甚奇特고 (良久云)
一二三四五六七이니 眼裏瞳人이 喫生鐵이로다
(卓拄杖一下하고 下座하시다)

●

대중 여러분, 임제스님의 금강검, 덕산스님의 말후구가 어찌 구지스님의 손가락 끝만 하겠습니까?
자, 그럼 말씀해 보십시오. 구지스님의 한 손가락 끝에 무슨 기특함이 있습니까?
일 이 삼 사 오 육 칠이여
눈동자 속 사람이 무쇠를 먹는다.
서로 상대방의 눈을 쳐다보면 그 눈동자 속에 모습이 비치지 않습니까? 그 눈동자 속에 비친 사람이 무쇠덩어리를 먹고 있다는 것입니다. 보통 사람도 무쇠는 먹지 못하는데, 왜 눈동자 속에 들어 있는 사람이 무쇠를 먹는다고 할까요? 이 소식을 바로 알면 구지화상의 손가락 든 법문을 알 수 있습니다.

己酉(1969)년 12월 보름 해인사 해인총림 궁현당

41. 단하소불 丹霞燒佛
나무 부처를 태우니

【 수시 】

(주장자 한 번 치고 말씀하시되)

섣달에 산이 불타니 불꽃이 하늘에 치솟는다.

(또 주장자 한 번 치고 말씀하시되)

설날에 복문을 여니 상서로운 구름이 땅을 덮는다.

(다시 주장자 한 번 치고 말씀하셨다.)

건괘乾卦는 세 번 이어 있고 곤괘坤卦는 여섯 동강났으니, 조화가 변태 가운데 무궁하다.

알겠는가?

나는 거친 풀밭 속으로 가고

너는 깊은 마을로 들어간다.

(卓拄杖一下云) 臘月에 燒山하니 火焰이 冲天이로다

(又一下云) 元正에 啓祚하니 瑞雲이 覆地로다

(又一下云) 乾三連坤六段이니 造化無窮變態中이로다

會麼아

我向荒草裏하니 汝又入深村이로다

●

이것을 알면 오늘 법문은 다 끝났습니다. 참고로 몇 말씀 더 드리겠습니다.

【 본칙 】

단하스님이 혜림사慧林寺를 지나갈 때 매우 심한 추위를 만났다. 마침 법당 안의 목불木佛을 보고 가져다 불 때니, 원주가 우연히 이를 보고 꾸짖어 말하였다.

"어째서 목불로 불을 때는가?"

단하스님이 주장자로 재를 헤치며 말하였다.

"불에 태워 사리舍利를 얻으려고 한다."

"목불에 어찌 사리가 있겠는가?"

"사리가 없다면 좌우의 부처님도 가져다 불 때리라."

원주가 이로부터 눈썹과 수염이 떨어져 버렸다.[1]

丹霞가 過慧林寺할새 值凝寒이라 遂於殿中에 見木佛하고 乃取燒火하니 院主偶見呵責曰 何得燒我木佛고 霞以拄杖으로 撥灰云 吾燒取舍利로라 主曰 木佛에 豈有舍利리오 霞云 旣無舍利이면 更請兩尊하야 再取燒之호리라 主自後로 眉鬚墮落하니

◉

마조스님의 제자이자 석두 희천선사의 법을 이은 단하 천연선사께서 낙양 인근의 혜림사를 지날 때 일입니다. 그때도 아마 지금처럼 아주 추운 때였나 봅니다. 그래 방은 춥고 나무는 없고 어떻게 해볼 재주가 없어서 이리저리 다니다 법당에 보니 목불이 있는 겁니다. 그래서 목불을 가져다 도끼로 쪼개 화로에 불을 피웠습니다. 원주가 보니, 아 웬 중이 하나 와서 부처님을 쪼개 불을 피우고 있는 것 아닙니까? 노발대발해서는

---

1 『선문염송』 제321칙(한국불교전서5, 276쪽).

"부처님을 쪼개 불 때는 사람이 세상에 어디 있느냐?"고 크게 책망했습니다. 그런데 단하스님은 천연덕스럽게 작대기로 재를 뒤적거리는 것입니다. 원주가 지금 뭐하는 짓이냐고 다그치자 단하스님 하시는 말씀이 "부처님을 화장해서 사리를 얻으려 한다."고 했습니다. 지금 사리 찾고 있다는 것입니다. 원주가 하는 말이 "이 딱한 미친 중아, 목불에 무슨 사리가 있다고 사리를 찾느냐?"고 했습니다. 그러자 단하스님은 "어 그래, 사리도 없는 부처가 무슨 가치가 있어. 사리가 없다면 법당에 있는 부처를 몽땅 다 가져다 불 때야겠네."라고 하였습니다. 부처님이라면 당연히 사리가 나와야지 네 말대로 목불엔 사리가 없다면 어떻게 그걸 부처라고 하겠냐는 말입니다. 이것이 법문입니다.

그래서 결국 어떻게 되었는가? 원주가 이때부터 눈썹과 수염이 빠져 버리기 시작했다고 합니다. 눈썹과 수염이 빠졌다는 건 문둥이가 되어 버렸다는 것입니다. 이것은 피상적으로 봐서는 참으로 알기 어려운 법문입니다. 여기에 아주 깊은 뜻이 있습니다. 내 한마디 하겠습니다.

【 착어 】

세 살 노인은 얼굴이 옥 같고
만년 동자는 귀밑이 서리 같다.
三歲老人은 顔如玉이요 萬年童子는 鬢似霜이로다

◉

세 살이면 어린아이인데 왜 노인이라고 했을까요? 또 만년이나 살았으면 노인 중에도 상노인인데 왜 동자라 했을까요? 말이 모순된 것 같지만 모순이 아닙니다.

세 살 노인이 얼굴빛이 옥같이 곱고 만년 동자가 머리가 허연 소식을 알면 단하가 부처님을 가져다 불 땐 것도 알 수 있고, 원주가 문둥이가 된 도리도 분명히 알 수 있습니다. 임제정맥의 응암 화선사가 이 법문에 대해 비평한 것이 있습니다.

【 염 】

응암 화선사가 염하였다.

"제방에서 논의하여 '원주가 홀연히 의심을 일으켜 이 재앙을 만났다' 하고, 또 말하되, '원주는 날씨가 추워도 단하와 함께 불을 쬐지 아니하여 목불을 불 때게 하여 눈썹과 수염이 떨어졌다'고 한다. 그러나 원주는 무쇠를 팔아 금을 얻어 크게 부富하고 귀貴하여졌음을 알지 못한다."

應庵華拈云 諸方어 商量道호대 院主忽起疑心而致斯禍로다 又云 院主天寒에 不與丹霞火向하고 致令燒却木佛하야 遂乃眉鬚墮落이라 하나니 殊不知院主는 賣鐵得金하야 一場富貴로다 하니

●

원주가 문둥이가 된 것을 두고 지금도 말들이 많습니다. 혹자는 "단하가 목불을 가져다 불을 피울 때 그 뜻을 바로 알았으면 되는데 왜 목불을 때느냐 하는 그런 의심을 가졌기 때문에 문둥이가 되었다."고 이렇게 평합니다. 또, 단하스님 같은 큰스님이 왔음에도 불구하고 날은 추운데 불을 피우지 않았으니 단하스님이 할 수 없어 목불을 쪼개 불을 놓았단 말입니다. 그래 "단하스님 대접을 잘못한 관계로 원주가 눈썹과 수염이 몽땅 빠진 문둥이가 되었다."고 이렇게 다들 평하더라는 것입니다. 하지만 응암스님이 보기엔 전부 잘못된 평이고 단하스님의 뜻도 원주의 뜻도 모르고 하는 말들이란 것입니다.

그럼 무슨 뜻을 모른다는 말인가? 원주는 싸고 흔한 무쇠를 팔아 금을 얻은 것이라 했습니다. 문둥이가 되었는데 왜 응암스님은 "쇠를 팔아 금을 얻었다."고 했을까요? 아주 잘못된 표현 같지만 여기에 깊은 뜻이

있습니다. 무쇠를 금하고 바꾸었으니 큰 횡재가 아닙니까? 그래서 아주 천하 갑부가 되었다고 응암스님은 말씀하셨습니다.

응암 화선사의 "무쇠를 팔아 금으로 바꿔 천하갑부가 되었다."는 이 소식을 알아야만 단하가 목불을 태운 것도 알 수 있고, 원주가 문둥이 된 소식도 알 수 있는 것입니다. 겉만 봐서는 천년만년 가도 깊은 본 소식은 모른다 이것입니다. 이는 오직 공부를 부지런히 해서 확철히 깨치기 전에는 절대 바로 알 수 없는 그런 아주 깊은 법문입니다. 그 깊은 뜻을 거두어 내 한마디 하겠습니다.

【 착어 】

유리잔 속의 포도주요
금화 종이 위의 청평사淸平詞로다.

瑠璃盃中葡萄酒요 金華紙上淸平詞로다

◉

요즘이야 유리잔이 흔하지만 예전엔 유리잔이 천하의 보배였습니다. 그런 맑고 투명한 귀한 유리잔 속에 술 중에서도 귀한 술인 포도주가 담겨 있고, 종이 중에서도 천하제일 좋은 종이인 금화지 위에 이백이 당 현종을 위해 지었다는 만고제일의 문장 청평사淸平詞[2]를 써놓았더라고

---

2 청평사는 이태백이 지은 총 3수의 노래이다. 당나라 현종이 침향정(沈香亭) 앞에 모란을 심고 그 꽃이 만개했을 때, 양귀비와 함께 노닐며 잔치를 베풀었는데, 그 정경을 당시의 궁중시인이었던 이태백에게 노래하도록 하였다.

雲想衣裳花想容	구름은 옷인 듯 꽃은 얼굴인 듯한데
春風拂檻露華濃	봄바람 난간에 나부끼고 이슬은 무성하네
若非群玉山頭見	군옥산 꼭대기에서 보는 것이 아니라면
會向瑤臺月下逢	반드시 요대의 달 아래서나 만나리라.
一枝紅艶露凝香	가지 하나가 붉고 고우니 이슬에도 향기 어린 듯
雲雨巫山枉斷腸	운우의 즐거움은 부질없이 애간장을 녹이네

했습니다. 이것은 무슨 말입니까? 원주는 문둥이가 되어 눈썹이 다 빠진 병신이 되어버렸는데, 응화스님은 천하제일 부자가 되었다 하고, 나는 또 한 술 더해 "유리잔 속에 포도주요, 금화지 위에 청평사"라고 칭찬을 아끼지 않았습니다. 헛된 이론으로 이런 말을 하는 것이 아닙니다. 깊은 뜻이 있으니 공부를 부지런히 해서 이 뜻을 바로 알아야 합니다.

【염】

백운 병선사가 염하였다.

"생각하기도 어렵고 말하기도 어려움이여, 단하는 선 곳이 외롭고 위태로우며, 믿을 수 있고 의지할 만함이여, 원주는 도리어 이류異類를 행한다. 어떤 사람이 견해見解는 그림자와 메아리를 뛰어나지 못하며 안목眼目은 동서를 분별하지 못하고, 문득 말하되, '원주가 목불에 어찌 사리가 있으리오 하여, 도리어 부처를 비방함이 되었으므로 눈썹과 수염이 떨어졌다' 하니, 참으로 자기의 성명性命이 이미 딴 사람의 손안에 있음을 알지 못한다. 알겠는가?

손님노릇 할 줄 몰라서 주인을 번거롭게 한다."

白雲昺이 拈호대 難思難議여 丹霞는 立處孤危하고 可信可憑이여 院主는 却行異類로다 有般漢이 見解未超影響하며 眼目이 不辨東西하고 便道호대 院主云木佛에 豈有舍利리오 하야 却成謗佛일새 所以로 眉鬚墮落이라 하나니 殊不知自己性命이 已在別人手裏了也로다 還委悉麼아 不會作客하야 勞煩主人이라 하니

| 借問漢宮誰得似 | 묻노니 한궁(漢宮)에선 누가 이와 비슷할까. |
| 可憐飛燕倚新粧 | 사랑스런 비연이 새로 단장한 모습 같네. |

名花傾國兩相歡	고운 꽃과 절세미인 둘 다 즐거워하노니
常得君王帶笑看	언제나 웃음 띤 임금의 사랑을 받는구나.
解釋春風無限恨	봄바람의 무한한 한을 풀어 버리고서는
沈香亭北倚欄干	침향정 북쪽에서 난간에 기대어 섰구나.

●

　우리 종문 중에서는 완전히 깨쳐 공부를 마친 후의 참으로 자유자재한 생활을 일러 이류행異類行, 또는 이류중행異類中行이라 합니다. 그러니 단하는 참으로 높은 곳에 서 있고 원주는 자유자재한 법을 쓰더라고 했습니다. 단하는 목불을 태웠는데 왜 아주 높은 법을 쓴다고 했으며, 원주는 문둥이가 되었는데 왜 자유자재한 법을 쓴다고 했을까요? 이것 역시 실지로 법을 바로 보고 하는 소리입니다.

　아무 것도 모르는 멍텅구리들은 그 견해가 안이비설신의로 분별하는 색성향미촉법의 그림자와 메아리를 벗어나지 못합니다. 그런 사량복탁으로 어떻게 이 도리를 알 수 있겠습니까? 번뇌망상을 벗어나지 못한 식견으로 이리저리 점치고 궁리해서야 이 소식을 어떻게 알 수 있겠냐 말입니다. 사량복탁으로 헤아리는 그런 안목은 동서남북을 분간치 못하는 봉사와 다름없다는 말입니다.

　"손님노릇 할 줄 몰라서 주인을 번거롭게 한다."고 한 이 뜻을 알면 단하가 목불을 태운 소식, 원주가 문둥이가 된 소식을 알 수 있습니다. 여기에 대해 내 한마디 붙이겠습니다.

【 착어 】

밝은 달 허공에 가득하여 은하수가 맑은데
아우와 형이 함께 한 배를 탔구나.
明月이 滿空天水淨하니 弟兄이 俱在合同船이로다

●

　형과 아우가 한 배를 탄 소식을 알면 백운스님의 법문뿐 아니라 앞의 법문 내용 전체를 알 수 있습니다. 모르는 사람이 보면 단하는 목불도 마음대로 가져다 쪼개서 불을 피우고 하는 자유자재한 도인이고, 원주는 문둥이가 되었으니 그는 아무 것도 아니지 않느냐고 할 것입니다. 그렇게 알면 정말 아무 것도 모르는 사람입니다. 그러니 형과 아우가 반야선에 함께 타고 있는 이 소식을 알아야 합니다. 앞에 소개했던 응암 화선사가 이 공안에 또 게송을 지은 것이 있습니다. 그것을 소개하겠습니다.

【 송 】

응암 화선사가 송하였다.
단하는 추워서 목불을 불 때고
원주는 화로 말미암아 복을 얻는다.
가련하다, 엉터리 순라군이
다만 이리저리 점치는구나.
應庵華 頌曰
丹霞는 寒燒木佛하고 院主는 因禍得福이로다
可憐杜撰巡官이 祗管胡卜亂卜이라 하니

◉

봉사가 침을 놓듯이 여기저기 함부로 찔러 사람만 죽인다는 말입니다. 결국 단하가 목불을 태운 소식이나 원주가 문둥이가 된 소식은 끝내 깨쳐야 알 수 있지 그렇지 않고는 절대로 모른다는 말입니다. 보지도 못하고 혈도 잡을 줄 모르는 봉사가 아무 곳이나 침을 놓아서야 되겠습니까? 그럼 이 게송의 뜻이 어느 곳에 있는가? 거기에 대해 내 한마디 하겠습니다.

【 착어 】

원숭이가 고목에서 우니 소리 급하고

학이 푸른 소나무에 자니 꿈이 길도다.
猿啼古木에 音聲急이요 鶴宿蒼松에 夢寐長이로다

◉

이 뜻을 알면 앞의 소식을 분명히 알 수 있습니다.

【송】

초안 방선사³가 송하였다.
얼굴을 마주 보니 향상의 기틀을 감추기 어려울새
가풍을 천고의 사람을 위하여 베푼다.
은산과 철벽을 거듭거듭 뚫으니
다행히 단하와 원주가 아는구나.
楚安方이 頌曰
覿面難藏向上機일새 家風을 千古에 爲人施로다
銀山鐵壁을 重重透하니 賴有丹霞院主知라 하니

◉

얼굴을 마주해 서로가 서로를 보니 분명히 본다는 말입니다. 그럴 땐 우리 선문의 가장 높은 법문인 향상向上의 기틀을 감출 수 없습니다. 향상의 기틀이란 깨치지 않고는 절대로 모르는 그런 아주 깊은 소식입니다. 그 소식을 깨친 사람끼리는 얼굴을 마주 보듯 서로 감출 수도 없고 속일 수도 없이 환히 본다는 것입니다. 그렇게 단하스님도 법문을 하고 원주스님도 좋은 법문을 하며 그 가풍을 널리 베푼다고 했습니다.

---

3 초안혜방(楚安慧方). 송(宋)대 임제종 양기파 스님으로 문수심도(文殊心道)의 법제자. 남악(南岳)스님의 16세손.

이 소식을 깨치지 못하면 은산과 철벽이 첩첩이 사방을 에워싸 컴컴해 암흑천지겠지만, 확철히 깨치면 은산철벽을 뚫고 나가 천개의 해가 동시에 비추는 듯 청천백일 하에 분명히 볼 수 있습니다.

초안스님 역시 "다행히 단하와 원주가 깊은 소식을 아는구나."라고 해 원주스님을 단하스님 못지않게 높이 평하였습니다. 분명 원주는 눈썹이 몽땅 빠진 불쌍한 문둥이가 되었는데 옛 스님들이 천추만고에 제일가는 도인이라고 하고, 천하제일 부자라 하고, 단하스님 못지않게 이 도리를 분명히 아는 분이라고 자꾸 추겨 올리기만 하니 사실과 모순되는 이야기 같지 않습니까? 하지만 여기에 아주 깊은 뜻이 있습니다. 이 소식을 바로 알아야 합니다. 그럼 이 소식이 어디에 있는가? 내 한마디 붙이겠습니다.

【 착어 】

원만하고 영리한 시자가 서로 맡기니
소반은 밝은 구슬을 굴리고 구슬은 소반에서 구른다.

玲瓏侍者能相委하니 盤走明珠珠走盤이로다

●

유리알처럼 훤히 비추고 사방팔면이 영롱하다는 것은 자성을 확실히 바로 깨쳐 조금의 거리낌도 없이 이치를 분명히 아는 것을 말합니다. 그런 사람이라야 비로소 이 소식을 바로 알 수 있습니다. 그런 사람은 소반에 구슬 구르듯 합니다. 소반을 움직이면 구슬이 따라 구르고 구슬이 구를라치면 소반이 따라 움직인다는 말입니다. 그러니 단하스님이 아니면 이 원주를 모르고 원주가 아니면 단하스님을 모른다는 말입니다.

이는 누구든 공부를 부지런히 해서 오직 자성을 확철히 깨쳐 영롱한 시자가 되어야만 알 수 있습니다. 그렇지 않고 겉으로 단하스님이 목불을 태우고 원주가 문둥이가 된 것만 봐서는 절대 이 소식을 모릅니다. 그 뒤 이 공안에 대해 여러 스님들이 하신 법문이 있습니다. 그것을 몇 가지 더 소개하겠습니다.

【염】

어떤 중이 물었다.
"단하가 목불을 불 땠는데 어째서 원주의 눈썹과 수염이 떨어졌습니까?"
조주스님이 대답하였다.
"집에서 누가 날것을 요리하여 익은 것으로 만드는가?"
"음식 만드는 사람입니다."
"참으로 그 사람이 알았다."
장영 탁선사[4]가 말하였다.
"고양이가 나무에 오를 줄 아는구나."
상전 경선사[5]가 말하였다.
"장張가가 술을 마시니 이李가가 취하네."
有問호대 丹霞燒木佛이어늘 院主爲甚하야 眉鬚墮落고 趙州云 宅中에 甚人이 變生造熟고 云所使니라 州云 是他却會로다 長靈卓이 云 猫兒會上樹로다 象田卿이 云 張公이 喫酒에 李公醉로다 하니

◉

어떤 스님이 조주스님에게 "단하스님이 부처님을 태웠으니, 문둥이가 되어도 단하스님이 문둥이가 되고 상을 받아도 단하스님이 받아야 하

---

4 장영수탁(長靈守卓, 1065~1123). 임제종 황룡파 스님으로 영원유청(靈源惟淸)의 법제자. 남악(南岳)스님의 14세손.
5 상전범경(象田梵卿). 송(宋)대 임제종 황룡파 스님으로 동림상총(東林常總)의 법제자. 남악(南岳)스님의 13세손.

는데 왜 원주가 문둥이가 되었습니까?" 하고 물었습니다. 그러자 조주스님은 "날 것을 익히는 요리사가 그것을 분명히 안다."고 말씀하셨습니다. 날 것을 익은 것으로 만드는 그것을 알면 단하와 원주의 근본 뜻을 알 수 있다 이것입니다.

그 뒤 장영 탁선사라고 유명한 스님이 계셨는데 그 스님 역시 이 질문에 답한 것이 있습니다. 장영스님은 "고양이가 나무에 오를 줄 안다." 즉, 고양이는 나무를 잘 탄다고 대답했습니다. 단하스님이 목불을 태우고 원주가 문둥이 된 것과 무슨 관계가 있기에 고양이는 나무를 잘 탄다는 말을 했을까요? 고양이가 나무를 잘 탄다는 이 소식을 알면 날 것이 변해 익힌 것이 된다고 한 것을 아는 동시에 단하와 원주 두 분의 뜻도 분명히 알 수 있습니다.

또, 그 뒤 상전 경선사라고 유명한 스님이 계셨는데, 그 스님에게도 누군가 "목불은 단하스님이 태웠는데 왜 원주가 문둥이가 되었습니까?" 하고 물었습니다. 상전스님은 "장가가 술을 마시니 이가가 취한다."고 대답했습니다. 어떻게 그럴 수 있습니까? 어떻게 장가가 술을 먹었는데 이가가 취할 수 있냐 말입니다. 장가가 술을 먹었는데 이가가 취하는 이 소식을 알아야만 단하스님이 목불을 태웠는데 원주가 문둥이가 된 소식을 알 수 있습니다. 더불어 옛 스님들이 문둥이가 된 원주를 두고 화를 입은 것이 아니라 복을 받아 천하 제일가는 갑부가 된 것이라 한 말씀도 알 수 있습니다. 여기에 대해 내 또 한마디 붙이겠습니다.

【 착어 】

한 무리 늙은이가 어지럽게 점쳐서
부질없는 말을 잘못하여 갈수록 고인을 파묻는다.
一隊老漢이 胡卜亂卜하야 錯下名言하야 轉轉埋沒古人이로다

◉

　조주스님을 비롯해 장경 탁선사, 상전 경선사, 또 앞에서 소개한 응암화선사 등 많은 스님들이 눈먼 봉사가 침을 놓듯 쓸데없이 여기도 찌르고 저기도 찔러 사람만 죽게 만들었습니다. 결국 그 누구도 올바른 혈을 정곡으로 찌르지 못했고, 단하와 원주의 뜻을 바로 안 사람은 한 사람도 없다는 말입니다.

　그럼 누군가는 "아이, 너는 뭐가 잘났다고 건방지게 대조사스님들의 법문을 그렇게 무참히 깎아내리고 부정하느냐?"고 하는 사람도 있을 것입니다. 허나 공연히 옛 조사들을 밟아 나를 높이려는 데 뜻이 있어 하는 소리가 아닙니다.

　옛 스님들의 말씀은 침놓을 자리인지 아닌지도 구분하지 못하고 함부로 여기저기 마구 찌른 격입니다. 말씀이 훌륭하고 좋긴 하지만 아무리 좋은 말이라도 사실에 부합되어야지 사실과 어긋나면 아무 가치가 없습니다. 여러 스님들 말씀이 다 좋은 말이긴 하지만 사실과 틀리다 이 말입니다. 그래서 단하와 원주스님의 본 뜻은 아무도 바로 밝히지 못하고 도리어 고인의 뜻을 끌어 묻어 버렸다고 하겠습니다.

【 결어 】

대중들이여, 어찌하여 원주가 눈썹과 수염이 떨어졌는가?
(한참 묵묵한 후에 말씀하셨다.)
높고 높아 당당함이여 빛나고 빛나 번쩍번쩍하고
삼천대천三千大千 세계여 두루 다녀 홀로 섰도다.
(주장자 한 번 치고 내려오시다.)

大衆아 畢竟에 院主가 因甚하야 眉鬚墮落고 (良久云)
巍巍堂堂兮여 輝輝煌煌이요 三千大千兮여 周行獨立이로다
(卓拄杖一下하고 下座하시다)

◉

　대중 여러분, 목불은 단하스님이 태웠는데 왜 원주가 눈썹과 수염이 떨어졌을까요?
　높고 높아 당당함이여 빛나고 빛나 번쩍번쩍하고
　삼천대천세계여 두루 다녀 홀로 섰도다.

己酉(1969)년 12월 말일 해인사 해인총림 궁현당

42. 북두장신 北斗藏身
북두에 몸을 감추다

【 수시 】

백 번 두르고 천 번 겹치며
일곱 번 통하고 여덟 번 열리니
높기는 험한 산 같고 평평하기는 거울면 같다.
병들어 좋은 의원 만나고 배고파 임금 수라상을 받으니
간장 속에서 소금을 얻고 눈 속에서 숯을 보낸다.
석가는 인색하고 가섭은 부富함이여
다함없는 창고를 활짝 열었네.
훔 훔 아로늑게 사바하.
좋은 사람 되어야 하고 가히 예禮를 알아야 하느니라.
百匝千重이요 七通八達이니 峻如嶮山하고 平似鏡面이로다
病遇良醫하고 飢逢王膳하니 醬裏得鹽하고 雪中送炭이라
釋迦慳迦葉富여 豁然打開無盡庫로다
吽吽阿嚕勒繼薩婆訶 佳作人可知禮也니라

◉

산도 첩첩이고 강도 겹겹으로 사방팔면이 빈틈없이 에워싸였는데 칠통팔달로 통하지 않는 곳이 없다고 했습니다. 겹겹이 둘러싸이면 꼼짝도 못해야 할텐데 왜 또 통하지 않는 곳이 없다고 할까요? 실지에 있어서 천겹만겹으로 빈틈없이 에워싸이면 통하지 않는 곳 없이 다 통하게 됩니다.

또, 높기는 험한 산 같고 평평하기는 거울 같다고 하니 이것도 모순된 말 아닙니까? 겹겹이 에워싸였는데 칠통팔달로 두루 통하는 소식을 알면 높기는 험한 산 같고 평평하기는 거울 같다고 한 소식도 알게 됩니다.

깊은 병이 들었는데 좋은 의원 만나고, 몇날 며칠을 굶었는데 임금님 수라상을 받았다 했으니, 병과 굶주림으로 죽을 지경에 이르렀다 살아나게 된 것입니다.

간장 속에서 소금덩어리를 얻고 눈 속에서 새카만 숯을 운반한다고 했으니, 이것은 보통의 경계를 두고 하는 말이 아니라 깊은 뜻이 있습니다.

"훔, 훔"은 어떻게 말로 표현할 수 없어 끙끙 앓는 소리입니다.

【 본칙 】

어떤 중이 운문스님에게 물었다.
"어떤 것이 법신法身을 뚫는 언구言句입니까?"
"북두北斗 속에 몸을 감추었느니라."[1]
僧問雲門호대 如何是透法身句오 門이 云 北斗裏에 藏身이라 하니

◉

우리 종문에 법신변사法身邊事가 있고 법신향상사法身向上事가 있습니다. 법신변사란 화엄교학에서 말하는 사법계관四法界觀 같은 것입니다. 이법계理法界니 사법계事法界니 이사무애법계理事無碍法界니 사사무애법계事事無碍法界니 하는 그런 것을 종문에서는 법신변사라 합니다. 만약 이 법신

---

[1] 『선문염송』 제1016칙(한국불교전서5, 717쪽).

변사에서 참 자성을 깨칠 수 있다고 누군가 말한다면 그것은 본분과 천리만리 떨어져 하는 소리입니다. 이 법신변사를 완전히 뛰어넘어 법신향상사를 알아야만 합니다. 그 너머의 것을 알아야 된다 이 말입니다. 설사 비로자나불과 같은 자리에 앉았다 해도 종문에선 올바른 것으로 인정하지 않습니다. 법신불인 비로자나불의 머리 꼭대기, 정수리를 밟고 올라서야만 합니다. 이것이 소위 법신향상사입니다.

그래서 어떤 스님이 운문스님에게 법신변사를 뛰어넘는 법신향상사를 물은 것입니다. 그러자 운문스님이 "북두 속에 몸을 감추었느니라."고 대답했습니다. 어떻게 북두칠성 속에 몸을 감춥니까? 북두 속에 몸을 감추는 이 도리를 알아야만 법신향상사를 안다 그 말입니다. 이것은 자성을 확철히 깨치기 전에는 절대로 모르는 것입니다. 이 공안에 대해 내 한마디 하겠습니다.

【 착어 】

돌 많은 나루터에 풍랑이 고요하니
삼삼三三 양양兩兩 고기 낚는 배로세.
揉石渡頭에 風浪靜하니 三三兩兩釣漁船이로다

●

법신향상사를 묻자 북두 속에 몸을 감춘다고 했는데, 왜 나는 이를 두고 잔잔한 물결 위에 고기배가 떠 있다고 할까요? 앞의 공안과 전혀 상관없는 소리 같지만 이것이 실지에 있어 앞 법문과 뜻이 완전히 통해 있는 말입니다.

【 송 】

분양 소선사가 송하였다.

북두에 몸을 감춘다 하니 가장 분명하구나.
다만 사람이 정밀하게 보지 못함이 많은지라
교묘하게 망령되이 마음과 뜻의 알음알이를 베푸니
도리어 평지에 깊은 구덩이를 파는 것과 같구나.
한낮에 어두운 등불 켜기가 어찌 쉬울까
푸른 대 누른 꽃이 땅에 가득 나는구나.

汾陽昭 頌호대
藏身北斗最分明호대 只爲人多見不精이라
巧妙妄陳心意解하니 却如平地에 作深坑이로다
昏燈日晝何曾易가 靑竹黃花滿地生이라 하니

◉

"북두에 몸을 감춘다." 했으니 아는 사람이 보면 눈 있는 사람이 촛불을 보듯, 대낮에 해를 보듯 청천백일처럼 분명한 것입니다. 그러나 눈뜬 봉사에겐 캄캄합니다. 아는 사람이 볼 때는 너무도 분명하지만 실지에 있어 자성을 바로 보지 못하는 사람은 봉사처럼 이 소식을 전혀 모릅니다. 그러니 어둠 속 길 더듬듯 망령된 알음알이로 이 북두장신北斗藏身의 뜻을 천착하려 듭니다. 허나 이것은 자성을 깨쳐야만 알 수 있는 것입니다. 자성을 깨친다는 것은 유심有心으로도 투부득透不得이요 무심無心으로도 투부득透不得이라, 보통 가지고 있는 망상으로도 이것을 알 수 없고 일체 망상이 다 떨어진 무심으로도 이 자성은 알 수 없다 이 말입니다. 자성을 깨치는 일에 있어서는 유심도 망妄이고 무심도 망입니다. 유심과 무심을 모두 벗어나야만 자성을 깨치고 이 '북두장신'을 알 수 있는 것입니다. 그러니 유심으로든 무심으로든 망상으로 이 '북두장신'을 천착하면 도리를 밝히기는커녕 평지에 깊은 구덩이를 파는 것과 같다는 것입니다. 심식의 망령된 계교로는 이 북두장신의 소식을 절대 모릅니다. 오직 깨쳐야만 이 소식을 알 수 있다 이 말입니다.

밤이 되면 등불을 켜고 낮이 되면 해가 중천에 떠 있습니다. 여기에 있어 한 번이라도 바꾼 일이 있습니까? 낮에 불 켜는 법도 없고 밤에 해 뜨는 일도 없다 그 말입니다. 그러니 푸른 대 누른 꽃이 땅에 가득 차게 피어 있더라고 했습니다.

이러면 북두 속에 몸을 감춘다는 소식을 조금은 전했다고 볼 수 있습니다. 이 게송이 무슨 풍월을 읊조린 것이 아닙니다. 이 게송의 뜻은 자성을 깨쳐야만 알 수 있습니다. 분양스님의 게송에 내 한마디 붙이겠습니다.

【 착어 】

백옥 뜰 앞에 황금 새가 춤추고
황금 집 위에 옥 닭이 우는구나.
白玉階前에 金雀舞하고 黃金殿上에 玉鷄鳴이로다

◉

백옥 뜰 앞에 황금 새가 춤추고 황금 집 위에 옥 닭이 우는 이 소식을 알면 분양스님 게송의 뜻도 알고, 북두 속에 몸을 감춘다고 한 운문스님의 뜻도 알 수 있습니다. 이 뜻을 밝힘에 있어 가장 큰 장애는 무엇인가? 심의식心意識, 바로 망정妄情입니다. 유심이든 무심이든 심의식을 가지고 이 뜻을 알려 하면 그것은 남쪽을 북쪽이라 하는 것과 마찬가지입니다. 절대 바로 알 수 없는 것입니다. 오직 자성을 깨쳐야만 합니다.

【 송 】

오조 연선사가 송하였다.
무슨 일로 문성文星과 주성酒星을

한꺼번에 선생에게 나누어 주었는가?
높게 시를 읊고 크게 취하여 시 삼천 수를 지으니
인간에 머물러 밝은 달과 짝이 되는구나.
五祖演이 頌호대
何事로 文星與酒星을 一時에 分付與先生고
高吟大醉三千首니 留與人間伴月明이라 하니

◉

　　문성文星의 기운을 타고 나면 천하제일 문장가가 나오고 주성酒星을 타고 나면 천하제일 풍류객이 나온다고 했습니다. 이는 이백李白을 두고 하는 말입니다. 이백은 문성과 주성의 기운을 함께 타고 나 문장도 제일이고 주량이 보통 사람을 넘는 풍류객이었다고 합니다. 그런 두 가지 재주를 하늘에서 타고 나 크게 취해 일필지하에 삼천 수의 시를 읊고 인간 세계에 머물며 밝은 달과 벗을 삼는다고 했습니다. 오조 법연선사가 술 타령 글 타령하는 것을 얘기한 것이 아닙니다. 실지에 있어서 이 게송의 뜻을 알면 북두 속에 몸을 감춘다는 소식을 알게 됩니다. 오조스님의 게송의 뜻에 대해 내 한마디 붙이겠습니다.

【 착어 】

일천 성인 가운데서 이 소식 얻어 볼 수 없고
위음왕불을 뚫고 나가 다시 저편에 뛰어나네.
不從千聖中傳得이요 透出威音更那邊이로다

◉

　　주성과 문성의 기운을 타고 나 문장도 잘 하고 술도 즐길 줄 아는 풍류남아가 된 이 소식은 천불 만 보살도 실지에 있어서 모릅니다. 이것은 부처님 중에서도 최초불인 위음왕불마저 뛰어넘은 저쪽의 소식입니다. 얼핏 보면 오조 법연선사의 게송이 마치 풍월을 읊은 것처럼 보이지만 그런 것이 아닙니다. 천성만성도 이 소식은 알 수 없는 동시에 위음왕불도 알 수 없고 위음왕불 이전에서도 이 소식은 알 수 없습니다. 이렇게 깊고 깊으며 오묘하고 오묘한 소식이란 말입니다. 또 오조 법연선사의 제자인 불감 혜근선사가 이 공안에 대해 지은 게송이 있습니다.

【송】

불감 근선사가 송하였다.
어찌 북두를 떠나서 근본생명이 있으랴.
몸 감춘 것을 알면 본래 몸을 보리라.
물밑의 은 두꺼비는 하늘 위의 달이요
눈 속의 동자는 얼굴 앞의 사람이로세.
佛鑑勤이 頌호대
豈離北斗有元辰가 會得藏身見本身이로다
水底銀蟾은 天上月이요 眼中瞳子面前人이라 하니

●

근본생명은 자성자리를 말합니다. 이 북두를 떠나서는 내 자성이 없다는 말입니다. 그러니 참으로 북두성 속에 몸을 감출 줄 알면 실지로 법신향상사를 안다고 했습니다. 법신변사를 안다는 것이 아니라 참으로 법신향상사를 안다는 말입니다.

흔히 달을 두꺼비라고 합니다. 그러니 은 두꺼비란 곧 달을 두고 하는 말입니다. 물속에 비친 달이 곧 하늘 위의 달이고, 눈동자 속에 비친 사람이 곧 얼굴 앞에 있는 사람이라고 했습니다.

물속에 비친 달이 곧 하늘의 달이고 눈동자 속에 비친 사람이 곧 앞에 있는 사람이란 것이 '북두장신'과 무슨 상관이 있을까요? 이것 역시 북두장신의 뜻을 바로 설한 말씀입니다. 그럼 불감스님의 게송에 내 또 한마디 붙이겠습니다.

【 착어 】

푸른 복숭아 가지는 늘어져 아침 이슬 맺히고
붉은 살구는 수북수북 쌓여 고운 안개에 비쳐 있네.
碧桃는 冉冉凝朝露요 紅杏은 蒙蒙映彩霞로다

◉

이 소식이 곧 불감스님 게송의 뜻이며 더불어 북두 속에 몸을 감춘다고 한 뜻을 그대로 드러낸 말입니다. '북두장신'에 대해 옛 스님들이 서로 문답한 것이 참 많습니다. 그것을 몇 가지 소개하겠습니다.

【 염 】

"북두 속에 몸 감춘 뜻이 어떠합니까?" 하는 물음에 향림 원선사[2]가 말하였다.

"달은 당긴 활 같은데 비는 적고 바람은 많다."

또 말하였다.

"삼 년마다 윤달이 한 번이니라."

명교선사가 말하였다.

"닭은 추우니 나무에 오르고 오리는 추우니 물로 내려간다."

혜일 경慧日瓊선사가 말하였다.

---

[2] 향림징원(香林澄遠, 908~987). 운문종 스님으로 운문문언(雲門文偃)의 법제자. 청원(靑原)스님의 7세손.

"황하黃河가 곤륜산 꼭대기를 거슬러 흐른다."
오봉선사[3]가 말하였다.
"수미산 꼭대기에서 물구나무를 서는구나."
파초 청선사[4]가 말하되, "구구는 팔십일이니라." 하니, 중이 말하였다.
"모르겠습니다."
청선사가 말하였다.
"일 이 삼 사 오니라."
問北斗裏藏身意旨如何오 香林遠 云 月似彎弓少雨多風이니라 又云 三年一閏이니라 明教云 鷄寒에 上樹하고 鴨寒에 下水니라 慧日瓊이 云 黃河側逆崑崙嵴니라 五峰이 云 須彌頂上에 倒飜身이니라 芭蕉清이 云 九九八十一이니라 曰 不會로다 清云 一二三四五니라 하니

◉

"활 모양의 초승달이 떴는데 비는 적고 바람은 많다."는 것과 "삼 년에 한 번 윤달이 돌아온다."는 것이 북두에 몸 감추는 것과 무슨 관계가 있을까요? 모르고 보면 순 엉터리 같은 거짓말투성이지만 알고 보면 칠통팔달로 전부 다 통해 있습니다.

운문스님의 제자인 명교선사는 "닭은 추우면 나무로 올라가고 오리는 추우면 물로 들어간다."고 했습니다. 추울 때 닭이 나무에 올라가고 오리가 물로 들어가는 것과 북두 속에 몸을 감추는 것과 무슨 관계가 있습니까? 왜 이런 말을 했을까요?

또 혜일 경선사는 "황하의 물이 거꾸로 흘러 곤륜산으로 거슬러 올라

---

3 오봉본(五峰本). 송(宋)대 임제종 황룡파 스님으로 진정극문(眞淨克文)의 법제자. 남악(南岳)스님의 13세손.
4 파초혜청(芭蕉慧清). 신라인이며 위앙종(潙仰宗) 스님으로 남탑광용(南塔光涌)의 법제자. 남악(南岳)스님의 6세손.

간다."고 했습니다. 황하는 언제든 동으로 흘러 황해 바다로 들어가는데 왜 서쪽에 있는 곤륜산으로 흐른다고 했을까요? 이것도 거짓말 같지 않습니까?

북두 속에 몸을 감춘다고 한 뜻을 물었는데 큰스님이란 분들의 말씀이 말짱 순 거짓말 같고, 게다가 서로의 말이 어긋나 전혀 맥락이 닿지 않는 소리처럼 보일 것입니다. 그러나 아는 사람은 바로 압니다. 모르는 사람은 아무리 말해줘도 끝내 모릅니다. 봉사가 단청의 빛깔을 알 수 있나요?

소개한 이 스님들의 말씀은 실지에 있어서 운문스님께서 "북두 속에 몸을 감춘다."고 한 뜻을 여지없이 명백하게 드러낸 것입니다. 허나 이것은 깨쳐야 알지 깨치기 전에는 절대로 모릅니다. 그럼, 여러 스님들의 말씀 전체를 거두어 한마디 하겠습니다.

【 착어 】

시방 찰해가 금강좌金剛座요
백 번 달군 화로 속의 쇠질려로다.
十方刹海金剛座요 百煉爐中鐵蒺藜로다

●

쇠질려란 옛날 전쟁할 때 사용했던 무기입니다. 가시처럼 돋아난 쇠방망이를 적군이 쳐들어오는 길목에 깔아 쉽게 접근하지 못하게 했던 무기입니다. 그 쇠질려는 누구도 쉽게 지나칠 수 없습니다. 그 앞에선 석가도 몸과 목숨을 잃고 달마도 몸과 목숨을 잃으며 천하 선지식 역시 몸과 목숨을 잃고 맙니다. 천불 만 조사가 어른거릴 수 없는 그런 무서운 소식을 우리 종문에선 비유로 쇠질려라 합니다. 앞에서 소개한 여러 스님들의 법문은 쇠로 만든 질려와 같아 부처님도 조사도 어른거릴 수 없는 동시에 시방법계에 꽉 찬 금강좌와 같은 소식이다 이것입니다.

【염】

운문 고선사가 상당하여 이 법문을 들어 말하였다.

"운문 노인의 이렇게 말함은 오직 법신구法身句만 말하였고 법신을 뚫는 언구는 대답하지 못하였다. 오늘 어떤 사람이 경산에게 묻되, '어떤 것이 법신을 뚫는 언구요' 하면, 곧 그에게 말하되, '초명벌레 눈 속에서 야시장이 열리고, 호랑이 혀 위에서 그네를 뛴다'고 하리라."

雲門杲 上堂에 擧此話云 雲門老人의 恁麽道는 只道得法身句요 未答得透法身句니 今日에 或有人이 問徑山호대 如何是透法身句오 하면 卽向他道호대 蟭螟眼中에 放夜市하고 大虫舌上에 打鞦韆이라 호리라 하니

◉

"법신을 뚫는 언구를 물었는데 운문스님은 법신변사만 말했을 뿐 법신향상사는 말하지 못했다."고 대혜 종고스님은 운문스님을 평했습니다. 운문스님이 어떤 스님이신데 대혜大慧 자기가 잘났으면 얼마나 잘났기에 이런 소리를 하는가? 아닙니다. 사실에 있어 운문스님은 법신구만 말했지 법신을 뚫는 언구는 말하지 못했습니다.

당신이 그렇게 운문스님을 폄하한다면 그럼 당신은 그 질문에 어떻게 대답하겠는가? 대혜스님은 "초명벌레 눈 속에서 야시장이 열리고 호랑이 혀 위에서 그네를 뛴다."고 말하겠다고 하였습니다. 초명이란 작은 날벌레입니다. 보통 사람 눈에는 잘 보이지도 않는 그런 조그마한 벌레의 눈 속에 어떻게 큰 야시장을 벌일 수 있습니까? 새빨간 거짓말 같지만 이게 거짓말이 아닙니다. 호랑이 근처만 가도 잡아먹힐 판인데 호랑이 혓바닥 위에서 어떻게 그네를 뛸 수 있습니까? 이것 역시 거짓말 같지요? 하지만 여기에 다른 깊은 뜻이 있습니다.

그러면 대혜스님은 법신향상사를 밝힌 것입니까? 여기에 대해 내 한 마디 하겠습니다.

【 착어 】

애달프고 애달프다. 고상좌는 낯짝이 두껍기 세 치나 되니, 평생의 재주를 다하여도 법신구만을 말하고 법신을 뚫는 언구는 답하지 못하였다.

咄咄 杲上座面皮厚三寸이라 盡平生伎俩호대 只道得法身句오 亦未答得透法身句로다

◉

고상좌는 대혜 종고선사를 두고 한 말입니다. "법신구만 겨우 말했을 뿐 법신향상사는 전혀 밝히지 못했다."고 그렇게 운문스님을 깔아뭉개더니 당신 역시 별 수 없으니 참으로 철면피라 하겠습니다. 그럼 이렇게 말하는 나를 두고 또 누군가는 그럴 것입니다.

"아이, 그럼 너는 뭐가 그리 잘났냐? 뭐 대단한 것이 있다고 운문스님과 대혜스님마저 그렇게 짓밟아버리는 것이냐? 그렇게 대단하면 네가 한 번 말해봐라."

【 결어 】

산승山僧은 그렇지 아니하니, 어떤 것이 법신法身을 뚫는 언구言句인가?
(한참 묵묵한 후에 말씀하셨다.)
강强함을 만나면 곧 약弱하고
천賤함을 만나면 곧 귀貴하다.
(주장자 한 번 치고 내려오시다.)

大衆아 山僧卽不然하니 如何是透法身句오 (良久云)

逢强卽弱하고 遇賤卽貴로다 (卓拄杖一下하다)

◉

대중 여러분, 누군가 묻는다면 나는 운문스님이나 대혜스님처럼 그렇게 말하지 않겠습니다. 그럼, 어떤 것이 법신을 뚫는 언구인가?

강함을 만나면 곧 약하고 천함을 만나면 곧 귀하다.

그렇게 호언장담하며 운문도 치고 대혜도 짓밟더니 겨우 한다는 소리가 그런 엉뚱한 소리냐고 혹 생각할지도 모르겠습니다. 하지만 "강한 것을 만나면 약해지고 천한 걸 만나면 귀해진다."는 이 소식을 바로 알면 법신향상사를 분명히 알 수 있는 동시에 앞의 법문 전체를 다 알 수 있습니다.

己酉(1969)년 동안거 해제일 해인사 해인총림 궁현당

43. 선사기제先師忌祭
스님의 제사에

① 원오천화圓悟遷化
원오스님이 가신 곳

【 본칙 】

(법상에 올라 한참 묵묵하신 후에 말씀하셨다.)

임제스님의 정전正傳인 대혜조사가 그의 스님 원오고불圓悟古佛을 제사 지내며 말씀하셨다.

"문득 어떤 사람이 묻기를, '원오 노사가 입적하여 어느 곳으로 가셨습니까?' 하면 '아비대지옥에 들어갔느니라'고 하리라. '무슨 뜻인지 알 수 없습니다' 하면 '끓는 구리물을 마시고 뜨거운 쇠뭉치를 삼킨다'고 하리라."

(上堂 良久云)
臨濟正傳인 大慧祖師가 祭其師圓悟古佛云 忽有人이 問호대 圓悟老師가 遷化하야 向什麼處去오 하면 只向他道호대 入阿鼻大地獄去니라 未審케라 意旨如何오 하면 飮烊銅汁하고 呑熱鐵丸이라 호리라 하니라

【 결어 】

산승山僧은 그렇지 아니하니, 오늘 어떤 사람이 묻되, "동산대종사가 지금 어느 곳에 있습니까?" 하면, "천당 아니면 극락에 계신다."고 하리라. "무슨 뜻인지 알 수 없습니다." 하면, "자성自性에 맡겨 소요하며 뜻을 따라 자재自在하다."고 하겠다.

대중들이여, 원오스님은 세상에 뛰어난 종사宗師인데 무슨 죄와 허물

이 있어서 아비대지옥에 떨어졌으며, 대혜스님은 뭇 사람에서 뛰어난 정안正眼인데 무슨 원한으로 도리어 그 스승을 비방했는가? 대혜스님은 실로 은혜를 알고 은혜를 갚음이니 원오스님의 진정한 큰 제자이다. 천고千古 후에 칭찬하고 우러러보아도 미치지 못함을 참으로 알지 못한다.

산승山僧이 이렇게 동산 선사先師를 찬미함은 도리어 은혜를 배반하고 덕을 잊음이니, 실로 동산의 패역인지라, 백세百世 뒤에 꾸짖고 욕함을 면치 못할 것이다. 모름지기 이 도리道理를 알아야 능히 그 스승을 제사 지낼 것이요, 혹 그렇지 못하면 비록 대천세계大千世界에 가득 찬 진수와 향화로써 그 스승을 제사 지낼지라도, 도리어 헛된 베풂이 되니 필경의 일이 어떠한가?

시리 소로 사바하로다.

이 소식을 알면 문득 원오스님의 가신 곳과 동산스님의 계신 곳과 대혜스님의 떨어지신 곳과 산승山僧의 선 곳을 알리라.

억!

(크게 할을 하고 내려오시다.)

山僧卽不然하니 今日에 有人이 問호대 東山大宗師가 而今에 在什麽處오 하면 向他道호대 不是天堂이면 便是極樂이니라 未審케라 意旨如何오 하면 任性逍遙하야 隨意自在라 호리라

大衆아 圜悟는 是絶世宗師라 有甚罪過하야 却入阿鼻며 大慧는 是超群正眼이라 有甚怨恨하야 却謗其師오 殊不知大慧는 實是知恩報恩이니 眞圜悟的嗣라 千古之下에 讚仰不及이로다

山僧이 恁麽歎美東山先師는 却是背恩忘德이니 實是東山의 悖逆이라 百世之後에 罵辱을 未免이로다 須知恁麽道理하야사 能祭其師요 其或未然이면 雖以滿大千珍羞香華로 祝祭其師나 却是虛設이니 畢竟事作麽生고 喳哩嚩嚕娑婆訶로다

會得這介消息하면 便會圜悟去處와 東山在處와 大慧落處와 山僧立處하

리라

(喝一喝하고 下座하시다)

◉

산승은 그렇지 아니하니, 오늘 어떤 사람이 묻되, "동산대종사가 지금 어느 곳에 있습니까?" 하면 "천당 아니면 극락에 계신다."고 하겠습니다. "무슨 뜻인지 알 수 없습니다." 하면 "자성에 맡겨 소요하며 뜻을 따라 자재하다."고 하겠습니다.

대중 여러분, 원오스님은 세상에 뛰어난 종사인데 무슨 죄와 허물이 있어 아비대지옥에 떨어졌으며, 대혜스님은 뭇 사람에서 뛰어난 정안正眼인데 무슨 원한이 있어 도리어 그 스승을 비방했습니까?

대혜스님은 실로 은혜를 알고 은혜를 갚음이니 원오스님의 진정한 큰제자라 하겠습니다. 천고 후에 칭찬하고 우러러보아도 미치지 못함을 참으로 알지 못한다 하겠습니다.

산승이 이렇게 동산 선사先師를 찬미함은 도리어 은혜를 배반하고 덕을 잊음이니, 실로 동산의 패역인지라 백세 뒤에 꾸짖고 욕함을 면치 못할 것입니다. 모름지기 이 도리를 알아야 능히 그 스승을 제사 지낼 것이요, 혹 그렇지 못하면 비록 대천세계에 가득 찬 진수와 향화로써 그 스승을 제사 지낼지라도 도리어 헛된 베풂이 되니, 필경의 일이 어떠합니까?

시리 소로 사바하.

이 소식을 알면 문득 원오스님이 가신 곳과 동산스님이 계신 곳과 대혜스님이 떨어지신 곳과 산승이 선 곳을 알게 될 것입니다.

억!

庚戌(1970)년 음 3월 23일 동산스님 기제(忌祭) 법어 범어사

② 진주나복 鎭州蘿蔔
진주의 무

【 수시 】

구九 구九 구九라

석가세존은 "있음"을 알지 못하고,

초명벌레는 남산의 범을 삼킨다.

높이 금강 철추를 들어 동산스님의 면목을 두드려 내니

삼두육비三頭六臂요 눈은 멀고 입은 벙어리로다.

문득 푸른 하늘에 벽력이 급하니

노주露柱 속으로 달음박질쳐 들어가 허허 하고 웃는다.

알겠느냐?

천년 밭에 팔백 주인이로다.

九九九라 釋迦世尊은 不知有하고 蟭螟은 吞却南山虎로다

高提金剛鐵鎚하여 打出東山面目하니 三頭六臂요 眼盲口啞라

忽然青天에 霹靂急하니 走入露柱笑呵呵로다

還會麼아

千年田八百主니라

【 본칙 】

어떤 중이 조주스님에게 물었다.

"스님께서 남전스님을 친견하셨다 하니 정말입니까?"

"진주 땅에 큰 무 뿌리가 솟았느니라."[1]

---

1 『벽암록』 제30칙.

僧問趙州호대 和尙이 親見南泉이라 하니 是否아 州云 鎭州에 出大蘿蔔頭니라 하니

【 착어 】

조주의 늙은 도적이 남전스님과 무슨 원결이 있는가?

趙州老賊이 與南泉으로 有甚寃고

【 결어 】

오늘 문득 어떤 사람이 산승에게, "스님이 동산[2]스님을 친견하셨다 하니 정말입니까?"라고 물으면 그에게 대답하겠다.

"바람을 쫓는 천마가 기린을 이고 가느니라."

대중들이여, 산승이 이렇게 말하니 남쪽을 북쪽이라 할 뿐 아니라 또한 도적을 잘못 알아 자식으로 삼음이다. 만약 알지 못하면 부처와 조사祖師를 초월함에 의심 없고, 만약 알면 지옥에 떨어지기 화살 같으리니, 필경 어떠한가?

한 줄기 향 연기가 손을 따라 일어나니

천고千古에 원한을 더욱 깊게 한다.

억!

(크게 할을 한 번 하고 내려오시다.)

今日에 忽有人이 問山僧호대 和尙이 親見東山이라 하니 是否아 하면 便答他道호대 追風天馬戴麒麟이라 호리라

大衆아 山僧이 恁麼擧揚하니 非但將南作北이요 亦乃認賊爲子로다 若也不會하면 超佛越祖無疑요 若也會去하면 入地獄如箭射니라 畢竟作麼오 一條香煙이 隨手起하니 千古에 令人恨轉深이로다

---

2 동산(東山, 1888~1965). 진종 용성(震鍾龍城)의 법제자.

(喝一喝하고 下座하시다)

◉

오늘 문득 어떤 사람이 산승에게 "스님이 동산스님을 친견하셨다 하니 정말입니까?" 하고 물으면 그에게 "바람을 쫓는 천마가 기린을 이고 가느니라."고 대답하겠습니다.

대중 여러분, 산승이 이렇게 말하니 남쪽을 북쪽이라 할 뿐 아니라 또한 도적을 잘못 알아 자식으로 삼은 것입니다. 만약 알지 못하면 부처와 조사를 초월함에 의심 없고, 만약 알면 지옥에 떨어지기 화살 같으니, 필경 어떠합니까?

한 줄기 향 연기가 손을 따라 일어나니

천고에 원한을 더욱 깊게 하는구나.

억!

辛亥(1971)년 음 3월 23일 동산스님 기제(忌祭) 법어 범어사

44. 조주삼불 趙州三佛
세 가지 부처

【 수시 】

부처는 중생의 원수요 중생은 부처의 원수니
원수와 원수가 서로 보복함에
하늘이 무너지고 땅이 갈라진다.
아수라는 기뻐하고 보살은 벌벌 떠니
한낮에 밤길을 가고 밝은 곳에서 어둡게 잔다.
흰머리와 검은머리여 노자와 묵자요
유구 有句와 무구 無句여 공자와 도척이로다.
오월에 서리가 내림이여 바늘 끝에 몸을 감추고
삼동에 꽃이 핌이여 빙판에 말을 달린다.
작게 나와 크게 만남은 묻지 않거니와
상주고 벌주는 한마디는 어떤 것인가?
(한참 묵묵한 후에 말씀하셨다.)
장마 개이지 아니하니 허물이 남쪽에 있구나.

佛是衆生仇讎요 生是諸佛寃家니
讎寃이 相報에 天崩地裂이로다
修羅는 歡喜하고 菩薩은 戰慄하니
日午에 夜行이요 投明暗宿이로다
白頭黑頭兮여 老聃墨翟이요

有句無句兮여 孔丘盜坵이요
五月에 飛霜兮여 針鋒에 藏身이요
三冬에 開花兮여 氷凌에 走馬로다
小出大遇는 卽不問이어니와
褒貶一句作麼生고 (良久云)
久雨不晴하니 務在丙丁이로다

●

세상 사람 모두 부처님을 대자대비로 일체 중생을 제도하는 큰 은인으로 알고 있지만 사실은 중생의 은인이 아니라 큰 원수이며, 그런 동시에 모든 중생은 부처의 원수가 되지 않으려야 않을 수 없습니다. 이제 그렇게 원수와 원수가 만나 서로 싸우고 또 보복하니, 그 폐해가 크다는 것입니다. 그래서 싸움 좋아하는 아수라는 아주 기뻐하고, 자비로운 보살은 겁이 나서 벌벌 떨고 있다고 했습니다. 이 전체의 뜻을 잘 알아야 하고, 뒤의 게송들도 잘 음미해 보아야 합니다.

【 본칙 】

조주스님이 대중에게 법문하였다.
"금불金佛은 용광로를 건너지 못하고, 목불木佛은 불을 건너지 못하고, 니불泥佛은 물을 건너지 못하느니라."[1]
趙州示衆云 金佛은 不度鑪요 木佛은 不度火요 泥佛은 不度水라 하니

●

조주趙州스님은 남전 보원南泉普願선사의 제자입니다.

---

1 『선문염송』 제434칙(한국불교전서5, 366쪽) ; 『벽암록』 제96칙.

처음 조주스님이 남전스님을 찾아가 뵙자, 남전스님이 누워 계시면서 느닷없이 물었습니다.

"어디서 오는가?"

"서상원瑞象院에서 옵니다."

"상서로운 코끼리瑞象는 보았는가?"

"상서로운 코끼리는 보지 못하였지만 누워 있는 여래如來는 보았습니다."

그때 남전스님이 일어나 앉으시면서 다시 물었습니다.

"너는 주인이 있는 사미沙彌인가, 주인 없는 사미인가?"

"주인이 있습니다."

"너의 주인은 누구냐?"

"정월이라 매우 춥습니다. 노사老師께서는 법체 잘 보존하시기 바랍니다."

이 문답으로 남전스님은 조주스님이 법法의 그릇임을 알고 특별히 예우하였습니다.

그 후 조주스님은 "일곱 살 먹은 어린아이라도 나보다 나은 자에게는 가르침을 구하고, 백 살 먹은 노인이라도 나보다 못한 사람은 가르쳐 줄 것이다."라는 유명한 말을 남기고 행각에 나서 제방諸方을 다니면서 탁마하였습니다. 나이 팔십에 이르러 비로소 조주성 동쪽 석교石橋로부터 십 리 떨어진 관음원觀音院에 머물며 120세까지 살았습니다.

조주스님은 평생을 검박하고 엄격하게 사셨습니다. 한번은 좌선할 때 쓰는 의자의 다리가 하나 부러져 제자들이 새 의자를 만들어 드리려 했으나 응하지 않고 타다 남은 장작개비를 가져다 묶어서 다시 쓸 정도였습니다.

어느 날 연왕燕王이 조주스님을 찾아뵈오니, 조주스님이 나가 맞이하지 아니하고 선상禪床에 앉은 채로 영접하였습니다. 연왕의 장수가 그 소

44. 조주삼불 483

식을 전해 듣고 분격하여, 다음날 아침 일찍 절에 가서 스님이 군주에 대해 오만함을 추궁하려고 하였습니다. 조주스님이 그 소문을 듣고, 그 장수가 온다는 말에 선상을 내려와 몸소 영접하였습니다. 그러니 그 장수가 한편 놀라고 한편 의아하여 "당신은 왕이 와도 선상에서 일어나 맞이하지 않는다고 들었는데, 오늘은 어째서 내가 오는 것을 보고 몸소 이렇게 영접합니까?" 하니 조주스님이 말씀하셨습니다.

"나는 하등인下等人이 오면 몸소 삼문三門에 나와 영접하고, 중등인中等人이 오면 선상을 내려와서 영접하고, 상등인上等人이 오면 선상에 앉아서 영접한다. 만일 그대가 대왕이라면 노승이 나와서 이렇게 영접하지는 않았을 것이다."

이 말에 그 장수가 재삼 예배하고 물러갔다고 합니다.

앞에 든 공안은 이러한 가풍을 가진 조주스님의 법문입니다. 쇠로 만든 부처는 쇠를 녹이는 용광로에 들어가면 녹아 버려 쇳물이 되어 버리고, 나무로 만든 부처는 불속에 들어가면 다 타 버려 재가 되고, 진흙으로 만든 부처는 물속에 들어가면 아무것도 없이 흩어져 그냥 흙이 되어 버리고 만다는 것입니다.

이런 일은 일상사에서 당연한 일을 말씀한 것인데 무슨 법문이 되겠느냐고 생각할지 모르지만, 여기에 참으로 깊은 뜻이 있는 줄 분명히 알아야 합니다. 이 공안에 대해 내 한마디 평하겠습니다.

【 착어 】
만인 군중 속에 높은 표지를 세움이여
비단 위에 꽃을 펴니 빛이 더욱 새롭구나.
萬人叢裏에 揷高標여 錦上舖花色轉新이로다

🔴

사람이 많이 모이는 곳에 아주 높게 표지를 세우고, 비단만으로도 보기가 좋은데 그 위에 또 아름다운 꽃까지 뿌리니 얼마나 보기가 좋은가 하는 것입니다. 이 뜻을 알면, 앞에서 조주스님이 말씀한 공안을 알 수 있습니다.

【송】

설두 현선사가 송하였다.
니불泥佛은 물을 건너지 못함이여
신광이 천지를 비춘다.
눈 속에 서서 생각을 쉬지 못하였으면
어느 누가 거짓을 흉내 내지 않으리오.
금불金佛은 용광로를 건너지 못함이여
사람이 와서 자호를 찾는다.
패牌 속의 두어 글자여
맑은 바람이 어디엔들 없으리오.
목불木佛은 불을 건너지 못함이여
항상 파조타를 생각한다
주장자로 갑자기 치니
바야흐로 나를 저버린 줄 알겠구나.
雪竇顯이 頌호대
泥佛不度水여 神光이 照天地로다
立雪如未休면 何人이 不彫僞오
金佛不度鑪여 人來訪紫胡로다
牌中數個字 淸風何處無오
木佛不度火여 常思破竈墮로다

杖子로 忽擊著할새 方知辜負我라 하니

◉

"신기로운 빛이 천지를 비춘다." 한 것은 이조 혜가二祖慧可스님을 가리킨 것이니, 이전의 이름이 신광神光입니다. 신광이 달마스님을 찾아가 법을 물었으나 달마스님은 아무런 대답도 없이 좌선만 하셨습니다. 하루는 눈이 와서 무릎까지 덮이도록 서 있었으나 그래도 아무 말씀이 없었으므로, 자기의 신심이 아직 달마스님의 마음을 움직이지 못하였다 생각하고는 마침내 자기의 한쪽 팔을 끊어 바쳤습니다. 달마스님께 도道를 구하는 마음이 간절하다는 것을 보여드렸던 것입니다.

그러자 달마스님께서 "네가 눈 속에 오래 서서 팔을 끊어 구하는 것이 무엇이냐?"고 물으니, 신광이 답하였습니다.

"제 마음이 편안치 못하니, 화상께서 편안케 해주십시오."

"그 편안치 못한 마음을 가져오너라. 내가 편안케 해주리라."

신광이 한참 머뭇머뭇하고 있다가 "마음을 찾아보아도 찾을 수 없습니다." 하였습니다. 그러자 달마스님께서 말씀하셨습니다.

"내가 이미 네 마음을 편안케 해주었느니라."

이렇게 신광이 달마스님에게서 법을 깨치고 그의 골수骨髓를 얻어 이조 혜가대사가 되었던 것입니다.

이렇게 혜가스님이 철저한 신심을 가지고 공부를 성취했기에 망정이지, 만약 그렇지 못했을 것 같으면 어떤 사람인들 흉내 내지 못할 사람이 있겠느냐는 설두스님의 평입니다.

진흙으로 만든 부처는 물속에 들어가면 다 녹아 흩어져 버리는데, 어째서 신기로운 빛神光이 삼천대천세계를 비추고도 남는다고 했을까요?

자호 이종紫湖利蹤 스님은 남전南泉스님의 제자로 조주스님과는 법형제가 되는 분입니다. 그 스님은 자기가 사는 절 문 앞에 패를 세우고 이렇게 써 두었습니다.

"자호에게 개 한 마리가 있으니 위로는 사람의 머리를 물어뜯고, 가운데로는 사람의 허리를 물어뜯고, 아래로는 사람의 다리를 물어뜯는다. 머뭇머뭇 망설이면 몸과 목숨을 함께 잃는다."

여기서 자호스님이 말하는 사람이란 보통의 평범한 사람만 말하는 것이 아닙니다. 이 자호스님의 개한테는 석가가 와도 물려 죽고, 달마가 와도 물려 죽고, 누구든 물려 죽지 않을 사람이 없습니다.

그렇게 문 앞에 패를 붙여 놓고 새로 공부하러 찾아오는 사람과 마주치면 "개를 봐라. 물려 죽었다!"고 고함치며 절 안으로 들어가 버리곤 하였습니다. 그 당시에 아무도 그 스님을 당해 낸 사람이 없었다고 합니다.

이러한 자호스님의 행리처行履處가 쇠 부처가 용광로에 들어가면 다 녹아 없어진다는 뜻과 꼭 같다는 설두스님의 평입니다.

파조타破竈墮스님은 혜안慧安국사의 제자로서 숭악崇嶽에 살았는데 이름도 모릅니다. 이 스님이 사는 절 옆 산 중턱에 조왕신竈王神을 모셔 놓은 제당이 있었는데, 매우 영험하다는 소문이 나 사방의 많은 사람들이 몰려와 끊임없이 제사를 지내니, 제사 지내는 제물을 마련하느라 산목숨을 많이 죽였습니다.

그 소문을 듣고 파조타스님이 하루는 시봉을 데리고 그 제당에 들어가서, 주장자로 부엌에 있는 조왕신 조상의 머리를 세 번 때리고 말했습니다.

"슬프다, 조왕신아. 진흙덩이가 합쳐서 만들어졌거늘 거룩함은 어디서 왔으며 영험함은 어디서 왔기에 이렇듯 산목숨을 삶아 죽이고 음식을 받느냐?"

그리고는 다시 주장자로 세 번 치니, 조왕신이 넘어지면서 깨어지고 다 부서져 버렸습니다. 한참 있으니 푸른 옷을 입고 높은 관을 쓴 어떤 사람이 나타나 파조타스님께 절을 하므로 스님이 물었습니다.

"그대는 누구인가?"

"저는 본래 이 제당의 조왕신이었는데, 오랫동안 업보를 받다가 오늘에야 스님의 무생법문無生法門을 듣고 여기서 벗어나 하늘에 태어나게 되었습니다. 그래서 일부러 이렇게 사례하러 왔습니다."

"이는 그대가 본래 가지고 있는 성품을 지적했을 뿐이지, 내가 억지로 말한 것은 아니다."

조금 후에 스님의 시봉이 자기네는 여러 해 동안 큰스님을 모셨지만 아직도 제도를 받지 못했는데, 조왕신 곧 부엌귀신은 큰스님의 한 말씀에 제도를 받아 고를 떠나 낙을 얻는 것을 보니, 의심이 나기도 하고 야속하기도 하여 파조타스님에게 물었습니다.

"저희들은 오랫동안 스님을 모시고 있었지만 도에 아무런 이익도 없었는데, 조왕신에게는 무슨 지름길의 말씀을 일러주었기에 해탈하여, 천상에 가서 나게 되었습니까?"

이에 파조타스님이 시봉들을 다 모아놓고 말씀하셨습니다.

"나는 그에게 별다른 말을 해준 것이 없다. 다만 진흙덩이를 합쳐 만든 것이 조왕신인데, 너의 거룩함은 어디서 왔으며 너의 영험함은 어디서 왔느냐고 했을 뿐이다."

시봉들이 아무 말도 못하고 잠자코 있으니 파조타스님이 "알겠는가?" 하셨습니다. 누군가 나서서 "모르겠습니다." 하자 파조타스님이 "본래 가지고 있는 성품인데, 어째서 알지 못하는가?" 하셨습니다. 이에 시봉들이 일제히 절을 하자 파조타스님이 주장자로 시봉들의 머리를 탁탁 때리면서 "부서졌구나. 떨어졌구나!" 하시니, 시봉들이 일제히 깨쳤다고 합니다. 이것이 파조타破竈墮란 이름을 얻게 된, 유명한 부엌귀신 법문입니다. 이 파조타스님 법문에 대해서 원오圜悟스님이 평한 것이 있습니다.

원오스님이 상당上堂하여 불자拂子를 들면서 말씀하시기를, "내가 지금 불자를 드는데 그 당시 파조타스님이 주장자로 조왕신을 때리는 것과 같은가, 다른가?" 하고는 주장자로 치면서 말하였습니다.

"부서졌구나. 떨어졌구나!"

원오스님이 이렇게 법문하신 것이나 파조타스님이 하신 법문이나 그 진리는 똑같습니다.

그럼 이 소식이 무슨 소식이냐 하면, 나무부처는 불을 건너지 못하고 불속에서 타버린다는 것과 같은 소식이라고 설두스님은 평하고 있습니다.

그렇지만 주장자로 문득 조왕신을 쳐서 부숴버렸을 때 나를 저버린 줄 알겠다고 설두스님은 다시 평하셨습니다. 파조타스님은 부엌귀신도 제도하고 그 제자들도 제도하였지만, 설두스님 자기가 볼 때는 부엌귀신도 망쳐 버리고 제자들도 망쳐 버렸다고 정반대로 말하고 있습니다. 이것은 횡설수설하는 것이 아니라, 설두스님이 참으로 파조타화상의 근본 뜻을 잘 알기 때문에 이런 말씀을 하신 것입니다.

"파조타화상이 부엌귀신을 부숴버린 법문이 나무부처가 불속을 들어가지 못한다는 법문과 같은 뜻이어서 언뜻 보면 파조타화상이 중생을 제도한 것 같지만 실지로는 중생들을 도리어 망쳐 놓았다."는 설두스님의 뜻을 알면 세 부처의 근본 뜻을 다 알 수 있는 것입니다.

이 설두스님의 송에 대해서 내가 한마디 평하겠습니다.

【 착어 】

금 가지 길이 무성하여 대궐 뜰이 빼어나고
옥 잎이 항상 꽃다우니 화단 속이 봄일레라.
金枝永茂天庭秀하고 **玉葉**이 **長芳**에 **苑內春**이로다

●

대궐 뜰만 한정해 한 말이 아닙니다. 황금나무가 가지를 뻗어 천상천

하天上天下를 덮어서 전체가 황금덩이 아닌 곳이 없고, 옥으로 만든 나뭇잎이 삼천대천세계를 덮어서 봄 아닌 곳이 없다는 말입니다. 이 뜻을 알면 세 부처가 각각 물속에 들어갈 수 없고, 용광로 속에 들어갈 수 없고, 불속에 들어갈 수 없는 이유를 분명히 볼 수 있습니다.

그리고 또 세 부처가 이렇게 다 물에 녹아 흩어지고, 용광로에 녹아 없어지고, 불속에서 타 없어지는데, 나는 또 어째서 금 가지와 옥 잎이 삼천대천세계를 덮는다고 정반대로 표현하느냐 말입니다. 그 뜻을 대중은 바로 알아야 합니다.

【염】

단하 순선사가 상당하여 말하였다.
"금불金佛은 용광로를 건너지 못함이여
묘한 얼굴이 둥글고 밝음을 아는가?
니불泥佛은 물을 건너지 못함이여
높고 높은 원음이 아름답고 아름답구나.
목불木佛은 불을 건너지 못함이여
쓸쓸한 옛 법당에 자물쇠 없구나.
모름지기 손을 털고 바로 집에 돌아가야 하니
중도에서 헛되이 낭패하지 말라.
여러 선객들이여, 어떤 것이 집으로 돌아가는 일인가?"
한참 묵묵한 후에 말하였다.
"알겠는가?
고목枯木 뿌리 곁 돌 위에 홀로 앉았으니
사방 바다에 파도 없어 둥근 달이 외롭구나."
丹霞淳이 上堂云 金佛不度鑪여 妙相이 圓明會也無아 泥佛不度水여 落落圓音이 美復美요 木佛不度火여 蕭蕭古殿에 無關鑠로다 是須撒手直歸

家하고 莫向中途空忙사羅어다 諸禪德아 且作麽生이 是歸家底事오 良久
云 還會麽아 獨坐枯根石頭上하니 四溟에 無浪月輪孤라 하니

◉

묘한 얼굴이란 부처님의 얼굴을 말하니, 32상三十二相과 80종호八十種好가 구족한 것을 말합니다. 겉으로 볼 때는 쇠로 만든 부처가 불속에 들어가면 다 녹아 없어지는 것 같지만, 실제에 있어서는 32상과 80종호를 갖춘 묘한 얼굴이 둥글고 밝게 삼천대천세계를 비추고 있다는 것을 아느냐 하는 것입니다.

원음圓音이란 부처님이 설법하시는 음성을 말합니다. 진흙으로 만든 부처는 물속에 들어가면 다 녹아 없어지는데, 그 법문하는 소리가 묘하고 아름다워서 삼천대천세계를 진동케 한다고 하였습니다.

오래된 낡은 법당에 아주 거룩한 부처님을 예로부터 모셔 놓고 문에는 자물쇠도 잠그지 않아 누구든 찾아가 볼 수 있다는 이것이, 나무로 만든 부처가 불속에서 타 없어진다는 뜻을 분명히 나타내고 있다는 단하스님의 말씀입니다. 이러한 단하스님의 평이 세 부처에 대한 근본 소식을 바로 말씀한 것입니다.

그러므로 누구든지 마음속의 헷갈림을 버리고 그 뜻을 바로 알아야지, 중간에서 어름어름하다가 무안을 당하지 말라는 것입니다. 그럼 어떤 것이 이 뜻을 바로 아는 소식인가? 끝에 말한 게송을 알면 단하스님의 뜻을 알 수 있다는 것입니다.

이 단하스님의 말씀에 대해 내가 한마디 평하겠습니다.

【 착어 】

무쇠 말을 거꾸로 타고 수미산에 오르니
조계의 흐르는 물소리를 밟아 끊는구나.

倒騎鐵馬上須彌할새 踏斷曹溪流水聲이로다

◉

어떤 사람이 무쇠 말을 탈 수 있으며, 하물며 거꾸로 탈 수 있겠습니까? 또 무쇠 말이 어떻게 수미산을 올라갈 수 있습니까? 그렇지만 실지로 무쇠 말을 거꾸로 타고 수미산을 올라갈 수 있는 사람이라야 비로소 이 법문을 알 수 있다는 것입니다.

육조스님이 머무셨던 산 이름이 조계산입니다. 그 조계산에 흐르는 물소리를 무쇠 말발굽으로 밟아 다 끊어 버렸다고 하는 이 내용의 뜻이, 내가 한 법문의 뜻을 전체로 표현하고 있습니다.

【 결어 】

대중들이여, 세 분 큰스님의 몸이 가시덤불 속에 거꾸러져 있으니, 심간心肝과 오장五臟이 일시에 드러나 그 냄새가 만세에 내려와 누구도 덮을 수 없게 되었다.

오늘 산승山僧이 성명性命을 돌보지 아니하고 남은 해골을 수습하여 가리라.

(한참 묵묵한 후에 말씀하셨다.)

크게 다함은 삼십일이요 작게 다함은 이십구일이로다.

억!

(크게 할을 한 번 하고 내려오시다.)

大衆아 三大老漢이 全身放倒荊棘林中하니 心肝五臟이 一時露出하야 遺臭萬世에 無人掩得이라 今日에 山僧이 不顧性命하고 收拾殘骸去也호리라 (良久云)

大盡은 三十日이요 小盡은 二十九로다

(喝一喝하고 下座하시다)

◉

　대중 여러분, 조주, 설두, 단하 세 분 큰스님이 온 몸뚱이 전체가 가시덤불 속에 처박혀 심장과 간과 오장육부가 일시에 다 드러나 썩고 있습니다. 그 냄새가 어찌나 지독한지 만세가 지난 지금까지 누구도 덮을 수 없게 되었습니다. 앞에서는 세 분 큰스님이 법문을 잘 하신다고 그렇게 칭찬해 놓고 지금은 왜 이렇게 흉을 볼까요? 오늘 이 산승이 내 생명을 돌보지 않고 세 분 노스님들의 남은 뼈나마 수습해 보겠습니다.
　크게 다함은 삼십일이요 작게 다함은 이십구일이로다.
　억!

庚戌(1970)년 하안거 결제일 해인사 해인총림 대적광전

45. 마조사구 馬祖四句
네 가지 문구

【 수시 】

사구四句는 네 가지 비방이 되니
큰 불더미 같아서 사면으로 들어가지 못하며
사구는 네 개의 문이 되니
맑고 서늘한 못 같아서 사면으로 다 들어가리라.
조개가 밝은 달을 머금으니
붉은 구슬이 뱃속에 생기고
용이 깊은 구름 속에 싸이니
단비를 허공에 뿌린다.
남두별 일곱과 북두별 여덟은 그만두고
이미離微의 한마디는 어떠한가?
버들가지 금빛을 드리우니 꾀꼬리 울음소리 아름답고
꽃 어울려 비단을 펴니 나비가 바쁘게 나는구나.

四句爲四謗하니 如大火聚하야 四面不可入이요
四句爲四門하니 如淸凉池하야 四面皆可入이로다
蚌含明月에 丹珠生腹하고 龍擁深雲하니 甘雨灑空이라
南斗七北斗八은 且置하고 離微一句는 作麽生고
柳絲垂金에 鶯語滑이요 華棚이 張錦에 蝶飛忙이로다

◉

　사구란 존재에 대한 판단을 네 가지 범주範疇로 정리한 것으로 "있다"고 긍정하는 유구有句, "없다"고 부정하는 무구無句, 양자 모두 긍정하는 역유역무구亦有亦無句, 양자 모두 부정하는 비유비무구非有非無句, 네 가지를 말합니다. 이 사구는 일체 이론을 총망라한 것으로서 이 범주에서 벗어나는 것은 없습니다. 어떤 이론이든 긍정 아니면 부정, 종합긍정 아니면 종합부정입니다.

　그런데 이 사구는 또 네 가지 비방을 면하지 못한다, 즉 "틀렸다"고 했습니다. "있다"고 하면 다시 더 보태는 허물을 면하지 못하고, "없다"고 하면 허물어 없애는 허물을 면하지 못하며, "있기도 하고 없기도 하다"고 하면 앞뒤가 서로 어긋나는 허물을 면하지 못하고, "있는 것도 아니고 없는 것도 아니다"라고 하면 희론, 즉 말장난에 지나지 않는다는 비방을 면하지 못합니다. 그러니 이 사구는 큰 불더미와 같아 어디로 들어가든 살아나지 못하고 죽어 버립니다. 유有로 들어가도 죽고 무無로 들어가도 죽고 역유역무亦有亦無로 들어가도 죽고 비유비무非有非無로 들어가도 죽어 버립니다. 사방 어디로 들어가든 불에 타 죽듯이 사구에 떨어지면 진실을 밝히지 못하고 맙니다.

　그런 동시에 이 사구는 또 네 개의 문이 됩니다. 맑고 서늘한 못과 같아 감로수가 된다 이 말입니다. 그래서 사면으로 다 들어갈 수 있습니다. 유로도 들어갈 수 있고, 무로도 들어갈 수 있고, 역유역무로도 들어갈 수 있고, 비유비무로도 들어갈 수 있습니다. 이러면 앞에서 한 말과 뒤에서 한 말이 서로 어긋나 보이지만 절대로 상반된 말이 아닙니다. 이 사구라는 것이 어떤 때는 감로수가 되어 일체중생을 다 살리고 어떤 때는 비상이 되어 일체중생을 다 죽인다는 말입니다. 이것을 분명히 알아야 비로소 법문을 알 수 있습니다. 그러면 이 뜻이 어느 곳에 있는가?

　"조개가 밝은 달을 머금으니 붉은 구슬이 뱃속에 생기고, 용이 깊은 구름 속에 싸이니 단비를 허공에 뿌린다."고 했습니다.

남두는 별이 여섯이고 북두는 별이 일곱인데, 왜 남두는 일곱이라 하고 북두는 여덟이라 했을까요?

또 이미離微의 한마디는 무엇일까요? 이離는 육경六境이 육근六根에 유입하여도 물들고 오염되지 않음, 즉 일체를 떠난 것을 말하고, 미微는 육근과 육경 등 모든 법에 주체가 없음을 통찰해 주관과 객관이 원융무애한 대오의 경지를 말합니다. 일체를 다 떠나 유도 무도 역유역무도 비유비무도 아니고, 또 일체에 원융해서 유이기도 하고 무이기도 하고 역유역무이기도 하고 비유비무이기도 하다는 겁니다. 즉 사구는 독약이기도 하고 감로수이기도 해 중생을 살리고 죽이기를 자유자재로 합니다. 이를 종문 중에서는 살활자재殺活自在한 법문이라 합니다. 그러면 과연 어떤 것이 살활자재한 법문입니까?

"버들가지 금빛을 드리우니 꾀꼬리 울음소리 아름답고, 꽃 어울려 비단을 펴니 나비가 자꾸 춤을 추면서 바쁘게 난다."고 나는 말하겠습니다. 이러면 오늘 법문은 사실 다 끝났습니다. 그렇기는 하지만 이와 관련된 법문을 몇 가지 소개하도록 하겠습니다.

【 본칙 】

마조대사에게 어떤 중이 물었다.

"사구四句를 떠나고 백비百非를 끊고서 바라오니, 스님께서는 조사가 서쪽에서 오신 뜻을 바로 가르쳐 주소서."

마조대사가 말했다.

"내가 오늘은 생각이 없으니 가서 지장[1]에게 물어라."

중이 지장스님에게 가서 물으니, 지장스님이 손으로 머리를 가리키며

---

1 서당지장(西堂智藏, 735~814). 마조도일의 법제자로 남악(南岳)스님의 2세손.

"나는 오늘 머리가 아파서 그대를 위해 말할 수 없으니 가서 해형海兄[2]에게 물어라."고 하였다.

중이 회해스님에게 가서 물으니, 회해스님이 말하였다.

"나도 여기에 이르러서는 알 수 없다."

중이 돌아와 마조대사에게 전하니, 마조대사가 말하였다.

"지장의 머리는 희고 회해의 머리는 검다."[3]

馬祖因僧問 離四句絶百非하고 請師直指西來意하노이다 祖云 我今日에 無心情하니 去問取智藏하라 僧이 乃問藏하니 藏以手指頭云 我今日에 頭痛하야 不能爲汝說하니 去問取海兄하라 僧이 去問海한대 海云 我到這裏却不會로라 僧이 迴擧似祖하니 祖云 藏頭白海頭黑이라 하니

◉

사구四句에 대하여 논리적으로 여러 가지 부정否定의 형태를 만든 것을 백비百非라 합니다. 사구뿐 아니라 거기서 벗어날 수 있는 일체의 논리적 설정, 즉 백비를 다 떠나서 조사서래의祖師西來意를 한마디 일러 달라고 마조스님에게 물은 것입니다. 한데 천하의 대종사이신 마조스님은 서당이란 제자에게 미루고, 또 서당은 머리가 아프단 핑계로 백장에게 미루고, 백장은 도저히 몰라 대답하지 못하겠다고 했습니다.

그럼, 그 스님의 질문이 그렇게 답하기 어려운 질문이며, 마조와 서당과 백장은 실지로 그 답을 몰라서 그랬던 것인가? 아닙니다. 그런 것이 절대로 아닙니다. 여기엔 세 분의 아주 깊은 뜻이 있습니다. 이 깊은 뜻을 바로 알아야만 비로소 불법을 짐작할 수 있는 것입니다.

---

2 백장회해(百丈懷海, 726~814). 마조도일의 법제자로 남악(南岳)스님의 2세손. 『백장고청규(百丈古淸規)』가 서문(序文)만 남아 있음. 선림청규(禪林淸規)의 개창자로서 유명. 『백장회해선사광록(百丈懷海禪師廣錄)』 3권 등이 있음.
3 『선문염송』 제164칙(한국불교전서5, 166쪽) ; 『벽암록』 제73칙 ; 『종용록』 제6칙.

서로 미루기만 해 결국 답을 듣지 못한 그 스님이 다시 마조스님에게 가, 있었던 일을 말씀드리자 마조스님 하시는 말씀이 "지장의 머리는 희고 회해의 머리는 검다藏頭白海頭黑."고 했습니다.

왜 이렇게 말씀하셨을까요? 장두백해두흑藏頭白海頭黑이라 하신 이 말씀이 앞의 법문 전체를 걷어서 하신 말씀입니다.

그러니 누구든 '장두백해두흑'이라 한 이 뜻을 바로 알면 조사가 서쪽에서 오신 뜻도 아는 동시에 마조스님과 지장스님, 또 백장스님이 그렇게 말씀하신 뜻 전체를 알 수 있습니다. 그러니 이 공안의 골수는 바로 '장두백해두흑'이라 한 여기에 있다 하겠습니다. 그럼 '장두백해두흑'은 필경 어떤 뜻인가? 거기에 내 한마디 붙이겠습니다.

【 착어 】

금닭 우는 곳에 삼경 달이요
옥봉 노는 때에 한밤중 구름이로다.
金鷄啼處에 三更月이요 玉鳳捿時午夜雲이로다

◉

한밤중에 달이 덩그러니 떠있는데 황금 닭이 울고, 한밤중 구름이 꽉 끼어 있을 땐 옥으로 된 봉황이 놀더라고 했습니다. 이러면 곧 '장두백해두흑'의 뜻을 알 수 있을 것입니다. 혹 잘못 알고 "삼경에 달이 떴다고 했으니 이건 밝은 것이고 야반夜半에 구름이 꼈다고 했으니 이건 검은 것이다."고 해석하는 이가 있다면 지옥에 떨어지기를 화살같이 할 것입니다. 이 뜻은 절대 언구에 있는 것이 아닙니다. 공부를 해서 깨쳐야 알지, 언구만 살펴서는 무간지옥에 떨어져 영원토록 벗어나지 못합니다. 그 뒤 동림 총선사라는 분이 여기에 대해 송한 것이 있는데 그것을 소개해 보겠습니다.

【송】

조각照覺선사[4]가 송하였다.

백비와 사구가 끊어짐을 어떻게 말하려는가?
검고 흰 것이 분명하여 정正과 편偏을 정한다.
사자굴 속에 다른 짐승 없고
사나운 용 가는 곳에 물결이 하늘로 치솟는다.

照覺이 頌호대
百非四句絶何言가 黑白이 分明定正偏이로다
師子窟中에 無異獸하고 驪龍行處浪滔天이라 하니

【착어】

발을 내디디매 이미 범부와 성인 밖을 뛰어나서
온몸이 유무有無의 공에 머무르지 않는다.

跨足已超凡聖表하고 通身不滯有無功이로다

◉

상총선사의 이 게송은 범성凡聖과 유무有無를 완전히 벗어나서 조사가 서쪽에서 오신 뜻을 분명히 지시했다 이 말입니다. 그리고 그 뒤에 원각 연선사가 이 공안에 대해 게송을 지은 것이 있습니다.

【송】

원각 연선사[5]가 송하였다.

---

4 동림상총(東林常總, 1025~1091). 임제종 황룡파 스님으로 황룡혜남(黃龍慧南)의 법제자. 남악(南岳)스님의 12세손. 조각(照覺)은 그의 호(號).
5 원각종연(圓覺宗演). 송(宋)대 운문종 스님으로 원풍청만(元豊淸滿)의 법제자. 청원(靑原)스님의 13세손.

백비와 사구가 친소를 끊으니
망아지가 천하 사람을 밟아 죽인다.
지장의 머리 희고 회해의 머리 검음이여
문 밖 금강역사가 웃고 또 성낸다.
圓覺演이 頌호대
百非四句絶親疎하니 馬駒踏殺天下人이로다
藏頭白兮海頭黑이여 門外金剛이 笑又嗔이라 하니

●

　사구백비에 대한 마조스님의 법문에 천하 사람 그 누구도 살아남지 못한다는 것을 "망아지가 천하 사람을 밟아 죽인다."고 표현했습니다. 그래서 산문 밖 금강역사가 웃기도 하고 성내기고 하는 이것을 알면 '장두백해두흑'의 뜻을 알 수 있다는 말입니다. 그럼 그 뜻이 어느 곳에 있는가? 거기에 대해 또 한마디 하겠습니다.

【 착어 】
한 기운 이은 가지 좋은 일을 함께하니
화창한 바람은 그림자 없는 나무에 봄이로다.
一氣連枝同盛事라 光風은 無影樹頭春이로다

●

　죽어도 같이 죽고 살아도 같이 살고, 웃어도 같이 웃고 울어도 같이 울며 희로애락을 함께하는 가풍이란 것입니다. 그건 어떤 것인가? 그림자 없는 나무의 봄 풍경이라 했습니다. 그림자가 있는 나무의 풍광風光은 생멸하는 풍광이라 절대 참다운 풍광이라 할 수 없습니다. 그림자를 찾아볼 수 없는 나무에 봄이 찾아와 꽃이 피는 풍광이라야 참다운 풍광이다 이 말입니다. 그리고 또 임제정종의 불감 근선사가 여기에 대해 게송으로 하신 법문이 있습니다.

【 송 】

불감 근선사가 송하였다.
어둠 속의 화살과 같아서
한밤중에 날아오니 사람이 보지 못하며
또한 붓대 속의 붓과 같아서
대낮에 똑똑히 볼 수 없다.
지장의 머리 희고 회해의 머리 검으니
유리 궁궐 위에 금 단청을 더한다.
달마가 양왕梁王 만남을 돌이켜 생각하니
"대면한 자 누구요?" 하니 "모른다." 하네.
佛鑑勤이 頌호대
却似暗地箭하야 半夜에 飛來人不見이요
又似藏鋒筆하야 白日에 堂堂見不出이로다
藏頭白海頭黑하니 瑠璃殿上에 加金碧이라
反思達磨見梁王할새 對面者誰오 還不識이라 하니

◉

달마대사가 처음 해로海路로 중국에 와 양나라 무제를 만난 일이 있습니다. 여러 문답을 주고받은 끝에 대화가 탐탁치 않은 양무제가 달마스님을 보고 "지금 나를 마주하고 있는 사람이 누굽니까?" 하고 물었습니다. 그러자 달마스님이 "모릅니다."라고 했습니다. 여태껏 양무제와 이야기를 나누고선 "당신 누구요?" 하니 "모른다."고 했단 말입니다. 왜 그렇게 말했을까요? '모른다'고 한 그것이 말 그대로 모르겠단 것이 아니고 뜻이 다른 곳에 있다 이것입니다. 결국, 마조스님이 "장두백해두흑"이라 한 것이 바로 이런 뜻을 분명히 표현했다는 것입니다. 그러면 달마스님이 "모르겠다." 하고 마조스님이 "지장의 머리는 희고 회해의 머리는 검다."고 한 뜻 전체가 어느 곳에 있는가? 그것에 대해 내 한마디 붙이겠습니다.

【 착어 】

방안의 천 개 등불은 빛이 서로 비치고
하늘가의 보배 달은 더욱 맑고 둥글다.
室內千燈은 光相照하고 天邊寶月은 更淸圓이로다

●

방안에 등 하나만 켜도 방이 환한데 천 개 만 개나 되는 등을 켜 놓았으니 얼마나 찬란하겠습니까? 또 하늘가의 보배 달은 맑고 둥글다 했으니 그 광명이 삼천대천세계를 비추고도 남습니다. 이것을 알면 '장두백해두흑'을 알 수 있습니다. 이렇게까지 말해줘도 혹 이해하기 곤란한 점이 있을까 싶어서 내 하나 더 소개하겠습니다. 조동종에 만송 행수선사라는 유명한 분이 이 공안에 대해 하신 법문이 있습니다.

【 송 】

만송 수선사가 송하였다.
지장의 머리 희고 회해의 머리 검음이여
오리의 머리는 푸르고 학의 머리는 붉다.
열 개의 그림자 신기로운 망아지는 바다 남쪽에 섰고
오색 빛 상서로운 기린은 하늘 북쪽에서 거닌다.
萬松秀 頌호대

藏頭白海頭黑이여 鴨頭綠鶴頭赤이로다
十影神駒는 立海南하고 五色祥麟은 步天北이라 하니

◉

"오리의 머리는 푸르고 학의 머리는 붉다."고 하니 그건 누구나 다 아는 것 아닙니까? 그럼 오리 머리는 파랗고 학의 머리는 붉은 것과 마찬가지로 실지로 지장스님 머리는 호호백발이고 백장스님 머리는 흑발이란 말인가요? 뜻이 그런 표면에 있는 것이 절대 아닙니다. "그림자가 열 개나 되는 신기로운 망아지는 바다 남쪽에 섰고, 오색 빛 상서로운 기린이 하늘 북쪽에서 거닌다."고 한 그 뒷말을 잘 살펴야 합니다. 왜 이런 말을 했을까요? 이 구절이 '장두백해두흑'이라 한 뜻을 정확히 지적한 것입니다. 따라서 이것을 알아야 "오리의 머리는 푸르고 학의 머리는 붉다."고 한 뜻도 알 수 있는 것입니다. 그러면 그 뜻이 결국 어느 곳에 있는가? 내 한마디 붙이겠습니다.

【 착어 】

바람이 솔잎을 흔드니 적성赤城이 빼어나 아름답고
안개가 구름 낀 바위를 토하니 신선이 길을 잃었네.
風搖松葉赤城秀하고 霧吐雲岩仙路迷로다

◉

적성赤城이란 신선이 노니는 곳입니다. 항상 노닐던 곳인데 안개가 온 산을 가리는 바람에 신선이 그만 길을 잃고 헤매더라고 했습니다. 이 말을 알면 만송스님 게송의 뜻뿐 아니라 '장두백해두흑'의 뜻도 알 수 있습니다.

【 결어 】

　대중들이여, 설두가 송頌하되, "지장의 머리는 희고 회해의 머리는 검음이여 눈 밝은 선객도 알지 못한다." 하니, 눈 밝은 선객뿐만 아니라 석가와 달마도 크게 어렵고 어려운 것이다. 원오가 착어著語하여 말하되, "반은 합하고 반은 열며, 한 손은 들고 한 손은 내리니 금소리 옥울림이로다." 하고, 또 말하되, "대궐 안 천자天子의 조칙이요 요새 밖 장군의 호령이다." 하니, 원오 노인이 비록 고인古人의 심수心髓를 철저하게 보았으나 종을 잘못 알아 주인으로 삼았으니 어떻게 하려는가? 산승山僧은 그렇지 아니하다.

　지장의 머리 희고 회해의 머리 검음이여
　도롱이 입고 일천 봉우리 밖에 비켜서고
　물을 끌어대어 채소에 주니 오로봉五老峰 앞이로다.
　억!
　(크게 할을 한 번 하고 내려오시다.)

　大衆아 雪竇頌호대 藏頭白海頭黑이여 明眼衲僧會不得이라 하니 非但明眼衲僧이요 釋迦達磨도 大難大難이로다 圜悟著語云 半合半開요 一手擡一手搦이라 金聲玉振이로다 하고 又云 寰中天子勅이요 寒外將軍令이라 하니 圜悟老人이 雖然見徹古人心髓나 爭奈認奴作郎에 何오 山僧卽不然하니

　藏頭白海頭黑이여
　被簑側立千峰外하고 引水澆蔬五老前이로다
　(喝一喝하고 下座하시다)

◉

　대중 여러분, 내가 여태껏 이런저런 되지도 않는 소리를 많이도 했는데 어떻게들 생각하십니까? 설두스님은 게송에서 "지장의 머리는 희고

회해의 머리는 검음이여, 눈 밝은 선객도 알지 못한다."고 했습니다. 무슨 뜻이 그리 깊기에, 아무리 눈 밝은 납자라도 마조스님이 "장두백해두흑"이라 한 소식은 알 수 없다고 설두스님은 말했을까요? 설두스님은 운문종의 중흥조로 불리는 뛰어난 대조사입니다. 절대로 거짓말을 할 분이 아닙니다. "장두백해두흑"이라 한 마조스님의 말씀에 여러 고인들의 법문을 인용하고, 나 또한 쓸데없는 소리를 많이 했지만 실지로 아무리 명안납승 명안종사라고 해도 이를 알기 어렵습니다. 어디 그뿐인가? 눈 밝은 선객뿐 아니라 석가와 달마라고 해도 '장두백해두흑'의 뜻은 알기 어렵습니다. 그렇게 참으로 깊고 깊은 법문이라는 말입니다. 그러면 필경 이 법문의 낙처가 어디기에 그렇게 어렵다고 호들갑을 떠는가?

원오스님께서 착어著語하시기를, "반은 합하고 반은 열며, 한 손은 들고 한 손은 내리니 금소리 옥울림이로다."라고 하셨습니다. 이것이 '장두흑해두흑'의 뜻에 대한 가장 적절한 표현입니다.

또 "대궐 안 천자의 조칙이요 요새 밖 장군의 호령이다."라고 했습니다. 대궐 안 천자가 내리는 조칙은 감히 거역할 수 없는 지엄한 영입니다. 그러니 온 천하 인민이 그 영에 따르지 않을 수 없습니다. 또 천군만마를 거느린 변방의 장수는 그 호령 한마디로 사람을 살리고 죽이기를 마음대로 합니다. '장두백해두흑'이란 감히 거스를 수 없는 그런 무서운 조칙이고 호령이라는 것입니다. 원오스님은 이렇게 '장두백해두흑'의 뜻을 밝혔습니다. 그러면 원오스님은 이 '장두백해두흑'에 대해 바로 말씀하셨는가?

원오스님 같은 대종사가 아니면 누가 이런 깊은 말씀을 할 수 있겠습니까? 그러나 원오 노인이 비록 고인의 심수心髓를 철저하게 보긴 보았으나 종을 잘못 알아 자식으로 삼은 걸 어쩌겠습니까? 언뜻 보면 밝은 눈으로 고인의 골수를 분명히 알아 제대로 표현한 것 같지만, 사실 엄격하게 비판하자면 원오스님은 눈이 캄캄해 자기 자식도 몰라보고 종놈을 자기 자식으로 아는 격이더라는 말입니다. 근본적으로 틀렸다는 말입니다. 아무리 봉사라도 그렇지 종놈을 자식으로 알아서야 되겠느냐 이것입니다.

그러면 사구는 비상과 같아서 사람을 다 죽인다고 했다가 사구는 감로수와 같아 사람을 다 살린다고 했다가, 고인들의 법문을 거론하고서 한번은 옳다고 했다가 또 한번은 그르다고 했다가, 바로 안다고 했다가 바로 모른다고 했다가, 말이 서두부터 끝까지 횡설수설해서 모순덩어리이고 전혀 일관성이 없어 보입니다. 그러나 내가 무슨 정신이 나가서 이런 소리를 하는 것이 아닙니다. 여기에서 분명히 눈을 뜨고 살아나야만 비로소 선방에 앉아 밥을 먹을 분수가 있는 동시에 불법을 바로 알 수 있습니다.

그러면, "이 소식이 필경 어느 곳에 있기에 네가 그렇게 호언장담을 하느냐? 그럼, 네가 한번 말해보라." 할 사람이 있을 것입니다. 나는 예전 스님들처럼 그렇게 말하지 않겠습니다.

지장의 머리 희고 회해의 머리 검음이여
도롱이 입고 일천 봉우리 밖에 비켜서고
물을 끌어대어 채소에 주니 오로봉五老峰[6] 앞이로다.
억!

庚戌(1970)년 4월 말일 해인사 해인총림 대적광전

---

[6] 강서성(江西省) 남강부(南康府) 성자현(星子縣) 여산(廬山)에 있는 명승지(名勝地).

46. 설봉별비 雪峰鼈鼻
자라코 뱀

【 수시 】

(주장자를 세우고 말씀하셨다.)
주장자가 뛰어 하늘로 올라가서
미륵의 정수리를 두드려 부수니
석가와 아미타불이 어느 곳으로 피하겠는가?
(주장자 한 번 치고 말씀하셨다.)
일 이 삼 사 오로다.
(竪起拄杖云) 拄杖子足字跳上天하야 打破彌勒腦門하니 釋迦彌陀가 向什麼處回避오
(卓拄杖一下云) 一二三四五로다

【 본칙 】

설봉스님이 대중에게 법문하기를, "남산南山에 한 마리 자라코 뱀이 있으니, 그대들은 부디 잘 보아라." 하니, 장경스님이 나와 말하였다.
"오늘 많은 사람들이 상신실명喪身失命하였습니다."
그 뒤 어떤 중이 현사스님에게 그 말을 전하니, 현사스님이 이렇게 말하였다.
"모름지기 이는 혜능 형이라야 되느니라. 그러나 나는 그렇지 않다."
중이 말하되, "스님은 어떻게 하겠습니까?" 하니, 현사스님이 말하였다.

"남산이라 말해 무엇 하겠는가?"

운문스님은 주장자를 설봉스님 면전으로 던지면서 무서워하는 시늉을 하였다.[1]

雪峰이 示衆云 南山에 有一條鼈鼻蛇하니 汝等諸人은 切須好看이어다 長慶이 出衆云 今日에 大有人이 喪身失命이니라 後에 僧이 擧似玄沙한대 玄沙云 須是稜兄이라사 始得다 雖然如是나 我則不恁麼로다 僧云 和尙은 作麼生고 沙云 用南山作麼오 雲門은 以拄杖으로 攛向面前하야 作怕勢하니

◉

별비사鼈鼻蛇란 코끝이 자라 코처럼 생긴 뱀인데 이 뱀에게 물리면 반드시 죽는다고 합니다. "남산에 한 마리 자라코 뱀이 있으니, 그대들은 부디 잘 보아라."고 한 설봉스님의 이 말씀에 아주 깊은 뜻이 있습니다. 여기에서 참으로 살아날 사람이 아주 드뭅니다. 확철히 깨쳐 종문정안을 갖춰야만 여기서 살아날 수 있지, 그렇지 않으면 도저히 살아날 수 없는 그런 무서운 법문입니다. 조종문하祖宗門下에서 무섭기로 유명한 법문인데 여기에서 바로 깨쳐 바로 살아난 사람이 극히 희귀합니다. 이 공안에 대해 내 한마디 하겠습니다.

【 착어 】

네 사람의 좀도둑을 한 구덩이에 묻노라.

四箇草賊을 一坑埋却하노라

◉

설봉, 장경, 현사, 운문, 네 사람 다 도둑놈이라고 했습니다. 그것도 큰

---

1 『선문염송』제789칙(한국불교전서5, 587쪽) ; 『무문관』제22칙 ; 『종용록』제24칙.

도둑도 못되는 초적草賊, 좀도둑입니다. 이 네 좀도둑을 한 구덩이에 묻어 버리겠다 이것입니다. 이 공안에 대해 운문종의 설두 현선사가 송한 게 송이 있습니다.

【 송 】

설두 현선사가 송하였다.
상골산 바위 높아 사람이 이르지 못하니
이르는 사람은 모름지기 뱀 놀릴 줄 아는 솜씨로다.
혜능과 현사도 어떻게 할 수 없으니
상신실명한 이 얼마나 되는가?
소양韶陽은 알고서 거듭 풀을 헤치니
남북동서 어디서도 찾을 곳 없다.
갑자기 주장자 머리를 내밀어
설봉 앞에 던지고 입을 크게 벌리니
입을 크게 벌림이여 번쩍이는 번갯불 같구나
눈썹을 세워도 도리어 보지 못하리.
지금도 유봉산乳峰山 앞에 감추어 두니
오는 자는 낱낱이 방편을 보라.
억!
발밑을 보라!

雪竇 頌호대
象骨岩高人不到하나 到者須是弄蛇手로다
稜師備師不奈何하니 喪身失命有多少오
韶陽知하야 重撥草하니 南北東西無處討로다
忽然突出拄杖頭하야 抛對雪峰大張口하니
大張口兮여 同閃電이로다 剔起眉毛還不見이라

如今에 藏在乳峰前하니 來者는 一一看方便하라
師高聲喝云 看脚下하라 하니

●

　설봉스님이 주석하셨던 곳인 설봉산雪峰山의 다른 이름이 상골산象骨山입니다. 그곳에서 설봉스님이 법문을 어찌나 무섭고 고준하게 쓰는지 살아남는 사람이 없고 감히 그 앞에 어른거리지도 못하더라는 말입니다. 그럼 그곳에 있는 사람은 어떤 사람인가? 반드시 그런 독사를 가지고 놀 줄 아는 사람이라야 합니다. 그런 솜씨가 있어야 뱀한테 물려 죽지 않고 살아남을 수 있다는 말입니다. 허나 설봉의 대제자인 장경스님이나 현사스님 같은 이도 결국 이 뱀은 어쩔 수 없어 송장이 되어 버리고 말았는데 어떤 사람이 여기에서 살아날 수 있겠느냐고 설두스님은 말씀하셨습니다.
　분명 현사스님이 "장경이라야 그렇게 대답할 수 있다."고 칭찬하고 자기도 한마디 했는데, 왜 설두스님은 현사스님과 장경스님 모두 뱀에게 물려 죽었다고 했을까요? 여기에 아주 깊은 뜻이 있습니다.
　소양韶陽은 운문雲門을 가리키는 말입니다. 운문스님이 주석하셨던 운문산雲門山 광태선원光泰禪院이 소양韶陽 땅에 있었습니다. 운문스님은 알았다 이것입니다. 그래서 설봉스님이 법문한 뜻을 알고 뱀을 찾으려고 풀을 헤쳐 보았지만 동서남북 어디에서도 찾을 수가 없더라고 했습니다.
　운문스님이 갑자기 주장자를 내밀어 설봉스님 앞에 던지고 입을 크게 벌렸는데, 이것이 아주 무서운 소식입니다. 그래서 설두스님은 그것을 번쩍이는 번갯불과 같다고 했습니다. 사방에서 천둥이 치고 번개가 요란해 일체 생명을 다 죽여 버리는 그런 무서운 순간이니 아무리 눈썹을 치켜뜨고 보려 해도 볼 수 없다는 말입니다.
　유봉乳峰은 설두산雪竇山의 다른 이름입니다. 그리고는 설두스님이 "이

산 앞에도 그 뱀이 살고 있으니 오는 자는 낱낱이 이 방편을 보라."고 했습니다.

여기에서는 석가도 상신실명喪身失命이요 달마도 상신실명입니다. 역대조사 천하 선지식 어느 누구도 살아남을 수 없는 곳입니다. 설두스님의 이 법문에 내 한마디 붙이겠습니다.

【 착어 】

한 줄기 신령스런 빛이 우주에 비껴서
맑게 비치고 밝게 빛나 티끌과 연기 끊어졌구나.
一道神光이 橫宇宙하야 晶耀朗輝絶塵烟이로다

◉

신령스러운 빛이란 아주 무서운 칼과 같은 것을 형용한 것입니다. 온화한 광명이 아니라 부처를 만나면 부처를 죽이고 조사를 만나면 조사를 죽이는, 만나기만 하면 거기에선 도저히 살아남을 수 없는 그런 큰 칼을 의미합니다. 그런 칼의 섬광이 떡하니 우주를 비추고 있다는 말입니다. 그랬더니 눈을 뜰 수 없을 만큼 깨끗하고 찬란하며 온 우주에 온갖 티끌과 연기가 다 끊어져 찾아보려야 찾아볼 수 없다고 했습니다. 티끌과 연기가 일어나는 곳은 생물이 사는 곳입니다. 왜 티끌과 연기를 찾아볼 수 없다고 했을까요? 이 공안에 조동종 천동 정각선사와 임제정맥의 진정 극문선사가 게송을 지은 것이 있습니다.

【 송 】

천동 각선사가 송하였다.
현사는 너무 강하고 장경은 용기가 적으니
남산 자라코 뱀은 죽어서 소용없다.

바람과 구름이 일어 머리에 뿔이 돋아나니
과연 소양韶陽이 손을 내려 뱀을 놀린다.
손을 내려 놀림이여 격한 번갯불 속에서 변동함을 본다.
나는 능히 보내고 부르며 저는 잡기도 하고 놓기도 하니
이 일을 지금 누구에게 전할까?
차가운 입이 사람을 상하여도 아픈 줄 모른다.

天童覺이 頌호대

玄沙는 大剛하고 長慶은 小勇하니 南山鼈鼻死無用이로다
風雲이 際會에 頭角生하니 果然 韶陽이 下手弄이라
下手弄이여 激電光中에 看變動이로다
在我也能遣能呼하고 於彼也有擒有縱하니
底事를 如今에 付與誰오 冷口傷人不知痛이라 하니

【 착어 】

불속에서 연꽃이 송이송이 피어
금꽃술 은꽃실에 옥 이슬이 맺히네.

火裏蓮華朶朶開하야 金蘂銀絲承玉露로다

【 송 】

진정 문선사가 송하였다.
북을 치고 비파를 타니
두 집 사람이 서로 만났네.
운문은 곡조를 맞출 줄 알고
장경은 알음알이가 삿됨을 따라간다.
옛 곡조는 음률이 아니니
남산의 자라코 뱀이로다.

누가 묘한 비결을 아는가
맏아들은 현사로다.

眞淨文이 頌호대

打鼓弄琵琶하니 相逢兩會家로다

雲門은 能合調하고 長慶은 解隨邪라

古曲은 非音律이니 南山鱉鼻蛇로다

何人知妙訣고 的子是玄沙라 하니

【 착어 】

목인木人은 고개 위에서 노래하고
석녀石女는 시냇가에서 춤춘다.

木人은 嶺上歌하고 石女는 溪邊舞로다

●

나무를 깎아 만든 사람인 장승이 어떻게 노래를 부르고, 돌을 다듬어 만든 여인이 어떻게 춤을 출 수 있습니까? 새빨간 거짓말일까요? 이 소식을 바로 깨쳐야 합니다.

【 결어 】

대중들이여, 설봉 늙은이가 임제와 덕산을 높이 뛰어넘어서 자라코 뱀을 놓아주니, 독기가 하늘에 넘치고 해골이 땅에 가득하다. 천추만세千秋萬世에 누가 감히 자라코 뱀을 잡겠는가?

오늘 격량格量을 벗어난 납승衲僧이 있는가?

(한참 묵묵한 후에 말씀하였다.)

푸른 부채가 서늘한 바람을 잘도 내는구나.

(주장자 한 번 치고 내려오시다.)

大衆아 雪峰老漢이 高超臨濟德山하야 放出鼈鼻小蛇하니 毒氣彌天하고 髑髏遍地라 千秋萬世에 誰敢犯觸이리오 今日에 還有過量衲僧麼아 (良久云) 靑扇子足風凉이로다

(卓拄杖一下하고 下座하시다)

◉

대중 여러분, 종문 중의 영웅이라 하면 흔히들 임제스님과 덕산스님을 꼽습니다. 헌데 이 설봉스님은 그 두 분마저 능가하는 천하의 대조사라 하겠습니다. 그분이 작은 자라코 뱀을 한 마리 풀어놓으니 그 독한 기운이 하늘까지 뻗쳐 누구도 살아남지 못하고 온 우주에 해골이 가득합니다. 천추만세에 누가 감히 자라코 뱀을 잡겠습니까? 그럼, 오늘 이 자리에는 자라코 뱀에게 물려죽지 않고 살아남을 격량格量을 벗어난 납승이 있습니까?

푸른 부채가 서늘한 바람을 잘도 내는구나.

庚戌(1970)년 5월 보름 해인사 해인총림 대적광전

47. 흥화민덕 興化旻德
흥화와 민덕의 할

【 수시 】

(할을 하고 말씀하되)

억!

흰 뼈가 산처럼 이어 있고 흐르는 피가 개울을 이룬다.

(또 한 번 할을 하고 말씀하되)

억!

일천 해가 함께 솟고 만민이 함께 즐거워한다.

(또 한 번 할을 하고 말씀하되)

억!

붉은 갓 쓴 도사는 연화경蓮華經을 외우고

둥근 머리 스님은 주역周易을 강한다.

말해 보라, 이 무슨 도리인가?

(한참 묵묵한 후에 말씀하셨다.)

만법이 없어질 때 전체가 드러나고

군신君臣의 뜻 합하는 곳이 바른 가운데 삿됨이로다.

(喝一喝 云) 白骨이 連山하고 流血이 成川이로다

(又一喝 云) 千日이 並出하고 萬民이 咸樂이로다

(又一喝 云) 朱冠道士는 誦蓮經하고 圓頂沙門은 講周易이로다

且道하라 是什麽道理오 (良久云)

萬法泯時에 全體現이요 君臣合處正中邪로다

◉

일체 만법이 사라진다고 아무 것도 없는 것이 아닙니다. 일체 만법이 사라질 때 비로소 전체가 드러납니다. 임금과 신하의 뜻이 완전히 맞아떨어질 때 정중정正中正이 되어야 할텐데 왜 정중사正中邪가 된다고 했을까요? 이 말을 알면 앞의 법문과 뒤의 법문을 다 알 수 있습니다.

【 본칙 】

홍화스님이 상당하여 말하였다.

"오늘 이렇다 저렇다 하지 말고 곧 단도직입함을 바라노니, 홍화가 그대들을 위하여 증명하리라."

이때 민덕장로가 대중 가운데서 나와 절을 하고 일어나서 갑자기 할을 하니 홍화스님도 또한 할을 하였다. 민덕장로가 또 할을 하자 홍화스님도 다시 할을 했다. 민덕장로가 절을 하고 대중 속으로 돌아가자 홍화스님이 말하였다.

"조금 전에 만약 딴 사람이라면 삼십 번 몽둥이질에서 한 몽둥이도 감하지 못했을 것이다. 무슨 까닭인가? 저 민덕은 한 할이 한 할의 작용을 쓰지 않음을 알기 때문이다."[1]

興化 上堂云 今日에 不用如何若何하고 便請單刀直入하노니 興化가 爲你證據하리라 時有旻德長老하야 出衆禮拜起來하야 便喝한대 化亦喝이라 德이 又喝이어늘 化又喝이라 德이 禮拜歸衆하니 化云 適來에 若是別人이면 三十棒에 一棒도 也較不得이로다 何故오 爲他旻德이 會一喝不作一喝用이라 하니

---

[1] 『선문염송』 제761칙(한국불교전서5, 571쪽).

◉

"어떤 때 할喝은 금강왕金剛王의 보배칼과 같고, 어떤 때 할은 땅에 버티고 앉은 사자와 같으며, 어떤 때 할은 탐간과 영초 같고, 어떤 때 할은 할을 할로써 쓰지 않고 쓴다."고 한 임제스님의 법문이 있습니다. 홍화스님이 민덕 장노를 때리지 않는 까닭이, 민덕 장노는 할의 작용을 하지 않는 할을 분명히 알기 때문이라는 것입니다. 이것이 유명한 홍화와 민덕의 법문입니다. 내 두 스님의 뜻을 거두어 한마디 하겠습니다.

【 착어 】

장안 집집에 밤마다 달이 밝은데
몇 집에서 피리 불고 노래하며 몇 집에서 근심하는가?
長安夜夜家家月에 幾處笙歌幾處愁오

◉

온천지를 치우침 없이 고루 비추는 달빛 아래 그 달을 보고 춤추고 노래하는 사람도 있고, 그 달을 보고 슬퍼서 우는 사람도 있다는 이 소식을 바로 알면 홍화스님과 민덕 장노가 맞받아 할한 소식과 할이 할로써 작용하지 않는다는 것도 분명히 알 수 있습니다.

【 송 】

대혜 고선사가 송하였다.
어둠 속에서 손을 잡고 높은 산에 올랐다가
날이 밝으니 제각각 길을 간다.
중도에서 돌아오지 못하는 한없는 손이
밝고 밝게 눈을 뜨고 깊은 구덩이에 떨어졌네.
大慧杲 頌호대

暗中에 携手上高山타가 及至天明各自行이로다
無限中途未歸客이 明明開眼落深坑이라 하니

◉

'캄캄한 밤중에 험한 산길을 가자니 혹 넘어지거나 위험한 지경에 처할까봐 손을 잡고 올라가고, 날 밝으면 위험할 것 없으니 손 놓고 제 갈 길로 간다고 했겠지' 하고 생각하는 사람도 있겠지만 거기에 뜻이 있는 게 아닙니다. 여기엔 아주 깊은 뜻이 있습니다.

어두울 땐 서로 손을 잡고 산으로 올라갔다가 밝으니까 서로 손을 놓고 제 갈 길로 간다는 이것이 홍화와 민덕이 서로 할한 소식을 바로 전한 것입니다.

"밝고 밝게 눈을 뜨고 깊은 구덩이에 떨어졌네."라고 했는데, 왜 봉사도 아니면서 두 눈 뻔히 뜨고 깊은 구덩이에 떨어졌을까요? 이것이 실지에 있어서 두 분이 할을 한 근본소식입니다. 여기에 대해 내 한마디 하겠습니다.

【 착어 】

집에서는 가난하고 길에서는 부하도다.

家貧路富로다

◉

집에서는 추위와 가난이 뼈에 사무칠 지경인데 길에 나서면 부자라 했습니다. 이게 무슨 소리일까요? 집에 있을 때는 끼닛거리도 없어 쩔쩔매는데 어째서 길만 나서면 천하갑부냐 이 말입니다. 이것을 알아야 대혜스님 게송의 뜻을 알 수 있고 아울러 홍화와 민덕이 할을 한 소식도 알 수 있습니다.

【 송 】

나암 추懶菴樞선사[2]가 송하였다.
민덕의 한 할은 우레같이 울리고
흥화의 한 할은 울림이 우레 같다.
비단 도포 옥띠가 참으로 산뜻하니
그때의 늙은 만회萬回[3]를 생각한다.

懶菴樞 頌호대
旻德一喝은 如雷響이요 興化一喝은 響如雷로다
錦袍玉帶眞瀟灑하니 記得當年老萬回라 하니

◉

흥화와 민덕 두 분의 고함 소리가 청천백일의 뇌성벽력 같아서 천지가 무너지고, 천하에 둘도 없이 귀한 좋은 비단 도포에 옥으로 만든 띠를 두른 것처럼 산뜻하고 보기가 좋다는 말씀입니다.

이것이 할하고 무슨 관계가 있기에 뇌성벽력 같다고 하고 비단 옷에 옥대 같다고 할까요? 앞뒤가 서로 연결이 되지 않는 것 같지만 큰 맥이 분명히 통해 있습니다.

"늙은 만회를 생각하게 한다."고 하였는데, 당나라 때 만회萬回스님이라고 유명한 분이 계셨습니다. 하도 유명해 고종高宗 황제가 궁중에 모셔 놓고 비단으로 옷을 해 입히고 옥으로 띠를 만들어 둘러주며 극진히 대우한 일이 있습니다. 그래서 금포옥대를 한 것을 보니 이전에 만회스님을 생각하지 않으려야 않을 수가 없다는 것입니다.

그러면 이것이 무슨 뜻인가? 두 분의 할이 뇌성벽력처럼 무시무시하

---

2 『선종송고연주통집(禪宗頌古聯珠通集)』 제26권에 이 게송이 있으나 전기는 불명.
3 만회(萬回, 632~711). 당 고종이 금포(金袍)와 옥대(玉帶)를 하사하니 항상 입고 다녔다 하며, 706년 법운공(法雲公) 원통대사(圓通大士)라는 호를 받음.

다고 하고선 다시 금포옥대처럼 휘황찬란하다고 하니 이것이 무슨 뜻입니까? 그 뜻을 표현해 내 한마디 하겠습니다.

【착어】

모자를 버리고 구름을 뚫고 가며
도롱이를 입고 비를 맞으며 온다.
却帽穿雲去하고 披蓑帶雨來로다

【송】

설암 흠선사[4]가 송하였다.
조照와 용用을 함께함과 함께하지 않음이여
권權과 실實이 쌍으로 나아가니 깨달은 이는 안다.
또한 얻음도 있고 잃음도 있으나
저 용과 범이 스스로 엇바꾸며 달음박질친다.
雪岩欽이 頌호대
同時照用不同時여 權實이 雙行作者知로다
有得雖然亦有失하나 還他龍虎自交馳라 하니

◉

임제정맥의 설암 흠선사는 고봉 원묘선사의 스승입니다. 조照와 용用은 법신法身을 말합니다. 법을 쓸 때 조와 용을 동시에 쓰기도 하고, 어떤 때는 먼저 조를 쓰고 나중에 용을 쓰기도 하고, 또 먼저 용을 쓰고 나중에 조를 쓰기도 합니다. 결국 말하자면 조와 용을 같이도 쓰고 시간

---

4 설암조흠(雪巖祖欽, ?~1287). 임제종 양기파 스님으로 무준사범(無準師範)의 법제자. 남악(南岳)스님의 20세손. 『설암화상어록(雪巖和尙語錄)』 4권이 있음.

적으로 선후를 두어 따로 쓰기도 한다는 것입니다. 그러니 확철히 깨쳐 자성을 분명히 본 사람만이 이 깊은 소식을 알 수 있지, 그 이외 사람은 모른다는 말입니다.

얻음도 있고 잃음도 있다 했는데, 얻었으면 분명히 얻었지, 어째서 어떤 때는 분명히 얻고 또 어떤 때는 분명히 잃는다고 할까요? 그리고선 용과 범이 앞서거니 뒤서거니 하며 자유자재로 노닐더라고 했습니다. 그러면 여기에 무슨 뜻이 있는가? 여기에 대해 내 또 한마디 하겠습니다.

【 착어 】

얼굴 검은 노파는 흰 실을 쓰고
흰머리 노옹老翁은 검은 적삼을 입었네.

黑面老婆는 披白練하고 白頭老翁은 著皁衫이로다

◉

얼마나 못났는지 얼굴이 먹같이 새카만 노파는 흰 옷을 입고, 머리가 허연 늙은이는 새까만 옷을 입었다고 했습니다. 앞뒤가 반대지요. 할멈은 얼굴이 새카만데 흰 옷을 입었고 할아범은 머리는 허연데 검은 옷을 입었다고 했습니다. 이것이 무슨 도리입니까? 이것을 바로 알면 조와 용을 동시에 쓰고 조와 용을 따로 쓰는 것도 알 수 있고, 할이 할의 작용을 하지 않는다는 것도 알 수 있습니다. 이것은 깨쳐야 알지 사량분별로는 절대 모릅니다. 그러니 어떻게든 부지런히 공부해서 확철히 깨쳐야만 합니다. 또 임제정맥의 수산 성념선사가 이 공안을 들어 법문하신 것이 있습니다.

【 염 】

수산 념선사가 상당하여 이 법문을 들어 말하였다.

"저 홍화가 이렇게 작용함을 보니 어째서 저 민덕의 허물을 놓아주었는가? 모든 상좌들아, 말해 보라. 어떤 곳이 한 할이 한 할의 작용을 짓지 아니함인가? 이 앞의 할인가, 이 뒤의 할인가? 어느 것이 손이며 어느 것이 주인인가? 그러나 모름지기 자세히 살펴야 옳다."

한참 묵묵한 후에 말하였다.

"둘 다 허물이 있고 둘 다 허물이 없다."

首山이 上堂에 擧此話云 看他興化恁麽作用하니 爲什麽하야 放得伊過오 諸上座야 且道하라 什麽處가 是一喝不作一喝用고 是前喝가 是後喝가 那箇是賓이며 那箇是主오 雖然如是나 也須仔細하야사 始得다 良久云 二俱有過요 二俱無過라 하니

●

홍화스님은 분명 "할이 할의 작용을 하지 않는 도리를 민덕이 알기 때문에 때리지 않는다."고 했는데, 수산스님은 "왜 저 민덕의 허물을 그냥 두느냐?"고 했습니다. 홍화스님과는 반대로 하는 말씀입니다.

또 민덕이 두 번 할을 했는데, 앞의 할이 할의 작용을 하지 않은 것인가, 뒤의 할이 할의 작용을 하지 않은 것인가, 또 임제스님께서 한 할에 빈주, 즉 손님과 주인이 분명하다고 했는데, 어느 것이 손님이며 어느 것이 주인인가 하고 수산스님이 대중에게 물은 것입니다.

그리고선 "모름지기 자세히 살펴야 옳다."고 하셨습니다. 분명히 확철히 깨쳐야 되지, 깨치기 전에는 이 도리를 모른다는 말씀입니다. 한참을 묵묵한 뒤에 "민덕과 홍화 두 사람이 다 허물이 있다. 그런 동시에 둘 다 허물이 없다."고 했는데 이건 통 말이 되지 않는 소리 아닙니까? 홍화스님과 민덕 장노 두 분 모두 분명히 임제의 정맥을 이은 조사들이신데 어찌 허물이 있을 수 있습니까? 또, 허물이 있다고 하고선 다시 두 분 다 허물이 없다고 하니 이것이 무슨 소립니까? 수산스님이 미친 사람이라

이런 말을 한 것이 아닙니다.

두 분이 분명 허물이 있는 동시에 허물이 없다는 것을 알면 실지에 있어서 흥화스님과 민덕 장노가 한 이 법문을 확실히 알 수 있습니다. 오늘 법문의 골자는 어디에 있는가? "두 사람 다 허물이 있고 두 사람 다 허물이 없다."는 여기에 있습니다. 이것은 논리로 이리저리 따져서는 절대 모릅니다. 오직 깨쳐야 알 수 있습니다. 쓸데없는 망상으로 이리저리 천년만년을 천착한다 해도 "두 사람 다 분명 허물이 있는 동시에 허물이 없다."는 이 소식은 끝내 알 수 없습니다. 오직 공부를 열심히 해서 깨쳐야 알 수 있습니다. 그러면 이것이 어떤 도리인가? 여기에 대해 내 한마디 하겠습니다.

【 착어 】

한 번 즐거워하고 한 번 슬퍼함이여
한 손은 내리고 한 손은 내리지 않는다.
一喜一悲하니 垂手不垂手로다

【 염 】

장산 근선사가 염하였다.

"깨친 이들이 서로 만남에는 모름지기 이렇게 해야 하니, 기틀은 번갯불 같고 눈은 유성 같으며, 시작이 있으면 끝을 마쳐야 하고, 머리를 붙들어 꼬리에 닿게 한다. 이른바 깃과 털이 서로 비슷하고 말과 기운이 서로 합한다. 다만 두 집이 서로 번갈아 할을 하니, 또한 어찌하여야 한 할이 한 할의 작용을 짓지 않음을 가릴 수 있을 것인가. 임제의 정법안장正法眼藏을 이어받으려면 모름지기 두 노스님의 뜻을 밝혀야 한다. 말해 보라, 뜻이 어떠한가?

백 척 장대 끝에서 한걸음 더 나서니

자줏빛 비단 장막 속에서 진주를 흩는다."

蔣山勤이 拈호대 作家相見엔 須是恁麽니 機如掣電이요 眼似流星이라 原始要終하며 扶頭接尾니 所謂羽毛相似하고 言氣相合이로다 只如兩家가 互換相喝하니 且作麽生辨得一喝不作一喝用고 要承當臨濟正法眼藏인댄 須明取二老宿意로다 且道하라 意作麽生고 百尺竿頭에 須進步하니 紫羅帳裏에 撒眞珠라 하니

◉

장산蔣山스님은 곧 원오 극근선사를 말합니다. 원오스님이 장산蔣山 태평흥국사太平興國寺에 오래 주석하셨기 때문에 이렇게 부르는 것입니다.

확철히 깨친 사람이면 흥화와 민덕같이 법을 써야 한다고 했는데, 법을 이렇게 쓰는 건 천하에 쉬운 일 아닙니까? 누구든 고함만 칠 줄 알면 다 깨친 사람일까요? 아무리 천지가 무너지고 목구멍이 째지도록 소리를 지른다 해도 실지 그 뜻을 모르고 고함지르면 아무 소용이 없습니다. 이것은 깨친 사람 분상에서 하는 소리이지, 공연히 고함지르라고 하는 소리가 절대 아닙니다. 작가끼리 서로 만났을 때는 흥화와 민덕같이 법을 분명하게 써야 한다는 말입니다.

"시작이 있으면 끝을 마쳐야 하고, 머리를 붙들어 꼬리에 닿게 한다."고 했는데 이것은 "법을 쓰되 시종일관하게 써야 된다."는 정도의 뜻이 아닙니다. 이것이 바로 "할이 할의 작용을 하지 않는다."는 것의 내용입니다.

흥화와 민덕 두 분이 서로 번갈아 할을 했는데, 할이 할의 작용을 하지 않은 것을 어떻게 가려낼 수 있을까요? 분명히 분별할 수 있어야지 분별하지 못하면 눈먼 봉사입니다. 고봉 원묘선사도 이와 같은 법문을 하신 일이 있습니다.

"네가 만약 바로 깨쳤다면 다른 것은 차치하고 저 문 밖에서 두 사람

이 같이 할을 한다고 하자. 어떤 할이 손님이 되고 어떤 할이 주인이 되며, 어떤 할이 실이며 어떤 할이 허냐, 어떤 것이 바르고 어떤 것이 삿된가, 어떤 것이 깊고 어떤 것이 얕은가? 이것을 분명히 분별할 수 있어야만 비로소 바로 깨쳤다고 할 수 있는 것이지 그렇지 않다면 눈 뜬 봉사다."고 했습니다. 원오스님 역시 이런 뜻에서 하신 말씀입니다.

두 스님이 할한 뜻을 바로 알아야만 임제스님의 정법안장을 바로 아는 동시에 석가와 달마와 가섭과 아난의 근본법을 바로 알 수 있는 것입니다. 실지에 있어서 두 스님이 할한 도리를 모른다면 그는 불법을 모르는 사람입니다.

마지막 구절의 "백척간두수진보百尺竿頭須進步"를 모름지기 '수須' 자가 있다 해서 "백 척 장대 끝에서 모름지기 한 걸음 더 나아가야"로 새기는 사람들이 많습니다. 그렇지만 그건 잘못 새기는 것입니다. 백 척 장대 끝에서 척하니 한 걸음 더 나선다는 말입니다. 나서니까 어떠한가? "자줏빛 비단 장막 속에서 진주를 흩는다."고 했습니다. 비단만 해도 좋은데 천하 보배인 진주까지 잔뜩 흩어놓으니 얼마나 좋습니까? 이것이 실지에 있어서 홍화스님이 할을 하고 민덕 장노가 할을 한 근본 소식입니다. 여기에 대해서 내 또 한마디 붙이겠습니다.

【 착어 】

고기가 뛰니 일천 강에 달이요
용이 나니 만 리에 구름이로다.
魚躍千江月이요 龍騰萬里雲이로다

◉

달이 훤한 강에서 고기가 뛰고 자욱한 구름 속에서 용이 노닌다는 이 소식을 알면 자줏빛 비단 장막에 진주를 흩뿌리는 소식을 알고, 동시에 할이 할의 작용을 하지 않는 도리도 알 수 있습니다. 그럼 오늘 법문을 총 마무리 짓겠습니다.

【 결어 】

대중들이여, 만약 한 할喝이 한 할喝의 작용을 짓지 않음을 알면, 다만 삼현삼요三玄三要와 사료간四料簡 사빈주四賓主를 일시에 뚫어 꿸 뿐 아니라, 부처와 조사의 전기대용全機大用을 통틀어 남김없이 알 수 있으리니, 비로자나 이마 위의 높은 사람이요 출격出格의 대장부라 말할 것이다. 그러나 자세히 점검해 보니 이는 대낮에 귀신을 보는 것이다. 알겠느냐?

(한참 묵묵한 후에 말씀하셨다.)

천년 옛 절에 하루아침 머무르는 중이로다.

억!

(크게 할을 한 번 하고 내려오시다.)

大衆아 若也會得一喝不作一喝用하면 非但三玄三要四料簡四賓主를 一時穿串이요 乃佛乃祖의 全機大用을 括盡無餘니 可謂毘盧頂上高人이요 出格大丈夫兒로다 雖然이나 仔細檢點來하니 也是白日에 見鬼라 還會麽아 (良久云)

千年常住一朝僧이로다 하고

(喝一喝하고 下座하시다)

◉

대중 여러분, 만약 확연히 깨쳐 한 할이 한 할의 작용을 짓지 않음을 알면, 임제스님이 쓰신 삼현삼요三玄三要[5]와 사료간四料簡[6]과 사빈주四賓主[7]

---

5 삼현(三玄)은 체중현(體中玄)·구중현(句中玄)·현중현(玄中玄)이다. 체중현(體中玄)은 말 속에 조금의 꾸밈도 없이 사물의 있는 그대로의 진상(眞相)을 드러내고 있는 구(句)를 가리키고, 구중현(句中玄)은 분별정식(分別情識)과 관계 없는 진실한 말로

를 일시에 뚫어 펠 뿐 아니라, 부처와 조사의 전기대용全機大用을 통틀어 남김없이 알 수 있습니다. 그런 사람은 비로자나부처님의 머리 꼭대기를 밟고 일어선 높은 사람이요 출격出格의 대장부라 하겠습니다.

이러면 천상천하에 이보다 더 높은 사람이 어디 있겠습니까? 그러나 이런 이도 자세히 점검해 보면 대낮에 멀쩡히 귀신을 보는 사람이라 하겠습니다. 미친 사람이다 이 말입니다. 그럼, 방금 전까진 저 하늘 꼭대기까지 그렇게 높이 올리더니 왜 지금은 끌어내려 밑바닥 구렁텅이에 처박는 소리를 하는가? 이것이 절대로 욕하는 말이 아닙니다. 이것을 바로 알아야 합니다. 그럼 이 도리를 아시겠습니까?

천년 옛 절에 하루아침 머무르는 중이로다.

억!

庚戌(1970)년 5월 말일 해인사 해인총림 대적광전

서 언어에 구애됨 없이 충분히 그 현오(玄奧)를 깨달을 수 있는 구(句)를 가리키며, 현중현(玄中玄)은 모든 상대적 논리와 언어의 질곡을 벗어난 현묘(玄妙)한 구(句)를 가리키는데, 용중현(用中玄)이라고도 한다. 삼요(三要)는 제일요(第一要)·제이요(第二要)·제삼요(第三要)인데, 분양선소(汾陽善昭)에 의하면, 제일요(第一要)는 분별과 조작이 없는 언어를 말하고, 제이요(第二要)는 천(千)의 성인(聖人)이 그대로 현요(玄要)에 들어가는 것이라 하고, 제삼요(第三要)는 언어를 끊어버린 것이라 한다.

6 임제의현이 학인을 깨달음의 경지에 인도하기 위해 설한 네 가지 방법. 탈인불탈경(奪人不奪境)·탈경불탈인(奪境不奪人)·인경구탈(人境俱奪)·인경구불탈(人境俱不奪). 요간(料簡)은 사량 분별, 인(人)은 주체로서의 자신, 경(境)은 대상, 탈(奪)은 부정. 탈인불탈경(奪人不奪境)은 자신을 부정하고 대상에 몰입함. 탈경불탈인(奪境不奪人)은 대상을 부정하고 자신만을 주목함. 인경구탈(人境俱奪)은 자신과 대상을 모두 부정함. 인경구불탈(人境俱不奪)은 자신과 대상을 모두 부정하지 않음.

7 임제의현이 주객(主客, 선사와 학인)이 서로 만날 때의 양태(樣態)를 네 가지로 나눈 것. 객간주(客看主)·주간객(主看客)·주간주(主看主)·객간객(客看客). 객간주(客看主)는 선사가 평범하고 학인이 준수(俊秀)한 경우. 주간객(主看客)은 선사가 준수하고 학인이 평범한 경우. 주간주(主看主)는 선사와 학인이 함께 비범한 경우. 객간객(客看客)은 선사와 학인이 함께 평범한 경우.

48. 조주감파 趙州勘破
감파했다

【 수시 】

석가는 큰 도적이요 달마는 작은 도적이라
서천에서 속이고 동토에서 기만하였네.
아들이 아버지의 가업을 이어받음이 밀밀하고 면면한지라
횡포하게 시장에서 빼앗고 병영에서 도적질하며
요새에서 겁탈하니 나라가 망하고 집이 부서지며
귀신은 울고 신령은 눈물 흘린다.
도적이여 도적이여!
저 한없는 어리석은 남녀를 속이고
눈을 뜨고 당당하게 확탕鑊湯지옥에 들어간다.

釋迦는 大賊이요 達磨는 小賊이라
誑惑西天하고 欺瞞東土로다
子承父業하야 密密綿綿이라
攙行奪市하고 偸營劫塞하니
國亡家敗하야 鬼哭神泣이로다
賊賊이여 賺他無限痴男女하고 開眼堂堂入鑊湯이로다

◉

대자대비로 일체중생을 다 제도한 석가모니부처님과 조사의 심인을 전한 달마대사를 어째서 도적이라 했을까요? 중생을 제도했는데 도리어 중생을 속였다고 하니 이게 무슨 말인가 하고 혹 생각할지도 모르겠습니다. 그러나 실지에서 보면 도적 중에 석가같이 큰 도적이 없고 달마같이 큰 도적이 없습니다. 이것을 바로 알아야 불법을 좀 안다고 할 수 있지, 만약 그렇지 못하면 남쪽을 북쪽으로 착각하고 있는 격입니다. 그런 사람은 영원히 불법을 모르고 맙니다. 석가는 큰 도적이고 달마는 작은 도적이라, 서천과 동토에서 사람들을 속여 세상을 어지럽혔다는 이것을 분명히 알아야 합니다. 어디 그들뿐인가? 석가 이후로 가섭과 아난 등 33조사와 역대 천하 선지식들 역시 법을 이어서 중생을 교화한 것이 아니라 도적질하고 중생을 속이는 가업을 물샐 틈도 바람들 틈도 없이 밀밀면면하게 이어온 것입니다.

그래서 여기저기를 횡행하며 부수고 빼앗고 도적질하여 온 나라가 망하고 집안이 뿔뿔이 흩어진 지경이 되었습니다. 그러니 어찌 원통한 것이 사람뿐이겠습니까? 귀신도 신령마저 통곡을 합니다.

결국 그들은 중생을 제도한 것이 아니라 아무 것도 모르는 중생들을 속이고 망쳤으니 그 죄는 산 채로 지옥에 떨어질 만큼 무겁다 하겠습니다. 이런 소식을 알아야 불법을 안다고 할 분수가 있고, 가사 입고 발우 들고 절집에서 살 자격이 있습니다. 만약 이런 소식을 모른다면 천년만년 절에 살아봤자 실지에 있어선 불법 가운데 있는 사람이 아닙니다.

나의 상당법문을 두고 말들이 참 많습니다. 법문한답시고 높은 자리에 올라가서는 알아듣지도 못할 저런 소리만 하니 과연 우리에게 무슨 이익이 있겠느냐고 불평하는 사람들이 참 많습니다. 내가 여러분과 무슨 원수를 졌다고 거짓말을 하겠습니까? 나는 한 치의 거짓도 없이 법을 똑바로 일러주는 것입니다. 삼세제불과 역대조사가 전부 이런 식으로 법을 바로 일러주었지 거짓말로 사람을 속인 것이 아닙니다.

이런 소식을 듣고도 모르겠거든 마땅히 알려고 노력해야지, 노력할 생각은 않고 알아들을 수 없다는 불평만 늘어놓아서는 영원히 불법을 모르고 맙니다. 그런 사람은 가사 입고 발우 들고 절에서 산다 해도 전부 외도요 마군이입니다.

【 본칙 】

조주 땅 오대산五臺山 가는 길에 한 노파가 있었다.

"오대산 길은 어디로 가오?" 하고 물으면 노파는 "똑바로 가시오." 하고는, 그 중이 서너 걸음 가면 노파가 말했다.

"멀쩡한 스님이 또 저렇게 가는구나."

뒤에 어떤 중이 이 일을 조주스님에게 말했더니, 조주스님이 "노승이 가서 감파할 테니 기다리라."고 하였다.

다음날 내려가서 그와 같이 물으니 노파는 역시 그렇게 대답하였다. 조주스님이 돌아와서 대중에게 말하였다.

"내가 그대들을 위하여 노파를 감파해 마쳤노라."[1]

趙州因臺山路에 有一婆子하야 凡有僧이 問호대 臺山路向什麽處去오 婆云 驀直去니라 僧이 纔行三五步하면 婆云 好箇阿師又恁麽去也로다 하니라 後에 僧이 擧似趙州한대 州云 待老僧이 去勘破하라 明日에 便去如是問하니 婆亦如是對라 州歸衆云 我爲汝勘破婆子了也라 하니

●

길 묻는데 "바로 가라."고 해서 바로 가면 "또 저렇게 간다."고 빈정거리고, 노장이 가서 물어봐도 똑같이 응대했는데 "밑바닥까지 샅샅이 감정했다."고 하니 여기에 무슨 깊은 뜻이 있을까요? 피상적으로 보면 무슨 아이들 장난 같기도 하고, 우스갯소리 같기도 하지만 여기에 참으로

---

1 『무문관』 제31칙.

깊은 뜻이 있습니다. 예전 조사스님들의 공안에 염송이 많지만 오대산 노파에게 길을 묻는 이 공안에 대한 염과 송이 제일 많습니다. 그만큼 뜻이 깊고 유명한 법문입니다. 아이들 장난하는 그런 것이 아닙니다. 그럼, 오대산 길목의 그 늙은이가 하는 수작이나 조주 노장이 하는 수작이 필경 그 뜻이 어느 곳에 있습니까? 내 거기에 대해 한마디 하겠습니다.

【 착어 】

고기 눈으로 밝은 구슬을 삼고
나귀 똥으로 눈동자를 바꾼다.
魚目으로 作明珠하고 驢屎로 換眼睛이로다

◉

모양이 비슷하다고 고기 눈을 천하의 둘도 없는 보배인 진주라고 속이고, 멀쩡한 눈을 빼내고 나귀 똥을 그 자리에 넣는다는 이것이 무슨 뜻인지 잘 생각해 보십시오. 이 소식을 알면 노파와 조주의 법문을 확연히 알 수 있습니다.

【 송 】

진정 문선사가 송하였다.
미친 것 같고 미치지 않은 것 같은 조주 늙은이여
혹 성스럽고 혹 범상하여 사람이 알기 어렵다.
시비와 장단은 그대에게 맡겨 결정케 하나
노파는 조주에게 감파당하였네.
眞淨文이 頌호대
似狂不狂趙州老여 或聖或凡人難曉로다

是非長短을 任君裁하니 老婆被伊勘破了라 하니

◉

보통 사람이 볼 때는 조주 노장 하는 짓이 미친 짓이지만 실지에 있어서는 미친 짓이 아닙니다. 어찌 보면 성스럽고 또 어찌 보면 별 것 아니어서 범부인지 성인인지 도저히 측량할 수 없더라고 했습니다. 마음대로 이렇게도 하고 저렇게도 하니 그걸 두고 옳다고 하건 그르다고 하건, 길다고 하건 짧다고 하건 마음대로 판단하라는 소립니다. 그럼 결국 어떻다는 말인가? 노파는 조주에게 속을 다 내보였다고 했습니다. 진정 극문선사의 이 게송에 내 한마디 붙이겠습니다.

【 착어 】

몸을 숨기나 그림자는 드러난 사람이여
귀신굴 속에서 살 궁리를 하는구나.
藏身露影漢이여 鬼窟裏作活計로다

◉

몸을 숨긴다고 숨겼는데 그림자가 드러났으니 무슨 보람이 있습니까? 들켰다 이 말입니다. 귀신굴 속에서 살 궁리를 한다고 했으니 이는 말하자면 잘난 체 하더라는 것입니다. 이것이 조주와 노파를 두고 평한 소리입니다. 이 공안을 두고 조동종의 천동 정각선사가 게송을 지은 것이 있습니다. 그것을 소개하겠습니다.

【 송 】

천동 각선사가 송하였다.
나이 먹어 정밀함을 이루어 잘못 전하지 아니하니

조주 고불이 남전의 법을 이었다.
마른 거북이 목숨 잃음은 도상圖像 때문이요
좋은 말이 바람을 쫓아가나 이리저리 얽히네.
감파해 마친 노파선이여
사람들에게 설하니 몇 푼어치 되지 않는구나.
天童覺이 頌호대
年老成精不謬傳하니 趙州古佛이 嗣南泉이로다
枯龜喪命은 因圖象이요 良馬는 追風하나 累纏牽이라
勘破了老婆禪이여 說向人前不直錢이라 하니

◉

 명불허전이라, 실지에 있어서 조주스님은 참말로 명실이 부합한 철두철미한 도인이니 진정 남전의 법을 이었다고 하겠습니다.
 "마른 거북이 목숨 잃음은 도상圖像때문이다."라고 했는데 이 말은 『장자』에 출처[2]가 있습니다. 몇 천 년이나 묵은 신령스런 거북이 한 마리 있었는데 그물에 걸려 죽을 처지가 되었습니다. 그래서 송원군宋元君이라는 임금한테 현몽을 했어요. "내가 여차余且라는 사람의 그물에 걸려 죽을 처지가 되었으니 대왕께선 나를 불쌍히 여겨 살려 달라."고 꿈에 나타난 것입니다. 왕이 꿈에서 깨어나 조사를 해보니 여차라는 어부가 정말 흰 거북 한 마리를 잡았습니다. 송원군이 참으로 신령스러운 거북이라 여겨 살려 주자고 하자 주변의 신하들이 말렸습니다. 이런 신령스런 거북이라면 그 껍질에 72개의 구멍을 뚫어 괘를 뽑을 것 같으면 백발백중할 것이라고 간언했습니다. 그래서 잡아 죽였어요. 결국 그 거북은 신통한 능력이 있어 송원군에게 현몽까지 했지만 여차의 그물은 피하지

---

2 『장자』 외편 「외물편」.

못했고, 또 죽임을 당해 괘를 뽑는 산통算筒 신세가 될 줄은 몰랐던 것입니다.

영험이 없어 괘가 맞지 않을 것 같으면 무슨 필요가 있겠습니까? 그런 거북은 잡아가라고 해도 잡아가지 않습니다. 그러니 결국 죽임을 당한 까닭은 바로 그 신령스러운 재주 때문입니다. 이것은 무엇을 말하는가? 조주나 노파가 실지로 도를 확연히 통해 모든 법에 자유자재하지만 결국 그 법 때문에 자기 생명을 잃었다는 것입니다. 또 바람도 따라잡을 수 있는 천리마 역시 그 능력 때문에 사람에게 잡히고 맙니다. 그 출중한 능력 탓에 고삐에 매여 사람에게 부림을 당합니다. 이리 가라면 이리 가고 저리 가라면 저리 가서, 자기의 자유는 하나도 없는 처지가 되고 맙니다. 이것 역시 조주와 노파가 투철한 안목을 가지고 있기는 하지만 자승자박으로 결국 자신의 생명을 잃고 만 것을 비유한 것입니다.

조주가 그 노파를 다 감파했다고 자랑스럽게 얘기했지만 그 속내를 들여다보니 똥덩어리만도 못하더라고 천동스님이 송하였습니다. 이것은 천동스님이 높은 안목으로 저 조주와 노파의 머리 꼭대기 위에 서서 하는 말입니다. 천동스님의 게송에 내 한마디 하겠습니다.

【 착어 】

도적을 속이는 자는 망하고 계략에 빠지는 자는 잃는다.

欺賊者亡하고 登機者失이로다

◉

보통 사람도 속이기 힘든데 하물며 속이는 것을 업으로 삼는 도적을 어떻게 속이겠습니까? 그러니 도적을 속이려고 드는 자는 자기가 도리어 속임을 당해 망하고 맙니다. 또 그럴싸한 계략에 말려드는 자는 무슨 큰 돈벌이를 할 것같이 달려들지만 결국은 큰 손해를 보고 맙니다.

【 송 】

전우 유선사[3]가 송하였다.
도적은 비록 소인이나 지혜는 군자보다 나으니
큰 거짓말을 하고 문득 빼앗아 간다.
담이 크고 마음이 거칠어 그대가 알 곳이 없으니
조주의 큰 법왕에게 머리를 숙인다.

典牛遊 頌호대
賊是小人이나 智過君子니
大妄語成하고 便白拈去로다
胆大心麤하야 無你會處하니
稽首趙州大法王主라 하니

◉

조주스님을 찬탄한 게송입니다. 조주스님이 겉으로 볼 때는 대법왕이지만 속은 천하에 둘도 없이 무서운 사람이라 했습니다. 이 게송은 조주스님이 "노파를 감파했다."고 하신 법문의 골수를 그대로 지적한 소리입니다. 이 게송에 내 또 한마디 붙이겠습니다.

【 착어 】

싸움에 패한 장수는 다시 목 벨 필요 없다.
敗軍之將은 不勞再斬이로다

◉

예전에 싸움에 나서는 장수는 싸움에 지면 죽겠다는 서약을 쓰고 전

---

3 전우천유(典牛天遊). 송(宋)대 임제종 황룡파 스님으로 담당문준(湛堂文準)의 법제자. 남악(南岳)스님의 14세손.

쟁터로 향했습니다. 그러니 싸움에 지면 전장에서 죽지 않더라도 이미 죽은 목숨이나 다름없습니다. 그럼 이 말은 누구를 두고 한 소리일까요? 잘 생각해 보십시오.

【염】

현각선사[4]가 밝히어 말하였다.
"조주의 감파만 받았을 뿐 아니라 그 중의 감파도 받았다."
玄覺이 徵云 非唯趙州勘破요 亦被遮僧勘破라 하니

◉

그 늙은이가 조주에게만 속을 내보인 것이 아니라는 말입니다. "오대산으로 가려면 어디로 가야 합니까?" 하고 물은 스님에게도 밑천을 훤히 다 내보였다는 말입니다. 분명 그 스님이 노파에게 이리 놀리고 저리 놀리고 했는데 현각스님은 왜 거꾸로 말할까요? 사실 실지에서 보면 그렇습니다. 노파가 스님을 시험했지만 노파가 훌륭했던 것이 아니고, 또 조주가 노파를 시험했지만 조주가 훌륭했던 것이 아닙니다. 실지에서 보면 "오대산으로 가려면 어디로 가야 합니까?" 하고 물은 스님이 노파와 조주 위에 있습니다. 노파의 속을 훤히 들여다본 단수가 더 높은 사람들이라는 말입니다. 그러니 그 노파는 조주에게만 속을 들킨 것이 아니라 길을 물은 스님에게도 속이 들통나 굴욕을 당했다고 현각스님은 말씀하셨습니다. 이 말씀에 내 한마디 붙이겠습니다.

---

4   현각(玄覺). 북송(北宋)대 법안종(法眼宗) 스님으로 법안문익(法眼文益)의 법제자. 청원(靑原)스님의 9세손.

【 착어 】

나는 일찍 후백候白이더니 너는 다시 후흑候黑일세.
我早候白이러니 你更候黑이로다

●

후백과 후흑의 고사는 진소유秦少游의 『회해집淮海集』에 나옵니다. 후백候白이란 유명한 도둑놈이 마을을 돌며 귀한 물건들을 많이 훔쳤습니다. 보따리 가득 보배를 싸들고 길을 가는데 어떤 사람이 우물 속을 들여다보고 있는 겁니다. 그 사람이 후흑候黑입니다. 그래서 지나가던 후백이 궁금해 "우물 속은 왜 그렇게 들여다보고 있소?" 하고 물었습니다. 후흑이 하는 말이 장사를 해 돈을 많이 벌었는데 물을 마시려다 그만 우물 속에 빠뜨렸다는 것입니다. 물이 깊어 찾을 길이 없으니 누구든 이 돈을 찾아주는 사람에게 그 돈의 반을 주겠다는 겁니다. 가만히 들어보니 자기가 도둑질한 물건은 아무것도 아닙니다. 그래서 후백이 옷을 몽땅 벗고 우물 속으로 보물을 찾으러 들어갔습니다. 그 사이에 후흑은 후백이 도둑질한 물건뿐 아니라 후백의 옷까지 가지고 달아나 버렸습니다. 뛰는 놈 위에 나는 놈 있는 식이지요.

노파가 눈 밝은 체 했지만 사실은 그 스님에게 짓밟혀 죽었다 이 말입니다. 노파가 후백이라면 그 스님은 단수가 더 높은 후흑이라는 말입니다.

【 염 】

낭야 각선사가 염하였다.
"보잘것없는 조주가 그 노파의 손아귀에서 몸과 목숨을 잃었다. 그러나 잘못 아는 사람이 많다."
瑯耶覺이 拈호대 大小趙州가 去婆子手裏하야 喪身失命이로다 雖然如此나 錯會者多라 하니

◉

이것도 반대되는 소리 아닙니까? "내가 가서 그 노파의 속을 알아보고 오겠다."고 하고 노파에게 다녀와 분명 "내가 속을 다 알아보고 왔다."고 말했는데 낭야스님은 왜 "보잘것없는 조주가 노파의 손아귀에서 몸과 목숨을 잃었다."고 말씀하셨을까요? 현각스님은 노파가 조주에게만 속을 내보인 것이 아니라 그 스님에게까지 속이 들통나 짓밟혔다고 했는데, 낭야스님은 왜 조주가 노파에게 짓밟혀 죽었다고 했을까요? 이것을 잘못 아는 사람이 참 많습니다. 말이 정반대되는 것 같지만 여기에 각각 깊은 뜻이 있습니다. 이것을 바로 알아야 합니다. 낭야스님의 법문에 내 한마디 붙이겠습니다.

【 착어 】

예리한 칼날에 발린 꿀은 핥지 말 것이요
독이 쌓인 집에서는 물을 마시지 말라.
利刃에 有蜜不須舐요 蠱毒之家엔 水莫嘗이어다

◉

어리석은 사람은 칼은 안중에도 없고 꿀만 봅니다. 그래서 먹으려고 달려들어 혀를 대면 꿀은 고사하고 자기 혀만 잘리고 맙니다. 또 독이 쌓인 집에서는 물을 마시지 말라고 했습니다. 그런 집에는 물이고 밥이고 다 비상처럼 독하니 그런 집에 가선 물만 먹어도 죽습니다. 결국 무슨 말인가?

노파를 찾아가 엿보고 어른거리다가는 칼에 혀 끊기듯 독이 든 물을 마시듯 누구도 살아남지 못한다는 것입니다. 조주뿐 아니라 누구도 노파에게서 살아남을 자가 없다는 말입니다. 또 임제정맥의 진정 극문선사가 이 공안에 대해 하신 법문이 있습니다. 그것을 소개하겠습니다.

【염】

진정 문선사가 상당하여 이 법문을 들어 말하였다.

"오대산을 다니는 이들이 갈팡질팡 왕래하니 그 수를 알 수 없으나, 어느 한 사람도 그 노파에게 속지 않는 이 없다. 오직 조주만이 하루는 대중에게 말하되, '오대산 밑의 노파가 노승에게 감파되었다'고 하였다. 대중이여, 비록 그 노파에게 속지는 않았으나, 점검해 보면 또한 노파의 손에 있는 몽둥이에 맞기 좋으니 말해 보라, 조주의 허물이 어느 곳에 있는가? 만약 조주의 허물을 알면 바야흐로 남에게 속지 않게 될 것이다.

귀종의 문하에도 남에게 속지 않을 사람이 있느냐?

억!"

眞淨文이 上堂에 擧此話云 遊臺山者憧憧往來하야 莫知其數나 未有一人도 不被伊謾이요 唯趙州一日에 謂衆曰 臺山下婆子가 被老僧勘破了也라 하니라 大衆아 雖然不受伊謾이나 若點檢來하면 也好喫婆子手中棒이니 且道하라 趙州過在什麽處오 若知趙州過하면 方解不受人謾이니 歸宗門下에 莫有不受人謾底麽아 하고 喝一喝하니

【착어】

죄목이 죄수의 입에서 나온다.

款出囚人口로다

【염】

죽암 규선사가 상당하니 어떤 중이 물었다.

"오대산 노파가 길을 가리켜 준 뜻이 무엇입니까?"

"금용金龍이 밤에 굽이치니 푸른 못이 차구나."

"조주가 감파하였다 하니 그 뜻은 또 무엇입니까?"

"옥토끼가 아침에 붉은 해를 따라간다."

"노파가 이로부터 다시는 중을 감정하지 아니함은 그 뜻이 또 무엇입니까?"

"크게 다함은 삼십일이요 적게 다함은 이십구일이니라."

竹菴珪 上堂에 僧問 臺山婆子指路意旨如何오 珪云 金龍이 夜攪碧潭寒이로다 進云 趙州却言勘破又作麽生고 珪云 玉兎朝隨紅日去로다 進云 婆子從此不復勘僧은 又作麽生고 珪云 大盡은 三十日이요 小盡은 二十九라 하니

【 착어 】

협부의 무쇠 소는 놀라 달아나고
가주의 큰 불상을 위협하여 죽인다.

驚走陝府鐵牛하고 嚇殺嘉州大像이로다

【 결어 】

대중들이여, 오대산五臺山의 노파는 사람 얼굴에 이리의 마음이요, 조주 고불古佛은 고기 뺨에 말의 턱이다. 그중은 범을 함정에 빠지게 하는 기틀이 있어서 신기한 계산과 절묘한 꾀가 장량張良 진평陳平보다 낫다. 노파와 조주가 담膽이 상하고 혼魂이 없어졌으나, 오늘에 이르러 도리어 산승山僧의 감파함을 당하여, 위로 하늘에 오를 꾀가 없고 아래로 땅에 들어갈 지모智謀가 없다. 알겠느냐?

늠름한 비수가 하늘을 의지하여 차가우니
일천 요귀와 일백 괴물이 모두 자취를 감춘다.
억!
(크게 할을 한 번 하고 내려오시다.)

大衆아 臺山老婆는 人面狼心이요 趙州古佛은 魚腮馬月含이로다 遮僧은 有陷虎之機하야 神算妙策이 過於良平하니 婆子趙州가 喪胆亡魂이나 今

日에 却被山僧勘破하야 上無乘天之計하고 下絶入地之謀로다 會麼아 凜凜吹毛倚天寒하니 千妖百怪盡潛蹤이로다

(喝一喝하고 下座하시다)

◉

　대중 여러분, 오대산의 노파는 사람 얼굴에 이리의 마음이요, 조주 고불은 고기 뺨에 말의 턱입니다. 그러나 노파에게 오대산 가는 길을 묻고 조주에게 전한 그 스님은 범을 함정에 빠지게 하는 기틀이 있어서 신기한 계산과 절묘한 꾀가 장량張良이나 진평陳平보다 낫습니다. 따라서 그 스님 앞에선 노파와 조주가 담膽이 상하고 혼魂이 없어졌다 하겠습니다. 그러나 오늘에 이르러 도리어 이 산승의 감파함을 당하여, 위로 하늘에 오를 꾀가 없고 아래로 땅에 들어갈 지모智謀가 없습니다. 알겠습니까?
　늠름한 비수가 하늘을 의지하여 차가우니
　일천 요귀와 일백 괴물이 모두 자취를 감춘다.
　억!

庚戌(1970)년 6월 보름 해인사 해인총림 대적광전

49. 운문호병 雲門餬餅
운문의 호떡

【 수시 】

달은 높고 밤이 깊으며 별은 드물고 하늘엔 먼동 트니
따뜻한 바람은 솔솔 불고 들 구름이 뭉게뭉게 솟는다.
공자는 거문고 타며 예수는 십자가 지고
지자는 경을 강하고 조주는 차를 권하니
임제의 할과 덕산의 방은 무슨 쓸데없는 물건인가.
애달프고 애달프다.
미륵대사가 한길 가에 서서 손을 펴고 돈 한 푼 구걸하네.
月高夜深하고 星稀天曉하니
薰風이 拂拂하고 野雲이 冉冉이로다
仲尼는 彈琴하고 耶蘇는 負架하며
智者는 講經하고 趙州는 勸茶하니
臨濟喝德山棒은 是什麽閑家具오
咄咄 彌勒大士立街頭하야 伸手哀乞一文錢이로다

●

공자님은 늘 거문고 타기를 좋아했습니다. 천하에 도를 펴려고 14년 동안 여러 나라를 돌아다니면서 죽을 곤경도 많이 당하고 박해도 많이 받았지만 그 힘든 가운데서도 늘 거문고를 타곤 하셨습니다. 또 예수님은 죽을 때 십자가에 못 박혀 돌아가셨습니다. 천태 지자대사는 평생 『법화경』 강의를 쉬지 않았고, 종문 중의 대조사이신 조주스님은 사람이 찾아오면 가리지 않고 차를 권하셨습니다. 이것이 그분들의 근본 삶입니다. 그런데 임제스님은 사람만 보면 소리를 지르고 덕산스님은 사람만 보면 몽둥이를 휘둘렀으니 이것은 무슨 쓸데없는 물건입니까?

오늘 법문의 핵심은 "미륵대사가 한길 가에 서서 손을 펴고 돈 한 푼 구걸한다."는 여기에 있습니다. 여기에 고인들의 법문을 몇 가지 추가로 소개하겠습니다.

【 본칙 】

운문스님에게 어떤 중이 물었다.
"어떤 것이 부처와 조사를 초월한 말입니까?"
"호떡이니라."[1]

雲門이 因僧問 如何是超佛越祖之談고 門云 餬餠이라 하니

◉

우리 불교에서 볼 때는 부처가 최고이고 조사가 최고인데, 표준이라 할 부처도 조사도 초월한 말이 무엇이냐고 물었습니다. 부처나 조사보다 더 높은 최상의 법문을 물은 것입니다. 그러니 운문스님 하시는 말씀이 "호떡이니라."고 했습니다. 사람이 먹고 사는 호병, 요즘 말로 하면 빵떡이다 이것입니다.

영 말이 되지 않는 소리 같지요? 부처와 조사를 초월한 가장 높고 가장 깊고 가장 큰 법을 물었는데 왜 운문스님은 사람들이 먹는 호떡이라고 했을까요? 여기에는 참으로 깊은 뜻이 있습니다. 겉으로 표현된 호떡

---

1 『선문염송』 제1022칙(한국불교전서5, 723쪽) ; 『벽암록』 제77칙 ; 『종용록』 제78칙.

이지만 그 법문의 깊은 뜻은 확철히 깨쳐 견성하기 전에는 절대 모릅니다. 그러면 그 뜻, 그 내용이 어느 곳에 있기에 그리 깊다고 하는가? 내 그 뜻에 대해 한마디 하겠습니다.

【 착어 】

허공의 뼈를 두드려 부수니
곤륜산이 달아나 바다로 들어간다.
擊碎虛空骨하니 崑崙이 走入海로다

◉

허공을 어떻게 부술 수 있으며 더군다나 허공의 뼈를 어떻게 두드려 부술 수 있겠습니까? 허공을 부수는 것은 아무 것도 아닙니다. 실지로 허공의 뼈를 완전히 부수어야만 불교를 아는 것입니다.

그러면 어떻게 되는가? 곤륜산이 놀라 바닷속으로 달아나더라고 했습니다. 산이 어떻게 달아날 수 있으며 산이 어떻게 바닷속으로 들어갈 수 있습니까? 언뜻 보면 말도 되지 않는 소리 같지만 저 깊은 뜻에서 하는 소리입니다.

조사를 초월하고 부처를 초월하는 깊은 법문을 물으니까 운문스님이 "호떡."이라 했습니다. 천하에 쉬운 말 같지만 참으로 깊고 깊어서 견성하기 전에는 모른다고 내가 말했습니다. 그러면 무슨 도리냐 이것입니다. 허공의 뼈를 완전히 부수면 곤륜산이 놀라 달음박질쳐 바닷속으로 들어가는데, 이 도리를 알아야만 운문스님이 "호떡."이라 한 도리를 알 수 있는 것입니다. 말만 좇다가는 누구든 죽고 맙니다. 말만 따라가서는 모릅니다.

【송】

투자 청선사[2]가 송하였다.

부처와 조사를 초월한 말을 깨친 이에게 물으니
피곤하면 마땅히 건계차를 마셔라.
중양일重陽日이 가까우니 금빛 국화 피고
깊은 물에 고기 가니 가만히 모래 움직인다.

投子靑이 頌호대
佛祖超談을 問作家하니 困來에 宜喫建溪茶로다
重陽近日에 開金菊이라 深水에 魚行暗動砂로다 하니

●

"호병"이라 한 것이 물고기 노는 것과 무슨 관계가 있으며, 차 마시는 것과 무슨 관계가 있으며, 국화 피는 것과 무슨 관계가 있습니까? 그렇지만 이 게송의 뜻을 바로 알아야만 운문스님이 호병이라 한 뜻을 알 수 있습니다.

이 게송은 경치를 읊은 시가 절대 아닙니다. 표면적으로 드러난 표현과 그 속 내용은 근본적으로 다릅니다. 내용에 포함된 그 속뜻을 알아야지, 꽃피고 고기 노는 그 광경에 뜻이 있는 것이 아닙니다. 그러면 이 게송의 뜻이 어느 곳에 있는가? 거기에 대해 내 한마디 하겠습니다.

【착어】

외뿔 기린은 바다섬에 오르고
아홉 아름이나 되는 봉황은 신선산에서 춤춘다.

---

2 투자의청(投子義靑, 1032~1083). 조동종 스님으로 대양경현(大陽警玄)의 법제자. 청원(靑原)스님의 10세손.『서주투자청화상어록(舒州投子靑和尙語錄)』2권,『투자청화상어요(投子靑和尙語要)』1권이 있음.

獨角麒麟은 登海嶼하고 九包鸞鳳은 舞神山이로다

◉

요즘이야 동물원에 가면 기린이 많지만 예전엔 봉황과 기린은 성인이 출현할 때만 나타나는 좋은 징조라 했습니다. 그런 성스러운 동물, 즉 성수聖獸라고 했습니다.

이것이 투자 청선사 게송의 뜻을 그대로 표현한 것입니다. 그럼 우리 임제종의 유명한 자명 초원선사는 또 어떻게 말씀하셨는가?

【 송 】

자명 원선사가 송하였다.
부처와 조사를 초월함을 어떻게 말하려는가
공양 때 호떡을 마음껏 먹을지로다.
호남에서 바리때를 펴고 신라에서 씹으니
대식과 파사에서 나룻배를 찾는다.

慈明圓이 頌호대
超佛越祖를 若何宣고 充齋餬餅을 任情餐이어다
湖南에 展鉢新羅齩하니 大食波斯索度船이라 하니

◉

부처님 법문도 참으로 하기 어렵고 조사의 법문도 참으로 하기 어려운데 하물며 부처를 초월하고 조사를 초월한 그런 깊고 높은 법문을 어떻게 할 수 있을까요? 자명스님은 "밥 때에 호떡을 맘껏 먹어라."고 했습니다. 그런데 바리때는 저 중국 호남성에서 폈는데 먹는 것은 신라에서 먹는다고 했습니다. 그 거리가 수만리인데 그 무슨 소리입니까? 이걸 알아야만 "호떡."이라 한 말을 알 수 있습니다.

대식과 파사 모두 인도 서쪽에 있는 나라 이름입니다. 그 나라 사람들이 강을 건너려고 배를 찾더라고 했습니다. 이것이 호떡과 무슨 관계가 있습니까? 그러나 이것이 실지에 있어서 운문스님이 호떡이라고 한 뜻을 적절히 표현한 말입니다. 이것을 알아야 실지로 호떡의 뜻을 알 수 있는 것입니다. 자명스님은 이렇게 표현했습니다. 자명스님의 송에 내 또 한마디 붙이겠습니다.

【 착어 】

삼동에 마른 나무의 꽃이요
한여름 찬 바위에 눈이로다.
三冬枯木花요 九夏寒岩雪이로다

◉

추운 삼동에 죽어서 바짝 마른 나무에 꽃이 피었다고 했습니다. 삼동이면 춥고 얼어서 산 나무에도 꽃이 피지 않는데 하물며 어떻게 바짝 마른 나무에 꽃이 피겠습니까? 또 오뉴월 염천인데 찬 바위에 눈이 수북이 쌓여 있다고 했습니다. 오뉴월 염천에 눈이 쌓이기는커녕 내리기나 합니까? 이것을 알아야 자명스님의 뜻을 알 수 있습니다.

【 송 】

자수 심선사[3]가 송하였다.
운문의 한 개 호떡이여 천하 선객들이 씹고 씹는다.
무쇠 어금니가 아니면 흔히 통째로 삼키리라.
삼키기는 쉬우나 토하기는 어려우니

---

[3] 자수회심(慈受懷深, 1077~1132). 운문종 스님으로 장려숭신(長蘆崇信)의 법제자. 청원(靑原)스님의 13세손.

종래 밀가루와는 같다고 하지 말아라.
소양韶陽의 근본 뜻을 바로 안 뒤에야
바야흐로 평지에서 파도를 일으키리라.

慈受深이 頌호대
雲門一枚餬餠이여 天下衲僧이 咬嚼이로다
若非鐵作牙關이면 往往囫圇吞却이라
吞時易吐時難하니 莫道從來麪一般하라
踏著韶陽關棙子하야사 方能平地에 起波瀾이라 하니

◉

운문스님이 던진 호떡 하나를 천하 선객들이 씹고 씹는데 어찌나 여문지 무쇠 어금니가 아니면 씹지 못한다고 했습니다. 보통 사람이면 이빨도 들어가지 않습니다. 그만큼 호떡이라 한 뜻이 어렵다는 말입니다. 그러니 보통 사람들은 씹지도 못하고 둥글둥글한 그대로 그냥 통째로 삼킨다고 했습니다. 이것이 무슨 뜻인가? 강철 이빨을 가진 사람이 아니면 맛도 모르고 그냥 삼켜 버린다, 그 뜻은 음미하지 못한다는 것입니다. 또, 삼키기는 쉬우나 토하기는 어렵다고 했는데, 먹었으면 그만이지 토할 필요가 뭐 있겠습니까? 여기에 또 다른 뜻이 있습니다.

그리고선 호떡이라 했다고 해서 그냥 밀가루로 만든 그런 것으로 알지 말라고 했습니다. 흔히 만들어 먹는 그런 것을 두고 한 말이 아니라는 겁니다. 말 밖 천리만리 먼 곳에 깊은 뜻이 있다는 것입니다. 호떡이라고 한 운문스님의 뜻을 바로 알면 어떻게 되는가? 평지에서 파도를 일으킨다고 했습니다. 파도가 바다에서 일어나지, 어떻게 평지 육지에서 일어날 수 있습니까? 그러나 육지에서 파도가 일어나는 것을 알아야만 비로소 운문스님이 호떡이라 한 뜻을 알 수 있습니다. 그런 동시에 부처님과 조사스님의 깊은 뜻이 담긴 법문도 다 알 수 있습니다. 자수스님의 게송에 내 또 한마디 붙이겠습니다.

【 착어 】

사해에 물결 고요하니 용이 편히 잠자고
구천에 구름 고요하니 학이 높이 나는구나.
四海에 浪平龍睡穩이요 九天에 雲靜鶴飛高로다

◉

앞의 게송과 아무 관계없는 것 같지만 이것을 알아야 평지에 파도가 일어난다고 한 도리를 알 수 있습니다.

【 염 】

천동 각선사가 상당하여 이 법문을 들어 말하였다.

"운문 노인이 시설을 잘하니 호떡이 부처와 조사를 모두 초월한다. 천진한 소리는 두 조각 입술이요 분별없는 말은 세 치 혀로다. 특별히 가풍을 펼침도 아니요 또한 기틀을 던져 시절에 맞춤도 아니다. 무쇠를 부어 구멍 없는 망치를 만듦이여, 어긋나 둥글둥글하여 내려치기 어렵다. 모든 선객들은 말해 보라. 천동이 오늘 이 망치를 친 것이냐 못 친 것이냐? 눈 밝은 사람은 가려내 보라."

天童覺이 上堂에 擧此話云 雲門老子能施設하니 餬餅이 佛祖를 俱超越이로다 哆哆口和口兩片皮요 獪獪獠獠三寸舌이라 不是特地展家風이요 也非投機應時節이로다 生鐵로 鑄成無孔鎚여 忒圞圇分難下楔이니 諸禪德은 且道하라 天童今日에 是下楔가 不下楔가 明眼人은 辨取하라 하니

◉

다다화화哆哆和和란 아직 말을 배우지도 못한 어린아이가 말하는

흉내만 내는 소리를 형용한 것입니다. 운문스님이 "호떡."이라고 한 것에 참으로 깊은 뜻이 있는 듯 보이지만, 천동 각선사가 볼 때는 아이들이 말 배우기 전에 하는 옹알거리는 소리에 지나지 않는다는 것입니다. 결국 말도 되지 않는다는 것입니다. 또 길길요요猧猧獠獠란 중국 서남쪽 변방의 무식한 오랑캐들이 아무것도 모르고 함부로 지껄이는 소리를 형용한 것입니다. 저 남방의 아무것도 모르는 무식한 사람들이 세 치 혓바닥으로 지껄이는 소리하고 똑같다 이겁니다.

보통 보면 운문스님의 법문이 하도 뜻이 깊어 도저히 알아들을 수 없는 것 같지만 참으로 알고 보면 말 배우는 어린아이의 옹알거림, 아무 것도 모르는 변방 사람들의 되지도 않는 말과 마찬가지로 아무 뜻도 없고 가치도 없다는 말입니다. 이건 운문스님을 근본적으로 짓밟는 소리예요. 자기의 특별한 가풍이 있어서 이것을 펴기 위해 하는 소리도 아니고, 또 시절인연을 따라서 중생을 교화하기 위해 하는 소리도 아니라는 것입니다. 그러면 운문스님이 미친 사람이란 말인가? 그게 아닙니다. 천동 각선사가 이렇게 표현하는 것도 뜻은 저 다른 곳에 있습니다.

그리고선 무엇이라 했는가? 호떡이 무쇠로 만든 큰 쇠몽치와 같아서 누구도 먹을 수 없다고 했습니다. 그럼 앞뒤 말이 서로 상반되지 않습니까? 앞에서는 말 배우는 어린아이의 옹알거림이나 야만인들의 혀 짧은 소리라고 하고선 뒤에선 흠 없는 무쇠덩어리와 같아 감히 부술 수 없다고 했습니다. 그럼 이 뜻이 어디에 있습니까? 내가 그 뜻을 거둬 한마디 하겠습니다.

【 착어 】

가랑비 오니 버드나무 금실을 드리우고
바람이 따뜻하니 꽃잎은 비단 병풍을 편다.
雨細에 柳拕金線하고 風和에 華綻錦屛이로다

●

  천동스님은 깨부술 수 없는 생철 호떡을 말했는데 왜 나는 꽃을 얘기하고 수양버들을 얘기할까요? 아무 관계도 없는 것처럼 보이지만 이것을 알아야만 생철로 만든 호떡을 알 수 있습니다.

  여태껏 여러 스님들의 게송과 법문을 인용하고 또 거기에 내 말을 붙였는데 전후좌우로 표현이 서로 어긋나 전혀 맥락이 닿지 않는 말들 같지만 내용은 완전히 서로 통해 있습니다. 그럼 이 많은 말들을 관통하는 호떡의 뜻은 무엇인가? 이제 총 마무리를 짓겠습니다.

【 결어 】

  대중들이여, 둥글고 둥근 운문스님의 호떡이 비상砒霜과 짐조鴆鳥의 깃보다 독하여, 부처와 조사를 초월할 뿐만 아니라 또한 부처를 죽이고 조사를 해친다. 향상向上의 근본 뜻을 바로 알면 바야흐로 한 번 씹어 백 번 배부르니, 곳곳에서 이름을 떠나고 모양을 끊으며 낱낱이 못을 끊고 쇠를 자른다. 불법佛法과 세간법을 없애 버리고 배를 두드리고 높이 노래 부르며 함께 즐기니, 알겠느냐?

  금닭이 한 톨 쌀을 물어올 줄 알아
  시방의 나한승羅漢僧에게 공양하는구나.
  억!
  (크게 할을 한 번 하고 내려오시다.)

大衆아 團團雲門餬餅이 毒於砒霜鴆羽하니 非但超佛越祖요 亦乃殺佛害祖로다 踏飜向上關棙하면 方能一咬百飽니 處處離名絶相이요 箇箇斬釘截鐵이로다 滅却佛道世法하고 共樂鼓腹謳歌하니 會麽아
金鷄解啣一粒米하야 供養十方羅漢僧이로다
(喝一喝하고 下座하시다)

◉

　대중 여러분, 둥글고 둥근 운문스님의 호떡이 독 중의 독인 비상砒霜이나 그림자만 스쳐도 사람을 죽인다는 짐조鴆鳥의 깃보다 더 독합니다. 그래서 부처와 조사를 초월할 뿐만 아니라 또한 부처를 죽이고 조사를 죽입니다. 향상向上의 근본 뜻을 밟아 뒤집어 버리고 나서 이 호떡을 씹으면 백번 천번, 아니 억천만겁이 지나도 배가 부를 것입니다.

　그리하여 곳곳에서 이름을 떠나고 모양을 끊으며 낱낱이 못을 끊고 쇠를 자를 것입니다. 운문스님의 호떡을 바로 알면 어떠한가? 부처님 법이건 세간법이건 전부 없애 버리고 태평성대를 이루어 배를 두드리고 높이 노래 부르며 함께 즐길 것입니다. 그럼 이것이 무슨 소식인지 아시겠습니까?

　금닭이 한 톨 쌀을 물어 올 줄 알아
　시방의 나한승羅漢僧에게 공양하는구나.
　시방법계에 가득한 미진수 부처님이 금닭이 물고 온 조그마한 한 톨의 쌀을 갈라 먹고도 남더라 이것입니다.

　억!

庚戌(1970)년 6월 말일 해인사 해인총림 대적광전

50. 덕산작마 德山作麼
어째 어째

【 수시 】

나는 앉고 너는 절하니 어른과 어린이가 분명하고
기쁨은 적고 성냄은 많으니 은혜와 원수를 본다.
무쇠로 진흙 뭉치를 쌈이여, 솜이 굳은 돌을 싸고
칼 이름은 거궐이요 구슬은 야광이라 부른다.
괴롭고 괴로움이여
괴로움 가운데 즐거움이요, 즐거움 가운데 괴로움이니
누가 황금이 분토糞土 같다고 말하던가?

我坐你拜하니 長幼가 分明하고
少喜多瞋하니 恩怨을 可見이로다
鐵裏泥團兮여 綿包特石하고
劒號巨闕兮여 珠稱夜光이로다
苦苦여 苦中樂樂中苦니 誰道黃金如糞土오

【 본칙 】

덕산스님에게 곽시자가 "옛날의 모든 성인들은 어느 곳으로 갔습니까?" 하고 묻자, 덕산스님이 대답하셨다.
"어떤가, 어떤가?"
곽시자가 말하되, "임금의 명령으로 나는 용마를 점치려 했더니 절름발이 자라가 나오는구나." 하자, 덕산스님이 문득 그만두었다.

이튿날 덕산스님이 목욕하고 나오니 곽시자가 차를 대접하거늘, 덕산스님이 곽시자의 등을 한 번 어루만지면서 말하였다.

"어제의 공안公案이 어떠하냐?"

곽시자가 말하되, "이 늙은이가 바야흐로 겨우 눈을 뜨는구나." 하므로, 덕산스님이 또 그만두었다.

德山이 因廓侍者問 從上諸聖이 向什麽處去也오 山云 作麽作麽오 廓云 勅點飛龍馬러니 跛鼈이 出頭來로다 山이 便休去하니라 明日浴出에 廓이 過茶與山한대 山이 撫廓背一下云 昨日公案作麽生고 廓云 這老漢이 方始瞥地라 한대 山이 又休去하니

【 착어 】

푸른 하늘에 벽력이 우르릉거리고
평평한 땅에 파도가 일어난다.

青天에 轟霹靂이요 平地에 起洪濤로다

【 송 】

백운 단선사가 송하였다.
구름 위 붕새가 날개를 펴니 하늘에 빛이 없고
우물 밑 개구리 억지로 혀를 찬다.
태양이 갑자기 굴러가매 개구리 뛰어나오고
천봉만학이 공연히 삐죽삐죽 솟았구나.

白雲端이 頌호대
雲鵬이 展翅에 天無光하니 井底蝦蟆剛咄咄이로다
太陽이 忽轉에 跳出來하니 千峰萬峰이 空突兀이라 하니

【 착어 】

칼날 위에서 말을 달리고 불꽃 속에서 몸을 감춘다.

劍刃上에 走馬하고 火焰裏에 藏身이로다

【 송 】

별봉 인선사[1]가 송하였다.

기틀에 임한 한 맛이 대단히 어리석으니

그 독이 방과 할보다 더욱 깊다.

우습다, 사람이 와서 민첩한 수단을 자랑하나

편의를 얻는 것이 곧 편의를 잃음일세.

別峰印이 頌호대

臨機一味放憨痴하니 其毒이 尤深棒喝時로다

堪笑人來誇敏手하나 得便宜是落便宜로다 하니

【 착어 】

한 입에 서쪽 강물을 다 마시니

낙양의 모란이 새롭게 활짝 피네.

一口吸盡西江水하니 洛陽牧丹이 新吐藥로다

【 염 】

원오 근선사가 말하였다.

"덕산이 그만두니 이 기틀이 가장 독하다."

또 말하였다.

---

1 별봉보인(別峰寶印, 1109~1190). 임제종 양기파 스님으로 밀인안민(密印安民)의 법제자. 남악(南岳)스님의 16세손. 『별봉인선사어요(別峰印禪師語要)』1권이 있음.

"말해 보라, 덕산이 때리지 아니하고 문득 그만두니, 이는 사람을 죽이되 칼을 쓰지 않는 것이다. 이것은 창끝을 상하지도 않고 손이 범하는 곳도 전혀 없으니, 만약 산 사람이라면 바야흐로 볼 수 있거니와 정수리에 눈을 갖추지 못하였으면 곧바로 찾기가 마침내 어렵다."

圜悟勤云 德山이 休去하니 此機最毒이로다 又云 且道하라 德山이 不打하고 便休去하니 是以殺人不用刀니라 這箇는 全無傷鋒犯手處하니 若是活漢이면 方可見得이어니와 若不是頂門에 具眼底면 直下에 卒難摸索이라 하니

【착어】

무쇠 소가 밭을 가니 옥기린이 나오네.

鐵牛耕出玉麒麟이로다

【염】

만송 수선사가 말하였다.

"덕산이 일상 바람을 두드리며 비를 때리고 부처를 꾸짖고 조사를 욕하더니 이 중의 허물이 하늘에 넘쳤거늘 어찌하여 놓아두는가? 소를 묶는 데 새끼를 쓰지 아니하고, 사람을 죽이는 데 칼을 쓰지 않았음을 참으로 알지 못하는구나. 어찌 일찍이 그냥 놓아두었으리오."

萬松秀云 德山이 尋常에 敲風打雨하고 呵佛罵祖러니 這僧이 過犯彌天이어늘 爲甚却放過오 殊不知撲牛不用繩하고 殺人不用刀라 豈曾放過來오 하니

【착어】

장전張顚[2]의 초서草書요 이광의 신기한 화살이로다.

張顚草書요 李廣神箭이로다

---

2 당(唐)대 서도가(書道家)인 장욱(張旭)을 말함. 초서에 능하여 초성(草聖)이라 일컬어짐.

【 결어 】

대중들이여, 잘 묶음에는 새끼줄로 묶지 않고 잘 가는 데는 바퀴의 자취가 없는지라, 싸우지 않고 남의 군사를 항복받으니 바로 나아가 기틀에 당함이 빠르다. 덕산 늙은이의 묘한 수단과 신기한 기틀은 부처와 조사도 엿보기 어려우니, 천추만세千秋萬世에 높고 높아 홀로 걸어간다. 알겠느냐?

지혜 칼을 일용日用 가운데 잘 쓰니

천연天然하여 원래 갈고 닦지 않는다.

신령이 소리치고 귀신이 울어 담膽과 혼이 죽으니

온 들에 시체 널렸으나 창끝을 드러내지 않는다.

억!

(크게 할을 한 번 하고 내려오시다.)

大衆아 善繫는 無繩約이요 善行은 無轍跡이라 不戰屈人兵하니 直面當機疾이로다 德山老漢의 妙手神機는 佛祖도 難窺라 千秋萬世에 巍巍獨步로다 會麽아

慧劍을 單提日用中하니 天然元不犯磨礱이로다

神號鬼哭喪胆魂하야 遍野橫屍호대 不露鋒이로다

(喝一喝하고 下座하시다.)

庚戌(1970)년 하안거 해제일 해인사 해인총림 대적광전

51. 분양사자 汾陽師子
분양의 사자

【 수시 】

임제는 누가 문에 들어오면 할을 하니
만길 산봉우리에 해가 어둡고 어두우며
덕산은 누가 문에 들어오면 문득 때리니
천길 바다 밑에 달이 밝고 밝도다.
산승은 누가 문에 들어오면 문득 절하니
푸른 눈 늙은 오랑캐가 세 걸음 물러선다.
말해 보라, 이 무슨 도리인가?
(한참 묵묵한 후에 말씀하셨다.)
아름다운 봉새는 붉은 하늘에서 춤추고
무쇠 뱀은 옛길에 누웠구나.

臨濟는 入門便喝하니 萬仞峰頭에 日昏昏이요
德山은 入門便棒하니 千尋海底에 月皎皎로다
山僧은 入門便揖하니 碧眼老胡退三步라
且道하라 是什麼道理오 (良久云)
彩鳳은 舞丹霄하고 鐵蛇는 橫古路로다

【 본칙 】

분양스님이 말하였다.

"분양 문하에 서하사자西河師子가 있어 문턱에 걸터앉아 오는 사람이 있으면 문득 물어 죽이니 무슨 방편을 써야 분양 문을 들어가 분양 사람을 보겠느냐?"[1]

汾陽이 云 汾陽門下에 有西河師子하야 當門據坐하야 但有來者하면 卽便咬殺하나니 作何方便하야사 入得汾陽門하야 得見汾陽人고 하니

【 착어 】

머리를 안고 슬피 운다.

抱頭哭蒼天이로다

【 송 】

양억시랑[2]이 오도송에서 말했다.
팔각 맷돌이 허공 속에서 달아나니
금빛 털 사자가 변하여 개가 되었네.
몸을 가지고 북두에 감추고자 하거든
모름지기 남쪽 별 뒤에서 합장하라.

楊億侍郞悟道頌曰
八角磨盤이 空裏走하니 金毛獅子變作狗로다
擬欲將身北斗藏인댄 應須合掌南辰後라 하니

【 착어 】

반쪽으로 전체를 싼다.

---

1 『오등회원』권11「분양선소」.
2 양억시랑(楊億侍郞). 송(宋)대 사람으로 광혜원련(廣慧元璉)의 법제자. 한림학사(翰林學士), 공부시랑(工部侍郞) 등의 벼슬을 역임하였고, 『경덕전등록(景德傳燈錄)』의 서를 지었음.

半幅으로 全封이로다

【 결어 】

　대중들이여, 분양의 사자師子가 매우 사납고 가장 무서워서 부처가 와도 물어 죽이고 마군이가 와도 물어 죽여 서천西天과 동토東土의 범부와 성인을 가리지 아니하니, 온 삼천대천三千大千 세계가 몸과 생명을 잃는다. 이 속에 출격대장부出格大丈夫가 있는가?
　억!
　(크게 할을 한 번 하고 내려오시다.)

　大衆아 汾陽獅子가 威獰最畏하야 佛來咬殺하고 魔來咬殺하야 西天東土에 不揀凡聖하나니 盡三千界가 喪身失命이로다 這裏에 還有出格大丈夫麽아
　(喝一喝하고 下座하시다)

종립학원연합회 9차 하기수련대회 결제일
1970년 8월 2일 해인총림 대적광전

52. 법안지렴 法眼指簾
주렴을 가리키니

【 수시 】

일 이 삼 사 오여 동쪽 산이 물위로 가며
오 사 삼 이 일이여 뜰 앞의 잣나무로다.
남산에 구름 일어나 북산에 비 오니
길가 옛 사당에서 피할 때
목인木人과 석녀石女가 서로 귓속말하되
칠팔은 원래 오십육이로다.
一二三四五여 東山이 水上行이요
五四三二一이여 庭前栢樹子로다
南山에 起雲北山雨하니 路邊古廟에 避得過할새
木人石女가 相耳語호대 七八은 元來로 五十六이로다

【 본칙 】

법안스님이 어떤 중이 와서 참배함을 보고 손으로 주렴을 가리키니, 그때 두 중이 동시에 주렴을 말아 올리거늘, 법안스님이 말하였다.
 "하나는 얻고 하나는 잃었도다."[1]
法眼이 因見僧來參하고 以手指簾한대 時有二僧이 同時捲簾이어늘 眼이

---

[1] 『선문염송』 제1294칙(한국불교전서5, 853쪽) ; 『무문관』 제26칙 ; 『종용록』 제27칙.

云 一得一失이라 하니

【 착어 】

천년 밭에 팔백 주인이로다.

千年田八百主로다

【 염 】

천동 각선사가 상당하여 이 법문을 들어 말하였다.

"이렇게 감은 잘못됨이요 이렇게 감은 친함이다. 잘못된 때에는 끝까지 잘못되고 친할 때는 친히 참됨을 본다. 서로 아는 것은 천하에 가득 찼으나 마음을 아는 것은 몇이나 되는가?"

天童覺이 上堂에 擧此話云 恁麼去底錯하고 恁麼去底親하니 錯時엔 錯到底요 親時엔 親見眞이로다 相識이 滿天下하나 知心은 能幾人고 하니

【 착어 】

천당을 미처 이루지 못하고 지옥을 먼저 이룬다.

天堂을 未就에 地獄이 先成이로다

【 결어 】

대중들이여, 하나는 얻고 하나는 잃었으며 반은 합하고 반은 여니, 금소리 옥울림이요 옛을 뛰어넘고 지금을 벗어났다. 정문정안頂門正眼은 망연히 길을 잃고 다리 셋인 눈먼 나귀는 천하天下를 두루 다닌다. 알겠느냐?

여우 울고 사자 부르짖음이여

허공이 간밤에 곤두박질쳤네.

억!

(크게 할을 한 번 하고 내려오시다.)

大衆아 一得一失이요 半合半開하니 金聲玉振이요 超古騰今이로다 頂門 正眼은 惘然失路하고 三脚瞎驢는 周行天下하니 會麼아

野干鳴師子吼여 虛空이 昨夜에 飜筋斗로다

(喝一喝하고 下座하시다)

종립학원연합회 9차 하기수련대회 해제일

1970년 8월 5일 해인총림 대적광전

53. 향엄상수 香嚴上樹
나무에 올라

【 수시 】

성불하여도 지옥에 떨어지고
성불하지 못하여도 지옥에 떨어지니,
투탈한 한마디는 어떠한가?
(한참 묵묵한 후에 말씀하셨다.)
수풀 밑에서 서로 만나니 본래 옛 친구라
손을 잡고 같이 조주차를 마신다.
成佛也入地獄이요 不成佛也入地獄이니 透脫一句作麼生고
(良久云)
林下에 相逢元故舊니 携手同喫趙州茶로다

●

　우리 불교의 구경목표가 성불인데 왜 성불해도 지옥에 간다고 말했을까요? 또 그와 반대로 성불하지 않아도 지옥에 떨어진다고 했습니다. 그러면 어쩌란 말인가? 성불한다느니 성불하지 못한다느니 하는 그런 것을 훤칠히 벗어난 법문은 무엇인가? 이것을 바로 알아야 비로소 눈뜬 사람이고 산 사람이라고 할 수 있습니다. 만약 이것을 바로 알지 못하면 팔만대장경을 다 외우고 일체 불법에 통달하여 무애하다 해도 산송장에 불과합니다.

【 본칙 】

향엄스님이 대중에게 법문하였다.

"마치 어떤 사람이 나무에 올라가서 입은 나무 가지를 물고 손은 가지를 잡지도 않고 발로도 가지를 밟지 않았는데, 나무 밑에서 갑자기 어떤 사람이 '어떤 것이 조사가 서쪽에서 오신 뜻인가?' 하고 묻는 것과 같으니, 대답하면 몸과 목숨을 잃을 것이다."[1]

香嚴이 示衆云 如人이 上樹에 口啣樹枝하고 手不攀枝하며 脚不踏枝라 樹下에 忽有人이 問如何是祖師西來意오 若對則喪身失命이요

【 염 】

불해 원스님[2]이 착어하여 이르되, "아침에는 삼천이로다." 하였다. 대답하지 아니하면 저 물음에 위배되니 불해 원스님이 이에 말하되, "저녁엔 팔백이로다." 하였다. 이런 때를 당해서는 어떻게 하려는가? 불해 원스님이 드디어 창으로 말하였다.

"관청에는 사람과 말이 편안하도다."

佛海 遠이 著語云 朝三千이로다 不對則違他所問이니 海云 暮八百이로다 當恁麽時에 作麽生고 海遂唱一聲云 在衙에 人馬平安이라 하니

◉

입을 열면 나무에서 떨어져 죽어 버리고 대답을 못하면 그대로 산송장이나 진배없습니다. 여기에서 참으로 살아날 길이 있습니다. 그것을 알아야 합니다. 원오스님의 제자 불해 원선사의 착어는 향엄상수화香嚴上樹話의 골수를 바로 알고 하신 말씀입니다. 그럼, 이 전체를

---

1 『선문염송』 제600칙(한국불교전서5, 465쪽);『무문관』 제5칙.
2 불해혜원(佛海慧遠, 1103~1176). 임제종 양기파 스님으로 원오극근(圜悟克勤)의 법제자. 남악(南岳)스님의 15세손.『불해혜원선사광록(佛海慧遠禪師廣錄)』4권이 있음.

거둬서 내 한마디 하겠습니다.

【 착어 】

무쇠 소는 황금 뿔이 뾰족뾰족하구나.
鐵牛는 對對黃金角이로다

【 염 】

불해 원선사가 다시 말하였다.
"대중들이여, 모든 사람들과 더불어 서로 만나 보기 전에 산승이 곧 나무 위에 있으면서 서로 보았으니, 나에게 나무에 오르기 전의 나를 돌려 달라. 이러한 때를 당하여 어떻게 하려는가? 애달프다! 하늘 무리는 하늘로 돌아가고 땅 귀신은 땅으로 돌아가며, 돈은 창고로 돌아가고 말은 마구간으로 돌아간다. 제자가 은혜를 사례하여 정성껏 절하니, 앞 마음과 뒤 소원이 두루 성취되고, 뒷날 다른 때에 부족함이 없게 하리라."
佛海 遠이 復云 大衆아 未與諸人相見以前에 山僧이 卽在樹上하야 與諸人相見了也라 還我未上樹前遠上座來하라 當恁麼時에 作麼生고 咄 天曹는 歸天하고 地神은 歸地하며 錢歸庫馬歸槽로다 弟子謝恩하야 虔誠設拜하니 前心後願이 並獲周圓하야 他日異時에 不爲挂欠이라 하니

◉

불해 원선사의 이 법문이 실지에 있어서 향엄상수화香嚴上樹話의 골수를 바로 밝힌 법문입니다. 이걸 바로 알아야 향엄상수화를 알 수 있지, 이 법문을 모르면 향엄상수화를 알 수 없습니다. 향엄스님의 법문을 가장 철두철미하게 안 분이 불회스님입니다. 그러면 그 뜻이 어느 곳에 있는가? 내 한마디 붙이겠습니다.

【 착어 】

목마木馬는 흰 옥 발굽이 쌍쌍이로다.

木馬는 雙雙白玉蹄로다

【 결어 】

　대중들이여, 향엄 늙은이가 금강보검을 높이 들고 종횡으로 자재自在하여 모든 마을 남녀를 위협하여 죽이나, 참으로 자기가 먼저 생명을 스스로 끊어 버렸음을 알지 못한다. 불해 고덕이 선뜻 죽은 말을 살리려는 의원이 되어서, 다시 살아나는 신령스런 부적을 손에 쥐고 향엄스님을 위하여 숨을 쉬게 하려 하나, 도리어 옆 사람의 웃음거리가 되어 지금까지 몸을 숨길만한 땅이 없다. 알겠느냐?
　설산의 향기로운 풀의 부드러움을 좋아하여
　깊은 밤 달 아래 앞 시내를 건너간다.
　억!
　(크게 할을 한 번 하고 내려오시다.)

　大衆아 香嚴老漢이 高提金剛寶劍하고 縱橫自在하야 嚇殺一切人家男女하나 殊不知先已自斷性命了也로다 佛海古德이 甘作死馬醫하야 手握回生神符하야 欲爲香嚴出氣하나 却招傍觀者笑하야 直至于今容身無地로다 還會麽아

　爲愛雪山香草細하야 夜深乘月過前溪로다

　(喝一喝하고 下座하시다)

◉

　대중 여러분, 향엄 늙은이가 금강보검을 높이 들고 종횡으로 자재하며 모든 마을 남녀를 위협하여 죽이나, 참으로 자기가 먼저 생명을 스스로 끊어 버렸음을 알지 못했습니다. 부처가 오면 부처를 죽이고 조사가

오면 조사를 죽이는 그런 무서운 금강보검을 자유자재로 휘둘렀지만 남을 죽이려고 휘두른 칼에 향엄스님 스스로 먼저 목숨을 잃었다는 것은 몰랐습니다.

  불해 고덕이 선뜻 죽은 말을 살리려는 의원이 되어서, 다시 살아나는 신령스런 부적을 손에 쥐고 향엄스님을 숨쉬게 하려 했으나 도리어 옆 사람들의 웃음거리만 되었습니다. 부끄러움을 씻을 길 없는 불해스님은 깊이깊이 숨으려 해도 지금까지 몸을 숨길만한 땅이 없습니다. 아시겠습니까?

  설산의 향기로운 풀의 부드러움을 좋아하여

  깊은 밤 달 아래 앞 시내를 건너간다.

  억!

辛亥(1971)년 동안거 결제일 해인사 해인총림 궁현당

54. 사자우해師子遇害
해를 입다

【 수시 】

산 사람 둘이 송장 하나를 메고 가니
송장 하나가 산 사람 둘을 메고 온다.
노주露柱는 삼경에 큰 광명을 놓고
황금은 한낮에 색채를 다 잃어버린다.
보살이 호떡을 사서 먹으려고 손을 펴 보니
원래로 둥글둥글한 쇳덩이로다.
하하하, 훔 바탁.

兩箇活人이 舁去一箇死漢하니
一箇死漢이 擔來兩箇活人이로다
露柱는 三更에 大放光明하고 黃金은 日午에 全失色彩라
菩薩이 將錢賣得餬餅하야 展手에 元來團團鐵塊로다
呵呵呵 吽發吒

◉

산 사람이 죽은 사람을 메고 갈 수야 있겠지만 어떻게 죽은 사람이 산 사람을 지고 갈 수 있습니까? 또 기둥이 어떻게 광명을 놓을 수 있습니까? 지금 한 얘기가 모두 엉터리 말 같고 앞뒤 문맥도 전혀 통하지 않는 것처럼 보일 것입니다. 그러나 알고 보면 전체가 구슬 꿰이듯 전부 상통되어 있습니다. 이런 말을 알아들을 줄 알아야 비로소 귀가 열린 사람이라 하겠습니다. 만약 이런 말을 알아들을 줄 모른다면 설사 천이통天耳通이 열려 시방세계 전체의 소리를 다 들을 수 있다 해도 귀머거리와 마찬가지입니다.

【 본칙 】

24조인 사자존자師子尊者[1]에게 계빈국왕罽賓國王[2]이 칼을 집고 물었다.
"스님은 오온이 공함을 얻었습니까?"
"이미 얻었습니다."
"오온이 공함을 이미 얻었으면 생사를 떠났습니까?"
"이미 떠났습니다."
"스님에게 머리를 달라고 할 수 있겠습니까?"
"내 몸이 내 것이 아니거니 어찌 머리뿐이겠습니까?"
왕이 갑자기 목을 베니 흰 젖이 한 길이나 높이 솟고 왕의 팔이 저절로 떨어졌다.[3]

師子尊者가 因罽賓國王이 仗劒問曰 師得蘊空否아 對曰已得이로다 王曰 旣得蘊空인댄 離生死否아 對曰已離로다 王曰 就師乞頭得不아 對曰 身非我有어니 豈況頭耶아 王이 便斬之하니 白乳高丈餘요 王臂自落이라 하니

◉

이 사건엔 배경이 있습니다. 당시 계빈국의 외도들이 왕궁에 들어가서 모반을 크게 일으켰는데 실패하면 불교에 덮어씌우려고 스님의 형상

---

1 중인도 바라문 출신으로 학륵나(鶴勒那)의 법제자. 계빈국에서 불교를 크게 펼치다가 왕에게 살해됨.
2 계빈국은 인도 인더스강의 지류인 카블하 유역으로 간다라를 중심으로 한 샤카족의 나라.
3 『선문염송』제95칙(한국불교전서5, 96쪽).

을 하고 계략을 부렸습니다. 그러나 결국 외도들은 중도에 발각되어 모두 체포되었습니다. 당시 국왕은 삼보를 지극정성으로 받들던 신심 깊은 불자였습니다. 그러나 자기를 반대하고 죽이려 노린 사람들이 전부 스님인 것을 본 국왕은 크게 노했습니다. 분노한 왕은 모든 사찰을 파괴하고 스님들을 전부 내쫓아 버렸습니다. 그런 와중에 법왕인 사자존자를 죽였던 이런 역사적 사실이 있습니다.

여기에 몇 가지 의문을 가질 수 있습니다. 그렇게 생사에 자유자재한 사람이라면 왜 남에게 칼을 맞아 죽었냐는 겁니다. 또 사람의 목을 베면 피가 흘러야지 어떻게 젖이 솟아날 수 있느냐는 것입니다. 이전의 역사를 살펴보면 큰스님이나 성인들이 참형을 당한 일이 종종 있었는데 그분들 목에서 젖이 솟아난 일이 많이 있습니다. 이건 알고 보면 당연한 일이지만 모르고 보면 도저히 있을 수 없는 일이라고 생각될 것입니다. 허나 실지로 그런 사실들이 있습니다. 그러면 사자존자가 목이 베여 죽은 것에 대해 내 한마디 하겠습니다.

【 착어 】

만 리에 뻗친 노랫소리 태평을 축하함이여
밤마다 맑은 빛이 눈 쌓인 달빛에 빛나네.
萬里歌謠賀太平이여 夜夜에 淸光이 輝雪月이로다

◉

사람이 죽었는데 그것도 비참하게 칼에 베여 죽었는데, 왜 노래 부르고 춤추며 태평가를 부른다고 할까요? 너무나 엉뚱한 소리 같지만 이것이 실지에 있어 사자존자 죽음의 참다운 소식을 전한 것입니다. 이것을 알면 사자존자 죽음에 대한 근본 소식을 알 수 있습니다.

【송】

불안 원선사[4]가 송하였다.

양자강 가 수양버들 봄빛인데

버들꽃이 물 건너는 사람을 슬프게 하네.

한가락 남은 피리소리에 정자 떠나감이 늦으니

그대 소상瀟湘으로 가고 나는 진秦나라로 가노라.

佛眼 遠이 頌曰

楊子江頭楊柳春에 楊花愁殺渡頭人이로다

一聲殘笛에 離亭晚하니 君向瀟湘我向秦이라 하니

◉

불안스님의 이 게송은 이전의 유명한 고시[5]를 인용해 읊은 것입니다. 사람 죽은 것을 두고 왜 화창한 봄날 꽃놀이하고 이별하는 정경을 얘기했을까요? 이것을 알아야만 사자존자의 근본 입각처立脚處를 알 수 있습니다. 그러면 그 뜻이 어느 곳에 있는가? 여기에 내 한마디 붙이겠습니다.

【착어】

하늘에 높이 뜬 짐조鴆鳥는 아홉 개 머리가 독이요

세상을 보호하는 나타는 여덟 개 팔이 길구나.

---

4 불안청원(佛眼淸遠, 1067~1120). 임제종 양기파 스님으로 오조법연(五祖法演)의 법제자. 남악(南岳)스님의 14세손. 『불안선사어록(佛眼禪師語錄)』 8권이 있음.

5 당나라 시인 정곡(鄭谷, 848~911)의 「회상별고인(淮上別故人)」
 楊子江頭楊柳春 양자강 가 수양버들 봄빛인데
 楊花愁殺渡江人 버들꽃이 강 건너는 사람을 슬프게 하네.
 數聲風笛離亭晚 몇 가락 남은 피리소리에 정자 떠나감이 늦으니
 君向瀟湘我向秦 그대 소상으로 가고 나는 진나라로 가노라.

磨天鳩鳥는 九頭毒이요 護世那吒은 八臂長이로다

◉

짐조라는 새는 어찌나 독한지 몸 전체가 독 덩어리입니다. 그 새가 지나가는 그림자만 음식에 비쳐도 그 음식을 먹은 사람은 죽는다고 합니다. 그래서 잔치를 치를 때 차양을 치는 것은 햇볕을 가리기 위한 목적도 있지만 이 짐조의 독을 피하기 위해서란 얘기도 있습니다. 그 독한 새는 머리가 아홉인데 아홉 개 모두 독덩어리더라고 했습니다. 봄놀이 하는 정경을 읊은 불안스님의 게송에 왜 나는 독한 새를 끌어다 인증을 할까요? 이것을 알아야 합니다.

또, 온 세상을 보호하는 나타태자는 수없이 많은 긴 팔로 온 세상을 두호하고 보호하는 사람입니다. 그럼, 그 독한 새인 짐조하고 자비롭고 자유자재한 나타태자는 또 무슨 관계가 있을까요? 도대체 무슨 상관이 있기에 사자존자의 죽음을 두고 이런 것으로 인증하느냐는 것입니다. 이 뜻을 알아야 합니다.

【 송 】

혹암 체선사[6]가 송하였다.
남의 소 한 마리를 얻고
남에게 말 한 마리로 갚았네.
가는 것도 있고 오는 것도 있으니
가히 예를 알아야 하리라.

或菴 體가 頌曰

得人一牛하고 還人一馬라

---

[6] 혹암사체(或菴師體, 1108~1179). 임제종 양기파 스님으로 차암경원(此庵景元)의 법제자. 남악(南岳)스님의 16세손. 『혹암체선사어요(或菴體禪師語要)』 1권이 있음.

有往有來에 可知禮也라 하니

◉

이것이 실지에 있어서 사자존자의 죽음에 대한 법문입니다. 이것도 영 맥락이 닿지 않는 말 아닙니까? 소 얻고 말 잃은 것이 사자존자의 죽음 과 무슨 관계가 있을까요? 소를 한 마리 얻고 보니 말을 한 마리 잃었더 라고 하는 이것을 확실히 알면 사자존자 돌아가신 뜻을 확실히 알 수 있습니다. 그러면 그 뜻이 어느 곳에 있는가? 내 또 한마디 하겠습니다.

【 착어 】

묘희 세계에도 감추지 못하고
연꽃 그림자 속에서 온몸을 나툰다.
妙喜世界엔 藏不得하고 蓮華影裏에 現全身이로다

◉

묘희세계는 최고 해탈의 경지에 이른 유마거사 같은 사람이 머무는 세계입니다. 그런 자유자재하고 광대한 묘희세계도 몸을 감추기엔 좁다 고 했습니다. 그런데 다시 연꽃 그림자 속에서 온몸을 나툰다고 했으니 이것이 무슨 뜻일까요?

【 송 】

개암 붕선사가 송하였다.
들기 전에 문득 먼저 아니
그대는 동쪽으로 가고 나 또한 서쪽으로 간다.
붉은 노을은 푸른 하늘을 뚫고
한낮의 해는 수미산을 돌도다.

介菴 朋이 頌曰

未擧에 便先知하니 君東我亦西로다

紅霞는 穿碧落하고 白日은 繞須彌라 하니

◉

내가 말도 하기 전에 저쪽에서 먼저 안다고 하고선 그대는 동쪽으로, 나는 서쪽으로, 서로서로 반대로 간다고 하니 이건 또 무슨 말입니까? 이것이 사자존자 돌아가신 것하고 무슨 관계가 있겠습니까? 그렇지만 이것이 실지에 있어서 사자존자의 본 뜻을 그대로 드러낸 소리입니다. 그러면 그 뜻이 어느 곳에 있는가? 또 내 한마디 하겠습니다.

【 착어 】

번뇌 바닷속에 비와 이슬이 되고
무명산 위에 구름과 우레 되도다.

煩惱海中에 爲雨露하고 無明山上에 作雲雷로다

【 결어 】

대중들이여, 사자존자가 비로자나의 이마 위에 홀로 앉아서 신통의 큰 광명 속에서 유희하니 천추만세千秋萬世에 우러러본다. 뒷날 삼인三人의 눈먼 자손이 검고 흰 것을 가려 보지 못하고 남쪽을 북쪽으로 알아 그 조상을 끌어 묻음을 또한 알지 못한다. 오늘 산승山僧이 참을 수 없어서 위험을 돌보지 않고 사자존자를 위하여 설욕하리라.

(주장자 한 번 치고 말씀하셨다.)

서리 내린 하늘 달 떨어진 한밤중에
무쇠 소를 거꾸로 타고 저자를 지나가네.

大衆아 獅子尊者 獨坐毘盧頂上하야 遊戲神通 大光明藏하니 千秋萬世에

瞻之仰之로다 後來에 三箇拍盲兒孫이 緇素를 不辨하고 將南作北하야 埋沒其祖翁也不知로다 今日에 山僧이 忍俊不禁하야 不顧危亡하고 爲尊者雪屈하리라 (卓拄杖一下云)

霜天에 月落夜將半한데 倒騎鐵牛穿市過로다

◉

대중 여러분, 사자존자는 비로자나부처님과 같은 자리도 아닌 비로자나부처님의 이마 위에 홀로 앉아 계십니다. 사람에게 비참하게 칼에 맞아 죽었는데 왜 비로자나부처님처럼 크고 거룩한 분의 이마 위에 앉았다고 할까요? 법문한답시고 하는 말마다 이상한 소리만 한다고 투덜댈 사람도 있겠지만 이것을 알아야 합니다. 그 자리에 앉아 신통의 큰 광명 속에서 유희하니 천추만세에 우러러봅니다. 뒷날 불안과 개암과 혹암, 이 눈먼 세 자손은 검고 흰 것도 가리지 못하고 남쪽을 북쪽으로 잘못 알아 힘을 다해 법문을 하긴 했지만 도리어 그 조상을 끌어 묻은 것이었음을 또한 알지 못합니다. 혹 누구는 세 분 큰스님이 좋은 말씀으로 법문을 했는데 무슨 원수가 졌다고 혹평하느냐고 생각할지도 모르겠습니다. 하지만 이것이 실지에 있어서 사실 그대로 하는 말입니다. 그래서, 오늘 이 산승이 참을 수 없어 위험을 돌보지 않고 사자존자를 위해 설욕하겠습니다.

　서리 내린 하늘 달 떨어진 한밤중에
　무쇠 소를 거꾸로 타고 저자를 지나가네.

辛亥(1971)년 10월 말일 해인사 해인총림 궁현당

55. 노조면벽 魯祖面壁
벽을 보고

【 수시 】

높고 높은 산꼭대기 위에 서니
하늘에 비낀 긴 칼이 천고에 비치고
깊고 깊은 바다 밑을 가니
땅을 덮은 무쇠가 만 리에 뻗쳤다.
부처와 조사도 엿보지 못하고
마군이와 외도가 목숨을 잃으니
임제 덕산은 난간 밖으로 몸을 물러서고
조주 운문은 벽 위에 입을 거니
어떤 사람이 일찍이 이렇게 왔던가?
(한참 묵묵한 후에 말씀하셨다.)
머리 길이 석자이니 이 누군 줄 아느냐
말없이 서로 마주하여 외발로 섰도다.
高高峰頂立하니 倚天長劍이 照千古요
深深海底行하니 覆地生鐵이 亘萬里로다
佛祖莫窺하고 魔外喪命이라
臨濟德山은 退身欄外하고 趙州雲門은 口掛壁上하니
什麽人이 曾恁麽來오 (良久云)
頭長三尺知是誰오 無言相對獨足立이로다

【 본칙 】

노조스님은 중이 오는 것을 보면 문득 벽을 향해 돌아앉으니 남전스님이 듣고 말하였다.

"내가 평시에 그에게 말하되, '공겁 이전 그때 깨치고 부처님 출세하시기 전에 알아도 오히려 한 개 반 개 얻지 못한다'고 하였거늘 그가 이러하니 나귀해에 가리라."[1]

魯祖凡見僧來하면 便面壁하니 南泉이 聞云 我尋常에 向他道호대 空劫以前에 承當하고 佛未出世時에 會取하야도 尙不得一箇半箇라 하야늘 他恁麼하니 驢年去로다 하니

●

마조스님 제자중에 노조 보운스님이라고 계셨습니다. 그 스님은 누가 찾아오면 바로 벽을 향해 돌아앉았습니다. 마조스님 제자로 형제간인 남전스님이 소식을 듣고 "공겁 이전, 최초의 부처님인 위음왕불이 출세하기 전 소식을 알았다 해도 소용없는데 저 노조가 사람만 보면 돌아앉으니 노새해까지 가야 하리라."고 했습니다. 12간지에 노새해는 없지 않습니까? "아주 틀렸다" "영 가망이 없다"는 것을 표현할 때 "노년거驢年去", 즉 "나귀 해에 간다"고 합니다. 공겁 이전에, 부처님 출세 이전에 소식을 알았다고 해도 일개반개도 얻을 수 없는데 노조 보운선사처럼 사람만 보면 돌아앉는 그것 가지고는 아무 것도 아니라는 말입니다. 근본적으로 틀렸다고 심하게 공격하는 말입니다.

그런데 여기서 우리가 생각해 볼 것이 있습니다. 마조스님에게 제자가 많아 출세한 사람만 88명을 헤아리는데 지금 소개한 남전과 노조스님은 그중에서도 빼어난 분들입니다. 노조스님이 면벽한 것은 실지에 있

---

1 『종용록』 제23칙.

어서 참으로 자성을 확철히 깨쳐 부처님의 정법안장을 깨닫지 않고는 모르는 것입니다. 그런데 왜 남전스님은 아무 것도 아니라는 식으로 욕을 했을까요? 여기에 담긴 깊은 뜻을 알아야지 말만 따라가면 절대 안 됩니다. 남전스님이 표현을 이렇게 했다고 진짜 노조스님을 꾸짖고 욕한 것이라고 봐서는 안 됩니다. 이것은 실지로 노조나 남전같이 확철대오해서 정법안장을 실증한 사람이 아니고는 이 뜻을 절대 모릅니다. 그럼 그 뜻이 어느 곳에 있는가? 거기에 대해 내 한마디 하겠습니다.

【 착어 】

비상을 써서 능히 목숨을 살리고
감로수로써 또한 사람을 죽이는구나.

用砒霜能活命하고 使甘露亦殺人이로다

【 송 】

천동 각선사가 송하였다.
담담한 가운데 맛이 있으니
묘함이 사량분별을 뛰어났다.
면면히 있는 듯함이여 만상의 이전이요
올올히 어리석은 듯함이여 도가 귀하다.
옥에다 문채를 새기니 순박함을 잃고
구슬이 못 속에 있으니 저절로 빛난다.
십분 상쾌한 기운이여 맑아서 가을 더위를 식히고
한 조각 한가로운 구름이여 멀리 아득한 물을 가른다.

天童 覺이 頌曰
淡中에 有味하니 妙超情謂로다
綿綿若存兮여 象先이요

兀兀如愚兮여 道貴로다

玉雕文以喪淳하고 珠在淵而自媚라

十分爽氣兮여 淸磨暑秋요

一片閑雲兮여 遠分天水라 하니

◉

천하에 아무리 좋은 옥일지라도 문채나 모양을 새기면 본래 옥은 흠집이 생겨 버린 격입니다. 이것은 무슨 소리인가? 노조스님이 면벽한 것을 두고 남전스님이 한마디 했는데, 모르는 사람이 볼 때는 욕하는 것이겠지만 아는 사람이 볼 때는 서로 손잡고 웃는 것입니다. 남전스님이 좋은 법문을 했는데, 그런 좋은 법문도 비유하자면 좋은 옥에다 문채를 새겨 도리어 옥을 손상시킨 것과 마찬가지라는 말입니다. 노조스님의 좋은 법문에 도리어 똥칠을 했다 이겁니다.

"구슬이 못 속에 있으니 저절로 빛난다." 한 것은 노조스님이 면벽한 것을 두고 한 소리입니다. 그럼 천동스님 게송의 뜻이 어느 곳에 있는가? 거기에 내 한마디 붙이겠습니다.

【 착어 】

초명은 수미산을 삼켜 버리고

원숭이는 놀라 나가정那伽定[2]에서 나오도다.

蟭螟은 呑却須彌山하고 胡孫은 驚出那伽定이로다

---

[2] 나가(那伽)는 범어 나가(nāga)의 음역으로서 용(龍), 코끼리[象], 불래(不來)의 세 가지 뜻이 있음. 부처님이나 아라한의 대력(大力)을 비유한 말. 그러므로 나가정은 부처님의 선정을 말함.

◉

초명은 벌레 가운데 가장 작은 벌레입니다. 그런 작은 벌레가 산 중에 가장 큰 산인 수미산을 삼켜 버렸다고 했습니다. 또 원숭이는 놀라 나가정에서 나오더라고 했습니다. 나가대정那伽大定이란 불지佛智를 증득해야만 들어갈 수 있는 선정입니다. 그런데 원숭이가 어떻게 나가대정에 들어갈 수 있습니까? 결국 무슨 말인가? 조그마한 벌레인 초명이 수미산을 집어 삼켜 버리고 원숭이가 나가대정에서 뛰어나오는 이것을 알아야만 천동스님 게송의 뜻도 알 수 있고, 남전과 노조스님의 법문도 알 수 있다는 말입니다.

【 송 】

보융 평선사[3]가 송하였다.
노조산 앞에 옛길이 통하니
빛나고 희미한 한 줄기 길은 동서가 없다.
두견새 울음 속에 봄빛이 짙어지니
떨어진 복숭아꽃 땅에 가득 차 붉구나.
普融 平이 頌曰
魯祖山前에 古路通하니 熙微一逕이 沒西東이로다
杜鵑聲裏에 春光老하니 零落桃花滿地紅이라 하니

◉

봄날 정경이나 읊은 그런 시가 아닙니다. 노조스님이 면벽한 그 소식을 그대로 전한 말씀입니다. 말만 좇으면 몸도 목숨도 다 잃고 맙니다. 그럼 이 게송의 뜻이 또 어느 곳에 있는가? 내 한마디 하겠습니다.

---

3 보융도평(普融道平, ?~1127). 임제종 양기파 스님으로 대위모철(大潙慕喆)의 법제자. 남악(南岳)스님의 13세손.

【 착어 】

달은 일천 강에 비치고 바람은 팔방에 맑도다.

月印千江이요 風淸八極이로다

【 송 】

해인 신선사가 송하였다.
벽을 향해 돌아앉음은 가장 높은 기틀이라 모두 말하니
납승이 여기 이르러 어찌하려는가.
비록 일천 강의 물을 끊어 버려도
또한 종문의 둘째 망치에 떨어진다.

海印 信이 頌曰
面壁을 咸言上上機하니 衲僧이 到此擬何之오
直饒截斷千江水하야도 也落宗門第二槌라 하니

◉

노조스님의 면벽이 그 누구도 따라갈 수 없는 고준한 법문이긴 하지만 사실 알고 보면 제2등 제3등에 떨어지는 것이라 했습니다. 아무 것도 아니라는 말입니다. 이건 또 무슨 소식일까요? 여기에 대해 내 한마디 하겠습니다.

【 착어 】

뿔을 건 영양이 무쇠 채찍을 맞고
무쇠 저울추에서 황금 즙을 짜는구나.

掛角羚羊이 喫鐵鞭하고 秤鎚에 捏出黃金汁이로다

●

뿔을 건 영양이란 자취를 찾을 수 없는 것을 비유할 때 쓰는 표현입니다. 귀신도 도저히 자취를 찾을 수 없는 그런 심미한 곳을 비유할 때 종문에서 이 표현을 자주 씁니다. 영양이 뿔을 걸고 있으니 부처가 와도 찾아볼 수 없다는 깊은 뜻에서 하는 소리입니다. 그렇지만 쇠몽둥이로 맞아야 한다고 했습니다.

또 무쇠 저울추에서 황금 즙을 짠다고 했는데, 어떻게 무쇠로 만든 저울추에서 황금 즙을 짤 수 있습니까? 이것을 알면 해인 신선사의 게송 뜻을 알 수 있습니다. 그 뒤에 이 공안에 대해 여러 스님들이 하신 말씀이 많이 있는데 그중 몇 가지를 소개하겠습니다.

【염】

보복 전선사가 장경 능선사에게 물었다.
"다만 노조의 허물이 어디에 있기에 남전이 이렇게 말했는가?"
"자기는 물러서고 남에게 사양하니 만 명 가운데 한 사람도 없다."
나산선사가 말하였다.
"내가 당시에 보았더라면 등위에 다섯 불무더기를 놓았을 것이다. 왜냐하면 그는 놓을 줄만 알았지 거둘 줄은 몰랐기 때문이니라."
만송 수선사가 말하였다.
"남전이 이렇게 노조를 비난하였으나 장경이 도리어 말하되, '자기는 물러서고 남에게 사양한다' 하였고, 노조는 긴요한 나루를 잡아끊었거늘 나산이 도리어 말하되, '놓을 줄은 알고 거둘 줄은 모른다'고 하였다."

保福 展이 問長慶稜 云 只如魯祖節文이 在甚處컨대 被南泉의 恁麼道오 稜이 云 退己讓人하니 萬中無一이로다 羅山이 云 陳老師가 當時에 若見인들 背上에 與五火抄호리라 何故오 爲伊解放不解收니라 萬松秀云 南泉이 恁麼貶屈魯祖어늘 長慶이 却道退己讓人이라 하고 魯祖把斷要津이어늘 羅

山이 却道解放不解收로다 하니

●

　　보복 종전선사와 장경 혜능선사 모두 설봉스님의 훌륭한 제자들입니다. 두 스님은 늘 이전 법문에 대해 서로 상의하곤 했습니다. 보복스님이 "노조의 허물이 어디에 있기에 남전이 이렇게 공격을 했을까?" 하고 장경스님에게 묻자 "자기는 물러서고 상대방을 저 높은 자리에 모셨으니 그렇게 하기는 참으로 어렵다."고 했습니다. 겉으로 보기에는 남전스님이 노조스님을 비난한 것 같지만 사실은 노조스님을 극구 칭찬한 말이라고 했습니다.

　　나산스님은 속성이 진씨입니다. 그래서 자칭 진노사라 했습니다. 그럼 나산스님은 뭐라고 하셨는가? "그는 놓을 줄만 알았지 거둘 줄은 몰랐다."고 했습니다. 돌아앉은 것은 분명 문을 닫는 것이지 여는 것이 아닌데 어째서 나산스님은 반대로 말했을까?

　　또, 그 뒤 조동종에 만송 수선사라고 『종용록』을 지은 유명한 스님이 있습니다. 그분은 뭐라고 하셨는가?

　　"겉으로 보면 남전스님이 노조스님을 비난한 것처럼 보이지만 장경스님은 '자기는 물러서고 남에게 사양한다' 하였고, 노조스님은 부처든 조사든 어른거리지 못하게 만리장성을 쌓았는데 나산스님은 도리어 '문을 열어 놓고 문을 닫지 못한다'고 왜 반대로 말했을까?"

　　소위 조사스님들의 격외담格外談은 겉으로 드러난 표현으로는 모릅니다. 이런 말들의 속뜻을 바로 알아야 법문의 근본 골수를 이해할 수 있습니다. 그럼 만송스님의 이 말씀을 내가 좀 비판하겠습니다.

【 착어 】

　　울타리 붙잡고 벽을 더듬는 이가

종을 잘못 알아 주인으로 삼는다 하리라.

可謂扶籬摸壁漢이 認奴作郎이로다

【 결어 】

대중들이여 알겠는가?
그대에게 주장자 있으니 내가 그대에게 주장자를 주고
그대에게 주장자 없으니 내가 그대에게서 주장자를 빼앗는다.
(주장자 한 번 치고 내려오시다.)

大衆아 還會麼아
你有拄杖子하니 我與你拄杖子하고
你無拄杖子하니 我奪你拄杖子로다
(卓拄杖一下하시다)

◉

눈이 멀어 울타리를 붙잡고 길을 다니고 문인지 벽인지 더듬거려야 아는 봉사가 자기가 부리는 종을 도리어 자기 아들로 여기는 격입니다. 그 뜻이 도대체 어디에 있기에 내가 이런 말을 할까요?

대중 여러분, 아시겠습니까?
그대에게 주장자 있으니 내가 그대에게 주장자를 주고
그대에게 주장자 없으니 내가 그대에게서 주장자를 빼앗는다.

이것 역시 이전 스님들 법문에 나오는 말씀입니다. 흔히들 이것을 피상적으로 해석해 "너에게 법이라고 할 만한, 쓸 만한 그런 주장자가 있으면 법을 쓸 수 있는 주장자를 주고, 너에게 법을 쓸 만한 그런 주장자가 없으면 네 주장자는 쓸모없으니 내가 그 주장자를 빼앗는다."고 이렇게 해석합니다. 만약 이렇게 해석한다면 지옥에 화살처럼 떨어져 천년만년이 지나도 죄가 남을 것입니다. 절대 그런 것이 아닙니다. 노조스님이

나 남전스님처럼 불조의 정법안장을 깨치지 않고는 "너에게 주장자가 있으니 너에게 주장자를 주고 너에게 주장자가 없으니 너에게서 주장자를 뺏는다."는 이 뜻을 절대로 알 수 없습니다.

辛亥(1971)년 11월 보름 해인사 해인총림 궁현당

56. 백장야호 百丈野狐
백장스님과 여우

【 수시 】

개가 불성이 있으니 사자가 여우 무리에 뛰어 들어가고
개가 불성이 없으니 여우가 사자굴에 뛰어 든다.
남섬부주에 두 해가 같이 비치고
북울단월에 한 사람이 경사 있다.
마갈타에서는 문을 닫아걸고
비야리에서는 입을 닫는다.
울긋불긋 천만 가지 꽃 피었으니 어느 곳인 줄 알겠는가?
여기에 더하여 한 쌍의 나비가 날아다니는구나.

狗子佛性有하니 金毛跳入野狐隊요
狗子佛性無하니 野狐跳入金毛窟이로다
南瞻部洲에 兩日이 並照하고
北鬱檀越에 一人이 有慶하니
摩竭엔 掩室하고 毘耶엔 杜口라
萬紅千紫知何處오 剩得一雙胡蝶飛로다

◉

진실한 불법은 언어로 표현해 보일 수 없기 때문에 부처님께서 마가다국에서 방문을 닫고 말씀하시지 않으셨던 일이 있습니다. 또 비야리

성비야리城의 유마거사는 불이법문不二法門을 묻는 사리불의 질문에 침묵하셨던 일이 있습니다.

【 본칙 】

백장스님이 상당하면 항상 한 노인이 법문을 듣고 대중을 따라 흩어져 가곤 하였다. 하루는 돌아가지 않으므로 백장스님이 물었다.

"거기 서 있는 이는 누군가?"

"저는 과거 가섭불 때 일찍이 이 산에 살았는데 어떤 학인이 '크게 수행하는 사람도 인과因果에 떨어집니까, 안 떨어집니까?' 하는 물음에 '인과에 떨어지지 않는다'고 대답해서 여우 몸을 받았습니다. 이제 청컨대 스님은 한마디 법문을 설해 주소서."

"물어보라."

"크게 수행하는 사람도 인과에 떨어집니까, 떨어지지 않습니까?"

"인과에 어둡지 않느니라."

노인이 법문 끝에 크게 깨치고 예배하며 말하였다.

"제가 이미 여우 몸을 벗어났습니다."[1]

百丈이 上堂에 常有一老人이 聽法하고 隨衆散去러니 一日엔 不去어늘 丈이 問曰 立者何人고 曰某甲은 於過去迦葉佛時에 曾住此山이러니 有學人이 問호대 大修行人도 還落因果也無아 對曰 不落因果라 하고 墮在野狐身하니 今請和尙은 代一轉語하소서 丈云 但問하라 老人이 便問 大修行人도 還落因果也無아 丈云 不昧因果니라 老人於言下에 大悟하고 作禮曰 某甲이 已脫野狐身이라 하니

---

1 『선문염송』 제184칙 (한국불교전서5, 184쪽) ; 『무문관』 제2칙 ; 『종용록』 제8칙.

◉

  가섭불迦葉佛은 석가모니부처님이 출현하시기 이전 과거에 여섯 번째로 출현하셨던 분입니다. 그렇게 오랜 세월 그 산에 살았다는 것입니다. 그 노인은 "공부를 많이 해 깊은 이치에 들어간 사람은 인과에 떨어지지 않는다."고 대답해 세세생생 여우 몸을 받아 축생을 면하지 못하고 있다 했습니다. 혹자는 이를 두고 "인과가 필요 없다는 그런 소견에 떨어졌기 때문에 그 과보로 여우 몸을 벗어나지 못한 것이다."라고 피상적으로 해석할 것입니다. 그렇지만 뜻이 거기에 있는 것이 아닙니다.
  인과를 부정하는 소견에 떨어졌기 때문에 짐승의 몸을 받았고, 인과를 확실히 밝힌 백장스님의 말씀을 듣고 자유자재하여 짐승의 몸을 벗어났다고들 피상적으로 생각하는 사람들이 참 많습니다. 하지만 여기엔 아주 깊은 뜻이 있습니다. 이 법문을 확실히 깨치기만 하면 천칠백 공안뿐 아니라 불조의 비밀을 다 알 수 있습니다. 이것은 그런 사량복탁思量卜度으론 도저히 알 수 없는 것입니다.

【 착어 】

자식을 기르매 너무 크도록 키우지 말아라.
다 크면 집안 도적이 되느니라.
養子에 莫敎大하라 大了에 做家賊이로다

◉

  자식을 크도록 키우지 말라니 그럼 조그마할 때 때려죽여버리란 말인가요? 왜 이렇게 말하는가? 다 크면 도둑놈이 되어 가산을 탕진하고 집안을 아주 못쓰게 만든다고 했습니다. "도둑놈이 된다."고 한 이 뜻을 바로 알면 공안의 뜻을 알 수 있습니다. 그럼, 고인들은 이 법문을 어떻게 평했는가? 참고삼아 살펴보겠습니다.

【 송 】

영암 안선사[2]가 송하였다.

백장 집 앞에서 여우를 분변하니
자줏빛 비단 장막 속에 진주를 뿌리네.
뉘 집 별관 연못 속에
한 쌍의 원앙새가 물 위에 떴는가?

靈岩 安이 頌曰
百丈堂前에 辨野狐하니 紫羅帳裏에 撒眞珠로다
誰家別舘池塘裏에 一對鴛鴦이 水上浮오 하니

●

백장스님이 여우에게 법문을 한 것은 최고급 비단에 보배인 진주를 흩뿌린 것과 같다고 했습니다. 또 아름다운 정원에 한 쌍의 원앙새가 노닌다고 했습니다. 이것이 자줏빛 비단에 진주를 흩뿌린다는 뜻을 노골적으로 표현한 것이고, 또 실지 백장야호화百丈野狐話의 근본 뜻입니다. "불락不落"이라 해서 여우가 되고 "불매不昧"라는 법문을 듣고 깨친 것과 원앙새 노니는 것이 무슨 관계가 있습니까? 그러나 실지로는 근본적으로 통해 있습니다. 그러면 이 뜻이 어느 곳에 있는가? 내 한마디 하겠습니다.

【 착어 】

도오는 홀笏을 들고 춤추고 석공은 활을 당긴다.
道吾는 舞笏하고 石鞏은 張弓이로다

---

2 영암안(靈岩安). 『선문송고연주통집(禪門頌古聯珠通集)』에 이 게송이 있으나 전기는 불명.

◉

약산 유엄藥山惟儼스님의 제자 도오 원지道吾圓智선사는 사람만 보면 덩실덩실 춤을 췄습니다. 또 마조스님 제자인 석공 혜장石鞏慧藏선사는 사람만 보면 쏘아죽일 듯 활을 당기곤 했습니다. 도오스님은 홀을 들고 좋다고 덩실덩실 춤을 추고, 석공스님은 쏘아죽이겠다고 활을 당겼다 이것입니다. 이것이 영암선사 게송의 뜻입니다.

【 송 】

도솔 열선사[3]가 송하였다.
만길 큰 바위가 푸른 하늘에 솟으니
인간에는 길이 있으나 능히 통할 수 없다.
한 점 구름은 걸림 없이 모였다 흩어지고
종횡으로 바람처럼 빠르니 어찌하리오.
兜率 悅이 頌曰
萬丈洪岩이 倚碧空하니 人間에 有路不能通이로다
奈何一點雲無碍하야 舒卷縱橫似風疾이라 하니

◉

큰 바위가 천길만길 솟았으니 이 바위에는 길이 있을 수 없습니다. 그러나 한 점 구름은 걸림 없이 모였다 흩어지며 왔다갔다 자기 마음대로 한다는 말입니다. 그럼 큰 바위에 구름 노니는 것하고 백장스님의 여우법문이 무슨 관계가 있습니까? 아무 관계없는 소리 같지만 실지로 야호화野狐話의 골수를 표현한 것입니다. 그럼 이 뜻이 어느 곳에 있는가? 내 또 한마디 하겠습니다.

---

3 도솔종열(兜率從悅, 1044~1091). 임제종 황룡파 스님으로 진정극문(眞正克文)의 법제자. 남악(南岳)스님의 13세손.

【 착어 】

진흙 돼지와 부스럼난 개가 같이 눈을 뜨나
삼세의 여래가 모두 알지 못한다.

泥猪癩狗齊開眼호대 三世如來總不知로다

【 송 】

불안 원선사가 송하였다.
취해 자고 깨어 누워 집에 돌아가지 아니하니
한 몸이 하늘가에 떠돌아다니네.
부처와 조사의 지위에도 머무르지 아니하고
밤에는 옛날같이 갈대꽃에서 자노라.

佛眼 遠이 頌曰
醉眠醒臥不歸家하니 一身이 流落在天涯로다
佛祖位中에 留不住하야 夜來에 依舊宿蘆花라 하니

◉

 오조 법연선사의 제자 삼불三佛의 한사람인 불안 원선사의 게송입니다. 술에 잔뜩 취해서 늘어지게 자는 게으름뱅이가 집에도 돌아가지 않고 천리만리 타향으로만 떠돈다고 했습니다. 그 사람은 어떤 사람인가? 천상천하에 둘도 없이 높은 부처님도 천하 선지식도 싫다며 저 밑으로 내려 보는 사람입니다. 밤이면 늘 갈대꽃에서 잔다고 했는데 이것이 무슨 소식일까요? 이 소식 역시 백장야호화百丈野狐話의 뜻을 전한 것입니다. 내 또 여기에 한마디 붙이겠습니다.

【 착어 】

삼라만상이 쇠뭉치이니 양기의 나귀 다리가 셋이로다.

萬象森羅鐵渾侖이라 楊岐驢子三隻脚이로다

◉

시방 삼라만상 전체가 무쇠덩어리인데 무쇠덩이도 모가 난 것이 아니라 둥글둥글하더라는 것입니다. 삼라만상 전체가 둥글둥글한 쇠뭉치인데 양기스님이 타고 다니는 나귀는 다리가 셋이라는 이 소식을 알면 앞에서 말한 야호화의 본 소식을 알 수 있다 이것입니다. 이것은 실제 자신이 깨쳐야 알 수 있습니다. 소개한 게송들 전체가 표현이 각기 달라 뜻을 종잡을 수 없겠지만 실지로는 근본적으로 완전히 통해 있는 말들입니다. 대혜스님이 또 이 공안에 대해 하신 법문이 있습니다.

【염】

경산 고선사가 말하였다.
"떨어지지 아니함과 어둡지 아니함이여 반은 밝고 반은 어두우며, 어둡지 아니함과 떨어지지 아니함이여 양쪽이 비고 비었네. 오백생 전 저 여우를 지금 와서 쓸쓸히 부질없이 부른다.
억!
좌중에 이미 강남의 손이 있거늘 하필 술통 앞에서 자고새 노래 부르리오."

徑山 杲云 不落與不昧여 半明還半晦요 不昧與不落이여 兩頭空索索이로다 五百生前箇野狐를 而今에 冷地謾追呼라 하고 喝一喝云 座中에 旣有江南客이어늘 何必樽前에 唱鷓鴣오 하니

◉

"떨어지지 아니함과 어둡지 아니함이여, 반은 밝고 반은 어둡다."고 했는데 이게 무슨 소리입니까? "떨어지지 않는다."고 하면 어두운 것이고

"어둡지 않다." 하면 밝다는 말인가요? 그런 뜻이 아닙니다. 다음 구절에서 "불매不昧니 불락不落이니 하는 두 가지 모두 비어서 도저히 형용할 수 없다."고 했습니다.

자고는 그 울음이 아름다운 새입니다. 그래서 선율이 곱고 아름다운 노래를 일러 흔히 자고곡鷓鴣曲이라 합니다. 이 새는 강남에 있습니다. 북쪽에는 이 새가 없습니다. 이미 좌중에 노래 잘 하는 본토박이 강남사람이 있는데 목청 가다듬어 흉내 낼 것 있겠냐고 했으니, 이는 우리가 이미 다 아는 소식인데 다시 쓸데없이 지껄여서 뭐하겠느냐는 것입니다. 그럼 대혜스님의 뜻이 어디에 있습니까? 내 한마디 하겠습니다.

【 착어 】

한 줄기 풀이 황금색 몸으로 나투니
만 리 높은 하늘의 학을 거꾸로 탄다.
一莖草現黃金軀하야 倒騎萬里冲霄鶴이로다

◉

"한 줄기 풀 위에 황금색 부처가 나타났다."는 말이 아닙니다. 한 줄기 풀이 그대로 황금부처님이라는 말입니다. 한 줄기 풀 그대로 부처님이 나타났는데 왜 또 학을 타고 허공으로 날아간다고 했을까요? 이것이 대혜스님 법문의 근본 뜻이고 야호화의 근본 뜻입니다. 그럼, 임제종의 옥전 연선사는 또 어떻게 말씀하셨는가?

【 염 】

옥전 연선사에게 어떤 중이 물었다.
"인과에 떨어지지 않는다 하였거늘 어찌하여 여우 몸에 떨어졌습니까?"

"여산의 오로봉이니라."
"인과에 어둡지 않는다 하였거늘 어찌하여 여우 몸을 벗어났습니까?"
"남악의 삼생장三生藏이니라."
"떨어지지 아니함과 어둡지 아니함은 같습니까, 다릅니까?"
"하늘을 의지한 긴 칼이 사람을 핍박하여 차갑구나."
황룡 신선사[4]가 원례수좌에게 물었다.
"여우 법문의 뜻이 어떠한가?"
"단 외는 꼭지째로 달고 쓴 외는 뿌리까지 씁니다."

玉泉 璉이 因僧問 不落因果라 하야늘 爲甚麼墮野狐身고 璉曰 廬山五老峰이니라 曰不昧因果라 하야늘 爲甚麼脫野狐身고 璉曰 南岳三生藏이니라 曰祇如不落不昧是同是別가 璉曰 倚天長劍이 逼人寒이로다 黃龍 新이 問元禮首座호대 野狐意作麼生고 元이 云 舌甘瓜는 徹蔕舌甘이요 苦瓜는 連根苦라 하니

◉

명산인 여산에서도 천하절경은 오로봉입니다. 인과에 떨어지지 않는다면서 여우 몸 받은 것하고 여산의 오로봉이 무슨 관계가 있습니까? 그 스님은 다시 "인과에 어둡지 않다면서 왜 여우 몸을 벗어났습니까?" 하고 물었습니다. 인과에 어둡지 않다면 여우가 되건 사람이 되건 사자가 되건 새가 되건 무슨 상관있냐는 말입니다. 자유자재하게 노닐 것이지 왜 구구하게 여우 몸을 벗어났느냐는 것입니다. 그러자 옥전스님은 "남악의 삼생장이다."라고 대답했습니다. 신선이 사는 곳이라는 남악에

---

[4] 황룡오신(黃龍悟新, 1043~1114). 임제종 황룡파 스님으로 회당조심(晦堂祖心)의 법제자. 남악(南岳)스님의 13세손. 법호는 사심(死心).

진陳나라 혜사慧思[5]의 삼생탑원三生塔院[6]이 있습니다.

누가 보면 동문서답이라 질문과 대답이 전혀 관계없다 할 것입니다. 그렇지만 알고 보면 질문에 한 치의 오차도 없이 적절히 대답한 미묘한 법문입니다.

임제종 황룡파의 황룡 신선사가 오조 법연선사의 제자인 원례수좌에게 "요즘 총림에서 널리 회자되고 있는 야호화野狐話에 대해 어떻게 생각합니까?" 하고 물었습니다. 그랬더니 원례수좌 하시는 말씀이 "잘 익은 외는 꼭지까지 전체가 달고, 쓴 외는 뿌리까지 다 씁니다."라고 대답했습니다. 단 것은 전체적으로 철두철미하게 다 달고 쓴 것은 철두철미하게 전체적으로 다 쓰다 이 말입니다. 그러면 이 뜻이 어느 곳에 있는가? 내 또 한마디 하겠습니다.

【 착어 】

바다 귀신은 야명주를 귀하게 여기지 않고,
손에 가득히 쥐고 와서 얼굴 앞에 던진다.

海神은 不貴夜明珠하고 滿手撮來當面擲이로다

---

[5] 남악혜사(南嶽慧思, 515~577). 위진남북조(魏晉南北朝) 스님. 남악은 주석 산명. 속성은 이(李)씨. 천태종의 창시자인 천태지의(天台智顗)의 스승. 진(陳) 태건(太建) 2년(570) 남악에 들어가 8년간 머물다가 입적. 『대승지관(大乘止觀)』, 『차제선요(次第禪要)』, 『사십이자문(四十二字門)』, 『남악원문(南嶽願文)』 등이 있음.

[6] 남악(南嶽)의 남태사(南台寺)와 복엄사(福嚴寺) 중간에 있는 혜사(慧思)의 삼생(三生)을 기념하는 탑을 말함. 혜사스님이 말년에 대중을 가르치다가 "내가 전생에도 이 복엄사에서 대중을 가르쳤는데 그 전생 일이 그리워서 이곳으로 왔다."면서 아주 경치가 뛰어난 한 곳에 이르러 "이곳이 내가 전생에 토굴을 짓고 공부하던 곳이다."라고 하여 파 보니 과연 기왓장과 각종 기물이 나왔다. 또 큰 바위가 있는 곳에 이르러 "이곳은 내가 앉아서 공부하던 곳인데 죽어 이 바위 밑으로 떨어져 시체가 그대로 땅에 묻혔다."고 하여 땅을 파 보니 해골이 나왔다. 이렇게 금생에는 복엄사, 전생에는 토굴터, 그 전생에는 바위 위에서 한 수행을 혜사스님의 삼생담(三生談)이라고 한다.

◉

　야명주라는 구슬은 보배 가운데서도 제일 진귀한 보배입니다. 아무리 캄캄한 밤이라도 이 구슬을 가져다 놓으면 환하게 광명이 비쳐 낮과 같다고 했습니다. 그런 천하의 보물도 바다의 귀신은 귀하게 여기지 않는다고 했습니다. 그까짓 것, 하고 대수롭지 않게 여겨 야명주를 한 움큼 쥐고 와서는 사람들 앞에 확 던져 버리더라 이것입니다. 그들에겐 워낙 흔한 것이라 굳이 보배랄 것도 없으니 손에 쥐이는 대로 이 사람도 한주먹 저 사람도 한주먹 전부 나눠주더란 것입니다. 그럼 총 마무리 짓겠습니다.

【 결어 】

　대중들이여, 백장의 여우는 부처와 조사의 심수心髓요 선지식의 안목眼目이니 바로 금강권金剛圈과 율극봉栗棘蓬이어서 무리를 뛰어난 정안正眼이 아니면 매우 알기 어렵다. 만약 알면 십류十類의 중생이 동시에 도道를 이루고 알지 못하면 삼세의 부처님이 다 지옥에 떨어질 것이다. 필경 한 얽힘이 어느 곳에 떨어졌는가?
　(한참 묵묵한 후에 말씀하셨다.)
　부자는 천 명 식구도 적다고 싫어하고
　가난한 사람은 한 몸도 많다고 한탄하느니라.
　억!
　(크게 할을 한 번 하고 내려오시다.)

　大衆아 這百丈野狐는 佛祖心髓요 知識의 眼目이니 正是金剛圈栗棘蓬이라 不是超群正眼이면 極難承當이로다 若也會得하면 十類群生이 同時成道요 若也不會하면 三世諸佛이 皆入地獄이니 畢竟這一絡索이 落在甚麽處오 (良久云)
　富嫌千口少하고 貧恨一身多니라

(喝一喝하고 便下座하시다)

◉

　대중 여러분, 백장의 여우는 부처와 조사의 심수心髓요 선지식의 안목眼目입니다. 선지식의 안목을 여기에서 알아볼 수 있는 만큼 이 백장야호화百丈野狐話는 공안 중에도 가장 깊고 무서운 공안이라 하겠습니다. 이 공안은 무엇으로도 부술 수 없어 부처도 조사도 벗어날 수 없는 감옥인 금강권金剛圈과 같고, 그 날카로운 가시에 부처나 조사도 감히 입을 댈 수 없는 율극봉栗棘蓬, 즉 밤송이와 같습니다. 그러니 타의 추종을 불허하는 출중한 정안正眼이 아니라면 이 공안은 알기가 매우 어렵습니다.
　여우가 사람 몸으로 나타났다고 하고 먼 옛날 얘기까지 끄집어낸다 하여 설화나 소설처럼 쉽게 생각해서는 안 됩니다. 이것은 실지로 철두철미하게 자성을 깨쳐 구경각을 성취하기 전에는 절대 모르는 깊고 깊은 법문입니다.
　만약 이 법문을 한 사람이라도 바로 안다면 십류十類의 모든 중생이 동시에 도를 이룰 것이고, 알지 못하면 삼세의 부처님도 다 지옥에 떨어질 것입니다.
　자, 그럼 말씀해 보십시오. 이리저리 뒤엉킨 이 법문의 근본 뜻이 어느 곳에 있습니까?
　부자는 천 명 식구도 적다고 싫어하고
　가난한 사람은 한 몸도 많다고 한탄하느니라.
　재산이 많은 사람은 식솔이 천 명이라도 오히려 적다 여깁니다. 맹상군은 천하 갑부라 식객이 항상 삼천을 넘었다고 합니다. 이처럼 재산이 많은 사람은 식구가 아무리 많아도 왜 식구가 더 늘지 않느냐고 한탄을 합니다. 허나 가난한 사람은 자기 몸뚱이 하나 간수하기도 벅찬 법입니다. 이 말이 백장야호화와 무슨 관계가 있을까요? 오늘 법문의 핵심은

이 말에 있습니다.
 억!

辛亥(1971)년 11월 말일 해인사 해인총림 궁현당

57. 조주대사趙州大死
크게 죽었다가

【 수시 】

한 생각도 일어나지 아니하고 앞과 뒤가 끊어지니,
움직일 때나 가만히 있을 때나 틈이 없고
자나 깨나 한결같아 깨끗하고 또 깨끗하여 잡을 수 없다.
애석하다, 죽어 살아나지 못하니
언구言句를 의심하지 않는 것이 큰 병이니라.
문득 절벽에 매달려서
손을 놓아 죽었다가 다시 살아나면,
만고에 걸쳐 어둡지 않은 한 줄기 광명이
하늘에 빛나고 땅을 덮으며 옛을 비추고 지금에 뻗치나니,
알겠는가?
남북동서南北東西 두루 다녀와서
깊은 밤 일천 바위에 쌓인 눈을 함께 보노라.

一念不生하고 前後際斷하니 動靜無間이오 寤寐恒一이라 淨裸裸赤灑灑
沒可把로다 可惜死了不得活이라 不疑言句是爲大病이니 忽然懸崖에 撒手
하여 絶後更甦하면 亘萬古不昏昧底一段光明이 輝天卓地하고 耀古騰今
이니 還會麽아
南北東西歸去來하야 夜深에 同看千岩雪이로다

◉

  모든 생각이 다 떨어져 한 생각도 일어나지 않으면 앞뒤가 다 끊어져 버립니다. 망상이 상속되기 때문에 앞뒤가 있는 것이지 망상이 다 끊어지면 앞뒤를 찾아보려야 찾아볼 수 없습니다. 그때는 어떠한가? 움직일 때나 가만히 있을 때 틈이 없을 뿐 아니라 자나 깨나 꿈꿀 때나 잠이 깊이 들었을 때나 늘 여여해서 조금의 간격도 찾아볼 수 없습니다. 또 어떠한가? 깨끗하고 또 깨끗해서 저 허공보다 맑아 어떻게 모양으로 표현하려야 도저히 표현할 수 없습니다. 그곳엔 일체의 명상名相과 언설言說이 붙을 자리가 없습니다. 그럼 이것이 구경각究竟覺인가? 아닙니다!

  이런 경계를 당해 구경인 줄 알고 그 자리에 머무르면 영원토록 공부를 성취하지 못하고 맙니다. 그럴 땐 무엇이 병인가? 언구를 의심하지 않는 것이 큰 병입니다. 그럼 어떻게 해야 하는가?

  천길만길이나 되는 절벽에서 손을 놔야만 합니다. 그럼 어떻게 되는가? 죽었다가 아주 크게 살아납니다. 그렇게 살아나니까, 억천만겁이 다하도록 절대로 어둡지 않은 큰 광명이 헤아릴 수 없는 과거부터 다함이 없는 미래까지 하늘에서 빛나고 땅을 덮고 있습니다.

  크게 죽은 자리에서 크게 살아났을 때 발현되는 이 대광명은 시간과 공간을 완전히 초월합니다. 온 시방세계에 두루하고 미래겁이 다하도록 변함이 없습니다. 아시겠습니까?

  "동서남북 사방팔방으로 돌아다니다 다시 돌아와 한밤중에 온 산에 쌓인 눈을 함께 본다."고 했습니다. 이 말을 알면 앞에서 내가 한 말의 취지를 알 수 있습니다. 왜 한밤중에 눈 쌓인 봉우리를 본다고 했을까요? 이것을 바로 알아야 합니다.

【 본칙 】

투자스님[1]에게 조주스님이 물었다.
"크게 죽은 사람이 도리어 살아날 때는 어떠한가?"
"밤길을 가지 말고 날이 밝아 모름지기 이르러야 한다."[2]
投子因趙州問 大死底人이 却活時에 如何오 子云 不許夜行이요 投明須到라 하니

◉

크게 죽은 사람이란 일체 망념이 다 끊어진 것을 두고 한 말입니다. 망념이 다 끊어지면 저 목석이나 송장과 진배없지 않습니까? 그렇다고 그것이 구경인가? 아닙니다. 그러니 거기서 다시 살아나야만 합니다. 그러면 다시 살아날 때, 그때는 어떠냐 하고 물은 것입니다.

그랬더니 투자스님이 "반드시 날이 밝은 다음에 가야지 밤길을 가서는 안 된다."고 말씀하셨습니다. 이것이 실지에 있어서 크게 죽었다가 다시 살아난 소식입니다.

조주가 아니면 이렇게 물을 수도 없고, 투자가 아니면 이렇게 대답할 수 없습니다. 그러면 이 법문의 근본인 낙처落處가 어느 곳에 있는가? 거기에 대해 내 한마디 하겠습니다.

【 착어 】

밤이 짧으니 잠이 부족하고
해가 기니 배고픔이 많다.

夜短에 睡不足하고 日長에 飢有餘로다

1　투자대동(投子大同, 819~914). 취미무학(翠微無學)의 법제자로 청원(靑原)스님의 4세손.
2　『선문염송』 제726칙 (한국불교전서5, 549쪽) ; 『벽암록』 제41칙 ; 『종용록』 제63칙.

◉

크게 죽었다가 다시 살아난 소식을 묻고 답했는데 왜 나는 "밤이 짧으니 잠이 부족하고 해가 기니 배가 많이 고프다."고 말할까요? 이 말은 조주와 투자의 법문과 완전히 통합니다. 이 공안에 대해 운문종의 설두 스님께서 지은 게송이 있습니다. 그것을 소개하겠습니다.

【 송 】

설두 현선사가 송하였다.
살아 있는 가운데 눈이 있어 도리어 죽음과 같으니
약의 금기禁忌가 어찌 깨친 이를 감정하리오.
옛 부처도 오히려 일찍이 이르지 못했다 하거늘
누가 티끌 모래를 뿌리는지 알 수 없구나.
雪竇 顯이 頌
活中有眼還同死하니 藥忌何須鑑作家오
古佛도 尙言曾未到어늘 不知誰解撒塵沙오 하니

◉

'약의 금기'는 법문을 일컫는 말입니다. 아무리 좋은 법문이라 해도 확실히 깨친 이런 큰스님에게는 필요가 없습니다. 그런데 왜 그런 법문 가지고 큰스님을 감정하려 드느냐는 것입니다.

크게 죽어 다시 살아나는 그런 경계는 옛 부처도 다다르지 못한 깊고 무서운 경계입니다. 그런데 누가 자꾸 쓸데없이 멀쩡한 눈에다 자꾸 모래를 집어넣느냐 이것입니다. 팔만대장경은 고사하고 천칠백 공안, 지금 투자와 조주의 문답까지도 멀쩡한 눈에 모래를 집어넣는 격이라는 말입니다. 그러면 여기에 또 내 한마디 하겠습니다.

【착어】

오랑캐 중이 한나라에 돌아오니
유월에 된서리가 내린다.
胡僧이 歸漢土하니 六月에 下嚴霜이로다

【송】

백운 단선사가 송하였다.
죽었다가 살아오니 이빨이 위로 드러나고
날이 밝아 모름지기 이르름이여 이미 먼저 갔구나.
뉘 집 별관인가 연못에 노니는
한 쌍의 원앙새 그릴 수 없더라.
白雲 端이 頌
死去活來牙上露하니 投明須到已先行이로다
誰家別舘池塘裏에 一對鴛鴦을 畵不成고 하니

【착어】

금까마귀는 유리알을 쪼아 부수고
옥토끼는 푸른 하늘 높은 문을 밀어 여네.
金烏는 啄破瑠璃卵하고 玉兎는 挨開碧落門이로다

【송】

장영 탁선사가 송하였다.
허공이 무쇠 송아지를 낳으니
머리 뿔이 분명하여 크게 기이하다.
맑은 못 깊은 곳의 달을 밟아 부수고
밤에 눈 속에서 우리로 끌고 돌아온다.

長寧 卓이 頌
虛空이 産出鐵牛兒하니 頭角이 分明也大奇로다
踏破澄潭深處月하고 夜欄에 牽向雪中歸라 하니

◉

허공에서 어떻게 무쇠로 된 소가 나올 수 있습니까? 허나 이것이 거짓말이 아닙니다. 깊은 뜻이 있어 하는 말씀입니다. 또 천길만길 되는 시퍼런 못에 비친 달을 밟아 부숴 버렸다고 했습니다. 천길만길 되는 시퍼런 못에 달이 비친 그런 깊은 경계라 해도 밟아 부숴 버려야만 비로소 크게 죽었다가 다시 깨어난 소식을 안다 이것입니다.

그리고선 "밤에 눈 속에서 우리로 끌고 돌아온다."고 했습니다. 밤이 되면 마구로 소를 몰고 오지 않습니까? 그런데 왜 눈을 밟고 간다고 했을까요? 여기에 대해 내 또 한마디 하겠습니다.

【 착어 】

붉은 노을 따뜻한 그림자는 바위에서 생기고
향기로운 계수나무 무성한 그늘은 이끼 낀 돌을 덮는다.
形霞暖影은 生岩壁이요 香桂茂陰은 籠蘚石이로다

【 염 】

천동 각선사가 소참小參에 말하였다.

"생멸심生滅心이 다하니 이는 적멸寂滅이라 노주露柱가 아이 배는 시절이요, 적멸심寂滅心이 일어나니 이는 생멸生滅이라 석녀石女가 아이를 낳으니 말할 줄 안다. 쓸 때는 삼라만상이 차서 남음이 없고, 거두어들인 곳에는 하나로 참되어 비고 이지러짐이 없다. 등칡이 마르고 나무 넘어져 허허 웃음이여, 청풍淸風과 명월明月은 옛과 같다. 조주가 투자에게 물어

'밝아 모름지기 이르러야 한다' 함을 기억한다. 각覺이 말하리라. 좋다 형제여! 문에 들어서지도 않고 문을 나서지도 않는다. 높고 높은 산꼭대기 위에 서지만 어찌 몸을 나타내리오. 깊고 깊은 바다 밑을 가지만 자취를 숨기지 못한다. 목인木人이 도장을 쥐고 바람결에 서니 문채가 드러나지 않고, 석녀石女가 베틀 북을 놀리나 곧 베틀에 실오라기 하나 걸치지 않았다. 바로 이러한 때를 당하여 지금 어떻게 변통하려는가.

알겠느냐?
은밀히 한 걸음 옮기매 육문六門이 밝아지고
한없는 풍광風光에 온 누리가 봄이로다."

天童 覺이 小參에 云 生滅心이 盡하니 是寂滅이라 露柱懷胎底時節이요 寂滅心이 起하니 是生滅이라 石女生兒解言說이로다 用時엔 萬象이 無盈餘요 收處엔 一眞無空缺이라 藤枯樹倒笑呵呵여 依舊淸風與明月이로다 記得趙州問投子至投明須到니라 覺云 好타 兄弟야 不入門不出戶로다 高高峰頂立하나 那現身이리오 深深海底行하나 不匿跡이라 木人이 握印에 當風文彩未形이요 石女攛梭에 直下機絲不掛로다 正當伊麼時에 又今如何變弄고 還會麼아 密移一步六門曉하니 無限風光大地春이라 하니

◉

기둥이 어떻게 아이를 밸 수 있습니까? 하지만 모든 번뇌 망상이 다 떨어져 실지로 적멸을 증득하면 저 기둥이 아이 배는 걸 알게 됩니다. 또, 돌로 쪼아놓은 여자가 어떻게 아이를 낳을 수 있으며 그 아이가 어떻게 말할 수 있습니까? 이 소식을 알아야 죽었다가 다시 깨어난 소식을 바로 알 수 있습니다.

쓸 때는 삼라만상에 꽉 차서 조금도 모자라지 않고, 또 이것을 거두어들일 때는 일진경계로 온 삼천대천세계가 전부 한 덩어리라 작은 틈조차 찾아볼 수 없습니다.

"문에 들어서지도 않고 문을 나서지도 않는다." 했으니 이는 출입이 완전히 끊어졌다는 말입니다. "천층만층 되는 높고 높은 산봉우리 위에 섰지만 어찌 몸이 드러나겠느냐?"고 했습니다. 이건 또 무슨 말입니까? 저 높은 산꼭대기에 서면 온 시방세계에 그 몸이 드러날 텐데 왜 몸을 찾아볼 수 없다고 했을까요? 또 깊고 깊은 바닷속으로 가는데 어떻게 그 자취가 시방세계에 드러날 수 있습니까? 반대로 하는 말 같지만 그렇지 않습니다. 천동스님의 법문에 내 한마디 붙이겠습니다.

【 착어 】

역력한 기틀 앞에 쌍으로 비친 눈이요
당당한 얼굴 밖의 만년 몸이로다.

歷歷機前雙照眼이요 當當象外萬年身이로다

◉

아주 또렷또렷한 기틀 앞에 두 눈이 횃불같이 비치고 있다 이것입니다. 그렇게 비추고 있고 또 억천만겁이 지나도 변하지 않는 금강불괴신이라 했습니다. 천동 각선사가 이 공안을 두고 또 법문하신 것이 있습니다.

【 염 】

또 소참에 이 법문을 들어 말하였다.
"만약 이때를 알게 되면 문득 알아 말하되, '밝음 가운데를 당하여 어둠이 있으니 어둠으로써 서로 만나지 말고, 어둠 가운데를 당하여 밝음이 있으니 밝음으로써 서로 보지 말라' 하리라. 일체 법이 다하는 때에 밝고 밝게 항상 있고, 일체 법이 날 때에 비고 비어 항상 적적하니, 죽음 가운데 삶이요 삶 가운데 죽음이라 말할 줄 알아야 하리라."

又小參에 擧此話云 若介時를 識得去하면 便知道호대 當明中有暗하니 勿

以暗相遇하고 當暗中有明하니 勿以明相覩하라 一切法盡處介時에 了了常在요 一切法生時介時에 空空常寂이니 須知道호대 死中活活中死라 하니

●

이것이 크게 죽은 가운데에서 깨어난 소식입니다. 이 법문에 대해 내 한마디 하겠습니다.

【 착어 】

한 개 주장자를 두 사람이 쓰니
한 번 가고 한 번 와서 너와 내가 없구나.
一條拄杖을 兩人使하니 一往一來無彼此로다

【 결어 】

대중들이여, 참구하려면 모름지기 실답게 참구할 것이요 깨달음은 모름지기 실답게 깨달을 것이니, 염라대왕은 말 많은 것을 겁내지 않는다. 곧바로 이마를 뚫고 바닥을 뚫으며 뼈에 사무치고 골수에 사무치면 고요하여 항상 비치고, 비치어 항상 고요하며 고요함도 아니고 비침도 아니로다. 한 번 얻으면 영원히 얻어서 미래제未來際를 다하도록 겁겁생생劫劫生生에 자기에 어둡지 아니하여 수용受用이 자재自在하고 응화應化가 무궁하니, 어찌 이것이 불가사의不可思議 대해탈大解脫이 아니겠는가?
억!
한 문으로 드나드나 세세생생世世生生 원수로다.
(곧 법상에서 내려오시다.)

大衆아 參須實參이요 悟須實悟니 閻羅大王은 不怕多言이니라 直下에 透頂透底하고 徹骨徹髓하면 寂而常照하고 照而常寂하야 常寂常照하며 非寂非照로다 一得永得하야 盡未來際하나니 劫劫生生에 不迷自己하야 受用自在

하고 應化無窮하나니 豈不是不可思議大解脫耶아 (喝一喝云)

同門出入하나 宿世怨家로다

(便下座하시다)

◉

대중 여러분, 참구하려면 모름지기 실답게 참구할 것이요 깨달음은 모름지기 실답게 깨달을 것이니, 염라대왕은 말 많은 것을 겁내지 않습니다. 이 소식은 실지로 공부해 실지로 깨쳐야 하는 것이지, 말로 지껄여서는 억천만겁을 지난다 해도 생사문제를 해결할 수 없습니다. 그러면 어떻게 해야 하는가? 곧바로 이마를 뚫고 바닥을 뚫으며 뼈에 사무치고 골수에 사무치도록 철두철미하게 확철히 깨쳐야만 합니다. 그러면 어떠한가? 고요하여 항상 비치고, 비치어 항상 고요하며, 고요함도 아니고 비침도 아닙니다. 한 번 얻으면 영원히 얻어 미래제未來際가 다하도록 겁겁생생劫劫生生에 자기에 어둡지 아니하여 수용受用이 자재하고 응화應化가 무궁합니다. 어찌 이것이 불가사의 대해탈이 아니겠습니까?

한 문으로 드나드나 세세생생 원수로다.

같은 방에 살면서 같은 문으로 출입하는데 왜 세세생생에 잊으려야 잊을 수 없는 큰 원수라고 했을까요? 이 마지막 말을 알면 앞에서 한 법문 전체를 다 알 수 있습니다. 이 끝머리 말을 모른다면 앞의 법문도 전혀 모르는 것입니다.

그러니 누구든 공부를 부지런히 해서 이 소식을 바로 깨쳐야만 합니다. 그래야 비로소 해제이지, 그렇지 않으면 석 달 아니라 삼천 년 삼만 년 몇 억겁을 지난다 해도 해제가 아닙니다. 실지로 공부를 다 마쳤을 때 해제이지, 날짜하고는 상관없습니다. 우리 대중들에게 실지로 해제하는 날이 있기를 나는 바랍니다.

辛亥(1971)년 동안거 해제일 해인사 해인총림 궁현당

58. 향상일로向上一路
향상의 길

【 수시 】

설사 몽둥이로 때리기를 비 오듯 하고
할하기를 우레같이 하더라도
향상종승向上宗乘의 법에는 합당치 못하니
여기에 이르러서는 누런 머리 석가와 푸른 눈 달마도
다시 삼십년을 더 참구하여야 되리라.
그 밖의 역대 선지식과 천하 대종사는
모두 초목에 붙어사는 잡귀이니
'뜰 앞의 잣나무'와 '개가 불성이 없음'은
이 무슨 마른 똥막대기인가. 알겠느냐?
석녀石女가 문득 아이를 낳으니 사월 보름이로다.

假使棒如雨點하고 喝似雷奔하야도 未能當得向上宗乘事하나니
到這裏하야는 黃頭碧眼도 更參三十年하야사 始得다
其餘歷代善知識과 天下大宗師는 盡是依附草木精靈이니
庭前栢樹子와 狗子無佛性은 是什麽乾屎橛고
還會麽아
石女忽生兒하니 四月十五日이로다

◉

  할과 방은 우리 종문에서 가장 뛰어났던 조사인 임제와 덕산 두 스님이 쓰는 법의 근본입니다. 임제스님은 사람만 보면 소리를 지르고 덕산스님은 사람만 보면 몽둥이를 휘둘렀습니다. 그것은 아이들 장난질도 아니고 불량배 짓거리도 아닙니다. 법을 쓰는 데 있어 가장 높은 법을 꼽으라면 단연 임제할臨濟喝과 덕산방德山棒입니다. 사람을 때리고 고함친 이것이 깊은 법이고 높은 법이고 무서운 법이라는 말입니다.

  그렇지만 그렇게 무섭고 높은 법인 임제할과 덕산방도 우리 종문 중의 향상일로向上一路 향상종승사向上宗乘事에는 미치지 못합니다. 임제할 덕산방만 미치지 못하는 것이 아니라 여기에 이르러서는 부처님이나 달마스님 같은 분도 다시 30년은 더 공부해야 합니다. 향상일로가 도대체 무엇이기에 임제할 덕산방도 미치지 못한다고 할까요? 부처님이나 달마스님 같은 분이 모른다면 그럼 누가 알 수 있다는 말입니까? 이것이 우리 종문의 생명선입니다.

  석가와 달마도 어림없는데 선지식이나 종사라고 불리는 이들이야 말해 무엇 하겠습니까? 그런 이들은 저 풀이나 나무에 붙어사는 귀신들에 불과합니다. 향상사란 이렇게 무서운 것입니다. '뜰 앞의 잣나무' '개에게는 불성이 없다'는 등의 공안을 우리 종문에서 귀하게 여기지만 향상일로에서 보면 보잘것없고 하잘것없는 말마디에 불과합니다.

  석녀가 문득 아이를 낳으니 바로 오늘 4월 보름이라고 했습니다. 어떻게 돌로 만든 여자가 아이를 낳을 수 있습니까? 또 한술 더 떠 그 날짜가 4월 보름날이라 했습니다. 이것을 알면 앞의 법문을 다 알 수 있습니다. 이것으로써 실제 오늘 법문은 마쳤습니다. 이와 관련해 예전 조사스님들의 법문을 몇 가지 소개하겠습니다.

【 본칙 】

반산 보적스님[1]이 대중에게 법문하였다.

"향상일로向上一路는 일천 성인도 전하지 못하거늘 학자가 애를 쓰나 원숭이가 물에 비친 달을 잡으려는 것과 같다."

자명스님이 말하였다.

"향상일로는 일천 성인도 그렇지 못하느니라."[2]

盤山이 示衆云 向上一路는 千聖도 不傳이어늘 學者勞形하나니 如猿捉月이로다 慈明이 云 向上一路는 千聖도 不然이니라

◉

석가와 달마도 향상일로는 모르는데 천 성인 만 조사가 그것을 어떻게 전할 수 있겠습니까? 그러니 배우는 이들이 그 향상일로를 두고 알았느니 몰랐느니 전했느니 전하지 못했느니 하는 것은 무엇과 같은가? 원숭이가 물에 비친 달그림자를 붙잡으려는 것과 같다고 했습니다. 그림자를 어떻게 붙잡을 수 있습니까? 물에 비친 달그림자를 어리석은 원숭이는 잡으려고 애를 쓰지만 잡을 수 있나요? 그와 마찬가지로 천불 만 조사가 향상일로에 대해서 어떤 법문을 하고 어떤 수작을 하건 이것은 전할 수도 없고 알 수도 없는 것입니다.

반산스님의 이 법문에 대해 임제정맥의 자명스님은 "향상일로는 일천 성인도 전할 수 없는 정도가 아니라 아예 모른다."고 했습니다. 알지도 못하는데 어떻게 전하겠습니까? 옛말에도 있지 않습니까?

"석가도 알지 못하는데 가섭이 어떻게 전할 수 있느냐?"

그럼 역대조사가 법을 전하고 법을 이어받고 한 것은 무엇인가? 그건

---

1 반산보적(盤山寶積). 당(唐)대 스님으로 마조도일(馬祖道一)의 법제자. 남악(南岳)스님의 2세손.
2 『선문염송』제249칙(한국불교전서5, 235쪽).

권교문權敎門에서 하는 소리이지 실지의 본문소식은 아닙니다. 이 두 스님의 법문에 대해 임제정종의 대혜 종고선사가 하신 법문이 또 있습니다.

【 염 】

운문 고선사가 이 법문을 들어 말하였다.
"전하지 못하고 그렇지 못함이여, 바다 같은 입으로도 말하기 어렵다. 수미산 꼭대기 위에 무쇠 배를 타고 간다."

雲門杲擧此話云 不傳不然이여 海口도 難宣이로다 須彌頂上에 駕起鐵船이라 하니

⦿

향상일로는 아무리 석가 달마라 해도 전하려야 전할 수 없고 아무리 천불 만 조사라 해도 알려야 알 수도 없습니다. 그래서 이것을 표현하려고 하면 아무리 바다같이 크고 허공같이 큰 입이라 해도 이 소식은 절대로 표현할 수 없더라는 것입니다. 높고 높은 수미산 꼭대기면 물 한 방울 없을 텐데 어떻게 배가 뜰 수 있습니까? 그것도 보통 배도 아닌 쇠 배를 타고 간다고 하니 그럴 수 있겠습니까? 수미산 정상에 쇠 배를 타고 가는 이 소식을 알아야만 대혜스님의 소식을 알 수 있고, 앞에서 소개한 반산스님과 자명스님의 말씀도 이해할 수 있습니다. 그러면 이 법문의 낙처가 어느 곳에 있는가? 여기에 대해 내 한마디 하겠습니다.

【 착어 】

서울 교외의 길에 꽃이 어지러이 피지 아니하면
어찌 누런 꾀꼬리가 버들가지에 내려앉으리오.

不因紫陌에 花亂開하면 爭見黃鶯이 下柳條리오

◉

　온갖 꽃이 만발한 봄이 한참일 때 꾀꼬리가 우는 것이지 그런 아찔한 봄날이 아니면 꾀꼬리의 울음을 들을 수 없습니다. 앞에선 향상일로에 대해서는 감히 입을 벌릴 수 없고 표현도 할 수 없으며 임제의 할, 덕산의 방도 아득히 미치지 못한다고 하고선, 지금은 왜 꽃이 만발한 곳, 꾀꼬리가 우는 소식으로 표현했을까요? 앞뒤가 상반되는 것 같지만 이 말을 바로 알면 곧 앞의 말도 바로 알 수 있는 것입니다. 본칙 공안 하나를 더 소개하겠습니다.

【 본칙 】

육조대사에게 어떤 중이 물었다.
"황매黃梅의 뜻을 어떤 사람이 얻었습니까?"
"불법을 아는 사람이 얻었느니라."
"스님께서도 얻으셨습니까?"
"나는 얻지 못하였느니라."
"스님께서 어찌하여 얻지 못하였습니까?"
"나는 불법을 알지 못하노라."

六祖因僧問 黃梅意旨를 什麽人이 得고 祖云 會佛法人이 得이니라 僧云 和尙도 還得否아 祖云 我不得이니라 僧云 和尙이 爲什麽不得고 祖云 我不會佛法이라 하니

◉

　황매는 강서성江西省 북쪽 양자강 중류에 있는 산입니다. 이곳에 사조 도신四祖道信대사와 오조 홍인五祖弘忍스님이 주석하며 법을 크게 펴셨는데 당시 사람들이 이를 두고 흔히 동산법문東山法門이라 하였습니다. 그러니 황매의 뜻이란 곧 오조 홍인스님의 뜻을 말합니다.

육조스님 같은 분이 황매의 법을 얻지 못했다고 하고, 육조스님이 불법을 모른다고 하면 결국 어떤 사람이 불법을 얻고 어떤 사람이 불법을 알겠습니까? 이것은 불법 가운데서도 가장 깊은 향상일로에서 하신 말씀입니다. 보통의 눈으로 보면 온 천하가 육조스님이 오조 홍인대사의 법을 전한 것으로 알겠지만, 실지에 있어서 육조스님은 자기는 불법을 알지도 못하고 오조의 법을 전해 받지 못했다고 했습니다. 그러면 이 소식이 어느 곳에 있는가?

【 착어 】

문 앞의 찰간대를 거꾸러뜨림이여

소로 소로 시시리

倒却門前刹竿著이여 蘇嚕蘇嚕悉悉唎로다

●

부처님께서 열반에 드신 후 아난이 가섭에게 물었습니다.

"가섭 사형은 금란가사를 전해 받았는데 부처님으로부터 가사 외에 무슨 법을 전해 받았습니까?"

그러자 가섭존자가 "아난아!" 하고 불렀습니다. 아난이 "예." 하고 대답하자 말씀하셨습니다.

"문 앞 찰간대를 부러뜨려 버려라."

이것을 알면 앞에서 소개한 법문도 알 수 있습니다. 부처님으로부터 전해 받은 가사는 징표이지 실지의 법은 아닙니다. 그래서 그런 징표 외에 어떤 법을 진짜 전해 받았냐고 물은 것입니다. 문 앞 찰간대를 부러뜨리라는 여기에 아주 깊고 무서운 뜻이 숨어 있습니다. 그러면 무슨 뜻이냐?

"소로 소로 시시리."

이건 진언으로 하는 소리가 아닙니다. "소로 소로 시시리"를 알면 문앞 찰간대를 부러뜨리라는 뜻을 아는 동시에 가섭과 아난이 수작한 것을 알 수 있다 이것입니다. 여기에 대해서 황룡 남선사가 상당법문한 것이 있습니다.

【염】

황룡 남선사[3]가 상당하여 말하였다.

"대각 세존이 연등불燃燈佛[4]에게서 한 법도 얻음이 없거늘, 육조는 한밤에 황매에서 또한 무엇을 전했는가?

이에 게송으로 말하였다.

얻고 얻지 못함과 전하고 전하지 못함이여
뿌리에 돌아가 뜻을 얻음은 다시 무슨 말인가?
옛날 수산이 일찍 누설함을 생각하나니
신부가 나귀 타니 신랑이 끄는구나."

黃龍 南이 上堂云 大覺이 於燃燈佛所에 無一法可得이어늘 六祖는 夜半에 於黃梅又傳箇什麽오 乃有偈曰

得不得傳不傳이여 歸根得旨는 復何言고

憶昔首山이 曾漏泄하니 新婦騎驢阿郞牽이라 하니

◉

부처님이 연등불을 친견하고 수기를 받았는데 한 법도 얻지 못했다 이것입니다. 부처님조차 법을 얻지 못했는데 육조는 한밤에 황매에서 또

---

3 황룡혜남(黃龍慧南, 1002~1069). 임제종 황룡파의 종조로 석상초원(石霜楚圓)의 법제자. 남악(南岳)스님의 11세손.
4 의역하여 정광불(定光佛), 보광불(普光佛), 정광불(灯光佛)이라고도 함. 과거불의 한 분으로 석존이 보살로서 수행할 때 최초로 성불의 수기를 주신 부처님.

한 무엇을 전해 받았겠습니까? 이것은 "부처님도 알 수 없는 소식인데 가섭이 어떻게 전했겠는가?" 하는 말과 같습니다.

얻었느니 얻지 못했느니, 불법을 깨쳤느니 깨치지 못했느니, 전하니 전하지 못했느니 하는 것들은 다 쓸데없는 잠꼬대라 했습니다. 무지몽매한 중생들이 꿈속에서 잠꼬대로 지껄이는 쓸데없는 소리이지 실법은 아니다 이것입니다. 뿌리로 돌아가 뜻을 얻었느니 얻지 못했느니 하는 것 역시 다 미친 사람들이 하는 쓸데없는 소리다 이 말입니다. 옛날에 수산스님이 이 소식을 누설한 적이 있으니 뭐라고 하셨냐 하면 "신부가 나귀를 탔는데 신랑이 그 나귀를 몰고 가더라."고 했다 이것입니다. 거꾸로 되어도 분수가 있지 어떻게 마누라를 말에 태워놓고 신랑이 마부노릇을 할 수 있느냐 이것입니다.

누군가 수산스님에게 "무엇이 부처입니까?" 하고 묻자 "신부가 노새를 타고 가는데 신랑이 마부노릇을 한다."고 대답했습니다. 이것을 알면 실지에 있어서 육조스님이 하신 말씀과 향상일로를 알 수 있습니다. 그러면 이 근본 뜻이 또 어느 곳에 있는가? 거기에 대해 내 한마디 하겠습니다.

【 착어 】

금 닭 우는 때 삼경 달이 뜨고
옥 봉황 깃든 곳엔 한낮에도 구름이라.
金鷄啼時三更月이요 玉鳳棲處午天雲이로다

◉

이것이 공연히 하는 말이 아닙니다. 황룡스님 법문의 골수를 표현한 말입니다. 그럼 총 마무리 짓겠습니다.

【 결어 】

　대중들이여, 조照와 용用이 한때요 사람과 경계를 함께 빼앗으니, 향상向上의 일규一竅는 동쪽 산 서쪽 재로다. 부처와 조사가 서지 못하고 범부와 성인이 자취 끊어지니, 현기묘용玄機妙用은 땅을 파고서 하늘을 찾음이다. 큰 도적 작은 도적이 훔친 물건을 안고 겁내어 소리 지르니, 한산과 습득이 하하 하고 크게 웃는다.
　애달프고 애달프다.
　막야칼을 비껴들고 바른 법령을 온전히 행하니
　태평한 천하에 어리석고 완고한 사람을 벤다.
　억!
　(크게 할을 한 번 하고 내려오시다.)

　大衆아 照用同時요 人境俱奪하니 向上一竅는 東山西嶺이로다 佛祖不立이요 凡聖絶蹤이라 玄機妙用은 掘地覓天이로다 大賊小賊이 抱贓叫屈하니 寒山拾得이 呵呵大笑로다
　咄咄 橫按鏌鎁全正令하니 太平寰宇에 斬痴頑이로다
　(喝一喝하고 便下座하시다)

●

　대중 여러분, 조照와 용用이 한때요 사람과 경계를 함께 빼앗으니, 향상向上의 일규一竅는 동쪽 산 서쪽 재입니다. 왜 산은 동쪽 산인데 재는 서쪽 재라고 했을까요? 괜히 이런 말을 하는 것이 아닙니다. 분명한 낙처가 있습니다. 이 향상일로에 이르러선 어떠한가? 부처와 조사도 서지 못하고 범부니 성인이니 하는 자취마저 영원히 끊어졌습니다. 그러니 예전 스님들의 현묘한 기틀과 오묘한 작용이란 것 역시 땅을 파고서 하늘을 찾는 격입니다. 큰 도적 작은 도적이 훔친 물건을 안고 겁내어 소리 지르니, 한산과 습득이 "하하." 하고 크게 웃습니다.

이전 스님들 법 쓰는 것을 두고 하는 소리입니다. 삼세제불도 도적이고 역대조사도 다 도적입니다. 삼세제불과 역대조사의 법문이란 것이 도둑질인데 남의 물건을 잔뜩 훔쳐 쌓아놓고는 주인이 잡으러 올까 싶어 당황해서 고함을 지르는 격이다 이것입니다.

이와 연관해 이전 법문을 하나 소개하겠습니다. 영기靈機선사[5]라고 명나라 때 임제정종의 유명한 스님이 계셨는데 거룩한 선사라고 일본에서 초청을 했습니다. 일본의 선종사찰 중 가장 유명한 곳인 묘심사妙心寺를 방문했을 때 일입니다. 사찰을 방문하면 으레 개산조의 영각에 참배해야 하는 법인데 영기선사는 묘심사의 개조인 관산關山스님[6]의 영전에 절을 하지 않는 것입니다. 큰일 아닙니까? 큰스님이라고 대접을 해 청했는데 묘심사를 무시해도 분수가 있지 이렇게 짓밟을 수가 있습니까? 그래서 "당신이 아무리 큰스님이라지만 이 관산스님은 우리 묘심사뿐 아니라 일본 선종에 공히 추앙하는 대조사이신데 당신이 뭐라고 도도하게 영정에 절을 올리지 않느냐?"고 항의했습니다. 그러자 영기선사가 말씀하셨습니다.

"관산스님이 얼마나 거룩한지 나는 모른다. 난 그 스님을 본 일도 없고 그 말씀을 들은 적도 읽은 적도 없다. 무조건 절할 수야 없지 않은가?"

듣고 보니 일리가 있는 말입니다. 그래서 주변에 있던 분이 관산스님의 법문을 소개했습니다.

"관산스님께서 늘 말씀하시기를, '백수자유적기柏樹子有賊機'라 하셨습니다."

---

[5] 영기행관(靈機行觀, 1616~1681). 명(明)말 청(淸)초 임제종 스님. 남악스님의 35세손.
[6] 관산혜현(關山慧玄, 1277~1360). 일본 임제종 스님. 몽창(夢窓)국사의 제자. 현재까지 일본의 대표적인 임제종 사찰인 교토의 묘심사 창건.

"조사가 서쪽에서 오신 뜻이 무엇입니까?" 하는 물음에 조주스님께서 "뜰 앞의 잣나무다."라고 하셨는데, 그 법문에 도적의 기틀이 있다는 것입니다. 왜 이런 말을 했을까요? 조주스님이 도둑놈이란 말인가요? 이 법문이 아주 깊은 법문입니다. 그 소리를 들은 영기선사는 깜짝 놀라며 "이 법문 한마디만 해도 어록 천만 권보다 낫다." 하고는 공손히 절을 올렸다고 합니다. '도적'이라고 한 뜻이 저 깊은 데 있습니다.

이 도적들이 도적질한 물건을 쌓아놓고 겁이 나서 울부짖고 있는데, 한산과 습득은 우습다고 손뼉을 치며 크게 웃고 있습니다.

애달프고 애달픕니다. 한산 습득도 애달프고, 영기도 관산도 애달프며, 부처도 조사도 애달픈 사람들입니다. 그럼 구경에 어떻다는 말입니까?

막야검을 비껴들고 바른 법령을 온전히 행하니
태평한 천하에 어리석고 완고한 사람을 벤다.
억!

壬子(1972)년 하안거 결제일 해인사 해인총림 궁현당

59. 곽시쌍부 槨示雙趺
곽에서 두 발을

【 수시 】

석가는 서천에서 속이고

달마는 동토에서 속이니

어리석은 사람이 눈 속에 서서 팔을 끊고

평지에 무수한 사람을 묻는다.

확탕노탄 鑊湯鑪炭 지옥이 끓어오르고

검수도산 劍樹刀山 지옥이 험하고 높으며

선재동자 善財童子[1]가 호떡을 사서 손을 펴니

도리어 한 덩어리 무쇠로다.

여기에 사람에게 속지 않을 큰 장부가 있는가?

가섭존자여, 가섭존자여

비록 한때의 영광을 얻었으나 도리어 두 발을 잘렸구나.

釋迦는 誑惑西天하고 達磨는 欺瞞東土하니

痴人이 立雪斷臂라 平地에 陷人無數로다

鑊湯鑪炭이 沸騰하고 劍樹刀山이 嶮峻이라

善財童子買胡餠하야 展手에 却是一塊鐵이로다

---

1 『화엄경(華嚴經)』 「입법계품(入法界品)」에 나오는 구도자. 발심하여 문수사리의 지도에 따라 53선지식을 두루 찾아다님.

這裏에 還有不受人瞞底偉丈夫麼아
迦葉波迦葉波여 雖得一場榮이나 刖却兩雙足이로다

●

혜가는 법을 구해 소림굴로 달마대사를 찾아가 눈구덩이에 섰다가 팔을 끊었습니다. 보기에 참으로 신심이 지극한 것 같지만 사실에 있어서는 어리석고도 제일 어리석은 사람입니다. "평지에 사람을 묻는다."고 했는데 사람을 죽이려면 저 높은 곳에서 떨어뜨려 죽이거나 구덩이를 파서 사람을 밀어 넣어 죽여야 할 텐데 왜 멀쩡한 평지에서 사람을 죽인다고 했을까요? 그렇지만 사실에 있어서 석가나 달마는 멀쩡한 평지에서 일체중생을 해치는 자들입니다.

왜 가섭존자가 일시의 영광은 얻었지만 결국 두 발을 잃는 병신이 되었다고 하는지는 뒤의 법문을 보면 알 수 있습니다.

【 본칙 】

세존께서 사라쌍수에서 열반에 드시어 벌써 칠일이 지났는데, 가섭존자가 뒤늦게 와서 관을 세 번 도니 세존께서 곽에서 두 발을 내밀어 보이셨다. 가섭존자가 예배를 드리니 대중들이 어리둥절하였다.[2]

世尊이 在娑羅雙樹하야 入般涅槃하야 已經七日이라 迦葉이 後至하야 遶棺三匝하니 世尊이 槨示雙趺라 迦葉이 作禮에 大衆이 周措하니

●

영산회상에서 연꽃을 들어 보이시고, 다보탑 앞에서 자리 반을 내어 주시고, 사라쌍림에서 열반에 드신 후 가섭이 찾아오자 곽 밖으로 두

---

2 『선문염송』 제37칙(한국불교전서5, 50쪽).

발을 내밀어 보이신 것, 이것을 우리 종문에서는 부처님께서 가섭에게 이심전심한 골수법문이라 합니다. 여기에 대해서 내 한마디 하겠습니다.

【 착어 】

이슬비 꽃에 뿌리니 천 방울 눈물이요
엷은 연기 대숲을 덮으니 한바탕 근심이로다.
微雨灑花에 千點淚요 淡煙이 籠竹에 一場愁로다

◉

이것을 알면 부처님께서 곽 밖으로 두 발을 내밀어 보이신 것과 가섭존자가 예배한 것을 알 수 있습니다. 이것은 그 뜻이 아주 깊어 보통의 피상적 관찰로는 모릅니다. 부처님께서 왜 곽 밖으로 두 발을 내밀어 보이셨는지, 왜 가섭존자가 예배했는지 알 수 없습니다. 쉽게 생각하는 이들은 가섭존자가 예배한 것을 깊은 존경의 표현으로 생각할 것입니다. 하지만 가섭존자가 예배한 뜻은 저 깊은 딴 곳에 있습니다. 후대 여러 스님들이 이 공안에 대해 지은 게송이 참 많은데 그중 영기 관선사의 게송을 소개하겠습니다.

【 송 】

영기 관선사[3]가 송하였다.
태어나 입을 벌리매 이미 맞아 죽게 되었고
임종에 또한 추한 행동 보였네.
평생의 큰 기운을 거두지 못하고
죽음에 이르러 곽 속에서 발광하였네.

---

3 영기행관(靈機行觀, 1616~1681). 임제종 양기파 스님으로 비은통용(費隱通容)의 법제자. 남악(南岳)스님의 35세손. 『영기관선사어록(靈機觀禪師語錄)』 6권이 있음.

靈機 觀이 頌호대

開口에 已經遭打殺하고 臨終에 又買醜行藏이로다

平生浩氣를 收不得하고 死到에 棺材也發狂이라 하니

◉

부처님께서 처음 태어나자마자 사방을 일곱 걸음을 걷고 "천상천하유아독존天上天下唯我獨尊"이라 하셨는데, 이를 두고 운문스님이 말씀하시기를, "내가 그 당시에 있었다면 몽둥이로 때려죽여 개 먹이로 던져주었을 것이다."라고 했습니다. 태어날 때부터 쓸데없는 소리 하다가 운문스님한테 맞아죽었다는 말입니다. 또 임종엔 어떻게 하셨는가? 관에서 두 발을 썩 내미는 그런 추한 짓을 했다는 것입니다.

보통으로 볼 땐 아주 신통스러운 일 아닙니까? 죽은 사람이 어떻게 곽에서 두 발을 내밀 수 있습니까? 부처님이 아니면 도저히 할 수 없는 참으로 신통한 일인데 왜 나쁜 행동을 했다고 했을까요? 부처님이 그렇게 좋은 법문을 하고 신통을 부렸는데, 왜 영기스님은 관 속에서까지 미친 짓거리로 발광을 한다고 욕을 했을까요?

그렇지만 이것이 욕이 아닙니다. 실지에서 부처님의 뜻을 바로 알고 불법을 바로 깨칠 것 같으면 이렇게 말하지 않으려야 않을 수 없습니다. 그러면 그 뜻이 어느 곳에 있는가? 그 뜻이 어느 곳에 있기에 영기 관선사가 이런 게송을 남겼느냐 이것입니다. 내 한마디 하겠습니다.

【 착어 】

향기로운 바람이 땅을 쓸며 때 없이 부니

우담발화 꽃이 인간 세상에 나투었구나.

香風이 匝地吹無時하니 優曇花現人間世로다

◉

　온 대지를 휩쓰는 향기 그윽한 바람이 끝없이 부니 우담발화 꽃이 인간 세상에 나투었다고 했습니다. 가섭존자를 두고 한 말일까요, 부처님을 두고 한 말일까요? 만약 부처님을 두고 한 소리라면, 영기스님은 부처님을 두고 그렇게 욕을 했는데 나는 왜 우담발화 꽃이 피어 그 향기가 삼천대천세계에 진동한다고 칭찬을 할까요? 만약 가섭존자를 두고 한 소리라면 가섭존자가 무슨 거룩한 일을 했기에 이런 소리를 할까요? 여기에서 눈을 바로 떠야 합니다.

　그 뒤 설봉 료선사, 즉 진헐 청료선사께서 이 공안에 대해 하신 법문이 있습니다.

【염】

　설봉 료선사[4]가 염하였다.

　"이 일을 알면 문득 쉬느니라. 금색두타金色頭陀가 빨리 정신을 차리지 못하였던들 크게 속을 뻔하였다. 황면노자黃面老子를 알고자 하는가?"

　선상을 치며 말하였다.

　"깨어져 백 조각이 났구나."

　雪峰 了 拈호대 知是般事하면 便休니라 復云 不是金色頭陀가 急着精彩런들 洎被熱謾이로다 要見黃面老子麼아 拍禪床云 百雜碎라 하니

◉

　금색두타金色頭陀는 가섭존자를 말합니다. 부처님이 도대체 어떻게 했기에 가섭존자처럼 아주 눈 밝은 사람이 아니면 부처님에게 속지 않으려야 속지 않을 수 없었다고 말했을까요? 여기에 오늘 법문 전체의 뜻이

---

[4] 『선문염송집(禪門拈頌集)』에 그 이름이 나오나 전기는 불명.

담겨 있습니다.

여기에 불법의 골수가 있습니다. 이것은 실지로 확철대오해서 참으로 부처님이나 가섭존자 같은 안목을 가지지 않으면 도저히 알 수 없는 그런 깊은 법문입니다. 여기에 대해서 내 또 한마디 하겠습니다.

【 착어 】

이 깊은 마음으로써 진진찰찰에 받드니
이것을 부처님 은혜 갚음이라 이름한다.
將此深心奉塵刹하니 是則名爲報佛恩이로다

◉

부처님이 가섭존자를 속이려다가 속이지 못하고 도리어 가섭존자에게 맞아 아주 가루가 되어 버렸다고 설봉 청료선사는 말했는데, 왜 나는 참으로 부처님의 은혜를 갚고도 남을 것이라고 했을까요? 이전 조사스님들 말씀과 지금 나의 평이 정반대되는 것 같지만 절대로 반대가 아닙니다. 그럼 총 마무리 짓겠습니다.

【 결어 】

대중들이여, 곽柳에서 두 발을 보이고 가섭존자가 예배하니 비단 위에 꽃을 놓음이요 눈 위에 서리를 더함이라, 천상과 인간에 어지러움이 적지 않다. 세존이 두 발 내민 것은 그만두고 가섭존자가 예배한 뜻은 어떠한가?
(주장자 한 번 치고 말씀하셨다.)
바다 밑 진흙 소가 천지에 소리치니
수미산이 높은 허공에 거꾸로 섰네.
(주장자 한 번 치고 내려오시다.)

大衆아 槨示雙趺하고 迦葉이 禮拜하니 錦上添花요 雪上加霜이라 天上人間에 浪藉不少로다 世尊雙趺則且置하고 迦葉禮拜는 作麽生고 (卓拄杖一下云)

海底泥牛吼天地하니 須彌倒卓太虛空이로다

(卓拄杖一下하고 便下座하시다)

◉

대중 여러분, 곽에서 두 발을 보이고 가섭존자가 예배한 것은 비단 위에 꽃을 놓음이요, 눈 위에 서리를 더함입니다. 고운 비단만 해도 훌륭한데 그 위에 아름다운 꽃을 뿌렸으니 얼마나 아름답겠습니까? 그런 동시에 눈이 가득 내려 온 대지의 생명이 그 모습을 감추었는데 그 위에 다시 서리까지 내렸으니 살아남을 것이 있겠습니까? 부처님이 곽 밖으로 두 발을 내밀자 가섭이 예배한 것을 두고 왜 나는 이렇게 금상첨화錦上添花이면서 설상가상雪上加霜이라고 상반되는 말을 할까요? 금상첨화면 금상첨화라 하고 설상가상이면 설상가상이라 할 것이지, 이런 반대되는 말을 섞어놓아 혼란을 주는 것일까요?

그러면 세존이 두 발 내민 것은 그만두고 가섭존자가 예배한 뜻은 어떠합니까?

바다 밑 진흙 소가 천지에 소리치니

수미산이 높은 허공에 거꾸로 섰네.

흙으로 만들어진 물건이 바닷속에서 어떻게 견뎌낼 수 있습니까? 흙으로 만든 것은 물에 들어가면 다 풀어져 없어지는데, 저 깊은 바다 밑에서 진흙으로 만든 소가 울부짖으니 온 천지가 진동하더라고 했습니다. 또 수미산이 높은 허공에 거꾸로 섰다고 했습니다.

이 뜻을 알면 가섭존자가 절한 뜻을 분명히 알 수 있는 것이요, 만약 이 뜻을 모르면 몇 억겁을 지난다 해도 불법은 모르고 마는 것입니다.

그러니 어떻게 해서든 열심히 공부하는 길밖에는 달리 길이 없습니다.

壬子(1972)년 4월 말일 해인사 해인총림 대적광전

60. 운문참회 雲門懺悔
참회

【 수시 】

일천 봉우리 다투어 솟아 있고

일만 골짜기 다투어 물결치니

구름 가로놓이고 안개 자욱하여

범은 버티어 앉고 용은 사리고 누웠다.

백운 노스님을 생각하니

한 주먹으로 황학루를 쳐부숴 엎어 버렸다.

말해 보라, 이 무슨 도리인가.

원래는 뇌천대장괘雷天大壯卦더니

지금은 변하여 지화명이괘地火明夷卦가 되었네.

千峰이 競秀하고 萬壑이 爭湍하니

雲橫霧疊이요 虎踞龍蟠이로다

却憶白雲老古錐하니 一拳으로 拳倒黃鶴樓로다

且道하라 是什麽道理오

適來에 元是雷天大壯이러니 而今에 變作地火明夷로다

●

양기 방회선사의 제자중에 백운 수단선사라는 유명한 분이 계셨습니다. 그분의 게송에 이런 것이 있습니다.

한 주먹으로 황학루黃鶴樓를 쳐 엎어 버리고
한 번 차서 앵무주鸚鵡洲를 뒤집어엎네.
의기意氣가 있을 때에 의기를 더하고
풍류風流 아닌 곳이 또한 좋은 풍류로다.[1]

뇌천대장괘雷天大壯卦는 양陽의 기운이 왕성하게 활동함을 나타내는 괘입니다. 또 지화명이괘地火明夷卦는 태양이 땅속에 들어간 어둡고 위축된 상태를 나타냅니다. 원래는 뇌천대장괘이더니 지금은 변해 정반대인 지화명이괘가 되었다 이것입니다. 지금 말한 법문 내용이 바로 뇌천대장괘가 변해 지화명이괘가 되는 것임을 알면 앞의 내용을 다 알 수 있습니다. 피상적으로 보면 앞뒤 말이 맞지 않고 아무 관계도 없는 것 같지만 알고 보면 이것이 완전히 맥이 통해 있습니다.

【 본칙 】

운문스님에게 어떤 중이 물었다.
"아버지를 죽이고 어머니를 죽이면 부처님 앞에 참회하려니와, 부처를 죽이고 조사를 죽이면 어느 곳에 참회해야겠습니까?"
"드러났느니라."[2]

雲門이 因僧問호되 殺父殺母는 向佛前懺悔어니와 殺佛殺祖는 向什麼處懺悔오 門이 云 露라 하니

◉

"세상에서 가장 큰 죄가 부모를 죽이는 죄이고 그런 큰 죄도 부처님

1　一拳拳倒黃鶴樓 一踢踢翻鸚鵡洲 有意氣時添意氣 不風流處也風流
2　『선문염송』제1037칙 (한국불교전서5, 735쪽).

전에 참회할 수 있는데, 부처님과 조사를 죽였다면 어느 곳에 가야 참회할 수 있느냐?"고 물었습니다. 그러자 운문스님이 "드러났느니라."고 대답했습니다. 이것이 운문스님의 유명한 "露"자 법문입니다. 여기에는 참으로 깊은 뜻이 있어서 확철히 깨치기 전에는 이 뜻을 절대 모릅니다. 그러면 그 내용이 어떤 것인가? 내 그 내용에 대해 한마디 하겠습니다.

【 착어 】

도가 시방에 가득함이여, 마음은 억겁을 초월하고
그림자 만상에 흐름이여, 기운이 음양으로 나뉘었구나.
道滿十虛兮여 心超億劫이요 影流萬象兮여 氣分二儀로다

◉

이 뜻을 알면 운문스님이 말씀하신 노자법문을 알 수 있습니다. 이 공안에 대해 숭승 공선사가 게송을 지은 것이 있습니다. 그것을 소개하겠습니다.

【 송 】

숭승 공선사[3]가 송하였다.
죽일 때에 부처와 조사는 이 무슨 원수인가
드러난 곳엔 집집마다 죄와 허물을 참회한다.
다만 일백 개천이 큰 바다로 돌아가는 것만 보니
어찌 늙은 오랑캐가 동쪽 하늘에 있는 줄 알리오.
한가을에 옥은 일천 강의 달을 비추고
한밤의 거문고는 만 골짜기의 샘물 소리를 전하네.

---

3 숭승공(崇勝珙). 『선문염송집(禪門拈頌集)』에 그 이름이 나오나 전기는 불명.

누가 저자 속 한없는 일을 관여하겠는가?
저 길고 짧음과 모나고 둥근 것에 맡기노라.

崇勝 珙이 頌호대

殺時에 佛祖是何寃고 露處엔 家家懺罪愆이로다

但見百川이 歸大海어니 豈知老胡在東天고

中秋에 圭瀉千江月이요 半夜에 琴傳萬壑泉이로다

誰管廛中無限事오 從他長短與方圓이라 하니

◉

부처님도 죽이고 조사도 죽인다고 하니 부처나 조사와 무슨 원수라도 졌냐는 것입니다. 무슨 원수가 졌기에 부처와 조사를 죽인다고 하느냐 이것입니다. 그래 놓고 "드러났다." 하니 드러난 곳에는 모든 죄를 참회해 마쳤다고 했습니다.

천이나 만이나 되는 많은 시냇물들이 모두 큰 바다로 흘러들어가니 늙은 오랑캐, 즉 달마스님이 동토에 있는 것을 누가 알겠느냐고 했습니다. 옥도 좋은데 거기에 더해 온 강의 달을 비추고 있으니 또 얼마나 좋습니까? 한밤중에 거문고를 타는데 그 기기묘묘함이 골짜기를 흐르는 물소리와 같더라고 했습니다.

"누가 저자 속 한없는 일을 관여하겠는가?"라는 것은 한걸음 더 나아가 중생제도 하는 것을 두고 하는 말입니다. 저자거리로 나가 그 많은 일들에 관여할 사람이 누가 있는가? 길든지 짧든지 모나든지 둥글든지 마음대로 자유자재로 할 뿐 거기에 대해서 아무도 관여할 사람이 없다고 했습니다. 이것은 참으로 법을 얻어 크게 자유자재한 경지를 표현한 말씀입니다. 그럼 이 뜻이 어느 곳에 있는가? 여기에 대해 내 또 한마디 하겠습니다.

【 착어 】

신령한 새싹은 빼어난 기운을 더하고
상서로운 풀은 좋은 빛을 내는구나.
靈苗는 增秀氣하고 瑞草는 發祥光이로다

【 염 】

천동 각선사가 상당하여 이 법문을 들어 말하였다.

"드러남이여, 종취를 벗어났고 부처와 조사를 뛰어넘었다. 사람들은 그가 혼이 살아 돌아오는 향을 피운다고 말하나, 나는 그가 도독고塗毒鼓[4]를 친다고 말한다. 쓰라리고 쓰라리다. 다시 글을 물어뜯고 글자를 씹으며, 둥글게 가고 모나게 걸으며, 위에서 부르고 밑에서 따라가며, 앞을 보고 뒤를 살피면 장씨의 셋째 아들이 모자를 주머니 삼아 새로 생긴 돈을 넣는 격이니, 부자는 이렇게 하지 않는다."

天童 覺이 上堂에 擧此話云 露여 超宗越佛祖로다 人言渠蓺反魂香이나 我道伊撾塗毒鼓로다 苦苦라 更若咬文嚼字하고 規行矩步하며 上唱下隨하고 瞻前顧後하면 張三은 裹帽新有錢이라 富漢은 不是恁麽做라 하니

◉

그냥 흘러가는 말로 운문스님이 "드러났다."고 말씀하신 것이 아닙니다. 이것은 우리 종문의 법문 가운데 가장 뛰어난 법문인 동시에 부처와 조사도 다 초월한 그런 무서운 법문이다 이것입니다. 그러면 도대체 무슨 뜻이기에 부처도 조사도 초월한 법문이라고 말하는가? 이 법문을 아는 사람들이 흔히 말하기를, "죽어서 완전히 숨이 떨어진 송장을 도로

---

4 도독고(塗毒鼓):『열반경』에 있는 말. 독을 바른 북을 치면 멀고 가까운 곳에서 소리를 듣는 이는 모두 죽는 것과 같이, 부처님의 진실한 가르침을 듣는다면 탐욕 진에 우치가 모두 없어지게 됨. 부처님 진실의 설법을 말함.

살려내는 그런 비밀스런 법문이다."라고들 하는데 천동스님은 그렇게 보지 않는다고 했습니다. 그럼 천동스님은 어떻게 보는가? 세상에서 가장 무서운 독을 발라놓아 그 소리만 들어도 듣는 사람을 다 죽이는 북과 같은 무서운 법문이라 했습니다.

다른 사람들은 운문스님의 법문이 죽은 송장도 살리는 그런 거룩한 법문이라고 하지만 천동스님은 모든 생명을 남김없이 죽이는 참으로 무서운 비상과 같은 법문이라 했습니다. 그럼 왜 이렇게 천동스님은 다른 이들과 반대로 말씀하실까요? 알고 보면 반대로 말씀한 것이 아닙니다. 그리고선 이 법문을 알아듣지 못하는 사람들을 향해 말씀하셨습니다.

운문스님이 "드러났다露"고 하니 그 노露라는 글자만 천착하는데 아무리 물고 뜯고 씹고 해보았자 그 뜻은 모릅니다. 이 노자의 뜻은 자성을 확철히 깨쳐야 알 수 있지 그 뜻이 문자에 있지 않습니다. 문자에 있지 않으면, 그럼 행동에 있는 것인가? 이런저런 행동거지를 따라 해보지만 행동에도 있지 않습니다. 그렇게 위에서 무슨 말을 하면 밑에서 따라 응하며 앞뒤를 살피고 전후좌우로 살펴보았자 완전히 수박 겉핥기이지 그 속뜻은 모릅니다. 이것은 자기자성을 확철히 깨쳐야만 알 수 있다 이것입니다.

장씨의 셋째 아들놈은 돈푼이나 생기면 모자 속에 넣는데 진짜 부자는 그런 짓을 하지 않는다고 했습니다. 여기에 대해 내가 또 한마디 하겠습니다.

【 착어 】

한 줄기 붉은 실을 두 사람이 끌고 간다.

一條紅絲를 兩人牽이로다

⦿

이것을 알면 천동스님의 법문도 알 수 있고 운문스님의 법문도 알 수 있습니다. 그리고 하나 더 소개하겠습니다. 임제종의 죽암 규선사가 이 공안에 대해 하신 상당법문이 있습니다.

【 염 】

죽암 규선사가 상당하여 이 법문을 들어 말하였다.
"대중들이여, 이 도리가 어떠한가?
구름이 진나라 재에 걸려 있으니 집은 어디에 있는가.
눈이 남관藍關 땅에 쌓이니 말이 나아가지 못하네."
竹菴 珪 上堂하야 擧此話云 大衆아 此理如何오 雲橫秦嶺家何在오 雪擁藍關馬不前이라 하니

⦿

남관藍關은 관문 이름입니다. 운문스님은 분명히 "드러났다."고 했는데 죽암스님은 왜 "구름이 꽉 끼어 집을 찾을 수 없고, 눈이 천지를 덮어 아무리 좋은 말도 그 눈을 헤치고 나갈 수 없다."고 했을까요? 이것이 무슨 뜻일까요? 죽암스님은 운문스님이 "드러났다."고 한 뜻을 확연히 드러내 밝히신 것입니다. 여기에 또 내가 한마디 하겠습니다.

【 착어 】

벌거숭이 다리로 배에 올라 빨리 달리니
순풍에 서로 보내어 양주楊州로 내려간다.
赤脚으로 上船乘快便하니 順風에 相送下楊州로다

◉

    운문스님이 "드러났다."고 한 것을 두고 죽암스님은 "구름이 꽉 끼어 집을 찾을 수 없고 눈이 천지에 꽉 차서 말이 나갈 수 없다."고 표현했는데, 나는 또 왜 완전히 다른 방향으로 "맨발로 좋은 배에 탔는데 사람들이 서로 작별을 하고 양주 땅으로 내려간다."고 했을까요? 이것을 확실히 알아야만 오늘 법문을 다소간이나마 짐작할 수 있을 것입니다. 그럼 오늘 법문을 총 마무리하겠습니다.

【 결어 】

    대중들이여, 운문 늙은이가 비록 앞에도 없고 뒤에도 없이 뛰어나나 도리어 부끄러운 줄 아는가 모르는가? 벽 속에 사람이 있어 "허허." 하고 크게 웃는 줄 모른다. 부처를 죽이고 조사를 해침은 묻지 않거니와, 나무를 베고 풀을 깎는 것은 어느 곳에 참회하려는가?
(한참 묵묵한 후에 말씀하셨다.)
방안의 일천 등불 빛이 서로 비치고
하늘가 보배 달은 다시 밝고 둥글다.
억!
(크게 할을 한 번 하고 내려오시다.)

大衆아 雲門老漢이 雖然光前絶後나 還識慚愧也無아 殊不知壁間에 有人이 呵呵大笑로다 殺佛害祖는 卽不問이어니와 伐木斬草는 向什麽處懺悔오
(良久云)
室內千燈은 光相照하고 天邊寶月은 更淸圓이로다
(喝一喝하고 下座하시다)

◉

    대중 여러분, 운문 늙은이의 이 법문은 훤칠히 뛰어나 고금과 전후에

따라갈 법문이 없습니다. 그렇지만 도리어 부끄러운 줄 아는가 모르는가? "드러났다."는 이 법문이 천추만대에 뛰어난 법문이긴 하지만 사실을 알고 보면 부끄럽기 짝이 없어 땅을 천길만길 파고 들어가 숨고 싶은 심정이라는 것을 알아야만 운문스님의 뜻을 알 수 있습니다. 운문스님은 벽 속에 사람이 있어 "허허." 하고 크게 웃는 줄 모릅니다. 왜 웃을까요?

그럼, 부처를 죽이고 조사를 해침은 묻지 않겠습니다. 나무를 베고 풀을 깎는 죄는 어느 곳에 참회하겠습니까?

방안의 일천 등불 빛이 서로 비치고

하늘가 보배 달은 다시 밝고 둥글다.

억!

壬子(1972)년 5월 보름 해인사 해인총림 대적광전

61. 천지동근天地同根
천지는 한 뿌리

【 수시 】

둥지의 새는 바람 불 줄 알고 구멍의 벌레는 비 올 줄 아니
왼쪽에서는 입으로 불고 오른쪽에서는 손으로 친다.
푸른 뱀은 개구리를 물고 누른 새는 버마재비를 쫓아간다.
무량수여래여, 일 이 삼 사 오요
슬프고 슬프다, 동촌의 왕가 늙은이
눈을 뜨고 당당하게 무간지옥에 들어간다.
巢知風穴知雨하니 左邊吹右邊拍이로다
靑蛇는 咬蝦蟆하고 黃雀은 逐螳螂이라
無量壽如來여 一二三四五니
哀哀東村王老叟 開眼堂堂入無間이로다

◉

나무에 둥지를 트는 새는 큰 바람이 불 것을 미리 알고, 땅에 구멍을 뚫고 사는 짐승이나 작은 벌레들은 비가 올 것을 미리 알아 대비를 합니다. 또 왼쪽에 있는 사람이 노래를 부르면 오른쪽에 있는 사람은 손으로 장단을 칩니다.

무량수여래는 수명이 한량없는 여래입니다. 그런 무량수여래가 하나 둘 셋 넷 다섯이더라고 했습니다.

이것으로 오늘 법문은 다 마쳤는데, 아는 사람은 웃을 것이고 모르는 사람은 답답할 것입니다. 모르는 사람은 공부를 부지런히 해서 분명히 알아야 합니다.

【 본칙 】

남전스님이 육긍대부[1]와 담화할 때 대부가 말하였다.

"조법사[2]가 이르기를, '천지는 나와 같은 뿌리요 만물은 나와 함께 한 몸이다' 하니 참으로 기이합니다."

남전스님이 뜰 앞의 꽃을 가리키며 대부를 불러 말하였다.

"요즘 사람들은 이 꽃나무 보기를 꿈과 같이한다."[3]

南泉이 因陸亘大夫語話次에 大夫云 肇法師道호대 天地는 與我同根이요 萬物은 與我一體라 하니 也甚奇怪로다 泉이 指庭前花召大夫云 時人이 見此一株를 如夢相似라 하니

⦿

한 뿌리에서 나왔으니 전체가 한 몸뚱이 아니겠습니까? 삼라만상이 각각 벌어져 있는 것처럼 보이지만 사실을 알고 보면 전체가 한 뿌리에서 난 한 몸이라는 말입니다. 이것은 조법사의 『조론』에 나온 말입니다. 이걸 본 육긍대부가 참으로 기이하다고 칭찬하며 탄복했습니다. "온 천지가 나와 같은 뿌리요 만물은 나와 한 몸이다." 하는 것은 깊은 이치에

---

1 육긍대부(陸亘大夫). 자(字)는 경산(景山)으로 남전보원(南泉普願)의 법제자. 선기(禪機)가 날카로워 많은 선객들과 교제하였음. 벼슬이 어사대부(御史大夫)를 지냈으므로 통칭 육긍대부라 부름.
2 승조법사(僧肇法師, 384~414). 장안의 가난한 집에 태어났으며 노장학을 수업했으나 만족치 못하고 구역『유마경(維摩經)』을 읽고 불문에 귀의. 구마라집(鳩摩羅什)에게 귀의하여 이해제일(理解第一)로 나집사철(羅什四哲)의 한 사람이 됨.『조론(肇論)』,『주유마경(注維摩經)』10권이 있으며 또『보장론(寶藏論)』을 찬했다고 함.
3 『선문염송』제209칙(한국불교전서5, 212쪽) ;『벽암록』제40칙 ;『종용록』제91칙.

서 하는 말입니다. 얼마나 훌륭한 말입니까?

마침 뜰 앞에 꽃이 환하게 피어 있었나 봅니다. 그 말을 들은 남전스님이 뜰 앞의 꽃을 가리키며 "세상 사람들이 저 꽃을 꿈속같이 본다."고 말씀하셨습니다. 누구든 저 꽃을 참으로 바로 볼 줄만 알면 깨친 사람이고 눈뜬 사람입니다. 바로 깨치지 못한 사람은 자신의 총명으로 자기가 분명히 분별하는 것 같지만 실지로는 바로 보지 못하고 있는 것입니다. 결국 조법사가 말한 "천지는 나와 같은 뿌리요 만물은 나와 한 몸이다." 하는 것도 사실에 있어선 꿈속 잠꼬대에 지나지 않습니다. 남전이 말한 꽃 한 송이의 실체를 바로 볼 줄 알아야만 비로소 불법을 아는 것입니다.

육긍대부는 조법사의 말을 소개해 칭찬하다가 남전의 한마디에 상신실명喪身失命하고 말았습니다. 천길만길 되는 벼랑에 서 있다 떨어져 죽은 격입니다. 누구든 불법을 알려면 남전이 말한 꽃 한 송이의 근본을 바로 알아야지 "천지는 나와 같은 뿌리요 만물은 나와 한 몸이다." 하는 그런 잠꼬대 같은 소리로는 불법을 절대로 모릅니다. 그러면 그 뜻이 어느 곳에 있는가? 내 거기에 대해 한마디 하겠습니다.

【 착어 】

남산의 자라코 뱀을 밟고
깜짝 놀라 남쪽으로 서서 북두를 본다.
踏著南山鼈鼻蛇하야 驚起面南看北斗로다

◉

왜 남산에 가서 별비사鼈鼻蛇를 밟았다고 하는지, 깜짝 놀라 일어나다가 남쪽을 향했는데 왜 북두칠성이 훤히 보인다고 하는지, 이것을 알면 남전스님의 뜻을 알 수 있습니다. 그 뒤 운문종의 설두 중현선사가 이 공안에 대해 좋은 법문을 하신 것이 있습니다.

【 송 】

설두 현선사가 송하였다.
보고 듣고 깨닫고 아는 것이 하나하나가 아니니
산과 강을 거울 속에선 볼 수 없네.
서리 내린 가을 하늘에 달이 져서 한밤이니
누구와 함께 맑은 못에서 그림자를 비추리.
雪竇 顯이 頌
聞見覺知非一一이니 山河不在鏡中觀이로다
霜天에 月落夜將半하니 誰共澄潭照影寒고 하니

◉

"천지는 같은 뿌리요 만물은 한 몸이다." 하는 것에서 참으로 한 걸음 내디뎌야 불법의 근본을 알 수 있습니다. 추위가 찾아온 깊은 가을에 달 떨어진 한밤중이라 했으니 뭔들 눈에 보일 리 있습니까? 아무리 못 물이 깨끗한들 달도 없는 밤중인데 거기에 어떻게 그림자를 비춰볼 수 있겠습니까? 여기에서는 부처도 조사도 몸과 목숨을 잃어버리고 맙니다. 참으로 뜻이 깊은 말씀입니다. 이것을 알아야 남전스님의 소식도 알 수 있는 것이지 그렇지 않고는 절대로 모릅니다. 또한 누구든 실지로 깨쳐 경계를 증득해야 알 수 있지 사량분별로는 절대 모르는 것입니다. 그러면 이 뜻이 어느 곳에 있는가? 내 한마디 하겠습니다.

【 착어 】

큰 고래가 큰 바다 물을 다 마시니
산호 수풀에 해가 비쳐 번쩍번쩍하네.

長鯨이 汲盡滄溟水라 珊瑚樹林에 日杲杲로다

◉

고래가 얼마나 큰지 한 입에 사해의 물을 다 마셔 버렸습니다. 거짓말한다고 할지 모르지만 실지 그런 고래가 있습니다. 그랬더니 어떠한가? 오색찬란한 산호 숲이 드러났다 이 말입니다. 산호는 보배입니다. 그런 숲만 드러난 것이 아니라 거기에 해까지 비춰 오색찬란하게 번쩍거리더라고 했습니다. 그럼, 앞의 설두스님 말씀과는 반대가 아닌가요?

설두스님은 "쌀쌀한 늦가을 달도 없는 한밤중에 못에 그림자를 비춰 볼 수 있겠느냐?"고 했습니다. 그런데 왜 나는 설두스님의 뜻을 표현한다면서 "오색찬란한 산호 숲이 드러나고 햇볕까지 비춰 온 삼천대천세계에 그 광명이 비친다."고 말할까? 정반대가 아닙니다. 이것을 알아야만 설두스님 게송의 뜻을 알 수 있습니다. 그럼 조동종의 천동 정각선사는 어떻게 말씀하셨는가?

【송】

천동 각선사가 송하였다.
이미離微의 조화의 뿌리를 철저하게 비추니
분잡하고 어지럽게 출몰하는 그 문을 본다.
정신이 겁 밖에 노니니 무엇이 있음을 묻겠는가?
눈을 얼굴 앞에 대고 보니 묘하게 있음을 안다.
범이 쓸쓸하게 휘파람 부니 바위에 바람 일어나고
용이 가냘프게 흐느끼니 골짜기 구름이 어둡구나
남전이 그때에 사람의 꿈을 깨게 하니
당당한 미륵보살 높음을 알게 한다.

天童 覺이 頌

照徹離微造化根하니 紛紛紜紜見其門이로다
遊神劫外에 問何有아 着眼面前知妙存이라
虎嘯蕭蕭岩吹作이요 龍吟冉冉洞雲昏이로다
南泉이 點破時人夢하니 要識堂堂補處尊이라 하니

◉

　모든 상을 떠난 것을 이離라 하고, 모든 상을 떠났을 때 드러나는 은미한 작용을 미微라 합니다. 모든 상이 다 떨어지면 천지만물이 그대로 부사의 대해탈경계입니다. 그 조화의 뿌리를 철두철미하게 비춰보니 어떠한가? 삼라만상이 어울려 어지럽게 출몰을 하는데 그 출입하는 문을 분명히 볼 수 있더라는 것입니다. 여기에서 말하는 문門은 이쪽과 저쪽의 경계인 벽의 통로를 말하는 것이 아닙니다. 사방에 그 벽을 보려야 볼 수가 없고 사면에 무문無門이라, 사방에 벽이 없는데 무슨 문이 있겠습니까? 여기서 말한 문은 벽을 찾아보려야 찾아볼 수 없고 문을 찾아보려야 찾아볼 수 없는 그런 큰 문입니다. 그런 큰 문을 볼 수 있더라는 것입니다.

　생멸 밖의 소식을 참으로 알고 보면 묻고 대답하고 하는 것은 있을 수 없다고 했습니다. 공연히 묻는 사람도 미친 사람이고 미친 사람이 묻는다고 대답하는 사람은 더 미친 사람입니다. 이건 보통 사람들을 두고 하는 소리가 아닙니다. 크게 깨쳐 법을 잘 안다고 해도 법담 한답시고 찾아가 묻는 사람도 미친 사람이고 밝은 안목으로 사람을 감정한다는 그 사람도 미친 사람입니다. 아직 잠을 깨지 못한 사람이 꿈에서 하는 잠꼬대라는 말입니다.

　저 겁 밖에 노닐면 모든 것이 다 잠꼬대이지만 다시 눈을 가깝게 바짝 대고 보니까 모든 것이 부사의해탈경계不思義解脫境界 아닌 것이 없더라는 것입니다. 말로 형용할 수도 없고 생각하려야 생각할 수도 없는 그런 대해탈경계의 대기대용大機大用이 현전하더라는 것입니다. 앞의 말과 뒤의 말이 반대 같지만 반대가 아닙니다.

천하를 깨치고 보건 깨치지 못하고 보건 어떻게 보든지 모두 다 꿈입니다. 깨치지 못한 사람이 보는 것을 꿈이라 하는 것이야 그럴 수 있겠다 하겠지만, 깨친 사람이 보는 것을 어떻게 꿈이라 하겠습니까? 하지만 그것 역시 꿈속에서 잠꼬대하는 것입니다. 그럼 진짜 꿈을 깨는 것은 어떤 것인가? 남전스님이 실지에 있어서 모든 세상 사람들의 꿈을 다 부숴 버렸다고 했습니다. 그럼 무엇을 알게 하려고 그랬는가? 미륵보살을 알게 하기 위해서 남전스님이 그런 말을 했다는 것입니다.

어찌 미륵보살뿐이겠습니까? 이것을 바로 알면 석가도 알 수 있고, 달마도 알 수 있고, 남전도 조주도 다 알 수 있고, 우리 모든 대중이 자기 면목을 분명히 알 수 있습니다.

그렇지만 실지에 있어서 남전이 꿈을 깬 소식을 얘기하는 것 같지만 남전 역시 꿈속에 있다는 것을 분명히 알아야 합니다. 그러면 결국 이 법문의 낙처가 어느 곳에 있다는 말인가? 여기에 대해 내 또 한마디 하겠습니다.

【 착어 】

네거리에 서서 사람들에게 도적놈이라 불리네.
十字街頭에하야 被人喚作賊이로다

◉

저 종로 한 가운데처럼 분망한 십자로 한복판에 섰는데 보는 사람들마다 "야, 이 도둑놈아!"라고 하더라는 겁니다. 왜 도둑놈이라 했을까요? 우락부락한 것이 소도둑놈처럼 생겨 그랬을까요? 이 뜻을 알면 천동스님 게송의 뜻을 알 수 있습니다.

【 염 】

영원 청선사[4]가 상당하여 이 법문을 들어 대부가 말끝에 깨쳤다 하는 데 이르러 말하였다.

"남전은 허공을 북으로 삼고 육긍대부는 수미산을 북채로 삼아서 한 번 치매 소리를 알아들어 근원을 다하고 본체에 사무친다. 천지의 온갖 변화가 단박 들어와 남음이 없으니 이로부터 보배 곳간이 활짝 열려 가풍이 크게 펼침을 문득 본다. 사람을 제도하고 만물을 이롭게 함에 어찌 다함이 있으리오. 하물며 다시 모두가 다 구족함이랴."

靈源 淸이 上堂에 擧此話하야 至大夫言下領去云 南泉은 以虛空作鼓하고 陸亘은 用須彌爲槌라 一擊에 知音하야 窮根徹體로다 乾坤萬化가 頓入無餘하니 從玆로 寶藏이 洞開하야 便見家風이 大展이로다 濟人利物有何窮가 況復頭頭皆俱足이라 하니

◉

"요즘 사람들은 이 꽃나무 보기를 꿈과 같이 한다."는 남전스님 말씀 끝에 육긍대부가 깨쳤다고 했습니다. 완전히 깨쳤다고 한 거기에 대해 하신 법문입니다.

남전은 허공을 북으로 삼았다고 했는데, 그런 북이 어디 있습니까? 꼭 거짓말 같지만 거짓말이 아닙니다. 남전스님의 북은 크기가 시방 삼천대천세계를 두르고도 남습니다. 시방 대천세계를 그 속에 넣어도 한쪽 귀퉁이도 차지 않는 그런 큰 북을 남전스님이 떡 드러내 놓았습니다. 그러자 육긍대부가 수미산을 북채로 삼아 둥둥! 하고 두드립니다. 수미산으로 어떻게 북을 두드릴 수 있습니까? 그런 큰 북채가 어디 있냐 말입니다. "이거, 법문 한다더니 무슨 거짓말만 하는 허풍쟁이구만" 하는 사람

---

[4] 영원유청(靈源惟淸, ?~1117). 임제종 황룡파 스님으로 회당조심(晦堂祖心)의 법제자. 남악(南岳)스님의 13세손.

도 있겠지만 허풍이 아닙니다. 예를 들어 말하자면 수미산이지 이 북채는 수미산보다 수백 천만배도 더 큽니다.

그래서 그 소리를 듣고 그 근원까지 다하고 본체에 철두철미하게 완전히 깨쳤다 이것입니다. 그랬더니 천지의 온갖 변화가 눈 깜짝할 사이에 다 들어와 삼세제불과 역대조사도 보려야 볼 수 없는 그런 곳간의 문이 활짝 열렸다는 것입니다.

그러자 문득 그 가풍을 펴 온 삼천대천세계의 한없는 중생에게 법문하고 모두 제도하는데 한없는 미래제가 다하도록 하더라고 했습니다. 그런데 또 알고 보니 두두물물 전체가 원만구족하지 아니한 것이 없더라고 했습니다. 그럼 이 뜻이 어느 곳에 있는가? 내 여기에 또 한마디 붙이겠습니다.

【 착어 】

석녀石女는 소를 타고 뒤 골짜기로 돌아가고
목인木人은 피리를 불며 앞마을을 지나간다.
石女는 騎牛歸後洞이요 木人은 吹笛過前村이로다

◉

이것이 영원스님 법문과 무슨 관계가 있습니까? 돌로 만든 여자는 소 타고 저 골짜기로 들어가고 나무로 만든 사람은 피리를 불며 앞마을 지나가더라는 이것을 알면 영원스님 법문의 뜻을 알 수 있습니다. 또 이 공안에 원오 극근선사께서 하신 법문이 있습니다.

【 염 】

원오 근선사가 염하였다.
"육긍은 손에 금 자물쇠를 들었으나 남전이 팔八자로 열어 곧 칠진팔

보七珍八寶를 눈앞에 늘어놓는다."

이어 불자를 들고 말하였다.

"천지는 손가락 하나요 만물은 말 한 마리니 온몸이 눈이라 하여도 분별하지 못한다."

圜悟 勤이 拈호대 陸亘이 手攀金鎖어늘 南泉이 八字開하야 直得七珍八寶를 羅列目前이로다 乃竪起拂子云 天地는 一指요 萬物은 一馬니 通身是眼이라도 分踈不下라 하니

◉

육긍의 손에 든 금쇄金鎖란 "천지는 나와 같은 뿌리요 만물은 나와 함께 한 몸이다."라는 승조법사의 말씀을 두고 한 소리입니다. 그 법문의 뜻이 참으로 깊고 넓어 황금덩어리처럼 귀한 것이긴 합니다. 하지만 아무리 황금이라도 그것이 자물쇠 쇠사슬이면 사람을 죽여 버립니다. 육긍대부는 자신이 쇠사슬에 얽혀 죽는 것도 모르고 있다는 말입니다. 그러자 남전스님이 청룡도 같은 날카로운 칼로 단박에 그 쇠사슬을 끊어 육긍대부를 완전히 해탈시켜 주더라는 것입니다.

이것은 "요즘 사람들은 이 꽃나무 보기를 꿈과 같이 한다."고 한 남전스님의 말씀을 두고 하는 소립니다. 분명히 남전이 육긍대부를 살려주는 말이지요. 그 말에 황금으로 만든 쇠사슬에 얽혀 죽을 처지에서 육긍대부가 완전히 벗어나 해탈했습니다. 그러고 보니 온 삼천대천세계가 전부 보배더라는 것입니다.

그럼 이 소식이 도대체 무슨 소식이기에 원오스님은 "온몸뚱이 전체가 눈이라도 모른다."고 했을까요? 여기에 대해서 내 한마디 하겠습니다.

【 착어 】

따뜻한 봄소식이 매화꽃을 피게 함이여

봄이 차가운 가지에 이르고
서늘한 회오리바람이 나뭇잎을 날림이여
가을에 구정물이 맑도다.

暖信이 破梅兮여 春到寒枝하고 凉飇脫葉兮여 秋澄潦水로다

【 결어 】

대중들이여, 이 한 그루 꽃은 모든 부처님도 감히 정안正眼으로 보지 못하니, 남전과 노스님들이 어찌 꿈엔들 보았으리오. 만약 정문頂門에 한 개 눈을 갖추면 일천 성인聖人이 다른 사람의 아래에서 있거니와, 일반으로 사량분별思量分別로 헤아린다면 미륵보살이 하생下生할 때까지라도 또한 더듬어 찾을 수 없다. 알겠느냐?

산 앞에 보리가 일찍 익으니
여릉의 쌀값이 싸구나.
억!
(크게 할을 한 번 하고 내려오시다.)

大衆아 此一株花는 諸佛도 不敢以正眼으로 覷著이니 南泉諸老가 還曾夢見也未아 若也頂門에 具一隻眼하면 千聖이 立在下風이어니와 一等是弄精魂인댄 直至彌勒이 下生하야도 也摸索不著이니라 還會麽아
山前에 麥熟早하니 廬陵米價低로다
(喝一喝하고 下座하시다)

●

이제 총 마무리하겠습니다. 대중 여러분, 남전스님이 말씀하신 이 한 송이 꽃은 모든 부처님의 정안正眼으로도 감히 보지 못합니다. 부처님의 바로 깨친 눈으로도 볼 수 없다면 어떤 사람이 볼 수 있겠습니까? 그러니 남전스님과 설두스님, 천동스님, 영원스님, 원오스님인들 꿈에라도 이

꽃을 보았겠습니까?

만약 정수리에 한 개의 눈을 갖춘다면 일천 성인도 그 사람의 발아래에 서게 되겠지만 쓸데없이 사량분별思量分別로 헤아린다면 미륵보살이 하생할 때까지 더듬는다 해도 끝내 찾을 수 없습니다. 남전스님의 꽃 한 송이는 유심과 무심으로 절대 볼 수 없는 것입니다. 대중 여러분, 아시겠습니까?

산 앞에 보리가 일찍 익으니
여릉의 쌀값이 싸구나.

봄철 보릿고개에 쌀값이 하늘 높은 줄 모르고 치솟더니, 누렇게 익을 철이 되니까 여릉 땅 쌀값이 떨어지더라 이것입니다.

억!

壬子(1972)년 5월 말일 해인사 해인총림 대적광전

62. 목주담판 睦州擔板
판때기 짊어진 사람

【 수시 】

한마디 말이 끊어지니 일천 성인의 소리 사라지고
한 칼을 휘두르니 만 리에 송장이 즐비하다.
알든지 모르든지 상신실명喪身失命을 면치 못하리니
말해 보라, 이 무슨 도리인가?
작약 꽃에 보살의 얼굴이 열리고
종려 잎에 야차夜叉의 머리가 나타난다.
一言이 截斷하니 千聖이 消聲하고
一劒이 當機하니 萬里에 橫屍로다
擬得擬不得에 未免喪身失命하나니
且道하라 此理如何오
芍藥花開菩薩顔이요 棕櫚葉現夜叉頭로다

◉

정수리의 눈을 갖춘 종사가 한마디를 하면 세간법은 말할 것도 없고 불법마저도 그 기틀이 다 끊어집니다. 그러니 천이나 만이나 되는 모든 성인들이 거기에선 감히 아무 말도 못합니다. 참으로 깊은 이치에 들어서 말하는 한마디 앞에선 천불 만 조사도 입을 떼지 못합니다.
지혜의 칼인 금강왕보검을 높이 들고 천지를 자유자재로 횡행하니 온 삼천대천세계 전체가 다 송장더미입니다. 이런 법문을 알아듣든 알아듣지 못하든 여기에서는 누구도 생명을 부지할 수 없습니다. 이런 법문의 칼 밑에서 누구도 살아남을 수 없다 이것입니다.

자, 그럼 말씀해 보십시오. 이것이 어떤 이치이기에 한마디 말에 천불만 조사가 전부 입을 닫고 한 번 활용하면 온 시방세계의 생명이 다 죽는다고 할까요?

"작약 꽃에 보살의 얼굴이 열리고 종려 잎에 야차의 머리가 나타난다."고 한 이 뜻을 알면 다음 공안의 뜻도 알 수 있습니다.

【 본칙 】

목주스님[1]이 중을 불러 "대덕이여!" 하니, 중이 머리를 돌리자 목주스님이 말하였다.

"판때기 짊어진 사람이로다."[2]

睦州喚僧云 大德아 僧이 回首한대 州云 擔板漢이로다 하니

◉

그러면 이런 무서운 법문을 어떤 사람이 어떻게 썼는가?

황벽스님의 제자이자 임제스님의 사형인 목주스님, 천고만고에 법을 고준하게 쓰기로 최고라 일컬어지는 목주 도명스님의 법문을 소개하겠습니다.

목주스님이 지나가는 스님을 보고 "대덕이여!" 하고 불렀습니다. 부르는데 돌아보지 않을 수 있습니까? 그래서 머리를 돌려 쳐다보면 하시는 말씀이 "판때기 짊어진 사람이구만!" 하셨습니다. 이것이 종문의 유명한

---

1 목주도명(睦州道明). 당(唐)대 스님으로 황벽희운(黃檗希運)의 법제자. 남악(南岳)스님의 4세손.
2 『선문염송』 제639칙(한국불교전서5, 494쪽).

공안인 목주스님의 담판한擔板漢 법문입니다. 그럼 판때기를 짊어진 사람이란 무엇인가? 흔히들 어떻게 해석하는가? 큰 판자를 지고 가면 판자에 가려 한쪽은 볼 수 없지 않습니까? 그래서 '한쪽만 보고 전체를 보지 못하는 사람'이란 뜻으로 해석하는 사람들이 많습니다. 허나 그건 피상적인 해석입니다. 목주스님이 이렇게 말씀하신 본 뜻은 저 깊은 곳에 있습니다.

앞만 보고 뒤를 보지 못하는 사람을 담판한이라고 하는데, "스님!" 하고 불렀을 때 돌아보지 않았습니까? 뒤를 돌아보지 못했다면 "담판한"이라 해도 괜찮겠지만 분명 돌아보았는데 왜 담판한이라고 했을까요? 여기에 아주 깊은 뜻이 있습니다. 그러면 그 뜻이 어느 곳에 있는가?

【 착어 】

태평한 천자의 대궐 안 뜻이요
피땀 밴 장군의 요새 밖 몸이로다.
太平天子寰中旨요 血汗將軍塞外身이로다

◉

무사태평한 시절에 거룩한 천자가 구중궁궐 속에서 아무 걱정 없이 지내는 것인 동시에 난을 평정하기 위해 장수들이 변방에서 피땀을 흘리며 싸우는 것이라 했습니다. 이 내용을 분명히 알면 목주스님이 "판때기 짊어진 놈"이라고 한 뜻을 알 수 있습니다.

【 송 】

목암 영선사[3]가 송하였다.

---

[3] 목암안영(木菴安永, ?~1173). 임제종 양기파 스님으로 나암정유(懶庵鼎蕎)의 법제자. 남악(南岳)스님의 17세손. 『목암영선사어요(木菴永禪師語要)』 1권이 있음.

벌건 화로에 파도가 일어 하늘에 치솟아 날고
빠른 불꽃이 바람같이 지나가니 누가 감히 엿보리.
삼두三頭와 육비六臂라도 여기에 이르러서는
제일 기봉을 자랑하지 말라.
木菴 永이 頌호대
紅爐에 起浪拍天飛하고 疾焰이 過風하니 孰敢窺오
任是三頭幷六臂라도 到此에 休誇第一機하라 하니

◉

불을 가득 담은 화로에서 물결이 일어난다고 하니 이것이 무슨 말입니까? 어떻게 불속에서 물결이 일어날 수 있습니까? 이것을 알아야 합니다. 벌건 화로 속에서 물결이 솟구쳐 하늘로 날아오르고, 또 거세고 사나운 불꽃이 어찌나 빠른지 태풍보다도 빠르다고 했습니다. 태풍보다 더 빠르니 감히 이걸 엿볼 수 있겠습니까? 실지에 있어서 부처와 조사도 여기에서는 바로 서지 못하고 엿보지 못합니다. 그러니 머리가 셋이 아니라 삼천 삼만 개가 달리고 팔이 여덟이 아니라 팔백 팔천 개가 있다 해도 소용없습니다. 크게 깨쳐 부처와 조사를 능가하는 대기大機를 가졌다고 자랑하지 말라 이것입니다.

"담판한"이라고 한 이 법문 앞에선 아무리 크게 바로 깨친 사람이라도 살아남을 수 없습니다. 그런 무서운 법문이다 이것입니다. 그러면 이 게송의 뜻이 어느 곳에 있는가? 여기에 내 한마디 하겠습니다.

【 착어 】

밤중에 푸른 구름은 옛 절을 둘러싸고
새벽에 금 까마귀는 먼 바다로 날아간다.
半夜에 碧雲은 籠古殿이요 天明에 金烏는 逝遠海로다

●

　금 까마귀는 해를 비유한 말입니다. 그리고 또 법림 음선사라는 분이 이 공안에 대해 지은 게송이 있습니다. 그것을 소개하겠습니다.

【송】

　법림 음선사[4]가 송하였다.
　무성한 푸른 잎 가운데 한 송이 꽃 붉음이여,
　한없는 봄빛이 저절로 서로 통한다.
　노는 벌, 들 나비는 꽃 찾을 곳을 몰라서
　헛되이 홀로 분분히 새벽바람을 원망하네.
　法林 音이 頌曰
　萬綠叢中一捻紅이여 無限春色이 自相通이로다
　遊蜂野蝶이 沒尋處하야 徒自紛紛怨曉風이라 하니

●

　푸른빛이 천리만리나 뻗쳐 온 산천에 녹음이 우거지고 큰 가지에 벌건 꽃이 한 송이 피어 있다고 했습니다. 이것이 판때기 짊어진 놈이라고 한 것과 무슨 관계가 있습니까? 이 법문을 바로 알아야 됩니다. 그 붉은 꽃 한 송이에 한정 없는 봄빛이 전부 통해 있더라 이것입니다. 그런데 벌과 나비는 이 꽃을 찾으려야 찾을 수 없어 쓸데없이 이리저리 다니다 공연히 새벽바람만 원망하더라고 했습니다. 찬 새벽바람이 벌과 나비에게 좋을 리 있겠습니까? 거기에 꽃도 찾지 못했으니 그 원망이 다 어디로 돌아가겠습니까?

　이 공안을 두고 목암스님은 바람보다도 빠른 사나운 불길로 표현했는

4　법림음(法林音). 『종감법림(宗鑑法林)』 제23권에 이 게송이 있으나 전기는 불명.

데, 법림스님은 봄날 꽃을 찾는 벌 나비의 정경으로 표현했습니다. 판때기 짊어진 놈과 불이 무슨 관계있으며 꽃이 무슨 관계있습니까? 그러나 목암스님과 법림스님의 게송은 목주스님이 판때기 짊어진 놈이라 한 뜻의 근본을 드러낸 법문입니다.

그럼, 녹음 우거진 곳에 꽃 한 송이 피었더라고 한 이 법문의 근본 뜻이 어느 곳에 있는가? 여기에 대해 내 또 한마디 하겠습니다.

【 착어 】

장영감이 취하여 관청 뜰에 거꾸러지니
본래 이서방이 밀주를 마셨네.
張翁이 醉倒衙門庭하니 元是李公이 喫私酒러라

◉

장영감이 술을 먹고 거나하게 취해 어디에 거꾸러져 있는가? 잡혀가서 경찰서 마당에 누워 있더라고 했습니다. 장가 늙은이가 술에 취해 경찰서 마당에 거꾸러진 원인이 뭔가? 장가는 본래 술을 한 방울도 마신 일이 없습니다. 마시기는 이씨 성을 가진 사람이 마셨습니다. 그것도 몰래 밀주를 담아 먹었으니 관청에 잡혀갈 일 아닙니까? 이씨 성을 가진 사람이 밀주를 담아 먹었는데 잡혀가긴 장씨가 잡혀갔고, 또 잡아놓고 보니 술이 잔뜩 취해 정신이 하나도 없더라고 했습니다. 이것도 거짓말 같지 않습니까? 하지만 거짓말이 아닙니다. 이 뜻을 알면 법림스님 게송의 뜻도 알 수 있고, 목주스님이 판때기 짊어진 놈이라고 한 뜻도 분명히 알 수 있습니다.

【 염 】

설두 현선사가 염하였다.

"목주는 한 눈만 갖추었으니 무슨 까닭인가? 이 중이 이미 머리를 돌렸거늘 어째서 도리어 판때기 짊어진 놈이 되는가?"

雪竇顯이 拈호대 睦州는 只具一隻眼이니 何故오 這僧이 旣回頭어늘 因甚却成擔板漢고

【염】

회당 심선사[5]가 염하였다.

"설두도 역시 한쪽 눈만 갖추었으니 이 중이 한 번 부르는 소리에 문득 고개 돌렸거늘 어째서 판때기 짊어진 사람이 되지 않으리오."

晦堂 心이 拈호대 雪竇亦祇具一隻眼이니 這僧이 一喚便回어늘 爲甚麽하야 不成擔板이리오

【염】

영원 청선사가 상당하여 이 법문을 가지고 설두스님과 회당스님의 염을 들어 말하였다.

"판때기 짊어진 사람이여, 어느 집에 떨어졌는가? 일척안一隻眼을 어떻게 분변하리오?

깊은 산 한밤중 달 밝은데 울부짖는 석인石人은 가슴에 화살을 맞았구나."

靈源 淸이 上堂에 擧此話하고 連擧雪竇晦堂拈云 擔板漢이여 落誰家오 一隻眼을 如何辨이리오 深山午夜月明中에 叫哭石人心中箭이라 하니

◉

이 공안을 두고 옛 스님들이 하신 법문이 참 많습니다. 운문종의 설

---

5 회당조심(晦堂祖心, 1025~1100). 임제종 황룡파 스님으로 황룡혜남(黃龍慧南)의 법제자. 남악(南岳)스님의 12세손.

두스님은 어떻게 비평했는가? 목주가 아무리 살불살조殺佛殺祖하는 대조사이고 법문이 그렇게 매섭다고 하지만 가만히 보니 눈이 하나밖에 없는 병신이다 이것입니다. 왜 그러한가? "스님!" 하고 부를 때 고개를 돌려 뒤를 돌아보았는데 왜 판때기 짊어진 놈이라고 했느냐는 것입니다. 앞만 보고 뒤는 돌아보지 못하면 한쪽밖에 보지 못하는 놈이라고 하겠지만 분명히 뒤를 돌아보는데 왜 판때기 진 놈이라고 하느냐 말입니다. 그러니 목주가 틀렸다 이것입니다. 담판한은 누가 담판한인가? 눈 하나 달린 목주가 바로 담판한이지 돌아본 그 스님은 담판한이 아니라고 매서운 비판을 했습니다.

그 뒤 회당 심선사가 설두스님의 이 법문을 두고 다시 비판을 했습니다. 설두스님이 목주를 눈이 하나밖에 없는 병신이라며 잘난 척하고 있지만 알고 보면 설두스님도 눈이 하나밖에 없다는 것입니다. 왜 그러한가? 부르는 소리에 그 스님이 바로 고개를 돌렸으니 어떻게 판때기 짊어진 사람이 되지 않을 수 있느냐고 했습니다. 이거 잘못된 말 아닙니까? 앞만 보고 뒤를 보지 못해야 판때기 짊어진 놈이라 할 수 있지 부를 때 분명 뒤를 돌아보았는데 왜 당연히 판때기 짊어진 놈이 된단 말입니까? 앞을 보고 그런 동시에 뒤를 돌아보니 판때기 진 놈이라 할 수 없다는 설두스님 말씀은 보통의 의논이 닿는 소리입니다. 허나 회당스님 말씀은 그와 반대입니다. 설두스님이 틀렸고 목주스님이 옳다는 것입니다. 언뜻 보면 사실과 완전히 어긋나는 소리 같지만 회당스님 말씀이 참으로 저 깊은 데서 하는 소리입니다.

목주스님 뜻을 바로 알려면 설두스님과 회당스님의 말씀을 분명히 알아야만 합니다. 뒤를 돌아보았는데 왜 판때기 진 놈이라고 하느냐, 뒤를 돌아보았으니 어떻게 판때기 진 놈이 되지 않을 수 있느냐고 한 뜻을 분명히 알아야 합니다. 이것은 실지에 있어서 돌아보건 돌아보지 않건 상관없습니다. 목주스님 뜻은 저 삼천대천세계 밖에 있습니다.

또, 그 뒤에 영원 청선사가 상당하여 이 공안과 설두스님과 회당스님의 말씀을 거론하며 법문하신 것이 있습니다.

목주스님이 "판때기 짊어진 놈"이라 한 뜻도 참으로 깊어서 알 수 없고, 동시에 설두스님이 "눈이 하나밖에 없다."고 한 그 뜻도 참으로 깊어서 알 수 없다고 했습니다. 실지에 있어서 목주나 설두나 회당 같은 초불월조超佛越祖하는 밝은 안목을 갖추지 않는다면 이 뜻은 알 수 없는 것입니다. 어떤 땐 동쪽이라 말하고 어떤 때는 서쪽이라고 말해, 그 말이 서로서로 어긋나는 것 같지만 절대 반대로 말하는 것이 아닙니다.

그리고선 "깊은 산 한밤중 달 밝은데 울부짖는 석인石人은 가슴에 화살을 맞았다."고 했습니다. 깊은 산 천지만물이 고요한 한밤중에 달이 덩그러니 떠 온천지를 환하게 비추고 있습니다. 그런 와중에 돌로 만든 사람이 화살을 맞아 오장육부를 관통하니 아파서 죽겠다고 소리를 지르더라고 했습니다. 화살이 돌로 만든 사람을 어떻게 관통할 수 있으며, 돌로 만든 사람이 어떻게 소리를 지를 수 있습니까? 돌로 만든 사람이 화살을 맞아 아프다고 통곡한다는 이 뜻을 알아야만 목주와 설두와 회당, 세 스님의 근본 뜻을 알 수 있습니다.

그러면 이 뜻이 어느 곳에 있을까요? 도대체 어느 곳에 있기에 말이 서로 자꾸 어긋나기만 할까요? 내 거기에 대해 한마디 하겠습니다.

【 착어 】

천년 솔바람 소리는 운치 있게 불어오고
만년 시냇물은 흘러가 자취가 없구나.
千古松聲은 來有韻이요 萬年溪水는 去無蹤이로다

◉

천년이나 만년이나 묵은 오래된 소나무에 바람이 부니 웅 웅 하고 소리가 나고, 시내는 천년만년 아무리 오랜 세월 흘러도 그 자취를 찾아보려야 찾아볼 수 없습니다. 이것을 알아야 목주와 설두와 회당스님의 뜻을 알 수 있습니다. 첫 머리 시작부터 끝까지 앞뒤가 전혀 연결되지 않는 말들을 횡설수설했는데, 그러면 뜻이 어디에 있어 이런 말들을 늘어놓은 것인지 총 마무리해 보겠습니다.

【 결어 】

대중들이여, 험한 벼랑 같은 언구가 높고 범 잡는 함정 같은 기봉이 깊으니, 번개 치고 별 날며 옥은 구르고 구슬은 돈다. 도리어 목주 고불古佛의 심간오장心肝五臟을 보는가?

한 이랑 땅에 세 마리 뱀과 아홉 마리 쥐로다.

억!

(크게 할을 한 번 하고 내려오시다.)

大衆아 險崖句峻하고 陷虎機深하니 電激星飛요 玉轉珠回로다 還見睦州古佛의 心肝五臟麼아

一畝之地에 三蛇九鼠로다

(喝一喝하고 下座하시다)

●

대중 여러분, 목주스님이 말씀하신 "판때기 짊어진 놈擔板漢"이란 것은 천길만길 되는 험한 절벽과 같은 법문입니다. 어찌나 험한지 쉽게 올라갈 수도 없고 올라간다고 해도 조금만 눈을 팔면 누구도 살아남지 못하는 그런 가파른 벼랑과 같은 법문입니다. 또한 범을 잡는 함정처럼 그 기봉이 깊어 그 덫에 걸린 사람은 역시 살아남을 수 없습니다. 마치 천지를 진동시키는 무서운 번개가 쳐 하늘의 별들마저 그 빛을 잃고 어디론가 사라져 버리는 것과 같으며, 그런 동시에 옥이 구르고 구슬이 돌듯

자유자재합니다.

　자, 그럼 우리 대중들은 목주스님의 오장육부五臟六腑를 다들 보셨습니까? 이렇게 고구정령하게 설명했는데도 이 뜻을 모른다면 참으로 만리에 송장만 널브러져 있다 하겠습니다. 온 삼천대천세계가 송장더미란 말입니다. 그럼, 이 뜻이 어느 곳에 있기에 이렇게 큰소리치는가?
　한 이랑 땅에 세 마리 뱀과 아홉 마리 쥐로다.
　억!

壬子(1972)년 6월 보름 해인사 해인총림 대적광전

63. 금우반통 金牛飯桶
금우스님의 밥통

【 수시 】

한 개 주장자를 두 손으로 나누어 주니
바다에 들어가 용이 되어 구름 일으켜 비를 쏟고
산에 올라가면 범이 되어 하늘에 부르짖고 땅에 소리친다.
삼세의 모든 부처님은 머리를 다투어 나오고
육대 조사는 몸 숨길 곳이 없으니
애달프고 애달프구나.
일면日面 월면月面이요 소주蘇州 상주常州 땅이로다.

一條拄杖을 兩手로 分付하니
入海爲龍하야 興雲致雨하고
登山作虎하야 哮天吼地로다
三世諸佛은 競頭出來하고 六代祖師는 藏身沒處하니
咄咄이여 日面月面이요 蘇州常州로다

●

한 개 주장자를 두 손으로 준다고 했는데, 왜 한 손으로 주지 않고 두 손으로 준다고 했을까요? 또 하나뿐인 주장자가 바다로 들어가서는 용이 되어 구름을 일으켜 온 삼천대천세계에 비를 뿌리고, 산으로 가서는 큰 범이 되어 울부짖어 온 삼천대천세계를 진동시킵니다. 그랬더니 과거 현재 미래의 삼세 모든 부처님뿐 아니라 저 달마스님부터 시작해 육조스님에 이르는 육대 조사가 몸을 숨길 곳이 없어 다 쫓아 나옵니다. 이게 무슨 뜻일까요?

일면이요 월면이며, 소주 땅이고 상주 땅이로다.

이 말을 알아들으면 오늘 법문은 다 끝났습니다. 알아듣지 못하는 이들을 위해 예전 스님들의 법문을 다시 소개하겠습니다.

【 본칙 】

진주鎭州 금우金牛스님[1]이 날마다 스스로 밥을 지어 대중에게 공양하였다. 밥 때가 되면 밥통을 메고 승당 앞에 와서 춤을 추며 크게 웃으면서 말하였다.

"보살들아, 밥 먹으러 오너라."[2]

鎭州金牛和尙이 每日에 自作飯供僧할새 齋時에 舁飯桶至僧堂前하야 作舞하고 呵呵大笑曰 菩薩子야 喫飯來하라 하니

◉

마조스님 제자중에 금우스님이라는 큰 스님이 계셨습니다. 그 스님은 많은 대중을 거느리고 있으면서도 공양주를 따로 두지 않고 당신이 늘 손수 공양을 지어 대중을 봉양했습니다. 공양 때가 되면 밥통을 떡 둘러메고 큰방 앞에 와서는 춤을 덩실덩실 추고 크게 웃으면서 "보살들아, 밥 먹으러 오너라."고 했습니다. 어쩌다 하루 이런 일이 있었던 것이 아니고 여러 수십 년 동안 늘 이랬습니다. 어떻습니까? 어찌 보면 꼭 아이들 장난 같지 않습니까? 하지만 여기에 아주 깊은 뜻이 있습니다. 왜 밥

---

1 마조도일(馬祖道一)의 법제자로 남악(南岳)스님의 2세손.
2 『선문염송』 제281칙(한국불교전서5, 255쪽) ; 『벽암록』 제74칙.

통을 가져와 춤을 추고 크게 웃으며 밥 먹으라고 소리쳤을까요? 이 뜻을 바로 알려면 참으로 확철대오해 옛 부처의 경지에 이르러야만 합니다. 그러기 전에는 이 뜻을 절대 모릅니다. 춤추고 웃고 한 겉모양만 보아선 금우스님의 뜻을 영원히 모른다는 말입니다. 금오스님의 뜻은 모양과 소리 밖에 있습니다. 오직 깨쳐야 알지 깨치기 전에는 모릅니다. 그럼 이 뜻이 어느 곳에 있는가? 내 한마디 하겠습니다.

【 착어 】

오랑캐 말과 한나라 말을 누가 알리오
구리쇠 머리 무쇠 이마도 눈썹을 찌푸린다.

胡言漢語를 憑誰會오 銅頭鐵額也皺眉로다

●

변방의 오랑캐 말인 호언胡言과 중국 본토 사람들이 쓰는 한나라 말은 전혀 체계가 다릅니다. 그러니 두 가지 말을 병치해 놓으면 이 뜻을 알 사람이 어디 있겠습니까? 이건 아주 뜻이 깊어 알기 어렵다는 말입니다. 확철히 깨친 눈 푸른 납자를 표현할 때 흔히 구리쇠 머리에 무쇠 이마라고 합니다. 자성을 밑바닥까지 꿰뚫은 그런 눈 푸른 납자라 해도 여기에 와서는 눈썹을 찌푸린다고 했습니다. 도대체 무슨 소리인지 이해할 수 없어 눈썹을 찡그리는 것입니다. 그렇게 뜻이 깊습니다.

【 송 】

간당 기선사[3]가 송하였다.
짐조鴆鳥가 물에 떨어지니 물고기와 자라가 죽고

---

[3] 간당행기(簡堂行機). 남송(南宋)대 임제종 양기파 스님으로 차암경원(此庵景元)의 법제자. 남악(南岳)스님의 16세손.

독룡毒龍이 가는 곳에 초목이 마른다.
좌중에 강남의 나그네가 있거든
술통 앞에서 자고새 노래 부르지 말아라.
簡堂 機 頌
鳩鳥落水魚鼈死하고 毒龍行處草木枯로다
坐中에 若有江南客이어든 休向樽前唱鷓鴣하라 하니

⦿

짐조는 전신이 독 덩어리라 그 그림자만 비쳐도 모든 생명이 목숨을 잃는 아주 무서운 새입니다. 그렇게 독하고 무서운 새가 물에 떨어졌으니 물고기가 죽지 않을 수 있겠습니까? 또 독룡毒龍이 하늘을 날아가니 온 산천의 초목 역시 전부 말라 버린다고 했습니다. 이것은 무엇인가? 금우스님이 춤추고 웃으며 "보살들아, 밥 먹으러 오라."고 소리친 것을 두고 한 말입니다. 춤추고 웃으며 밥 먹으러 오라 한 것에 무슨 독한 것이 있기에 모든 생명을 다 죽인다고 했을까요? 이 뜻을 알아야 금우스님의 뜻을 알 수 있습니다.

자고새는 강남에 서식하는 새입니다. 그 소리가 너무 아름다워 흔히 좋은 노래를 일컬어 자고곡이라 하는데, 그뿐 아니라 실제 자고곡이라는 곡조가 있습니다. 아무리 노래를 잘 부른다고 자부하더라도 그 술자리에 강남사람이 있거든 절대 노래 잘하는 척하지 말라 이것입니다. 이 뜻이 어느 곳에 있을까요? 여기에 대해서 내가 또 한마디 하겠습니다.

【 착어 】

서로 부르고 서로 부르며 돌아오니
만호萬戶와 천문千門이 바로 봄빛일세.
相呼相喚歸去來하니 萬戶千門이 正春色이로다

◉

　서로를 부르며 "이제 그만하고 돌아가자." 하고 와보니 집집마다 봄빛이 깊더라고 했습니다. 간당스님은 짐새나 독룡과 같아서 모든 생명을 다 죽인다고 했는데, 나는 왜 모든 생명을 살리는 봄기운에 비유했을까요? 이 뜻을 바로 알아야 합니다.

【 송 】

　목당 계선사[4]가 송하였다.
　진기한 보배를 듬뿍 가져다 늘어놓으니
　옥을 섞고 구슬 부은 것이 몇 번인 줄 아는가.
　봄 신이 의기意氣가 많다고 말하지 말라.
　맑은 향기가 눈 속 매화에서 저절로 오는구나.
　穆堂 桂 頌
　等將珍異爲舖開하니 錯玉傾珠知幾回오
　莫道東君이 多意氣하라 淸香이 來自雪中梅로다 하니

◉

　간당스님은 금우스님의 법문을 짐새와 독룡으로 표현했는데 목당 계선사는 반대로 좋은 보배 구슬을 좋은 비단 위에 이리저리 섞어 보기 좋게 편다고 했습니다. 같은 금우스님 법문에 대해서 간당스님과 목당스님의 말씀이 이렇게 정반대입니다. 두 분 중 한 분은 틀린 걸까요? 그럼 어느 스님 말씀을 따라야 할까요? 두 분 모두 천하의 대종사로 추앙받는 분들이니 그 말씀에 오류가 있을 리 만무합니다. 그러면 금우스님 뜻이 어느 곳에 있기에 이 대종사들이 반대로 표현했을까요? 이것을 바로

---

[4] 목당계(穆堂 桂). 『종감법림(宗鑑法林)』 제14권에 이 게송이 있으나 전기는 불명.

알아야 합니다. 이는 깨쳐야 알지 사량분별로는 모릅니다. 여기에 대해서 내 또 한마디 하겠습니다.

【 착어 】

도적의 몸이 이미 드러나 부질없이 머리 돌리니
귀신의 머리와 신령의 얼굴을 한곳에 묻는다.
賊身이 已露徒回首라 鬼頭神面을 一處埋로다

◉

도둑놈이 들켜 몸이 다 드러났는데도 자꾸 뒤를 돌아보며 쓸데없는 미련을 가지니 귀신의 머리와 신령의 얼굴을 한 구덩이에 묻어 버린다고 했습니다. 그럼 운문종의 설두 중현선사는 금우스님의 법문을 어떻게 평하셨는가?

【 염 】

설두 현선사가 착어하여 말하였다.
"비록 이러하나, 금우는 좋은 마음이 아니니라."
雪竇 顯이 着語云 雖然如是나 金牛不是好心이라 하니

◉

금우스님이 춤을 추고 크게 웃으며 "보살들아, 다들 나와 밥 먹어라." 했던 것을 두고 "금우스님은 좋은 마음으로 그렇게 한 것이 아니다."라고 했습니다. 춤추고 웃고 밥 먹으라고 한 것이 뭐가 그리 나쁘기에 좋은 뜻이 아니라고 했을까요? 이것을 바로 알아야 합니다. 여기에 대해서 내 한마디 하겠습니다.

【 착어 】

복유상향伏惟尙饗이로다.

伏惟尙饗이로다

◉

복유상향伏惟尙饗은 제사 지낼 때 읽는 제문 끝에 쓰는 말로 "엎드려 비오니 차린 음식을 잘 받아 주소서."라는 뜻입니다.

【 염 】

상방 악선사[5]가 염하였다.

"금우는 술을 배로 마시고 노래를 배로 부르니 이 한 집의 스님들은 나무불타야南無佛陀耶로다."

上方 岳이 拈 金牛和尙은 倍酒又倍歌요 這一堂僧은 南無佛陀耶라 하니

◉

금우스님은 술을 잔뜩 가져다 놓고 노래를 썩 잘 부르며, 금우스님 회하에 있던 대중스님들은 불타에게 귀의했다고 했습니다. 이것이 무슨 뜻일까요? 이 뜻을 실지로 바로 알아야 되지 말만 따라가면 죽습니다. 여기에 대해서 내가 또 한마디 하겠습니다.

【 착어 】

앞 화살은 오히려 가벼우나 뒷 화살이 깊구나.

前箭은 猶輕後箭深이로다

---

[5] 상방제악(上方齊岳). 송(宋)대 운문종 스님으로 복창유선(福昌惟善)의 법제자. 청원(青原)스님의 9세손.

●

이 말이 무엇을 지적하는 것인지 눈 밝은 사람이면 알 것입니다. 그 뒤 임제종의 원오 극근선사께서 이 공안에 대해 하신 말씀이 있습니다. 그것을 소개하겠습니다.

【 염 】

원오 근선사가 착어하여 말하였다.
"제호와 독약을 한꺼번에 주는구나."
圜悟 勤이 下語云 醍醐毒藥을 一時行이라 하니

●

제호는 천하에 가장 귀하고 맛좋은 음식입니다. 그런데 그런 제호와 먹으면 바로 죽는 비상을 함께 준다고 했습니다. 이건 무슨 뜻일까요? 원오스님의 이 말씀은 금우스님의 근본 심의를 청천백일 하에 분명히 드러낸 소리입니다. 금우스님이 춤추고 웃으며 밥 먹으러 오라고 소리친 것이 사실에 있어서 천하일미인 제호와 모든 생명을 앗아가는 독약을 함께 준 것입니다. 여기에 대해서 내 한마디 하겠습니다.

【 착어 】

다만 범 머리만 탈 줄 알고 범 꼬리는 거두지 못한다.
只解騎虎頭요 不解收虎尾로다

●

왜 무서운 범의 머리는 탔지만 범의 꼬리를 거둘 줄 모른다고 할까요? 혹 무슨 말인지 의심이 나는 사람이 있으면 화두를 철저히 깨쳐야 합니다. 그러기 전에는 모릅니다.

【 결어 】

　대중들이여, 시비是非는 공평한 도리道理를 가지고 끊기 어렵고, 은혜와 원수는 다 친한 정情에서 나온다. 금우의 밥통을 혹은 기뻐하고 혹은 성내니, 사람을 성공케 하는 자는 적고 사람을 실패케 하는 자가 많다.
　알겠느냐?
　해 떨어진 가을 산에 저녁노을 비치니
　외로운 배 달 아래 갈대꽃에서 자는구나.
　억!
　(크게 할을 한 번 하고 내려오시다.)
　大衆아 是非는 難將公道斷이요 恩怨은 盡從情誼生이로다 金牛飯桶을 或喜或嗔하니 成人者少하고 敗人者多로다 還會麽아
　落日秋山에 映晚霞하니 孤舟和月宿蘆花로다

　(喝一喝하고 下座하시다)

◉

　대중 여러분, 옳고 그름은 공평한 도리를 가지고 단정 짓기 어렵습니다. 시비를 가리려면 참으로 공명정대하게 대중에 의탁해서 가려야 하는 법이지만 사실 그러기 어렵습니다. 그러니 은혜와 원수가 어디서 생기는가? 다 사사로운 정에서 생깁니다. 시비를 공정하게 가릴 것 같으면 문제가 없는데 가깝고 먼 정에 얽혀 공정한 도리로 가리지 못하기 때문에 원수도 맺게 되고 은혜도 입게 되는 것입니다. 이것은 앞의 법문을 총괄해서 한 말입니다.
　금우의 밥통을 두고 어떤 사람은 기뻐하고 어떤 사람은 성내니, 사람을 성공케 하는 자는 적고 사람을 실패케 하는 자가 많습니다. 알겠습니까?
　밥통 들고 와서 밥 먹으라고 한 것에 무슨 대단한 도리가 있기에 이리

장황하게 말을 늘어놓고, 그 말 또한 동으로 갔다 서로 갔다 도무지 종잡을 수 없게 하느냐고 혹 생각하는 사람이 있을지도 모르겠습니다. 천추만고에 금우스님의 공양 법문보다 더 뛰어난 법문은 없습니다. 그러면 이 법문의 뜻이 결국 어느 곳에 있을까요?

 해 떨어진 가을 산에 저녁노을 비치니
 외로운 배 달 아래 갈대꽃에서 자는구나.

 이 뜻을 알면 오늘 법문 전체를 다 알 수 있습니다. 만약 여기에서 조금이라도 유위有爲의 사량思量을 일삼는다면 산 채로 지옥에 떨어지고 맙니다. 오직 깨쳐야 알 수 있습니다. 내일부터 산중 전 대중이 용맹정진에 들어갑니다. 부지런히 정진해 이 뜻을 바로 아는 사람이 한 사람이라도 나와야 할 것입니다. 부지런히 정진하십시오.
 억!

壬子(1972)년 6월 말일 해인사 해인총림 대적광전

64. 풍혈어묵 風穴語默
말과 묵묵함

【 수시 】

유구有句와 무구無句여

부처와 조사를 뛰어넘고

등칡이 나무를 의지함과 같음이여

하늘이 무너지고 땅이 꺼진다.

나무가 넘어져 등칡이 마름이여

용이 봉황의 집에서 자고

언구言句가 어느 곳으로 돌아가는가 함이여

구슬이 금소반에서 구른다.

향기로운 꽃이 비단같이 수북하고

칼과 창이 종횡縱橫하니

사자는 울부짖고 큰 코끼리는 돌고 돈다.

이 일구一句는 그만두고 저 일구一句는 어떠한가?

옴 마니 파드메 훔

有句無句여 超佛越祖요

如藤依樹여 天崩地壞로다

樹倒藤枯여 龍宿鳳巢하고

句歸何處여 珠走金盤이로다

香華簇錦하고 劍戟이 縱橫이라

獅子는 哮吼하고 象王이 廻旋이로다
這一句則且置하고 那一句는 作麼生고
唵麼抳鉢訥銘吽이로다

◉

소산疏山스님이 위산潙山스님에게 이르러 물었습니다.
"스님께서 '있음의 구절과 없음의 구절은 등藤이 나무에 기댄 것 같다'고 말씀하셨다는데 갑자기 나무가 쓰러지고 등이 마르면 구절은 어디로 돌아갑니까?"
그러자 위산스님이 크게 웃었습니다. 소산스님은 "제가 사천리 길을 포단을 팔아서 왔는데 화상께서는 어찌하여 조롱하십니까?" 하고 항의하였습니다. 위산스님은 시자를 불러 "돈을 가져다 저 상좌에게 돌려주라." 하고는 "뒤에 외눈박이 용이 그대를 점파하리라."고 부촉하셨습니다. 나중에 명소明昭스님에게 이르러 위산에서 있었던 일을 말씀 드리자 명소스님이 말씀하셨습니다.
"위산은 가히 머리와 꼬리가 반듯하건만 지음자知音者를 만나지 못했을 뿐이다."
이에 소산스님이 명소스님에게 다시 물었습니다.
"나무가 쓰러지고 등이 마르면 구절은 어디로 돌아갑니까?"
명소스님이 말씀하시길, "다시 한 번 위산으로 하여금 크게 웃게 하는구나!" 하니, 소산이 그 말끝에 깨닫고 "위산스님이 웃음 속에 칼을 숨기고 있었구나!" 하였습니다. 오늘 법문은 여기에 출처를 둔 것입니다.
마지막 구절에서 "옴 마니 파드메 훔"이라 한 것을 알면 앞에서 한 법문 전체를 알 수 있을 것입니다.

【 본칙 】

풍혈스님에게 어떤 중이 물었다.

"말하거나 묵묵함이 이미 離微에 포섭되니 어떻게 하여야 통달해서 범하지 않겠습니까?"

"항상 생각하노니, 강남 삼월에 자고새 우는 곳에 백화가 향기롭더라."[1]
風穴이 因僧問호대 語黙이 涉離微하니 如何通不犯고 穴이 云 常憶江南三月裏에 鷓鴣啼處百花香이라 하니

◉

움직이고 고요한 일체를 떠난 것을 離라 하고, 그 작용이 아주 미묘한 것을 일러 微라 합니다. 움직이든지 고요하든지 간에 모든 상을 다 떠나서 그 작용이 미묘하다는 말입니다. 그러니 어떻게 해야 통달해서 범하지 않겠느냐고 물은 것입니다. 만약 여기에서 조금이라도 의논한다면 곧 산 채로 지옥에 떨어지고 맙니다. 그럼, 어떻게 해야 저촉되지 않고 이 법문을 투과할 수 있을까요?

풍혈스님이 "저 남쪽 삼월 봄날에 백화만발한 곳에서 아름다운 곡조로 자고새 울던 것이 늘 생각난다."고 하셨습니다. 어디에 뜻이 있어 풍혈스님이 이런 말씀을 하셨을까요? 내 여기에 대해서 한마디 하겠습니다.

【 착어 】

검각劍閣의 길이 비록 험하나
밤길 가는 사람이 더욱 많다.
劍閣에 路雖險이나 夜行人更多니라

---

[1] 『선문염송』 제1248칙(한국불교전서5, 832쪽) ; 『무문관』 제24칙.

🔴

　　장안長安에서 촉蜀으로 넘어가려면 바위 벼랑에 나무를 가로 꽂아 길을 낸 잔도棧道를 건너야 합니다. 그 길을 검각劍閣이라 하는데 천하에 험하기로 제일가는 길입니다. 검각이 천하에 둘도 없이 험하지만 밤길 가는 사람이 더 많다고 했습니다. 낮에 가도 힘든 길을 왜 밤에 가는 사람이 더 많다고 했을까요? 이 뜻을 알면 풍혈스님의 법문도 알 수 있고 첫머리에 내가 한 법문도 바로 알 수 있습니다.

【 송 】

　　불감 근선사가 송하였다.
　　아름다운 구름 그림자 속에 신선이 나타나니
　　손에 붉은 비단 부채 들고 얼굴을 가렸구나.
　　모름지기 재빨리 눈을 들어 신선을 볼 것이요
　　신선 손안의 부채는 보지 말라.
　　佛鑑 勤이 頌호대
　　彩雲影裏에 仙人現하니 手把紅羅扇遮面이로다
　　急須著眼看仙人하고 莫看仙人手中扇하라 하니

🔴

　　비단결처럼 고운 구름이 하늘에 떠 있는데 신선이 그 구름 위에 나타났습니다. 그런데 손에 붉은 비단 부채를 들고 얼굴을 가리고 있으니 얼굴은 보이질 않습니다. 그럴 땐 어떻게 해야 하는가? 신선 손안의 부채를 보았다가는 미래겁이 다하도록 신선의 얼굴은 보지 못합니다. 그러니 정신을 번뜩 차려 부채에 가린 신선의 얼굴을 얼른 보라고 했습니다. 이것은 무슨 뜻인가? 풍혈스님 법문이 말과 언구에 있지 않다는 겁니다. 그러니 정신을 똑바로 차려 말과 언구 속에 감춰진 근본 뜻을 알라는 것입니다. 만약 풍혈스님의 말과 언구를 따라간다면 그 사람은 어떤 사람인가? 부채만 보고 신선의 얼굴은 보지 못하는 사람입니다. 이는 비단 풍혈스님의 말씀뿐만이 아닙니다. 예전 스님들의 법문은 모두 격외현지입니다. 감춰진 뜻을 모르고 언구만 좇는다면 법문을 모를뿐더러 몸과 목숨마저 잃게 됩니다. 그러니 누구든 말을 따라가지 말고 그 속에 깃든 뜻을 바로 알아야 할 것입니다. 그러면 이 게송의 뜻이 어느 곳에 있는가? 내 한마디 하겠습니다.

【착어】

서너 집 사는 마을 안 맹가의 여덟째 아들이니라.
三家村裏孟八郎이로다

◉

한 서너 집 모여 사는 그런 궁벽한 골짜기에 맹가 집 여덟째 아들이라고 했습니다. 맹씨네 여덟째 아들하고 오늘 법문이 무슨 관계가 있습니까? 그렇지만 이 뜻을 바로 알아야 합니다. 내 말 역시 그 말만 따라가면 죽습니다. 왜 내가 서너 집 사는 마을 맹씨네 여덟째라고 하는지 이 뜻을 바로 알아야 합니다.

【송】

죽암 규선사가 송하였다.
빠른 말을 쾌히 타고 높은 누각에 오르니
남 북 동 서에 자유자재하구나.
가장 좋음은 허리에 십만관十萬貫을 두름이요
다시 와서 학을 타고 양주楊州로 내려가노라.
竹菴 珪 頌호대

快騎駿馬上高樓하니 南北東西得自由로다
最好腰纏十萬貫이요 更來騎鶴下楊州라 하니

◉

죽암 규선사의 게송 뜻을 알면 풍혈스님의 법문을 알 수 있습니다. 그러면 이 게송 뜻이 또 어느 곳에 있는가? 내 또 한마디 붙이겠습니다.

【 착어 】

세 가지 누더기는 푸른 산봉우리 밖에 있고
한 화로 침향 연기는 흰 구름 속이로다.
三事衲衣는 靑嶂外요 一爐沈水白雲中이로다

◉

왜 스님들의 삼종가사가 저 절벽 밖에 있다고 했을까요? 그런 동시에 아주 큰 화로에 침향이라는 좋은 향을 피우는데 그 연기가 흰 구름 속에 있더라고 했습니다.

【 염 】

설두 현선사가 염하였다.
"일찍이 어떤 사람이 설두에게 묻거늘 그에게 대답하되, '배를 갈라 염통을 자름은 또한 어떠한가?' 하고, 다시 말하되, '바람으로 말미암아 불을 부는 것은 따로 이 한 집이요, 거북을 상하고 자라를 용서함은 반드시 주인이 있다' 하였다."
雪竇 顯이 拈호대 曾有人이 問雪竇어늘 對他道호대 劈腹剜心은 又且如何오 復云 因風吹火는 別是一家요 傷龜恕鼈은 必應有主라 하니

◉

"말하거나 묵묵함이 이미(離微)에 포섭되니 어떻게 하여야 통달해서 범하지 않겠습니까?" 하는 물음에 풍혈스님은 "춘삼월 강남 자고새 우는 곳에 백화가 만발했던 게 늘 생각난다."고 했는데, 설두스님은 같은 질문에 달리 대답했다는 것입니다. 어떻게 대답했는가? "사람의 배를 쩍 갈라 그 심장을 끄집어내 자르겠다."고 했습니다. 이건 풍혈스님과는 정반대 표현입니다. 여기에 아주 깊은 뜻이 있습니다. 그리고 또 거북을 죽이고 자라를 살린다 했으니 바로 여기에서 바른 뜻을 알아야 합니다. 그럼 그 뜻이 어느 곳에 있는가?

【 착어 】

산속 구십일이요 구름 밖 수천 년이로다.
山中九十日이요 雲外幾千年이니라

◉

우리가 산중에서 지내며 90일 동안 결제를 하는데 이 산중의 90일인 동시에 산중을 벗어난 저 구름 밖에서는 수천 년이라 했습니다. 이게 무슨 말일까요? 이것을 바로 알아야 합니다.

【 염 】

백운 병선사가 염하였다.
"풍혈은 수풀에 들어가되 풀을 건드리지 아니하고, 물에 들어가되 물결을 건드리지 않는다. 눈동자 속에 수미산을 거꾸로 세우고 눈썹에 세계를 가로놓으니, 필경 어느 곳에 떨어져 있는가?
늙은 오랑캐가 아는 것은 허락하나 늙은 오랑캐가 이해함은 허락하지 않는다."

白雲 昺이 拈호대 風穴和尙은 入林不動草하고 入水不動波로다 眼裏에 倒卓須彌하고 眉毛에 橫按世界하니 畢竟에 落在甚麼處오 只許老胡知요 不許老胡會라 하니

◉

깊은 풀숲으로 들어가는데 어떻게 풀을 한포기도 건들지 않을 수 있을까요? 깊은 물속으로 들어가는데 어떻게 물결을 일으키지 않을 수 있을까요? 눈동자 속에 어떻게 수미산을 거꾸로 세워놓을 수 있을까요? 눈썹에 어떻게 삼천대천세계를 걸쳐 놓을 수 있을까요? 이것을 바로 알아야 합니다. 백운 병선사는 풍혈스님의 법문을 이렇게 평했습니다. 그러면 풍혈스님의 뜻이 결국 어느 곳에 있는가?

백운스님은 "늙은 오랑캐가 아는 것은 허락하지만 그런 동시에 아는 것을 허락하지 않는다."고 했습니다. 왜 앞 말과 뒤의 말이 서로 어긋날까요? 여기에도 깊은 뜻이 있습니다. 그러면 이 뜻이 어느 곳에 있는가? 거기에 내 또 한마디 하겠습니다.

【 착어 】

어둠 속에서 해골이 세계를 밝힌다.

暗裏髑髏明世界로다

【 염 】

심문 분선사가 염하였다.

"만 번 달군 풀무 속에서 한 점 불티가 튀어나오니, 얼마나 많은 사람이 피하지 못하여 낯을 그슬렸는가."

心聞 賁이 拈호대 萬煆爐中에 迸出一點火星하니 多少人이 回避不得及하야 簬破面門이라 하니

【 착어 】

일천 성인의 정문안頂門眼을 비추어 열고
위음왕불의 만물 밖 봄빛을 활짝 드러낸다.
照開千聖頂門眼하고 放出威音物外春이로다

◉

일천 성인의 정수리에 있는 눈을 비추어 열고, 모든 현상계가 벌어지기 이전인 최초 위음왕불의 천지만물 밖 봄소식을 턱 하니 나타냈다고 했습니다. 이것을 알면 풍혈스님 뜻을 알 수 있습니다. 그러면 오늘 법문의 근본 뜻이 어느 곳에 있는가? 이제 총 마무리하겠습니다.

【 결어 】

대중들이여, 만유萬有를 휩싸고 시방세계를 삼키고 토하니, 보는 것을 떠나고 듣는 것이 끊어졌으며 소리를 타고 빛을 덮는다. 영산의 중초種草요 소림少林의 바른 뼈라, 일천 봉우리 꼭대기 위에 홀로 머물고 전체로 백 가지 풀끝에서 위엄을 떨친다. 알겠느냐?
　종규鍾馗의 어린 누이는 삼대三臺에서 춤추고
여덟 팔 나타는 무쇠를 먹는다.
억!
(크게 할을 한 번 하고 내려오시다.)

大衆아 彌綸萬有하고 含吐十虛하니 離見絶聞이요 騎聲盖色이로다 靈山種草요 少林的骨이라 獨據千峰頂上하고 全威百草頭邊이로다 還會麼아
鍾馗少妹는 舞三坮하고 八臂那吒은 喫生鐵이로다
(喝一喝하고 下座하시다)

◉

대중 여러분, 풍혈스님은 온 천지만물을 휩싸고 시방세계를 삼키기도 하고 토하기도 합니다. 거짓말처럼 들리겠지만 풍혈스님의 한마디는 이 표현도 오히려 부족합니다. 또 어떤가? 보는 것을 완전히 떠나고 듣는 것이 모두 끊어졌으며 그러면서 소리를 타고 빛을 덮습니다. 그러니 영산회상 부처님의 깊은 뜻을 바로 안 사람이요, 달마대사의 참다운 자손이라 하겠습니다. 왜 이렇게 풍혈스님을 칭찬하는가?

일천 봉우리 꼭대기 위에 홀로 머물고, 백화가 만발한 속에서 온갖 위엄을 갖추고 있기 때문입니다. 이 뜻을 알겠습니까?

종규鍾馗 어린 누이는 삼대三臺에서 춤추고

여덟 팔 나타는 무쇠를 먹는다.

종규鍾馗는 사람이름입니다. 종규의 동생 되는 처녀는 저 삼대三臺라는 좋은 곳에서 춤을 추고 팔이 여덟 개나 달린 나타는 생철을 뽑아 먹더라고 했습니다. 이 뜻을 바로 알면 오늘 법문 전체를 다 알 수 있습니다. 이것은 오직 깨쳐야 합니다. 공부를 부지런히 해서 깨쳐야 되지 깨치기 전에는 결코 모릅니다. 이 법문을 바로 알아야 비로소 해제입니다. 만약 그렇지 않다면 눈은 캄캄하고 귀는 절벽 같아 무슨 소리를 하는지도 모르고, 괜히 동서남북으로 다니다 발만 헛디디고 맙니다. 그런 사람은 미래겁이 다한다 해도 공부를 성취하지 못합니다. 아니, 공부를 성취하지 못한 것에 그치지 않습니다. 이 시주물은 또 어떻게 할 겁니까? 시주물 낭비한 죄로 영원토록 아비지옥에 떨어져 벗어나지 못할 것입니다.

그러니 해제했다고 쓸데없이 돌아다니지 말고 어떻게든 부지런히 공부해 법문을 바로 알고, 바로 깨치고, 참다운 해탈을 성취해야만 합니다.

억!

임자(1972)년 하안거 해제일 해인사 해인총림 대적광전

65. 증구성별 證龜成鼈
거북을 자라로

【 수시 】

일 이 삼 사 오여
추운 겨울에 불 구름이 일어나고
오 사 삼 이 일이여
한더위에 큰 눈이 내리네.
왼쪽으로 구르고 오른쪽으로 돌며
북쪽에서 솟고 남쪽에서 사라지니
세존은 산을 내려오고
공자는 사당에 들어간다.
후원에서 나귀가 풀 먹는 것은 묻지 않거니와
작은 고기가 큰 고기를 삼킬 때는 어떠한가?
황금이 분토糞土 같다고 누가 말하던가
단 것은 달고 쓴 것은 쓰도다.

一二三四五여 嚴冬에 起火雲이요
五四三二一이여 盛夏에 降大雪이로다
左轉右回하고 北湧南沒하니 世尊은 下山하고 夫子는 入廟라
後園에 驢喫草는 卽不問이어니와 小魚吞大魚時에 如何오
誰道黃金이 如糞土오 舌甘者舌甘兮苦者苦로다

【 본칙 】

향림스님에게 어떤 중이 물었다.
"어떤 것이 방안의 한 개 등불입니까?"
"세 사람이 거북을 증명하여 자라로 만든다."[1]
香林이 因僧問 如何是室內一盞燈고 林云 三人이 證龜成鼈이라 하니

【 착어 】

곡조 비슷한 드문 가락 마침 들을 만하더니
또 바람에 불려 다른 곡조로구나.
依俙似曲纔堪聽이러니 又被風吹別調中이로다

【 송 】

원오 근선사가 송하였다.
밝고 맑은 빛은 법계에 두루하여 감추지 못하니
소리가 밀어내지 못하는데 빛이 어찌 빛내리오.
곧바로 못을 끊고 쇠를 잘라
고금의 자취를 쓸어 버렸네.
높이 임제 덕산을 벗어나
세 사람이 거북을 증명하여 자라로 만듦이라
다르고 다름이여
한 번 물 마시고 한 번 트림한다.
圜悟 勤이 頌
皎皎淸光을 徧界莫藏하니 聲抛不出이라 色豈能彰이리오
直下에 斬釘截鐵하야 劃却古今途轍이로다

---

1 『선문염송』 제1226칙(한국불교전서5, 819쪽).

高出臨濟德山하니 三人이 證龜成鼈이라
別別이여 一回喫水一回噎이라 하니

【 착어 】

먼즉 멀고 가까운즉 가까우니
걸어가고 말을 타 신라에 이르네.
遠則遠今近則近이라 步行騎馬到新羅로다

【 송 】

나암 유선사[2]가 송하였다.
세 사람이 거북을 증명하여 자라로 만듦이여
억지로 천기天機를 누설하니
목인은 재 위에서 노래 부르고
석녀는 눈 속에서 피를 흘리네.
懶菴 頌
三人이 證龜成鼈이여 剛把天機漏泄이라
木人은 嶺上에 唱歌하고 石女는 眼中에 滴血이로다 하니

【 착어 】

봄바람과 봄비에 대나무 문이 서늘하고
꽃 지고 꽃피니 일천 봉우리 고요하네.
春雨春風에 竹戶凉이요 花落花開하니 千峰靜이로다

---

2 나암정유(懶菴鼎蕕, 1092~1153). 임제종 양기파 스님으로 대혜종고(大慧宗杲)의 법제자. 남악(南岳)스님의 16세손.

【 결어 】

대중들이여, 향림은 하늘에 통하는 계략을 꾸미고 바다를 걸터앉는 신기神機라고 말할 수 있으니, 앞에도 없고 뒤에도 없이 뛰어나서 예나 지금이나 듣기 어렵다. 비록 이러하나 자세히 점검해 보니 교묘함을 희롱하여 서투름이 되어, 동쪽 울타리를 뜯어 서쪽 벽 고치는 어리석음을 면치 못한다. 알겠느냐?

손수 병을 들고 촌술을 받아 오더니
도리어 적삼을 입고 와서 주인이 되네.
억!
(크게 할을 한 번 하고 내려오시다.)

大衆아 香林은 可謂通天作略이요 跨海神機니 光前絶後하고 今古罕聞이로다 雖然如是나 仔細點檢來하니 弄巧成拙하야 未免折東籬補西壁이로다 還會麽아

自携瓶去沽村酒러니 却着衫來作主人이로다

(喝一喝하고 下座하시다)

壬子(1972)년 8월 6일 종립학교연합회수련대회 해인사 해인총림 대적광전

66. 현사백희 玄沙百戲
백 가지 놀이

【 수시 】

삼세제불이 '있음'을 알지 못하니
낱낱이 남쪽으로 서서 북두를 보고
삵쾡이와 흰 암소는 '있음'을 아니
콧구멍은 붙잡고 입은 잃어버렸다.
동해에 파도 높고 서산에 길 험하니
관음 세지보살은 부지런히 미타를 생각하고
북쪽 하늘에 기러기 날고 남쪽 들에 학이 우니
안회顔回와 증삼曾參은 주역周易을 낭송한다.
그대는 앉고 나는 섬이여
금대金坮 옥누각이요
집에서는 가난하고 길에서는 부함이여
옷 세 벌에 바리때 하나로다.
심사深沙[1]가 성내어 눈을 부릅뜨니
밤중에 밝은 해가 검어 둥글고 둥글다.
三世諸佛이 不知有하니 一一面南看北斗하고
狸奴白牯却知有하니 拈得鼻孔失郤口로다

---

1 얼굴이 험상궂고 무서운 신장의 이름.

東海에 浪高하고 西山에 路嶮하니
觀音勢至는 勤念彌陀라
北天에 雁飛하고 南郊에 鶴鳴하니
顔回曾參은 朗誦周易이로다
你坐我立兮여 金坮玉樓요
家貧路富兮여 三衣一鉢이라
深沙勃然努眼睛하니 夜半杲日이 黑團團이로다

【 본칙 】

현사스님이 포전현蒲田縣에 이르니 백 가지 놀이로 영접하였다. 다음날 소당장로에게 물었다.
"어제 그렇게 시끄러웠던 것이 다 어디로 갔습니까?"
소당장로가 가사袈裟 자락을 들어 올리니, 현사스님이 말하였다.
"전혀 틀렸습니다."[2]

玄沙到蒲田縣하니 百戱로 迎之라 次日에 問小塘長老호대 昨日의 許多喧鬧向什麽處去오 하니 小塘이 提起袈裟角한대 沙云 料掉沒交涉이라 하니

【 착어 】

용과 코끼리가 차고 밟음이여
나귀가 감내할 바 아니로다.

龍象이 蹴踏이여 非驢所堪이로다

【 송 】

천동 각선사가 송하였다.

---

2 『선문염송』제981칙(한국불교전서5, 690쪽) ; 『종용록』제81칙.

686 무엇이 너의 본래면목이냐

밤 골짜기에 배를 감추고
맑은 물결에 노를 젓는다.
용과 고기가 물이 생명인 줄 모르니
힘이 다하도록 애오라지 한 번 휘저어 봄이 좋겠네.
현사와 소당장로여,
도리가 분명하고 기량이 같으니 서로 시험함이요
가만히 움츠림이여 늙은 거북이 연잎에 집을 짓고
장난하고 놈이여, 아름다운 고기가 수초를 희롱한다.
天童 覺이 頌호대
夜壑에 藏舟하고 澄源에 著棹로다
龍魚未知水爲命하니 折筋不妨聊一攪라
玄沙師小塘老여 函蓋箭鋒이요 探竿影草로다
潛縮也여 老龜巢蓮하고 游戲也여 華鱗弄藻라 하니

【 착어 】

바람이 옥가루를 휘날리니 천 봉우리 눈이요
비가 바위 꽃에 떨어지니 만국에 봄이로다.

風飄碎玉千峰雪이오 雨滴岩花萬國春이로다

【 염 】

황룡 신선사가 염하였다.

"괴이하다. 모든 선덕들이여, 큰 법을 붙들어 세움에는 모름지기 소당 장로라야 되거늘 현사는 어찌하여 아주 틀렸다고 말했는가. 운암은 그렇지 아니하니 '어제의 그 많은 시끄러움이 어디로 갔는가' 하면 '하늘은 흰 구름과 함께 날이 새고 물은 밝은 달에 비쳐 흐른다' 하리라."

黃龍 新이 拈호대 奇怪타 諸禪德아 扶竪宗乘은 也須是小塘이라야 始得

이어늘 玄沙가 爲什麼하야 道料掉沒交涉고 雲岩卽不然하니 昨日許多喧鬧
向什麼處去也오 天共白雲曉하고 水和明月流라 하니

【 착어 】

의기意氣가 있을 때 의기를 더하고
풍류風流 아닌 곳이 또한 풍류로다.
有意氣時添意氣하고 不風流處也風流로다

【 결어 】

대중들이여, 진여 철眞如喆선사가 말하되, "소당장로는 지극한 보배를 감추어서 다른 이를 만나 빛남이 더하고, 현사는 본분本分의 쇠망치로 한 번 때려서 그 빛이 천고千古에 흐른다." 하니 과연 그렇다. 소당장로가 들어 보이매 현사가 증명하니 소림少林의 밀전密傳이 만세萬世에 빛나고 빛난다.
말해 보라, 어느 곳이 현사가 증명한 곳인가.
(한참 묵묵한 후에 말씀하였다.)
전혀 틀렸도다.
억!
(크게 할을 한 번 하고 내려오시다.)

大衆아 眞如 喆이 云호대 小塘은 懷藏至寶하야 遇別者以增輝하고 玄沙는 本分鐵鎚로 一擊하야 乃光流千古라 하니 果然이로다 小塘이 擧揚에 玄沙 證明하니 少林密傳이 萬世赫赫이로다 且道하라 什麼處가 是玄沙證明處오 (良久云)
料掉沒交涉이니라
(喝一喝하고 下座하시다)

壬子(1972)년 동안거 결제일 해인사 해인총림 궁현당

67. 현성공안現成公案
나타난 공안

【 수시 】

독사는 뿔을 이고 맹호는 날개 돋치니
가시덤불 속에 발을 디디고
전단굴 속에 몸을 뒤친다.
알겠느냐?
문수보살은 희고 보현보살은 검으니
한 손은 들고 한 손은 내린다.
毒蛇는 戴角하고 猛虎는 揷翼하니
荊棘林中에 下脚하고 栴檀窟裏에 飜身이로다
會麽아
文殊白普賢黑이요 一手擡一手搦이로다

【 본칙 】

목주스님이 한 중이 오는 것을 보고 말하였다.
"현성공안現成公案하니 그대에게 삼십 방망이를 때리노라."
"제가 그렇습니다."
"산문 앞 금강신장이 어째서 주먹을 세워 드는가?"
"금강신장도 그렇습니다."
목주스님이 갑자기 그 중의 등을 때려서 쫓아 버렸다.

睦州見僧來하고 曰 見成公案하니 放汝三十棒하노라 僧曰 某甲이 如是로다 州云 山門前金剛이 爲什麽하야 竪起拳고 僧云 金剛도 尙乃如是로다 州便劈背打出하니

【 착어 】

길기는 삼이오 짧기는 오요
일곱 번 세로로 하고 여덟 번 가로로 한다.
長三短五요 七縱八橫이로다

【 송 】

해인 신선사가 송하였다.
뱀을 부르기는 쉬우나 뱀을 보내기는 어려우니
소매 속 금망치를 쉽게 보지 못한다.
장안 집집에 밤마다 비치는 달에
근심과 즐거움이 많은 줄 누가 알리오.
海印 信이 頌호대
呼蛇易遣蛇難하니 袖裏金鎚를 不易看이로다
長安夜夜家家月에 誰知愁樂有多般고 하니

【 착어 】

까마귀 날고 토끼 달려서
밝고 어두움을 나누니
남쪽에는 방장산方丈山이 있고
북쪽에는 봉래산蓬萊山이 있다.
烏飛兎走分明暗하니 南有方丈北蓬萊로다

【 염 】

상방 악선사가 이 법문을 가지고 운문대사가 말한 "목주가 바로 이러한 때에 천하 사람들이 큰 칼을 쓰고 쇠사슬에 매였다."고 함을 들어 말하였다.

"목주는 사람을 성공케 함은 적고 사람을 실패케 함은 많다. 비록 이러하나 낙양의 봄빛 속을 향하여 마음껏 다니다가 싸움터를 향해 변방으로 들어감이 익숙하다. 운문대사는 단지 그 짧음만 따르고 긴 것은 따르지 아니하며 이 중은 선봉先鋒에서는 공을 세우나 후군後軍에서는 공이 없다."

上方 岳이 擧此話하고 連擧雲門大師擧云 睦州正恁麽時에 天下人이 披枷帶鎖로다 岳이 云 睦州和尙은 成人者小하고 敗人者多로다 雖然如此나 慣向洛陽春色裏하고 飽經行陣入邊疆이로다 雲門大師는 只從其短이요 不從其長하며 這僧은 先鋒有作이나 殿後無功이라 하니

【 착어 】

사나운 용은 바다를 휘젓고
금시조金翅鳥는 바람을 친다.
獰龍은 攪海하고 金翅는 搏風이로다

【 결어 】

대중들이여, 목주와 이 중이 둘 다 허물이 있고, 둘 다 허물이 없다. 만약 가려내면 살활殺活이 자재自在하고 여탈與奪이 걸림 없으려니와, 그렇지 못하면 해와 달이 운행하니 한 번 춥고 한 번 덥다.

억!

(크게 할을 한 번 하고 내려오시다.)

大衆아 睦州與這僧이 二俱有過하고 二俱無過로다 若辨得出하면 殺活自

在하고 與奪無碍어니와 其或未然하면 日月이 運行하니 一寒一暑로다

(喝一喝하고 下座하시다)

壬子(1972)년 10월 말일 해인사 해인총림 궁현당

68. 수산불법 首山佛法
어떤 것이 불법

【 수시 】

소리 앞 글귀 뒤에 전체로 놓고 전체로 거두며
북두를 바꾸고 별을 옮기니 반은 밝고 반은 어둡다.
대지가 얼어붙고 세계가 불타 뜨거우니
조주에게는 관문이 없고 현사에게는 산마루가 있다.
등롱과 노주가 차갑게 웃으니 말해 보라, 무엇을 웃는가?
(한참 묵묵한 후에 말씀하셨다.)
달마가 벽을 향해 앉고 신광이 세 번 절한다.

聲前句後에 全放全收하고
斗換星移하니 半明半暗이로다
大地凍鎖하고 遍界焦熱하니
趙州無關이요 玄沙有嶺이로다
燈籠露柱가 冷然失笑하니
且道하라 笑箇什麼오 (良久云)
達磨面壁이요 神光三拜니라

【 본칙 】

어떤 중이 수산스님에게 물었다.
"어떤 것이 불법의 큰 뜻입니까?"

"초나라 왕성의 여수汝水가 동쪽으로 흐른다."[1]

首山이 因僧問如何是佛法大意오 山이 云 楚王城畔에 汝水東流라 하니

【 착어 】

밤새도록 도적질하다가 날 새는 줄 모른다.

一夜作竊타가 不覺天明이로다

【 송 】

보융 평선사가 송하였다.
천 파도 만 물결은 끝없이 출렁이고
가는 노 오는 돛대 줄이어 끊임이 없다.
사謝씨 늙은이 잠이 깨니 외로운 달 밝고
한 곡조 피리소리에 나룻가 바람이 분다.

普融 平이 頌호대
千波萬浪이 曾無盡하고 去槳來帆이 浩莫窮이로다
謝客이 睡醒에 孤月白하니 間吹一笛渡頭風이라 하니

【 착어 】

그림자 없는 나무 위에 봄빛이 밝아지고
금 닭은 싹트지 않은 나무 가지에서 운다.

無影樹頭에 春色曉하고 金鷄啼在不萌枝로다

【 송 】

설암 흠선사가 송하였다.

---

1 『선문염송』 제1321칙(한국불교전서5, 865쪽).

더위 가고 추위 오며 봄 다시 가을이니
석양은 서로 기울고 물은 동으로 흐른다.
넓고 넓은 우주에 사람이 수없으나
누가 몸소 일찍이 땅 끝에 이르렀는가?
　雪岩 欽이 頌호대
　暑往寒來春復秋하니 夕陽은 西去水東流로다
　茫茫宇宙에 人無數하나 那箇親曾到地頭오 하니

【 착어 】

구름 걷히고 비 개이니 먼 하늘이 넓고
한 쌍 원앙새를 그려 이루지 못하는구나.
　雲收雨霽에 長空闊이라 一對鴛鴦을 畵不成이로다

【 염 】

진정 문선사가 상당하여 말하였다.
"어떤 중이 운문에게 묻되, '어떤 것이 불법의 큰 뜻입니까?' 하니, 운문이 '봄이 오니 풀이 저절로 푸르도다' 하였다. 또 중이 수산에게 묻되, '어떤 것이 불법의 큰 뜻입니까?' 하니 수산이 '초나라 왕성의 여수가 동쪽으로 흐른다'고 하였다. 홀연히 어떤 사람이 나에게 묻되, '어떤 것이 불법의 큰 뜻입니까?' 하면 그에게 말하되, '장마 개이지 않는다' 하리라. 이 세 가지 법문 가운데서 하나는 가히 모든 부처님들의 법약이 되어서 일체 중생의 병을 고칠 것이요, 하나는 모든 조사들의 비밀한 관문과 보살의 바로 끊는 요긴한 길이 될 것이요, 하나는 가히 납승의 해탈대도량解脫大道場이 될 것이니, 이는 참선하는 사람들의 신명을 버리는 곳이다. 대중들이여, 만약 간택해 내면 오랜 나그네가 집에 돌아옴과 같고, 간택해 내지 못하면 길 가는 사람이 길을 잃음과 같다. 억!"

眞淨 文이 上堂에 擧僧問雲門호대 如何是佛法大意오 門云 春來에 草自青이니라 又僧問首山호대 如何是佛法大意오 山云 楚王城畔에 汝水東流니라 文云 忽有人問泐潭호대 如何是佛法大意오 向伊道久雨不晴이라 호리라 此三轉語에 有一轉語는 可以作諸佛之法藥하야 治一切衆生病이요 有一轉語는 可以作諸祖之秘關과 菩薩直截之要道요 有一轉語는 可以作衲僧의 解脫大道場이니 是禪者의 放身命處니라 大衆아 若揀得出하면 如久客이 歸家요 若揀不出이면 若行人이 失路로다 하고 喝一喝하니

【착어】

개가 사면하는 칙서를 물고 가니 제후가 길을 피한다.

狗啣赦書하니 諸候避道로다

【결어】

대중들이여, 수산은 짐독鴆毒 술에 독을 더하고, 운문은 화로에서 샘물을 퍼내며, 진정은 금소반에 옥을 굴리니, 비록 천하의 일등 대종사이나 산 채로 무간지옥에 들어간다.

홀연히 어떤 사람이 산승에게 묻되, "어떤 것이 불법의 큰 뜻입니까?" 하면 그에게 "밤중에 손을 뒤로 하여 베개를 더듬어 찾는다."고 하리라.

억!

(크게 할을 한 번 하고 내려오시다.)

大衆아 首山은 鴆酒에 加毒하고 雲門은 火爐에 汲泉이요 眞淨은 金盤에 轉玉하니 雖然天下一等大宗師나 生身入無間이로다 忽有人이 問山僧호대 如何是佛法大意오 하면 向伊道호대 夜間에 背手摸枕子로다 하고

(喝一喝하고 下座하시다)

壬子(1972)년 11월 보름 해인사 해인총림 궁현당

69. 운문법안 雲門法眼
바른 법의 눈

【 수시 】

남섬부주요 북울단월이니
이익 있고 이익 없음이 저자를 떠나지 않는다.
조사선祖師禪과 여래선如來禪은 묻지 않거니와
금빛 황소가 어찌하여 머리에 두 뿔이 났는가?
(한참 묵묵한 후에 말씀하셨다.)
일 이 삼 사 오요
수 화 목 금 토니라.

南閻部洲요 北蔚單越이니 有利無利가 不離行市로다
祖師禪如來禪은 卽不問이어니와 金色牡牛因甚麽하야 頭戴雙角고 (良久云)
一二三四五요 水火木金土니라

【 본칙 】

운문스님에게 어떤 중이 물었다.
"어떤 것이 정법안正法眼입니까?"
운문스님이 답하였다.
"넓다."[1]

---

1 『선문염송』 제1024칙(한국불교전서5, 726쪽).

雲門이 因僧問如何是正法眼고 門曰 普라 하니

【 착어 】
원숭이는 털벌레를 먹고 개는 불전佛殿에 오른다.
胡孫은 喫毛虫하고 狗子上佛殿이로다.

【 송 】
대우 지선사²가 송하였다.
부처를 설하고 법을 설하여 널리 펴 벌림이여
활촉 위에 뽀족함을 더하니 크게 어리석다.
눈 밝은 납승이 옆에서 엿보니
한 개 주장자를 두 사람이 마주 든다.
大愚 芝 頌호대
說佛說法廣舖舒여 矢上加尖也太愚로다
明眼衲僧이 傍虛見見하니 一條拄杖을 兩人舁라 하니

【 착어 】
부젓가락에 연꽃이 피고 연꽃에 모과가 열린다.
火筯에 生蓮花하고 蓮華에 結木瓜로다.

【 송 】
백운 단선사가 송하였다.
정수리 위에 참으로 눈먼 것이 있으니
하늘에 빛나고 땅에 비치어 때가 같지 않다.

---

2 대우수지(大愚守芝). 송(宋)대 임제종 스님으로 분양선소(汾陽善昭)의 법제자. 남악(南岳)스님의 10세손. 『대우지화상어록(大愚芝和尙語錄)』1권이 있음.

대비大悲의 손안에서 받쳐 내지 말라
홀로 스스로 밤길 가니 누가 알리오.

白雲 端이 頌호대

頂上에 有來眞箇瞎이니 輝天鑑地不同時로다

大悲手裏에 休擎出하라 獨自夜行誰得知오 하니

【 착어 】

한산이 습득을 만나 손뼉 치며 하하 웃는다.

寒山이 逢拾得하야 撫掌笑呵呵로다

【 송 】

할당 원선사[3]가 송하였다.

밝고 어두움이 쌍쌍하여 조照 용用이 나누어지니

몇 사람이 몸소 맹상군孟嘗君 문에 이르렀는가.

길가의 참 미륵보살을 알지 못하고

도리어 영산을 향하여 세존에게 묻는다.

瞎堂 遠이 頌호대

明暗雙照用分하니 幾人이 親到孟嘗門고

街頭에 不識眞彌勒하고 却向靈山問世尊이라 하니

【 착어 】

이른 아침에 마음 괴로우니 석 잔 술이요

오후에 머리 무거우니 한 잔 차로다.

---

3 할당혜원(瞎堂慧遠, 1103~1176). 임제종 양기파 스님으로 원오극근(圜悟克勤)의 법제자. 남악(南岳)스님의 15세손.『불해혜원선사광록(佛海慧遠禪師廣錄)』4권이 있음. 법호를 불해(佛海)라고도 함.

早朝에 心悶三盃酒요 午後에 頭昏一椀茶로다

【 염 】

황룡 심이 염하였다.
"다시 '눈멀었다'고 말하여, 또한 둘이 서로 보기를 도모하리라."
黃龍 心이 拈호대 更道箇瞎하야 且圖兩得相見이라 하니

【 착어 】

말하고 말하고 말함이여, 바다 잔잔하고 강물 맑으며
고요하고 고요하고 고요함이여, 산이 무너지고 땅이 꺼진다.
說說說兮海晏河淸이요 黙黙黙兮山崩地壞로다

【 염 】

육왕 심선사[4]가 이 법문을 들어 말하되, "여기에 아름다운 풀이 있다." 하였다.
또 어떤 중이 풍혈에게 이 법문을 들어 물으니, 풍혈이 "눈멀었다."고 함을 들어 말하였다.
"가득 찬 성안에 친구가 없구나."
育王諶이 擧此話云 是處有芳草로다 又擧僧問風穴한대 穴이 云 瞎이라 하니 滿城에 無故人이로다 하니

【 착어 】

옥가루는 아침 이슬에 어리고

---

4 육왕개심(育王介諶, 1080~1186). 임제종 황룡파 스님으로 장영수탁(長靈守卓)의 법제자. 남악(南岳)스님의 15세손.

남은 햇빛은 저녁 안개를 보내네.
碎玉은 凝朝露하고 殘陽은 送晚霞로다

【 염 】

경산 고선사가 상당하여 이 법문을 듣고, 또 어떤 중이 이 법문을 풍혈에게 묻자 풍혈이 "눈멀었다."고 한 것을 듣고는 말하였다.

"두 큰스님이 한마디 말씀을 대답하니 우열이 있는가 없는가? 만일 우열이 있다고 말하면 참으로 눈멀었고, 우열이 없다고 말하면 참으로 넓다. 필경 어떠한가?

구름은 산마루에 한가로이 떠돌고

물이 산골 아래로 흐르니 몹시도 빠르구나."

徑山 杲 上堂에 擧此話하고 又擧僧問風穴한대 穴云 瞎이라 하고 杲云 二尊宿이 答一轉語하니 還有優劣也無아 若道有優劣이면 眞介瞎이요 若道無優劣이면 眞箇普로다 畢竟如何오 雲在嶺上閑不徹이요 水流澗下太忙生이라 하니

【 착어 】

수미산을 차 일으켜 꼭대기가 거꾸로 서니

양양兩兩이 쌍을 이루지 못함을 바야흐로 알겠다.

踢起須彌頭倒卓하니 方知兩兩이 不成雙이로다

【 결어 】

대중들이여, 운문 고덕과 풍혈 존숙이 인천人天의 여러 눈을 멀게 하고 부처와 조사의 정안正眼을 여니, 깊고 깊고 깊음이여 옛과 지금을 다하고, 옅고 옅고 옅음이여 우주에 펼쳤다. 칭찬하고 헐뜯음에 입 속이 헐고 혓바닥이 떨어지리니, 알겠느냐?

진주 사람이 허주문許州門에서 나오니

늙은이 팔십八十되어 젊은이를 소중히 한다.

억!

(크게 할을 한 번 하고 내려오시다.)

大衆아 雲門古德과 風穴尊宿이 瞎却人天衆目하고 開得佛祖正眼하니 深深深兮여 窮古今이요 淺淺淺兮여 遍宇宙로다 讚之毁之에 口爛舌落하리니 還會麽아

陳州人出許州門하니 翁翁八十이 重年少로다

(喝一喝하고 下座하시다)

壬子(1972)년 11월 말일 해인사 해인총림 궁현당

70. 협산경계 夾山境界
협산의 경계

【 수시 】

무심無心을 행함에 도리어 마음을 요하니
몸과 그림자가 저절로 친함과 같다.
비록 어두운 곳에 때로 감추나
금 까마귀 나날이 새로움은 어찌하리오.
만경창파 찬 얼음에 불꽃이 일고
천 년 옛 잣나무 죽은 가지에서 꽃 핀다.
백장은 귀가 멀고 황벽은 혀를 토하니
영산靈山의 정령正令이요 소실少室의 신비한 부적이다.
알겠느냐?
푸른 옥 소반 가운데 구슬이 구르고
유리 집 위에는 달이 배회한다.

行貴無心却要心하니 還如形影이 自相親이라
雖然暗處에 時藏得이나 爭奈金烏日日新고
萬頃淸湘에 寒氷이 發焰하고
千年古栢에 古幹이 開花로다
百丈은 耳聾하고 黃檗은 吐舌하니
靈山正令이요 少室神符라
還會麼아

碧玉盤中에 珠宛轉하고 琉璃殿上에 月徘徊로다

【 본칙 】

협산스님에게 어떤 중이 물었다.
"어떤 것이 협산의 경계境界입니까?"
"원숭이는 새끼를 안고 푸른 봉우리 뒤로 돌아가고
새는 푸른 바위 앞에서 떨어진 꽃을 무는구나."
뒤에 법안스님이 말하였다.
"내가 이십 년 동안을 다만 경계를 보인 말로만 알았었느니라."[1]

夾山이 因僧問如何是夾山境고 山이 云 猿抱子歸青嶂後하고 鳥銜花落碧
岩前이니라 後來에 法眼이 云 我二十年을 祗作境話會라 하니

【 착어 】

높게 혼융하여 향배向背가 없으니
서천의 부처는 이 늙은 구담瞿曇이로다.

卓爾混融無向背하니 西天佛是老瞿曇이로다

【 송 】

투자 청선사가 송하였다.
달 밝은 푸른 소나무에 학은 꿈이 길고
푸른 하늘 붉은 계수나무에 영양羚羊 뿔이 걸렸다.
바위 높아 깎아지른 절벽인데 천 봉우리 눈이요
돌 죽순 가지 나니 한밤중 서리로다.

投子 青이 頌호대

---

1 『선문염송』제715칙(한국불교전서5, 542쪽).

月皎靑松鶴夢長하니 碧霄丹桂에 掛羚羊이로다
岩高壁仞에 千峰雪이요 石筍이 條生半夜霜이라 하니

【 착어 】

항아리 속 별천지[2]에 해와 달이 빛남을 잡아 쥐고
칼집 속의 청사검이 울부짖음에 부딪쳤다.
把定壺中日月長이요 觸著匣內靑蛇吼로다

【 송 】

보봉 상선사[3]가 송하였다.
옛 거울을 다시 갈아 또한 새로우니
한 번 칼집을 나옴에 한 번 사람을 놀라게 한다.
석두성 아래 바람과 우레 소리치니
늙고 늙은 큰스님이 요긴한 나루를 잡았네.
寶峰祥이 頌호대
古鏡을 重磨又一新하니 一回出匣一驚人이로다
石頭城下에 風雷吼하니 老老禪翁이 把要津이라 하니

【 착어 】

장가의 머리 희고 이가의 머리 검음이여
문밖의 금강신장이 웃고 또 성낸다.
張頭白李頭黑이여 門外金剛이 笑又嗔이로다

---

2 호중일월(壺中日月) : 별천지(別天地)란 뜻. 후한(後漢)의 비장방(費長房)이 시중(市中)에서 약을 팔고 있는 한 노인이 가지고 있던 항아리 속으로 함께 들어가 별세계(別世界)의 선경(仙境)에서 놀았다는 고사.
3 보봉상(寶峰祥). 『종감법림(宗鑑法林)』 제24권에 이 게송이 있으나 전기는 불명.

【염】

천동 각선사가 상당하니 어떤 중이 물었다.

"협산이 말하되, '원숭이는 새끼를 안고 푸른 산봉우리 뒤로 돌아가고, 새는 푸른 바위 앞에서 떨어진 꽃을 문다'고 하였는데, 법안이 말하기를, '내가 이십년 동안을 다만 경계를 보인 말로만 알았다' 하니, 경계를 보인 말로 알지 않으면 또 어떻게 하겠습니까?"

"조각달은 성긴 수풀에 떨어지고 흰 구름은 깊숙이 돌을 감싼다."

"향하여 감에 공功을 두지 않고 돌아옴에 도리어 묘함을 얻습니다."

"뿌리를 흔드는 놈이 또 이렇게 간다."

"이렇게 가지 않을 때는 어떠합니까?"

"한 개울 봄물이 꽃을 끼고 흐른다."

"부산이 말하기를, '물소가 달구경함에 문체가 뿔에 생기고, 코끼리가 우레 소리에 놀라니 꽃이 이빨에 들어간다'고 하였으니 또한 어떠합니까?"

"그대가 또 호떡에서 즙을 짜는구나."

天童 覺이 上堂에 僧問호대 夾山이 道猿抱子歸青嶂後하고 鳥啣花落碧岩前이라한대 法眼이 云 我二十年을 作境話會라하니 不作境話會는 又作麽生고 覺云 缺月은 墮疎林하고 白雲은 抱幽石이로다 僧云 向去不存功이요 却來還得妙로다 覺云 操根漢이 又與麽去也로다 僧云 不與麽去時如何오 覺云 一溪春水挾花流로다 僧云 只如浮山이 道犀因翫月紋生角이요 象被雷驚花入牙라하니 又且如何오 覺云 你又向胡餠上壓汁이라하니

【착어】

높이 보배 칼을 휘두름에 종적이 없고
달 속 항아姮娥가 반쯤 몸을 나투는구나.

高揮寶劍無蹤跡이라 月裏姮娥現半身이로다

【 염 】

고봉 묘선사가 말하였다.

"비록 이 속을 향하여 알았다 하여도 법안을 보기는 쉽고 협산을 보기는 어렵다."

高峰 妙云 直饒向者裏會得하야도 見法眼則易하고 見夾山則難이라 하니

【 착어 】

동쪽 거리 버들 빛은 연기에 이끌려 푸르고

서쪽 저자 복숭아꽃은 서로 비치어 붉구나.

東街柳色은 拖煙翠하고 西巷桃花는 相映紅이로다

【 결어 】

대중들이여, 거슬러 놓고 순하여 거두며 적은 것을 가지고 많은 것을 대적하니, 숨고 나타남이 같은 길이요 얻음과 잃음을 함께 쓴다. 옛날의 큰스님이 오히려 협산 노자를 꿈에도 보지 못하니 필경 어떠하냐?

밤중에 한 도적을 잡으니

원래 동촌의 왕태백王太伯이로다.

억!

(크게 할을 한 번 하고 내려오시다.)

大衆아 逆放順收하고 將寡敵衆하니 隱顯이 同途요 得失을 共用이로다 從上古德이 猶未夢見夾山老子在하니 畢竟如何오

夜半에 捉得一箇賊하니 元是東村王太伯이로다

(喝一喝하고 下座하시다)

壬子(1972)년 동안거 해제일 해인사 해인총림 궁현당

71. 암두도자 岩頭渡子
뱃사공

【 수시 】

전체가 손이요 주인이며 전체가 체體요 용用이며
전체를 놓고 거두며 전체를 죽이고 살리니
가섭과 아난이요 임제와 덕산이로다.
알겠느냐?
개가 불성이 없음이여, 업식業識이 있기 때문이니라.

全賓全主요 全體全用이며 全放全收요 全殺全活이니
迦葉阿難이요 臨濟德山이로다
會麽아
狗子佛性無여 爲有業識在니라

【 본칙 】

 암두스님이 불법 사태沙汰를 만나서 악저鄂渚 호숫가에서 뱃사공 노릇을 하였다. 양쪽 언덕에 각각 판때기 하나씩을 걸어 놓고, 어떤 사람이 호수를 건너려고 할 때 판때기를 한 번 치면 암두스님이 "누구요?" 하였다. 그 사람이 "저쪽으로 건너가려 하오."라고 하면, 암두스님이 이에 노를 들어 춤추며 그를 맞이하였다.
 어느 날 한 노파가 아이를 안고 와서 말하였다.
 "노를 잡고 춤추는 것은 묻지 않거니와, 나의 팔에 안긴 이 아이는 어디서 얻어 왔는가를 말해 보시오."

　암두스님이 문득 때리니 노파가 말하되, "내가 일곱 아이를 낳아 여섯은 아는 이를 만나지 못했는데 이 한 아이마저도 또한 얻지 못했다." 하고는, 갑자기 물속에 던져 버렸다.[1]

　岩頭가 値沙汰하야 於鄂渚湖邊에 作渡子하니라 兩岸에 各掛一板하고 有人이 過渡할새 打板一下하면 頭曰阿誰오 或曰 要過那邊去로다 頭乃舞棹迎之하니라 一日에 因一婆抱一孩兒來하야 乃曰 呈橈舞棹卽不問이니 且道하라 婆手中兒甚處得來오 頭便打하니 婆云 婆生七子하야 六箇는 不遇知音이러니 祇這一箇도 也消不得이라 하고 便抛向水中하니

【 착어 】

큰 상賞 밑에는 반드시 용장勇將이 있다.

重賞之下에 必有勇夫로다

【 염 】

낭야 각선사가 말하였다.

"도적을 속이는 자는 망하느니라."

瑯耶 覺이 云 欺敵者亡이라 하니

【 착어 】

보잘것없는 덕산이 말후구末後句도 모른다.

大小德山이 不會末後句로다

1　『선문염송』제830칙(한국불교전서5, 611쪽).

【염】

응암 화선사에게 어떤 중이 물었다.

"노를 잡고 춤추는 것은 묻지 않거니와 노파의 팔에 안긴 이 아이는 어디서 얻어 왔는가를 말해 보시오 하자 암두가 뱃전을 세 번 두드렸으니, 그 뜻이 어떠한지 알지 못하겠습니다."

"뜨거운 벽돌을 치니 속까지 얼었도다."

"당시에 만약 스님께 물었다면 어떻게 대답하셨겠습니까?"

"한 몽둥이로 때려 죽였을 것이다."

"노스님이 모자를 살 때 머리를 재는 것과 같습니다."

"그대는 어느 곳에서 암두를 보는가?"

"찌르겠습니다箭."

"엉터리 선객이로구나."

"노파가, 일곱 아이를 낳아 여섯 아이는 아는 이를 만나지 못하였더니 이 한 아이마저도 얻지 못했다 하고 갑자기 물속에 던진 것은 또한 어떠합니까?"

"분별없이 자만함이로다."

"암두가 모르는 사이에 혓바닥을 내민 뜻이 어떠합니까?"

"즐거운, 즉 같이 기뻐함이로다."

應菴 華가 因僧問호대 呈橈舞棹卽不問이니 且道하라 婆婆手中兒甚處得來오 岩頭扣船舷三下하니 未審意旨如何오 曰 焦磚을 打著에 連底凍이니라 曰 當時에 若問和尙이면 如何對他오 曰 一棒으로 打殺이니라 曰 老和尙이 大似買帽相頭去也로다 曰 你向甚處하야 見岩頭오 曰 箭니라 曰 杜撰禪和로다 曰 婆生七子에 六箇는 不遇知音이러니 只者一箇도 也消不得이라 하고 便抛向水中든 又且如何오 曰 少賣弄이니라 曰 岩頭不覺吐舌은 意作麽生고 曰 樂則同歡이라 하니

【착어】

북 치고 비파를 탐이여 서로 만나 둘이 함께 모임이로다.

打鼓弄琵琶여 相逢兩會家로다

【염】

천동 민선사[2]가 말하였다.

"기이하다. 이 노파가 비록 여자이지만 도리어 납승의 기개가 있다. 저 두 깨친 사람이 서로 만남을 보건대, 돌을 쳐서 나는 불과 같고 번쩍 하는 번갯불같이 빠르거늘 지금의 납승은 모두 정해情解로써 여러 가지로 추론하여 말하되, '아이 던진 것이 기특하다' 하니 틀렸도다. 노파는 물에 내려가 사람을 끌며 암두는 바람을 거슬러 키를 잡음을 참으로 알지 못한다."

天童 忞이 云 寄怪타 者婆子雖是女流나 却有衲僧氣槩로다 看他兩兩作家 相見컨대 如擊石火閃電光相似어늘 如今衲僧은 總情解로 搏量道호대 抛兒 奇特이라 하니 錯過了也로다 殊不知婆子는 下水拖人이오 岩頭는 逆風把柂라 하니

【착어】

남북동서 돌아와서 밤 깊은데
천 바위 위의 눈을 함께 보노라.

南北東西歸去來하야 夜深同看千岩雪이로다

---

2 천동도민(天童道忞, 1596~1674). 임제종 양기파 스님으로 밀운원오(密雲圓悟)의 법제자. 남악(南岳)스님의 34세손. 『홍각민선사어록(弘覺忞禪師語錄)』20권, 『홍각민선사주대록(弘覺忞禪師奏對錄)』3권, 『홍각민선사북유집(弘覺忞禪師北遊集)』6권, 『포수대문집(布水臺文集)』30권이 있음.

【 결어 】

대중들이여, 가로 잡고 거꾸로 쓰며 거슬러 놓고 순종하여 거두니, 솜이 굳은 돌을 싸고 무쇠가 진흙 뭉치를 싼다. 암두의 한 몽둥이는 묻지 않거니와 노파가 아이 던진 것은 어떠한지 말해 보라.

(한참 묵묵한 후에 말씀하셨다.)

눈먼 나귀가 정법안正法眼을 없애니

임제의 자손이 천하에 퍼졌다.

억!

(크게 할을 한 번 하고 내려오시다.)

大衆아 橫拈倒用하고 逆放順收하니 綿包特石이요 鐵裏泥團이로다 岩頭一棒은 卽不問이어니와 且道하라 婆子抛兒는 作麽生고 (良久云)

瞎驢滅却正法眼하니 臨濟兒孫이 遍天下로다

(喝一喝하고 下座하시다)

癸丑(1973)년 하안거 결제일 해인사 해인총림 대적광전

72. 체로금풍 體露金風
몸이 가을 바람에

【 수시 】

하늘과 땅을 담고 덮음이여

눈멀고 귀 어두우며

모든 흐름을 끊고 끊음이여

손은 춤추고 발은 뛰논다.

파도를 따라가고 물결을 쫓음이여

일만 이천 봉우리요

한 화살이 세 관문 뚫음이여

시월十月 상사上巳로다.

알겠느냐?

저편 일천 성인 밖에 손을 놓으니

돌아오는 길에 불속에서 연꽃이 핀다.

函盖乾坤兮여 眼盲耳聾이요

截斷衆流兮여 手舞足蹈로다

隨波逐浪兮여 萬二千峰이요

一簇三關兮여 十月上巳로다

會麽아

撒手那邊千聖外하니 廻程에 堪作火中蓮이로다

◉

　삼천대천세계, 온 시방법계를 가져다 함 속에 넣고 위에 뚜껑을 덮어 버린다 했으니, 무슨 함이 그리 클까요? 이 시방법계란 한이 없는 무진법계인데 그 무진법계를 담을 그런 함이 어디 있겠습니까? 하지만 그 함이 어찌나 큰지, 비유컨대 이 무진법계가 좁쌀만 하다면 그 함은 크기가 끝이 없는 바다와 같습니다. 이런 말을 들으면 다들 새빨간 거짓말이라 하겠지만 실지에 있어 바로 깨치고 보면 그 법이란 이 비유로도 부족합니다. 그러면 그럴 땐 어떠한가? 눈은 멀고 귀는 먹어 버립니다. 이건 또 무슨 말일까요? 법을 바로 알면 이 뜻을 바로 알게 됩니다.

　세차게 흐르는 거대한 강물을 끊어 물 한 방울 새어 나갈 틈 없이 막아 버렸다 했습니다. 어찌나 둑을 크고 굳세게 잘 쌓았는지 이 둑에는 부처도 어른거릴 수 없고 조사도 어른거릴 수 없으며 천하 선지식 누구도 근방에 갈 수 없습니다. 그럴 땐 또 어떠한가? 좋아서 손은 춤을 추고 발은 펄쩍펄쩍 뛴다고 했습니다.

　파도를 따라가고 물결을 좇는다고 했는데, 파도와 물결이란 천변만화로 그 변화가 무궁한 것입니다. 이것은 조금의 거리낌도 없이 자유자재하고 변화무궁한 법신의 작용을 두고 하는 말입니다. 그럼 그때는 또 어떠한가? 일만 이천 봉우리더라 했습니다. 대자유자재한 경계를 두고 왜 일만 이천 봉이라 했을까요?

　함개건곤구函蓋乾坤句, 절단중류구截斷衆流句, 수파축랑구隨波逐浪句, 이 삼구三句가 소위 운문스님이 말씀하신 세 관문입니다. 이 삼구법문은 불조의 대기대용을 총괄 요약해 아주 간명하게 표현한 그런 유명한 법문입니다. 그럼 이것이 다인가? 아닙니다.

　화살 하나로 불조의 대기대용인 이 삼관을 한꺼번에 부셔 버렸다고 했습니다. 그럼, 그럴 땐 또 어떤가? 시월 상사라, 시월 첫 번째 사일巳日이라 했습니다. 그러면 불조의 대기대용을 한 화살로 전부 부셔 버렸을 땐 결국 어떠한가? 달은 시월에 날은 상사일이라 했습니다. 아시겠습니까?

손을 놓아 버렸는데 어디서 놓아 버렸는가? 천 성인 만 조사 저 밖에서 손을 놓아 버렸다고 했습니다. 부처와 조사의 영역을 아득히 뛰어넘어 그들의 손을 놓았다는 말입니다. 그렇게 부처도 조사도 아득히 이별하고 발길을 돌이켜 돌아오는데 불꽃 속에 연꽃이 피었더라고 했습니다. 이것을 알아야 다음 법문을 알 수 있습니다. 이 말을 모르면 뒤의 법문도 모릅니다.

【 본칙 】

운문스님에게 어떤 중이 물었다.
"나무가 마르고 잎이 떨어진 때는 어떠합니까?"
"몸이 가을바람에 드러났느니라."[1]
雲門이 因僧問호대 樹凋葉落時에 如何오 門이 云 體露金風이라 하니

◉

여름이면 천산만학에 수목이 우거져 온통 초록빛 아닙니까? 그런데 가을이 찾아와 서리가 내리면 어떻습니까? 온 산의 잎들이 떨어지고 나무도 물기를 잃어버리고 맙니다. 그래서 "그럴 땐 어떠합니까?" 하고 물은 것입니다. 그러니까 운문스님 대답이 "몸이 금풍金風에 드러났다."고 했습니다. 가을바람을 금풍이라고 합니다. 가을이면 온 산의 나무들이 물기를 잃고 잎이 지는 것이야 누구나 아는 일 아닙니까? 또 앙상한 가지만 남았으니 몸뚱이가 가을바람에 드러나는 거야 당연한 일 아닙니까? 천하에 쉬운 소리 같지요? 그러나 두 분 스님의 뜻은 말에 있는 것

---

[1] 『선문염송』 제1015칙(한국불교전서5, 714쪽) ; 『벽암록』 제27칙.

이 아닙니다. 말 밖에서 확철히 깨쳐야 되지 사량복탁과 언어문자의 지식으로는 절대로 모르는 것입니다. 말만 좇다가는 억천만겁이 지나도 끝내 모르고 맙니다. 오직 깨쳐야만 합니다. 그럼 운문스님 뜻이 어느 곳에 있는가? 거기에 대해 내 한마디 하겠습니다.

【 착어 】

바위꽃의 꽃가루여 벌집에 꿀이 되고
들풀의 무성함이여 사향노루 배꼽에 향기를 만든다.
岩花之粉兮여 蜂房에 成蜜이요 野草之滋兮여 麝臍에 作香이로다

◉

바위 밑에 좋은 꽃이 피었는데 그 꽃에 가루가 많습니다. 그러니 벌들이 그 꽃가루를 가져다 벌집에서 꿀을 만듭니다. 또 저 들에 온갖 풀이 무성하게 자라 윤기가 번들번들하다는 것입니다. 그랬더니 그 풀을 먹은 사향노루 배꼽에 향기로운 사향이 달리더라고 했습니다. 이 뜻을 알면 "몸이 가을바람에 드러났다."고 한 운문스님의 말씀도 알 수 있습니다. 그러나 이 역시 말만 좇아서는 뜻을 알 수 없습니다. 근본 뜻을 깨쳐야지 말만 따라가는 자는 몸도 목숨도 모두 잃고 맙니다.

【 송 】

설두 현선사가 송하였다.
물음에 이미 종취宗趣가 있으며 답도 또한 같으니
삼구三句를 가릴 수 있고 한 화살이 허공을 난다.
큰 들이여 시원한 바람이 선들선들 불고
높은 하늘이여 성긴 비가 부슬부슬 내린다.
그대 보지 못하였는가?

소림少林에 오래 앉아 돌아가지 못한 나그네가
웅이산 한 무더기 숲에 고요히 의지하였음을.

雪竇 顯이 頌호대

問旣有宗이요 答亦攸同이라 三句可辨이요 一鏃이 遼空이로다

大野兮여 凉飆颯颯이요 長天兮여 踈雨濛濛이로다

君不見가 少林久坐未歸客이 靜依熊耳一叢叢이라 하니

◉

이것이 운문스님의 공안에 대해 운문종의 중흥조로 일컬어지는 설두 중현선사가 지은 게송입니다. 그럼 이 게송의 뜻은 또 어느 곳에 있는가? 내 또 한마디 하겠습니다.

【 착어 】

밤 시내 금빛 물결에 계수나무 그림자 뜨고
가을바람 눈송이가 갈대꽃을 싸는구나.

夜水金波에 浮桂影이요 秋風雪陣이 擁蘆花로다

◉

전설에 이르길, 달에는 계수나무가 있다지 않습니까? 계수나무는 곧 달을 비유한 말입니다.

【 염 】

황룡 신선사가 상당하여 이 법문을 들어 말하였다.

"못난 운문이 경계 위에 얽매였다. 운암은 곧 그렇지 않으니 '나무 마르고 잎 떨어진 때는 어떠한가' 하면 '산호 가지마다 달이 걸렸다' 하리라."

黃龍 新이 上堂에 擧此話云 大小雲門이 境上縛殺이로다 雲巖卽不然하니 樹凋葉落時如何오 珊瑚枝枝撐著月이라 하니

【착어】

화관 쓴 무당은 금방울을 흔들고
나무칼 든 신선은 제단에 오른다.
花冠巫祝은 搖金鐸하고 木劒仙生은 上醮壇이로다

【염】

육왕 심선사가 염하였다.
"운문은 사람에게서 반근半斤을 얻고 그에게 여덟 냥을 갚으니, 저울 눈을 착각함을 면치 못한다. 육왕은 오늘 또한 어떠한가?
오동잎 성기니 가을달이 밝고
석련꽃 떨어지니 물 향기 맑구나."
育王諶이 拈호대 雲門은 得人半斤하고 還他八兩하니 未免錯認定盤星이로다
育王은 今日에 又且如何오 桐樹葉踈秋月白이요 石蓮花落水香淸이라 하니

【착어】

석호石虎는 소리 지르며 날아 하늘로 오르고
진흙 소는 뛰어 달아나 바다로 들어간다.
石虎는 咆哮飛上天하고 泥牛足孛跳走入海로다

【염】

송원선사가 상당하여 이 법문을 들어 주장자를 잡고 말하였다.
"운문은 도적의 말을 타고 도적을 쫓으며, 도적의 칼을 빼앗아 도적을 죽인다고 말하겠다. 다만 모든 사람이 이렇게 알아서는 안 되니 어찌하

여 그런가? 목숨이 실 끝에 달린 것과 같다."

松源이 上堂에 擧此話하고 拈拄杖云 雲門은 可謂騎賊馬趕賊하고 奪賊刀殺賊이라 只是諸人이 不得與麼會니 何也오 命若懸絲라 하니

【 착어 】

단청한 누각에 밤새도록 생황과 노랫소리 뒤끓고
구름에 누운 사람은 일천 봉우리 속에 있구나.

畵樓엔 曉夜沸笙歌하고 臥雲人在千峰裏로다

【 결어 】

대중들이여, 두셋의 좀도둑이 남쪽을 북쪽이라 하고 사슴을 가리켜 말이라 하여 모든 중생의 눈을 멀게 한다. 홀연히 어떤 사람이 산승에게 묻되, "나무 마르고 잎 떨어진 때는 어떠합니까?" 하면, 그에게 말하되, "옴 마니 다니 훔바탁이로다." 하리니, 말해 보라. 고인古人과 더불어 서로 얼마나 떨어져 있는가?

(한참 묵묵한 후에 말씀하셨다.)

늠름하고 신기로운 위엄이 우레를 쫓아 버리니
사해四海 팔만八蠻이 서울에 조회한다.

억!

(크게 할을 한 번 하고 내려오시다.)

大衆아 數箇草賊이 將南作北하고 指鹿爲馬하야 瞎却一切衆生眼이로다 忽有人이 問山僧호대 樹凋葉落時에 如何오 向伊道호대 唵口摩呢噠哩吽口發吒라 하리니 且道하라 與古人으로 相去多少오 (良久云)

凜凜神威走雷霆하니 四海八蠻이 朝帝鄕이로다

(喝一喝하고 下座하시다)

◉

　대중 여러분, 두셋의 좀도둑이 남쪽을 북쪽이라 하고 사슴을 가리켜 말이라 하여 모든 중생의 눈을 멀게 하였습니다. 선지식의 법문이라면 천하 사람들을 깨우치고 천하 사람들의 눈을 열어줘야 합니다. 헌데 앞에서 소개한 스님들은 선지식이랍시고 큰 소리로 떠들기는 했지만 온 천하 사람들의 눈을 다 멀게 했으니 이는 법문이라 할 수도 없습니다. 그럼, 누군가는 나에게 말할 것입니다.
　"옛날 스님들이 다 법문을 잘못했다고 훼방을 놓았으니 그럼 너라면 어떻게 하겠느냐?"
　홀연히 어떤 사람이 이 산승에게 "나무 마르고 잎 떨어진 때는 어떠합니까?" 하고 물으면 그에게 "옴 마니 다니 훔 바탁" 하고 대답하겠습니다. 말씀해 보십시오. 고인들의 대답과 나의 대답이 거리가 얼마나 됩니까?

　늠름하고 신기로운 위엄이 우레를 쫓아 버리니
　사해四海 팔만八蠻이 서울에 조회한다.

　천상천하에 비할 수 없는 신비한 위엄을 가지고 있는데, 어찌나 위엄이 센지 뇌성벽력도 전부 도망갈 정도입니다. 무서운 뇌성벽력도 그 사람 앞에는 어른거리지 못하고 천리만리 밖으로 도망을 간다고 했습니다. 헌데 그 사람이 꼭 무섭기만 한 건 아닙니다. 선한 사람, 악한 사람, 본토사람, 변방사람 할 것 없이 온 천지의 모든 오랑캐들까지 다 천자가 사는 서울로 와 조회를 하더라고 했습니다.
　억!

※(1973)년 동안거 결제일 해인사 해인총림 궁현당

73. 조주사문 趙州四門
사방의 문

【 수시 】

(주장자 한 번 치고 말씀하되)

오역 죄인이 뇌성소리를 듣는구나.

(또 주장자 한 번 치고)

붉은 깃발이 번쩍번쩍하도다.

(다시 주장자 한 번 치고)

동강난 비석이 옛길에 누워 있네.

(다시 주장자 한 번 치고)

서신을 전하나 집에 닿지 못한다.

(다시 주장자 한 번 치고)

순라군이 밤에 죄를 범하였다.

(주장자를 가로 안고 말씀하셨다.)

오가칠종五家七宗 천하 노화상들의 콧구멍을 뚫어 마쳤노라.

누른 머리 석가와 푸른 눈 달마가

어느 곳에서 몸을 편히 하겠는가?

(다시 주장자를 한 번 치고 말씀하셨다.)

금빛털 사자가 여우 굴에 뛰어드니

절름발이 자라가 수미산을 밀어 부순다.

(卓拄杖一下云) 五逆이 聞雷로다

(又一下云) 紅旗閃爍이로다

(又一下云) 斷碑橫古路로다

(又一下云) 馳書不到家로다

(又一下云) 巡人이 犯夜로다

(乃橫按拄杖云) 五家七宗 天下老和尙의 鼻孔을 一時穿却了也라 黃頭碧眼이 向什麼處安身고

(卓拄杖一下云) 金毛跳入野狐窟하니 跛鼈이 撞破須彌山이로다

【 본칙 】

조주스님에게 어떤 중이 물었다.

"어떤 것이 조주입니까?"

"동문 서문 남문 북문이니라."[1]

趙州因僧問 如何是趙州오 州云 東門西門南門北門이라 하니

【 착어 】

허공에 돌출함이여 바람이 묘한 날개를 치고

창해를 밟아 뒤엎음이여 우레가 노는 용을 보낸다.

突出虛空兮여 風搏妙翅하고 踏飜蒼海兮여 雷送遊龍이로다

【 송 】

설두 현선사가 송하였다.

말속에 기틀을 가지고 문득 마주하여 오니

삭가라爍迦羅의 눈[2] 속에 티끌 한 점 없다.

---

1 『선문염송』 제410칙(한국불교전서5, 336쪽) ; 『벽암록』 제9칙.
2 금강안(金剛眼), 견고안(堅固眼)이라고도 함. 삿됨과 옳음 분명히 결정하고 득실을 분별하는 눈.

동서남북 문이 서로 마주하나
한없이 휘두르는 쇠망치로도 쳐 열지 못하네.
雪竇 顯이 頌호대
句裏에 呈機劈面來하니 爍迦羅眼에 絶纖埃로다
東西南北門相對하나 無限輪鎚擊不開라 하니

【 착어 】

길에서 습득을 만나 즐거이 웃다가
도리어 한산의 쯧쯧 혀 참을 당하네.
路逢拾得笑哈哈라가 却被寒山咄咄咄이로다

【 송 】

상방 익선사가 송하였다.
사나운 용 턱밑의 구슬이 본래 값이 없음이여
높고 높은 금소반이 갑자기 기울어진다.
신기로운 빛 번쩍번쩍 사람을 차갑게 비추니
남북동서에 잡을 수 없도다.
잡을 수 없음이여, 크게 잘못되었구나.
하늘가에 노는 사람 돌아오지 못하니
푸른 버들에 말을 맬 만하다고 다 말하네.
上方 益이 頌호대
驪龍珠本無價여 落落金盤이 忽傾下로다
神光이 爍爍炤人寒하니 南北東西沒可把로다
沒可把여 也大差라
天涯에 遊子不歸來하니 盡道綠楊이 堪繫馬라 하니

【 착어 】

천 년 된 그림자 없는 나무요
지금의 밑 빠진 가죽신이로다.
千年無影樹요 今時沒底靴로다

【 염 】

천동 각선사가 소참小參에 이 법문을 들어 말하였다.
"좋구나! 형제들이여, 사문이 항상 열려 있으니 뭇 사람의 왕래를 막지 않는다. 네거리에서 사람들이 큰소리를 지르나, 평상으로 팔아 서로 시기함이 없다. 이렇게 보아야 바야흐로 조주 노인과 납승이 눈 속의 금가루를 닦아내고 코끝의 진흙 흔적을 깎아내는 것을 알리라. 적확한 뜻이 있느냐?
달은 한가을이 되어서야 둥글고
바람은 팔월부터 서늘하다."
天童 覺이 小參에 擧此話云 好타 兄弟야 四門이 長開하니 不碍諸方往來로다 十字街頭에 人大叫하니 平鋪買賣沒相猜로다 恁麼見得하야사 方知趙州老子와 與衲僧이 出眼中金屑하고 斷鼻上泥痕了也라 還端的麼아 月到中秋滿이요 風從八月凉이라 하니

【 착어 】

지옥 속에서는 슬피 울고
도솔천에서는 미륵보살을 부른다.
那落迦裏에 哭蒼天하고 都史陀中에 喚彌勒이로다

【 염 】

운문 고선사가 이 법문을 들어 말하였다.

"그 중이 조주를 물었는데 조주가 조주성으로써 대답하니, 남에게서 말 한 마리를 얻고 남에게 소 한 마리를 갚는다. 사람이 평안하면 말이 없고 물이 평평하면 흐르지 않는다. 알겠는가? 은혜 받음이 깊은 곳은 마땅히 먼저 물러날 것이요, 뜻을 얻음이 두터울 때 문득 쉬는 것이 좋으리라."

雲門 杲 擧此話云 遮僧이 問趙州에 趙州가 答趙州하니 得人一馬요 還人一牛라 人平不語하고 水平不流로다 會麽아 受恩深處에 宜先退오 得意濃時에 便好休라 하니

【 착어 】

서울 안을 홀로 걸으니 밝아 분명하고
천하를 마음대로 활동하니 즐거움이 끝이 없다.

獨步寰中明了了하고 任從天下樂欣欣이로다

【 결어 】

대중들이여, 담장이 높고 높으며 자물쇠가 겹겹이니, 조주 고불古佛이 삼두육비三頭六臂로다. 그러나 이 한 중은 속일 수 있으나 천하 사람의 눈은 어떻게 하리오. 알겠는가?
(주장자 한 번 치고 말씀하셨다.)
석녀石女가 베틀을 멈춤이여
밤빛이 자정으로 향하고
목인木人이 길에서 구름이여
달그림자가 중천으로 옮긴다.
억!
(크게 할을 한 번 하고 내려오시다.)

大衆아 門墻이 岸岸하고 關鎖重重하니 趙州古佛이 三頭六臂로다 雖然如

是나 瞞者僧一人卽得이어니와 爭奈天下人眼에 何오 還會麼아 (卓拄杖一下云)

石女停機兮여 夜色이 向午하고

木人이 路轉兮여 月影이 移央이로다

(喝一喝하고 下座하시다)

甲寅(1974)년 하안거 결제일 해인사 해인총림 대적광전

74. 이류중행異類中行
이류 중의 행

【 수시 】

자라코 뱀 독은 사람을 반드시 상하게 하고
파경조破鏡鳥 마음은 어미 잡아먹는 데 전념하니
입이 굶주림에 부처와 조사를 산 채로 삼키고
눈이 성남에 인간과 천상을 산 채로 끌어 묻는다.
우레 달리고 번개침이여 무쇠를 금으로 만들며
옥이 구르고 구슬이 돔이여 거북을 증명하여 자라를 만든다.
빠른 폭포 천 길이여 조그마한 좁쌀도 머무르지 아니하며
기이한 바위 만 길이여 붙잡고 오를 곳이 전혀 없다.
말해 보라, 이 어떤 사람의 행동하는 곳인가?
(주장자 한 번 치고 말씀하셨다.)
부처와 조사의 지위에도 머무르지 아니하고
삼악도三惡途와 고해를 마음대로 떠돌아다닌다.

鼈鼻蛇毒要傷人하고 破鏡鳥心專食母라
口餓에 活呑佛祖하고 眼瞋에 生埋人天이로다
雷奔電擊兮여 點鐵成金이요
玉轉珠廻兮여 證龜成鼈이라
迅瀑千尋兮여 不留纖粟이요
奇岩萬仞兮여 逈絶提攀이로다

且道하라 是什麽人行履處오 (卓拄杖一下云)

佛祖位中에 留不住하고 三途苦海에 任漂蓬이로다

【 본칙 】

남전스님이 대중에게 말하였다.

"같고 같다고 부르면 벌써 변했으니, 요즘 사람은 모름지기 다르고 같은 가운데로 행함異類中行을 행할지로다."

조주스님이 승당 앞에서 남전스님을 만나 말하였다.

"다른 것은 묻지 않겠습니다만 어떤 것이 같은 것입니까?"

남전스님이 두 손으로 땅을 짚으므로 조주스님이 발로 한 번 밟으니 남전스님이 땅에 거꾸러졌다. 조주스님이 연수당延壽堂으로 달려 들어가 소리쳐 말하였다.

"뉘우친다, 뉘우친다."

남전스님이 시자를 시켜 물었다.

"무엇을 뉘우치는가?"

"두 번 밟아 주지 못한 것을 뉘우친다."[1]

南泉이 示衆云 喚作如如면 早是變了也니 如今人은 須行異類中行이니라 趙州在僧堂前하야 逢見南泉云 異卽不問이어니와 如何是類오 泉이 以兩手托地라 州가 以脚으로 一踏하니 泉이 倒地러라 州가 走入延壽堂하야 叫云 悔悔로다 泉이 令侍者問호대 悔箇什麽오 州云 悔不與兩踏이라 하니

【 착어 】

한 개의 관 속에 두 개의 송장이로다.

一箇棺材에 兩箇死漢이로다

---

1 『선문염송』 제219칙 (한국불교전서5, 221쪽).

【 송 】

보녕 용선사[2]가 송하였다.

장가 늙은이 깊은 마을로 이사 가니
도적이 몸을 숨겨 후문으로 들어갔네
냄비를 한꺼번에 도적맞은 뒤에도
다시 와서 베개를 높이 베고 자손을 어른다.

保寧 勇이 頌호대
張翁이 移住向深村하야 被盜潛身入後門이라
鍋子를 一時盜去後에 更來高枕玩子孫이라 하니

【 착어 】

동쪽 집은 등불을 밝히고 서쪽 집은 어둠 속에 앉았네.

東家엔 明燈하고 西舍엔 暗坐로다

【 염 】

덕산 원명선사[3]가 이 법문을 들어 "다르고 같은 가운데로 행한다." 함에 이르러서 말씀하셨다.

"어떤 사람이 이 일을 귀종선사에게 전하니 귀종이 말하되, '비록 축생의 행동을 하나 축생의 과보는 받지 않느니라' 하였다. 이 말을 남전이 듣고 말하되, '멍충이가 또 이렇게 가는구나'라고 하였다. 나 원명은 말하노니 '남전이 중독되었다'고 하겠다."

---

2 보녕인용(保寧仁勇). 송(宋)대 임제종 양기파 스님으로 양기방회(楊岐方會)의 법제자. 남악(南岳)스님의 12세손.『보녕용선사어록(保寧勇禪師語錄)』1권이 있음.
3 덕산연밀(德山緣密). 오대(五代) 송(宋) 초 스님으로 운문문언(雲門文偃)의 법제자. 사호(賜號)가 원명대사(圓明大師). 운문삼구(雲門三句)에 송을 붙여 학인을 제접한 것으로 유명.

德山 圓明이 擧此話至異類中行하야 有人이 擧似歸宗한대 宗云 雖行畜
生行이나 不得畜生報니라 南泉이 聞云 孟八郞漢이 又伊麼去也로다 圓明
이 云 南泉이 中毒也라 하니

【 착어 】

내일 대비원大悲院 안에서 재齋가 있느니라.
來日大悲院裏에 有齋니라

【 염 】

법화 거선사가 상당하여 이 법문을 들어 "다르고 같은 가운데로 행한
다." 함에 이르러서 말하였다.
"말해 보라, 어떤 것이 다르고 같은 가운데로 행하는 것인가?
석우石牛는 봄 안개 속에 항상 누워 있고
목마木馬가 울 때 늦가을 샘물이로다."
法華 擧가 上堂에 擧此話至異類中行하야 擧云 且道하라 作麼生이 是異
類中行고 乃云 石牛는 長臥三春霧하고 木馬嘶時에 秋後泉이라 하니

【 착어 】

소로 소로.
囌嚕囌嚕로다

【 결어 】

대중들이여, 이 사람이 친히 이류異類에서 오니 분명히 말의 얼굴과
나귀의 뺨이다. 한 번 쇠몽둥이를 휘두르니 바람과 같이 빨라서 일만 창
문과 천 개 문을 모두 두드려 연다. 알겠는가?
화로에 둘러앉아 불 쬐니 온몸이 따뜻하고

물을 건너며 얼음을 두드리니 뼈에 사무쳐 차갑네.

억!

(크게 할을 한 번 하고 내려오시다.)

大衆아 者漢이 親從異類來하니 分明馬面與驢腮라 一揮鐵棒如風疾하야 萬戶千門을 盡擊開로다 會麽아

圍爐向火에 通身暖이요 渡水敲氷에 徹骨寒이로다

(喝一喝하고 下座하시다)

甲寅(1974)년 동안거 결제일 해인사 해인총림 궁현당

75. 경청기원 鏡淸其源
그 근원

【 수시 】

봄 산은 첩첩으로 어지러이 푸르고
봄 물은 넘실넘실 환하게 푸르도다.
멀고 먼 하늘과 땅 사이에
외발로 서서 바라봄이 어찌 다하겠는가?
이것을 바로 알면
석가가 앞서지 않고 미륵이 뒤따르지 않는다.
만약 이렇지 못하면
문수보살은 동토에 있고 보현보살은 서천에 있다.
말해 보라, 이 무슨 도리인가?
(한참 묵묵한 후에 말씀하셨다.)
흰 이마 늙은 범이 크게 부르짖으니
밝은 달이 철문관鐵門關을 비춘다.
春山은 疊亂靑이오 春水는 漾虛碧이로다
寥寥天地間에 獨足望何極고
於此에 薦得하면 釋迦不前이오 彌勒이 不後라
若不如此면 文殊는 在東土하고 普賢은 在西天이로다
且道하라 是什麽道理오 (良久云)
白額老虎가 大哮吼하니 明月이 照破鐵門關이로다

【 본칙 】

경청스님에게 어떤 중이 물었다.

"학인이 그 근원에 통달하지 못했으니 스님의 방편을 바랍니다."

"무슨 근원인가?"

"그 근원입니다."

"만약 그 근원이면 어찌 방편을 받으리오."

중이 간 뒤에 시자가 물었다.

"스님께서 저 중을 성취시킨 것이 아닙니까?"

"아니니라."

"그러면 저 중을 성취시키지 못하신 것이 아닙니까?"

"아니니라."

"필경에 어떠합니까?"

"한 점 물먹이 두 곳에서 용을 이루었느니라."[1]

鏡淸이 因僧問호대 學人이 未達其源하니 乞師方便하노이다 淸이 云 是什麽源고 僧云 其源이니다 淸云 若是其源인대 爭受方便고 僧이 去後에 侍者問호대 和尙이 莫成褫他否아 淸云 無니라 侍者云 莫不成褫他否아 淸云 無니라 侍者云 畢竟如何오 淸云 一點水墨兩處成龍이라 하니

【 착어 】

장차 후백侯白이라 하려 했더니 다시 후흑侯黑이 있도다.

將謂侯白이러니 更有侯黑이로다

【 송 】

보녕 용선사가 송하였다.

---

1 『선문염송』 제1118칙(한국불교전서5, 770쪽).

거울 같은 물 편편한 호수가 푸르고 맑으니
망망하여 그 근원에 이르지 못하였네.
왕유王維의 묘한 수법이나 어찌 그림 그리리오.
한 점 물먹이 두 곳에 온전하구나.

保寧 勇이 頌호대

鏡水平湖碧湛然하니 茫茫未曾達其源이로다

王維妙手나 堪圖畵리오 一點水墨兩處全이라 하니

【 착어 】

원숭이는 새끼를 안고 푸른 산봉우리 뒤로 돌아가고
새는 푸른 바위 앞에서 떨어진 꽃을 물고 있더라.

猿抱子歸青嶂後하고 鳥含花落碧岩前이로다

【 송 】

심문 분선사가 송하였다.
꽁꽁 얼어 큰 강어귀를 막아 버리니
사람이 조도鳥道에서 오는 것을 보지 못한다.
한바탕 부는 바람 긴 대숲에서 도니
옥 난간 위에 눈이 소복이 쌓이는구나.

心聞 賁이 頌호대

凍凌鎖斷長河口하니 不見人從鳥道來로다

一陣風回脩竹裏하니 玉欄干上雪成堆라 하니

【 착어 】

동지冬至와 한식寒食 사이는 백오 일이니라.

冬至寒食百單五로다

【 염 】

오조 계선사[2]가 염하였다.

"이렇게 말하는 것이 몹시 준험하니 비록 준험하다고 말하나 잘 쓰는 것을 어찌하리오. 이 한 점을 알겠는가? 경청의 의기意氣가 많음을 괴이하게 여기지 말라. 그는 일찍이 성스럽고 밝은 임금을 뵈었느니라."

五祖 戒가 拈호대 與麼道가 也大險이라 雖然語險이나 爭奈用得고 者一點을 還會麼아 莫怪在鏡清多意氣하라 他家曾謁聖明君이라 하니

【 착어 】

사람이 방장산方丈山으로부터 와서
도리어 청량산清凉山으로 간다.
人從方丈來하야 却向清凉去로다

【 결어 】

대중들이여, 한 점 물먹이 두 곳에서 용이 되니 절름발이 자라와 눈먼 거북이 빈 골짜기로 들어가고 경청이 의기意氣가 많다고 말하지 말아라, 저는 일찍이 두 눈동자를 잃어버렸다. 필경 어떠한가?

처음은 삼십일이요 가운데는 구요 아래는 칠이니라.

억!

(크게 할을 한 번 하고 내려오시다.)

大衆아 一點水墨에 兩處成龍하니 跛鼈盲龜가 入空谷이라 莫道鏡清多意氣하라 他家曾失兩眼睛이로다 畢竟如何오

初三十一이오 中九下七이니라

---

2 오조사계(五祖師戒). 송(宋)대 운문종 스님으로 쌍천사관(雙泉師寬)의 법제자. 청원(青原)스님의 8세손.

(喝一喝하고 下座하시다)

乙卯(1975)년 하안거 결제일 해인사 해인총림 대적광전

76. 운문구우 雲門久雨
오래 비 와서

【 수시 】

이렇고 이러하니

가시덩굴 수풀이요 황금 밭이로다.

이렇지 아니하고 이렇지 않으니

이란伊蘭과 전단旃檀이요 감로甘露와 질려蒺藜로다.

이렇고 이렇지 않으며 이렇지 않고 이러하니

학이 억세어 새끼를 품어 가고

원숭이 한가로이 새끼를 안고 돌아온다.

알겠는가?

밤에도 밝은 부적을 손에 가지니

몇이나 날 새는 줄 아는가.

恁麼恁麼하니 荊棘叢林이요 黃金田地로다

不恁麼不恁麼하니 伊蘭旃檀이요 甘露蒺藜로다

恁麼不恁麼不恁麼恁麼하니 鶴健將雛去하고 猿閒抱子歸로다

會麼아

手執夜明符하니 幾箇知天曉오

【 본칙 】

운문스님에게 어떤 중이 물었다.

"장마가 개이지 않을 때는 어떠합니까?"
"찌른다箭."[1]

雲門이 因僧問호대 久雨不晴時에 如何오 門이 云 箭니라 하니

【 착어 】

꽃도 소복소복 비단도 소복소복
남쪽 땅 대요 북쪽 땅 나무로다.

花簇簇錦簇簇이여 南地竹兮北地木이로다

【 송 】

불지 유선사[2]가 송하였다.
장마비 개이지 아니함에
운문이 찌른다 말하니
봉황은 날개를 세차게 흔들고
교룡蛟龍은 비늘을 움츠린다.
이것은 시절을 위함인가
이것은 불법을 위함인가
한 화살이 두 살받이를 부질없이 헤아리니
눈동자 속의 사람 눈썹이 아름다워라.

佛智 裕 頌호대
久雨不晴에 雲門이 道箭하니
陽鳴은 奮羽翰하고 蛟龍은 縮鱗鬣이로다

---

1 『선문염송』 제1091칙(한국불교전서5, 761쪽).
2 불지단유(佛智端裕, 1085~1150). 임제종 양기파 스님으로 원오극근(圜悟克勤)의 법제자. 남악(南岳)스님의 15세손.

爲是時節가 爲是佛法가
一箭兩垛를 謾猜量하니 眼裏瞳人이 眉搭颯이라 하니

【 착어 】

문숙文叔[3]이 비록 천자의 귀함을 누리나
자릉子陵[4]은 다만 옛 친구로 보더라.
文叔雖爲天子貴나 子陵은 只作古人看이로다

【 염 】

진정 문선사가 상당하여 말하였다.
"장안은 몹시 시끄러우나 우리나라는 평안하다."
갑자기 주장자를 들고 말했다.
"운문대사가 오는구나. 찌름이여, 장마비가 개이지 않는다."
주장자로 향탁을 치면서 말하였다.
"신라는 동쪽에 있고 임제 어린아이는 다만 일척안一隻眼을 갖추었으며, 보화 도적놈은 미친 체하여 거짓 엎어진다. 풍간이 혀를 놀려 문수와 보현을 가르쳐 주니 어떻게 하겠는가?"

眞淨 文이 上堂云 長安이 甚鬧하나 我國은 晏然이로다 驀拈拄杖云 雲門大師來也라 籲여 久雨不晴이로다 以拄杖敲香卓云 新羅在海東이라 臨濟小厮兒는 只具一隻眼이요 普化賊漢은 佯狂詐顚이로다 叵耐豊干이 饒舌하야 指出文殊普賢이라 하니

---

3 후한(後漢) 광무제(光武帝)의 자.
4 후한(後漢) 여요(餘姚) 사람인 엄광(嚴光)의 자. 광무제가 등극하기 전부터 친교가 깊었고, 즉위 후에도 한 침실에 잘 정도였으며, 자릉 또한 광무제를 옛 친구로 대하였다고 함. 간의대부(諫議大夫)를 기어이 사양하고 부용산(富春山)에 은거함.

【 착어 】

양기의 세 다리 나귀를 거꾸로 타고
동서남북을 자유로이 홀로 다닌다.

倒騎楊岐三脚驢하고 東西南北에 任獨步로다

【 결어 】

대중들이여, 금에 누른빛을 더하고 침향이 향내 없다고 비방하니 노송은 바람에 울고 겨울 까마귀는 무리를 짓는다. 운문의 한 번 찌름이여, 장마비가 개이지 않음이라 달마도 알지 못하니 아주 어렵고 아주 어렵다. 말해 보라, 이 무슨 도리道理인가?

(한참 묵묵한 후에 말씀하셨다.)

눈 없는 저울대를 홀연히 잡아드니
가볍기는 기러기 털 같고 무겁기는 산 같다.
억!

(크게 할을 한 번 하고 내려오시다.)

大衆아 增金以黃하고 謗沉無香이라 古檜吟風하고 寒鴉布陣이로다 雲門一箚여 久雨不晴이라 達磨不會하니 大難大難이로다 且道하라 是什麼道理오 (良久云)

無星秤子를 忽拈出하니 輕似鴻毛重如山이로다

(喝一喝하고 下座하시다)

　　　　　　　乙卯(1975)년 동안거 결제일 해인사 해인총림 궁현당

77. 운문화타 雲門話墮
말에 떨어졌다

【 수시 】

범의 머리에 걸터앉아 범 꼬리를 거두어 잡아도
해골에서 귀신을 보고
제일구第一句에 종지宗旨를 밝혀도
흰 구름 만리萬里로다.
임제의 할喝과 덕산의 방棒은
모난 나무로 둥근 구멍을 막음이요
조주의 차와 운문의 호떡은
고기 눈알로 구슬을 만듦이다.
알겠는가?
바람 그쳐도 꽃은 오히려 떨어지고
새 우니 산 더욱 그윽하다.

據虎頭收虎尾하야도 髑髏에 見鬼하고
第一句明宗旨하야도 白雲萬里로다
臨濟喝德山棒은 方木逗圓이요
趙州茶雲門餠은 魚目作珠로다
會麽아
風定花猶落이요 鳥啼山更幽로다

【 본칙 】

운문스님이 어떤 중에게 물었다.
"광명이 고요하게 비치어 항하사에 두루한다 하니, 어찌 장졸상공張拙相公[1]의 말이 아니겠는가?"
"그렇습니다."
"말에 떨어졌다."[2]

雲門이 問僧호대 光明이 寂照徧河沙라 하니 豈不是張拙相公語오 僧云 是니다 門云 話墮也라 하니

【 착어 】

칼산지옥이 높고 높으며 아비지옥이 깊고 깊도다.

刀山이 嵬嵬하고 阿鼻深深이로다

【 송 】

화산 방선사[3]가 송하였다.
큰길에 종횡으로 자유함을 얻으니
굳센 관려자를 비틀어 여는 것이 묘하여 전부 거둔다.
그 가운데 비밀한 뜻 사람이 알기 어려우니
할喝을 하여 모름지기 물을 거꾸로 흐르게 한다.

禾山 方이 頌호대

叶路縱橫得自由하니 牢關捩轉妙全收로다

箇中密意人難會하니 喝下須教水倒流라 하니

---

1 오대(五代) 송(宋) 초 사람. 석상경저(石霜慶諸)에게 참학.
2 『선문염송』 제1068칙 (한국불교전서5, 751쪽) ; 『무문관』 제39칙.
3 화산혜방(禾山慧方, 1073~1129). 임제종 황룡파 스님으로 황룡오신(黃龍悟新)의 법제자. 남악(南岳)스님의 14세손. 『초종혜방선사어록(超宗慧方禪師語錄)』 1권이 있음.

【 착어 】

피를 머금어 사람에게 내뿜으면 먼저 그 입이 더럽다.

含血噴人이면 先汚其口니라

【 송 】

송원 악선사가 송하였다.
분명히 그려내어 그대에게 보이니
뜻이 갈고리 끝에 있고 소반에 있지 않다.
설사 석인石人이 입을 열어 말하나
오히려 혀끝에 속음을 알지 못한다.

松源 岳이 頌호대

分明寫出與君看하니 意在鉤頭不在盤이로다

縱使石人이 開得口하나 不知猶被舌頭謾이라 하니

【 착어 】

부처를 찬탄하고 조사를 칭찬함은 덕산이라야 되느니라.

讚佛讚祖는 德山이라사 始得다

【 결어 】

　대중들이여, 운문 절름발이가 비록 기상이 왕과 같으나, 밤새도록 도적질하다 날 새는 줄 몰라서, 천고千古 후에 사람들에게 점검받게 되니 어찌하리오. 말해 보라, 한마디 법문法門이 어느 곳에 떨어져 있는가?

　조주 남쪽 석교 북쪽의 관음원觀音院 안에 미륵이 있더라.

　억!

　(크게 할을 한 번 하고 내려오시다.)

　大衆아 雲門跛子가 雖然氣宇如王이나 爭奈終夜作竊에 不覺天明하야 千

古之下에 被人點檢이리오 且道하라 一著이 落在什麼處오

趙州南石橋北인 觀音院裏에 有彌勒이로다

(喝一喝하고 下座하시다)

丙辰(1976)년 하안거 결제일 해인사 해인총림 대적광전

78. 덕산도득 德山道得
말을 해도

【 수시 】

독사는 뿔을 이고 맹호는 날개 돋쳤으며
사나운 용은 바다를 휘젓고 금시조金翅鳥¹는 바람을 치니
말해 보라, 이 무슨 시절인가?
(한참 묵묵한 후에 말씀하셨다.)
봄날이 화창하니 꾀꼬리는 북쪽으로 가고
가을바람이 쓸쓸하니 기러기는 남쪽으로 난다.
毒蛇는 戴角하고 猛虎는 揷翼하며
獰龍은 攪海하고 金翅는 搏風하니
且道하라 是什麼時節고 (良久云)
春日이 融和하니 鶯北轉하고 秋風이 蕭瑟雁南飛로다

【 본칙 】

덕산스님이 대중에게 "말해도 삼십 방을 때릴 것이요, 말하지 못해도 삼십 방을 때리리라."고 법문한다는 소리를 듣고, 임제스님이 시자에게 말하였다.

---

1 가루라(迦樓羅)로 음역. 묘시조(妙翅鳥)라고도 함. 천룡팔부의 하나로 수미산 북방의 철수(鐵樹)에 살며 입에서 불을 토하고 용을 잡아먹는다는 전설 속의 새.

"가서 덕산이 그렇게 말하거든 얼른 묻되, '말했거늘 어찌하여 삼십 방을 때립니까?' 하라. 그가 만약 때리거든 네가 주장자를 잡아 한 번 밀쳐 버려라."

시자가 가서 시킨 대로 하니 덕산스님이 밀려 엎어졌다가 문득 방장으로 돌아가 문을 닫아 버렸다. 시자가 돌아와 임제스님에게 전하니, 임제스님이 말하였다.

"내가 본래 그를 의심하였다."[2]

臨濟가 聞德山이 示衆云 道得也三十棒이요 道不得也三十棒하고 濟令侍者로 去하야 見他如是道어든 便問호대 道得이어늘 爲甚麽하야 三十棒고 하야 待伊若打어든 你接拄杖하야 推一推하라 者去하야 一如指敎하니 德山이 被一推倒하야 便歸方丈하야 閉却門하니라 者廻하야 擧似濟하니 濟云 我從來로 疑著這漢이라 하니

【착어】

너에게 주장자 있으니 너에게 주장자를 주고
너에게 주장자 없으니 너에게서 주장자를 뺏노라.

你有拄杖子하니 與你拄杖子하고 你無拄杖子하니 奪你拄杖子하노라

【염】

허당선사가 염하였다.

"모두들 말하기를, '덕산은 단지 옅은 물에 비늘을 벌릴 줄만 알고 깊은 못에 낚시 내릴 줄은 모른다' 하나 임제 부자가 덕산에게 밀려 거친 풀 더미에 파묻혀서 지금까지 몸을 일으키지 못함을 알지 못한다."

---

2 『선문염송』 제632칙(한국불교전서5, 489쪽).

虛堂이 拈호대 盡謂德山은 只解淺水에 張鱗하고 不能深潭에 下釣라 하니 殊不知臨濟父子가 被德山埋在荒草堆頭하야 至今擡身不起라 하니

【 착어 】

목인은 노래 부르고 석녀는 춤춘다.
木人은 唱歌하고 石女는 起舞로다

【 결어 】

대중들이여, 허당 늙은이가 허리에 임제의 바른 인印을 차고 손에는 양기楊岐의 신비한 부적을 쥐고, 부처와 조사를 저울질하고 옛날과 지금을 둘러싸니, 가난하기는 범단范丹 같고 기운은 항우項羽와 같다. 비록 이러하나 좋은 마음은 아니니 다시 덕산을 만길 밑으로 떨어뜨려 오늘에 이르기까지 일어나지 못하게 한다. 알겠는가?
구름은 물결 속에 달을 토해내고
하늘은 비 온 뒤 산에 비껴 있네.
억!
(크게 할을 한 번 하고 내려오시다.)

大衆아 虛堂老漢이 腰佩臨濟正印하고 手執楊岐神符하야 權衡佛祖하고 羅籠古今하니 貧似范丹이요 氣如項羽로다 雖然如是나 不是好心이니 更推德山於萬仞之下하야 直至如今起不得이로다 會麽아
雲吐波中月하고 天橫雨外山이로다

(喝一喝하고 下座하시다)

丙辰(1976)년 하안거 해제일 해인사 해인총림 대적광전

79. 밀암사분 密菴沙盆
깨진 질그릇

【 수시 】

운문의 "넓다." 함과 풍혈의 "눈멀었다." 함이여
중은 절에서 자고 도적은 방비가 허술한 집을 훔친다.
석가는 평지에 떨어지고 가섭은 크게 실패한지라
조상이 영험치 못하여 그 재앙이 자손에게 미치니
사칠四七과 이삼二三의 조사가
훔친 물건을 안고 잘못되었다고 소리친다.
알겠느냐?
밭을 얕게 갈아 깊게 심고
귀하게 사서 천하게 판다.

雲門普와 風穴瞎이여 僧投寺裏宿하고 賊打不防家로다
釋迦는 落節하고 迦葉은 敗闕이라
祖禰不靈하야 殃及兒孫하니 四七二三이 抱贓呌屈이로다
會麽아
淺耕深種하고 貴買賤賣로다

【 본칙 】

밀암스님이 응암스님을 모시고 있을 때 응암스님이 물었다.
"어떤 것이 정법안正法眼인가?"

"깨어진 질그릇입니다."[1]

密菴이 侍應菴할새 應이 問曰 如何是正法眼고 密曰 破沙盆이라 하니

【 착어 】

뜨거운 벽돌을 치니 속까지 얼었고

거북이 불타는 나무 더미에 부딪쳤네.

焦塼을 打著連底凍하고 赤眼이 撞著火柴頭로다

【 염 】

쌍삼 원선사[2]가 염하였다.

"이 사소한 이야기는 삼거리 어귀의 오래된 한 개 썩은 나무 등걸 같아서, 바람에 시달리고 햇볕에 쪼여서 누가 감히 거들떠나 보겠는가. 홀연히 건장한 사람이 둘러메고 가니 위쪽 면에 원래 관인이 찍혀 있었다. 말해 보라, 도장의 글자가 어느 곳에 있는가?

오릉에서 노는 공자公子 젊었을 때

봄바람에 마음대로 말을 타고 달리고

황금으로 탄자 만들기를 아끼지 않아

해당화 꽃 아래 꾀꼬리를 사냥하였네."

雙杉元이 拈호대 者些說話는 如三叉路口의 多年一條大爛木頭하야 風吹日炙하니 誰敢虛見著고 忽被箇健兒하야 駄將去하니 上面에 元來로 有官印이니라 且道하라 印文이 在什麽處오

五陵公子少年時에 得意春風躍馬蹄로다

不惜黃金爲彈子하야 海棠花下에 打黃鸝라 하니

---

1 『오등회원』 권20 「밀암함걸」.
2 쌍삼원(雙杉元). 송(宋)대 임제종 양기파 스님으로 만암치유(萬庵致柔)의 법제자. 남악(南岳)스님의 19세손.

【 착어 】

서리 내리는 하늘에 달 떨어져 한밤중인데
누구와 함께 맑은 못에 차가운 그림자를 비추리.
霜天에 月落夜將半이라 誰共澄潭照影寒고

【 송 】

엄실 개선사[3]가 송하였다.
법의 눈이라 말할 때 벌써 스스로 속았거늘
부질없이 "부서진 질그릇"이라 잘못 대답한다.
지금에 널리 퍼져 있어 가리고 덮기 어려우니
재앙이 총림을 해치고 자손을 그르친다.
掩室 開 頌호대
法眼을 拈出에 早自謾이어늘 無端錯對破沙盆이로다
而今에 偏界難遮掩하야 殃害叢林累子孫이라 하니

【 착어 】

대유령 고개 위에 한 부처님이
방광하여 소산탑을 비추어 빛나네.
大庾嶺頭一尊佛이 放光照耀踈山塔이로다

【 송 】

대헐 겸선사[4]가 송하였다.

---

3 엄실선개(掩室善開). 송(宋)대 임제종 양기파 스님으로 송원숭악(松源崇岳)의 법제자. 남악(南岳)스님의 19세손.
4 대헐중겸(大歇仲謙, 1174~1244). 임제종 양기파 스님으로 송원숭악(松源崇岳)의 법제자. 남악(南岳)스님의 19세손.

백옥을 쪼아 진흙 탄자를 만들고
황금을 부어 철곤륜을 만들었다.
천 년 묵혀 둔 물건을 살 사람 없어
지금 자손에게 누累가 될 수밖에 없네.
大歇 謙이 頌호대
白玉으로 琢成泥彈子하고 黃金으로 鑄就鐵崑崙이로다
千年滯貨를 無人買하야 未免如今累子孫이라 하니

【 착어 】

먼저 간 사람은 이르지 못하고
뒤에 간 사람은 벌써 지나갔구나.
先行不到하고 末後太過로다

【 결어 】

대중들이여, 부서진 질그릇이여 부서진 질그릇이여
영산靈山의 명맥命脉이요 소림少林의 눈동자로다.
무겁기는 수미산 같고 가볍기는 기러기 털 같으니
하늘에 빛나는 해요 바다 밑의 차가운 달이로다.
죽은 사람도 살리는 신기한 약이요 생명을 끊는 칼이니
쳐다보고 우러러봐도 값은 반 푼어치도 안 된다.
말해 보라, 이 법문의 뜻이 어느 곳에 떨어져 있는가?
(한참 묵묵한 후에 말씀하셨다.)
한 이랑 땅에 뱀 세 마리요 쥐 아홉 마리로다.
억!
(크게 할을 한 번 하고 내려오시다.)
大衆아 破沙盆破沙盆이여 靈山命脉이요 少林眼睛이로다 重如須彌하고 輕

似鴻毛하니 天上赫日이오 海底寒月이라 起死神丹이오 斷命刀子니 瞻之
仰之에 不值半文이로다 且道하라 一著이 落在什麼處오 (良久에 云)
一畝之地에 三蛇九鼠니라

(喝一喝하고 下座하시다)

丙辰(1976)년 동안거 결제일 해인사 해인총림 궁현당

80. 소산수탑 疎山壽塔
장수탑

【 수시 】

석가가 세상에 나오심도 지옥에 들어가기 화살 같고
달마가 서쪽에서 오심도 지옥에 들어가기 화살 같고
임제의 할喝과 덕산의 방棒도 지옥에 들어가기 화살 같고
산승이 이렇게 말함도 지옥에 들어가기 화살 같으니
필경 어떠한가?
맑은 경쇠 한 소리에 모두 귀 기울이고
자규가 피를 토해 꽃가지를 물들이네.

釋迦出世도 入地獄如箭射요
達磨西來도 入地獄如箭射며
臨濟喝德山棒도 入地獄如箭射요
山僧恁麽도 入地獄如箭射니
畢竟作麽生고
淸磬一聲에 齊側耳하고 子規啼血染華枝로다

◉

석가모니께서 사바세계에 태어나 보리수 아래에서 도를 이루어 온 중생을 제도했다지만 사실에 있어서는 지옥에 들어가기를 화살같이 합니다. 달마대사께서 멀리 서쪽에서 동토로 와 부처님의 정법안장을 전했

다고 하지만 이것도 역시 지옥에 들어가기를 화살같이 합니다. 임제스님은 사람만 보면 할을 하고 덕산스님은 사람만 보면 몽둥이를 휘둘러 서릿발처럼 법을 활용했지만 이것 역시 지옥에 들어가기를 화살같이 합니다. 어찌 그들뿐이겠습니까?

내가 지금 이렇게 법문을 하는 것 역시 지옥에 들어가기를 화살같이 합니다. 그럼, 결국 어떻게 해야 할까요?

【 본칙 】

중이 소산스님을 위하여 수탑壽塔을 조성하고 와서 소산스님에게 말하니, 스님이 물었다.

"그대가 석수에게 돈을 얼마나 주려는가?"

"모두 스님께 맡깁니다."

"그에게 세 푼을 주겠는가, 두 푼을 주겠는가, 한 푼을 주겠는가? 바로 말하면 나를 위하여 몸소 수탑을 만들었느니라."

중이 대답을 하지 못하고 뒤에 대령大嶺스님에게 이 일을 전하니, 대령스님이 말했다.

"대답한 사람이 있는가?"

"대답한 사람이 없습니다."

"그대가 돌아가 소산에게 전하여 말하라. 대령이 전해 듣고 말하기를, 만약 석수에게 세 푼을 주면 스님이 금생에는 결정코 탑을 얻지 못할 것이요, 두 푼을 주면 스님과 석수가 함께 한쪽 손을 내밀 것이요, 한 푼을 주면 저 석수에게 누累가 되어 눈썹과 수염이 떨어지리라."

그 중이 돌아와 소산스님에게 전하니, 스님이 위의를 갖추고 대령을 향해 절하고 탄식하며 말하였다.

"사람이 없다고 여겼더니 대령의 고불古佛이 광명을 놓아 여기까지 비치는구나. 비록 그러하나 이는 섣달의 연꽃이니라."

대령스님이 뒤에 이 말을 듣고 말하였다.

"내가 이렇게 말함도 또한 거북 털 길이가 세 발이로다."[1]

疎山이 因僧與師造壽塔畢하고 來白師어늘 山云 汝將多小錢與匠人고 僧云 一切任和尙이니다 山云 爲將三文錢與伊아 爲將兩文錢與伊아 爲將一文錢與伊아 若道得하면 與吾親造塔이니라 僧이 無語하고 後擧似大嶺한대 嶺云 還有人道得麽아 僧云 未有人道得이니다 嶺云 汝廻擧似疎山道호대 大嶺이 聞擧하고 有語云 若將三文錢與匠人하면 和尙이 今生에 決定不得塔이요 若將兩文錢與匠人하면 和尙與匠人이 共出一隻手오 若將一文錢與匠人하면 累他匠人眉鬚墮落이니라 其僧이 廻擧似山한대 山이 具威儀하고 望大嶺禮拜歎云 將謂無人이러니 大嶺古佛이 放光射至此間이로다 雖然如是나 也是臘月蓮花니라 大嶺이 後聞此語云 我與麽道는 也是龜毛長三丈이라 하니

◉

수탑壽塔이란 스님들이 입적한 뒤 사리나 유골을 모시는 부도를 말합니다. 소산스님이 연세가 많고 하니 미리 준비해서 탑을 만든 것입니다. 탑을 다 조성하고 나서 소산스님에게 수탑을 다 만들어놨다고 말씀을 드렸습니다. 그랬더니 소산스님이 "네가 그 장인에게 수탑 만든 삯을 얼마나 줬냐?"고 물었습니다. 일을 시켰으니 삯을 주어야 할 것 아닙니까? 그 스님이 "그거야 스님께서 알아서 하실 일 아닙니까?"라고 했습니다. 그러자 소산스님 말씀이 "세 푼을 줘야겠느냐, 두 푼을 줘야겠느냐, 그렇지 않으면 한 푼을 줘야겠느냐? 돈을 얼마나 줘야할지 네가 분명히 말할 수 있다면 네가 참으로 나를 위하여 수탑을 만들었다고 할 수 있다. 하지만 수탑을 만들었다고 하면서 정확히 얼마를 줘야할지 모른다면 네

---

1 『선문염송』 제870칙(한국불교전서5, 632쪽).

가 내 수탑을 만들었다고 할 수 있겠느냐?" 하고 말씀하셨습니다. 이것이 아주 깊은 법문입니다.

그 스님이 심부름은 잘 해도 안목은 없던 모양입니다. 아무 말도 못했습니다. 그 스님이 대답을 못하고 뒤에 대령스님, 즉 나산羅山스님을 찾아가 그 얘기를 했습니다. 그랬더니 대령스님이 "내가 이렇게 말하더라고 전해라." 하며 하신 말씀이 있습니다.

"서푼을 주면 영원히 탑을 얻지 못하고 마는 것이고, 두 푼을 주면 소산과 장인이 서로 한손을 잡고 있는 것이고, 한 푼을 주면 장인이 눈썹이 다 없어지고 수염이 떨어져 버린다."고 했습니다. 이게 소산스님의 물음에 대한 바른 대답입니다.

그 스님이 돌아가 소산스님에게 대령스님의 말씀을 전하자 소산스님이 큰 장삼에 가사를 수하고 대령을 향해 절을 하며 탄복했습니다.

"내가 한 법문을 알아듣는 사람이 없다고 여겼는데 대령의 고불古佛이 광명을 놓아 여기까지 비치는구나." 하며 무수히 찬탄하고 기뻐했습니다. 그래 놓고 하는 소리가 "비록 그러하나 이는 섣달의 연꽃이다."라고 했습니다. 섣달이면 가장 추울 때인데 무슨 연꽃이 피겠습니까? 대령스님이 나중에 "납월연화臘月蓮花"라는 그 말을 듣고 "내가 이렇게 말한 것 역시 거북털 길이가 세 발인 것이다."라고 했습니다. 그러면 필경 이 법문의 낙처가 어느 곳에 있을까요? 여기에 대해서 내 한마디 하겠습니다.

【 착어 】

조사가 나물 비빔밥 먹기를 좋아함이여
북쪽에 문수보살이 있어 오대산에 산다.
祖師愛喫和蘿飯이여 北有文殊在五坮로다

◉

　조사들이 나물을 섞어 비빈 비빔밥을 좋아한다고 했습니다. 왜 조사가 비빔밥을 좋아한다고 했을까요? 참으로 바로 깨치기 전에는 "비빔밥"이란 소리를 모르는 것입니다. "비빔밥"이라 한 것은 그 뜻이 저 깊은 데 있습니다. 삼세제불 역대조사가 비빔밥 먹고 사는 사람들입니다. "조사가 비빔밥을 좋아하는데 문수보살이 북쪽 오대산에 있다."고 한 이것을 바로 알면 소산스님이 탑 값 물은 것을 알 수 있습니다. 그 뒤 대혜스님이 이 법문에 대해 송한 것이 있습니다. 운문雲門과 경산徑山스님이 다 주석하셨던 산 이름입니다.

【 송 】

운문 고선사가 송하였다.
시방의 상주지常住地를 쪼아 부수어
세 푼을 다 써 시체와 해골이 드러났다.
나산 고불古佛이 비록 영험하나
몸이 한곳에 파묻힘을 면치 못하리.

雲門 杲 頌호대
鑿壞十方常住地하야 三錢을 使盡露屍骸로다
羅山古佛이 雖靈驗이나 未免將身一處埋라 하니

◉

　항상 주재하는 천지국토를 정으로 쪼고 깨고 두드려 돈 서푼 들여서는 결국 뭘 장엄했는가? 송장을 장엄했다는 것입니다. 온 천지에 송장이 너부러졌다는 것입니다. 소산스님 수탑 조성한 것을 두고 하는 말입니다.
　탑 값을 묻는 소산스님의 질문에 대령스님이 바로 대답하지 않았습니까? 또 그 말을 들은 소산스님이 고불古佛이라고 칭찬하지 않았습니까? 나산, 즉 대령스님이 영험이 있어 참으로 법문을 바로 알아듣고 대답을 잘 했습니다. 하지만 사실에 있어서는 대령도 소산과 더불어 송장이 되어 한 구덩이에 묻혀 버렸다고 했습니다.

이것은 경산 종고선사가 소산과 대령스님의 법문 뜻을 사실에 있어 바로 표현한 것입니다. 이것을 바로 알아야 소산스님과 대령스님의 법문을 알 수 있습니다. 바로 깨친 고불고조라야 이 법문을 알 수 있다는 것입니다. 그럼 이 뜻이 어느 곳에 있는가? 경산스님의 게송에 내 한마디 붙이겠습니다.

【 착어 】

이삼천 곳곳마다 풍류놀이 하는 누각이요
사오백 거리마다 화류의 마을이로다.
二三千處管絃樓요 四五百條花柳巷이로다

◉

경산스님 법문하고 무슨 연관이 있기에 내가 이런 소리를 할까요? 모르면 전혀 엉뚱한 말을 하는 것으로 들릴 것입니다. 하지만 경산스님의 게송과 그 내용은 똑같습니다. 그리고 게송 하나를 더 소개하겠습니다. 양기정맥을 이은 응암 화선사는 경산 고선사의 조카상좌입니다. 이분은 어떤 분인가? 대혜스님은 응암 화선사의 법문을 전해 듣고 "정법안장은 응암에게 갔다." 하고 가사와 바리때를 직계제자도 아닌 응암 화선사에게 전했습니다. 바로 그 어른이 송한 것입니다.

【 송 】

응암 화선사가 송하였다.

푸른 길을 파헤쳐 부도를 만듦이여
논란이 오고 감에 값이 헐하지 않다
한없이 떨어진 꽃이 물을 따라가니
석양 봄빛이 강과 호수에 가득하다.
應庵 華 頌호대
鑿開蒼徑造浮圖여 往復商量價不孤로다
無限落花隨水去하니 夕陽春色이 滿江湖라 하니

◉

대혜스님은 시방국토를 두드려 부수어 결국 온 시방세계에 송장만 꽉 찼다고 했는데, 응암 화선사는 그와 반대로 온 시방세계 전체가 꽃 천지더라고 했습니다. 그러면 이 뜻이 어느 곳에 있습니까? 그 뜻에 대해 내 한마디 하겠습니다.

【 착어 】

석우石牛는 옛길에 누웠고
말 한 마리가 범 세 마리를 낳는다.
石牛攔古路요 一馬生三寅이로다

◉

말 한 마리가 어떻게 범 세 마리를 낳습니까? 말 한 마리가 범을 세 마리 낳는다고 한 이것을 알면 응암 화선사의 게송 뜻도 알 수 있고, 대혜스님의 게송 뜻도 알 수 있고, 소산스님과 대령스님의 법문 뜻도 다 알 수 있습니다. 그 뒤 백운 병선사께서 이 공안을 평한 것이 있습니다.

【염】

백운 병선사가 염하였다.

"소산은 북을 달고 치기를 기다려 사람들이 줄 잇기를 바라고, 대령은 바람 따라 불을 부니 힘을 많이 들이지 않는다. 곧 면밀하여 바람이 통하지 않고 둥글어서 꿰맨 자국이 없다. 소산이 끝에 말하기를, '이는 또한 섣달의 연꽃이라' 하니 훔친 물건을 안고서 죄를 판결함과 같으며, 대령이 말하되, '거북 털 길이가 석 자'라 하니 이는 눈을 뜨고 자리 위에서 오줌 싸는 것이다."

불자拂子를 들고 말하였다.

"소산과 대령의 콧구멍을 여기에서 한 꿰미로 꿰어 버렸다."

白雲 昺이 拈호대 疎山은 懸鼓待槌하야 要人接續이요 大嶺은 因風吹火하야 用力不多로다 直得綿密不通風하고 渾崙無縫罅라 疎山이 末後道호대 也是臘月蓮花라 하니 大似抱贓判事요 大嶺이 云 龜毛長三尺이라 하니 也是開眼尿床이로다 遂擧拂子云 疎山大嶺鼻孔을 在者裏하야 一串穿却이로다 하니

◉

두 분의 법문이 아주 면밀해 바람 들어갈 틈도 없고 원만하고 원만해 도저히 모서리를 찾을 수 없다며 우선은 크게 높였습니다. 하지만 소산스님이 "그렇지만 이것은 섣달의 연꽃이다."고 한 것은 도둑질한 남의 물건을 잔뜩 안고서 재판하는 식이라는 것입니다. 재판을 하려면 자신이 스스로 청백해야 할 텐데 남의 물건을 잔뜩 훔쳐서 안고 있는 도둑놈이 어떻게 재판을 합니까? 그런 도둑놈이 공정한 재판을 하겠습니까? 그래서 소산스님이 "납월연화臘月蓮花"라 한 것은 남의 물건 잔뜩 도적질해 한 아름 안고 있으면서 도둑놈 재판하는 식이라는 것입니다.

또 대령스님은 "내가 이렇게 말한 것도 거북이 털이 길이가 세 발이

다."라고 하지 않았습니까? 대양이 "구모삼척龜毛三尺"이라 한 것은 눈을 뻔히 뜨고 자리 위에서 오줌 싸는 것과 같다고 했습니다. 어린아이도 아니고, 미친 사람이 아니고서야 앉고 눕는 방바닥에 눈 뻔히 뜨고 오줌을 쌉니까? 그리고선 불자를 들고 "소산과 대령의 콧구멍을 여기에 한 꿰미로 꿰어 버렸다."고 했습니다.

그럼, 낙처가 어느 곳에 있는가? 백운스님이 이렇게 말씀한 뜻이 어느 곳에 있습니까? 내 한마디 하겠습니다.

【 착어 】

고개 위 흰 구름은 흩어졌다 다시 모이고
하늘가 밝은 달은 갔다가 다시 온다.
嶺上白雲은 舒復卷이요 天邊皓月은 去還來로다

【 결어 】

대중들이여, 소산의 수탑壽塔은 반 푼어치도 못되거니와 대령이 방광放光함은 또 어떠한가?

높고 높은 수미산이 푸른 허공에 거꾸로 서니, 조주와 운문이 일시에 목숨을 빈다.

알겠느냐?

차나 마셔라!

억!

(크게 할을 한 번 하고 내려오시다.)

大衆아 踈山壽塔은 不値半文이어니와 大嶺放光은 又且如何오 巍巍須彌가 倒卓蒼空하니 趙州雲門이 一時乞命이로다 會麽아

喫茶去하라

(喝一喝하고 下座하시다)

● 그럼, 전체를 총괄해서 한마디 하겠습니다. 대중 여러분, 소산스님의 수탑은 사실에 있어서 반 푼어치도 못됩니다. 그럼 대령이 방광한 것은 또 어떻습니까?

높고 높은 수미산이 푸른 허공에 거꾸로 서니

조주와 운문이 일시에 목숨을 빈다.

알겠습니까?

차나 마셔라!

억!

丁巳(1977)년 하안거 결제일 해인사 해인총림 대적광전

81. 앙굴산난 殃崛産難
해산하기 어려워

【 수시 】

간장 속에서 소금을 얻고

눈 속에서 숯을 보내니

여자가 선정에서 나옴이요[1]

백장의 여우로다

문수는 사자를 잃어버리고

망명罔明[2]은 도리어 큰 코끼리를 타니

영산의 성중들은 입이 눈썹 같고

공자의 제자는 귀가 우뚝 솟았다.

알겠는가?

천년 밭 팔백 주인이여

초명이 남산의 호랑이를 삼켰네.

---

1 부처님 곁에 한 여인이 앉아 삼매에 들어 있었다. 문수가 "어찌하여 이 여인은 부처님 곁에 가까이 있는데 저는 그렇지 못합니까?" 하고 묻자, 부처님께서 "네가 이 여인을 삼매에서 깨워 물어라." 하셨다. 그러나 끝내 그 여인을 깨어나게 하지 못하였다. 그러자 부처님께서 "백 천의 문수가 올지라도 이 여자를 삼매에서 깨어나게 하지 못하니, 오직 망명보살(罔明菩薩)이라야 이 여인의 선정을 깨우리라."고 하셨다. 그러자 망명보살(罔明菩薩)이 땅에서 솟아올라 부처님께 절을 하였다. 부처님이 "여자의 선정을 깨우라." 하시니, 망명보살이 손가락을 한 번 통기자 드디어 여자가 선정에서 깨어났다. 『무문관(無門關)』 제42칙의 공안이며, 『제불요집경(諸佛要集經)』 하권에 자세한 내용이 나옴.

2 기제음개보살(棄諸陰蓋菩薩)이라고도 함. 모든 망상분별을 버린 환희지의 보살.

醬裏에 得鹽하고 雪中에 送炭하니

女子出定이요 百丈野狐로다

文殊는 失却師子兒하고 罔明은 還騎大象王하니

靈山聖衆은 口如眉하고 尼丘弟子는 耳卓索이로다

會麽아

千年田八百主여 蟭螟은 呑却南山虎로다

【 본칙 】

앙굴마라존자가 바리때를 들고 어느 부잣집 문 앞에 이르니, 부인이 마침 난산으로 고생하고 있었다.

장자가 말하되, "부처님의 제자여, 스님은 지극한 성인이시니 마땅히 무슨 법을 써서 난산을 구해 주소서." 하니, 존자가 답하되, "나는 도에 들어온 지 얼마 되지 않아서 이런 법을 알지 못하니, 세존께 여쭈어서 다시 와 알려 드리겠으니 기다리시오." 하였다. 돌아가서 부처님께 자세히 여쭈니 부처님께서 말씀하셨다.

"너는 속히 가서 말하되, 내가 현성의 법을 따르고부터는 아직껏 살생하지 않았노라 하라."

존자가 부처님 말씀을 받들어 장자에게 가서 회답하니 그 부인이 듣고 곧 순산하였다.[3]

殃崛摩羅尊者가 持鉢至一長者門하니 其家婦人이 正值産難이라 長者曰 瞿曇弟子여 汝爲至聖이니 當有何法하야 能救産難고 尊者曰 我乍入道하야 未知此法하니 待我廻問世尊하야 却來相報하라 及返하야 具事白佛한대 佛言 汝速去報云호대 我自從賢聖法來로 未曾殺生호라 하라 尊者便奉佛語하야 往告長者하니 其婦得聞하고 卽免産難이라 하니

---

3 『선문염송』제72칙(한국불교전서5, 80쪽).

◉

앙굴마라존자는 출가하기 전에 사람의 목숨을 999명이나 해쳤던 희대의 살인마입니다. 천 명의 숫자를 채우기 위해 칼을 들고 부처님에게 달려들었다가 부처님의 교화로 비구가 된 사람입니다. 그 앙굴마라가 "나는 부처님의 법에서 다시 태어난 이후로 한 번도 살생한 적이 없다."고 하자 난산으로 고생하던 부인이 그 말을 듣고 당장에 해산했다고 했습니다. 이것이 유명한 앙굴마라산난화殃崛摩羅産難話입니다.

언뜻 보면 특별한 일도 별다른 뜻도 없는 것 같지만 여기에 아주 깊은 뜻이 들어 있습니다. 부처를 초월한 정안을 갖추기 전에는 이 뜻을 모릅니다. 만약 이 뜻을 바로 알면 천칠백 공안 아니라 만칠천 공안이라도 훤히 알 수 있습니다. 그렇게 깊고 깊은 법문입니다. 남의 아내 해산하는 이야기로 별 뜻 없어 보이지만 겉만 보아서는 그 뜻을 절대 모릅니다. 그럼 이 공안의 뜻이 어느 곳에 있는가? 내 한마디 하겠습니다.

【 착어 】

뜨거운 화염 가운데 흰 연꽃이 피고
바다 밑에서 붉은 먼지가 떼 지어 일어난다.
烈焰光中에 綻白蓮이요 海底紅塵이 成陣起로다

◉

아주 뜨거운 불속에 불이 훨훨 타고 있는데 그 불속에서 흰 연꽃이 핀다고 했습니다. 불속에서 어떻게 연꽃이 필 수 있습니까? 또 천길 만길 깊은 바닷속에서 먼지가 부옇게 일어난다고 했습니다. 바닷속에서 먼지가 일어날 턱이 있습니까? 그 깊은 바닷속에서 먼지가 아주 산더미처럼 일어나 날린다고 했습니다. 이 뜻을 알면 앞의 공안을 알 수 있습니다. 임제종의 중흥조로 추앙받는 대혜스님이 이 공안에 대해 송한 것이 있습니다. 그것을 소개하겠습니다.

【송】

대혜 고선사가 송하였다.
화음산華陰山 앞 백 척 깊은 우물이여
그 속에 차디찬 샘이 있어 뼈에 사무치도록 차다
뉘 집 여자 와서 그림자를 비추는가
다른 것은 비추지 않고 옷깃만 비추네.
大慧 杲 頌호대
華陰山前百尺井이여 中有寒泉徹骨冷이라
誰家女子來照影고 不照其餘照斜領이라 하니

◉

화음산華陰山[4]이라는 명산 앞에 깊은 샘이 있는데 그 샘물이 어찌나 찬지 손을 넣으면 뼈가 저릴 정도라는 것입니다. 그 우물에 뉘 집 여인네가 와 얼굴을 비추는데 다른 것은 비치지 않고 옷 동정만 비치더라고 했습니다. 이것을 알면 앞의 공안을 알 수 있습니다. 그렇지만 이 게송 또한 그 뜻이 깊어 부처와 조사를 초월한 안목이 아니면 알 수 없습니다.

【착어】

일 이 삼 사 오여 뒤뜰에서 나귀가 풀을 먹는구나.
一二三四五여 後園에 驢喫草로다

---

[4] 후한(後漢) 순제(順帝) 때 장해(張楷)라는 선비와 관련된 고사성어 '오리무중(五里霧中)'의 배경이 되는 산. 벼슬에 관심없던 장해가 황제의 등용을 뿌리치고 화음산(華陰山) 기슭에 자리한 고향으로 낙향했다고 한다. 학문뿐만 아니라 도술(道術)에도 능했던 장해가 자신을 감추려고 만들어낸 것이 바로 '오리무(五里霧)'였다.

⦿

아무 관계도 없는 소리 같지만 이렇게 말한 뜻을 알면 대혜스님의 뜻도 알 수 있습니다. 오조 법연선사의 제자 삼불三佛 가운데 한 분인 불안스님, 그분의 제자인 죽암 규선사의 게송을 또 소개하겠습니다. 대혜스님과는 사촌지간이 되는 분입니다.

【 송 】
죽암 규선사가 송하였다.
달 속의 항아姮娥가 눈썹을 그리지 않고
구름과 안개로 비단 옷을 삼았네.
꿈속에 푸른 봉새 쫓던 일 알지 못하고
오히려 꽃가지 잡아 낯을 가리고 돌아온다.
竹菴 珪 頌호대
月裏姮娥不畵眉하고 只將雲霧作羅衣로다
不知夢逐靑鸞去하고 猶把花枝盖面歸라 하니

⦿

보통 사람은 단장하려면 눈썹을 그리지만 달 속의 어여쁜 미인은 어찌나 예쁜지 눈썹을 그릴 필요가 없습니다. 그런 미인이 꿈속에서 봉새를 쫓다가 꽃송이로 낯을 가리고 집으로 돌아온다 했습니다. 꽃송이로 낯을 가렸다는 여기에 아주 깊은 뜻이 있습니다. 이것을 알면 앞 공안의 뜻을 알 수 있습니다. 그럼 이 뜻은 필경 어느 곳에 있는가? 내 한마디 하겠습니다.

【 착어 】
시리 소로 사바하

喧哩嘛嚕娑婆訶로다

●

"시리 소로 사바하"를 알면 달 속 항아가 꽃으로 얼굴을 가리고 집으로 돌아온다 한 것을 알 수 있습니다. 아무 관계없는 말 같지만 내용은 똑같다 이것입니다.

【염】

담당선사가 말하였다.
"부처님 계신 곳에 이르기 전에 그 집에서 아기를 낳았을 때는 어떠한가? 그 집에 이르기 전에 벌써 아기를 낳았을 때는 어떠한가?"

湛堂 云 未到佛座下에 他家生下兒子時如何오 未至他家에 已生下兒子時如何오 하니

●

대혜스님이 모든 불조의 공안을 다 뚫었는데 앙굴마라산난화殃崛摩羅産難話는 도저히 알 길이 없었습니다. 그래서 당시 고명한 선지식이었던 담당 문준선사에게 그 뜻을 물었습니다. 그랬더니 담당스님 말씀이 "모를 때는 금덩이같이 귀중한데 알고 보면 똥덩이보다 천하다."고 했습니다. 모르는 사람이 보면 기막히게 어렵지만 아는 사람이 보면 아무 것도 아니라는 말입니다. 그리고선 또 한마디 하신 것입니다.

"그럼, 앙굴마라가 장자의 말을 듣고, 어떤 방법을 써야만 난산을 면할 수 있느냐고 부처님에게 묻기도 전에 그 집에서 벌써 아기를 낳았으면 어쩔 거냐?"

그렇다면 물으러 간 일이 허사가 됩니다. 그러면 어떻게 할 거냐는 겁니다. 이어 말씀하셨습니다.

"부처님의 말씀을 듣고 돌아오기 전에 벌써 아이를 낳아 버렸으면 또 어쩔 것이냐?"

담당스님의 이 말씀도 언뜻 보면 천하에 쉬운 말 같지만 쉬운 것이 아닙니다. 대혜스님 역시 담당스님 말씀의 뜻을 몰랐습니다. 수십 년 뒤, 원오스님을 찾아가 확철히 깨친 뒤에 비로소 담당스님 말씀의 뜻을 알았습니다. 평범한 말씀처럼 들리겠지만 여기에 아주 깊은 뜻이 있습니다. 그럼, 그 뜻이 어느 곳에 있는가?

【 착어 】

장씨 늙은이와 이씨 노파가 손뼉 치며 크게 웃는다.
張翁李婆가 撫掌大笑로다

【 염 】

천동 민선사가 염하였다.
"부처님은 꽃을 옮김에 나비가 함께 따라옴이요, 앙굴마라는 샘물을 길러 달을 지고 돌아옴이다. 산부産婦는 구름이 고개 위에서 한가로이 떠돎이요, 장자는 물이 산골 아래로 흐르니 몹시도 바쁩니다. 법규에 죄를 범함이 있으나 네 사람을 모두 법에 의하여 놓아주었노라.
또한 낳은 아기는 어떻게 의논할까?
눈먼 촌 늙은이에게 분부하여
거북을 뚫고 기왓장을 치는 데 맡기노라."

天童 초이 拈호대 世尊은 移花에 兼蝶贈이요 殃崛은 擔泉에 帶月歸라 産婦는 雲在嶺頭閑不徹이요 長者는 水流澗底太忙生이로다 案內에 有犯하야 四人을 俱依律發放了也라 且生下底孩兒는 如何理論고 分付沒眼村翁하야 一任鑽龜打瓦라 하니

⦿

　명나라 말엽에 임제종의 종풍을 크게 울린 천동 밀운선사가 계셨습니다. 그분의 제자인 천동 민선사가 이 공안에 대해 좋은 법문을 하셨습니다.
　꽃과 나비를 얘기하고, 항아리에 비친 달을 얘기하고, 잿마루 구름을 얘기하고, 바삐 흐르는 시내를 얘기했다고 무슨 정경을 읊은 것으로 알면 안 됩니다. 이 네 가지를 알면 앞의 법문을 다 알 수 있는 그런 깊은 뜻이 담긴 말씀입니다.
　부처님과 앙굴마라와 산부와 장자, 이 네 사람에게 지은 죄가 있는데, 각각 법률에 의지해 한마디씩 해서 벌을 주었다고 했습니다. 이것은 앞에서 자신이 한 말씀을 두고 하는 소립니다. 그런데 네 사람에게는 벌을 주었지만 낳은 그 아이는 또 어떻게 얘기해야 되겠느냐 이것입니다. 그러면 그 아이는 어떻게 판결했는가?
　눈이 아주 캄캄하게 먼 아무 것도 모르는 촌 늙은이에게 맡겨 거북이 등을 송곳으로 뚫고 기왓장을 돌로 두드리게 한다고 했습니다. 거북이 껍질은 송곳이 아니면 뚫을 수 없고, 기왓장은 돌로 두드려야 그렇지 않으면 깨지지 않습니다. 이것이 실지에 있어서 앙굴마라산난화의 뜻을 밝힌 천동 민선사의 좋은 법문입니다.

【 착어 】

　원앙새 수놓아 그대 마음대로 보게 하나
　금바늘을 집어서 남에게 주지 말라.
　鴛鴦을 繡了縱君看이나 莫把金針度與人하라

【 결어 】

　대중들이여, 세존과 존자는 온몸이 함정에 빠져 지금까지 일어나지 못하고, 산부産婦와 장자長者는 무쇠를 팔아 금을 얻어서 크게 부귀하니, 도적은 소인이나 지혜는 군자보다 낫다고 할 만하다. 이 법문의 뜻이 필경 어느 곳에 떨어져 있는가?

(한참 묵묵한 후에 말씀하셨다.)

진양에 종이가 귀하니 한 장에 죄목을 다 적어 보내노라.

억!

(크게 할을 한 번 하고 내려오시다.)

大衆아 尊者와 世尊은 全身陷穽하야 至今不起요 産婦와 長者는 賣鐵得金하야 一場富貴하니 可謂賊是少人이나 智過君子로다 畢竟에 一著이 落在什麽處오 (良久云)

晋陽에 紙貴하니 一狀領過하노라

(喝一喝하고 下座하시다)

◉

이제 총 마무리해야겠습니다. 대중 여러분, 세존과 앙굴마라존자는 두 분 다 온몸이 함정에 빠졌습니다. 이것이 무슨 소릴까요? 이것을 알아야 합니다. 범을 잡는 그런 깊은 함정에 빠져 지금껏 헤어나오지 못하고 있습니다. 그럼 산부와 장자는 어떤가? 산부와 장자는 쓸모도 없는 무쇠를 팔아 귀한 금을 얻어 큰 부자가 되었습니다. 그러니 도적이 소인이긴 하나 지혜는 군자보다 낫다고 할 만합니다. 그럼, 이 법문의 뜻이 필경 어느 곳에 떨어져 있습니까?

진양 땅에 종이가 귀하니

한 장에 죄목을 다 적어 보내노라.

억!

丁巳(1977)년 동안거 결제일 해인사 해인총림 궁현당

82. 진조감승陳操勘僧
스님을 감정

【 수시 】

향상일기向上一機는 일천 부처님도 그렇지 못하니
조용照用이 동시요 여탈與奪이 자재하다.
문수보살과 보현보살은 입을 벽 위에 걸고
임제와 덕산은 삼천리 밖으로 거꾸로 물러서니
말해 보라, 어떤 사람이 일찍이 이러한가?
(한참 묵묵한 후에 말씀하셨다.)
화산華山 천만 겹 산줄기를 쪼개 부수니
만 년 흐르는 물이 봄을 알지 못하네.

向上一機는 千佛도 不然하니 照用同時요 與奪自在로다
文殊普賢은 口掛壁上하고 臨濟德山은 倒退三千하니
且道하라 什麼人이 曾恁麼오 (良久云)
分破華山千萬重하니 萬年流水不知春이로다

●

향상일기向上一機는 천불 만 조사가 다 상신실명喪身失命하는 곳입니다. 여기에서는 조와 용이 동시이고 주고 빼앗는 것을 마음대로 합니다. 또 어떠한가? 여기에서는 문수보살과 보현보살도 할 말이 없어 입을 벽 위에 걸어두고, 조사 중 영웅이라 하는 임제나 덕산같은 대선지식도 저 삼천리 밖으로 거꾸로 기어 도망을 칩니다. 자 그럼 말씀해 보십시오, 어떤 사람이 일찍이 이러했습니까?

【 본칙 】

진조상서陳操尙書[1]가 어느 날 여러 관속과 더불어 누각에 올랐을 때 스님들 몇이 지나가는 것을 보고 "오는 사람들이 모두 행각하는 스님입니다."라고 한 관원이 말하니, 진조상서가 "아니오." 하였다. 관원이 말하되, "어떻게 아닌 줄 아십니까?" 하니, 상서가 말하였다.

"가까이 오면 감정하겠소."

조금 뒤 스님들 몇이 누각 앞에 다다르자, 상서가 갑자기 "상좌여!" 하고 부르니, 스님들이 모두 머리를 들어 바라보았다. 상서가 관원들에게 말하였다.

"내 말하지 않던가."[2]

陳操尙書가 一日與諸官으로 登樓次에 見數僧이 行過하고 一官人이 云 來者總是行脚僧이로다 書曰 不是라 曰焉知不是오 書曰 待近來하야 與勘過호리라 斯須에 數僧이 至樓前이라 書驀召上座한대 僧皆擧頭望이어늘 書謂衆官曰 不信道아하니

⦿

진조상서는 조사 중에서도 그 기봉이 고준하기로 평판이 자자한 목주 고불의 제자입니다. 목주스님은 워낙 기봉이 고준해 사람을 인가한 일이 좀체 없었는데 진조상서 한분만큼은 인가했습니다. 그 진조상서가

---

1 당(唐)대 거사. 관직이 상서(尙書)에 이르렀다. 생몰연대는 분명하지 않으나 배휴(裵休, 791~870), 이고(李翶, 772~841) 등과 동시대의 사람이다. 목주(睦州)에서 자사(刺史)를 맡고 있을 때 용흥사(龍興寺) 목주도명(睦州道明)을 만나 참학하다가 심요를 얻었다.
2 『선문염송』 제845칙(한국불교전서5, 616쪽).

하루는 휘하의 관원들을 거느리고 누각에 올라 소풍을 즐기고 있었습니다.

그때 마침 스님들 몇 분이 지나가자 한 관원이 "저기 오는 사람들은 다 행각하는 스님들이군요."라고 했습니다. 그러자 진조상서가 대뜸 아니라는 것입니다. 관원이 보기에 분명 행각승인데 어째서 아니라고 하는지 물었습니다. 진조가 말하길, "가까이 오면 진짜 행각승인지 아닌지 내 한번 시험해 보겠다."는 것입니다. 조금 있다 스님들이 누각 가까이 오자 진조상서가 "스님!" 하고 불렀습니다. 그러니 그 스님들이 다 머리를 들어 누각을 쳐다보았습니다. 그러자 진조상서가 옆에 관원들을 보고 "내 아까 말하지 않았냐?"고 했습니다. 행각승은 무슨 행각승, 아무 것도 아니다 그 말입니다.

부르기에 머리를 들어 쳐다보았는데 왜 행각승이 아니라고 했을까요? 여기에 깊은 뜻이 있습니다. 겉으로 봐서는 도저히 모릅니다. 불조의 기관機關을 완전히 파악한 사람, 참으로 향상일로를 안 사람, 그런 사람 외에는 이 깊은 뜻을 모릅니다. 그럼 이 뜻이 어디에 있을까요? 내 한마디 하겠습니다.

【 착어 】

판때기 짊어진 놈이로다.
擔板漢이로다

◉

판때기 짊어진 놈이라는 이 말이 진조상서를 두고 한 말인지 고개를 들어 쳐다본 스님들을 두고 한 말인지 명안납자明眼衲子라면 환히 알 수 있을 것입니다. 철저히 깨치기 전에는 모릅니다. 이 공안에 예전 스님들께서 염하고 송한 것이 많이 있는데 그중 몇 가지만 소개하겠습니다. 임제종 불안 청원선사의 제자중에 설당 행선사라는 분이 계셨습니다. 그분이 이 공안에 어떻게 송하셨는가?

【 송 】

설당 행선사[3]가 송하였다.
한마디 말이 과굴窠窟을 떠남이여
천생千生의 얽힘을 벗어났다
밤새 풍우 거세니
나무 꺾이어 바위 앞에 떨어져 있다.
雪堂 行이 頌
一語離窠窟이여 千生에 出蓋纏이로다
夜來風雨惡하야 木折在岩前이라 하니

【 착어 】

위로 견주면 부족하고 아래로 견주면 남는다.
匹上不足하고 匹下有餘로다

◉

위로 견주면 부족하고 아래로 견주면 남는다는 것을 알면 설당스님 게송의 뜻을 알 수 있습니다.

【 송 】

무착 총[4]이 송하였다.

3　설당도행(雪堂道行, 1089~1151). 임제종 양기파 스님으로 불안청원(佛眼淸遠)의 법제자. 남악(南岳)스님의 15세손.
4　무착묘총(無著妙總). 송(宋)대 임제종 양기파 스님으로 대혜종고(大慧宗杲)의 법제

북을 빼앗고 기를 분질러 납승을 점검하니
문득 검은콩으로 두 눈동자를 바꾼다
옛날 일찍 서리와 눈의 고초를 당하였으매
버들꽃 떨어지는 것을 보고도 놀라더라.

無著 總이 頌

奪鼓攙旗驗衲僧하니 便將黑豆換雙睛이로다
昔年曾被霜雪苦할새 看見楊花落也驚이라 하니

◉

진조상서가 납승을 시험한 것을 전쟁에 비유해 표현했습니다. 진조가 "스님!" 하고 불러 돌아보자 "저 보시오, 내가 뭐랬소?"라고 한 것은 적군의 북을 빼앗고 기를 분지른 것과 같다는 것입니다. 이렇게 진조상서는 조그마한 검은 콩으로 사람의 눈동자를 바꿔 버렸다고 했습니다. 그러니 그 스님들은 어떠한가? 지난날 눈과 서리로 하도 고생을 많이 해서 봄날 허옇게 날리는 버들 꽃만 봐도 깜짝깜짝 놀란다고 했습니다. 그러면 이 뜻이 어느 곳에 있을까요?

【 착어 】

후백候白이라 하려 했더니 다시 후흑候黑이 있구나.
將謂候白이러니 更有候黑이로다

【 염 】

위산 철선사가 염하였다.
"진조상서는 이른바 손에 중니의 해와 달을 받들고 허리에 비로자나

자. 남악(南岳)스님의 16세손.

의 금인金印을 찼으니, 선비만 놀라 겁낼 뿐 아니라 또한 납승도 당황케 한다. 말을 듣지 못하였는가, 당하는 기틀이 번개 번쩍임과 같으니 바야흐로 병들어 갈대에 깃듦을 면하리라."

溈山 喆이 拈 陳操尙書는 可謂手擎仲尼日月하고 腰佩毗盧金印이로다 非唯儒士驚愣이오 亦乃衲僧罔措로다 不見道아 當機如電拂하니 方免病棲蘆라 하니

◉

또, 임제정종의 진여 철선사가 이 공안에 대해 하신 법문이 있습니다. 진조상서는 어떤 사람인가? 손에는 공자의 해와 달을 들고 있고 허리에는 비로자나불 법신불의 무상보인無上寶印을 찼다 했으니 유불儒佛을 완전히 겸한 사람입니다. 그래서 유교의 선비들만 놀라 겁낼 뿐 아니라 달마선을 익히는 벽안의 납승들도 진조상서 앞에서는 어떻게 할 수 없다고 했습니다. 이런 말을 듣지 못하였느냐며 기틀에 당해서 번개같이 빠르고 매서우니 비로소 병든 새가 갈대밭에 의지해 사는 것을 면했다고 했습니다. 병든 새가 갈대밭을 의지해 숨어 사는 것은 참 초라하고 볼품없는 삶이지 않습니까? 진조상서의 이 한마디는 뇌성벽력이 천지를 진동하고 만물을 위압하는 듯한 그런 큰 기틀이더라는 말입니다. 그러면 이 뜻이 어느 곳에 있는가? 여기에 또 한마디 붙이겠습니다.

【 착어 】

한 쌍의 백로가 외발로 섰구나.

一雙白鷺獨足 효이로다

⊙

  한 쌍의 백로가 외발로 섰더라는 이 뜻을 알면 진조상서의 법문도 알 수 있고, 진여 철선사의 염도 알 수 있습니다. 또 그 뒤 조동정맥의 천동 굉지 고불이 이 공안에 대해 하신 말씀이 있습니다.

【 염 】

  천동 각선사가 염하였다.

"진조상서가 얼굴 앞에서 도적질하나 천동은 한 점도 속이지 못하리라."

  天童 覺이 拈하되 陳操尙書當面白拈하나 謾長蘆一點不得이라 하니

⊙

  진조상서가 뻔히 보는 앞에서 화적노릇을 하는데, 다른 사람은 속일 지 몰라도 나는 조금도 속일 수 없다고 했습니다. 진조상서가 고준한 기용으로 천하납승을 쩔쩔 매게 하였지만 나는 속이지 못한다는 말입니다. 천동스님의 이 말씀에 내 한마디 붙이겠습니다.

【 착어 】

  도적질하는 사람의 마음은 텅 비었다.

  作賊人心虛로다

⊙

  도적질하는 사람은 마음이 허한 법입니다.

【염】

묘지 곽妙智廓선사[5]가 상당하여 이 법문을 들어 말하였다.

"부처와 조사의 명맥이요 열성列聖의 겸추鉗鎚라, 북두를 바꾸고 별을 옮기며 하늘을 지배하고 땅을 다스린다. 진조상서는 왕을 돕는 재목일 뿐만 아니라 또한 납승의 정문안頂門眼을 보았으니, 모든 사람은 진조상서의 낙처를 알고자 하는가? 거위 왕이 젖을 선택함에 본래 오리류가 아니니라."

妙智 廓이 上堂에 擧此話云 佛祖命脈이요 列聖鉗鎚라 換斗移星하고 經天緯地로다 陳操尙書는 不唯負王佐之材요 亦見衲僧頂門眼하니 諸人은 要知陳尙書落處麽아 鵝王이 擇乳에 素非鴨類라 하니

●

임제종의 묘지 곽선사는 이 공안에 또 어떻게 말씀하셨는가? 진조상서의 법문은 그 뜻이 깊어 가히 부처와 조사의 명맥이라 할 수 있다고 했습니다. 그런 동시에 모든 성인들이 학인을 벌건 풀무에 넣고 단련할 때 쓰는 집게와 무쇠방망이더라는 것입니다. 진조상서는 말 한마디로 천지의 운행을 뒤바꾸고, 온 천하를 한 손에 거머쥐고 쥐었다 펴기를 자유자재로 합니다. 그러니 진조상서는 천자를 보필하는 재간만 있는 것이 아니라 또한 납승의 이마 꼭대기에 있는 정문안頂門眼을 갖췄더라고 했습니다.

진조의 법문이 언뜻 보면 별 뜻 없는 것처럼 보이지만 불조의 명맥인 동시에 천상천하에 이보다 더 깊고 더 고준한 법문은 없다고 묘지선사가 높이 칭찬한 것입니다. 묘지선사의 염에 내 한마디 붙이겠습니다.

---

[5] 『선문염송집(禪門拈頌集)』에 그 이름이 나오나 전기는 불명.

【 착어 】

금은 여수에서 나오고 옥은 곤강에서 나온다.

金生麗水하고 玉出崑崗이로다

【 결어 】

　대중들이여, 진조상서의 대기대용大機大用은 우레가 치고 번개가 번쩍이며 산은 무너지고 바다는 마르니, 늠름하고 신기로운 위엄은 천고千古에 뛰어났다. 비록 이러하나 심간오장心肝五臟이 도리어 몇몇 스님들에게 감파되어 백세百世 뒤에 사람의 웃음거리가 되었다. 알겠는가?

　의기意氣 있을 때 의기意氣를 더하고
　풍류風流 아닌 곳이 참으로 풍류風流로다.
　억!
　(크게 할을 한 번 하고 내려오시다.)

　大衆아 陳操尙書의 大機大用은 雷奔電擊하고 山崩海竭하니 凜凜神威超出千古로다 雖然如是나 心肝五臟을 却被數僧勘破하야 百世之下에 遭人怪笑하니 會麼아
　有意氣時에 添意氣하고 不風流處也風流로다
　(喝一喝하고 下座하시다)

●

　대중 여러분, 진조상서의 대기대용大機大用은 우레가 치고 번개가 번쩍이는 것과 같아 산을 무너뜨리고 바다를 말려버립니다. 그러니 그 늠름하고 신기로운 위엄은 천고에 뛰어났다 하겠습니다. 비록 이렇게 천하에 둘도 없는 고준한 법문을 했지만 사실에 있어서 진조상서의 심간오장心肝五臟이 도리어 몇몇 스님들에게 감파되어 버렸습니다. 결국은 누가 죽었는가? 진조상서만 죽고 말았습니다. 그러니 어찌 웃지 않을 수 있습니

까? 그렇게 고준한 법문이라고 예전 스님들이 한결같이 칭찬했는데 나는 왜 이렇게 말할까요? 이 뜻을 분명히 알아야만 진조상서를 알 수 있습니다.

그래서 백세 뒤에 사람들의 웃음거리가 되고 말았습니다. 진조, 진조 하며 예전스님들이 그렇게 칭찬했지만 사실에 있어선 진조상서가 도리어 그 스님들에게 오장육부를 거머잡혀 생명을 잃어버렸다고 나 또한 비웃지 않았습니까? 이 공안에서 진조상서의 거룩한 뜻만 알아선 안 됩니다. 사실에 있어 진조상서가 그 스님들에게 몸도 목숨도 다 잃었다는 것을 알아야만 이 법문 전체의 뜻을 알 수 있습니다. 그럼, 이 뜻을 알겠습니까?

의기意氣 있을 때 의기意氣를 더하고
풍류風流 아닌 곳이 참으로 풍류風流로다.
억!

戊午(1978)년 하안거 결제일 해인사 해인총림 대적광전

83. 세존불설世尊不說
　　　말씀하시지 않고

【 수시 】

일어날 때는 문득 거꾸러지고
거꾸러질 때는 문득 일어나니
일어남과 거꾸러짐이 동시요
일어남과 거꾸러짐이 서지 못한다.
동산문하洞山門下에서는 오히려 옳거니와
임제의 자손은 꿈에도 보지 못함이니
알겠느냐?
한 자루 칼 밑에 몸을 나누는 뜻이 있고
또 몸 나오는 길이 있느니라.
起時便倒하고 倒時便起하니 起倒同時요 起倒不立이로다
洞山門下는 猶自可어니와 臨濟兒孫은 未夢見이니
會麼아
一口劍下에 有分身之意하고 亦有出身之路로다

【 본칙 】

풍혈스님을 염법화와 진원두가 모시고 있을 때 풍혈스님이 물었다.
"어떤 것이 세존께서 말씀하시지 않고 말씀하셨으며, 가섭존자가 듣지 않고 들으심인가?"

진원두가 말하였다.

"비둘기가 나무 위에서 우나 마음은 삼밭에 있습니다."

풍혈스님이 말하되, "어리석은 복을 많이 지어서 무엇 하겠는가? 어째서 언구言句를 참구하지 않는가?" 하고, 다시 염법화에게 물었다.

"그대는 어떠한가?"

"얼굴을 움직임이 옛길에 드날리니 근심하는 기틀에 떨어지지 않습니다."

"그대는 어째서 염법화가 말하는 것을 보지 않는가?"[1]

風穴이 因念法華與眞園頭侍立次에 穴이 問云 作麼生이 是世尊不說說하고 迦葉不聞聞고 眞云 鵓鳩樹上啼하나 意在麻畲裏니다 穴云 作多痴福하야 作什麼오 何不體究言句오 又問念云 你作麼生고 念云 動容揚古路하니 不墮悄然機니다 穴云 你何不看念法華下語오 하니

◉

진원두와 염법화, 즉 수산 성념선사는 모두 임제정맥의 풍혈스님 제자입니다. 세존께서 말씀하지 않고 말씀하시고 가섭이 듣지 않고 들은 도리를 풍혈스님이 묻자 두 분이 차례로 대답을 했습니다. 두 분의 답에 풍혈스님은 진원두를 꾸짖고 염법화를 칭찬했습니다. "그대는 어째서 염법화가 말하는 것을 보지 않는가?"라고 했으니 이는 진원두가 풍혈의 뜻도 모르고 염법화의 대답도 모른다는 표현입니다. 여기에 아주 깊은 뜻이 있습니다. 그러면 이 뜻이 필경 어느 곳에 있는가? 여기에 대해 내가 한마디 하겠습니다.

---

1 『선문염송』 제1254칙(한국불교전서5, 837쪽).

【 착어 】

밝음과 어둠이 서로 섞인 살활殺活의 기틀이여
대인의 경계를 보현보살이 아는구나.
明暗이 相叅殺活機여 大人境界는 普賢知로다

●

풍혈과 진원두와 염법화 세 분이 수작한 기틀은 명암이 서로 뒤섞이고 죽이고 살리기를 마음대로 하는 대인의 대기대용입니다. 이것을 누가 알 수 있겠습니까? 문수와 보현같은 이나 알 수 있을까, 그 외에는 모릅니다.

【 염 】

운문 고선사가 상당하여 이 법문을 들어 말하였다.
"산승이 그때 만약 그 늙은이가 이렇게 말하는 것을 보았더라면, 한 구덩이를 깊이 파서 한꺼번에 묻어 버리고 다시 소를 끌어다가 그 위를 밟아 지나가게 하고, 진원두는 도리어 놓아주어 한층 더 높였어야 했다. 산승이 이렇게 말함은 강함을 누르고 약함을 돕는 것이 아니며 잘못 비판함도 아니다. 그대가 만약 '비둘기가 나무 위에서 우나 마음이 삼밭에 있다' 함을 알면, 문득 '얼굴을 움직임이 옛길에 드날리니 근심하는 기틀에 떨어지지 아니한다' 함을 알 것이다. 이 두 갈래 말이 필경 같은가 다른가? 만약 같다고 하면 어찌하여 풍혈이 염법화를 긍정하고 진원두를 긍정치 않았으며, 다르다고 하면 저녁놀은 외로운 따오기와 같이 날고 흐르는 물은 높은 하늘과 한 색임을 어찌하랴. 참구하라!"

雲門 杲 上堂에 擧此話云 山僧이 當時에 若見遮老漢의 恁麼道런들 深掘一坑하야 一時埋却하고 更牽牛從上蹋過하야 却須放眞公出一頭하야사 始得다 山僧이 恁麼道는 且不是抑强扶弱이며 亦不是杜撰差排니 你若識

得鵓鳩樹上啼意在麻畬裏하면 便識得動容揚古路不墮悄然機로다 這兩
轉語 畢竟 是一耶아 是二耶아 若道是一이면 爲什麽하야 風穴이 只肯念
法華하고 却不肯眞園頭하며 若道是二면 爭奈落霞는 與孤鶩齊飛하고 流
水는 共長天一色고 叅하라 하니

●

그 뒤에 임제정맥의 대혜선사가 상당법문에서 이 공안을 거론하고 비평하였습니다. 대혜스님은 풍혈스님과 반대로 당시 그 광경을 목격했다면 구덩이를 깊이 파 풍혈스님을 묻어 버리고 큰 황소로 그 위를 다졌을 것이며, 진원두를 높였을 것이라 했습니다. 이런 말이 괜히 강한 자를 짓누르고 약한 사람을 도우려는 것도 아니고, 또 함부로 하는 말도 아니라고 했습니다. 그리고선 진원두가 한 말의 뜻을 알면 염법화의 말뜻도 알 수 있다 하였으니, 이는 염법화가 한 말이나 진원두가 한 말이 같은 뜻이라는 것입니다. 그리곤 다시 물었습니다.

그러면 이 두 법문이 같은가 다른가? 만약 같다면 풍혈스님이 왜 염법화의 말만 인정하고 진원두의 말은 부정했을까? 만약 다르다고 한다면 저녁놀은 외로운 따오기와 같이 날아다니고 흘러가는 물은 구만리장천 하늘빛과 같다고 했습니다. 이 말씀에도 아주 깊은 뜻이 있습니다. 그러면 이 뜻이 필경 어느 곳에 있는가? 대혜스님의 법문에 대해 내 한마디 하겠습니다.

【 착어 】

이슬마다 비친 달과 하늘의 은하수요
눈 덮인 소나무와 구름에 잠긴 봉우리로다.
露月星河요 雪松雲嶠로다

【 결어 】

대중들이여, 대혜 늙은이가 이렇게 평론하니, 다만 옛사람의 뜻을 어둡게 할 뿐 아니라 또한 천하天下 사람의 눈을 멀게 하였다. 진원두는 수미산 높은 꼭대기에 떠받쳐 올려졌으며, 염법화는 큰 바다 깊은 바닥에 밀리어 빠뜨려졌음을 알지 못하니, 옛날은 가고 지금은 와도 밝히는 사람 없으니 말해 보라.

이 법문이 어느 곳에 떨어져 있는가?

극빈유나가 벌금 물고 쫓겨났다.

억!

(크게 할을 한 번 하고 내려오시다.)

大衆아 雲門老漢이 與麼拈弄하니 非但昧却古人意요 亦乃瞎盡天下眼이로다 殊不知 眞圓頭는 托上須彌高頂이요 念法華는 推沒大海深底라 古往生今來에 無人辨得하니 且道하라 一著이 落在什麼處오

克賓維那罰錢出院이로다

(喝一喝하고 下座하시다)

●

대중 여러분, 대혜 늙은이가 이렇게 평론하니, 풍혈과 진원두와 염법화 세 분의 뜻을 몰랐을 뿐 아니라 천하 사람의 눈을 다 멀게 하였습니다. 대혜스님은 몰랐습니다. 뭘 몰랐는가? 풍혈스님이 진원두를 부정하였으나 사실에 있어선 풍혈스님이 진원두를 수미산 높은 꼭대기에 떠받쳐 올린 것이며, 풍혈스님이 염법화를 칭찬했으나 사실에 있어선 풍혈스님이 염법화를 큰 바다 깊은 바닥까지 밀어 넣은 것을 말입니다.

법문이 삼단이니 잘 살펴야 합니다. 첫머리에 풍혈이 진원두를 부정하고 염법화를 칭찬했는데, 대혜스님은 진원두를 칭찬하고 염법화를 부정

했습니다. 또 풍혈을 구덩이에 끌어 묻어 버리고 황소로 땅을 다져 버리겠다고 폭언을 했습니다. 여기에다 나는 한술 더 떠 대혜가 그렇게 말한 것은 풍혈의 뜻을 모르고 한 소리일 뿐만 아니라 온 천하 사람들 눈을 다 멀게 한 것이라 했습니다. 왜 그런가? 사실 그렇게 말한 풍혈의 뜻은 진원두를 저 높은 하늘 꼭대기까지 치켜세우고 염법화를 저 깊은 바다 밑바닥까지 밀어 넣은 것이란 말입니다.

어떻습니까? 풍혈스님과 대혜스님과 제 말이 서로 모순되지 않습니까? 절대 모순된 말이 아닙니다. 알고 보면 속은 완전히 통해 있습니다. 이것을 알아야 합니다. 한데 옛날은 가고 지금이 와도 밝히는 사람 없습니다. 자, 말씀해 보십시오. 이 법문의 뜻이 결국 어느 곳에 있습니까?

극빈유나가 벌금 물고 쫓겨났다.

임제정맥 흥화 존장선사의 제자중에 극빈유나가 있었습니다. 흥화스님은 극빈유나가 질문에 대답을 잘못했다 하여 벌금을 내게 하고 대중공양을 시켰습니다. 또 거기에 머물지 않고 법 싸움에서 졌으니 대중공양에 참여할 수 없다 하고는 밥도 먹이지 않고 쫓아낸 일이 있습니다. 이 법문은 알기가 참으로 어렵습니다. 겉만 봐서는 절대 모르는 그런 깊은 공안입니다. 이 법문을 바로 알아야 임제의 근본법을 알 수 있는 것이고 고불고조의 공안을 바로 알 수 있는 것입니다. 이것은 깨쳐야만 알지 깨치기 전에는 절대 모릅니다.

그러니 올 삼동에는 어떻든지 용맹에 용맹을 더해 정진해서 이런 뜻을 바로 알아야 합니다. 그렇지 못하면 말짱 다 밥도둑 놈입니다. 고인들이 늘 하시던 말씀이 있습니다. 공부한답시고 도 닦는답시고 산천 수려한 도량에서 허송세월만 한다면 그런 사람은 하루에 만 명을 죽인다 해도 죄가 되지 않는다 했습니다. 올 겨울 우리 대중은 어떻게든지 부지런히 공부해 이런 법문을 확철히 깨달아야만 합니다. 노력하고 또 노력해야 합니다.

억!

戊午(1978)년 동안거 결제일 해인사 해인총림 궁현당

84. 덕산문화 德山問話
말을 물으면

【 수시 】

유구有句와 무구無句가 등칡이 나무를 의지함과 같음이여
입을 벽 위에 걸고 나무 넘어져 등칡이 마르니
언구言句는 어느 곳으로 돌아갔는가.
칼 밑에서 몸을 나누도다.
알겠는가?
서로 따라왔도다.
有句無句 如藤倚樹여 口掛壁上이라
樹倒藤枯하니 句歸何處오 劒下分身이로다
會麼아
相隨來也니라

●

위산스님이 말씀하시길, "있다는 언구와 없다는 언구는 등칡이 나무를 의지한 것과 같다." 하셨습니다. 이 뜻은 어디에 있는가? 입을 저 벽 위에 걸어놨다고 하겠습니다.

그 말씀에 소산스님이 "나무가 넘어지고 등칡이 말라 죽었을 땐 어떠합니까?" 하고 물었습니다. 그 뜻은 어디에 있는가? 칼 밑에 몸을 나눴다 하겠습니다. 알겠습니까?

"서로 따라오는구나相隨來."

이 "상수래相隨來"라는 것을 알면 오늘 법문 전체를 다 알 수 있습니다.

【 본칙 】

덕산스님이 대중에게 말하였다.

"오늘 저녁에는 대답을 하지 않겠으니 묻는 자는 삼십 방을 때리리라."

그때 어떤 중이 나와 예배하자 덕산스님이 갑자기 때리니 중이 말하였다.

"제가 말로써 묻지도 않았는데 어째서 때리십니까?"

"그대는 어느 곳 사람인가?"

"신라인입니다."

"뱃전을 밟기 전에 삼십 방을 때렸느니라."

법안선사가 말하였다.

"보잘것없는 덕산이 말을 두 동강으로 만들었다."

원명선사가 말하였다.

"보잘것없는 덕산이 용머리에 뱀 꼬리로다."[1]

德山이 示衆云 今夜엔 不答話하노니 問話者는 三十棒이라 時有僧이 出禮拜어늘 山이 便打한대 僧曰 某甲이 話也未問이어늘 爲什麽하야 打某甲이닛고 山曰 你是甚處人고 僧曰 新羅人이니다 山曰 未踏船舷에 好與三十棒이니라 法眼云 大小德山이 話作兩橛이라 圓明云 大小德山이 龍頭蛇尾라 하니

---

1 『선문염송』 제667칙(한국불교전서5, 509쪽).

◉

 묻기도 전에 삼십 방을 때리고 뱃전에 오르기 전에 삼십 방을 때렸다고 한 덕산스님의 이 법문에 대해 그 자손인 법안스님은 어떻게 평을 했는가? 시원찮은 덕산이 말이 두 동강났다, 즉 앞뒤 말이 그만 틀려 버렸다고 했습니다. 또 운문스님 제자인 원명스님은 시원찮은 덕산이 머리는 용인데 꼬리는 뱀이라 했습니다. 역시 틀려먹었다는 것입니다. 법안과 원명 두 분이 덕산을 부정한 여기에 깊은 뜻이 있습니다. 말만 따라갔다가는 죽습니다. 그럼 이 뜻이 어느 곳에 있는가?

【 착어 】

서로 따라왔도다.
相隨來也로다

【 송 】

원오 근선사가 송하였다.
큰 풀무에 금을 삶고
갑작스런 우레가 봄을 놀라게 하니
초목이 잘 자라
빛이 나날이 새롭다.
털끝만한 힘도 쓰지 않고
하늘의 기린을 잡아내리니
온전한 위엄으로 죽이고 살림을 자재로 하여
천고에 비치고 빛나 차가운 달과 같다.
말이 두 동강남이여
언구言句 속에 눈이 살았고
용머리에 뱀 꼬리여

손가락으로 손가락을 비유한다.
노주露柱에 부딪친 눈먼 납자가
목구멍이 막혀 숨쉬지 못하네.
의심하고 생각하면 만 산이 가려 있고
혀끝을 놀리니 삼천리 밖이로다.

圜悟 勤 頌

大冶烹金하고 忽雷驚春하니

草木이 秀發하야 光輝日新이라

不費纖毫力하고 擒下天麒麟하니

全威殺活得自在하야 千古照耀同氷輪이로다

話作兩橛이여 句中眼活이요

龍頭蛇尾여 以指喩指라

撞着露柱瞎衲僧이 塞斷咽喉無出氣로다

擬議尋思隔萬山이요 吃嘹舌頭三千里라 하니

◉

덕산스님의 법문을 두고 원오스님은 "털끝만한 힘도 쓰지 않고 하늘의 기린을 잡아 내렸고, 온 위엄을 다해 죽이고 살림을 자유자재로 하니 그 쾌활무애한 기봉이 천고에 빛난다."고 했습니다.

또 말이 두 동강 났다고 한 법안스님의 말씀을 두고 "말 가운데 눈이 살아 있다."고 하고, 용머리에 뱀 꼬리라고 한 원명스님의 말씀을 두고 "손가락으로 손가락을 비유한다."고 했습니다.

덕산에게 법을 물은 그 스님을 두고 후에 설두스님이 "눈을 감고 가다가 큰 기둥에 부딪힌 사람과 같다."고 평한 것이 있습니다. 그럼, 눈감고 가다가 머리를 기둥에 부딪친 것과 같은 그 납자는 또 뭔가? 원오스님은 목구멍이 콱 막혀 목숨이 완전히 끊어져 버렸다고 했습니다. 그럼 이 공안의 뜻은 결국 어떠한가?

　사량분별로 이리저리 따지면 첩첩산중이 앞을 가린다고 했습니다. 산이 하나 둘이 아니고 천이나 만이나 되는 태산이 앞을 가리게 된다는 말입니다. 이건 깨쳐야 알지 사량분별로는 절대 모릅니다. 그런 동시에 혓바닥을 놀려 이러니저러니 의론을 펼친다면 벌써 저 삼천리 밖입니다. 이 법문이란 것은 사량분별로 알 수 없는 것이고 언어로도 의논치 못하는 것으로 오직 깨쳐야만 알지 깨치기 전에는 절대 모릅니다. 그러면 근본 뜻이 어디 있는가?

【 착어 】

서로 따라왔도다.
相隨來也로다

【 송 】

민고불旻古佛[2]이 송하였다.
막야鏌鋣 큰 칼 비껴들고 문밖에 서니
기틀을 당해 누가 감히 겹겹이 에워쌈을 범하리오.
부럽다, 신라 스님이 온전한 위엄으로
도적을 쳐부수니 빛이 눈부시다.
旻古佛 頌
橫按鏌鋣居閫外하니 當機誰敢犯重圍오
堪羨新羅箇衲僧이 全威破賊也光輝라 하니

2　원통도민(圓通道旻)의 존칭.

●

　막야검은 천하의 명검입니다. 그런 큰 명검을 들고 저 대문 밖에 섰으니 그 서슬 퍼런 막야검을 누가 감히 범할 수 있겠습니까? 범하다간 죽는 판입니다. 덕산스님을 두고 하는 소립니다.
　그런데, 참으로 부러운 일이라는 것입니다. 자다 생각해봐도 이렇게 부러운 사람이 없습니다. 누가 부러운가? 그 신라스님이 온 위엄을 다해 덕산이고 뭐고 다 쳐부숴서 죽여 버리니 그 광명이 새롭고 또 새롭더라고 했습니다. 그럼, 원오스님 게송과는 또 반대입니다.
　원오스님은 덕산스님이 천고에 뛰어난 법을 썼고 눈먼 봉사 같은 신라스님은 숨통이 끊어졌다고 했습니다. 하지만 도민선사는 덕산이 그렇게 도도한 기개로 벼르고 섰지만 결국 신라스님에게 맞아죽고 말았다고 했습니다. 이것을 알아야 합니다. 그러면 이 뜻이 어느 곳에 있는가?

【 착어 】

　서로 따라왔도다.
　相隨來也로다.

【 염 】

　설두 현선사가 이 법문을 들고 법안스님과 원명스님이 염한 것을 들어 말하였다.
　"두 큰스님이 비록 긴 것을 잘라 짧은 것에 잇고, 무거운 것은 버리고 가벼운 것을 따름은 잘하나, 덕산을 보려면 아직도 부족하니 무슨 까닭인가? 덕산은 문밖에서 위엄과 권세를 잡음과 같아서, 끊을 때 끊지 않아도 도리어 혼란을 가져오지 않는 칼이 있다. 또 모든 사람들은 신라인을 알고자 하는가? 다만 이는 노주에 부딪친 눈먼 사람이니라."
　雪竇 顯 拈호대 擧此話하야 連擧法眼圓明拈하고 顯云 二老宿이 雖善裁

長補短하고 捨重從輕이나 要見德山인댄 亦未可니 何故오 德山은 大似握
閫外威權하야 有當斷不斷호대 不招其亂底劒이니라 諸人은 要識新羅僧
麽아 只是撞著露柱底介瞎漢이라 하니

◉

운문종의 설두 중현선사가 또 이 법문을 비평한 것이 있습니다. 법안과 원명 두 스님이 비록 평을 잘하긴 했지만 덕산을 보려면 아직도 멀었다고 했습니다. 그렇게 덕산을 높이 추켜올리면서도, 질문한 신라스님은 기둥에 머리나 박는 눈먼 사람이라 평했습니다. 그럼, 설두스님의 뜻이 필경 어느 곳에 있는가?

【 착어 】

서로 따라왔도다.

相隨來也로다

【 염 】

대우 지선사가 염하였다.

"세상 사람들이 모두 말하되, '덕산은 큰스님이라 법을 잘 쓴다' 하니 만약 이렇다면 꿈엔들 보았겠는가. 대우는 말하노니 '덕산이 이 스님에게 한번 떠밀려서 문득 기왓장 부서지듯 얼음 녹듯 하였다' 하리라. 비록 이러하나 지금에 한 분 큰스님을 찾으려 해도 매우 어렵다."

大愚 芝 拈 時人이 盡道호대 德山은 作家라 用得好라 하니 若恁麽면 還曾
夢見麽아 大愚道호대 德山이 被這僧一推하야 直得瓦解氷消로다 雖然恁
麽나 今時에 覓一箇尊宿也大難得이라 하니

🔴

임제종의 대우 지선사는 또 이 공안을 설두스님과 정반대로 평했습니다. 실지로 덕산이 도도한 척했지만 신라승에게 완전히 빙소와해氷消瓦解되어 몸과 목숨을 잃고 말았다고 했습니다. 그러나 지금은 죽은 덕산이라도 찾아보려야 찾아볼 수 없다고 했습니다.

어떻습니까? 한 공안을 두고 여러 스님들의 평이 서로서로 상반된 것처럼 보이지 않습니까? 하지만 그 속에 깊은 뜻이 있습니다. 그것을 알아야 합니다. 원오스님 말씀처럼 말로 좇거나 사량분별로 의논해선 끝내 모르고 맙니다. 그럼 이 뜻이 결국 어느 곳에 있는가?

【 착어 】

서로 따라왔도다.

相隨來也로다

【 결어 】

대중들이여,
다자탑多子塔 앞에서 자리를 반으로 나누어 앉음이여
서로 따라왔도다.
영산회상靈山會上에서 꽃을 드니
서로 따라왔도다.
사라쌍수 아래에서 두 발을 내보이니
서로 따라왔도다.
뜰 앞의 잣나무와 동쪽 산이 물 위로 감이여
서로 따라왔도다.
서천西天 사칠조사四七祖師와 동토東土 이삼조사二三祖師가
서로 따라왔도다.

만약 이 뜻을 알면 석가와 달마가 산 채로 지옥에 떨어지고, 혹 그렇지 못하면 조주와 운문이 머리를 조아리며 목숨을 빈다. 알겠느냐?

서로 따라왔도다.

억!

(크게 할을 한 번 하고 내려오시다.)

大衆아 多子塔前分半座여 相隨來也로다 靈山會上擧拈華하니 相隨來也요 沙羅樹下示雙趺하니 相隨來也로다 庭前栢樹子와 東山水上行이여 相隨來也요 西天四七과 東土二三이 相隨來也로다 若也會得하면 釋迦達磨 生陷地獄이요 其或未然이면 趙州雲門이 叩頭乞命하나니 會麽아
相隨來也로다

(喝一喝하고 下座하시다)

◉

대중 여러분, 다자탑多子塔 앞에서 설법하실 때, 가섭이 오자 부처님은 자리를 반으로 나누어 앉게 하셨습니다. 그 뜻이 무엇인가?

서로 따라왔도다.

영산회상靈山會上에서 꽃을 들어보이자 가섭은 미소를 지었습니다. 그 뜻이 무엇인가?

서로 따라왔도다.

사라쌍수 아래에서 열반에 드신 후 이레 만에 가섭이 찾아오자 부처님께선 두 발을 곽 밖으로 내보이셨습니다. 그 뜻이 무엇인가?

서로 따라왔도다.

조사가 서쪽에서 온 뜻을 묻자 조주스님은 "뜰 앞의 잣나무"라 하고, 모든 부처님의 출신처를 묻자 운문스님은 "동쪽 산이 물 위로 간다." 하셨습니다. 그 뜻이 무엇인가?

서로 따라왔도다.

서천 이십팔조와 동토 육조, 그분들의 입각처는 어디인가?

서로 따라왔도다.

만약 이 뜻을 알면 석가와 달마가 산 채로 지옥에 떨어지고 혹 그렇지 못하면 조주와 운문이 머리를 조아리며 살려달라고 애원할 것입니다.

알겠습니까?

서로 따라왔도다.

억!

己未(1979)년 하안거 결제일 해인사 해인총림 대적광전

85. 흥화촌재 興化村齋
촌 재에 갔다가

【 수시 】

보배 칼이 허공에 빛나고 밝은 구슬 소반에서 구르니

조용照用이 동시요 손과 주인이 뚜렷하다.

북풍이 늠름하고 백설이 분분하니

잡귀 통곡하고 신령이 울며

까마귀는 날고 토끼 달아나네.

말해 보라, 이 무슨 시절인가?

(한참 묵묵한 후에 말씀하셨다.)

항아리 속 별천지에 해와 달이 빛난다.

寶劍이 當空하고 明珠在盤하니 照用同時요 賓主歷然이로다

北風이 凜凜하고 白雪이 紛紛하니 鬼號神泣하고 烏飛兎走로다

且道하라 是什麽時節고 (良久云)

壺中에 日月長이니라

【 본칙 】

홍화스님에게 어떤 중이 물었다.

"사방 팔면에서 올 때 어떠합니까?"

"중간을 친다."

중이 절을 하자 홍화스님이 말하였다.

"내가 어제 시골 재(齋)에 갔다가 오는 길에 졸풍(卒風)과 폭우를 만나 옛 사당 속에 들어가 피하였느니라."[1]

興化因僧問호대 四方八面來時如何오 化云 打中間底니라 僧이 禮拜한대 化曰 山僧이 昨日에 赴介村齋라가 半路에 値卒風暴雨하야 向古廟裏躱得過라 하니

●

임제스님의 적자인 홍화 존장선사에게 어떤 스님이 "천군 만마가 사방팔면에서 칼과 창을 들고 쳐들어올 때는 어떻게 하느냐?"고 물었습니다. 홍화스님이 "중간을 친다."고 하자 그 스님이 절을 했습니다. 그랬더니 홍화스님이 이어 하시는 말씀이 "내가 어제 저 촌에 재가 있어 밥 얻어먹으러 갔다 돌아오는 길에 돌풍과 폭우를 만났다. 마침 성황당 같은 사당이 있어 그곳에 들어가 피했다."고 말씀하셨습니다.

언뜻 보면 별 뜻 없이 하는 말씀처럼 보이지만 이것이 아주 무서운 법문입니다. 한 가지 예를 들자면 임제종의 중흥조로 일컬어지는 오조 법연선사가 운문종 정맥의 원조선사 밑에 참학할 때 일입니다. 그 스님 회하에서 고금의 인연을 증득하여 다른 인연은 다 알 것 같은데 홍화스님이 옛 사당 속에서 비를 피했다는 이 공안만큼은 도저히 알 수 없었습니다. 물론 이것을 몰랐다면 다른 공안을 알았다는 것도 사실 거짓이지만 자기 딴에는 그런 생각이 들었다는 것입니다.

그래서 원조스님에게 이 법문의 뜻을 여쭈었습니다. 그러니 원조스님 하시는 말씀이 "이것은 임제종의 일이다. 운문종 일이 아니니 임제종에 가서 물어라."고 했습니다. 당시 임제종에서 가장 고명하셨던 분이 부산 법원선사였습니다. 그래서 부산 원선사에게 찾아가 그 뜻을 물었습니다.

---

[1] 『선문염송』 제759칙 (한국불교전서5, 569쪽).

그랬더니 부산 원선사 하시는 말씀이 "내가 나이가 많으니 백운 단선사라는 사람을 찾아가서 물어라."고 했습니다. 과연 원오스님은 백운 단선사를 찾아가 이 법문을 깨닫고 임제종의 명맥을 크게 떨친 대선지식이 되었습니다. 흥화스님의 이 법문이 그렇게 뜻이 깊고 무서운 것입니다. 이제 이것을 바로 알면 임제정맥뿐 아니라 불조의 비밀을 전부 알 수 있습니다. 그렇지만 이것은 확철히 깨치기 전에는 절대로 모릅니다. 그러면 이 공안의 낙처가 과연 어느 곳에 있는가? 여기에 대해 내 한마디 하겠습니다.

【 착어 】
석녀는 시냇가에서 춤추고 목마는 구름 사이에서 운다.
石女는 舞溪邊하고 木馬는 嘶雲間이로다

◉

돌을 깎아 만든 여자가 어떻게 춤을 출 수 있습니까? 또 나무를 깎아 만든 말이 어떻게 울며, 더구나 구름 사이에서 울 수 있습니까? 돌로 만들어 놓은 여자는 시냇가에서 춤을 추고 나무로 만든 말은 구름 위에서 소리친다는 이 소식을 알면 흥화 존장선사의 법문을 알 수 있습니다. 이 공안에 예전 스님들이 송하고 염한 것이 많은데 몇 가지만 소개하겠습니다.

【 송 】
진정 문선사가 송하였다.
하나는 아니요 둘도 이루지 못하니
꽃 떨어진 고운 숲 속에서 꾀꼬리 운다.
한가한 뜰 비 개어 밤이 처음 고요한데

조각달이 바다 위로 솟아오르네.
眞淨 文이 頌호대
一不是二不成하니 落花芳草裏啼鸎이로다
閑庭에 雨歇夜初靜한대 片月이 還從海上生이라 하니

●

이제 이 소식을 알면 홍화 존장선사의 법문을 알 수 있는 것입니다. 그럼 진정스님 게송의 뜻이 어느 곳에 있는가? 내 여기에 한마디 붙이겠습니다.

【 착어 】

초명벌레가 범을 삼켰구나.
蟭螟이 呑大虫이로다

●

초명이라면 벌레 중에 제일 작은 벌레입니다. 그 조그마한 벌레가 큰 호랑이를 집어삼켰다고 했습니다. 임제정맥의 고봉 원묘선사는 이 공안에 어떻게 송하였는가?

【 송 】

고봉 묘선사가 송하였다.
굶주림의 불이 활활 타 창자가 끊어지나
임금 수라상을 대하여도 먹지 못한다.
가련하다, 흐르는 개울을 함께 쫓아가니
백억의 큰 바다가 바닥까지 사무쳐 넓다.
高峰 妙 頌호대

飢火炎炎燒斷腸하나 親逢王膳不能嘗이로다
可憐倂逐溪流去하니 百億滄溟이 透底廣이라 하니

◉

배가 고파서 속에서 불이 날 지경인데 임금님 수라상 같은 진수성찬을 차려줘도 먹지 못합니다. 천이나 만이나 억이나 되는 그런 큰 바다여서 태평양 바다는 비교도 되지 않는 그런 바다가 넓고 넓은데 가련하게도 졸졸 내려가는 조그마한 시냇물만 좇는다고 했습니다. 홍화 존장선사 법문하고 이것이 무슨 관계가 있나 싶겠지만 홍화스님의 법문 뜻을 그대로 표현한 것입니다. 그럼 이 뜻이 어느 곳에 있는가? 내 또 한마디 하겠습니다.

【 착어 】

고운 봉황새 노을 진 하늘에서 춤추네.
彩鳳이 舞丹霄로다

◉

비단으로 만들어 놓은 것처럼 오색이 찬란한 봉황새가 구만리 장천 높은 하늘에서 춤을 추고 있다고 했습니다. 또 그 뒤 불타 손선사라는 분이 이 공안에 대해 하신 말씀이 있습니다.

【 염 】

불타 손佛陀遜선사[2]가 상당하여 이 법문을 들어 말하였다.
"홍화가 비록 기틀은 잘 보았으나 머리만 감추고 그림자는 드러났으

---

2 『선문염송집(禪門拈頌集)』에 그 이름이 나오나 전기는 불명.

니 어찌하랴. 산승은 그렇지 아니하니 '사방 팔면에서 올 때 어떠한가?' 하면 '괴이함을 보아도 괴이하게 여기지 않으니 그 괴이함이 스스로 무너진다'고 하겠다."

다시 진언을 외워 말하였다.

"옴 환분환분 소로 사바하."

佛陀 遜이 上堂에 擧此話云 興化雖然善能見機나 爭奈藏頭露影이리오 山僧卽不然하니 四方八面來時如何오 見怪不怪하니 其怪自壞로다 更爲念眞言曰 唵換盆換盆蘇嚕娑婆訶라 하니

◉

홍화스님이 실지에 있어 법문을 잘하기는 하는데, 머리는 감췄지만 그림자가 몽땅 드러나 버렸습니다. 감추려면 전체를 다 감춰야 하지 않습니까? 머리는 감췄는데 그림자가 다 드러났으니 전신이 다 탄로나 버렸다는 말입니다. 눈 감고 아웅 하는 식입니다. 불타스님은 홍화스님이 법문을 잘하기는 하는데 사실에 있어서는 밑천이 다 드러나 버렸다고 했습니다. 아무 것도 아니다 이 소립니다.

그럼, 불타 손선사는 어떻게 하겠다는 것인가? "사방팔면에서 창과 칼을 들고 쳐들어와 만나기만 하면 죽이는데 어떻게 하면 살아날 수 있습니까?" 하고 물으면 "아무리 괴이한 걸 만나도 괴이할 것이 없다."고 대답한다는 것입니다. 그러면 괴이한 것이 저절로 무너져 버립니다. 아무 것도 아니다 그 말입니다. 이렇게 당신의 견해를 밝히고선 진언을 한마디 했습니다.

"옴 환분환분 소로 사바하."

이 법문 역시 홍화스님이 사당에 몸을 피한 공안에 대한 적절한 법문입니다. 그럼 이 뜻이 어느 곳에 있는가? 내가 또 한마디 하겠습니다.

【 착어 】

한 사람이 거짓을 전하니, 만 사람은 진실을 전한다.

一人이 傳虛에 萬人이 傳實이로다

◉

한 사람이 거짓말을 했는데 천인이고 만인이고 온 세상 사람들이 그걸 참말인 줄 알고 그대로 전하더란 것입니다. 비유로 말하자면, 어떤 사람이 "내가 산에 갔다가 호랑이를 봤다."고 거짓말을 했는데 그 말을 들은 사람은 참말로 알아듣고 다른 사람에게 전한 것입니다. 그렇게 말이 전해지고 전해져 모든 사람들이 그 산에 호랑이가 살고 있는 것으로 안다는 식입니다. 그럼 이제 총 마무리하겠습니다.

【 결어 】

대중들이여, 홍화 늙은이가 임제의 정법안장正法眼藏을 멸각하여, 큰 당나라 안에 반쪽의 선사禪師도 없고 오직 황소黃巢의 도적이 천하에 가득 차 있을 뿐이니, 달마의 일종一宗이 땅을 쓸듯 다하였다. 필경 어떠한가?

주사朱砂 거울 속에 얼굴을 펴 웃고
백옥白玉 소반 안에서 다리 뻗고 잠잔다.
억!
(크게 할을 한 번 하고 내려오시다.)

大衆아 興化老子가 滅却臨濟正法眼藏하니 大唐國裏에 無半介禪師요 唯有黃巢하야 遍滿天下하니 達磨一宗이 掃土而盡이로다 畢竟如何오
朱砂鏡裏에 開顔笑하고 白玉盤中展脚眠이로다
(喝一喝하고 下座하시다)

◉

대중 여러분, 홍화 늙은이가 임제의 정법안장正法眼藏을 멸각하였습니다. 홍화 존장선사는 분명 임제의 정법안장을 전한 사람인데 왜 나는 임제의 정법안장을 완전히 파멸시켰다고 말할까요? 이것을 잘 알아야 합니다. 그래서 어찌 되었는가? 이렇게 큰 당나라 안에 반쪽의 선사도 없고 오직 황소黃巢같은 도적놈 떼거리만 천하에 가득 찼을 뿐입니다. 그리하여 달마의 일종一宗은 땅을 쓸듯 사라져 종자 하나 찾아볼 수 없는 지경에 이르렀습니다. 그럼, 필경 어떻습니까?

주사朱砂 거울 속에 얼굴을 펴 웃고
백옥白玉 소반 안에서 다리 뻗고 잠잔다.

이것을 알면 앞의 법문 전체를 다 알 수 있습니다. 내가 늘 하는 소리지만 법문이란 깨쳐야지 깨치기 전에는 모릅니다. 그러니 석 달 동안 용맹정진해서 이런 소식을 바로 알아야 합니다. 만약 그렇지 못하다면 팔만대장경 다 외워도 소용이 없습니다. 잠깐 한마디 더 하겠습니다.

혹 어떤 사람들은 불뚝불뚝 내지르는 식으로 나의 법문을 두고 한마디씩 하나봅니다. "뭐, 해인사 방장인가 성철인가 하는 그 중, 상당법문 하라고 했더니 높은 자리에 앉아 놓이나 하고 아무도 알아듣지 못할 그런 소리나 하니, 알아듣지도 못할 그런 법문이 대중에게 무슨 이익이 있겠나?"

그런 소리 한다고들 합디다. 나도 그렇게 글 써놓은 것도 더러 보았습니다. 만약 그런 사람이 있다면 그건 불교를 꿈에도 모르고 하는 소립니다. 법문이란 근본적으로 무엇인가? 예전 스님들이 늘 하신 말씀이 있습니다. "선사先師의 도덕을 중요하게 여기지 않는다."고 했습니다. 지도해주신 스님들의 도덕과 풍모가 아무리 훌륭해도 그 스님의 도덕을 중요하게 여기지 않습니다. 그럼 무엇을 중요하게 여기는가? "오직 나를 위해서 법문 내용을 설파하지 않으신 것, 그것을 중요하게 여긴다."고 했습니다. 이것이 우리 선종의 생명입니다. 설파하면 안 됩니다.

눈이 열려 있고 귀가 뚫린 사람이면 처음부터 끝까지 한 치의 착오도 없이 알아들을 것이고, 눈이 멀고 귀가 막힌 봉사 귀머거리면 처음부터 끝까지 한마디도 알아듣지 못할 것입니다. 상대방이 귀머거리 봉사라고 눈 뻔히 뜬 사람이 귀머거리 봉사노릇 할 수 없지 않습니까? 우리 종문에 그런 법은 없습니다. 알아듣건 알아듣지 못하건 오직 진실을 청천백일처럼 드러내 눈먼 자들의 눈을 열게 하고 귀먹은 자들의 귀가 뚫리게 할 뿐이지, 그들의 장단에 맞춰 봉사 흉내 귀머거리 흉내를 내진 않습니다.

그러니 이런 격외법문에서 참으로 크게 깨쳐 밝게 눈을 떠서 이런 법문을 청천백일처럼 환히 보아야만 합니다. 이것이 우리 종문의 근본사업입니다. 시골 서당 훈장이 아이들 가르치듯 그런 식으로 가르치고 그런 식으로 배운다면 불법이란 영원토록 매몰되고 맙니다. 그런데 도리어 그렇게 하지 않는다고 원망을 하고, 이런 격외법문을 알아듣지 못하겠다고 나를 원망한다면 그런 사람은 정말로 산 채로 지옥에 떨어져 다시는 살아나지 못할 것입니다.

그렇게 말하는 사람에게 따지려고 하는 소리가 아닙니다. 이런 법문을 확철히 깨치고 확철히 알아 천지를 걸림 없이 횡행하며 자유자재하게 법을 쓰는 사람이 되라고 하는 말입니다. 만날 봉사노릇만 하고 귀머거리노릇만 한다면 미래겁이 다한들 무슨 소용 있겠습니까? 그러니, 우리 대중들만큼은 누가 무슨 소리를 하건 관여하지 말고 그저 용맹정진에 용맹정진을 더해야 합니다. 고불고조께서 고구정녕으로 하신 말씀을 명경에 비친 얼굴 보듯 손바닥 위 구슬 보듯 훤히 알아야 비로소 대자유인이라 할 수 있습니다. 이것이 절에서 사는 수행자들의 본업이고, 이런 사람이라야 선방의 참다운 납자입니다. 올 겨울 열심히 정진해봅시다.

억!

기미(1979)년 동안거 결제일 해인사 해인총림 궁현당

86. 현사과환 玄沙過患
허물

【 수시 】

아침마다 밝은 해는 동쪽에서 뜨고
밤마다 조각달은 서쪽으로 진다.
바위 틈 돌 호랑이 소리치고
바다 밑 진흙 소가 급히 달아난다.
굽은 것을 펴서 곧게 하고
양고기를 걸어놓고 개고기를 파는 것은 묻지 않거니와
어떤 것이 향상向上의 근본 뜻인가?
(한참 묵묵한 후에 말씀하셨다.)
감정해 마쳤으니 괴이한 짓 하지 말라.
朝朝에 白日은 東上하고 夜夜에 片月은 西下라
岩間石虎哮吼하고 海底泥牛疾走로다
拗曲作直하고 懸羊賣狗는 卽不問이어니와
阿那箇是向上關棙子오 (良久云)
勘破了也라 莫作怪어다

【 본칙 】

현사스님이 경청스님에게 물었다.
"교敎 가운데서 말씀하되, '한 법도 보지 못함이 큰 허물이다' 하시니,

그대는 말하라. 무슨 법을 보지 못하였는가?"

경청스님이 노주를 가리키며 말하되, "이 법을 보지 못함이 아니겠습니까?" 하니, 현사스님이 말하였다.

"절중浙中의 맑은 물과 흰쌀은 그대 마음대로 먹더라도 불법은 꿈에도 보지 못하였네."[1]

玄沙問鏡淸호대 敎中에 道不見一法이 是大過患이라 하니 你道하라 不見什麽法고 淸이 指露柱云 莫是不見者介法麽아 沙云 浙中淸水白米는 從汝喫이어니와 佛法은 未夢見在라 하니

◉

법안종 종조인 법안스님의 노스님 되시는 현사 종일선사와 경청스님 두 분 모두 설봉스님의 제자입니다. 현사스님이 『화엄경』의 말씀을 인용해 "모든 법을 본다는 것은 말할 것도 없고 한 법도 보지 못하는 그것이 큰 허물이라고 했으니, 그대는 말해보라. 무슨 법을 보지 못했단 말이냐?" 하고 물었습니다. 경청스님이 기둥을 가리키며 "이 법을 보지 못함이 아니겠습니까?" 하자 현사스님이 말씀하셨습니다.

"절강지방의 맑은 물과 흰쌀은 네 맘대로 먹어라. 하지만 불법은 꿈에도 보지 못했다."

왜 동문서답하느냐, 네 대답이 틀렸다는 것입니다. 그런데 여기에 사람이 상상도 할 수 없고 도저히 이해할 수 없는 그런 깊은 뜻이 있습니다. 이제 이것을 알아야 모든 법문을 알 수 있는 것입니다. 그러면 이 뜻이 어느 곳에 있는가? 내 여기에 대해 한마디 하겠습니다.

---

[1] 『선문염송』 제982칙(한국불교전서5, 691쪽).

【 착어 】

위에 견주니 부족하고 아래에 견주니 남는다.
匹上不足이요 匹下有餘로다

◉

이 뜻을 알면 앞의 모든 법문을 아는 동시에 현사스님이 "맑은 물과 흰 밥은 네 맘대로 먹을 수 있지만 불법은 꿈에도 모른다."고 하신 마지막 말씀을 알 수 있는 것입니다.

【 송 】

해인 신선사가 송하였다.
한 법도 보지 못한 큰 허물이여
맑은 물 넘실넘실 푸른 시내로 흐르네.
꽃 피고 구름 낀 산마루에 한 가지 위의 꾀꼬리요
낙엽 진 하늘에 끼룩끼룩 우는 기러기일세.
海印 信이 頌
不見一法大過患이여 淥水滔滔瀉碧澗이로다
花開雲嶺一枝鶯이요 木落江天數聲雁이라 하니

【 착어 】

훔 훔
咄咄이로다

【 염 】

밀암 걸선사가 이 법문을 들어 말하였다.
"두 큰스님이 문득 서로 만남이 마치 어린아이 장난질과 같으니 불법의 신심身心이 어느 곳에 있는가? 돌아가신 응암스님이 염하시되, '경청은 방자하고 완고하니 부처도 어쩔 수 없다. 만약 현사가 알아내지 못했다면 하마터면 노주에게 먹힐 뻔했느니라' 하셨다."

밀암스님이 가락을 빼어 말하였다.

"만약 자주 눈물 흘리게 하면
동쪽 바다라도 모름지기 마르리라."

密庵 傑이 擧此話云 二尊宿이 驀箚相逢에 大似小兒則劇相似라 佛法身心이 何在오 先應庵이 拈호대 鏡淸이 放頑하니 佛也不奈伊何로다 若不是玄沙識破런들 幾被露柱呑却이니라 傑喝云 若敎頻下淚하면 東海也須乾이라 하니

◉

현사스님과 경청스님 하면 종문의 뛰어난 대조사들 아닙니까? 양대 존숙이 만나 범과 용이 한판 싸움을 벌이듯 법담을 주고받았는데 밀암스님이 볼 때는 어린아이들 장난하는 수준이란 것입니다. 그러니 불법의 몸과 마음, 불법 믿는 사람이 어디에 있느냐고 했습니다. 그까짓 어린아이 장난질 같은 소리를 법담이랍시고 하고 있으니 불법이 무엇인지 알고 그 따위 소리를 하느냐는 것입니다. 그리고선 스승이셨던 응암스님이 이 공안에 대해 평한 말씀을 인용했습니다.

응암스님은 어떻게 평했는가? "경청스님은 아주 방자하고 완고해서 부처님도 이 경청스님은 어떻게 할 수 없다."고 했습니다. 이는 경청을 한껏 높이는 소리입니다. 현사스님이 분명히 "물먹고 밥 먹는 것은 네 마음대로 하지만 불법은 꿈에도 모른다."고 했는데, 임제정맥의 응암스님은 왜 "부처도 경청스님 같은 분은 손댈 수 없다."고 평했을까요? 현사스님 말과 응암스님 말이 상반됩니다. 현사스님은 아무 것도 아니라고 치유해 버리고 응암스님은 부처도 어떻게 할 수 없는 그런 법문이라고 추켜세웠

습니다. 그리고 또 응암스님은 말씀하셨습니다.

"경청스님이 이렇게 부처도 어떻게 할 수 없는 기용을 썼는데, 만약 현사와 같은 그런 명안종사가 경청스님이 법문하는 소리를 척 보고 알아차리지 못했더라면 기둥에게 먹히고 말았을 것이다."

이 뜻을 바로 알아야 합니다. 그러면 이 뜻이 어느 곳에 있는가? 밀암스님의 평에 내 한마디 붙이겠습니다.

【 착어 】

한 점 물먹이 두 곳에서 용을 이룬다.
一點水墨이 兩處成龍이로다

◉

먹물은 한 방울인데 두 곳에서 용이 날아가더라고 했습니다. 이것이 무슨 뜻입니까? 이것을 바로 알아야 앞의 법문을 알 수 있습니다. 그럼 이제 총 마무리하겠습니다.

【 결어 】

대중들이여, 범 무늬는 보기 쉽지만 가장 보기 어려운 것은 사람 무늬이다. 현사 늙은이가 비록 살리고 죽이는 신비한 부적을 잘 다루어 죽이는 것에도 능하고 살리는 것에도 능하긴 하나, 불법佛法을 말할진대 꿈에도 보지 못하였으니, 알겠는가?

사람에게 멀리 보는 식견이 없으면
가까이에 반드시 걱정이 있느니라.
억!
(크게 할을 한 번 하고 내려오시다.)

大衆아 虎班은 易見이어니와 最苦人班이니 玄沙老漢이 雖然善弄生死神

符하야 能殺能活하나 若論佛法則未夢見在니 會麼아

人無遠見이면 必有近憂로다

(喝一喝하고 下座하시다)

◉

　대중 여러분, 아롱진 범 무늬는 누구나 쉽게 볼 수 있습니다. 하지만 아롱다롱한 사람의 무늬는 참으로 보기 어렵습니다. 현사 늙은이가 비록 살리고 죽이는 신비한 부적을 잘 다루어 죽이는 것에도 능하고 살리는 것에도 능하긴 합니다. 하지만 불법을 가지고 말하자면 그 역시 꿈에도 불법을 보지 못했습니다. 경청을 두고 불법을 꿈에도 모른다고 한 현사 역시 꿈에도 불법을 보지 못한 자입니다. 알겠습니까?

　사람에게 멀리 보는 식견이 없으면

　가까이에 반드시 걱정이 있느니라.

　참으로 용맹에 용맹을 더하여 확철히 깨쳐야 이 도리를 알 수 있지 이런저런 생각으로 짐작하고 헤아려서는 당나귀해가 온다 해도 알 수 없습니다. 이 문제를 해결할 방법은 오직 한가지뿐입니다. 이번 석 달 동안 정진을 얼마나 잘하느냐 못하느냐 여기에 달렸습니다. 그러니 부지런히 공부합시다. 고인의 법문을 확철히 깨치도록 다 같이 노력해봅시다.

　억!

庚申(1980)년 하안거 결제일 해인사 해인총림 대적광전

87. 보자지격 報慈智隔
지혜가 막혀

【 수시 】

조주의 "차 한 잔 마시라." 함이여
안랑顔良이 관우關羽를 만남이라
오호五湖의 선객들이
흰 뼈도 거두지 못하네.
알겠는가?
삼두三頭 육비六臂가 힘써 성내니
천 문과 만 창문이 모두 활짝 열리네.
趙州喫茶去여 顔良이 逢關羽라
五湖禪和子가 白骨也不收로다
會麼아
三頭六臂努力嗔하니 千門萬戶盡谽開로다

【 본칙 】

보자스님[1]에게 중이 물었다.
"정情이 생기면 지혜가 막히고 생각이 변하면 본체本體가 달라진다 하

---

1 보자장서(報慈藏嶼). 오대(五代) 조동종 스님으로 용아거둔(龍牙居遁)의 법제자. 청원(靑原)스님의 6세손.

거늘, 정이 나지 않을 때는 어떠합니까?"

"막혔느니라."

"다만 정이 생기지 않았거늘 무엇이 막혔습니까?"

"어린애야! 네가 사람을 만나지 못하였구나."[2]

報慈因僧問호대 情生智隔하고 想變體殊하나니 情未生時에 如何오 慈云 隔이니라 僧曰 只如情未生이어늘 隔介什麽오 慈云 稍子야 你未遇人在라 하니

【 착어 】

주장자 끝으로 해와 달을 놀린다.

拄杖頭上에 挑日月이로다

【 송 】

천의 회선사가 송하였다.

옛 사람의 한 번 막힘이여 납승의 명맥命脉일세

만약 일관一貫을 알고자 하면 두 개의 오백이로다.

天衣 懷 頌호대

古人一隔이여 衲僧命脉이로다

欲識一貫인대 兩箇五百이라 하니

【 착어 】

삼구는 이십팔이니라.

三九는 二十八이로다

---

2 『오등회원』 권13 「보자장서」.

【 결어 】

대중들이여, 보자 늙은이가 뱀 마음에 부처의 입이니
사람을 죽일 뿐 아니라 또한 능히 사람을 살린다.
비로자나 부처님이 밤낮으로 광명을 비치니
소림굴少林窟 바위 앞에 얼음과 눈이 차도다.
한마디 법문이 어느 곳에 떨어져 있는가?
사람이 가난하매 지혜가 짧고
말이 여위매 털이 길구나.
억!
(크게 할을 한 번 하고 내려오시다.)

大衆아 報慈老漢이 蛇心佛口이니 非但殺人이요 亦能活人이라 毘盧晝夜放
毫光하니 少室岩前에 氷雪寒이로다 一著이 落在什麽處오
人貧智短이오 馬瘦毛長이니라
(喝一喝하고 下座하시다)

庚申(1980)년 동안거 결제일 해인사 해인총림 궁현당

88. 운문일구 雲門一句
말 한마디

【 수시 】

밤에도 밝은 주렴 밖에 풍월風月이 낮과 같고
마른 나무 바위 앞에 화초가 항상 봄이로다.
무상정각無上正覺은 눈 속의 가시요
대비보살大悲菩薩은 지옥의 남은 찌꺼기로다.
흰 학은 높이 날고
붉은 토끼는 빨리 달아나며
누런 꾀꼬리 노래 부르고
범나비는 춤춘다.
허허허, 알겠느냐?
들놀이 북이 둥둥 울리며 태평을 축하하니
구구는 원래 팔십일이로다.

夜明簾外에 風月이 如畫하고
枯木岩前에 花卉가 長春이로다
無上正覺은 眼裏荊棘이요
大悲菩薩은 地獄殘滓로다
白鶴은 高飛하고 赤兎는 快走하며
黃鸚은 唱歌하고 蛺蝶은 亂舞로다
呵呵呵 會也麼아

野鼓鼕鼕賀太平하니 九九는 元來로 八十一이로다

【 본칙 】

운문스님에게 어떤 중이 물었다.
"어떤 것이 최초의 일구一句입니까?"
"구구는 팔십일이니라."
"어떤 것이 향상의 일구입니까?"
"구구는 팔십일이니라."
"'이以'자도 이루지 못하고 '팔八'자도 아니니 이것이 무슨 자인지 모르겠습니다."
"구구는 팔십일이니라."[1]

雲門이 因僧問 如何是 最初一句오 門云 九九八十一이니라 又問 如何是 向上一句오 門云 九九八十一이니라 又問 以字不成하고 八字不是하니 未審是甚麽字오 門云 九九八十一이라 하니

◉

이것이 운문스님의 유명한 '구구 팔십일' 공안입니다. 어린아이들도 다 아는 소리 같지만 실제에 있어서 이 뜻은 확철히 깨쳐야 알 수 있습니다. 사량분별로는 절대 모릅니다. 그럼 이 뜻이 필경 어느 곳에 있는가? 거기에 대해 내 한마디 하겠습니다.

【 착어 】

바리때에는 일천 집의 밥이 향기롭고
마음속은 만승천자萬乘天子의 영화를 버렸네.

---

1 『선문염송』 제1027칙(한국불교전서5, 728쪽).

鉢香千家飯이요 心抛萬乘榮이로다

◉

바리때를 들고 많은 집을 다니며 밥을 얻었으니 천집 만집의 밥 향기가 바리때 속에서 진동합니다. 또 마음속에는 만승천자의 영화를 다 버렸다고 했습니다.

'이거야 스님들의 마음가짐을 이야기하는 것 아닌가? 이것이 구구 팔십일하고 무슨 관계가 있을까?' 하고 혹 그렇게 생각할지도 모릅니다. 하지만 구구 팔십일의 도리를 분명히 알려면 "바리때에는 일천 집의 밥이 향기롭고 마음속은 만승천자의 영화를 버렸다."고 한 이것을 알아야 합니다. 그 뒤 운문종의 설두 중현선사가 이 공안에 대해 게송을 지은 것이 있습니다.

【송】

설두 현선사가 송하였다.
구구는 팔십일이여
큰 공은 상을 주지 않는다.
만약 깊은 뜻이 없다고 말하면
금강신장이 일찍이 합장하였으리라.
雪竇 重顯이 頌하되
九九八十一이여 大勳은 不堅賞이로다
若謂無言肴訛하면 金剛이 曾合掌이라 하니

◉

조그마한 공을 세워도 상을 주는 법인데 큰 공로는 상이 없다 하니 틀린 말 아닙니까? 큰 공엔 상을 주지 않는다는 이것을 알면 구구 팔십일이라 한 도리를 알 수 있습니다.

"구구 팔십일이야 어린아이도 다 아는 소리지. 구구 팔십일에 무슨 깊은 뜻이 있겠나" 하고 쉽게 지나쳐 버리는 사람, 그런 사람은 운문스님의 뜻을 모르는 사람 아닙니까? 그런데 그런 사람이 있다면 금강신장이 일찍이 합장했을 것이라고 말했습니다. 금강신장이 왜 합장했다고 할까요? 금강신장이 합장했다는 이 말은 큰 공은 상을 주지 않는다는 말과 서로 통하는 소리입니다.

그러니 이것을 알면 "구구 팔십일"도 알 수 있고, "바리때에는 일천 집의 밥이 향기롭고 마음속엔 만승천자의 영화를 버렸다."고 한 뜻도 알 수 있습니다.

그럼, 이 게송의 뜻이 또 어느 곳에 있는가? 내 한마디 붙이겠습니다.

【 착어 】

상서로운 풀은 하늘 높이 솟아 있고
갈대꽃은 달 아래에서 희구나.
瑞草는 連天秀하고 蘆花는 對月明이로다

◉

그 뒤 임제종 황룡파의 심문 분선사가 이 공안에 게송을 지은 것이 있습니다.

【 송 】

심문 분선사가 송하였다.
신선 복숭아는 삼천 년 만에 열매 맺고
대붕大鵬은 구만리를 날아간다.
단청 누각에서 밤낮으로 풍악소리 들끓고

구름에 누운 사람 천 봉우리 속에 있네.

心聞賁이 頌하되

蟠桃는 結實三千載하고 大鵬은 展翅九萬里로다

畵樓에 曉夜沸笙歌하고 臥雲人在千峰裏라 하니

◉

반도蟠桃는 천도복숭아라고도 하는데 신선들이나 먹는 복숭아입니다. 그 신선복숭아를 먹으면 몇 천 년을 병 없이 장수한다는 그런 얘기가 전해옵니다. 그 복숭아나무는 삼천년 만에 한 번씩 꽃이 피어 열매를 맺는다고 합니다.

또 대붕大鵬이라는 큰 새가 있는데, 이 새는 회오리바람을 타고 힘껏 날개를 치면 단번에 구만리를 날아오른다고 했습니다. 이건 『장자』에 나오는 이야기입니다.

그림을 그리고 단청을 한 그런 누각에선 밤낮으로 풍악소리가 나고, 그와 반대로 저 구름 속에 숨어사는 사람은 천 겹 만 겹 산봉우리에 에워싸였더라고 했습니다.

이것이 또 구구 팔십일의 뜻을 단적으로 표현한 좋은 게송입니다. 그러면 이 낙처가 또 어느 곳에 있는가? 내 또 한마디 하겠습니다.

【 착어 】

콧구멍은 길이가 석 자요 얼굴은 무게가 반 근이로다.

鼻孔은 長三尺이요 面目은 重半斤이로다

【 결어 】

대중들이여, 돌아가신 스님의 불법佛法과 도덕은 중히 여기지 아니하고, 다만 나를 위하여 설파說破하여 주시지 않았음을 귀하게 받든다. 운문이 비록 바람이 불어도 들어가지 않으며, 물을 뿌려도 묻지 않으나, 몸은 숨기고 그림자는 드러났으니 어떻게 하려는가?
 말해 보라, 필경 이 무슨 도리이냐?
 두어 조각 흰 구름은 옛 절을 감싸고
 한 줄기 맑은 물은 푸른 산을 휘감아 흐르네.
 억!
 (크게 할을 한 번 하고 내려오시다.)
 大衆아 不重先師佛法道德이요 只貴不爲我說破라 雲門이 雖然 風吹不入하고 水洒不着이라도 爭奈藏身露影에 何오 且道하라 畢竟是甚麽道理오 數片白雪은 籠古寺하고 一條綠水는 遶靑山이로다
 (喝一喝하고 下座하시다)

◉

대중 여러분, "돌아가신 스님의 불법과 도덕은 중히 여기지 아니하고, 다만 나를 위하여 설파說破하여 주시지 않았음을 귀하게 받든다."고 했습니다.
 선문의 종장들은 모름지기 스스로 깨치도록 방편을 썼지 낱낱이 풀어 설명하는 법이 없었습니다. 그건 교가에서나 하는 일입니다. 우리 선종에서는 제일 금하는 것이 설파입니다.
 봉사를 눈을 뜨게 해 자기 눈으로 모든 것을 보도록 해줘야지, 봉사에게 흰지 검은지 붉은지 푸른지 구구절절 설명해 무슨 소용이 있습니까? 아무 소용없습니다. 봉사에게 도리어 병만 됩니다.
 우리 선종의 근본이란 자기의 마음을 스스로 깨쳐 자기 눈으로 모든 법을 보게 할 뿐이지 설명은 본래 하지 않습니다. 그러니 설파하면 선종의 근본생명을 잃어버린다는 말입니다. 고인스님들이 늘 말씀하시던 말씀이 있습니다.

"돌아가신 스승의 법을 이어 선지식 노릇하고 있는데 스승을 존경하는 것은 다른 이유 때문이 아니다. 스승의 불법이 장하거나 여러 가지 덕행이 뛰어나 내가 이리 존경하는 것이 아니다. 오직 나를 위해서 단 한 마디도 설명해주지 않은 것, 그것을 소중히 생각할 뿐이다."

이것이 우리 종문의 생명입니다. 다들 "모르겠다, 모르겠다."고들 하지만 말고 얼른 눈을 바로 뜨란 말입니다. 마음의 눈만 바로 뜨면 모든 것이 청천백일입니다. 대명천지 온 우주에 광명이 비치고 있는데 보이지 않는다고 하면 그건 눈감고 있는 사람 아닙니까?

운문스님께서 구구 팔십일이라 하시고, 설두스님과 심문스님이 게송을 지어 청천백일보다 더 분명하게 뜻을 드러냈는데도 모르겠다고 한다면 그건 아직 스스로 깨치지 못하고 마음의 눈을 뜨지 못했다는 것입니다.

그럴 땐 어떻게든 공부해 바로 깨쳐 눈을 뜨려고 노력해야할 뿐입니다. 무슨 설명을 하란 말입니까? 설파를 한다는 것은 귀신굴입니다. 자기도 죽고 남도 매몰시키는 짓입니다. 그러니 조금만 생각 있는 사람이라면 설파해달라는 그런 소릴 하지 않습니다.

하도 어렵다느니 알 수 없는 소리만 한다느니 하는 소리가 자꾸 들리기에 오늘 이런 말을 꺼내는 것입니다. 그럼 다시 본분 공안으로 돌아가겠습니다.

구구는 팔십일이라고 한 운문스님의 법문은 바람이 아무리 불어도 바람이 들어갈 틈이 없고 물을 아무리 끼얹어도 물이 묻을 수 없습니다. 하지만 몸은 숨겼는데 그림자가 드러나 버렸으니 어찌겠습니까? 자취를 감추려면 몸만 감출 것이 아니라 그림자까지 감춰야 하는데, 그림자가 드러났으니 감추나마나 한 짓이 되어 버렸습니다.

조사 중의 조사로 추앙받는 운문스님의 법문을 두고, 내가 뭐라고 이렇게 하늘 꼭대기까지 치켜 올렸다가 저 바다 밑바닥에 내동댕이치는 걸까요?

자, 그럼 말씀해 보십시오. 필경 이것이 무슨 도리입니까?

두어 조각 흰 구름은 옛 절을 감싸고

한 줄기 맑은 물은 푸른 산을 휘감아 흐르네.

이 말을 모르면 천년만년 절집에서 세월을 보낸다 해도 소용없습니다. 그렇다고 이런저런 사량복탁思量卜度으로 궁리해도 소용없습니다.

그럼, 사량복탁이 완전히 떨어진 무심경계無心境界에선 알 수 있는가? 무심경계로도 모릅니다. 법문은 유심有心으로도 알 수 없고 무심無心으로도 알 수 없습니다. 오직 확철히 깨쳐 마음의 눈을 완전히 떠야만 청천백일처럼 다 알 수 있는 것입니다.

억!

辛酉(1981)년 하안거 결제일 해인사 해인총림 대적광전

89. 병정구화 丙丁求火
불이 불을 구해

【 수시 】

자기自己를 모르니 은산銀山과 철벽鐵壁이요
자기를 아니 철벽과 은산이라
귀신의 머리 신령의 얼굴이며 새의 부리 고기의 뺨이요
천 개의 손 천 개의 눈이며 만 개의 발 만 개의 다리로다.
삼황三皇과 오제五帝는 이 무슨 물건인가?
한 쌍의 기러기가 높은 하늘에서 우는구나.

不識自己하니 銀山鐵壁이요 識得自己하니 鐵壁銀山이라
鬼頭神面이요 鳥嘴魚腮며 千手千眼이요 萬足萬脚이로다
三皇五帝是何物고 一雙寒雁이 唳長天이로다

【 본칙 】

청봉스님[1]에게 현칙[2]이 물었다.
"어떤 것이 학인學人의 자기自己입니까?"
"병정丙丁[3]동자가 와서 불을 구하는구나."[4]

---

1 청봉전초(靑峰傳楚). 당(唐)대 스님으로 낙포원안(洛浦元安)의 법제자. 청원(靑原)스님의 6세손.
2 보은현칙(報恩玄則). 오대(五代) 송초(宋初) 법안종 스님으로 법안문익(法眼文益)의 법제자. 청원(靑原)스님의 9세손.
3 병정(丙丁)은 방위로 남방(南方)에 해당되고 오행(五行)으로 화(火)에 해당됨. 곧 불

靑峰이 因玄則問하되 如何是學人의 自己오 峰이 云 丙丁童子來求火라 하니

【 착어 】

쏟아져 내리는 폭포가 대지를 뒤흔든다.

飛流瀑布轟大地로다

【 송 】

동림 총선사가 송하였다.
불이 불을 구함에 자기 몸이 밝으니
법안과 청봉이 옛 길을 가는지라
산이 다하고 물이 끊기는 곳에 이르러
구름 일어남을 보니 평생 일을 마쳤노라.
東林總이 頌하되
丙丁求火己躬明하니 法眼靑峰이 古路行이라
行到山窮水盡處하여 坐看雲起見平生이라 하니

【 착어 】

소뿔은 뾰족뾰족하구나.

牛角은 尖尖이로다

【 송 】

천동 각선사가 송하였다.
병정동자가 와서 불을 구함이여

---

4 『선문염송』 제1299칙(한국불교전서5, 856쪽). 을 의미.

826 무엇이 너의 본래면목이냐

남해의 파사 사람 콧구멍이 크구나.
혀끝을 놀리니 아는 사람 드물고
바로 지금에 비춰 부수었다.
비추어 부숨이여 공로와 허물이 없는지라
너의 이불 밑에 구멍 남을 아나니
일찍이 같은 자리에 누웠었다.
털끝만한 옛 의심도 다 벗어 버리니
술잔 속 그림자는 뱀 그린 활임을 다시 앉아서 알았네.
天童覺이 頌하되
丙丁童子來求火여 南海波斯鼻孔大로다
拮撩舌頭會者難이요 直下而今에 照得破로다
照得破여 沒功過라 知你被底穿하니 曾與同床臥로다
廉纖脫盡舊時疑하니 杯影蛇絃留再坐라 하니

【 착어 】

문수대사는 금빛 사자를 타고
보현보살은 거친 풀밭에 들어가네.
文殊大士는 騎師子하고 普賢菩薩은 入荒田이로다

【 송 】

완산 응선사[5]가 송하였다.
크게 취하여 옥누각 앞에 거꾸러지니
귀밑 털 흐트러지고 비녀 비뚤어지며

---

5 완산정응(皖山正凝). 명(明)대 임제종 양기파 스님으로 고봉덕수(孤峰德秀)의 법제자. 남악(南岳)스님의 19세손.

말과 웃음소리 미쳤네.
가장 사람의 마음을 아프게 하는 것은
할머니의 옷을 빌려 입고 할머니의 나이를 축하함이다.

皖山凝이 頌하되

一回醉倒玉樓前하니 鬢亂金叉橫語笑顚이로다

最是惱人腸斷處는 借婆衫子拜婆年이라 하니

【 착어 】

군자는 여덟 가지를 가히 행할지로다.

君子可八이로다

【 결어 】

대중들이여, 불동자가 와서 불을 구求하니, 다리 셋 가진 나귀가 물 위를 가는지라 풀 속의 푸른 뱀은 두꺼비를 물고 길가의 풍악꾼은 비파를 탄다.

애달프다!

중양重陽에 누른 국화 아름다운 향기 토하니

붉은 단풍은 어지러운 봉우리들을 아로새겼네.

억!

(크게 할을 한 번 하고 내려오시다.)

大衆아 丙丁童子來求火하니 三脚驢子水上行이라 草裏青蛇는 咬蝦蟆하고 街頭樂人은 弄琵琶로다 咄

重陽黃菊이 吐芳香하니 楓丹이 點綴亂峰巒이로다

(喝一喝하고 下座하시다)

辛酉(1981)년 동안거 결제일 해인사 해인총림 궁현당

90. 운문종성 雲門鐘聲
종소리

【 수시 】

독사는 눈동자 속에 들어가 날뛰고
금강신장은 삼문三門에서 합장하며
달마조사는 십자가두에서 향을 파니
바로 이런 때를 맞아 어떤 것이 불법의 참뜻인가?
(한참 묵묵한 후에 말씀하셨다.)
한 조각 향 값이 오전五錢이니라.

毒蛇는 入眼睛悖跳하고
金剛은 在三門合掌하며
達磨祖師는 十字街頭賣香하니
正當伊麼時하야 那介是佛法的的大意오 (良久云)
一片香價五錢이니라

【 본칙 】

운문스님이 종소리를 듣고 말하였다.
"세계가 이렇게 넓거늘 어찌하여 종소리를 듣고 칠조가사七條袈裟를 입는가?"
중이 대답하지 못하니, 운문스님이 말하였다.
"칠리七里 여울가에 조개가 많으니라."[1]

雲門이 因聞鐘聲하고 乃曰 世界與麽廣闊이어늘 爲甚麽하야 向鐘聲披七
條오 僧이 無語어늘 門曰 七里灘頭에 多蛤子니라 하니

【 착어 】

훔훔 파트파트

吽吽波吒波吒로다

【 송 】

운문 고선사가 송하였다.
종소리에 칠조가사를 입으니
푸른 눈 오랑캐 중도 어떻게 하지 못한다.
한 화살에 독수리 두 마리 손을 따라 떨어져
주워 보니 원래 울타리 안 거위로다.

雲門杲 頌曰
鐘聲에 披起鬱多羅하니 碧眼胡僧도 不奈何라
一箭雙鵰隨手落커늘 拈來에 元是柵中鵝로다 하니

◉

푸른 눈 오랑캐 중은 달마스님을 말합니다. 종소리에 칠조가사를 입는 여기에 이르러선 달마스님도 어떻게 할 수 없습니다. 한 화살에 독수리 두 마리가 떨어진다고 한 여기에 깊은 뜻이 있습니다. 왜 이렇게 말했을까요? 떨어진 두 마리를 주워 보니 본래 독수리가 아니고 내 집 울타리 안에서 키우던 거위라고 했습니다.

운문스님 법문과 아무 관계가 없는 소리를 늘어놓은 것 같지만 운문

---

1 『선문염송』 제1054칙(한국불교전서5, 746쪽) ; 『무문관』 제16칙.

830 무엇이 너의 본래면목이냐

스님 법문의 뜻을 참 잘 표현한 게송입니다. 그 근본 뜻은 어느 곳에 있는가? 활촉 하나에 독수리 두 마리가 떨어지는데, 떨어진 독수리를 보니 독수리가 아니라 집에 키우는 거위더라는 데에 있습니다. 영 엉뚱한 소리 같지만 운문스님 법문의 골수를 그대로 드러낸 소리입니다. 그러면 이 뜻이 어느 곳에 있는가? 내 또 한마디 하겠습니다.

【 착어 】

붉은 해가 푸른 산에 걸렸네.

紅日이 掛碧山이로다

【 송 】

무암 전선사[2]가 송하였다.
칠 리 여울가에 조개가 많음이여
태양이 솟아오르니 모두 입을 여는지라
평생의 간담肝膽을 비록 드러내나
날쌘 매가 언제 냄새를 맡고 왔던가?

無菴全 頌曰
七里灘頭에 多蛤子여 太陽이 一出口俱開라
平生肝膽이 雖然露하나 狡鶻이 何曾逐臭來오 하니

【 착어 】

보배 칼이 하늘을 의지하여 차구나.

寶劍이 倚天寒이로다

---

[2] 무암법전(無庵法全). 송(宋)대 임제종 양기파 스님으로 불지단유(佛智端裕)의 법제자. 남악(南岳)스님의 16세손.

【 송 】

무문 개선사[3]가 송하였다.

알면 만사가 한집이요, 모르면 천만으로 각각 다르고
모르면 만사가 한집이요, 알면 천만으로 각각 다르다.

無門開 頌曰
會則事同一家요 不會則萬別千差라
不會則事同一家요 會則萬別千差로다 하니

◉

앞뒤 말이 서로 어긋나 논리적으로 따져 보면 말도 되지 않습니다. 법문은 고사하고 말도 되지 않게 앞뒤를 반대로 표현했지만 이렇게 말씀한 뜻을 분명히 알면 운문스님 법문을 알 수 있습니다. 그렇지만 말만 따라가면 뜻을 모릅니다. 그러면 그 뜻은 어느 곳에 있는가? 내 한마디 하겠습니다.

【 착어 】

함원전含元殿 위의 검은 오랑캐로다.

含元殿上黑胡子로다

◉

함원전含元殿은 천자가 사는 대궐 이름입니다. 천차가 사는 대궐 위에 새카만 오랑캐가 하나 떡 앉아있더라고 했습니다. 함원전은 천자가 사는 곳인데 오랑캐가 그 자리에 어떻게 앉을 수 있습니까? 이것을 알아야 합니다. 이것을 알면 앞뒤 말을 다 알 수 있습니다.

---

3 무문혜개(無門慧開, 1183~1260). 임제종 양기파 스님으로 월림사관(月林師觀)의 법제자. 남악(南岳)스님의 18세손. 『무문관(無門關)』 1권이 있음.

【 결어 】

대중들이여, 운문의 문정에 백화百花가 난만하여 향기 바람이 솔솔 부니, 벌은 날고 나비는 춤춘다. 그러나 목에는 큰 칼을 쓰고 발에는 쇠사슬로 묶여서 두 눈을 크게 떠도 캄캄하여 어둠을 알지 못하니, 투탈透脫한 한마디는 어떠한가?

동쪽은 갑을목甲乙木이요 서쪽은 경신금庚辛金이로다.

억!

(크게 할을 한 번 하고 내려오시다.)

大衆아 雲門門庭에 百花爛漫하야 香風이 拂拂하니 蜂飛蝶舞로다 殊不知 頂上에 着枷하고 脚下에 著杻하야 大開兩眼暗昏昏地하니 透脫一句作麽生고

東方은 甲乙木이요 西方은 庚辛金이로다

(喝一喝하고 下座하시다)

◉

대중 여러분, 운문의 뜰에 백화가 난만하여 향기 바람이 솔솔 부니, 벌은 날고 나비는 춤춥니다. 그러나 목에는 큰 칼을 쓰고 발은 쇠사슬로 묶여서 두 눈을 크게 떠도 캄캄하여 어둠을 알지 못합니다. 그럼, 여기에서 아득히 벗어나게 할 한마디는 무엇입니까?

동쪽은 갑을목甲乙木이요 서쪽은 경신금庚辛金이로다.

억!

辛酉(1981)년 동안거 해제일 해인사 해인총림 궁현당

91. 양기려자 楊岐驢子
세 다리 나귀

【 수시 】

높이 비로자나의 이마를 밟고
멀리 위음왕불 이전을 뛰어넘으니
바다 밑에선 붉은 먼지가 펄펄 날고
산봉우리에는 흰 물결이 출렁인다.
기암괴석은 다투어 화엄경을 외우고
진금이수珍禽異獸는 다 같이 법화경을 읽으니
서쪽에서 오신 조사의 뜻은 어떻게 드날리려는고.
(한참 묵묵한 후에 말씀하셨다.)
옥봉이 꽃을 물고 있으니 항상 봄이요
금 닭이 달을 부르니 꿈을 처음 깨었네.

高踏毘盧頂寧頁하고 超越威音已前하니
海底에 紅塵이 紛紛이요 峰頭에 白浪이 滔滔로다
奇岩怪石은 爭誦華嚴하고 珍禽異獸는 共轉蓮經하니
西來祖意를 如何擧揚고 (良久云)
玉鳳이 啣花春不老하고 金鷄喚月夢初回로다

【 본칙 】

양기스님에게 어떤 중이 물었다.

"어떤 것이 부처입니까?"
"다리 세 개인 나귀가 발굽을 놀리며 간다."
"문득 이렇게 갈 때 어떠합니까?"
"호남 땅의 큰스님이로다."[1]

楊岐因僧問호대 如何是佛이닛고 岐云 三脚驢子弄蹄行이로다 僧云 便恁麽去時에 如何오 岐云 湖南長老라 하니

【착어】

소나무가 서리를 이겨내니 운치가 맑고
물이 바위에 부딪치니 흐름이 급하구나.
松凌霜兮韻淸하고 水帶岩兮流急이로다

【송】

만암 안[2]선사가 송하였다.
다리 세 개인 나귀가 발굽을 놀리고 감이여
양절兩浙과 강남땅이 가을에 다시 뜨겁네.
서북쪽 서리 바람에 이른 추위를 겁내어
문을 닫고 버들 꽃 떨어짐을 근심스레 본다.
萬菴顔이 頌호대
三脚驢子弄蹄行이여 兩浙江南이 秋復熱이로다
西北風霜에 怯早寒하야 閉門愁見楊花落이라 하니

---

1 『선문염송』 제1403칙(한국불교전서5, 900쪽).
2 만암도안(萬庵道顔, 1094~1164). 임제종 양기파 스님으로 대혜종고(大慧宗杲)의 법제자. 남악(南岳)스님의 16세손.

【착어】

구름이 걷히니 산 모습이 드러나고
비가 지나가니 사방 들이 넓구나.
雲收山骨露하고 雨過四野闊이로다

【송】

개암 붕선사가 송하였다.
사람의 가죽을 벗겨내고 개 얼굴을 드러내니
다리 세 개인 나귀가 귀하고 천하구나.
介庵朋이 頌호대
剝下人皮하고 露出狗面하니
三脚驢子가 可貴可賤이라 하니

【착어】

자금紫金색 연꽃은 일천 무늬의 발을 받들고
흰 옥빛 털은 만덕을 갖춘 몸을 빛낸다.
紫金蓮捧千輪足하고 白玉毫輝萬德身이로다

【송】

어풍 신[3]선사가 송하였다.
동풍에 꽃 피어 빛이 아름다우니
곳곳마다 담장 위에 범나비 나는구나.
촌 여자는 천자의 말씀을 모르니

---

3 어풍원신(語風圓信, 1571~1647). 임제종 양기파 스님으로 환유정전(幻有正傳)의 법제자. 남악(南岳)스님의 33세손.

태평하여 밤낮으로 문을 잠그지 않는다.

語風信이 頌호대

東風花暖色依依하니 在處牆頭에 胡蝶飛로다

竈婦는 不知天子勅이라 太平晝夜不關扉라 하니

【 착어 】

석양石羊은 물 위로 가고

목마木馬는 밤에 망아지를 어룬다.

石羊은 水上行하고 木馬는 夜䭹駒로다

【 염 】

운문 고선사가 염하였다.

"곳곳마다 참되고 곳곳마다 참됨이여, 티끌티끌이 다 본래인本來人이라. 진실을 말할 때 소리가 나지 않고 정체正體가 당당하니 몸이 보이지 않는다. 어떤 것이 당당한 정체인가? 도솔천을 떠나지 않고 벌써 왕궁에 내려왔으며, 어머니 뱃속을 나오지 않고 이미 사람을 제도해 마쳤다."

雲門杲가 拈호대 處處眞處處眞이여 塵塵이 盡是本來人이라 眞實說時에 聲不現하고 正體堂堂沒却身이로다 作麽生是堂堂正體오 未離兜率에 已降王宮하고 未出母胎에 度人已畢이라 하니

【 착어 】

숲 사이에서 술 데울 제 마른 잎을 태우고

돌 위에 시를 쓸 제 푸른 이끼를 닦아 낸다.

林間에 暖酒燒紅葉하고 石上에 題詩掃綠苔로다

【 염 】

응암 화선사가 염하였다.

"보잘것없는 양기의 말이 두 동강났구나."

應庵華가 拈호대 大小楊岐話作兩橛이라 하니

【 착어 】

보살은 법당 안에 앉았고 금강신장은 문밖에 서 있네.

聖僧은 堂裏坐하고 金剛은 門外立이로다

【 염 】

송원선사가 상당하여 이 법문을 들어 말하였다.

"보잘것없는 양기가 이 중에게 떠밀려서 거꾸러졌다."

松源이 上堂에 擧此話云호대 大小楊岐가 被這僧靠倒라 하니

【 착어 】

일천 봉우리는 푸른빛에 잠겼고

일만 나무는 연기를 머금었네.

千峰은 鎖翠하고 萬木이 含煙이로다

【 결어 】

대중들이여, 다리 세 개인 나귀가 어찌 네 개의 다리만 하리오. 양기 노인이 문정의 시설은 곧 없지 않거니와 서쪽에서 오신 조사의 뜻은 만 리 밖의 애주崖州 땅이로다. 알겠는가?

아비라 훔 캄.

억!

(크게 할을 한 번 하고 내려오시다.)

大衆아 三脚驢子가 爭似四脚이리오 楊岐老人이 門庭施說은 卽不無어니와 西來祖意는 萬里崖州로다 會麽아

阿毘羅吽欠이로다

(喝一喝하고 下座하시다)

　　　　　　　　　　　壬戌(1982)년 하안거 결제일 해인사 해인총림 대적광전

낙수법어
落穗法語

1. 선림시중 禪林示衆
선림회 시중법어

【 수시 】

석가는 지옥에 들어가고
조달調達[1]은 금대金臺에 앉는다.
명황明皇은 양귀비를 이끌고
관우關羽는 안량顔良을 죽인다.
높고 높은 산꼭대기 위에 서고 깊고 깊은 바다 밑을 가니
문수 보현보살은 가슴을 치며 크게 울고
가섭 아난존자는 손을 들어 어지러이 춤춘다.
필경의 일이 어떠한가?
물을 움켜쥐니 달이 손안에 있고
꽃을 장난하니 향내가 옷에 가득하다.

釋迦는 入地獄이요 調達은 坐金坮로다 明皇은 携貴妃하고 關羽는 斬顔良이라 高高峰頂立하고 深深海底行하니 文殊普賢은 搥胸大哭하고 迦葉阿難은 擧手亂舞로다 畢竟事作麽生고 掬水에 月在手하고 弄花에 香滿衣로다

---

1 제바달다(提婆達多)이다. 부처님께서 성도 후 가비라성을 방문하였을 때 아난, 우바리 등과 함께 불제자가 되어 12년간은 좋은 마음으로 열심히 수행했으나 깨달음을 얻지 못하자 마음이 퇴전(退轉)하여 나쁜 마음을 품고 부처님을 몇 번이나 살해하려고 하였다. 승가의 화합을 깨뜨린 죄, 부처님 몸에서 피를 낸 죄, 비구니를 살해한 죄 등을 지어 마침내 산 채로 무간지옥에 떨어졌다고 한다.

이때에 대중 가운데서 어떤 중이 물었다.

"어떤 것이 교외별전教外別傳의 소식입니까?"

스님께서 대답하셨다.

"삼경三更에 달이 철문관鐵門關을 비춘다."

禪林會時에 有僧問호대 如何是教外別傳底消息고 師答云 三更에 月到鐵門關이니라

丁未(1967)년 9월 보름 선림회 시중 해인사 해인총림 대적광전

2. 방함록서 芳啣錄序
방함록 서언

【 수시 】

임제의 요란한 할喝은
관 속에서 눈을 부릅뜨는 것이요
덕산의 눈먼 방棒은
상여 뒤에 매단 약포대로다.
영취산에서 꽃을 들어 보이니
정법안장正法眼藏이 없어져 버렸고
소림굴에서 혜가가 세 번 절하니
별전別傳의 명맥命脈을 끊어 버렸다.
삼세의 모든 부처님과 역대의 조사가
지옥에 들어가기 쏜살같으니
말해 보라,
이 법문의 뜻이 어느 곳에 떨어져 있는가.
가야산 경치는 천고千古에 빼어나고
홍류동 하늘은 만세萬世에 밝도다.
아!

臨濟亂喝은 棺木裏瞠眼이오 德山瞎棒은 喪車後藥袋로다 靈鷲拈花에 滅却正法眼藏하고 少林三拜에 斷盡別傳命脈이로다 三世諸佛과 歷代祖師가 入地獄如箭射하니 且道하라 一著이 落在什麼處오 伽倻山色은 千古

秀하고 紅流洞天은 萬世明이로다 咦

　　　　　　戊申(1968)년 정월 해제일 방함록서 해인사 해인총림 궁현당

3. 총재법어 總裁法語
세계불교지도자대회 총재 법어

【 수시 】

낱낱이 원만하게 이루어지고 곳곳에 모두가 참되니
불법佛法 두 글자는 살을 긁어 부스럼을 내는 격이다.
그러므로 영취산의 거룩한 모임은
바람 없는데 파도 일어남이며,
필발라굴 결집結集은
평지에 떨어져 다침이다.
조주 늙은이가 일상에 소리쳐 말하되,
"불자佛字 한 자도 나는 듣기 좋아하지 않는다." 함은
뭇 장님 노는 곳에서 도리어 조금은 나으나
실지實地에서 논하건대
모름지기 양치질 3년 하여야 할 것이다.
그러나 법法으로는 바늘도 용납하지 않으나
사사私事로는 수레와 말이 통하는 것이니,
교화문敎化門에서는 시설이 방해되지 않는다.
금수강산의 고불古佛도량에
백방의 대덕大德들이 많이 운집하여
유교遺敎를 높이 의논하고 널리 정법正法을 밝힘은
실로 천추만세千秋萬世에 드물게 있는 좋은 일이다.

이로부터

모든 부처님의 호광毫光이 찬연히 비치어 더욱더 빛나고,

모든 중생들의 참된 성품이 갈수록 더 밝고 깨끗하여,

화장찰해에 서기瑞氣가 하늘에 넘치고,

전단 깊은 수풀의 향기로운 바람이 땅을 휩쓸 것이다.

집집마다 부처님을 찬양하여 끊어지지 아니하고

사람마다 법을 칭송하여 쉬지 않으리니,

본래 깨끗한 부처님 땅에

상서로운 구름이 더욱더 일어날 것이다.

애달프고 애달프다.

쓸데없는 잠꼬대가 어찌 그리 긴가.

필경의 일은 어떠한가?

비단에 꿴 큰 고기를 저자에 가져가려고

나부끼는 조각배가 물결 위를 가는구나.

箇箇가 圓成하고 處處에 全眞하니 佛法兩字는 刮肉生瘡이라 所以로 靈鷲勝會는 無風起浪이요 畢鉢結集은 平地落節이니 趙州老衲이 日常揚言호대 佛之一字는 吾不喜聞어라 함은 衆盲戲場에 却較些子나 據實而論컨대 也須漱口三年하야사 始得다 然雖如是나 官不容針호대 私通車馬라 建化門頭에 不碍施設이니 錦繡江山의 古佛道場에 百邦大德이 藹然雲集하야 高論遺敎하고 廣闡正法함은 實是千秋萬世에 希有盛事이다 玆此로 諸佛毫光이 加增輝煌하고 群生眞性이 去愈明淨하여 華藏刹海에 瑞氣彌天하고 栴檀深林에 香風이 拂地하리니 家家에 讚佛不絶이요 人人이 頌法無休라 本淨佛土에 祥雲이 益騰하리로다 咄咄 嘮嘮寐語가 何其長耶아 畢竟如何오 串錦老魚를 懷就市하야 飄飄一葉이 浪頭行이로다

庚戌(1970)년 10월 세계불교지도자대회 총재법어 범어사

4. 당십오일 當十五日
십오일을 맞아

【 수시 】

십오일 이전에는 중니가 칠현금을 타고,
십오일 이후에는 예수가 십자가를 짊어진다.
바로 십오일을 맞이하여서는
유황숙이 제갈량을 찾아가느니라.
세간법과 불법은 묻지 않겠으나
붉은 벼슬 수탉이 어찌하여 새벽에 우는가?
(주장자 한 번 치고 말씀하셨다.)
갑자을축甲子乙丑은 바다 가운데 금이요
병인정묘丙寅丁卯는 화로 가운데 불이로다.

十五日以前엔 仲尼彈七絃이오 十五日以後엔 耶蘇擔十字로다 正當十五日
하야는 皇叔이 訪臥龍이라 世法佛法은 卽不問이어니와 丹頂雄鷄가 爲什麽
하야 向五更鳴고 (卓拄杖一下云) 甲子乙丑은 海中金이요 丙寅丁卯는 爐中
火로다

甲寅(1974)년 5월 보름 해인사 해인총림 대적광전

5. 갑인하해 甲寅夏解
갑인년 하안거 해제에

【 수시 】

목 위의 무쇠칼은 무게가 일곱 근이요
발밑의 지옥은 괴로움이 끝없도다.
석가와 미타는 끓는 구리 쇳물을 마시고
가섭과 아난은 무쇠를 먹는다.
몸을 날려 백옥 난간을 차 부수고
손을 휘둘러 황금 새끼줄을 끊어 버린다.
산이 우뚝우뚝 솟음이여 물은 느릿느릿 흐르며
잣나무 빽빽함이여 바람이 씽씽 분다.
사나운 용이 힘차게 나니 푸른 바다가 넓고
사자가 고함지르니 조각달이 높이 솟았네.
알겠느냐?
일 이 삼 사 오 육 칠이여
두견새 우는 곳에 꽃이 어지럽게 흩어졌네.
억!
(크게 할을 한 번 하고 내려오시다.)

項上鐵枷重七斤이요 脚下阿鼻苦萬端이로다 釋迦彌陀는 飮烊銅하고 迦葉阿難은 喫生鐵이로다 奔身踢破白玉欄하고 揮手截斷黃金索이라 山矗矗兮水漫漫이요 栢森森兮風嘯嘯로다 驪龍이 雄飛蒼海闊이요 師子哮吼

片月高라 會麽아 一二三四五六七이여 杜鵑啼處花狼藉로다 (喝一喝하고 下座하시다)

甲寅(1974)년 하안거 해제일 해인총림 대적광전

6. 육여사재 陸女史齋
육영수 여사 재일에

【 수시 】

육여사가 이렇게 오니
흰 구름 깊은 곳에 금룡金龍이 굽이치고
육여사가 이렇게 가니
푸른 물결 한가운데 옥토끼 놀라네.
일면월면日面月面이여
별은 날고 번개가 치며
왼쪽으로 구르고 바른쪽으로 구름이여
범은 부르짖고 학은 춤춘다.
한 번 들고 한 번 놓음이여
하늘을 두르고 땅에 깔렸으며
혹은 웃고 혹은 찡그림이여
옛에 빛나고 지금에 뛰어난다.
당당히 하늘과 땅의 길을 앉아서 끊고
무쇠 소를 거꾸로 타고 큰 성에 들어가니
연꽃은 송이송이 불속에서 피고
푸른 산은 걸음걸음 물 위를 간다.
알겠는가?
과일 따는 누런 원숭이는 푸른 나무를 흔들고

꽃을 문 흰 사슴은 푸른 잔디에 누웠구나.

陸女史與麼來하니 白雲深處에 金龍躍이오 陸女史與麼去하니 碧波心裏에 玉兎鷲이로다 日面月面兮여 星飛電擊이오 左轉右轉兮여 虎嘯鶴舞로다 一擡一搦兮여 周天匝地오 或笑或嚬兮여 耀古騰今이로다 當當坐斷乾坤路하고 倒騎鐵牛入重城이라 蓮花는 朶朶火中開하고 靑山은 步步水上行이로다 會麼아 偸果黃猿搖綠樹하고 啣花白鹿臥靑莎로다

甲寅(1974)년 8월 육영수 여사 49재 법어 해인총림

7. 을묘하해 乙卯夏解
  을묘년 하안거 해제에

【 수시 】

남산과 북산이 서로 싸우니 곧 은하수가 땅에 떨어지고
수미산은 하늘에 거꾸로 섰다.
바로 이런 때에 석가와 미타가
초명벌레 눈동자 속에서 "허허" 하고 크게 웃으니,
고기가 가매 물이 흐리고
새가 나니 털이 떨어진다.
알겠는가?
물을 움켜쥐는 나그네는 두 손에 달을 받들고
꽃 파는 사람은 한 어깨에 봄을 짊어졌구나.

南山이 與北岳으로 相鬪하니 直得銀河落地오 須彌倒天이라 正與麽時에
釋迦與彌陀가 在蟭螟眼睛裏하야 呵呵大笑하니 魚行水濁이요 鳥飛毛落
이로다 會麽아 掬水客擎雙手月이요 賣花人負一肩春이로다

            乙卯(1975)년 하안거 해제일 해인사 해인총림 대적광전

8. 경신하해 庚申夏解
경신년 하안거 해제에

【 수시 】

현묘한 관문關門에 머무르지 않고
이류異類 가운데 행하니,
재투성이 머리에 흙칠한 얼굴이요
털 쓰고 뿔 돋았다.
동쪽에 솟고 서쪽에 빠지며
일곱 번 넘어지고 여덟 번 일어나니
석가는 몸을 피하고 달마는 물러서는지라.
날라리 리랄라여,
구구九九는 원래 팔십삼八十三이로다.
알겠는가?
중생의 고통을 말하려 했더니
다시 고통 받는 중생이 있구나.
억!
(크게 할을 한 번 하고 내려오시다.)

不住玄關하고 異類中行하니 灰頭土面이요 被毛戴角이로다 東湧西沒하고 七
顚八起하니 釋迦側身이요 達磨退步라 囉囉哩哩囉囉여 九九는 元來 八十三
이로다 會麽아 將謂衆生苦러니 更有苦衆生이로다 (喝一喝하고 下座하시다)

庚申(1980)년 하안거 해제일 해인사 해인총림 대적광전

9. 신유하해 辛酉夏解
신유년 하안거 해제에

【 수시 】

공자가 거문고를 탐이여
차가운 얼음에 서리를 더하고
예수가 십자가를 짊어짐이여
수놓은 비단에 꽃을 펴네.
노자가 불사약을 만듦이여
한낮에 귀신을 보고
부처님이 법을 설하심이여
시뻘건 화로에서 물을 퍼낸다.
구슬이 옥 소반에서 구름이여
봉새가 아침 햇빛에 울고
무쇠 성에서 칼을 휘두름이여
용이 저녁 하늘에서 굽이친다.
애달프고 애달프고 또 애달픔이여
아픈 몽둥이질 서른 번이니
남산에 구름 일어남이여
북산에 비 내리네.

仲尼彈琴兮여 寒氷에 加霜하고 耶蘇負架兮여 繡錦에 鋪花로다 老君이 煉丹兮여 白日에 見鬼하고 世尊이 說法兮여 紅爐에 汲水로다 珠走玉盤兮여

鳳鳴朝陽하고 劍揮鐵城兮여 龍飜暮天이로다 嗟嗟復嗟兮여 三十痛棒이니 南山에 起雲兮여 北山에 下雨로다

辛酉(1981)년 하안거 해제일 해인총림 대적광전

무엇이 너의 본래면목이냐 :
본지풍광설화를 출간하며

　큰스님께서 해인사 대적광전 법상에서 매 결제철 그믐과 보름마다 하신 법문들 중에서 상당법어上堂法語를 모아서 『본지풍광本地風光』이라는 이름으로 1982년 12월에 출간하였습니다. 그 『본지풍광』이 세상에 나오기까지의 인연담을 먼저 말할까 합니다.

　제가 백련암으로 출가한 지 3~4년이 지나서 상기병도 생기고 해서 좌복 위에 재대로 앉지도 못하고 서서 움직이는 시간이 많았습니다. 큰스님께서 1967년 동안거를 맞이하여 해인총림 초대 방장에 취임하시고 첫 철이라 사부대중을 위하여 불교 전반에 대해서 100여일 동안 법문하셨다고 합니다. 그때도 큰스님께서 녹음하는 것을 좋아하시지 않으셔서 숨어서 하다시피 하여 녹음의 질이 고르지 못했습니다. 그 테이프를 들어보라고 원주스님이 주어서, 큰스님 몰래 뒷방에서 이어폰을 귀에 꼽고 듣게 되었습니다.

　교재도 없고 그냥 말로만 들으니 들을 때는 아는 것 같아도 듣고 지나고 나면 기억에 남는 것이 별로 없었습니다. 그래서 '이래서는 안 되겠다!' 싶어 녹음을 종이에 옮겨 쓰기로 마음먹었습니다. 매일 녹음을 듣고 쓸 수는 없는 일이어서 어느 때는 일주일에 한두 개, 어느 때는 한 달에 한두 개, 어느 달은 숫제 하나도 옮기지 못하는 달이 있기도 하면서 4~5년 걸려서 100여 개 넘게 녹음테이프를 듣고 녹취하였습니다.

　큰스님께서는 다른 어른 스님들보다 말씀이 빠르셔서 한 시간 법문하신 내용을 원고로 풀면, 다른 어른 스님들은 50~60장이 되지만 큰스님은 70~80장 되는 분량이었습니다. 어쩌다 욕심내어 하루 6~7시간 걸려 60분짜리 녹음테이프를 녹취하고 나면 며칠은 꼼짝도 못할 지경으로 힘이 들었습니다. 녹음에 담긴 말씀을 한마디라도 놓치지 않으려고 녹음기를 되풀이하고 되풀이하면서 말씀뿐만 아니라 기침 소리, 웃음소리, 야단치시는 소리까지도 다 풀어놓는 식이었습니다. 그것이 후일에 『백일법문』, 『신심명 증도가 강설』, 『돈오입도요문론 강설』, 『영원한 자유』, 『자기를 바로봅시다』라는 성철스님 법어집 발간으로 이어지게 되었습니다.

그렇게 녹음테이프를 듣던 어느 날 큰스님께 들키고 말았습니다. "하라는 참선은 안 하고 지금 뒷방에서 뭐 하고 있노, 이놈아!" 하시며 불호령을 들었습니다. 그 걱정 끝에 큰스님 방으로 불려가 꿇어앉게 되었습니다.

"지금 니 뭐하고 있노?"

"예. 백일법문을 다 듣고 나서 지금은 큰스님께서 매 결제 때마다 법당에서 상당법문하신 그 녹음을 듣고 있는 중입니다."

"니까짓 게 그걸 듣는다고 아나?"

"예. 너무 어려워서 이해하기 힘들어 노트에 옮겨 적고 있습니다."

"이놈아! 적는다고 그 뜻을 아나? 참선을 해서 깨쳐야 알지! 이 바보같은 놈아! 그럼, 기왕에 시작한 일이니 상당법문한 거, 한 칙 정리해서 가져와 봐라."

'휴, 살았다' 하는 마음으로 방을 물러나왔습니다. 말하자면 큰스님께서 진노하셔서 참선은 하지 않고 녹음테이프만 들었다고, 정리한 원고 다 가져와서 불살라버리라고 고함치시는 그런 큰 야단을 맞지 않은 것을 천만다행으로 생각하며 열심히 녹음대로 정리해서 이 책의 제1칙인 '덕산탁발화德山托鉢話'를 올렸습니다. 큰스님께서 원고를 살피고 나시더니 "누가 이렇게 번역했느냐?"고 노발대발하셨습니다.

　물러나와서 정리해 올린 것과 당신께서 번역한 녹음을 아무리 비교하여도 틀린 곳이 아무 데도 없어서 자신 있게 "큰스님 말씀과 똑같이 정리했습니다." 하며 다시 갖다드렸습니다. 이번에도 큰스님께서는 "내가 이렇게 느러터지게 말했드냐? 문장은 간결해야 하는데 간결하지 못해서 우짜란 말이고?" 하시면서 당신이 법상에서 말씀하신 것에 대해서 긍정하려 하지 않으셨습니다.

　또 한 번 물러나와서 큰스님의 녹음 말씀과 정리한 원고가 한 곳도 틀림이 없음을 확인하고 용기를 내 큰스님 방에 들어가서 꿇어앉아 "큰스님 말씀과 똑같습니다. 어찌 한 자라도 제 마음대로 고칠 수 있겠습니까?" 하고 사뢰었습니다. 큰스님께서 화등잔 같이 이글이글 타시는 눈으로 한참을 쏘아보시더니 "그래, 좋다! 내일부터 새벽 예불 마치고 들어오너라. 내가 직접 구술해야겠다."고 하셨습니다. 정말 세 번을 정리하고 세 번을 퇴짜 맞았던 것입니다.

　다음 날부터 새벽 예불 마치고 큰스님 방에 들어가 구술하시는 것을 받아 적어 나왔는데 한 시간 정도씩 매일 새벽에 구술하셨습니다. 어느 날 새벽에는 큰스님께서 "이놈아! 다 받아 적었나?" 하시는 고함소리에 놀라 깨어보면 큰스님께서는 구술을 마치셨는데 저는 반도 못 받아 적고 잠들어버린 날도 여러 번이고 그때마다 또 얼마나 꾸지람이셨겠습니까?

　3개월여에 걸쳐서 구술을 마치셨는데, 그러나 큰스님께서 구술하신 것은 너무 직역이라 이번에는 제가 이해가 잘 되질 않았습니다. 큰스님의 법문 녹음과 직역 구술을 가지고 낑낑거리고 있는데 마침 동국역경원 월운 큰스님께서 『선문염송』을 번역 출간하셨습니다. 그리하여 큰스님의 법문 녹음과 구술, 그리고 『선문염송』을 참고해서 원고를 정리해 올리니 그제서야 긍정하시면서 상당법문을 잘 정리해 보라고 하셨습니다.

그리고 큰스님께서는 손수 『선문정로禪門正路』를 탈고하셨습니다. 큰스님께서 하루는 부르시더니 "이 두 책 원고를 가지고 송광사 불일암 법정스님을 찾아가라. 찾아가서, 당대에서는 법정스님이 한글 글쓴이로는 최고이니 내가 『본지풍광』과 『선문정로』의 윤문을 부탁한다고 말씀드려라." 하셔서 그 길로 나서 두 책의 원고를 지고 불일암으로 법정스님을 찾아뵈었습니다.

"큰스님의 모처럼의 부탁이시니 원고를 보긴 하겠는데, 글은 본래 그 사람의 성격, 취향, 사상 등이 스며있는 만큼 스님 글에 크게 손댈 생각은 없다."는 뜻의 말씀이 있으셨습니다. 법정스님의 정성으로 평화당에서 마침내 『본지풍광』과 『선문정로』 두 권이 출판되었습니다. 그 두 권의 책 출판으로 저도 원고에서 출판까지의 책 제조과정에 대해서 눈 뜨게 되는 계기가 되었습니다. 그 뒤 큰스님 어록집 11권과 선림고경총서 37권을 간행하는 데 있어서 더없는 힘이 되어 큰일을 무사히 마칠 수 있었습니다.

하루는 법정스님께서 "이번에 성철스님께서 책을 내시는데 법공양으로 하지 말고 정가제로 하자고 원택스님이 말씀드려주소. 불교 출판이 발전하려면 이제 성철 큰스님부터 법공양 아닌 정가제로 하여야 하는데 이번 기회에 큰스님 법어집을 꼭 정가제로 하여 불교 출판 풍토를 한번 바꿔서 불교 출판에 큰 기여를 하도록 합시다." 하시며 힘주어 당부하셨습니다.

어느 날 큰스님께서 기분이 좋으신 날이라 여겨 큰마음 먹고 말씀드렸습니다.

"큰스님, 이번에 책을 출간하시면 법공양으로 하실기지예?"

"와? 불교 책은 옛날부터 법공양이 원칙이지. 당연히 법공양으로 해야지!"

"그렇지만 절집에서 큰스님들께서 법공양으로 책을 보시하다 보니 불교 책을 사보는 불자들이 없다고 합니다. 그래서 불교 출판 사업이 안 된다고 합니다. 그러니 큰스님께서 법공양보다 정가제로 해서 서점에 내놓으면 불교 출판에 큰 기여를 하실 거라고 합니다. 큰스님께서 앞장서 주셔서 불교계의 폐습을 고치셔야 한다고 합니다. 옛날에는 모두가 가난하니 법공양이 좋은 것이지만 지금은 누구나 책을 사볼 수 있다고 합니다."

"이놈아, 무슨 소릴 하노? 누가 그런 말 하드노? 내 책을 법공양으로 나눠주지 않고 서점에 내놓고 판단 말이가? 살다 살다 희한한 놈 다 보겠네. 저거 스님 책 팔아묵는 놈, 난 아직 못 봤다. 이놈, 이놈이 큰일 낼 놈이네!" 하시면서 노발대발하셨습니다.

그렇다고 제 이야기가 아니라 법정스님이 하신 말씀이라고 토설할 수도 없는 일이었습니다. 그래서 다시 법정스님께 의논을 드렸습니다.

"어른께서야 당연히 반발하시고 말고요. 그러니 한 번 더 잘 말씀드려 보소. 법공양을 하면 나누어주는 그때뿐으로 책은 생명을 잃고 말지만 정가제로 해서 책이 서점에 꽂혀 있으면 좋은 책이면 오래오래 독자들을 만날 수 있고, 책이 서점에 오래 남을 수 있다고 잘 말씀드려 보소."라고 하셨습니다.

어느 하루 큰스님께 또 말씀드렸습니다.

"스님, 드릴 말씀이 있습니다."

"임마, 또 책 팔아묵는 이야기할라카제? 니는 임마, 잘 하다가 한 번씩 엉뚱한기라. 그 말 할려면 하지 마라!"

"그기 아니고예. 책 팔아묵을라 카는 기 아니고예. 법공양할려면 그때마다 큰 돈 들어가는 거 아닙니꺼? 그때마다 큰 돈 낼 사람이 누가 자주 있습니까? 그것도 한두 번이지예! 그리고 법공양하면 서점에서는 책을 받아주지도 않는다 아입니까? 정가제 하면 책 보고 싶은 사람은 우리와 아무 관계 없더라도 서점에 가면 사볼 수 있다 아입니까? 사 보는 사람이 많으면 남의 힘 빌리지 않고 책도 자주 낼 수 있지 않습니까? 큰스님께서도 시주물을 독화살 피하듯이 하라고 하시지 않았습니까?"

"시끄럽다, 이놈아. 고만 해라!"

또 어쩔 수 없이 입을 다물 수밖에 없었습니다. 그러던 어느 날 또 한 번 말씀드렸습니다.

"큰스님, 법공양은 책을 펴는 것이 일시적이고 제한적이어서, 우리들과 인연 있는 사람만 보게 되고 인연 없는 사람들은 보지도 못하고, 책을 계속 발간할 수 없는 결점이 있습니다. 정가제로 해서 전국 서점으로 책을 배포하면 좋은 책이면 많은 사람들이 보게 되고 또 시간에 관계없이 오래도록 책이 살아있게 된다고 합니다. 법공양하면 책이 생명을 잃고 대중적이지 못하고 정가제로 하여 서점에 배포하면 내용만 좋으면 대중적이고 오래도록 책이 생명을 잃지 않고 서가에 꽂혀 있게 된다고 합니다."

그리고 며칠 후 큰스님께서 부르셨습니다.

"니가 법공양 안하고 책을 팔아야 한다고 해서 이런 미친놈이 있나 생각했다. 더구나 내 책을 판다고 하니 얼마나 섭섭했는지 모른다, 이놈아! 그러나 지금 와서 돌이켜보니 법공양이 좋기는 하지만 친분 없는 모든 사람에게 다 나누어 줄 수 없는 것은 맞다. 서점에 내놓으면 사라지지 않고 책의 생명이 길다 하니 내가 니 말에 한번 속아보지!"

"법공양 아닌 정가제를 큰스님께서 허락하셨다."고 기쁜 마음으로 법정스님께 전해드렸습니다.

후일담입니다만 하루는 잘 아는 보살님이 보자기 두 개에 무엇을 잔뜩 싸서 들고 왔습니다.

"무엇인데 그렇게 한 손에 하나씩 무겁게 들고 오십니까?" 하니, "아이구, 스님. 우리 집에 들르는 스님마다 큰스님이 지은 책이라면서 두고 가셨는데, 제가 아무리 생각해도 보지 않고 쌓아두느니 백련암에 다시 갖다 드려야겠다는 생각이 들어 오늘 이렇게 가져 왔습니다."고 하였습니다. 친면이 없는 사람에게는 책이 돌려지지 않고 아는 사람에게는 무더기로 쌓이는 법공양의 폐해의 한 모습을 보고 저도 놀랐습니다.

법정스님 판단이 옳으셨습니다. 큰스님 책을 법공양으로 하지 않고 정가제로 하여서 서점에 출고한 인연으로 아직도 사라지지 않고 많은 대중들에게 읽히고 있는 것입니다. 법정스님의 혜안에 세월이 지난 지금 다시 한 번 감사를 드립니다.

마침내 큰스님께서 출판된 두 권의 책을 받아보시고 그렇게 좋아하실 수 없었으며, "나는 『본지풍광』, 『선문정로』 이 책 두 권으로 부처님께 밥값 했다."고 하셨습니다.

그러더니 어느 날, "원택아, 니, 틀린 글자 한 자도 없겠제?" 하셨습니다. 저는 "예. 틀린 글자 한 자도 없심더" 하며 자신 있게 대답했습니다. 왜냐하면 법정스님께서 "책에 오자誤字가 있으면 그것 참 기분 나쁘거든." 하시며 몇 번이고 교정을 보셨고, 저 또한 여러 번 보았기 때문입니다.

그러나 2시간도 채 지나지 않아 "원택이 오라 캐라!"고 큰스님께서 노발대발하셨다고 시자의 얼굴이 노랗게 질려 달려왔습니다. 또 뭐가 잘못 되어서 그러시는가, 의아해하며 큰스님 방을 들어섰습니다. "뭐, 이놈아, 틀린 자가 하나도 없어! 엉터리 책을 만들어 놓고서! 책을 한 번 보거라." 하시면서 제 면전으로 책을 냅다 던지십니다. 벽을 맞고 떨어진 책을 주워서 펼쳐보니 어느 한 쪽 성한 곳이 없이 몇 군데씩 틀린 자를 붉게붉게 표시해 주신 것입니다.

아무 말도 못 드리고 나와서 법정스님께 전화를 드렸습니다.

"스님, 한 자도 틀린 자가 없다고 말씀드렸는데 여기저기 틀린 자가 쪽마다 있어서 큰스님께 야단맞고 나왔습니다. 어찌 해야 좋겠습니까?"

"원택스님, 걱정 마소. 그러니 활자活字라 하지 않소. 글자가 살아서 이리저리 꿈틀거리니 틀린 자가 나오는 것 아니겠소? 재판 때 말끔히 고칠 테니 걱정 마시라고 스님께 말씀드리시오."

　법정스님께서는 책을 자주 내시니 틀린 자에 대해서 이력이 나 계시지만 큰스님께서는 생애에 처음 내보시는 책에 틀린 자가 많으니 오죽 마음이 서운하실까, 하는 생각에 전전긍긍했던 기억입니다.

　그렇게 『본지풍광』을 출간하고 난 후 『본지풍광』은 한문을 직역해 놓은 것이니 어렵기도 해서 매 칙마다 녹취한 것을 정리해서 『본지풍광』이 쉽지 않지만 쉽게 읽히도록 해야겠다고 마음먹었습니다. 그래서 『자기를 바로 봅시다』라는 법어집을 내면서 「본지풍광평석」편에 몇 칙을 녹음하고 정리해서 실었습니다. 그리고 〈해인〉지나 큰스님 열반하신 후 계간지로 발간한 〈고경〉에 정리해서 싣기도 하였습니다. 그러다가 총무원 총무부장 소임을 산다, 파라미타청소년협회 회장을 한다 해서 제대로 정리하지 못하고 있었습니다. 물론 어려워서 정리하기가 쉽지 않다는 것과 누가 제대로 읽기나 할까 하는 걱정이 가장 큰 마음의 장벽이었습니다.

　이태 전인가 뉴욕에서 포교를 하고 있는 원영스님에게 전화가 와서 이런저런 소식을 나누다가 원영스님이 물었습니다.

　"본지풍광 평석이라도 몇 편 있으니 『본지풍광』을 이해하는 데 도움이 되던데 평석 일은 어떻게 되고 있습니까?"

　"말 마소. 옛날에 어떻게 그렇게 녹음을 정리해 놓았는지 신통하네요. 요즈음은 통 시간이 없어서 일 년이 지나도 한 칙도 제대로 정리를 못하고 있습니다."

　"원택스님이 아직도 큰스님 시자란 생각만 하고 있습니까? 녹취한 것을, 선을 공부한 석사들에게 정리하라고 하면 될 터인데 꼭 그것을 스님이 해야 한다고 생각하십니까?" 하고 내 어리석음을 질타하였습니다. 원영스님의 말끝에 느낀 것이 있었습니다. '그렇다. 내가 집중하지도 못하면서 내가 해야 한다고 끙끙거리고 있는 내 잘못이 크다. 내가 그동안 정리한 녹취록과 테이프로 정리하게 하면 되겠네' 하고 마음을 정리했습니다.

작년에는 『선문정로』를 직접 강설하신 녹취를 정리하여 『옛 거울을 부수고 오너라』라는 제목으로 개정판을 출판하였고, 이제 『본지풍광』도 『무엇이 너의 본래면목이냐 : 본지풍광설화』로 출간하고 보니 저도 큰스님께 밥값 하였다는 생각 속에서 만감이 교차하였습니다.

큰스님 계셨더라면 원고 들고 들어가서 매 칙마다 허락을 받을 때 "이것도 정리라고 했나?" 하시는 꾸지람이 난무하였을 텐데, 그런 질책을 받을 수 없었으니 마음속 깊이 서운한 마음 간절합니다. 큰스님께서 못다 하신 방·할은 오히려 우리 독자들에게 돌아갈 몫이 되었습니다. 선지에 어긋나고 잘못된 구절이 있다면, 그것은 오로지 소납 원택의 몫이니 많은 질책과 격려를 바랍니다. 책이 나오기까지 정리를 도와준 최원섭 연구원과 성재헌 님에게 감사를 전합니다.

오랜 세월 동안 해야 한다, 해야 한다고 걱정만 하고 살다가, 원영스님 덕에 각오를 새로이 해서 큰스님께서 법문하신 것을 녹취하여 정리하고 보니, 『본지풍광』과는 또 다른 맛의 큰스님의 진면목이 드러나는 훌륭한 책이 되었습니다.

이 책을 처음부터 끝까지 읽으면서 독자 여러분께서는 수시든, 본칙이든, 염이든, 송이든, 결어이든 어디에서고 "깨쳐야 알지 깨치기 전에는 모른다."는 큰스님의 방·할이 끝없음에 지루함, 혹은 당혹감을 감추지 못하였을 것으로 생각합니다. 하신 말씀 또 하고 하신 말씀 또 하시니 말입니다. 제가 감히 말씀드린다면 되풀이하시는 그 말씀은 이 책을 읽는 순간순간마다 자기도 모르게 솟아오르는 '알음알이'의 싹을 싹둑싹둑 잘라내는 큰스님의 반야검이라 생각하신다면 어떨까 싶습니다.

『벽암록』은 참 좋은 책이다. 『벽암록』에서 무엇을 깨달을 수 있다는 것은 거짓말이다. 『벽암록』이야말로 알음알이가 붙을 수 없는, 알음알이를 잘라버리는 훌륭한 책이다."라고 하신 큰스님의 말씀이 떠오릅니다. 이 책을 읽으면서 무슨 지식이나 알음알이를 얻으려 해서는 안 될 것입니다.

큰스님께서는 "화두는 암호밀령"이라고 하셨으며 오매일여에 이르러서야, 그리고 거기서 한 걸음 더 나아가야 그 암호를 해독할 수 있다고 하셨습니다.

『본지풍광』에서나 『무엇이 너의 본래면목이냐』에서 모든 알음알이를 끊고 부처님과 가섭, 역대 조사의 암호밀령을 깨치는 언하무심言下無心의 인연을 가지신다면 누구보다도 큰스님께서 기뻐하실 것입니다.

큰스님께서 해인총림 방장이 되셔서 상당법문을 하신 지 올해로 꼭 40년이 되는 해입니다. 또 제가 백련암 골방에서 숨도 제대로 쉬지 못하면서 상당법어를 녹취해 놓은 지 30년의 세월이 흘렀습니다. 『무엇이 너의 본래면목이냐』하는 책 이름으로 큰스님 영전에 오늘 이렇게 『본지풍광설화』를 봉정하게 되니 벅찬 마음 이루 다 말할 수 없습니다.

올해는 또, 성철스님께서 "전체적으로나 개인적으로나 임시적인 이해관계를 떠나 오직 부처님 법대로만 한번 살아보자. 무엇이든지 잘못된 것을 고치고 '부처님 법대로만 살아보자'는 원으로 우리 수행합시다." 하고 선언한 봉암사결사를 주도하신 지 60주년이 되는 뜻깊은 해이기도 합니다.

간화선의 전통이 더욱 면면히 이어지기를 간절히 기원합니다.

불기 2551(2007)년 한로절
원택 화남和南

후기

2007년 본지풍광을 평석하신 내용을 정리하여 『무엇이 너의 본래면목이냐』로 제목을 바꾸어 1권을 출판하고, 1년 넘는 세월을 지나 그 두 번째 권을 출판하게 되었습니다. 그때만 해도 힘든 일을 끝내고 나니 홀가분하다기보다는 '좀 더 빨리 이 책들을 출판했더라면…' 하는 아쉬움이 무겁게 가슴을 눌렀던 기억입니다.

『무엇이 너의 본래면목이냐』 2권이 발간되고 10여 년이 지나 독자들의 편의를 위해서 성철스님 탄신 100주년을 기념하여 발간했던 1권에 부록으로 실었던 김영욱 교수와 서명원 교수의 논문을 빼고 금번에 1권과 2권을 합본으로 발간하게 되었습니다.

큰스님께서는 상당법문을 하실 때마다 "깨쳐야 알지 사량분별로는 알 수 없다."는 말씀을 수도 없이 되뇌이면서 후학들을 깨우치려고 몽둥이를 휘두르셨습니다. 그러나 그렇게 반복해서 말씀하시는 것마저도 큰스님의 가풍임을 잘 알기에 이 책에서도 큰스님의 말씀을 중언부언 따랐습니다. 부디 독자제현께서 큰스님의 깊은 뜻을 터득해 주셨으면 하는 바람입니다.

가산불교문화연구원의 김영욱 박사님은 "오늘날의 한국불교에서 실수實修를 겸한 선사가 간화선의 전통과 근거를 하나하나 밟아가며 그 종지를 제시한 현대의 작품으로 이 책과 비견할 만한 짝은 없다."고 『본지풍광』을 평한 적이 있습니다.

서강대학교 종교학과 교수이신 서명원 신부님 또한 『본지풍광』에 있는 백여 칙의 공안들을 통한 꾸준한 간화선 수행은 『선문정로』의 핵심 개념인 돈오돈수를 체득하기 위한 필수적인 수단이라고 보아야 할 것입니다. 사실 『본지풍광』을 선종의 쌍벽서雙壁書인 『종용록從容錄』과 『벽암록碧巖錄』과 더불어 선종의 제삼벽서第三壁書로 꼽을 만한 가치가 있습니다."라고 말한 적이 있습니다. 그만큼 본지풍광은 본래면목, 근본 마음자리를 밝히는 실제 수행의 지침서라고 할 수 있습니다.

어느 날 성철스님께서 "나는 『본지풍광』과 『선문정로』, 이 두 권의 책으로 부처님께 밥값을 하였다." 하시고, 또 "『본지풍광』과 『선문정로』를 실참으로 터득한 사람이 내 법을 이은 사람이다."라고 하셨습니다.

특히 『본지풍광』을 일러 "이 상당법어가 어렵기는 하지만 우리 자성의 본지풍광을 밝힌 것이므로 많은 사람들이 읽어 눈 밝은 사람이 나온다면 다행"이라 하셨습니다.

따라서 다시 정리해 출간하는 『무엇이 너의 본래면목이냐』를 통해 큰스님의 법을 이을 납자가 출현했으면 하는 간절한 바람입니다.

녹음테이프를 잘 간수하지 못해 군데군데 큰스님의 설법을 제대로 싣지 못한 점을 못내 아쉬워하면서 독자들에게 죄송한 마음 금할 길 없습니다. 선지에 어긋나고 잘못된 구절이 있다면 그것은 오로지 소납 원택의 잘못이니 많은 질정과 격려를 바랍니다.

이 책이 나오기까지 정리를 도와주신 최원섭 님과 성재헌 님에게 감사를 드립니다. 아울러 우리들 모두가 가지고 있는 본래면목을 큰스님의 방棒과 할喝이 거름이 되어서 깨달음의 꽃을 활짝 피우는 선을 닦는 이들이 밤하늘의 별처럼 무수히 빛나기를 바랍니다.

불기 2564(2020)년 초하지절

원택 화남和南